합격까지 박문각
합격 노하우가 다르다!

안지연

올인원 인사노무관리

2차 | 기본서

안지연 편저

브랜드만족 1위 박문각

근거자료 후면표기

제1판

박문각

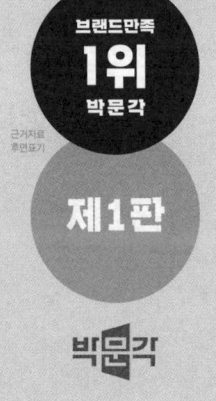

박문각 공인노무사

이 책은 공인노무사 시험을 준비하는 수험생들을 위한 책으로 인사노무관리에 관한 내용을 기존 출간된 주요 대학 경영학과 교수님들의 인사노무관리 교재를 바탕으로 종합적으로 정리한 교재입니다.

인사노무관리와 관련된 광범위한 내용을 축약 및 정리하여 수험적합적으로 재구성했습니다. 공인노무사 시험을 준비하는 수험생 입장에서 인사관리의 내용을 종합적으로 담은 기본서로 답안작성을 위한 기초적 내용을 수록한 교재입니다.

처음 출간하는 제1판인 교재로 부족한 점이 있겠지만 처음 출간하는 만큼 정성들여 만든 교재입니다. 공인노무사 수험생들에게 조금이나마 본 교재가 도움이 되었으면 하는 바람입니다.

저의 부족한 점을 알게 해주고 응원이 되어 주시는 수강생 분들과 교재를 출간하고 강의를 준비할 수 있도록 항상 저를 믿고 지지해 주시는 부모님께 감사의 인사를 전합니다.

수험생 여러분들의 합격을 기원합니다.

안지연 올림

🎞 시험과목 및 시험시간

가. 시험과목(공인노무사법 시행령 제6조)

구분	시험과목[배점]		출제범위
제1차 시험 (6과목)	필수 과목 (5)	❶ 노동법(1) [100점]	「근로기준법」, 「파견근로자보호 등에 관한 법률」, 「기간제 및 단시간근로자 보호 등에 관한 법률」, 「산업안전보건법」, 「직업안정법」, 「남녀고용평등과 일·가정 양립지원에 관한 법률」, 「최저임금법」, 「근로자퇴직급여 보장법」, 「임금채권보장법」, 「근로복지기본법」, 「외국인근로자의 고용 등에 관한 법률」
		❷ 노동법(2) [100점]	「노동조합 및 노동관계조정법」, 「근로자참여 및 협력 증진에 관한 법률」, 「노동위원회법」, 「공무원의 노동조합 설립 및 운영 등에 관한 법률」, 「교원의 노동조합 설립 및 운영 등에 관한 법률」
		❸ 민법[100점]	총칙편, 채권편
		❹ 사회보험법 [100점]	「사회보장기본법」, 「고용보험법」, 「산업재해보상보험법」, 「국민연금법」, 「국민건강보험법」, 「고용보험 및 산업재해보상보험의 보험료징수 등에 관한 법률」
		❺ 영어	※ 영어 과목은 영어능력검정시험 성적으로 대체
	선택 과목 (1)	❻ 경제학원론, 경영학개론 중 1과목[100점]	

※ 노동법(1) 또는 노동법(2)는 노동법의 기본이념 등 총론 부분을 포함한다.

구분	시험과목[배점]		출 제 범 위
제2차 시험 (4과목))	필수 과목 (3)	❶ 노동법 [150점]	「근로기준법」, 「파견근로자보호 등에 관한 법률」, 「기간제 및 단시간근로자 보호 등에 관한 법률」, 「산업안전보건법」, 「산업재해보상보험법」, 「고용보험법」, 「노동조합 및 노동관계조정법」, 「근로자참여 및 협력증진에 관한 법률」, 「노동위원회법」, 「공무원의 노동조합 설립 및 운영 등에 관한 법률」, 「교원의 노동조합 설립 및 운영 등에 관한 법률」
		❷ 인사노무관리론 [100점]	
		❸ 행정쟁송법 [100점]	「행정심판법」 및 「행정소송법」과 「민사소송법」 중 행정쟁송 관련 부분
	선택 과목 (1)	❹ 경영조직론, 노동경제학, 민사소송법 중 1과목 [100점]	
제3차 시험	면접시험		공인노무사법 시행령 제4조 제3항의 평정사항

※ 노동법은 노동법의 기본이념 등 총론부분을 포함한다.

※ 시험관련 법률 등을 적용하여 정답을 구하여야 하는 문제는 "시험시행일"현재 시행중인 법률 등을 적용하여야 함.

※ 기활용된 문제, 기출문제 등도 변형·활용되어 출제될 수 있음

나. 과목별 시험시간

구분	교시	과목구분	시험과목	입실시간	시험시간	문항수
제1차 시험	1	필수	❶ 노동법(1) ❷ 노동법(2)	09:00	09:30~10:50 (80분)	과목별 40문항
	2	필수	❸ 민 법 ❹ 사회보험법	11:10	11:20~13:20 (120분)	
		선택	❺ 경제학원론, 경영학개론 중 1과목			
제2차 시험	1		❶ 노동법	09:00	09:30~10:45(75분)	4문항
	2			11:05	11:15~12:30(75분)	
	3		❷ 인사노무관리론	13:30	13:50~15:30(100분)	과목별 3문항
	1		❸ 행정쟁송법	09:00	09:30~11:10(100분)	
	2		❹ 경영조직론, 노동경제학, 민사소송법 중 1과목	11:30	11:40~13:20(100분)	
제3차 시험	–		공인노무사법 시행령 제4조제3항의 평정사항	–	1인당 10분 내외	–

※ 제3차 시험장소 등은 Q-Net 공인노무사 홈페이지 공고

📆 응시자격 및 결격사유

가. 응시자격(공인노무사법 제3조의5)
- 공인노무사법 제4조 각 호의 결격사유에 해당되지 아니한 자
- 부정한 행위를 한 응시자에 대하여는 그 시험을 정지 또는 무효로 하거나 합격결정을 취소하고, 그 시험을 정지하거나 무효로 한 날 또는 합격결정을 취소한 날부터 5년간 시험 응시자격을 정지함

나. 결격사유(공인노무사법 제4조)
- 다음 각 호의 어느 하나에 해당하는 사람은 공인노무사가 될 수 없다.
1. 미성년자
2. 피성년후견인 또는 피한정후견인
3. 파산선고를 받은 사람으로서 복권(復權)되지 아니한 사람
4. 공무원으로서 징계처분에 따라 파면된 사람으로서 3년이 지나지 아니한 사람
5. 금고(禁錮) 이상의 실형을 선고받고 그 집행이 끝나거나(집행이 끝난 것으로 보는 경우를 포함한다) 집행이 면제된 날부터 3년이 지나지 아니한 사람
6. 금고 이상의 형의 집행유예를 선고받고 그 유예기간이 끝난 날부터 1년이 지나지 아니한 사람
7. 금고 이상의 형의 선고유예기간 중에 있는 사람
8. 제20조에 따라 영구등록취소된 사람

※ 결격사유 심사기준일은 제3차 시험 합격자 발표일 기준임

📖 합격기준

구분	합격결정기준
1차 시험	• 영어과목을 제외한 나머지 과목에 대하여 각 과목 100점을 만점으로 하여 각 과목 40점 이상, 전 과목 평균 60점 이상을 득점한 자 • 제1차 시험 과목 중 일부를 면제받는 자는 영어과목을 제외한 나머지 응시한 각 과목 40점 이상, 응시한 전 과목 평균 60점 이상을 득점한 자
2차 시험	• 각 과목 만점의 40% 이상, 전 과목 총점의 60% 이상을 득점한 자 • 제2차 시험 과목 중 일부를 면제받는 자는 응시한 각 과목 만점의 40% 이상, 응시한 전 과목 총점의 60% 이상을 득점한 자 • 최소합격인원 미달일 경우 각 과목 배점의 40% 이상을 득점한 자 중 전 과목 총득점이 높은 자부터 차례로 추가하여 합격자 결정 ※ 위의 단서에 따라 합격자를 결정하는 경우에는 제2차 시험과목 중 일부를 면제받는 자에 대하여 각 과목 배점 40% 이상 득점한 자의 과목별 득점 합계에 1.5를 곱하여 산출한 점수를 전 과목 총득점으로 봄 ※ 제2차 시험의 합격자 수가 동점자로 인하여 최소합격인원을 초과하는 경우에는 해당 동점자 모두를 합격자로 결정. 이 경우 동점자의 점수는 소수점 이하 셋째자리에서 반올림하여 둘째자리까지 계산
3차 시험	• 제3차 시험은 평정요소마다 각각 "상"(3점), "중"(2점), "하"(1점)로 구분하고, 총 12점 만점으로 평균 8점 이상 득점한 자 • 위원의 과반수가 어느 하나의 평정요소에 대하여 "하"로 평정한 때에는 불합격

📖 공인어학성적

제1차 시험 영어과목은 공인어학시험 성적으로 대체

• 기준점수

시험명	TOEIC	TOEFL		TEPS	G-TELP	FLEX	IELTS
		PBT	IBT	18.5.12 이후		(영어)	
일반응시자	700	530	71	340	65(Level 2)	625	4.5
청각장애인	350	352	–	204	43(Level 2)	375	–

📖 시험의 일부면제

• 제1차 시험 면제 : 2023년 제32회 제1차 시험 합격자
• 제1차 및 제2차 시험 면제 : 2023년 제32회 제2차 시험 합격자
※ 이하 자세한 내용은 공고문 참조

CONTENTS
이 책의 차례

CONTENTS
이 책의 차례

PART

01

인사관리의
이론적 기초

01 | 인사관리의 형성배경

1 인사관리의 개념

인적자원관리(human resource management)는 '인적자원(human resource)'이라는 단어와 '관리(management)'라는 단어의 합성어로 **인적자원을 확보하고 유지하고 개발하는 등 관리활동을 전개하는 것**이라고 이해할 수 있다(Jung, 2008). 다시 말해 인적자원관리란 **"전략적 가치를 지닌 인적자원을 기업과 근로자의 욕구를 함께 충족시키는 방향으로 확보, 유지, 개발, 보상하는 일련의 과업"**이라고 정의할 수 있다.

2 인사관리의 연구대상

직무와 이를 수행하는 인간(노동)이 바로 인사관리의 연구대상이다.

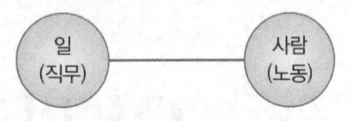

일
(직무) ——— 사람
(노동)

1 simon의 의사결정이론

최근 기업활동에 대한 많은 연구가 이루어지면서 이러한 활동의 효율성에 대한 논의가 활발하게 전개되고 있다. 사이몬(Simon)은 기업의 경영활동은 '의사결정(decision making)'의 연속이며, 경영활동의 효율성은 바로 의사결정의 질(quality)에 달려 있다고 주장한 바 있다(Simon, 1976). 이러한 의사결정의 주체자는 바로 인적자원이며, 이들의 능력이 바로 의사결정의 질을 결정한다.

2 인적자원의 특징 : 3M

조직이 목적을 달성하기 위한 경영의 3요소로 **사람(man), 돈(money), 물자(material)**가 있다.

(1) 사람(man)

사람은 **인적자원(human resource)**을 일컫는 것으로 **기업은 사람으로 구성된 사회시스템(social system)**으로 종업원, 관리자, 최고경영자와 같은 인적자원의 상호작용과 조정에 의해 굴러가는 조직이다.

(2) 돈(money)

돈은 재무적자원(financial resource)으로서 **기업의 활동을 가능하게 하는 자원**을 말하는데, 예컨대 자산, 자본금, 운영자금 등이 이에 속한다.

(3) 물자(material)

물자는 **물적자원으로 예컨대 공장, 기계, 장비, 원료, 시설물 같은 것**을 말하는데 주로 하드웨어에 해당하는 경영자원이다.

경영의 3요소 가운데 가장 중요한 것은 바로 인적자원이다. **사람들은 인적자원을 흔히 '숨은 가치 (hidden value)'로 부른다(Pfeffer).** 왜냐하면 인적자원은 경제적 공시정보인 재무제표에 표시되지 않기 때문이다. 하지만 **차별적 속성**을 가진 자원으로서 인적자원은 매우 중요하다.

- 비용요소 : 임금 등 인건비가 발생함
- 성과의 수행자 : 일을 하는 주체
- 인격을 갖춘 개인 : 개인 목표와 욕구를 가짐
- 의사결정자 : 인적자원관리와 관련된 결정을 스스로 내림
- 기업 외부와 인터페이스 : 가정, 사회단체 등 타 집단과의 관계를 맺음

3 자원기반이론(resource based view)

(1) 인적자본 접근법

1) 인적자본의 개념

인적자본(human capital)은 근로자가 보유하고 있는 **지식, 기술, 능력**[1]을 경제적인 가치로 평가하고 이해하는 개념이다. 과거에는 근로자를 인건비라는 비용으로 간주하였으나 오늘날 사람들은 근로자를 기업의 성공에 결정적 영향을 미치는 경쟁력의 원천으로 간주한다. 따라서 인적자원은 더 이상 비용이 아니라 투자할 자본으로 인정되고 있다. 즉, 오늘날 기업은 인적자본을 기업의 재무제표 계정으로 표시될 수 없다고 해도 기업성과에 막대한 영향력을 미치고 있는 기업의 자산(asset)으로 인식하고 있다.

2) 인적자원의 중요성

경쟁력(Competitiveness)이란 한 기업이 업계에서 시장을 점유하고 그것을 유지하는 능력을 의미한다. 오늘날은 과거에 비해 **인적자원을 통하여 경쟁력을 창출할 수 있는 가능성이 커지고 있다.** 오늘날에 인적자원의 중요성이 더욱 커진 것은 현대사회가 〈지식정보사회〉이기 때문이다. 지식정보사회에서는 **경쟁력의 원천이 노동이 아니고 지식과 능력인데 이것은 사람들의 잠재역량이다.** 따라서 사람들이 지식과 역량의 보유자로서 중요성이 커지게 되었다.

1997년 **맥킨지 사(McKinsey & Company)가 '인재전쟁(war for talent)'이라는 말을 만들어낸** 것은 이러한 흐름을 대변한다. 인재전쟁이란 조직이 성공하기 위해서는 유능한 인재의 충원과

---

1) **직무역량** : Knowledge 지식, Skill 기술, Ability 능력

유지가 가장 쉬운 지름길이라는 것을 의미하는 단어다. 따라서 기업이 경쟁력을 키우기 위해서는 '사람을 통한 경쟁우위 구축(building competitive advantage through people)'이 경영전략의 중요한 과제로 부상하게 되었다. 즉, 사람이 조직의 핵심자원으로 인식되고 이러한 사람을 관리하는 인적자원 관리자의 조직 내 지위도 매우 높아지게 되었다.

▼ 핵심인적자원에 대한 관점의 변화

	제품과 시장에 대한 경쟁	자원과 역량에 대한 경쟁	재능과 꿈에 대한 경쟁
전략목표	제품시장지위 방어	지속가능한 경쟁우위	지속적인 자기혁신
주요 도구 관점	산업분석 경쟁자 분석	핵심역량 (core competencies) 자원기반전략	비전과 가치 유연성과 혁신
핵심전략 자원	재무적 자본	조직역량	인적자본 (human capital)

과거 기업들은 제품과 시장을 놓고 경쟁을 벌여 왔고 이 시기의 전략자원은 재무적 자본, 즉 돈이었다. 그러나 자원과 역량에 대한 경쟁을 거쳐 오늘날은 재능과 꿈에 대한 경쟁(competition for talent and dreams) 시대에 돌입하게 됨에 따라 **핵심전략자원은 인적자본, 즉 사람**으로 바뀌게 된다. 이 시기에는 **지속적인 자기혁신이 요구**되는 바, 이의 주체는 사람이기 때문이다. 이제는 유능한 인재를 확보하는 경쟁에 이겨야 하는 시대가 된 것이다.

(2) 자원기반이론의 내용

전략적 자원으로서 인적자원은 매우 중요하다. **인적자원의 속성은 무한한 부가가치[2]에 있다**고 볼 수 있다. 새로운 기계나 장비를 사용하여 생산활동을 하면 기업은 생산성이나 수익성이라는 부가가치를 창출할 수 있다. 그런데 이러한 부가가치는 인적자원의 가치에 의존하고 있다. 즉, 사람의 노동에 의하지 않으면 기계나 장비, 돈, 물자의 부가가치를 달성할 수 없으며, 사람의 능력과 자질에 따라 노동의 양과 질에서 큰 차이를 보일 수 있다.

인적자원을 기업의 경쟁력을 구성하는 주요 구성요소로 보는 시각은 바니(Barney)의 '자원기반 이론'으로 설명할 수 있다. 자원기반이론은 기업이 어떤 인적자원을 확보하고 활용하는가에 따라 기업의 능력과 경쟁력에 차이를 보이며 이에 따라 성공여부도 달라질 수 있다는 이론이다. 자원기반이론은 **인적자원의 가치를 강조**하는 입장으로서 특정 인적자원의 활용이 조직의 성과에 영향을 미친다는 사고에 바탕을 두고 있다.

(3) 자원기반이론의 특징

1) 비물질적 자원으로서 인적자원

인적자원은 비물질적(immaterial) 자원으로 비물질적 자원은 경우에 따라 자산(assets) 또는 **역량(competencies)으로 표현**되는데, 인적자원은 사람이 지식과 기량을 발휘하여 무형자산

---

2) 물건이나 서비스의 생산 과정에서 새로 덧붙인 가치

(intangible assets)을 만들어 낼 수 있다는 점에서 독특하며 무궁한 부가가치를 창출할 수 있는 비물질적 자원이라고 할 수 있다.

2) 인적자원의 가치

인적자원의 가치는 경제학에서 말하는 '렌트(rent)'로 설명할 수 있다. 렌트는 일반적으로 토지를 사용하여 소출을 거둔 데 대해 지급하는 대가로 이해된다. **이를 인적자원에 적용하면, 탁월하게 경쟁력 있는 인적자원을 확보한 기업은 시장에서 경쟁력 있는 인적자원이 없는 기업에 비해서 리카르도(D. Ricardo)식 렌트[3]를 창출**하고 있다고 말할 수 있으며, **여기서 말하는 렌트가 바로 인적자원의 가치이다.** 결국 인적자원의 가치는 경쟁력과 차별성을 통해서 경쟁상대를 능가하는 렌트를 창출하는 능력에 있다고 말할 수 있다.

(4) 인적자원 가치의 지속가능성

1) 지속가능성의 개념

기업의 목적은 경쟁우위를 일시적이 아닌 영구적으로 유지하는 것이다. **즉, 경쟁의 원천이 되는 가치있는 인적자원이 창출한 렌트를 지속적으로 유지시키는 것이 바로 지속가능성이며, 이러한 지속가능성을 위해서는 아래의 4가지 요건을 충족해야** 한다.

2) 지속가능성의 구성요소

가치(Value) or 특수성(Specificity)	희소성(Rarity)	모방불가능성 (In-imitability)	대체불가능성 (non-substitutability or organization)
가치란 **평균 이상의 수익을 창출하는 원천으로**, 특수성에 기반하여 형성되는 것이다. 특수성이란 희소성, 모방불가능성, 대체불가능성과는 다른 개념으로서 거래의 횟수가 증가함에 따라 조직 내에서 인적자원의 활용도가 높아지고 익숙해짐으로써 획득하게 되는 특성을 의미한다.	인적자원의 희소성이 있으면 **시장에서 경쟁자가 렌트를 창출하는 것을 지속적으로 억제**할 수 있다.	비대칭성이란 **경쟁자가 따라할 수 없는 자원의 모방불가능성(non-imitability)**을 의미한다. 즉, 자원의 모방불가능성을 지속적으로 유지할 수 있어야 한다.	경쟁자가 대체인력을 배치하여 해당 인적자원을 대체할 수 없을 정도로 가치 있는 **인적자원의 차별성**이 커야 한다. 이는 **조직적 자본(organization)에서 기인한 속성**이다. 조직적 자본은 제도화된 지식으로 데이터베이스, 문화, 특허, 지침서, 정책, 구조 등과 같은 것에 체화되어 있는 것을 의미한다. 조직적 자본은 사람이 떠날 때도 조직에 남아 있는 지식을 대표한다.

---

3) 리카르도의 차액지대론(differential rent)

토지가 비옥할수록 보다 많은 곡식을 생산한다. 때문에 비옥한 토지를 빌리기 위해서 높은 토지 임대료(지대)를 내야 한다. 토지의 비옥도와 위치에 따라 지대가 차이가 나게 된다는 것이고, 즉 열등지보다 비옥하고 위치가 좋은 토지는 초과이윤이 발생하여 차액지대가 발생한다는 것이다.

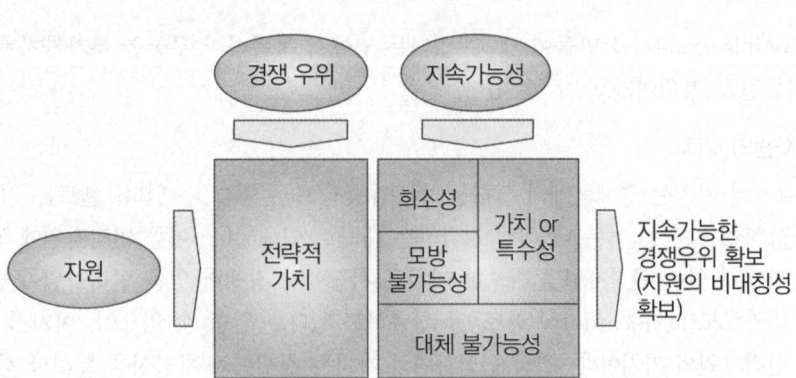

(5) 시사점

인적자원은 전략적 가치를 지니면 경쟁우위를 확보할 수 있으며 이러한 경쟁우위를 지속가능하게 만들기 위해서는 **자원의 희소성, 모방불가능성, 대체불가능성, 특수성**을 확보하여 장기적으로 자원의 비대칭성과 경쟁력을 높여서 전략적 목표를 달성하는 데 기여해야 한다.

제 3 절 | 인사관리의 연구대상과 목표

1 경영학과 인사관리

경영학의 연구대상은 기본적으로 **'경제활동'**에서 출발한다. 경제활동이란 재화와 용역의 흐름이 이루어지는 제 현상을 말한다.

(1) 국민경제학 vs 개별경제학

국가전체 수준의 경제현상을 국민경제라고 하는데, 이를 연구하는 학문이 국민경제학(=경제학)이며, 개별경제단위에서 일어나는 경제현상을 연구하는 학문을 개별경제학(=경영학)이라고 한다. 이 중 기업이라는 개별경제단위에서 일어나는 경제활동을 연구하는 학문이 바로 경영학이다.

(2) 기업의 경영활동

1) Porter의 가치사슬접근

Michael E. Porter(1985)의 정의에 따르면 가치사슬이란 기업의 전략을 단위활동으로 구분하여 **자사의 강점과 약점을 파악하고 원가발생의 원천 및 경쟁기업과의 현존 및 잠재적 차별화 원천**을 분석하는 방법이다. 가치사슬은 기업이 상품과 서비스를 만들어내고 유통시키기 위해 수행하는 일련의 활동으로 **기본적 활동(primary activities)과 지원활동(supportive activities)**이 있다.

	기업전반관리				
	인적자원관리				
지원 활동	연구개발				
	구매조달				이 윤
본원적 활동	물류투입 활동	생산운영 활동	물류산출 활동	마케팅과 판매활동	서비스 활동

지원활동	기업전반관리	기획, 재무, 경리, 법무, 정보시스템 업무 등
	인적자원관리	인재채용, 교육, 급여업무 등
	연구개발	주활동과 관련된 신제품, 서비스 개발, 각종 테스트 등
	구매조달	주활동을 지원하는 물건이나 서비스의 구입 등
본원적 활동	물류투입	원재료나 부품의 구입과 배송 등
	생산운영	구매한 재료의 조립과 가공 등
	물류산출	제조한 제품의 창고 또는 소매점 배송 등
	마케팅과 판매	제품의 영업 선전이나 점포에서의 판매활동 등
	서비스	판매 후의 문의대응이나 사후 a/s 등

경영활동의 주 기능은 원자재를 구매하고 이를 생산활동을 통해 제품(서비스)으로 변화시켜서 시장에 내다 파는 활동이다. 그리고 이러한 활동을 지원하기 위해서는 **인사활동, 재무활동,** 그리고 **정보활동** 등이 필요하다.

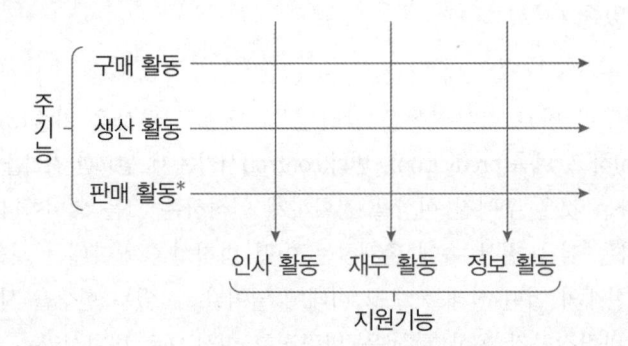

* 판매활동 : 현대경영학은 기업의 판매기능을 생산활동에까지 확장할 것을 강조하면서 마케팅 개념을 발전시켰다.

2) Fayol의 일반관리론

기업의 경영활동의 효율적 수행과 관련하여 새로운 이론을 제시한 사람이 바로 Fayol이다.
① 기술활동(생산, 제조, 가공)
② 상업활동(구매, 판매, 교환)
③ 재무활동(자본의 조달과 운용)
④ 보전활동(기업재산 및 종업원 보호)

⑤ 회계활동(재고조사, 대차대조표, 원가계산, 통계 등)

⑥ 관리활동(계획, 조직, 지휘, 조정, 통제)

특히 **파욜은 6가지 경영활동 중 '관리활동'을 강조**하여 이를 체계적인 이론으로 정립하였다. 오늘날 우리가 기업경영을 논할 때 항상 거론하는 '관리(management)'라는 용어는 흔히 "무엇을 잘 하기 위한 행동"이라는 막연한 의미보다 **"경영활동을 효율적으로 수행하기 위한 하나의 기법(technique)"**으로 이해하여야 한다.

'관리'란 조직의 목적달성을 위해 필요한 것을 계획하고, 조직하고, 지위하고, 조장하고, 통제하는 행동을 말한다.

여기서 **'계획(planning)'은 기업의 미래에 일어날 것을 예측하고 어떻게 대처할 것인가를 사전에 결정하는 것**을 말하며, **'조직화(organizing)'는 수립된 계획을 실행에 옮기는 데 필요한 모든 자원을 동원하여 투입하는 일**을 말한다. 즉, 물적 · 인적자원을 배치하는 것이다.

'지휘(commanding)'는 상사가 부하에게 어떤 구체적인 업무를 수행하도록 지시하고 진행시키는 것을 말하며, **'조정(coordinating)'은 기업 내에서 수행되고 있는 여러 세부적인 일(업무)들이 기업의 목표달성과 관련하여 중복되거나 적합하지 않을 때 이러한 업무들을 기업 목표에 부합하도록 보완 내지 재설계하는 활동**을 말한다.

끝으로 **'통제(controlling)'는 수행된 일(업적, 실적)을 평가하고, 이것을 계획과 비교하여 그 오차를 발견하고 이를 수정하는 활동**을 말한다.

통제활동이 끝나면 그 결과를 '계획활동'에 피드백(feedback)시킴으로써 계획활동의 질(quality)을 높일 수 있다.

3) 학문의 특성

체계적인 연구란 바로 학문활동을 말하며 그 내용은 **현상을 기술(description)하고, 설명(explanation)하고, 예측(prediction), 변화(control)시키는 데 필요한 지식을 획득하는 활동**을 말한다.

① '기술'한다는 것은 주어진 현상을 정확하게 인식하는 것을 의미한다.

② '설명'한다는 것은 현상 속에 존재하는 어떤 법칙성을 찾아내는 것을 의미한다.

③ '예측'은 현재의 어떤 상태를 보고 미래에 일어날 수 있는 현상을 사전에 파악하는 것이다.

④ '변화'는 '바람직하지 못한 현상'을 '바람직한 현상'으로 변화시키는 것이다.

예시 : Taylor의 기계적 접근

- 기술 : 20세기 초 미국의 공장관리는 주먹구구식 경영, 즉 비과학적 방식이었다.
- 설명(이유에 대한 분석) : ① 작업 성과에 대하여 사전에 제시된 표준(standard)이 없고, ② 작업들 간 유기적 조정이 불가능하며, ③ 하루의 목표생산량에 대한 계획이 없어서 조직적 태업이 용이하게 이루어졌고, ④ 성과급제에 대한 불신으로 능률향상이 이루어지지 못했기 때문이다.
- 예측(앞으로의 추세 예측) : 주먹구구식 경영은 기업의 성과를 떨어뜨릴 것이다.
- 변화(조직에 제안 or solution 제시) : 위와 같은 문제를 해결하기 위해서는 '과학적 관리'의 4가지 원칙을 도입해야 한다.

2 경영학의 목표

(1) 경제적 목표

경제적 목표는 **최소 비용을 들여서 최대 효과를 내는 것**을 목표로 하는 것을 말한다. 경제적 목표를 달성하기 위해서 **노동의 투입요소와 산출요소 간의 효율**이 높아야 한다.

(2) 사회적 목표

사회적 목표는 근로자 개인이 갖는 욕구 및 기대와 관련된 목표로서 인적자원관리는 **근로자 개인의 복지와 행복**에 관심을 가짐으로써 조직과 개인의 조화를 통해 '조직도 잘되고 개인도 잘되는' 상생을 달성할 수 있다. 일반적으로 근로자 개인의 목표는 주로 근로조건과 관련된 것이다. **예** 임금 및 급여 인상, 근로시간 단축, 개인적 배려와 처우, 상급자로부터 공정한 대우 등

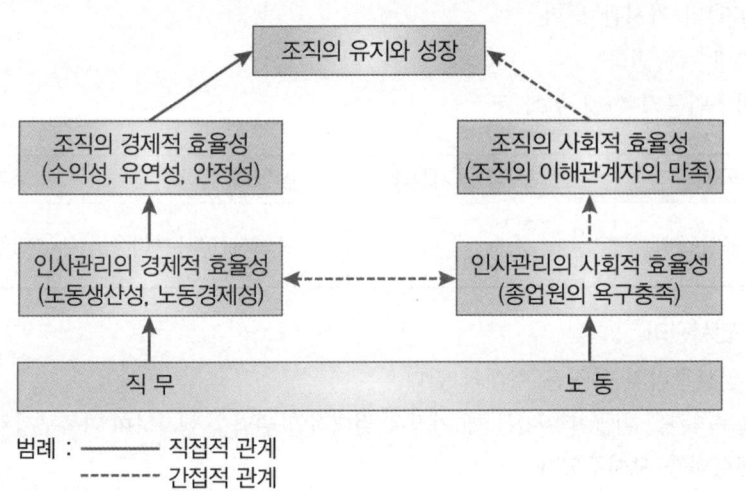

인사관리의 목표를 요약하면 아래와 같다.

첫째, **인사관리의 목표는 상위목표인 기업조직의 목표에서 도출**되어야 하며 기업조직의 목표달성에 기여해야 한다.

둘째, 인사관리의 목표는 **경제적 효율성 추구와 사회적 효율성 추구**로 구분된다.

셋째, 이러한 인사관리의 목표들 간에는 **상호보완관계와 상호경쟁관계가 동시에 존재**하며 이러한 두 목표를 균형적으로 추구하기 위한 조정시스템이 구축되어야 한다.

제 4 절 인사관리의 발전

1 관리사

인사관리는 본질적으로 수행되어야 하는 '일(직무)'과 '사람' 간의 관계를 관리하는 것이라고 볼 수 있다. **인사관리 현상을 변화시키는 몇 가지 중요한 요인(인사관리에 영향을 미치는 요인)**이 있는 바, 구체적인 내용은 아래와 같다.

- 생산기술의 변화
- 교육기회의 변화
- 관리자 교육의 증가
- 사용자(관리자)의 가치관 변화
- 종업원의 기대수준 변화
- 기타 사회적·법률적 환경 변화 등

가내수공업	산업혁명 초기시대	산업화 진행시대	후기 산업화시대
가부장적 인사관리	착취적·전제적 인사관리	협의적 인사관리	민주적 인사관리

(1) 가부장적 인사관리

가부장적 인사관리의 특징은 아래와 같다.

첫째, 가족구성원을 이끌어 나가는 데 가장은 **절대적인 권력을 행사하며 가족구성원에 대해 전제적인 지배형태를 보여주었다.**

둘째, 이러한 가장의 전제적인 지배 뒤에는 **가족구성원의 생계유지 및 보호라는 의무와 관련되는 기능이 항상 존재했다**(Gaugler, 1969). = 부권적 은혜

(2) 착취적·전제적 인사관리

산업혁명이 일어나자 공장의 상황은 완전히 바뀌게 되었다. **종업원에게 지급되는 인건비를 줄여서 자금조달을 했던 것이다.** 이 시대의 공장사용자와 종업원과의 관계는 점차 **착취적이고 전제적인 지배형태를** 띠게 되었다. **과거 가부장적 인사관리 시대에 발휘했던 공장주의 종업원에 대한 절대적 권력행사를 통한 전제적 지배형태는 변함없이 그대로 유지되었으나 종업원에 대한 보호기능은 급격히 약화되어갔다.** 당시의 종업원은 하루에 15시간 이상 일을 하면서도 생활의 질은커녕 생계를 꾸려가는 것도 매우 힘이 들었다. 이렇게 공장주의 횡포가 가능했던 주요한 이유는 **당시 종업원의 노동시장에서의 경쟁력이 급격히 떨어졌기 때문이다.**

(3) 협의적 인사관리

산업화가 진행됨에 따라 그 양상이 변화되기 시작하였다. 그 이유는 기업경영의 경쟁력이 공장확장 및 새로운 기계도입만으로 확보되기가 점차 어려워졌기 때문이다. 소비자의 제품에 대한 욕구가 매우 다양해졌고 이를 충족시키기 위해 기업들은 항상 혁신적인 아이디어를 창출하지 않으면 안

되었다. 즉, 과거에는 기업경쟁력의 주체가 새로운 기계도입 및 자금확보였으나, 이제는 점차 그 주체가 종업원으로 바뀌게 되었다. 종업원이 기업경쟁력의 주체로서의 역할이 커지자 이에 비례해서 그들의 노동시장에서의 경쟁력도 증가되었다. 이러한 변화에는 **노동조합의 역할**도 매우 컸다. 따라서 전제적으로 협의적으로 인사관리가 변화하게 되었고 과거 거의 무시했던 종업원에 대한 **복리후생도 그 폭이 점차 확대**되기 시작했다. 종업원의 목소리가 점차 커지고 기업도 이러한 **종업원의 목소리를 기업경쟁력 확보 내지 유지를 위해 무시할 수 없기 때문에 점차 받아들일 수밖에 없게 된 것이다.

(4) 민주적 인사관리

협의적 인사관리에서는 기업의 일상업무에 대해 기업주가 종업원과 협의는 하지만 최종의사결정은 기업주 스스로 내리는 데 비해, **민주적 인사관리 형태의 기업에서는 기업주와 종업원이 동수의 대표로 구성된 위원회에서 민주적으로 의사결정을 행하는 것**이다. 여기서는 어떤 사안에 대해 참석인원이 투표를 통해 의사결정에 도달함을 의미한다. **기업 측 대표와 종업원 측 대표가 모여 공동으로 의사결정을 하는 것**이다.

현재 미국·일본·영국 기업에서의 인사관리는 이미 오래 전에 협의적 인사관리 시대에 진입했다고 볼 수 있으며, 우리나라의 경우는 1960년 중반부터 산업화를 시작한 이래 1990년대에 이르러 착취적·전제적 인사관리의 틀을 이제 겨우 벗어나고 있으며 많은 기업에서는 형식적으로나마 '협의적 인사관리'로 이행하고 있다고 볼 수 있다. 과거 1960년대와 1970년대 우리나라에서는 '선 성장, 후 분배'라는 정부의 슬로건에 힘입어 착취적·전제적 인사관리가 많은 기업에 확산되어 있었던 것이 사실이다.

2 이론사

20세기 전반기에 형성되었던 '기계적 접근(the mechanical approach)'과 '인간관계적 접근(the human relations approach)'은 생산성 향상이라는 인사관리의 목적에 도달하기 위한 서로 다른 길을 각각 제시해주었다.

인사관리의 발전(학문적 흐름)			
기계적 접근	인간관계적 접근	현대적 접근	전략적 접근
• Taylor의 과학적 관리론 • Fayol의 일반관리론	• Mayo & Roethlisberger의 인간관계론	• 시스템이론 • 상황이론	• Barney의 자원기반관점

(1) 기계적 접근

1) 형성배경

Taylor의 과학적 관리법(the principle of scientific management). 테일러가 활동했던 19세기 말과 20세기 초 미국의 공장관리는 주먹구구식 공장관리로 ① **표준(standard)이 없었기 때문**에 상사의 경험과 주관에 의해 업무지시가 이루어졌으며, ② 유기적 조정이 어려워 갈등이 발생하고, ③ 목표생산량에 대한 계획이 없어서 작업자들의 조직적 태업(systematic soldiering)

이 용이하게 이루어질 수 있었고, ④ 성과급제에 대한 불신으로 능률향상이 이루어지지 못했다.

테일러는 당시의 미국 공장에 확산되어 있었던 이와 같은 경영에 대한 **비과학적 접근을 극복**하기 위해 다년간의 공장기사로서의 경험을 바탕으로 '과학적 관리'의 이론을 정립하였다. 테일러의 과학적 관리법의 핵심은 '과업관리(task management)'에서 찾을 수 있다.

2) 테일러의 4가지 원칙

① 적정한 하루의 성과수준(a large daily task)

'적정한 하루의 성과수준'이란 **비교적 우수한 작업자가 달성할 수 있는 하루의 작업량**을 의미한다.

② 표준적인 작업조건(a standard work conditions)

'표준적인 작업조건'이란 **작업자가 일을 하는 데 필요한 제 조건(기계, 공구, 원재료, 작업장 상태 등)을 최적으로 유지**하는 것을 말한다.

③ 성공에 대한 높은 보수(high pay for success)

'성공에 대한 높은 보수'란 **하루의 과업량을 작업자가 성공적으로 수행했을 때 높은 임금을 준다는 것**을 의미한다.

④ 실패에 대한 손실(loss in case of failure)

반면에 '실패에 대한 손실'은 **제시된 1일 목표량에 작업자가 도달하지 못했을 때 임금 면에서 손실이 따르게 함**을 말한다.

위에서 제시한 원칙을 실천에 옮기기 위해 **테일러는 '시간 및 동작연구'와 아울러 차등별 성과급제도를 도입**했다. 차등별 성과급 제도란 하루의 작업목표량을 달성한 작업자에 대해서는 보다 높은 임률을 적용하고, 이에 실패한 자에 대해서는 보다 낮은 임률을 적용하게 하는 제도를 말한다.

3) 기계적 접근의 내용

첫째, 기계적 접근에 의하면 **'직무'는 가능한 한 전문화(분업)**되어야 한다. 즉, 작업자가 작업 도중 다른 일을 수행하기 위하여 옮겨가는 데 발생하는 시간적 손실을 막아야 한다는 것이다. 이러한 작업(직무)의 전문화는 **작업자의 대체성(interchangeability)을 높이는 결과**를 가져온다. 노동시장에서 적절한 인력을 구하기도 용이할 뿐만 아니라 특정작업자에 대한 대체성이 높아지는 것이다.

그리고 '직무' 수행을 과거 인간(작업자)에게 주로 의존했지만, 이제는 **기계의 역할을 가능한 한 높여 생산의 효율성을 추구하는 방향으로 인사관리가 추진**되기에 이르렀다.

둘째, '기계적 접근'에 의한 작업장에서의 **인간은 '생산의 한 요소(a factor of production)'로 간주**되었다.

또한 기계적 접근은 인간(노동)의 행동을 **'경제적 동물(homo economics)'이라는 관점**에서 이해했다. 즉, "작업자는 돈을 많이 주면 줄수록 더 열심히 일할 것이다"라는 논리이다. 이러한 논리를 적용시킨 예가 바로 테일러가 도입한 **차등별 성과급제도(differential piece-of-rate plan)**였다.

직무	인간(작업자)
• 전문화 • 기계화 • 표준화된 작업조건	• 생산의 한 요소개념(기계의 한 부품) • 노동시장에서의 높은 대체성 • 경제적 동물

4) 기계적 접근법의 효과

테일러가 제시한 이러한 과업관리의 원칙은 **노사 쌍방에 만족**을 가져다주었다. 시간 및 동작연구에서 테일러는 작업자 한 명이 여러 가지 상이한 작은 일들을 동시에 수행할 경우, 유사한 내지 동일한 작은 일들을 수행하는 경우보다 작업시간이 더 많이 걸린다는 것을 확인하였고, 그 결과 **아담 스미스(Adam Smith)가 주장했던 '분업의 원리'의 효용성을 재확인**한 것이다. 또한 그는 **표준적인 작업조건의 제공을 위해 공작기계의 개량에 힘썼다. 즉 테일러는 작업자가 수행하는 일은 가능한 한 분업화시키는 것이 효과적이며, 작업장에 기계를 동원할 경우 그 성과가 당연히 높아짐을 다년간의 연구와 경험을 통해 터득했던 것이다.**

한편 테일러는 일선감독자의 직무구조에 분업의 원리를 적용하여 일선감독자는 부하 근로자의 생산을 감독하는 데에만 치중하도록 하고, 기타 생산계획이나 품질점검 그리고 근로자들의 훈련 등 다른 관리업무는 이를 전문적으로 취급할 수 있는 감독자를 따로 채용하여 그들에게 이들 관리 업무를 맡겨야 한다는 **기능별 직장제도(functional foremanship)**을 제안하였다.

과학적 관리법과 산업심리학은 공장의 작업환경과 근로자의 심리에 대한 연구를 통하여 직장과 근로자 간의 관계를 효율화시키고 **인적자원관리를 합리화하고 과학화하는 데 기여**하였다. **조직의 효율적 목적달성을 위해 최적의 구조(one best way)가 있다는 것을 전제**하여 **인간공학적 관점(human engineering)**에서 **물리적 작업환경을 표준화**하였고, 직무분석 및 직무설계를 통해 직무에서 요구되는 KSA를 연구함으로써 **근로자의 과학적 선발에 실질적 공헌**을 한 것이다.

5) 기계적 접근법의 문제점

① **자긍심이 상실**된다. 왜냐하면 그 작업자는 제품(예 기계, 라디오 등) 중 아주 작은 기능의 부품만 조립했기 때문에 자기가 한 **일과 제품과의 일체감(identity)이 생기지 않기 때문**이다.

② 이러한 생각이 누적되면 **'노동소외' 나아가 '노동에서의 인간성 상실'**로까지 발전되고 심지어는 노동의 인간화가 기업의 생산 극대화 목표에 가려져 계급 간 갈등의 원인으로까지 확대될 수 있다.

③ 기계적 접근은 **작업장에서의 인간행동에 대한 설명이 부족**하다. 이 접근은 인간을 **'경제적 동물'로 간주하고 금전(차등별 성과급)을 동기부여의 주요 도구로만 보았다.** 작업성과에 미치는 인간행동의 원인은 금전적 보상과 손해 외에도 많이 있기 때문이다.

(2) 인간관계적 접근

1) 형성배경

인사관리에 있어서 기계적 접근의 주요 도구가 되었던 테일러의 과학적 관리법은 당시 미국뿐만 아니라 유럽의 공장에서도 광범위하게 도입되고 있었다. 인사관리에 있어서 인간관계적 접근은 **1920년대 미국의 시카고 근처의 한 전화기 제조회사(the western electric company)인 호손 공장(Hawthorne factory)에서 실시된 일련의 연구결과를 기초로 하여 형성되었다**(Mayo & Roethlisberger, 1945).

2) 내용

① **조명실험**(illumination experiment, 1924~1927)

조명실험의 목적은 작업장에서의 조명이 작업자의 피로도 나아가 생산성에 미치는 영향을 밝히려는 데 있었으며 **부시(Vannevar Bush)와 바커(Joseph Barker)가 연구를 담당**하였다. 연구는 실험집단(experiment group)과 통제집단(control group)으로 나누어 **조명도와 작업능률의 관계를 관찰하기 위해 진행되었다.** 실험 결과 부시와 바커는 ① **조명이란 작업능률에 영향을 미치는 작은 요인에 불과하며, ② 인간에 관한 한 다른 여러 가지 요인을 변화시킴이 없이 단지 한 가지 요인(조명)의 변화로 작업능률의 원인을 규명한다는 것은 불가능하다고 결론**지었다. 따라서 작업장에서의 조명과는 별도로 작업능률에 영향을 미치는 요인을 밝히기 위한 추가 연구가 진행되었다.

② **계전기 조립작업 실험**(relay assembly test room experiment, 1927~1929)

이 실험은 메이요(Mayo)가 주도하였는데 실험의 대상은 **전화기의 한 부품인 계전기를 조립하는 여성 작업자 6명**이었다. 이 실험에서는 종래 작업능률의 상승을 가져온다고 생각되었던 모든 조건(**에** 작업시간의 단축, 휴식시간의 증가, 간식의 제공, 작업환경의 개선 등)을 변화시키면서 작업능률의 변화를 관찰했다. 실험결과 작업조건을 개선함에 따라 생산성이 **증가되었으나 얼마 후 작업조건을 원래의 상태로 환원시켰을 때에도 작업능률은 여전히 높은 상태로 유지되었다.** 해당 원인에 대해 메이요는 아래와 같이 분석하였다.

• 실험실 내에서 **우호적인 분위기**가 조성되었다.
• 실험참가자들은 회사의 부장으로부터 **이 실험에 대해 회사가 큰 기대**를 갖고 있다는 사실을 알게 되었고 작업자들은 자기 일을 자랑스럽게 여기게 되었다.
• 실험실 내에는 작업 감독자가 없었으며, **작업자 자신이 스스로 작업에 대해 책임감**을 가지게 되었다.
• 6명의 작업자 간에는 **공동의식과 협력적인 태도**가 형성되었으며 특히 그 중 1명이 비공식적인 리더가 되어 동료 간의 **연대감**을 높이게 했다.

이상의 분석 결과 메이요는 실험집단의 작업능률 향상은 작업장에서의 **물리적인 작업조건의 변화보다 작업자들의 심리적인 변화가 보다 더 중요하다고 결론**지었다. 즉 실험 대상인 여성 작업자 6명은 이 실험이 갖는 중요성을 인식함으로써 일종의 긴장감과 여러 사람들이 자신들을 주목하고 있다는 의식 그리고 작업조건의 개선에 있어서 **자기들의 의견이 존중되고 있다는 일련의 사실에서 만족감과 긴장감**을 가지게 되었던 것이다.

③ 면접조사(interviewing program, 1928~1930)

메이요는 계전기 조립작업장 실험 결과 나타난 작업능률 향상의 원인인 작업자의 심리적 측면을 중점적으로 조사하기 위해 약 20,000여 명의 종업원을 대상으로 3년간 면접을 실시하였다. 면접내용은 상사의 감독방법, 지도방법, 작업환경, 작업 그 자체에 대해 일상 작업생활 속에서 느끼고 있는 것을 묻는 것이었으며, 작업자들은 면접에서 주로 이에 대한 불만과 의견을 제시하였다. 그는 **작업자의 감정에는 개인적인 측면과 사회적 집단으로서 공통적으로 갖는 측면이 있음을 파악하였다.** 특히 작업자의 작업의욕은 개인적 감정에 의해서도 영향을 받지만, **그가 속한 집단의 사회적 조건에 따라서 더 크게 좌우된다는 것**이 밝혀졌다.

④ 배전기 전선작업실의 관찰(bank wiring room study, 1931~1932)

메이요는 앞서 조사한 연구결과 중 **작업자를 둘러싸고 있는 사회적 제 조건이 작업능률에 미치는 영향을 파악하기 위해 배전기 전선작업실을 대상으로 관찰연구를 실시하였다.** 이 곳에서는 14명의 남자 작업자가 자동전화 교환기의 부품을 생산하고 있었다. 조사결과에 따르면 작업장에는 **회사의 공식조직과는 별도로 자주적인 비공식 조직(informal organization)이 존재한다는 것이 확인**되었다. **또한 작업능률은 그와 같은 비공식 조직과 밀접한 관계가 있다는 것을 발견하였다.** 그리고 이 비공식 조직에는 무언의 집단규범이 있는 동시에 이것은 해당 조직 내에서 공통의 이익을 추구하는 특징을 갖고 있었다. 이들 전선 작업실의 작업자들 간에는 아래와 같은 일종의 도덕률이 형성되어 있었다.

• 너무 열심히 일해서는 안 된다.
• 너무 일에 태만해서도 안 된다.
• 동료에게 해로운 말을 상급자에게 고자질해서는 안 된다.
• 너무 잘난 체해서는 안 된다.

개인이나 집단으로부터 영향을 받는다는 것은 인간에게는 **사회적 요인이 작용**하는 것을 의미하는 것이다.

3) 호손공장 연구의 결과

① 한 사람의 작업자에게 나타나는 **작업능률은 그의 육체적 능력에 의해서라기보다 사회적 능력(social capacity)에 의해서 결정된다.**

② **비경제적 보수(noneconomic reward)**가 작업자의 작업동기와 만족을 결정하는 데 중심적인 역할을 한다.

③ **최고도의 직무전문화(분업)는 결코 가장 능률적인 직무형태가 아니다.**

④ **작업자는** 기업경영방침과 보상에 대해 개인으로서가 아니라 집단성원으로서 반응한다.

직무	인간(작업자)
• 비전문화 • 물리적 작업조건에 대한 낮은 평가	• 심리적 측면의 강조 • 사회적 동물 • 비공식집단

4) 기계적 접근법과의 차이점

'기계적 접근'에서 이상적으로 간주되었던 **직무전문화는 그 가치가 평가절하되었다.** 왜냐하면 **최고도의 직무전문화는 작업자로 하여금 일에 대한 흥미를 상실하게 할 뿐만 아니라 작업자의 작업의욕을 감소시킨다고 보기 때문이다.** 또한 '기계적 접근'에서 강조되었던 작업장에서의 물리적인 작업조건을 작업자의 심리적 · 사회적 조건보다 덜 중요하게 간주한 것이다.

'인간관계적 접근'의 특징은 **인간을 '사회적 동물(homo sociologicus)'로 보았으며 작업장에서의 작업능률이 작업자들 간의 사회적 관계에 의해서 대부분 결정된다고 보았다.** 사회적 조건에는 작업자가 속한 작업집단의 분위기, 비공식 집단의 규범, 개별 작업자의 집단에서의 위치 등이 포함된다.

'기계적 접근'에서 작업능률 향상을 위한 주요한 수단이었던 **경제적 보상(차등별 성과급)은 인간관계적 접근에서는 그 의미가 감소되었다.** 즉 경제적 보상 그 자체를 부정하지는 않았지만 그것보다 더 비경제적인 보상(인정감 부여, 일에 대한 흥미)을 강조하게 된 것이다.

5) 인간관계론에 대한 비판

첫째, **기업경영조직에 과연 비공식 조직이 존재하느냐에 대한 의문이 제기되었다.**

둘째, 특히 **노동조합의 반발이 매우 거세었다. 정작 종업원과 노조의 주 관심사인 급여와 같은 경제적인 보상을 등한시하는 듯한 인상을 주었기 때문이다.** 이러한 이유 때문에 노조는 이러한 접근방법에 대해 사용자가 실질적인 임금과 복리후생에 대해서는 관심을 갖지 않고 작업능률 향상을 위해 종업원들에게 등이나 두드리고 입에 발린 칭찬만 하는 **사탕발림 인사관리(sugar management)라고 혹평**하였던 것이다.

(3) 전략적 접근

1) 발생배경

1980년대에 들어와 기업이 보유하고 있는 인적자원이 기업성과에 결정적인 원인이 되고 경쟁력의 원천이 된다는 인식이 확산되었다. 이러한 인식은 자원기반이론(resource-based theory)이 정립되면서 오늘날 인사관리에 있어서 전략적 접근의 가능성을 보다 구체화시켰다.

자원기반이론에 의하면 특정 기업이 경쟁력 우위를 확보하기 위해서는 경쟁사가 가지지 못한 자원을 보유해야 하는데, 즉 **'자원이질성(resource heterogeneity)'이 있어야 한다는 것이다.** 또한 경쟁사가 자사의 경쟁우위를 모방하지 못해야 한다는 **'자원의 비이동성(resource immobility)'** 도 경쟁우위를 가능하게 하는 주요 요인이 된다.

기업이 보유한 자원을 통하여 지속적인 경쟁우위를 누리기 위해서는 **첫째 해당기업에 가치 있는**

자원이 있어야 하며, 둘째 경쟁사들이 독특하거나 희소하다고 여기는 자원이 있어야 하고, 셋째 완벽하게는 모방할 수 없는 자원, 넷째 경쟁사가 다른 자원으로 대체할 수 없는 자원이 있어야 한다는 것이다(Barney, 1997).

라이트와 맥마한(Wright & McMahan, 1992)은 인적자원과 특정 인사제도가 지속적인 경쟁우위의 원천이 될 수 있는 네 가지 상황(가치, 희소성, 모방할 수 없는 인적자원, 대체 불가능성을 제시하였다.

2) 내용

인간, 즉 인적자원을 기업경쟁력의 중요한 요소로 인식하고, 이들을 동기부여하고 개발해야 하는 것으로 보는 것이다. 이러한 접근은 기업의 〈인사부서 역할〉을 보다 적극적으로 전환시키는 인사정책의 패러다임 변화를 의미한다. 이러한 상황변화의 인식 하에 드바나(Devanna) 등은 기업의 전략적 경영이 전략, 조직구조 및 인적자원이라는 3가지 핵심요소로 구성되어 있으며 이러한 요소들은 다시 기업을 둘러싼 경제적·정치적 그리고 문화적 환경요소에 의해 영향을 받는 것으로 인식했다.

환경을 고려한 경영전략과 조직구조와 인적자원 간의 관계를 통합적으로 파악하며, 이들 간에 최대의 적합성(best fit)이 유지될 때 기업경쟁력이 확보된다는 것이다. 즉, 인적자원과 전략 및 조직구조가 서로 영향을 주고 받는 관계로 보는 것이다.

인사관리에 대한 전략적 접근은 아래와 같이 요약할 수 있다.

첫째, 기업의 인적자원이 주어진 직무만을 수행하는 존재가 아닌 **기업경쟁력 확보의 핵심요소**로서 **경영환경에 바탕을 둔 경영전략 및 조직구조와 연계되어 상호 영향을 주고 받으며, 기업경쟁력의 극대화를 위해 이들 요소들 간에 최대의 적합성이 있어야 한다는 이론**이다.

둘째, 경제적 측면에서 **인력을 더 이상 비용요소(a cost factor)로 보지 않고 투자요소로 간주해야** 함을 주장하는 이론이다.

3) 전략적 인적자원관리의 설계요소

첫째, 기업은 **외부환경의 영향요인**을 파악해야 한다.
둘째, **경쟁기업 및 노동시장의 변화에 따른 영향요인**을 파악해야 한다.
셋째, **기업이 선택한 인사관리전략은 그 기업의 경영전략(기업 전체수준)에 통합**되어야 한다.

4) 전략적 접근에 대한 비판

첫째, 전략적 접근의 핵심내용인 기업의 경영전략은 인적자원관리 **전략과의 적합성(fitness)의 극대화**인데 여기서 적합성의 정도에 대한 측정에 용이하지 않다.

둘째, 전략적 접근은 기본적으로 환경-경영전략-인적자원관리 전략 간의 연결을 그 내용으로 하는데 인적자원관리의 관념 및 제도가 기업이 추구하는 목표나 경쟁전략에 적합할 때가 그렇지 못할 때보다 조직의 유효성이 더 높다는 것이다. 그러나 **Pfeffer(1994)는 효과적인 인적자원관리는 어떤 환경이나 경영전략에서도 그 유효성이 나타날 수 있다고 주장하였다.**

보편론적 접근법(universalistic approach)

보편론적 접근법은 언제 어느 상황에서나 가장 효과적으로 적용될 수 있는 보편적인 인적자원관리 방식이 존재한다고 보는 방식이다. 대표적인 학자는 Jeffrey Pefeffer교수가 있으며 그는 **기업의 전략과 처한 상황에 상관 없이 언제나 성과를 내는 인적자원관리 활동을** 다음과 같이 제시하였다.

〈HR best practice〉

❶ 고용안정성 보장(employment security)
❷ 엄격한 선발(selectivity in recruiting)
❸ 고임금(high wages)
❹ 성과급(incentive pay)
❺ 종업원지주제도(employee ownership)
❻ 정보공유(information sharing)
❼ 참여와 권한위임(participation and empowerment)
❽ 자율적 관리팀(self-managed work team)
❾ 교육훈련과 개발(training and skill development)
❿ 교차훈련(cross-training)
⓫ 내부승진(promotion from within)

---

(4) 노동지향적 접근

1) 형성배경

노동지향적 접근은 **독일 경영학의 규범주의에** 비롯된 것으로, **경영학에서 규범주의란 경영학에 대한 도덕적·윤리적·사회적 가치판단이 필요함을** 주장한다.

2) 내용

종속적 관계에 있는 근로자의 이익을 관철시키기 위한 이론적인 틀을 제공하는 데 그 목적을 두고 있다. 이러한 접근은 **자본과 노동을 대립적인 갈등관계로 보고 노동을 자본보다 우선시하려는 일종의 이데올로기적인 규범적 속성을 갖고 있는 것이다.** 이 접근법은 결국 기존의 인사관리가 자본지향적이라고 지적하고 그 방향을 노동지향적으로 전환할 것을 주장한다.

제 5 절 　 인사관리의 개관

1 개요

(1) 제1부에서는 인사관리의 이론적 기초를 다루는데 이를 통해 인사관리의 학문적 뿌리와 그 구조를 이해하는 데 도움을 얻고자 한다.

(2) 제2부에서는 직무에 대해 논의한다. → 직무설계, 직무분석, 직무평가
 ① 직무설계
   • 직무구조설계 : 일의 내용과 수행방법을 설계
   • 직무과정설계 : 다른 직무와의 관계를 설정
   • 근무시간설계 : 근로시간의 길이 및 제 조건(예 휴게시간) 설정
 ② **직무분석** : 직무와 직무를 수행하는 사람에 대한 정보 수집
 ③ **직무평가** : 직무의 가치를 밝히는 활동

(3) 제3부에서는 **인력확보**에 대해서 **논의**되는데, 이 부분은 기업 인력관리의 기능적 과정에서 첫 활동에 해당되며 필요한 인력에 대한 예측과 이를 충원하기 위해 모집 및 선발활동에 대해 분석한다.

① 인력 수요 및 공급예측

② 모집과 선발

(4) 제4부에서는 **인력개발**에 대한 **이론**을 **소개**한다.

① **인사평가** : 종업원의 능력 평가[4]

② **교육훈련** : 인력개발의 직접적 도구

③ **이동 배치 및 승진** : 인력개발의 간접적 도구

(5) 제5부에서는 **종업원의 능력을 평가하는 인사평가**에 대한 **이론**을 **소개**한다.

(6) 제6부에서는 **인력보상**에 대해 분석한다.

① **직접적 보상** : 임금

② **간접적 보상** : 복리후생

(7) 제7부에서는 **종업원의 성과창출능력의 유지**에 대해 살펴본다.

① **산업안전** : 신체적 측면

② **모티베이션** : 정신적 측면

③ **노사관계** : 제도적 측면[5]

(8) 제8부에서는 **인력방출**에 대해 분석한다. 인력방출이란 자의든 타의든 기업조직을 떠나는 현상을 의미한다.

2 인사관리의 기능적 차원

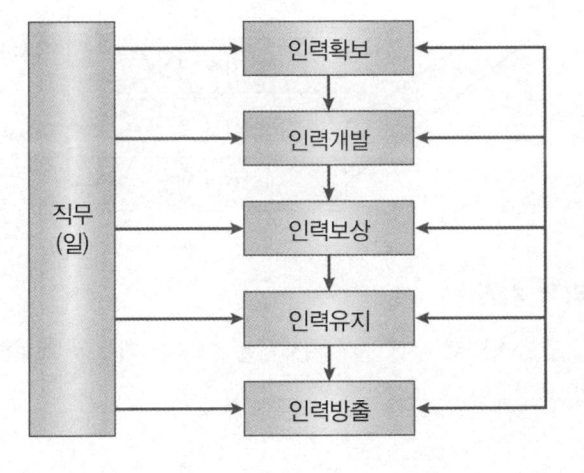

---

4) 박경규 교수님의 경우 인력평가를 개발 part로 분류
5) 노동조합과 기업과의 관계

(1) 인력확보

인력확보란 조직의 목표달성에 적절한 인력의 수와 질을 획득하는 활동을 말한다.

(2) 인력개발

기업의 인력개발 활동이란 **확보된 인력의 능력을 최대한 개발함으로써 조직의 목표달성의 정도와 유효성을 높이는 과정**이다.

(3) 인력보상

인력보상 활동이란 **종업원이 제공한 노동을 기업 목표달성에의 공헌 정도로 평가하여 보상을 제공**하는 것이다.

(4) 인력유지

인력유지활동은 **종업원의 성과창출 의지 및 능력을 계속 유지**하도록 관리하는 과정이다.

(5) 인력방출

인력방출활동은 **기업과 종업원 간의 고용관계가 끝나는 경우**를 말한다. 즉, 기존 종업원이 타의든 자의든 조직을 떠나는 현상을 말하는 것이다.

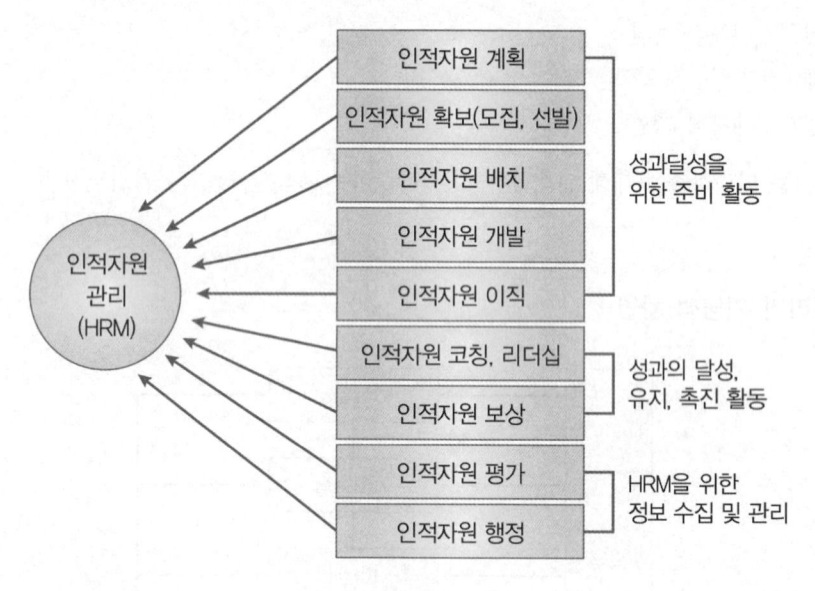

3 인사관리의 관리적 차원

인사관리의 제 기능을 효율적으로 수행하기 위해서는 이러한 기능을 계획하고, 실천하고, 통제하는 보다 체계적인 접근이 요청된다.

(1) 인력계획(Plan)

인사계획은 인사관리의 목적을 달성하기 위한 인력의 확보, 개발, 유지 등 **인사기능에 대한 계획 내지는 전략을 의미**하는데 일반적으로 인사계획은 **협의의 개념으로서 인력계획**을 의미한다.

인적자원계획(human resource planning)은 **기업이 미래에 요구되는 인적자원의 양과 질을 효과적으로 충당할 수 있도록 미리 계획하는 과정**을 말한다.

(2) 인력실천(Do)

기업 인사부분의 실천활동은 **수립한 인력계획을 요구시점(t)에서 현실에 옮겨서 집행하는 활동**을 말한다.

(3) 인력통제(See)

관리활동의 마지막 과정인 통제활동이란 **수행된 일(성과)을 평가하고 이것을 계획된 것과 비교하여 그 차이를 발견하고 이를 수정하는 활동**을 말한다. → as-is와 to-be 간의 괴리를 파악

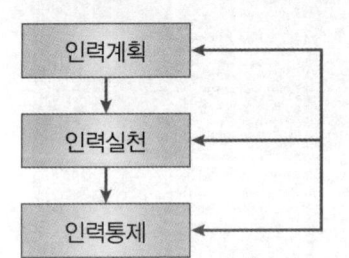

	인력확보	인력개발	인력보상	인력유지	인력방출
계획 활동	• 인력수요/공급 예측	• 종업원의 능력 평가 • 교육훈련 필요성 분석 • 경력욕구 분석	• 보상에 대한 욕 구구조 분석	• 종업원의 개인목 표 및 욕구구조 분석 • 노사관계시스템 분석	• 인력수요/공급 예측 • 이직원인분석
실천 활동	• 모집 • 선발	• 교육훈련 • 배치, 이동, 승진	• 임금수준 • 임금체계 • 복리후생	• 모티베이션 전략 • 산업안전 • 단체교섭	• 인력감축 • 이직대책
통제 활동	• 모집활동의 효과 성분석 • 선발활동의 타당 성 분석	• 교육훈련의 효 과분석 • 배치/이동 및 승 진에 대한 공정 성, 만족도 분석	• 보상수준의 적정 성 분석 • 임금체계의 공정 성 분석 • 복리후생 프로그 램 효과분석	• 종업원의 사기수 준 분석 • 산업재해 빈도 및 피해분석 • 단체교섭 결과 분석	• 인력감축 프로그 램의 효과분석 • 이직감소 프로그 램의 효과분석

4 인사관리의 제도적 차원

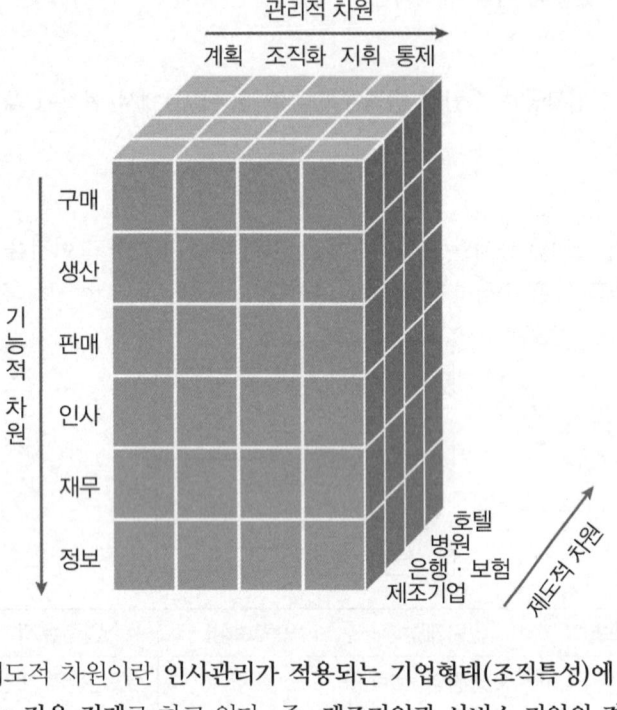

인사관리에 있어서 제도적 차원이란 **인사관리가 적용되는 기업형태(조직특성)에 따라 그 내용과 효율성이 달라질 수 있다는 것**을 전제로 하고 있다. 즉, **제조기업과 서비스 기업의 경우 그 특성상 인사관리 내용이 달라질 수 있으며**, 서비스 기업군 속에서도 은행·보험회사, 병원 그리고 호텔의 인사관리가 같다고 볼 수는 없을 것이다. **기업의 형태는 크게 제조기업과 서비스 기업(은행, 보험회사, 병원, 호텔)으로 분류**할 수 있으며, 규모별로는 대기업, 중견기업, 중소기업 등으로 분류할 수 있다.

(1) 제조기술과 서비스기술의 차이

제조기업이 그 주요 목적을 제품생산을 통해 이룬다면, 서비스기업은 서비스의 생산과 공급을 통해 목적을 달성한다. 제조기술에 비해 **서비스기술(service technology)의 가장 큰 차이는 무형의 산출물을 만들어내는 것으로, 냉장고를 만드는 것처럼 손에 잡히는 것이 아니라 페이스북(Facebook)처럼 사회적 네트워킹과 같이 손에 잡히지 않는 것이다(intangible).** 이처럼 서비스란 추상적이며, 물리적 제품과는 달리 **서비스는 지식과 아이디어로 구성**된다. 따라서 **생산업자의 제품은 차후에 판매를 위해 재고로 쌓아둘 수 있지만, 서비스는 생산과 동시에 소비된다는 특성이 있다.** 고객은 **의사나 변호사와 만난다.** 그리고 학생과 교사는 강의실이나 인터넷에서 함께 있다. 서비스란 무형의 제품으로 고객요구가 있기 전까지는 존재하지 않는다. 저장할 수 없고, 최종제품으로 볼 수도 없다. 만일 서비스가 생산되면서 바로 소비되지 못하면, 이는 사라지고 만다. 그래서 **서비스기업은 노동집약적이며 지식집약적이다. 반면 제조업은 자본집약적이고 대량생산, 연속공정, 그리고 스마트 생산기술에 대한 의존도가 높다.**

서비스 분야에서 고객과 종업원의 직접적인 상호작용은 매우 높다. 반면 제조업의 핵심기술에서 고객과 종업원 간의 직접적인 접촉은 거의 없다. 이런 직접 상호작용의 의미란 **인적요소(종업원)가 서비스기업에서 매우 중요**하다는 것이다. 서비스는 고객의 만족 수준을 결정하게 된다. 서비스의 품질은 느껴지는 것이지 유형의 제품처럼 직접 측정되고 비교되는 것이 아니다. 또 다른 고객만족과 품질서비스의 지각에 영향을 미치는 요인은 빠른 반응시간이다. 서비스는 반드시 고객이 원하고 필요로 할 때 제공되어야 한다.

서비스기술	제조기술
1. 손에 잡히지 않는 제품(intangible)	1. 손에 잡히는 제품(tangible)
2. 생산과 소비가 동시에 일어남	2. 훗날 소비를 위해 재고 가능
3. 노동과 지식집약적	3. 자본중심
4. 고객과의 상호작용이 높음	4. 소비자의 직접적 상호작용이 적음
5. 인적요소가 매우 중요	5. 인적요소가 덜 중요함
6. 품질이 느껴지며, 측정이 어려움	6. 품질을 직접 측정가능
7. 신속한 반응시간이 필요	7. 긴 반응시간도 수용가능함

(2) 제조기업의 인사관리

제조기업의 직무특성은 제품을 생산하기 위해 구체적인 기술을 투입시키는 것이다. **산업사회의 초기에는 작업자 일변도였으나 점차 기술이 발전됨에 따라 기계로 넘어가게 되었다.** 오늘날 마이크로일렉트로닉스(micro electronics)시대에는 컴퓨터를 지원받은 **자동화생산시스템(computer aided manufacturing : CAM)으로 발전**하고 있다.

1) 인력확보

인력선발 시 공석의 **직무가 요구하는 직무수행 자격요건은 비교적 구체적으로 인식이 가능**하다. 또한 이러한 직무에 대한 지원자의 자격평가도 서비스기업보다 용이하다. 그러나 필요한 기능을 갖춘 기술인력을 확보하는 데에는 많은 어려움이 존재한다.

2) 인력개발

구체적인 기술(기능)을 교육시키는 교육기관이 충분하지 않을뿐더러 **급격한 제조기술의 변화로 종업원이 보유하고 있는 기술(기능)이 비교적 빠른 속도로 노후화**되기 때문이다.

3) 인력보상

제조기업에서의 **제품의 생산결과(업적)의 평가에는 커다란 어려움이 존재하지 않는다.** 그러나 종업원의 생산활동의 결과인 가치창출에 대한 측정의 용이함으로 인해 **창출된 가치의 분배(임금, 복리후생 등)에 대한 기준설정에 있어서 노사간 합의점을 찾는 데 항상 어려움이 도사리고** 있다.

4) 인력유지

생산작업장에서의 **산업재해 문제에 주의**해야 한다.

5) 인력방출

인력확보와 직접적으로 연결되어 있으며, 특히 **제조기술의 발달로 인한 유휴인력이 발생했을 때 기업 측이나 종업원 측 모두 어려운 문제에 봉착**하게 된다. 기업이 경쟁력을 확보하기 위해 생산라인에 로봇을 도입했을 때 종업원 10명을 사용하는 작업장은 이제 종업원 1~2명이면 충분하기 때문이다.

(3) 은행·보험기업의 인사관리

은행과 보험기업은 **전형적인 서비스산업**으로 은행·보험업의 직무는 대부분 화이트 칼라이다. 이러한 조직에서 나타나는 주요 특징은 아래와 같다.

첫째, 고객과 생산자의 **직접 접촉**이 일어난다.

둘째, 서비스 산출물의 **무형성(intangible)**이다. 서비스는 형태가 보이거나 만져지지 않기 때문에 서비스 활동을 측정하기가 용이하지 않다.

1) 인력선발

제조기업에서는 직무가 요구하고 있는 자격요건도 구체적으로 인식되고 지원자가 갖추고 있는 자격도 명확하게 평가할 수 있기 때문에 직무와 사람 간의 적합성(fitness)을 상당히 확보할 수 있겠지만, 서비스업은 인력을 선발할 때 직무가 요구하는 자격요건과 지원자가 갖고 있는 '**일반적인 능력**'(예 대졸 상경계, 상고졸 등)을 **비교하여 적합성 여부를 판단**하게 된다.

2) 인력개발

제조기업의 경우 생산기술의 변화속도가 비교적 빠르기 때문에 기술(기능)의 노후화 현상이 많이 나타나 인력개발의 적시성과 구체성이 많이 요구되지만 **서비스업은 교육훈련의 내용이 구체적인 제품의 생산기술보다 비구체적인 것이 많다.**

평가 또한 종업원에 대한 능력평가, 업적평가 자체가 덜 구체적이기 때문에 이 업종에서의 승진 및 인사이동의 기준은 대개 **구체적인 업적보다도 연공을 많이 반영하는 경향**이 있다.

3) 인력보상

업적평가의 어려움 때문에 보상에 대한 공정성 확보가 쉽지 않다. 따라서 **연공을 기준으로 임금을 책정하는 경향이 확산되어 있어 조직이 정체될 가능성이 존재**한다.

4) 유지활동

사무직(화이트칼라)에 대한 **리더십 발휘, 동기부여** 등이 용이한 것만은 아니다.

5) 인력방출

긴박하거나 도전적 상황이 제조기업에 비해 상대적으로 매우 낮다. 은행 및 보험업종 정규직의 이직률은 다른 업종에 비해 매우 낮으며, 기술변화의 속도가 제조기업보다 느리기 때문에 기계화·자동화를 통한 인력감축에 대한 이슈의 강도도 별로 높지 않다. 따라서 서비스업의 경우 **핵심인재의 자발적 이직 방지 관리가 중요**하다.

(4) 병원조직의 인사관리

1) 병원조직의 특성

첫째, 의료서비스 제공에 **긴급성**을 띠는 경우가 많다.

둘째, 의료서비스는 높은 **공공성**과 **윤리성**을 갖고 있다.

셋째, **의료서비스 선택에 대한 합리적인 의사결정**을 고객인 환자가 하기가 어렵다.

2) 병원조직의 인사관리

① 인력확보

의사에 대한 수요와 공급예측이 매우 어렵다. 정부가 강력한 공급통제를 하고 있는 실정이다. 또한 의료인력의 수요변동에 따라 단시간 내에 확보하기가 매우 어렵다. **따라서 병원조직은 특히 의사에 대한 수요 및 공급예측을 장기적으로 수립하는 데 많은 투자가 요구된다.**

② 인력개발

병원조직에 종사하는 대부분의 인력은 해당 직무에 맞는 **구체적인 자격을 획득**한 후 의료서비스에 종사하기 때문(**과업 기술의 표준화에 의한 조정**)에 교육훈련의 내용은 새로운 자격획득이 목적이 되기보다 주로 **서비스의 질 향상**과 관련된다.

③ 성과평가

인간의 생명을 다루기 때문에 **소요되는 비용이나 수익을 경제적 가치로 전환하여 평가하는 데에는 많은 무리가 따른다.** 즉, **병원조직의 목표로서 공익성과 수익성 간의 딜레마가 존재한다.**

④ 보상관리

일반 제조업체보다 훨씬 복잡하고 어려운 문제가 존재한다. 특히 **전문인력**이기 때문에 **외부 공정성이 중요**하다.

⑤ 인력유지

의료서비스를 제공하는 조직구성원의 환자에 대한 태도, 병을 고쳐야 한다는 사명감 그리고 이것이 생명을 다루고 있다는 도덕심 등에 대한 마음자세, 즉 **정신적 측면의 성과창출 의지를 확립·유지·고양**시키는 문제가 매우 중요하게 부각된다.

⑥ 인력방출

병원에서의 이직비용은 인간의 생명과 관련되는 비용이다. 따라서 **의료서비스를 제공하는 데 필요한 자격을 갖춘 인력의 이직에 대한 예방대책이 인력방출 활동의 핵심내용**이다.

	제조기술 예 제조기업	서비스기술 예 은행, 보험
확보	구체적 기술 (예 용접 · 도장기술) → P−J fit	일반적인 능력 (예 대졸 상경계) → P−O fit[6]
개발	• 기술 전문성이 요구 → 직무전문화 • 경력개발 → specialist 　(구체적 기술)	• 일반적 능력이 요구 → 직무확대화 • 경력개발 → generalist 　(아이디어, 지식)
평가	상대평가	절대평가
보상	성과(업적)기준	연공기준
유지	maslow의 저차욕구	maslow의 고차욕구

---

6) person−organization fit. 개인과 조직과의 적합성. 즉, 개인−조직 간 적합성이란 개인의 가치와 조직의 가치(예 조직문화 등) 사이의 적합성을 의미한다. Schneider(1987)의 ASA(attraction−selection−attrition)에 의하면 **조직성격은 그 구성원들의 성격의 산물인데, 조직과 비슷한 성격을 가진 사람은 그 조직에 끌리고 선발되어 오래 남아 있고(유인) 다른 성격을 가진 사람은 선발되지도 않지만 혹시 들어와도 불만을 느끼고 나가기(퇴출) 때문에 결국에는 조직성격에 맞는 사람들만으로 구성된다는 것이다.**

02 | 인사관리의 환경적 차원

제1절　인적자원관리의 외부환경

1 배경이론

(1) 시스템 접근법

1) 의의

베르탈란피(L. V. Bertalanffy)의 일반시스템이론은 유기체를 시스템의 예로 설명함으로써 조직에 대한 생물학적 은유를 확산시켰다. 기업을 하나의 사회적 시스템으로 보고 인적자원관리를 투입요소, 투입요소의 개선, 위생적 요소, 구조적 요소, 산출요소 등 하위요소로 구분하여 **인적자원관리를 부분시스템과 전체시스템의 관계로 이해**하는 접근법이다. 시스템 접근법으로 인적자원관리를 이해하면 **인적자원관리의 기능들은 하위시스템으로서 투입, 변환과정, 산출부문을 형성하고 있으며 외부환경은 인프라(infrastructure) 기능을 수행**한다고 볼 수 있다.

시스템이란 **전체의 목적을 달성하기 위해 함께 일하는 부분(구성요소들)들이 서로 유기적 관계를 가지고 상호작용하여 산출물을 만들어내는 구성체**를 의미한다. 이는 **환경과의 상호작용을 포함**한다. 즉, 인적자원관리는 투입−활동−산출의 시스템이며 시스템에서는 하위 구성요소들이 유기적으로 상호 연관되어 있고 그들의 상호작용에 의해 전체 인적자원관리의 특성이 규정된다.

비전과 경영전략에 의해서 규정되는 성과는 전략적 성과이다. 그리고 이 전략적 성과를 달성하기 위한 조건은 인적자원 측면에서 어떤 성과가 달성되어야 하는가, 즉 **인적자원 성과가 결정되고 이를 통해 경영전략을 성공시키는 데** 있다. **인적자원을 경영전략의 성공을 가능하게 해주는 방식으로 운영해야 경영전략이 성공할 수 있는 것이다.** 예를 들어 우리 회사가 끊임없이 확장하는 개척자형 전략을 채택한다면 이 전략을 가능하게 해주는 것은 구성원들의 높은 창조성과 도전정신과 열망이다. 이처럼 경영전략에 맞게끔 인적자원을 경영해야 한다(**전략적 성과와 인적자원 성과의 정렬(alignment)**).

2) 개방시스템(Open system)

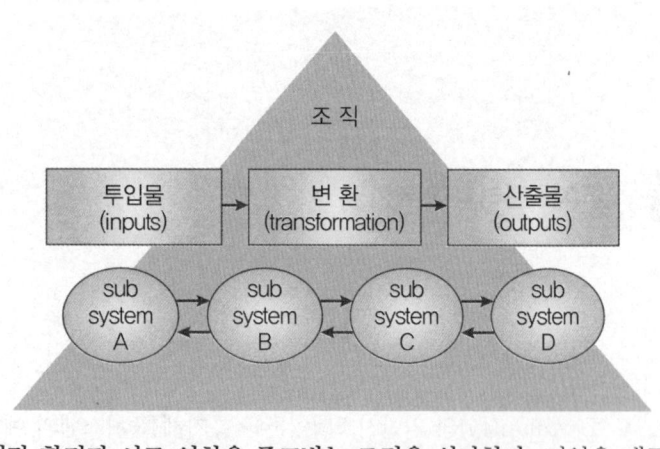

개방시스템이란 환경과 서로 영향을 주고받는 조직을 의미한다. 기업은 대표적인 개방시스템의 하나다. 복잡한 환경에서 인적자원을 관리하는 하나의 최선의 방법(one best way)은 이제 더 이상 존재하지 않는다. 인적자원관리방식은 개별조직이 속한 사회의 법과 제도, 조직규모, 시장상황, 사용기술, 노동조합 등에 따라 각각 다르게 된다.

반면에 **폐쇄시스템(closed system)이란 환경과의 관계를 고려하지 않고 기업 내부의 인적자원만 잘 관리하면 인적자원관리에 성공하는 것으로 간주하여 주로 내부의 인사제도, 인간관계 등에 대하여 관심을 두는 것이다.** 그러나 점차 사회가 복잡해지고 개방시스템이론이 경영학에 도입되기 시작하면서 환경이 인적자원관리의 중요한 변수로 대두되었다.

(2) 상황적 접근법

상황이론은 환경 변화에 알맞게(good fit) 관리하는 것이 최선의 관리라고 주장한다. 즉, 상황변수에 맞는 다양한 one best way의 조직관리 방식이 있다고 설명한다. 즉, 기업을 개방시스템으로 상정하여 환경과의 다양한 관계로 인해 주어진 상황에 적합한 리더십 스타일과 인적자원관리가 효과적이라고 이해하는 접근법이다.

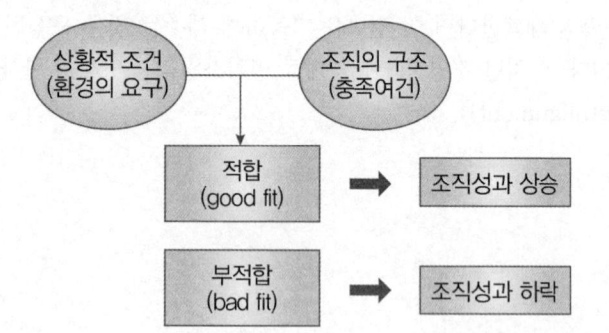

2 PEST 분석 : 거시환경분석의 틀

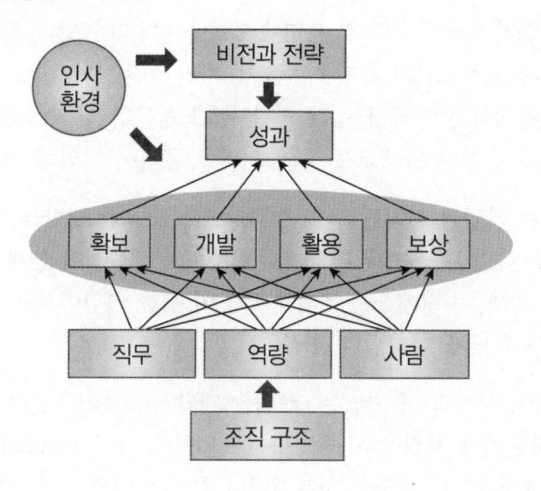

거시환경분석(PEST ; Political, Economic, Social and Technological analysis)은 환경 파악에 사용되는 거시적 환경 요소를 묘사한다. 인사관리의 환경적 차원의 변화를 요약하면 다음과 같다.

(1) 정치적 환경 : Political

정치적 환경은 **법적, 제도적 측면**을 의미한다. 자본주의 경제체제는 자유시장경제를 토대로 하지만 상대적으로 약한 노동자를 보호하는 취지에서 법과 제도를 만들어서 간섭하고 통제하게 된다. 따라서 기업은 아무리 힘이 있더라도 노동관련 법안을 초월하여 인사정책을 펼 수 없다.

1) 정부의 정책과 노동관련 법령

정부는 기업을 둘러싼 다양한 이해관계자들의 서로 다른 이해를 조정하기 위해서 **고용과 임금, 보건 및 안전, 제품의 가격, 환경오염 등의 여러 사안에 직접 개입**한다. 이는 사회정의 차원에서 이해관계자들 간의 분배의 형평성을 실현하기 위한 것이다. 정부는 인적자원관리와 노사관계의 전반에 걸쳐서 개입하고 있다. 정부는 노동관계법을 제정함으로써 사용자와 근로자 간의 관계에 룰(rule)을 제공하여 산업평화, 사회문제 최소화, 나아가 국가경쟁력 강화라는 복합적인 목적을 추구해 왔다.

> ■ **근로시간 단축과 근로시간 유연화**[7] ★
> 2018년 2월 근로기준법 개정안이 국회를 통과함으로써 5인 이상 사업장은 주 40시간 근무를 원칙으로 하되, 불가피한 경우 연장근로 12시간을 포함하여 최대 52시간까지만 일할 수 있도록 강제되고 있다. 이러한 근로시간 단축은 일과 생활의 균형(Work & Life balance, 워라밸) 증대 등의 긍정적 효과를 기대할 수 있다. 반면 초과근로 감소로 인한 급여 및 수당저하에 따른 구성원 불만증가, 업무성과 저하 등 문제가 발생할 수 있다.

---

7) 신인사관리(박경규, 홍문사), 제3장. 3. 근무시간의 설계

2) 노동조합

노동조합은 기업의 인사정책의 수립 및 운영에 영향을 미친다. 노동조합은 '노동자가 주체가 되어 자주적으로 단결하여 노동조건의 유지·개선 및 기타 노동자의 경제적·사회적 지위의 향상을 도모함을 목적으로 조직하는 단체 또는 그 연합단체(노동조합 및 노동관계조정법 제2조 제4호)'로 정의되는데 노동법에 규정된 단체교섭 등의 권리를 통하여 기업의 의사결정에 영향을 미친다.

노동조합과의 관계는 기업의 사람관리 및 성과창출에 중요한 영향을 미치게 된다. 협력적 노사 관계를 유지하고 있는 기업은 구성원들의 직무만족도와 생산성이 높게 나타나며 그 결과 기업의 경영성과 경쟁력도 높다. 반면에 **노동조합과 갈등이 심한 기업에서는 구성원들의 직무만족도와 조직에 대한 충성심이 낮게 나타난다.**

기업 내 노동조합이 생기게 되면 기업은 더 이상 개별적 인적자원관리 수준에서만 다룰 수 없게 되고 **집단적 인적자원관리 차원에서** 근로자 대표권한을 가진 **노동조합과 협의 및 교섭을** 해야 한다. **집단적 인적자원관리는 결국 노사관계이며 기업은 이제 근로자집단을 대등한 조직으로서 상대해야 한다.**

(2) 경제적 환경 : Economic

경제적 환경의 대표적 요인으로는 노동시장의 변화와 세계화를 들 수 있다.

1) 노동시장의 변화

기업의 인적자원관리는 노동시장 상황에 의해 영향을 받는다. **노동시장이란 노동력이 거래되는 곳을** 말하며 노동력을 구입하는 자는 사용자가 되며 노동력을 판매하는 자는 노동자가 된다. 조직이 필요로 하는 노동력의 수요와 공급은 기업의 인적자원관리에 영향을 미친다.

■ 인력구성의 변화

21세기 기업인력의 트렌드는 무엇보다도 **다양성(diversity)**이다. 구성원의 다양성으로 인한 그들이 가지고 있는 가치관 내지 경험의 차이 때문에 나타나는 커뮤니케이션 실패는 오해 및 갈등을 증가시킬 수 있다. 한편 다양성(Diversity)이란 조직이 성별, 나이, 인종, 윤리, 성적 지향, 기타 특성과 관련해 더욱 **이질화(heterogeneity)되어간다**는 개념이다. 즉, 집단 내 구성원 간 차이점을 의미한다.

❶ 표면적 다양성
  성별, 인종, 민족, 나이, 장애상태 등 쉽게 파악할 수 있는 특성 차이로, 사람들의 사고 활동이나 감정상태가 반영된 것은 아니지만 **고정관념을 유발하는 원인**이 되기도 한다.

❷ 내면적 다양성
  가치관, 성격, 일에 대한 선호도 차이로, 사람들이 함께 어울리면서 **서로 간의 유사성을 파악**하며 시간이 갈수록 중시된다.

'신세대'라고 칭하는 젊은 근로자들의 가치관은 기존 종업원들의 그것과 상당한 차이를 보여준다. 한편 인종 내지 국적 그리고 직종 관련 **차별대우의 문제**가 발생할 수 있다. 또한 우리나라 인구의 고령화 추세는 그대로 기업에 반영되고 있다. 우리나라 기업의 임금형태가 아직도 연공

급(특히 생산직의 경우)이 주류를 이루고 있음을 고려해 볼 때, 기업의 인건비 부담이 가중되고 있다. 기업 내 인력구성과 관련하여 또 다른 이슈는 바로 비정규직 문제이다.

요컨대 **인력구성이 다양해지면서 다양성 경영(diversity management)이 대두되고 있는 바**, 최근의 다양성 경영은 개인화된 인사관리의 형태로 나타나고 있다.

성과 접근법(성과주의) = 개인화된 인사관리

미국의 허드슨 연구소(Hudson Institute)가 노동부의 위촉을 받아 수행한 '새로운 노동력' 프로젝트의 보고서가 출간되었다. 이 보고서를 요약하면 **"획일화된 경영, 획일화된 인재상을 버리고 다양하고 유연한 경영, 다양한 인재양성에 주력해야 한다"**는 것이다. 즉, "One Size Fits All(한 가지 사이즈의 사람을 요구하고 이 사이즈에 조직 내 모든 사람을 맞추는 식의 인사관리)" 식의 경영은 직장에서 하루 속히 사라져야 한다는 것이다. 이 보고서의 부제는 '다양성의 이점 살리기(gaining the diversity advantage)'로 근로자의 다양성을 최대한 활용하기 위한 인사관리의 기본방향은 '개인화 (individualizing)'를 지향해야 한다고 역설한다.

1. 개인화된 인사관리의 내용

(1) 사람과 직무의 적합성(person－job fit)

개인－직무 적합성(Person－Job fit)이란 **개인의 특성이나 능력이 특정 직무에 부합하는 정도**를 의미한다. 구체적으로 P－J fit은 ① 개인이 직무를 수행하기 위해 필요한 지식(knowledge), 기술 (skill), 능력(ability)을 가진 정도와 ② 직무의 특성과 개인의 욕구(needs)와 일치하는 정도를 의미한다. P－J fit은 **직무에서의 목표를 개인의 목표와 일치시킴으로써 조직에의 목표달성을 원활하게** 달성할 수 있다.

(2) 성과에 대한 차별적 관리와 보상

개인이 수행할 업무와 동료를 스스로 선택하고, 스스로 계획을 세워 업무를 수행하고, **달성된 성과에 따른 차별적 보상**을 실시한다.

(3) 정보공유와 구성원의 참여

조직 내 수평, 수직적으로 정보가 물 흐르듯이 흐르는 조직을 만들고, 구성원들이 경영에 적극 참여할 수 있는 길을 열어주는 '근로자 참가'를 의미한다.

(4) 근로자의 라이프스타일과 생활의 욕구 충족

근무시간의 유연화, 가정 친화적 인사관리(family－friendly HRM), 근로자의 여가사용 후원, 사적 관심사(예 건강, 취미생활)에 대한 조직차원의 지원을 의미한다.

2. 성과주의 인사관리의 내용

성과주의 인사관리는 ① 개인화에 기초를 둔 유연적 경영의 일환이며, ② 21세기 조직이 필요로 하는 다양한 인재를 확보, 양성하는 데 적합하고, ③ 개인의 시장가치를 높이는 데 기여하며, ④ 개인의 개성, 창의력, 잠재력, 고용가능성(employability)을 높일 수 있다.

3. 다양성 경영의 효과

다양성 경영은 ① 자아존중과 자아실현욕구 등 고차욕구를 충족시킴으로써 동기부여를 통한 직무 만족을 향상시키고, ② 직장생활의 질(QWL)을 높임으로써 조직몰입이 증대될 수 있으며, ③ 구성원 간 교류와 개방성을 높임으로써 혁신은 물론 팀 조직 등 여러 방안을 잘 활용한다면 애사심을 통한 일체감이 향상될 수 있다.

① 고령화

우리나라는 급격한 속도로 고령화 사회를 거쳐 고령사회로 나아가고 있다. **2011년 통계청이 발표한 「장래인구추계」에 따르면 65세 이상 인구의 비율이 2000년 7.2%이던 것이 2010년에는 11%, 2020년에는 15.7%, 2050년이면 37.4% 등으로 급격하게 증가할 것으로 예측된다.** 반면 저출산의 영향으로 0~14세 인구의 비율은 2000년 21.1%이던 것이 2010년에는 16.1%, 2020년에는 13.2%, 2050년이면 9.9%로 급격하게 감소할 것으로 예측된다. 그런가 하면 우리나라 전체 취업자 가운데 55세 이상 고령자가 차지하는 비율은 2000년 15.2%에서 2009년에는 19.4%까지 올라 20% 돌파를 눈 앞에 두고 있다.

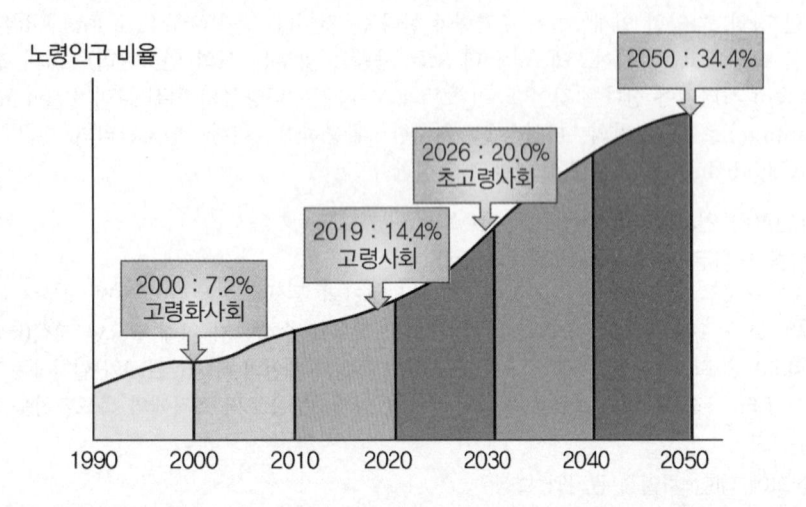

노령인구 비율

2050 : 34.4%

2026 : 20.0%
초고령사회

2019 : 14.4%
고령사회

2000 : 7.2%
고령화사회

1990 2000 2010 2020 2030 2040 2050

1955년부터 1964년 사이에 태어난 **베이비붐 세대의 본격적인 은퇴와 함께 국민연금 등 사회적 부담이 늘어나는가 하면** 15~64세 생산가능인구 대비 65세 이상 인구의 비율을 나타내는 **노년부양비도 급격하게 늘어나** 2010년 기준 15.2%이던 것이 2050년이 되면 71%로 높아진다. 이는 생산가능인구 1.4명이 노인 1명을 부양하게 된다는 의미로 미래 생산연령층의 사회보험료 부담 증가속도는 매우 빠를 것으로 예상된다. 이러한 사회적 부담의 급증과 기대수명의 증가는 정년 연장에 대한 사회적 요구로 나타날 것이다. **이러한 정년 연장은 기업에서는 고령자 인력관리의 필요성과 함께 일반해고가 자유롭지 못하고 연공급여의 성격이 강한 우리나라에서는 인건비 부담으로 작용할 수 있어 효과적 대응방안이 강구될 필요가 있다.**

② 고학력화

노동인력의 교육수준이 향상되고 있다. 국민 전체의 교육수준 향상에 따라 새로 들어오는 조직 구성원의 교육수준이 전반적으로 향상된다. 이는 **직무능력의 향상이라는 긍정적 측면과 함께 직무와 능력의 불일치**, 즉 높은 학력에도 불구하고 단순 직무를 담당하여야 한다든가, 또는 **높은 학력으로 인한 기대수준의 향상** 등의 문제도 야기한다.

③ 여성인력의 증가

사회 각 분야에서 여성인력의 참여가 두드러질 것으로 전망된다. 교육수준의 향상, 이에 따른 여성의 자아실현 기회 추구 및 여권운동으로 인한 여성의 지위향상 등으로 인해 여성의 각종 직업에의 진출이 두드러질 것이다. **여성 인력 진출에 따른 여성의 생리적 특성 및 출산의 문제, 또는 자녀와 가정을 위한 시간 할애에서 발생되는 문제를 해결하기 위한 선택적 근로시간제 (flexible time)의 도입이나 파트타임(part time) 근무 등이 활성화**될 것이다. 또한 **여성의 직장 생활을 위해 육아 문제 해결을 위한 보육시설의 마련과 운영도 복지와 관련하여 중요한 이슈가 될 것이다.**

④ 비정규직의 증가

노동시장의 유연성(flexibility)과 관련된 것으로 유연성이란 노동력이 한 조직에서 쉽게 들어오고 나가거나 조직 간 이동성이 자유로운 정도를 말한다. 과거 우리나라는 무해고 경영이라는 말에서 볼 수 있듯이 매우 경직적이었지만 **글로벌 경쟁 시대를 맞아 경기변동에 따라 탄력적으로 고용을 관리하고 한편으로 인건비를 축소하기 위해 기업이나 국가적으로 노동시장의 유연성 제고가 요구**되고 있다. 그에 따라 기업들은 계약직, 파견근로자 도급사원 등 소위 비정규직을 확대하고 있는 추세다. 비정규직 근로자란 **무기계약(정규직) 근로자가 아닌 다른 형태의 근로자로 단시간, 파견, 일용직 등을 통칭하여 이르는 개념**이다.

노동시장 유연화의 성공을 위해서는 무엇보다도 **노동시장이 잘 발달**되어야 하고, **당사자인 근로자들의 적응능력과 유연한 기능 숙련 습득의 기회 제공이 중요한 과제다.** 기업 차원에서는 **다양한 경력기회의 제공 및 경력개발 지원 등이 병행적으로 추진**되어야 한다. 이제는 **고용안정이 보장되는 평생직장 개념이 사라져가고 있음을 주지하고 평생직업 개념을 바탕으로 자신의 기능과 지식을 끊임없이 쇄신**하고자 노력해야 한다.

2) 세계화

경제의 개방시대를 맞아 기업의 경영활동은 이제 더 이상 한 지역, 한 국가에 머무르지 않는다. **세계가 하나의 커다란 시장이 되고 있기 때문에** 자원의 획득, 이용, 판매 등이 여러 국가·지역에 걸쳐서 일어나고 있다.

■ **글로벌 인재의 수요증대**
① **핵심인력의 유출위험**
② 글로벌 **경영리더의 부족현상**
③ 글로벌 인재의 **몸값 상승**
④ 문화차이를 극복할 수 있는 **글로벌 조직문화의 형성**

---

(3) 사회문화적 환경 : Social and Culture

1) 개념

사회문화적 환경이란 개인의 행동에 영향을 미치는 집단이나 **문화, 신념, 가치관, 태도, 행동규범, 견해, 라이프스타일 등과 관련된 환경**으로서 사회의 역사와 전통, 종교적·문화적 유산에 의해 영향을 받는다. 이러한 요인들은 조직구성원의 태도와 행동에 영향을 미친다. 대표적인 예시로는 세대적 차이가 있다.

2) 근로가치관의 변화

근로생활의 질에 대한 이슈는 오늘날 **일과 삶의 균형(work-life balance)으로 전개**되고 있다. 이러한 근로가치관의 변화는 기업 인사관리에 어려움을 가져다준다. 기업 내 근본적으로 **근무환경을 개선할 수 있는 경제적 복지프로그램을 도입**하지 않을 수 없게 된다. **특정 기업이 근로생활의 질을 지원하지 않는 인사관리를 할 경우, 기업이미지가 나빠져 우수인재 확보에 어려움이 나타날 뿐만 아니라 소비자들에게 나쁜 이미지를 주어 제품판매에 부정적인 영향이 나타날 것이다.**

3) 윤리경영에 대한 요구증대

윤리경영은 오늘날 경쟁력을 확보할 수 있는 **생존의 문제**로 인식되고 있다. 윤리경영이 기업을 성공적으로 이끌 수 있다는 논리는 이미 수많은 학자들에 의해 검증된 바 있다. **윤리경영은 고객에 대한 긍정적 이미지를 제고하고, 조직구성원은 기업에 대해 자부심을 가지고 신뢰할 수 있다.**

윤리경영은 기업의 사회적 책임(corporate social responsibility : CSR)과도 관련이 있는데, **기업의 사회적 책임(corporate social responsibility : CSR)은 경영자 윤리가 확장된 개념이며 구성원, 고객, 주주, 공동체, 지역사회와 같은 모든 이해관계자의 복지와 이익에 기여할 수 있도록 의사결정을 하고 행동을 해야 하는 경영자의 노력**을 말한다. 기업의 사회적 책임에 대한 긍정론과 부정론의 입장이 있는데, 그 내용은 아래와 같다.

① **부정론** : 기업이 이윤을 내고 고용을 확대시키는 것만으로 사회적 책임을 완수한다는 입장이다.

② **긍정론**

❶ 기업의 제품을 고객이 구입한다고 하더라도 이 제품생산으로 인해 제품을 구입하지 않는 다수에 피해를 주는 경우 **예** 환경오염

❷ 기업이 경영을 하기 위해 도덕적 해이(moral hazard)에 빠지는 경우도 있다.

도덕적 해이란 일반적인 의미로는 미국에서 보험가입자들의 부도덕한 행위를 가리키는 말로 사용되기 시작하였다. 윤리적으로나 법적으로 자신이 해야 할 최선의 의무를 다하지 않은 행위를 나타내는데, 법 또는 제도적 허점을 이용하거나 자기 책임을 소홀히 하는 행동을 포괄하는 용어로 확대되었다. 경제학적 의미로는 정상적인 시장을 해칠 수 있는 경제주체들이 자신들이 빠져나갈 구멍만 찾고 도덕적·윤리적·경제적으로 부정적인 태도 및 행동으로 타인이나 사회에 위험 또는 위협적인 요인을 제공하는 것이다.

❸ 기업을 개방시스템(open system)으로 볼 때 기업은 창출한 가치를 외부(사회)로 내보내고 또한 외부로부터 에너지(자원)를 받아들여야 한다. 즉, 기업의 외부세계는 바로 고객(잠재고

객 포함) 등 기업의 이해관계자들인 것이다. 이러한 기업의 외부세계는 기업경영에 있어 자원을 획득하는 원천이 되는 것이다.

4) 세대 차

세대 차(generation gap)란 **세대 간에 차이나 가치관이나 신념 등에 관한 견해의 차이다.** 기업에서는 세대의 특성에 따라 인적자원관리나 리더십에 있어서 대응방안이 달라져야 하기 때문에 의미가 있다.

X세대	MZ 세대
1968년 전후 출생한 세대로 부모가 이룩해 놓은 복지 상태에 이르는 것을 포기한 첫 세대로서 80년대 불경기를 체험하였고 **이상적이라기보다는 현실파**이다. 모든 것을 편리하게 하려고 하고 필요 이상의 노력을 안 하는 경향이 있다.	1980년대~2010년 초반 출생한 세대로 자기 표현이 강하고 개성을 극대화하는 부분을 직극적으로 소비하는 경향이 있다. **IT와 모바일에 능하고 대학진학률이 높다.** 전 세대와 달리 내집마련이나 결혼과 출산을 선호하지 않고 여가를 통해 삶을 즐기고자 하는 경향이 있다. 따라서 직장생활에서도 **일과 생활의 균형(워라밸)을 추구**한다.
	한편 이들은 어려서부터 컴퓨터와 인터넷으로 놀이와 학습을 하며 자라 **인터넷 환경에 아주 친숙**하고, 성인이 되어서도 디지털 문화에 지대한 영향을 받으며 생활하고 있다. 페이스 북이나 트위터같은 **소셜 미디어(SNS)를 적극적으로 활용**하고 전자적 소통에 익숙하다. 멀티 태스킹에 능하고 웹툰도 많이 본다. 조직생활도 많이 하지만 **기업가 정신이 강해 창업에 대한 의지가 강하다.**

(4) 기술적 환경 : Technological

기술발전은 기업의 인적자원관리에 중요한 영향을 미치는 요인이다. 기술변화는 고용의 양적수준에 영향을 미칠 뿐 아니라 고용의 질적 측면인 직종구성, 직무구조, 업무분담 등에 영향을 미친다.

1) 스마트워크

스마크워크는 고정된 근무장소, 정해진 근무시간에 따라 일하는 방식 대신 정보기술(IT) 기기 등을 활용해 장소나 시간에 구애받지 않고 일하는 방식을 말한다. 스마트워크의 도입으로 나타나는 효과는 우선 사무공간이나 운영비용 절감을 들 수 있다. 그 뿐만 아니라 스마트워크는 근무시간 및 장소의 자유적 선택으로 인해 근로생활의 질을 높일 수 있다.

그러나 스마트워크는 첫째, 조직에 대한 몰입도가 줄어들 수 있으며 상사 및 동료직원들과의 면 대 면 접촉이 낮아 소속감 저하가 나타날 수 있다. 또한 구성원들의 접촉이 낮아져 기업이 원하는 생산적인 기업문화 형성에 문제가 생길 수 있다.

둘째, 역량개발프로그램에 대한 참여 기회가 줄어들 수 있다. 왜냐하면 상사의 입장에서 이들에 대한 관찰기회가 적어 직원의 강점 약점에 대한 평가가 어려워 스마트워크를 하지 않는 직원들에게 이러한 역량개발의 기회가 더 많이 돌아갈 가능성이 크다.

끝으로 기업의 **보안문제의 취약성**이 대두되어 핵심기술 등 정보가 유출될 수 있다.

스마트워크의 효과를 극대화시키기 위해서는 우선 효과가 많이 나타날 수 있는 직무를 찾아 적용해야 한다.

2) 4차 산업혁명의 도래

① 의의

4차 산업혁명은 **사물 인터넷(IoT : Internet of Things), 빅데이터(Big data), 인공지능(AI : Artificial Intelligence) 그리고 사이버-물리 시스템(CPS : Cyber-Physical Systems)을 활용하여 생산활동 및 인간의 생활에 서비스를 제공하는 것**으로 요약할 수 있다. 2016년 1월 **다보스포럼(WEF; World Economic Forum)에서는 「The Future of jobs」 보고서를 통해 제4차산업혁명을 '디지털 혁명에 기반하여 물리적 공간, 디지털적 공간 및 생물학적 공간의 경계가 희석되는 기술융합의 시대'라고 정의하면서** 사이버물리 시스템(CPS ; cyber-physical system)에 기반한 제4차 산업혁명은 전 세계의 산업구조 및 시장경제 모델에 커다란 영향을 미칠 것으로 전망하였다. **다보스 세계경제포럼 회장인 클라우스 슈밥(Klaus Schwab)에 의하면 4차 산업혁명은 유전자, 나노, 컴퓨팅 등 모든 기술이 융합하여 물리학, 디지털, 생물학 분야가 상호 교류하여 파괴적 혁신을 일으키는 혁명이다.**

구분	기술 변화	공장	주도국(시기)
1차 산업혁명	증기기관	방적공장	영국(18세기 후반)
2차 산업혁명	전력, 콘베이어 벨트	육류가공, 포드자동차 Cincinnati	미국(20세기 초반)
3차 산업혁명	컴퓨터, 자동화(로봇)	도요타자동차	일본, 독일 (1970년대)
4차 산업혁명	사물 인터넷, 인공지능, 빅데이터, 사이버-물리 시스템	스마트 팩토리(2005)	독일, 미국, 일본, 한국, 중국, 인도 (2015년~)

② 4차 산업혁명이 인사관리에 미치는 영향

첫째, 4차 산업혁명은 **기업의 인력수요를 감소시키고** 일자리의 감소를 초래하여 국가의 고용정책에 매우 도전적 이슈로 작용할 것이다. 4차 산업혁명으로 **새로운 과학기술이 빠른 속도로 노동을 대체할 것이라는 전망과 한편으로 단기적으로는 현존하는 일부 일자리에 위협이 되겠지만 기존 일자리의 특성 변화와 함께 새로운 일자리를 만들어 낼 가능성도 높다.** 보스턴컨설팅 그룹의 Industry 4.0 보고서에 따르면 로봇과 컴퓨터 활용이 증가함에 따라 조립 및 생산 관련 일자리는 61만 개가 감소하는 반면에 IT나 데이터 과학 분야에서 96만 개 일자리가 창출될 것으로 예상하고 있다.

둘째, 작업자의 근무방식에 커다란 변화가 예상된다. **임시직 고용관계 중심의 기그 경제 (gig economy)가 확대**되어 지금까지의 고용형태나 노동형태와 새로운 형태의 고용과 노동방식의 출현을 가속화시킬 것이다. 우리에게 익숙한 일일 8시간, 주당 40시간 등과 같은 소정의 근로시간을 일하는 통상적인 정규직 근로형태는 점차 사라질 것이며, 그 대신에 재택근무, 단시간 근무, 다중의 고용주에 고용되어 일하는 것과 같은 **다양한 형태의 모습이 보편화될 것**이다. 또한 이와 더불어 특정직장에 소속되지 않고 단시간 근로자 복수근로의 형태도 보편화될 것으로 보인다.

셋째, 인력확보의 경우, **근로자에게 요구되는 역량에 기존과 달리 복잡한 문제해결 능력, 사회적 기술, 시스템 기술 그리고 비주얼 능력 등이 포함**된다. 한편 4차 산업혁명이 인간의 노동에 미치는 중요한 영향력 중의 하나는 단순반복적이고 육체중심적인 노동의 필요성을 줄이고 대체할 뿐 아니라, 인간의 고유한 역량이라고 여겨졌던 고도의 판단력과 직관, 논리적 사고가 요구되는 정신노동에까지 영향을 미칠 것이라는 점이다. 단순 육체노동을 대신하는 수준에서 벗어나 빅데이터를 바탕으로 학습과 추론을 하며 고도의 정신노동까지 대체하는 추세다.

근로자의 숙련도와 관련하여 한 연구에서는 기술 진보에 따른 근로자의 숙련도는 **재숙련화, 탈숙련화, 숙련의 양극화 등 3가지 방향**으로 나타날 것으로 제시한다. **재숙련화는 새롭게 고숙련 업무가 증가하는 대신 기존의 저숙련 단순 업무는 기계로 대체**된다는 것이며, **탈숙련화는 재숙련화의 반대 개념으로 로봇, 인공지능 등 첨단기술로 생산과정이 자동화되고 모든 정보가 디지털화되면서 숙련기술의 필요성이 줄어들어 근로자들의 업무가 단순화되는 것**을 말한다. 마지막으로 **숙련의 양극화는 기술 진보로 노동의 재숙련화도 나타나겠지만 기존의 단순작업은 자동화되지 않거나 또는 새로운 저숙련 노동이 출현할 가능성도 많다는 것**을 의미한다.

기술진보에 따른 숙련 수준의 변화		
탈숙련화	재숙련화 · 고숙련화	양극화
· 고숙련 업무의 기술 대체 · 고숙력 노동자→ 저숙련 노동자	· 정형화 업무의 축소 : 조립생산, 일반사무 등 · 비정형 고숙련 기술 업무의 확대 : 생산공정 관리, 설비 유지관리, 기술서비스	· 탈숙련화와 재숙련화/ 고숙련화가 동시에 발생

넷째, 인력개발의 경우 **교육훈련의 질적 변화가 예상**된다. 근로자에게 특정 분야의 전문적 지시보다 **공통적이고 범용적인 능력이 요구**되기 때문에 이를 개발하는 교육훈련 시스템이 요구된다.

다섯째, **인사평가의 틀도 많은 변화가 예상**된다. 근로자의 업무수행결과를 실시간으로 알게 되고 이는 근로자에게 그대로 피드백될 수 있다. 즉, 정기적이고 정기적인 평가가 사라지고 **수시평가가** 이루어지게 된다.

여섯째, 인력보상의 경우, **개인의 역량과 역할에 따라 개별적으로 보상이 결정되는 형태로 변화**될 것이다.

③ 4차 산업혁명과 일의 의미

4차 산업혁명으로 인해 향후 일의 의미가 변화할 가능성이 있으며, 이에 따라 인사의 역할도 변화가 예견된다. 4차 산업혁명으로 인해 **기술로 인한 실업, 직업의 양극화, 새로운 형태의 고용계약 등 다양한 변화가 예상**된다. 인간이 일을 의미 있게 수용하는 경우에는 인간의 일을 더 의미있게 만들어줄 방안이 요구된다.

④ 4차 산업혁명과 인적자원관리

❶ 직무변화에 대한 대응

4차 산업혁명은 조직 내에서 이뤄지는 다양한 직무의 수행방법이나 내용에 크게 영향을 미치고 나아가서 그 직무를 수행하는 인적자원에 대한 수요를 감소시키게 될 수 있다. **현재 해당하는 직무와 관련된 직무수행자가 그와 같은 변화에 효과적으로 대처할 수 있도록 하기 위한 조직차원의 지원과 제도마련이 시급하다.** 4차 산업혁명의 중심이 되는 와해성 기술은 개인용 컴퓨터의 보편화에 따라 필요시되었던 **컴퓨터 활용능력 수준 이상의 전문적 지식과 역량을 요구하고 있다.** 와해성 기술(Disruptive Technology)은 완전히 새로운 기능이나 속성으로 기존 기술 및 시장 진입장벽을 무력화시키는 급진적 **혁신의 기술체계를 의미한다.** 빠른 속도와 높은 파급력 그리고 혁신성이 가장 큰 특징이다.

그러므로 와해성 기술로 직무의 수행방법이나 내용에 변화를 요구할 때 작업자가 그에 **얼마나 효과적으로 대응할 수 있는지는 매우 중요한 문제이다.** 따라서 무엇보다도 작업 현장에서 이뤄지는 새로운 지식과 기술에 대한 습득 그리고 통합적 사고능력과 같이 **새로운 역량을 작업자가 갖출 수 있도록 하기 위한 교육훈련의 중요성이 높아질 수밖에 없**다. 나아가 실제 해당 직무가 기술에 의해 대체되기 시작할 경우 발생할 수 있는 **여유인력을 새로운 직무로 어떻게 재배치하고 또 새로운 직무에서 성과를 내기에 적합한 역량을 갖추도록 할 것인가에 대한 준비도 필요**하다.

❷ 고용과 노동형태의 변화에 대한 대응

4차 산업혁명이 혁신기술의 뒷받침으로 가속화될 경우 기업은 인적자원을 직접 보유하고 역량을 높이기 위한 투자를 하기보다는 이미 역량을 갖춘 인재를 고용하려고 할 수 있다. 즉, **육성(make) 전략보다는 구매(buy) 전략을 더 선호**하게 될 것이다. 따라서 기술진보가 자원의 특정성과 거래의 복잡성을 감소시킴에 따라 **기업 내부에서 정규직을 통해 처리하는 것보다 외주, 임시직 등을 활용할 때의 거래비용이 더 저렴하다는 점에서 프로젝트형 고용계약이 증가**하게 되고, 그에 따라 취업형태가 다양화하고 비전통적 고용계약 형태가 늘어나게 될 것이다. 이는 **임시직, 파견, 파트타임 등 다양한 취업형태의 증가와 온라인근로, 재택근로 등이 확산되어 근로시간과 여가시간의 구분이 모호해지고 근로공간과 비근로공간의 구분이 모호해짐으로써 사적 공간 및 사적 시간이 업무시간 및 업무공간과 명확히 구분되지 않는 모습**으로 나타난다.

❸ 일과 삶의 균형을 위한 노력

일과 삶의 균형(work-life balance, 워라밸)은 삶을 구성하는 두 가지 큰 축인 **일과 일 이외의 영역 등의 균형, 즉 일(Work)과 삶(Life)이 조화롭게 균형을 유지하고 있는 상태**를 의미한다. 4차 산업혁명에 따른 고용과 노동형태의 변화는 점차 일과 삶의 경계를 모호하게 만들고 있으며 그에 따라 조직 내 노동력관리에 새로운 문제를 만들고 있다.

한편 워라밸의 효과는 다음과 같다.

첫째, 워라밸 제도 도입으로 기업이 필요로 하는 **핵심인재 확보**에 도움이 된다.

둘째, 워라밸 제도의 도입과 활용은 **결혼이나 개인사정에 의한 퇴직을 감소**시키며 육아휴직의 이용을 통해 여성의 취업 계속을 촉진한다.

셋째, 워라밸과 인재개발전략을 합성하게 되면 **여성사원의 업무의욕을 향상**시키고 **여성뿐만 아니라 남성사원의 일과 조직만족도를 향상**시킨다. 여기에 **남녀평등시책**을 곁들이면 만족도는 더욱 높아진다.

기준	인사관리의 환경적 차원 『신인사관리(박경규, 홍문사)』
정치적 환경	법적·제도적 환경
경제적 환경	• 다양성(인력구성의 변화) → 성과주의 '개인화 지향' • 글로벌 인재 수요
사회문화적 환경	• 근로가치관의 변화 • 윤리경영 • 세대차
기술적 환경	• 스마트워크 • 4차 산업혁명

제 2 절 　 인적자원관리의 내부환경

1 조직의 전략

조직의 전략은 인적자원관리에 있어서 중요한 내부환경이다. 인적자원관리의 전략적 성격이 중요해지면서 기업의 전략과 인적자원관리를 적합화시키려는 노력이 증대하고 있다.

(1) 기업의 성장전략(growth strategy)의 유형

1) 집중화 전략(focus strategy)

집중화 전략은 특정 구매자집단, 제품라인 일부분, 지역적으로 한정된 특정 시장을 집중적 목표로 삼은 전략이다. 원가우위전략이나 차별화 전략이 산업 전체를 대상으로 목표를 추구하는 데 반해, 집중화 전략은 **한정된 전략목표를 효과적이고 능률적으로 달성할 수 있다는** 전제하에 **특정 산업을 배타적이고 집중적으로 공략함으로써** 경쟁우위를 확보하고자 하는 전략이다.

2) 내부성장전략(internal growth strategy)

내부성장전략은 시장개발, 제품개발, 혁신, 조인트벤처(joint venture) 등에 초점을 두는 전략이다. 이 전략을 추구하는 기업은 **자원을 기존의 강점을 강화하고 활용하는 데 사용**한다. 즉, 성장을 위해 기업은 개인들의 지속적인 고용, 전환, 승진(인력배치) 그리고 차별화된 시장의 확대를 필요로 하고 이를 위해 종업원들이 반드시 보유해야 할 필요 기술의 전환도 필요로 한다.

3) 외부성장전략(external growth strategy) = 확장전략(expansion strategy)

외부성장전략에는 수평적 통합, 수직적 통합, 다각화 등이 있다. 외부성장전략은 **신규사업의 획득이나 창출**을 통해 기업의 자원을 확장하거나 시장지위를 강화하고자 시도되는 것으로 대부분 인수·합병을 통해 실행된다. 인수·합병 전략이란 기업이 타 기업의 주식이나 자산을 인수·합병하여 새로운 사업에 진출하는 전략이다.

4) 축소전략(downsizing strategy)

기업은 경영상태가 나쁜 경우 사업 활동의 규모를 축소시키는 전략을 사용하게 된다. 최근 국제경쟁의 심화, 규제완화, 경기침체 등에 효율적으로 대응하기 위해 구조조정의 중요성이 강조되면서 사업재구축전략의 중요한 부분으로 자리 잡고 있는바, 다음의 세 가지 유형이 있다.

① 방향전환전략(turnaround)

경영상의 문제점을 해결하고 운영능률을 제고하기 위해 인건비 절감, 재구조화 등 **상당수의 인력감축**을 수반하는 전략이다.

② 부분매각전략(divestiture)

비용 절감이나 운영능률 개선을 위해 **조직의 일부를 매각**하고 조직 특유의 강점을 살릴 수 있는 **활동만을 집중적으로 시도**하는 전략이다.

③ 해산(청산)전략(liquidation)

회사의 자산을 완전 매각하거나 파산선언을 함으로써 **경영활동을 중단**하는 전략이다.

위 기업의 전략은 인사관리 제도와 정렬(alignment)되어야 효과성을 높일 수 있는데 이와 관련된 개념으로는 **기업수명주기(corporate life cycle)**가 있다.

(2) 기업의 수명주기(corporate life cycle)에 따른 인사관리 활동

조직성장주기(organizational life cycle) 이론은 조직에도 수명이 있고 성장의 단계를 거친다는 이론이다. 기업은 일반적으로 창업기, 성장기, 성숙기, 쇠퇴기 등 순서에 따라 성장하고 변화한다. 조직이 탄생하고 성장하며 수명을 다하는 일련의 변화과정에서 발전단계별 핵심이슈가 무엇인지는 경영에 중요한 통찰력을 준다. 즉, 조직은 성장통(growth pains)을 겪고 이를 극복하지 못하면 결국 퇴출될 것이다.

1) 창업기(도입기)

창업기의 경우 신규 진입하는 시기로서 투자활동이 성과와 직결되기 어려우며 많은 초기 투자자본이 필요한 시점으로 볼 수 있다. 창업기에는 **새로운 조직을 어떻게 창조(create)하고, 나아가서 창조된 조직을 어떻게 생존시킬 것인가(to survive as a viable system)가 핵심**이다. 조직을 창조하는 데 핵심 질문은 '**어떤 위험(risk)을 얼마만큼 질 것인가?**'하는 것이다. 이때 경영자는 첫째로 성과가 측정될 수 있는 목표를 결정하고, 둘째는 목표에 도달하는 데 따르는 실패의 위험(odds)이 얼마인가를 파악해야 한다.

2) 성장기

성장단계의 기업의 경우 **미래 성장 잠재력이 높은 상태로 매출의 증대, 수익의 극대화, 이익증가를 위한 투자활동을 활발히 진행**하고 있으며 이러한 투자활동이 미래성과에 중요한 요인이 될 수 있다. 성장기에는 **조직의 안정성(stability)을 확보하고 명성(reputation)과 자부심(pride)을 얻는 데 역점**을 기울이게 된다. 조직의 안정성을 만드는 것은 조직의 운영체계를 개발하고 정착시키는 것이다.

3) 성숙기

성숙단계의 경우 **내부현금 유보액 수준이 높고 부채비율은 상대적으로 낮은 시기로 투자보다 규모의 경제를 실현할 수 있는 시점으로 미래 성장 가능성이나 성과의 증대를 기대하기 어려울 수 있다.** 이 시기에는 시장도 포화상태이며 경쟁력이나 점유율이 상대적으로 감소되는 시점으로 진입장벽도 낮아져 사업의 쇠퇴와 연결되는 시기로 볼 수 있다. 조직은 **치열해진 시장경쟁에 대응하고 차별화된 시장지위를 확보하는 문제에 직면**하게 된다. 이 경우에는 기업은 효율과 혁신의 딜레마에 처하게 된다. 성장기회는 지속적으로 탐색되어야 하지만 **효율이 대전제**가 되어야 한다. 시장에 만연하는 가격경쟁의 압박으로 인해 사업의 마진이 축소될 것이기 때문이다. 효율을 지키지 못하면 도태될 위험이 크므로 **이때 경영자가 조직을 강력하게 통제하기 위한 방안으로 중간관리자에게 운영권의 일부를 위임하고 공식적인 통제시스템을 적극 활용**하여야 한다. 조직구성원들은 공식화된 의사소통 관계로 명확하게 분화된 과업을 수행하면서 **생산성의 증가와 조직의 안정성 효율**을 도모한다.

4) 쇠퇴기

쇠퇴단계는 **현행 사업으로 인한 이익은 감소하는 추세**에 있으며 이 시기에 투자는 신규사업의 진입, 사업 전환 등과 관련하여 **향후 사업 전망의 불투명성이 크고 빠른 시기에 성과 증가를 기대하기 어려울 수 있다.** 기업은 무리한 투자를 억제하고 시장점유의 점진적인 축소가 예견되는 가운데 그에 맞는 **최소비용과 최대효율의 경영을 통해 잉여자원의 고갈을 막아야한다.** 이로써 사업전환이나 적시의 청산을 통해 이해관계자의 이익을 보호하여야 한다.

(3) 조직의 수명주기와 인적자원 구성

단계	확보관리	개발관리	성과관리	보상관리	지배적가치관
창업기	높은능력의 인재 확보 및 유지	최소한으로 억제	사업계획과 연결하여 진척도 평가	낮은 기본급여, 높은 인센티브	창업가(혁신) 정신
성장기	수많은 전문영역의 필요인재 충원	폭넓은 직무훈련 역량개발 적극 지원	성장기준 성과지표 중심 평가	임금경쟁력, 과감한 보너스, 다양한 복리후생	사업마인드
성숙기	수평적 이동과 승진 등을 활용한 내부충원 중심	외부 전문적 훈련 기관 활용	효율성과 이익 지표 중심의 평가	높은 기본급, 제한적인 이익연계, 인센티브	경쟁성
쇠퇴기	핵심인력 중심의 소수충원 정책	경력전환 지원	비용절감	비용절감, 인센티브	비용통제

1) 창업기 : 기업가(혁신) 정신

창업기에는 조직의 운명이 **탁월한 인재를 확보**하는가 여부에 달려 있다. **인적자원 개발에서는 최소한의 비용지불이 바람직**한데, 그 이유는 이 시기에 요구되는 탁월한 인재는 통상적으로 육성되는 것이 아니며 기업은 재무위험에 대응하기 위해 현금유동성을 지속적으로 유지해야 하기에 인력개발 투자에 비용을 쓸 수 없기 때문이다. **성과관리와 인사평가에서는 사업계획이 기준**이 된다. 이 시기에는 실제 재무성과를 얻기 어렵기 때문에 미래를 위한 사업계획이 얼마나 잘 실행되었는가에 평가의 초점이 놓여야 한다. **보상에서는 현금 유출을 줄이기 위해 직접보상보다는 간접보상의 비중을 높이고 직접보상에서도 기본급을 낮추고 성과에 연계된 인센티브를 높이는 것이 바람직**하다.

확보	핵심인재의 확보(buy)
개발	최소한으로 억제
평가	사업목표와 연계된 평가
보상	낮은 기본급 & 높은 인센티브 / 고임금전략

2) 성장기 : 영업(사업 마인드)

성장기에는 조직의 규모가 확장되고 여러 제품, 사업이 분화하게 된다. 이에 **다양한 전문인력 확보가 관건**이 된다. 당연히 외부노동시장에서 유능한 필요인력을 조달한다. 아울러 **광범위한 인력개발을 통해 수시로 발생하는 특정의 인력수요를 채워야 한다.** 외부노동시장의 인력공급이 수시로 변하는 인력수요를 모두 매칭시켜주지 못하기 때문이다. **성과지표의 구축도 재무적 효율보다는 양적 및 질적 성장에 관련된 목표에 집중한다.** 임금에서는 **시장임금 대비 경쟁력 있는 임금을 제공**하여 인력유출을 막고 동기부여 수준을 높인다.

확보	수많은 전문인력의 영입
개발	폭넓은 직무훈련 / 역량개발 적극 지원
평가	결과 중심의 평가
보상	임금경쟁력 확보 / 과감한 보너스 / 다양한 복리후생

3) 성숙기 : 경쟁력

성숙기에는 **조직의 성장이 정체하고 시장에서의 경쟁이 치열**해진다. **효율을 높이기 위해 조직 내부인력의 적극적인 활용이 우선시**된다. 인력의 훈련개발에서도 **자체적인 비용투자를 줄이고 외부 전문기관에 아웃소싱**하게 된다. 엄격한 성과 관리를 통해 **효율성 지표인 재무성과를 높이는** 데 집중한다. 조직성과의 안정성을 추구하는 단계이므로 **개인 인센티브제 운영은 최소화**한다.

확보	수평적 이동과 승진 등을 활용한 내부충원 중심(Make)
개발	외부 전문적 훈련 기관 활용
평가	효율성과 이익 지표 중심의 평가
보상	높은 기본급 / 제한적인 이익연계 인센티브

4) 쇠퇴기 : 비용통제

쇠퇴기에는 **외부채용을 최소화**하고 **내부인력의 전환배치 등을 통해 활용도를 극대화**한다. 그리고 수요가 줄어든 업무영역의 종업원들에게 **경력전환을 도와줘야 한다. 성과지표는 비용절감이 중심**이며 인센티브도 그에 준한다.

확보	핵심인력 중심의 소수인원으로 운영 / 적절한 방출관리
개발	전직 지원 프로그램 → 재훈련실시와 경력상담
평가	비용 절감 기준
보상	비용 절감 인센티브

(4) 기업의 경영전략

기업의 경영전략은 불확실한 상황 및 경쟁환경 하에서 나아가야 할 방향을 설정하고 기업의 목적을 달성하기 위하여 체계적이고 합리적인 대응노력을 기울이도록 하는 기본방침이나 계획을 의미한다.

1) Michael Porter의 본원적 경쟁전략(generic competitive strategy)

① 본원적 경쟁전략의 개념

개별 사업 단위들이 어떻게 하면 **해당 산업에서 경쟁우위를 확보할 수 있도록 하느냐**가 바로 경쟁전략인데, **본원적 경쟁전략은 산업 내에서 효과적으로 경쟁할 수 있는 일반적인 형태의 전략유형**을 의미한다. Michael Porter는 본원적 경쟁전략으로 원가우위전략, 차별화 전략, 집중화 전략의 세 가지 유형을 제시하였다.

② 경쟁전략의 유형

❶ 원가우위 전략(cost leadership strategy)

원가우위 전략은 원가절감을 위한 여러 가지 기업활동 기능상의 방책들을 통해 해당 산업에서 우위를 달성하려는 전략으로 어떻게 하면 경쟁기업들에 비해 상대적으로 원가 우위를 달성할 수 있느냐에 초점을 맞춘다. 원가 우위를 확보한 기업은 경쟁 과정에서 이윤이 다소 희생되더라도 원가 우위로서 산업 평균 이상의 수익을 얻을 수 있다.

❷ 차별화 전략(differentiation strategy)

차별화 전략은 구매자가 중요하다고 여기는 속성을 선택해서 그 요구에 맞추어 기업이 판매하는 제품이나 서비스를 경쟁기업과 차별화시키는 기업의 전략적 경영활동을 말한다. 즉, 자사 제품을 산업 전체에서 다른 모든 제품이나 서비스와 구별되는 독특한 것으로 인식시키는 전략이다. 차별화 전략을 추구하는 기업은 다른 제품이나 서비스를 제공하는 대가로 높은 가격의 보상을 받을 수 있는 차별화 방법을 탐색해야 한다.

❸ 집중화 전략(focus strategy)

특정 지역이나 고객에 집중하는 전략이다.

③ 경쟁전략의 유형과 인적자원관리

경쟁전략	전략 초점	인사전략	인사기능 활동
비용선도 전략	• 효율성 • 안정성 • 비용통제	• 장기적인 인력계획 • 기존인력 내에 필요 기능, 숙련구축 • 직무세분화 및 전문화	• 내부승진 우선 • 광범위한 훈련개발 • 좁은 범위의 구체적 기능(숙련)을 보유한 인력 확보와 활용 및 보상
차별화 전략	• 창의와 혁신 • 마케팅과 시장 지향 • 권한위임, 자율	• 단기적 시각의 인력수급 계획 • 필요역량 외부조달 • 유연한 직무구조 및 탄력적 인력 배치 활용	• 외부채용 중심 • 창의성 훈련과 혁신사례 공유를 통한 인적자원 개발 • 넓은 범위의 응용 역량을 보유한 인력의 확보와 육성, 그리고 활용과 보상

❶ 원가우위 전략을 추구하는 기업의 인사관리 : 통제지향 인적자원관리 시스템(Control oriented HRM)

원가우위 전략을 추구하는 기업은 〈생산효율성〉에 초점을 두기 때문에 **요구하는 스킬을 구체적으로 규정하고 이를 종업원에게 교육시킨다.** 기업은 **행동 중심 인사평가 시스템을** 운영한다. 승진에 있어서 주로 **내부승진을 실시(make)**하고 **상사와 부하 간 임금 격차가 큰 임금체계(호봉제)를 운영**한다. 또 근로자 참여를 통해서 효율성을 제고하고자 하며 생산의 **효율성 제고를 위해 직원의 아이디어를 구하고자 하는 노력**을 한다.

원가우위 전략에서는 전략의 초점이 **생산비용상의 우위를 낳는 효율성(efficiency)과 전사적 비용통제를 강조**하기 때문에 **장기적 관점(long-term horizon)에서 안정적인 형태로 인적자원계획을 가져야 한다.** 왜냐하면 상당한 시간을 가지고 **균질화된 인력을 육성해서 좀 더 높은 품질, 좀 더 높은 비용효율을 얻어야 하는데,** 새로운 인력들이 단기적으로 자주 들어와서 변동성을 높이고 새로운 생산방식을 도입하는 실험적 행동이 비용선도전략에서는 적합하지 않기 때문이다. 또한 '**내부승진 우선(승진자리가 있을 때 외부충원을 최소화하고 기업 내부에서 승진 사다리를 올라가면서 그 자리를 채우는 것)'을** 통해 종업원들이 조직 내에서 자신의 미래 경력을 개발해가면서 조직의 업무에 대한 숙달도를 높이고 경험을 충분히 쌓으면서 나아갈 때 조직 전체의 비용효율을 높일 수 있다.

❷ 차별화 전략을 추구하는 기업의 인사관리 : 전념 지향 인적자원관리 시스템(Commitment oriented HRM)

차별화를 추구하는 〈고도의 창의성과 협력〉이 요구되는바, 기업은 **직무에 대해 넓게 규정해서 창의성을 많이 발휘할 수 있게 한다.** 조직 내부보다 **외부에서 더 많은 인력을 충원하고(Buy),** 신입직원의 사회화를 중시하고, 광범위한 경력경로를 제공한다. **보상 시스템은 외부 공정성을 중시**한다. 이는 외부 채용 필요성에 의해 영향을 많이 받기 때문이다. 관리자들의 위험부담을 촉진하기 위하여 **결과에 기초한 평가 시스템과 사업부 성과평가(집단평가)를** 실시한다.

차별화 전략에서는 조직 전체의 활동에서 **창의와 혁신이 적극 수용되고 발휘**되며 특히 조직이 시장에 열려야 하고 마케팅 기능이 강조된다. 이에서 **구성원의 개방성과 능동적 실험행동이 권장**되어야 한다. 이에 적합한 인사기능으로 **새로운 인력의 유입이 자유로운 외부채용 중심의 확보시스템이 필요**하다. 인적자원개발에서는 전반적 능력과 숙련도를 높여주는 광범위한 훈련보다는 **구성원 개인의 창의성을 촉발시키는 행동기법과 조직의 창의성을 높이는 자율과 책임의 조직문화 개발** 등에 한정한다. 그리고 직접 훈련보다는 **구성원 간 지식과 정보의 공유를 통한 스스로의 개발에 더 비중을 둔다.** 그 외에도 조직의 창의성을 높이는 다양한 노력이 인적자원 관리의 주요 의제가 되어야 한다.

2) Miles & Snow의 전략 유형

① 경쟁전략의 유형

❶ 공격형 전략(prospector)

공격형 전략은 적극적으로 환경에 맞추어 혁신하면서 **위험 감수를 마다하지 않고 새로운 기회를 탐색**하며 성장을 추구하는 전략이다.

❷ 방어형 전략(defender)

방어형 전략은 공격형 전략과 반대로 환경이 안정적이라면 구태여 위험을 무릅쓰고 과감한 혁신을 택할 필요가 없으며 수익이 낮더라도 장기적으로 꾸준한 수익을 내는 것이 중요하다. 즉, **방어형 전략은 높은 품질과 가격경쟁력을 추구하는 전략이다.**

❸ 분석형 전략(analyzer)

안정성과 혁신을 동시에 추구하는 전략으로 예를 들어 쇠퇴기에 있는 사업에 대해서는 방어형 전략을 구사하지만, 발전 가능성이 높은 분야에 대해서는 공격형 전략으로 나가는 것이다.

❹ 반응형 전략(reactor)

실제로 전략이라고 할 수 없는 것으로 환경의 추이를 보아가며 기회와 위협에 **임기응변적으로 반응**해나가는 전략이다.

전략	사업성공요인(KSF)	인적자원의 정렬
공격형 (Prospector)	• 시장선점 • 신제품개발능력 • 과감한 혁신능력 • 고객응대능력	• 창의적이고 혁신적인 인적역량 확보 • 개방형 인사제도 • 성과·역량에 따른 차별적인 보상(시장주의에 입각)
방어형 (Defender)	• 우수한 품질 • 운영의 효율성 • 비용절감방안의 지속적 추구	• 충성심 높고 내부 지향적 인적역량 확보 • 내부인력 중심의 인사제도 • 내부 공정성에 입각한 평가와 보상

분석형
(Analyzer)
	• 운영의 효율성
	• 지속적/점진적인
	  혁신능력
	• 흡수/모방전략
		• 창의적인 인재와 충성심이 높은 인재의 병존
		• 내부인력의 변화를 추구하는 인사제도 중심으로 외부인
		  력을 보충하는 인사제도
		• 내부 공정성에 시장주의 가미

② 경쟁전략의 유형과 인적자원관리

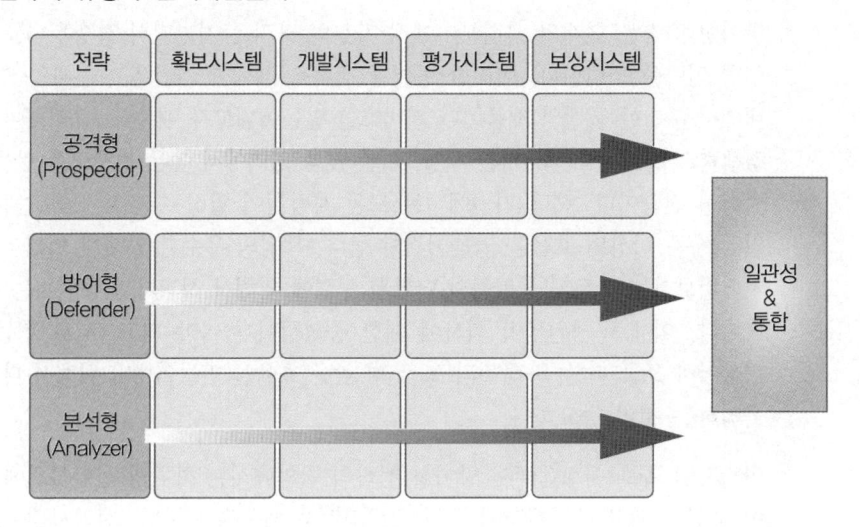

전략	확보시스템	개발시스템	평가시스템	보상시스템	
공격형 (Prospector)					일관성 & 통합
방어형 (Defender)					
분석형 (Analyzer)					

❶ 공격형 전략(Prospector strategy)

공격형 전략은 끊임없이 새로운 시장을 선점하고 새로운 제품을 개발해서 출시하고 그 다음에 해외시장도 개척하며 새로운 영역을 선도적으로 열어가는 전략유형이다.

따라서 **혁신적 성향이 강한 인재가 필요**하며 새로운 능력을 가진 사람들이 자주 필요하게 되고, 이로써 기존인력에게도 자극이 된다. 새로운 지식의 구성이 필요하기 때문에 외부에서 유능한 사람이 발견되면 적극 스카웃하는 노력이 필요하다. 또한 **개방형 인사제도를 통해 외부노동시장의 우수한 인재가 유입**되게 해야 한다.

인적자원 **개발** 시스템에 있어서는 **핵심인력에 집중하고 외부 노동시장에서 끊임없이 새로운 기술과 능력을 유입시키기 때문에 내부노동시장 중심의 인력개발 체계의 중요성은 상대적으로 낮다.** 회사 내에서 오랫동안 기여하는 핵심인력에 대해서는 집중적인 개발 노력이 이루어져야 하는데 그들의 높은 몰입과 열정과 창조성을 만들어주어야 끊임없이 새로운 시장과 고객을 열어가는 회사가 될 수 있기 때문이다.

인적자원의 **평가시스템**의 경우 **협동성이나 특정의 업무행동보다는 개인의 역량과 개인이 창출해주는 고유한 성과와 업적을 확실하게 식별해주고 그에 대해서 과감한 점수를 부여해주는 평가 시스템이 필요**하다. 한편 보상시스템의 경우 **열린 보상시스템, 즉 시장임금을 반영해줄 수 있는 보상시스템 도입**을 통해 노동시장에서 필요 인재를 유치해야 한다. 시장주의에 입각한 보상시스템은 **개인의 역량과 성과에 철저하게 연계된 보상을 근간**으로 한다. 그 다음에 개인과 팀을 분리해서 개인에 대한 보상의 초점이 명확해야 된다. 개인이 창조를 만들어내는 경우에는 개인한테 명확한 차별적 보상이 이루어져야 하고, 팀이 창조를 만들어내는 경우에는 팀에 명확한 보상이 이루어져야 된다. 이렇듯 **창조적 성과가 어떤 단위에서 이루어지는가를 정확히 식별하고 거기에 따른 정확한 보상 연계성을 확보**해야 한다.

❷ 방어형 전략(Defender strategy)

방어형 전략은 현재의 사업분야에서 자신의 자리를 지키면서 경쟁우위를 지켜내려는 수성형 전략을 의미한다. 이러한 방어형 전략을 채택한 기업은 기존사업 영역과 기존시장 내에서 우수한 품질의 제품이나 서비스를 만들어내고자 애쓴다. 그리하여 **비용과 품질의 경쟁력으로 기존 사업, 기존 시장, 기존 제품 영역에서 높은 경쟁력을 만들어내는 전략**이 방어형 전략이다. 해당 기업에서는 모든 사람들이 일정 수준 이상의 업무능력을 갖추고 일정 수준 이상의 효율을 만들어줘야 한다. 특정의 우수한 인재에 의해서 성과가 좌지우지되기보다는 **모든 구성원들의 단합된 노력에 의해서 성과가 만들어지는 것**이 방어형 전략이다. 이에 구성원들이 **회사에 대한 충성심이 높아야 되고, 서로 협동을 하고, 함께 더불어서 조금 더 높은 품질과 조금 더 높은 효율을 만들어내기 위해서 다 함께 매진하고 몰입하는 것이 중요**하다.

인적자원 확보 시스템에서 방어형 전략의 기업에서는 하위의 **신입사원에 해당하는 채용이 중심**이 되고 중간계층에 들어오는 경력자 채용은 드물다. 신입사원으로 들어오는 인력들은 **조직계층의 밑에서부터 일정한 숙련도와 경험이 축적되어 점차 더 상위수준에서의 과업을 수행하게 되는 형태의 완만한 수직적 이동이 이루어진다.** 이로써 **수평적 협동의 안정성이 확보되고 원활한 업무흐름**을 만들어낸다.

인적자원 **개발 시스템**에서는 모든 직원들이 잘 조율된 행동을 일정 수준 이상으로 해줘야 하기 때문에 **집단적인 훈련이 필요**하다. 전직원 개발주의를 채택하는 것이다. **인적자원의 평가 시스템에서는 업무협조와 충성심이 중요하고 개인적 수행보다는 집합적 업무수행에 대한 기여도가 높게 평가된다.** 조직 기여도가 중요하기 때문에 상급자가 부하들을 조직의 관점에서 평가하는 상사 위주의 평가가 주를 이룬다. 공정성이 깨지면 협동이 와해되기 때문에 **내부 구성원간 공정성이 중시되는 평가제도가 요구**된다. 한편 보상시스템의 경우 **모든 사람들한테 대체적으로 같은 기준을 적용**하여 **내부 공정성 보상기준**이 되어야 한다. 상대적으로 회사에 대해서 누가 더 많이 기여했는가에 대해서 같은 기준으로 평가를 해서 그 차이만큼만 차별적 보상을 하고 그 이상은 안된다. **개인과 팀 간에도 보상격차를 최소화하는 것이 적합**하다.

❸ 분석형 전략(Analyzer strategy)

분석형 전략은 기본적으로 **방어형과 같이 품질과 비용의 경쟁력을 추구**하지만 그 자리에만 있지 않고 **공격형 전략을 채택한 기업들이 새로운 제품시장과 새로운 고객기반을 개척하는 전략적 행동을 지켜보면서 효과적 결과를 얻는 부분을 빠르게 모방하는 전략을 동시에 추구**한다. 분석형 전략에서는 차분하고 꾸준한 공동체형 인재가 필요함과 동시에 개방적이면서 학습지향적인 인재가 필요하다.

인적자원의 확보 시스템에서 분석형 전략은 **관찰과 모방을 통한 학습과 창조를 일궈내는 개방적 흡수형 인재를 확보**해야 되고, 동시에 **방어형 전략의 기업에서처럼 성실, 집념, 인내, 협동형의 인재들을 확보**하는 것이 중요하다.

인적자원의 개발시스템에서는 적정부분의 조합이 이루어져야 된다. **핵심인력 관리가 집중적으로 이루어짐과 동시에 본업부분에서는 방어형 전략과 비슷하게 상당한 스킬 수준을 점진적으로 축적하여 증진시키는 것이 필요**하다. 한편 **평가시스템에서는 개인평가와 집단평가의 적절한 결합**이 필요하다.

보상시스템의 경우 분석형 전략에서는 **혁신이 필요한 사업부서에서는 개인 중심의 차별적 보상 그리고 본업부분에서는 집단의 협동과 공동체적 행동을 중시하는 내부 공정성 기준의 보상**이 이루어져야 한다.

인사기능의 일관성과 번들효과의 추구

경영전략에 따라 인사의 기능전략과 하위 기능들이 적합성을 갖도록 일관되게 설계되고 집중된 노력으로 동시에 추진, 적용되어야 한다. 즉, 번들효과를 얻도록 일관성과 통합을 이뤄야 한다. 이로써 선택된 경영전략이 조직과 사람에 침투하여 성공적으로 실행될 수 있다. 번들링이 되지 않으면 그 효과가 감소하고 일간게 집중적으로 추진되지 않으면 지속가능 경쟁우위가 창출되지 않는다. 일관성과 통합의 이슈가 매우 중요하다. 즉, 각종 하위 활동의 시스템들이 일관성 있고 통합이 됨으로써 지속가능 경쟁우위가 창출이 가능하다. 이게 전략적 인적자원관리에서 가장 중요한 핵심 명제이다.

	방어형(A타입)	공격형(B타입)	분석형(AB타입)
기본 전략	• 인전자원 형성	• 인적자원 획득	• 인적자원 배치
모집, 선발, 배치	• **강조 : 내부 육성(make)** • 신입사원 위주의 채용 • 바람직하지 않은 직원을 제외시키는 방식에 의한 선발	• **강조 : 외부 획득(buy)** • 경력사원 채용 • 선발은 고용 전에 심리적 테스트를 수반할 수 있음	• **강조 : 내부 육성과 외부 획득** • 혼합된 모집 및 선발과정
직원 훈련 및 개발 계획	• 공식적이고 광범위한 훈련 • 직무 기술 형성 • 광범위한 훈련 프로그램	• 비공식적이고 한정된 훈련 • 직무기술 규명 및 획득 • 제한된 훈련 프로그램	• 공식적, 광범위한 훈련 • 기술 형성 및 획득 • 광범위한 훈련 프로그램 • 제한된 외부 채용
성과 평가	• 과정기반 절차 (예 주요 사건이나 생산목표) • 교육훈련 필요성 파악 • 개인별/집단별 성과평가 • 시계열 비교 (예 기존 연도 성과)	• 결과기반 절차 (예 목적이나 목표 이윤) • 채용 필요성의 파악 • 사업부/기업 성과 평가 • 횡단 비교 (예 동일기간 타기업의 실적)	• 대부분 과정기반 절차 • 훈련과 채용 필요성의 파악 • 개인별/집단별/사업부별 성과 평가 • 대부분 시계열 비교, 일부 횡단 비교
보상	• 조직 위계 기반 • 내적 일관성 • 현금과 상급자/하급자 차이에 따른 총보상	• 성과기반 • 외부와의 경쟁 • 인센티브와 채용 필요성에 따른 총보상	• 대부분 위계에 기반을 둔 보상, 일부 성과 고려 • 내부적 일관성과 외부와의 경쟁 • 현금과 인센티브 보상

2 조직의 민첩성과 'Agile HR'

최근 경영계에서 조직 민첩성(Organizational Agility)이 디지털 변혁시대에 적합한 조직구조와 운영 방식으로 거론되면서 이른바 'Agility'에 대한 관심이 고조되고 있으며 학계와 실무계에서 이에 대한 연구가 활발해지고 있다. 'Agility'는 우리말로 '민첩성' 또는 '기민성'으로 번역할 수 있는데, 이 용어가 지닌 경영학적 함의는 변화관리와 의사결정의 신속성으로 압축될 수 있다. 'Agility'는 조직이나 경영자가 경영환경의 변화를 예견하여 그 변화를 주도하고 그 변화가 조직에 유익한 방향으로 활용될 수 있도록 신속하고, 결단력 있게, 또 효과적으로 조직을 움직일 수 있는 능력으로 정의할 수 있다.

민첩한 조직들은 남들보다 먼저 새로운 비즈니스 기회와 위협을 포착하고 조직을 신속하게 변화시키는 능력을 발휘해 왔기 때문에 조직이 생존할 수 있었다고 설명하고 있다. 그리고 민첩한 조직을 위한 인적자원관리, 즉 'Agile HR'의 내용은 적응력, 변화관리, 속도, 혁신 등 네 가지 핵심요소를 포함해야 한다.

3 기업지배구조

지업지배구조는 기업을 둘러싼 이해관계자들 간의 기업의 지배권 또는 통제권의 분포형태로 정의할 수 있다. 기업을 둘러싼 이해관계자에는 주주와 종업원, 경영자, 은행 등 채권자, 고객, 공급업자, 지역사회, 정부 등이 있다. 기업지배권은 기업이 보유하고 있는 인적자원, 물적자원, 기타 각종 자원의 할당에 관한 의사결정권을 말한다. 기업지배구조는 **경영권이 이해관계자들 간에 어떻게 분포되어 있는가를 의미**하는 것으로서, 이해관계자들 간의 명시적인 권한관계만이 아니라 암묵적이고 관행적으로 이루어지는 권한관계도 포함하는 것으로 보아야 한다.

4 최고경영자

최고경영자의 인사철학은 기업의 인적자원관리에 매우 큰 영향을 미친다. **최고경영자가 인적자원을 기업의 경쟁력을 결정하는 핵심자산으로 보느냐, 또는 인건비를 발생시키는 비용요인으로 보느냐에 따라 기업의 인적자원관리가 크게 달라진다.**

• McGregor의 XY이론
맥그리거는 **인적자원을 통제함에 있어 근거로 하는 이론적 가정이 무엇이냐에 따라 기업의 전체적 성격이 결정**된다고 전제하고 이러한 가정을 X, Y라는 두 가지 이론으로 설명하였다.

(1) theory X : 타율적 인간관
의욕이 없고, 일하기 싫어하고, 책임을 지는 것을 피하고 싶어하며, 효과적으로 일을 하게 하려면 밀착하여 통제할 필요가 있다고 가정한 이론

(2) theory Y : 자율적 인간관
자기주도적으로 실천하고, 책임을 수용하며, 일하기를 좋아하며, 작업을 당연한 활동으로 생각한다고 가정한 이론

인간관	Theory X	Theory Y
특성	• 원래 사람은 일을 싫어하기 때문에 가능한 한 일을 조금만(회사에 붙어 있고 승진하고 비난받지 않을 정도만)하려고 한다. • 인간이란 책임지기를 싫어하기에 가능한 한 회피하고 야망이 없기 때문에 그저 시키는 일만 하려고 한다.	• 노동이란 극히 자연스러운 것이며 적절한 조건만 갖춰지면 적극적으로 책임을 맡은 일을 완수하려고 한다. • 사람들은 자기에게 주어진 목표달성을 위해서 스스로를 통제하고 관리한다. • 따라서 조직의 문제를 해결하고 업무를 달성하는데 필요한 창의력, 상상력, 지도력 등은 인간 누구에게나 있다.
동기부여 방식	인적자원을 통제하고 단기적 활용에 집중	인적자원에게 권한을 위임하거나 자율을 부여하는 등 장기적 활용에 집중

(3) 조직에의 예시 : 삼성의 이병철 회장 vs 현대의 정주영 회장

삼성그룹 창업회장 이병철의 경영철학 : 시스템 선도형 리더십(기계적 접근)	현대그룹 정주영 창업회장의 경영철학 : 인적자원 선도형 리더십(협력적 접근)
엄격한 인사제도하에서 경쟁력 창출	참여와 협력을 통한 경쟁력 창출

(4) 잭 웰치의 인재경영 : 차별화된 인력 관리(기계적 접근과 협력적 접근의 통합)

GE를 20세기 최고 기업의 하나로 성장시킨 잭 웰치는 인재의 중요성을 간파한 대표적인 경영자이다. 그러나 능력이 떨어지는 인력에 대해 가차 없이 내보내는 냉정한 경영자로도 유명하다. 잭 웰치는 20 : 70 : 10 비율을 주장하는데, 회사의 경쟁력에 핵심인 **상위 20%의 인재는 보너스, 스톡옵션, 칭찬과 격려, 교육훈련 등 다양한 정신적 · 물질적 보상**을 받는다. 한편 **중위 70%는 회사의 절대다수 인력으로, 체계적으로 관리되는 대상**이며 하위 10%로 떨어지지 않도록 관리하는 것이 핵심이다. 또한 중위 70% 중에서도 상위 인력군으로 이동가능한 사람들에게는 충분한 기회와 동기부여하는 것도 중요하다. 마지막으로 **하위 10% 인력은 회사의 가치활동에 기여하지 못하기 때문에 내보내야하는 집단**이다.

5 조직규모

기업의 인적자원관리는 조직규모에 의해 영향을 받는다. **규모가 매우 작은 조직의 경우에는 일반적으로 인적자원관리의 기능의 분화가 일어나지 않고, 인적자원관리의 제도화가 이뤄지지 않는 경우가 많다. 그러나 조직규모가 확대됨에 따라 인적자원관리의 기능의 분화가 발생한다.** 인적자원관리 기능이 전문화 · 집중화되면서 조직 내 전문부문으로서 인사담당부서가 생기게 된다. 이때부터 본격적으로 인적자원관리의 제도화가 이루어지게 되며, 조직규모가 일정 수준에 이르게 되면 인적자원관리의 기능의 분권화가 시작된다.

박문각 공인노무사

PART

02

직무관리

01 | 직무분석

우리나라에서는 공공조직과 금융기관을 제외하고 직무분석이 제대로 이루어지지 않았다. 저임금 노동력이 풍부한 조건에서 인력투입을 늘려 생산량을 높이려는 성장위주의 경영을 추구해왔기 때문에 체계적인 인력운용과 그것의 기초가 되는 직무분석을 등한시해온 것이 사실이다. 또한 우리나라 기업들은 전통적으로 서구기업과 달리 **직무를 기본축으로 한 인적자원관리 시스템**(job based HRM system)을 **운용**해오지 않았기 때문에 직무분석을 체계적으로 활용하지 않았던 측면도 있다. 예컨대, 서구기업은 **직무에 공석이 생기면 직무단위로 직원을 채용하는 데 반해 우리나라 기업은 기업단위로 직원을 채용**해왔고, 서구기업은 직무별로 기본급을 설정하고 특정 직무를 맡은 사람에게 그 직무에 설정된 기본급을 지급하지만 우리나라 기업은 개개인의 경력이 반영된 호봉에 따라 기본급을 지급하였다. 인적자원관리 체계가 서구기업과는 근본적으로 달랐던 것이다. 그러나 1990년대 후반부터 우리나라 기업들도 **효율적 인력운영방안을 모색하는 차원에서 직무분석의 필요성을 인식**하기 시작하였고, 일부 기업들을 중심으로 직무기반 인적자원관리 시스템(job based HRM system)을 도입하기 시작하였다.

직무분석은 인적자원관리의 가장 기본적인 기능 중 하나이다. 직무분석에 확정된 작업내용과 자격요건에 기초하여 채용되고, 구성원의 임금설정과 그의 직무수행에 대한 평가도 직무분석을 통해 확정된 작업내용과 표준성과 등을 기준으로 이루어지며, 구성원의 역량개발 또한 직무내용과 직무수행에 필요한 역량이 중요한 기준이다. 즉, 직무분석은 모집과 선발, 임금설정, 직무수행평가, 교육훈련, 인력계획 등 여러 인적자원관리 기능이 필요로 하는 기본 자료를 제공한다. 따라서 **인적자원관리 기능이 제대로 작동되기 위해서 직무분석은 필수적이다.**

1 직무분석의 개념

직무분석은 직무에 대한 상세한 정보를 획득하는 과정이다. 즉, 직무분석은 인적자원관리에 필요한 직무정보를 제공할 수 있도록 직무의 내용을 체계적으로 밝히는 활동을 말하는데 **구체적으로 직무에 대한 정보를 수집하고 수집된 정보를 분석하여 직무의 내용을 파악한 다음, 각 직무의 수행에 필요한 지식, 능력, 숙련, 책임 등의 제 요건을 명확히 하는 일련의 과정**을 의미한다.

직무분석(job analysis)은 바로 직무를 수행하는 사람에게 직무수행과 관련되는 광범위한 정보를 제공하기 위해 실시된다.

2 직무분석의 목적

(1) 직무에 관한 정보 제공

직무분석을 통해 ① 직무내용에 관한 정보와 ② 직무수행자에게 요구되는 자격요건에 관한 정보를 제공할 수 있다. 직무내용에 관한 정보를 '직무기술서(job description)'로서 작성하고, 직무수행자에게 요구되는 자격요건에 관한 정보는 '직무명세서(job specification)'로서 작성한다.

(2) 인사관리의 효율성 제고를 위한 정보를 제공

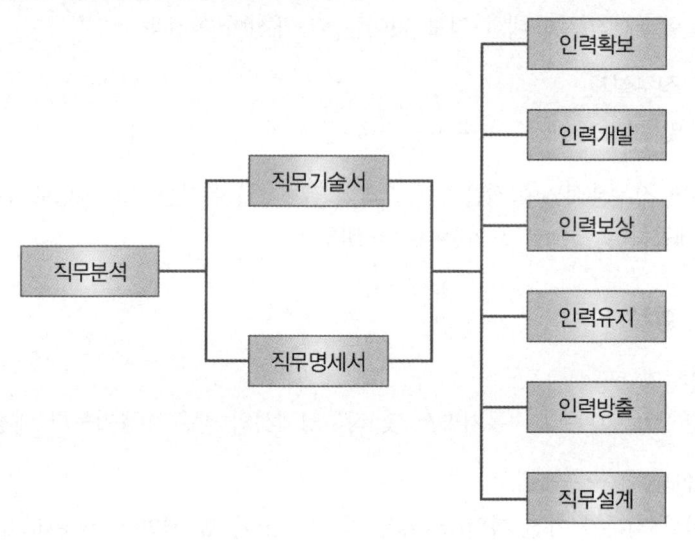

1) 직무분석과 인력확보
- 인력수요산정 : 필요한 인력 산정 가능
- 모집 : 충원해야 할 직무의 우선순위를 판단하는 데에 직무분석은 유용한 정보를 제공
- 인력선발 : 해당 직무의 적격자를 보다 과학적으로 식별 가능
- 인력배치 : 직무－직무수행자 간의 적합성을 최대화

2) 직무분석과 인력개발
- 인사평가 : 작업수행자에 대한 능력평가의 기준이 명확
- 교육훈련 : 불필요한 교육훈련을 줄이고 목적지향적인 교육훈련 활동을 가능하게 함
- 경력개발 : 직무순환에 필요한 정보를 제공하여 직무순환을 통한 경력개발의 효율성 제고

3) 직무분석과 인력보상
- 임금 : 어떤 직무가 기업의 목표달성에 더 가치가 있는지를 밝혀주기 때문에 해당 직무수행자에 대한 합리적인 임금수준 결정을 가능하게 함

4) 직무분석과 인력유지

- 직무수행자의 동기유발 : 개인 – 직무적합성에 대한 정보는 해당 직무수행자의 동기유발 수준을 유지·향상시키기 위한 직무조정이나 전환배치 등을 위한 기초자료가 될 수 있음
- 안전사고 예방 : 직무수행방법 및 사용되는 장비 등에 대한 정보는 개별 직무의 수행상의 위험 정도를 알 수 있게 해줌

5) 직무분석과 인력방출

- 인력감축 : 개별 직무의 가치, 타작업자에 의한 대체가능성 등에 대한 정보를 통해 어느 직무수행자부터 감축시키느냐와 같은 합리적인 인력감축 의사결정을 할 수 있음
- 이직방지 : 유능한 인재가 조직을 떠나는 원인이 직무에 대한 불만족에 있어 직무구조를 개선시키고자 할 때 직무에 대한 정보 없이는 그 개선이 어려움

6) 직무분석과 직무설계

- 직무구조 및 과정의 개선 : 효율적인 직무를 설계하는 데 도움

이상에서 제시한 직무분석의 목적은 인사관리의 전체 기능분야를 효율적으로 수행하는 데 매우 유익한 정보를 제공하는 것으로 요약할 수 있겠다.

3 직무분석의 절차

(1) 배경정보 수집

조직도, 업무분장표, 기존의 직무기술서 및 직무명세서와 같은 이용가능한 배경정보를 수집한다.

① 직무기술서(job description)

직무기술서란 직무가 가진 **과업**(tasks), **임무**(duties) 및 **책임**(responsibility)의 **목록**을 말하며(TDR's) 내용은 관찰 가능한 행동들이다.

② 직무명세서(job specification)

직무명세서란 한 개인이 직무수행에 필요한 **지식**(knowledge), **기술**(skills), **능력**(abilities) 및 다른 특성들의 목록을 말한다.

(2) 대표직위 선정

모든 직위를 분석할 수도 있지만 이에는 시간과 비용의 문제가 따르게 되기 때문에 일반적으로 대표직위를 선정하여 이를 중점적으로 분석한다.

(3) 직무정보 획득

이 단계를 보통 직무분석이라고 하며 여기서 직무의 성격, 직무수행에 요구되는 종업원행동, 인적요건 등을 구체적으로 분석한다.

(4) 직무기술서 작성

직무의 주요 특성과 함께 직무의 **효율적 수행**에 요구되는 활동들에 관하여 기록한 문서를 말한다.

(5) 직무명세서 작성

직무명세서는 직무수행에 필요한 인적 자질, 특성, 기능, 경험 등을 기술한 것을 말한다. 이는 기업 실무에 있어서 직무기술서에 같이 기술되는 경우도 많다.

4 직무설계와 직무분석의 순환적 관계

직무설계와 직무분석의 활동은 서로 연계되어 있다. 즉, 직무설계와 직무분석은 〈상호 순환적 관계〉이다. 직무가 설계되어 업무가 수행되다가 시간이 지나면 직무가 점차 변화한다. 따라서 직무 내용의 변화에 따라 직무분석이 이루어지고 이 결과에 따라 직무를 재설계(redesign)하게 된다. 이처럼 직무 (재)설계와 직무분석은 순환적 관계를 갖고 있다.

제 3 절 직무정보 수집방법8)

직무분석을 성공적으로 수행하기 위해서는 직무에 대한 정보수집이 전제된다.

1 관찰법(observation method)

(1) 개념 및 방법

관찰법(observation)은 직무분석을 수행하는 사람이 특정 직무가 수행되고 있는 것을 관찰하고 내용을 기록하는 것이다. 즉, 관찰법은 직무분석자가 직무수행자를 직접 집중적으로 관찰하는 방법으로 정보를 수집하는 것이다. 관찰법에서 자료는 보통 대화형식, 체크리스트 혹은 작업표로 기록된다.

(2) 장·단점

관찰법은 수작업 및 표준화되거나 짧은 순환과정을 가진 활동이 많은 직무에 보다 적절하다. 정신적 작업 혹은 집중을 요구하는 직무보다는 생산직이나 기능직 직무에 더욱 적절하다. 관찰법을 적용하는 직무들은 주로 자동차 생산 조립라인 직무, 보험회사의 기록유지 직무 등 직무단위의 시작과 종료간의 시간이 짧은 직무들이다. 뿐만 아니라 작업수행자에게 면접이나 질문지를 작성하게 할 상황이 되지 못하는 경우에도 관찰법이 도입될 수 있다. 관찰법은 실시하기 간편하다는 장점이 있지만 다음과 같은 몇 가지 문제점을 가지고 있다.

① 작업자의 육체적인 활동은 관찰이 가능하지만 정신적인 활동은 관찰이 불가능하다.
② 직무의 시작에서 종료까지 많은 시간이 소요되는 직무에는 적용하기가 곤란하다.
③ 직무분석 담당자가 특정 직무를 관찰할 경우 직무수행자의 작업에 방해가 될 수도 있다.
④ 관찰을 통해 획득한 정보의 신뢰도 문제가 있을 수 있다. 즉, 직무수행자가 자기의 직무가 관찰되고 있다고 인지할 경우 직무수행의 왜곡현상이 나타날 수 있는 것이다.

---

8) 직무에 대한 정보수집기법

> ■ 호손효과(Hawthorne Effect)
> 실험에 참가한 개인이 자신이 관찰되고 있다는 사실을 알 때 자신의 행동을 바꾸거나 작업 능률이
> 올라가는 현상으로 지켜보는 사람의 유무에 따라 행동차이가 발생하는 현상을 의미한다.

2 면접법(interview)

(1) 개념 및 방법

면접법(interview)은 직무분석을 실시하는 담당자가 해당직무 수행자에게 면접을 실시하여 직무에 관한 정보를 획득하는 방법이다.

(2) 장·단점

직무분석자는 직무담당자로부터 직접 정보를 얻을 수 있는 면접을 사용함으로써 관찰법이 지닌 문제점을 극복할 수 있다. 직무수행주기가 긴 경우 직무담당자는 자신의 작업수행을 요약하여 설명할 수 있으며, 관찰자가 알 수 없는 정신적인 작업과정을 설명할 수 있기 때문에 정신적, 육체적 행위가 모두 기술될 수 있다. 이 방법은 관찰법에 비해 시작에서 종료간의 기간이 긴 직무의 경우, 직무수행자가 이를 요약해서 설명해 줄 수 있다는 장점 및 직무수행자의 정신적 활동까지도 파악할 수 있다는 장점을 가지고 있어 가장 많이 활용하고 있는 방법 중 하나이다.

그러나 면접법에서는 직무분석자가 피면접자와 친밀한 관계를 유지해야 하며, 또 이들이 직무분석을 호의적이고 유용한 것으로 받아들일 수 있도록 해야 하는데 이는 그렇게 쉬운 일이 아니다. 피면접자(직무수행자)가 직무분석의 결과로 인해 자신이 피해를 입을지도 모른다고 판단하게 되면 해당 직무에 대해 정확한 정보제공을 기피하는 경우가 종종 발생한다.

3 질문지법(questionnaire method)

(1) 개념

질문지법(questionnaire)은 직무수행자에게 질문지를 나누어 주어 답하게 함으로써 직무에 대한 정보를 획득하는 방법이다. 즉, 사전 설계한 표준화된 질문지를 활용하여 직무정보를 수집하는 방법이다.

(2) 장·단점

질문지법의 장점은 정보수집을 위한 시간과 노력이 많이 절약된다. 분석대상 직무들을 수행하는 작업자들에게 질문지를 주어 작성하도록 하기 때문에 관찰이나 면접으로 인한 시간이 많이 소요되지 않는다. 또한 폭 넓은 정보를 수집할 수 있다.

그러나 단점으로는 직무수행자가 얼마나 성의를 가지고 정확하고 정직하게 질문지에 응답을 해주느냐, 즉 신뢰도(reliability) 문제가 우선 제기된다. 또한 질문지 개발에 많은 시간과 노력이 소요된다는 점, 질문지 문항에 대한 직무수행자의 정확한 이해부족 등 커뮤니케이션의 문제가 발생할 수 있다는 점, 대면적 방법으로 얻게되는 협조와 동기부여 효과의 결여, 사용 시 융통성이 없다는 점 등이 있다.

4 작업기록법(employee recording)

(1) 개념

작업기록법(employee recording)은 **직무수행자가 매일 작성하는 작업일지나 메모사항을 가지고 해당 직무에 대한 정보를 수집하는 것**이다.

(2) 장·단점

신뢰도는 상당히 확보할 수 있겠지만 문제는 직무분석에서 원하는 정보를 충분히 획득할 수 있느냐에 있다. 이러한 단점에도 불구하고 이 방법은 **관찰하기가 어려운 직무, 예를 들면 엔지니어, 과학자 그리고 고급관리자가 수행하는 직무를 분석할 때 많이 활용**되고 있다.

5 중요사실기록법(critical incident method)

(1) 개념

중요사실기록법은 직무수행자의 직무행동 가운데 **성과와 관련하여 효과적인 행동과 비효과적인 행동을 구분하여 그 사례들을 수집하고, 이러한 사례로부터 직무성과에 효과적인 행동패턴을 추출하여 분류하는 방법**이다.

(2) 장·단점

이 방법은 **직무행동과 직무성과 간의 관계를 직접적으로 파악할 수 있다는 장점**이 있는 데 반해, **수집된 많은 직무행동을 분류·평가하는 데 많은 시간과 노력이 소요된다는 단점**이 있다. 그 뿐만 아니라 여기서 얻은 정보만 가지고는 **해당 직무에 대한 포괄적인 정보의 획득에는 제약**이 있다. 대개 기업에서는 어느 한 방법만을 선택하기보다 여러 방법을 병행하는 경우가 많으며 특히 질문지법과 면접법을 병행하고 있다.

6 사전정보

직무분석은 통상 기존에 여러 곳에 산재해 있는 분석대상 직무관련 자료를 수집하는 것으로부터 시작된다. **미국 노동부가 제공하는 직무정보망(O*NET : Occupational Information Network)의 자료를 활용**하여 분석대상 직무에 관한 기초자료를 확보할 수 있다. 직무정보망은 포괄적 수준에서 분류된 1,000여개의 직종을 직종특성, 직종여건, 직종특유여건, 작업자요건, 작업자특성, 경험요건 등에 따라 기술하고 있다. 우리나라에는 **한국고용정보원이 발간한 『한국직업사전』**이 있다.

	장점	단점
사전 정보	• 인터뷰 질문이나 설문지 개발을 위한 기초 자료를 제공함 • 정보수집 비용이 비교적 저렴	• 종합적인 정보를 제공할 수 없음 • 이미 낡은 정보일 수 있음 • 자격요건이나 업무의 중요도 등에 관한 세부 정보는 없는 게 보통임
관찰법	• 직무수행자에 의존하는 것에 비해 직무에 대한 보다 더 깊은 이해가 가능함	• 정신활동 파악이 안 됨 • 중요하지만 간헐적 직무내용을 간과할 수 있음

면접법	• 빈도가 낮은 업무, 정신활동 등에 관한 정보도 수집이 가능 • 여러 사람에 의존함으로써 직무에 대한 종합적이고 정확한 판단이 가능	• 정보의 질이 면접자의 면접 기술에 따라 영향을 많이 받음 • 직무수행자가 직무분석의 의도에 대해 의심할 경우 정보의 질이 왜곡될 수 있음
질문지법	• 비용이 저렴하고 사용이 용이 • 많은 사람들로부터 정보 수집 가능 • 정량적 분석 가능	• 응답자들의 설문내용 파악 미흡 가능성 • 범용성이 높은 설문지는 특정 직무에 관한 구체적 정보를 담는 데 한계가 있음 • 개발비용이 높을 수 있음
중요사실 기록법 (중요사례법)	• 관찰, 측정 가능한 행동에 관한 정보 수집을 통해 직무성과 평가 기준으로 사용이 가능 • 직무수행의 기대치 제공 가능	• 통상적 수준의 직무수행 행동들에 관한 정보가 누락될 수 있음 • 중요사례를 모으는 데 시간이 걸림

제 4 절 　 직무분석 기법

직무분석 기법은 직무분석의 대상이 되는 직무의 내용과 직무수행자에게 요구되는 자격요건에 대한 정보의 내용을 어떤 관점에서 수집 및 분류하느냐를 의미한다.

1 기능적 직무분석법(Functional Job Analysis : FJA)

(1) 개념

미 노동성에 의해 개발된 것으로 원래 취지는 **직무배치와 상담에 사용하기 위한 것**으로 직무를 간략하게 분류하는 데 유용하다. 기능적 직무분석은 직무정보를 모든 **직무에 존재하는 3가지의 일반적 기능, 즉 자료(data)와 관련되는 기능, 사람(people)과 관련되는 기능 그리고 사물(things)과 관련되는 기능**으로 나누어 분류하고 정리하는 것이다. 주로 **중소기업**에서 쉽게 사용되는 기법이다.

(2) 기능적 직무분석법의 절차

① 직무분석의 목표설정단계

② 해당 직무의 과업(task) 규명단계

　• 어떤 행동이 나타나는가?

　• 개별 과업의 목표는 무엇인가?

　• 개별과업이 어떤 작업조건하에 수행되는가? 등

③ 개별과업의 분석단계

　이 단계에서 작업자의 기능은 자료, 사람, 사물이라는 세 가지 측면에서 측정된다.

④ 표준성과 확정단계

　작업자가 직무수행 시 요구되는 성과의 수준이 제시된다.

⑤ 교육훈련 필요성 분석 단계

해당 직무를 수행하는 데에 필요한 지식, 기능 및 정신적 요건 등을 밝혀 작업자가 이를 구비하도록 한다.

(3) 장·단점

기능적 분석법은 서로 성격이 상이한 여러 직무들을 대상으로 적용하는 데 아무런 문제가 없지만, 그 결과를 가지고 바로 직무평가에 적용하는 데에는 한계가 있다. 한편 이 기법은 작업자의 작업행동에 초점을 맞추었기 때문에 행동의 종류, 복잡성 정도 그리고 이에 따라 요구되는 자격요건의 수준을 보다 체계적으로 파악할 수 있다는 장점을 가지고 있다.

2 직위분석 질문지법(Position Analysis Questionnaire : PAQ)

(1) 개념

맥코믹(McCormick)에 의해서 개발된 것으로서 작업자 활동과 관련된 187개 항목과 임금관련 7개 항목을 포함하여 총 194개 항목으로 구성된 질문지로서 작업에 대한 표준화된 정보를 수집하는 대표적 방법이다. 설문항목은 투입정보, 정신적 과정, 과업성과, 다른 사람과의 관계, 직무환경, 기타 직무특성의 총 6개의 범주로 구성되어 있다.

구분	기술(記述)	문항의 예
1. 정보의 투입	작업자가 직무를 수행하는 데 이용하는 정보를 어디에서 어떻게 얻는가?	글로 쓰여진 자료의 이용, 거의 눈으로 식별함
2. 정신적인 과정	직무수행에 필요한 논리, 의사결정, 계획, 정보 처리활동 등은 무엇인가?	의사결정의 수준 코딩/해독(decoding)
3. 작업의 성과	직무활동에 필요한 육체적 활동은 무엇이며 어떤 기계, 도구, 수단이 동원되는가?	키보드 장치의 사용조립/해체
4. 타인과의 관계	직무를 수행하는 데 다른 사람과의 어떤 상호작용이 존재하는가?	대중과 고객과의 접촉
5. 직무환경 및 상황	어떤 물리적인 또는 사회적인 상황에서 직무가 수행되는가?	높은 온도, 대인간 접촉상황
6. 기타 직무 특징	직무수행과 관련된 다른 활동, 조건, 특성 등은 무엇인가?	구체적인 작업속도, 직무구조의 양

(2) 장·단점

직위분석설문지는 다른 것보다 더 철저히 연구된 것이며 변형 없이 넓은 범위의 직무에 사용가능하고 많은 자료원에 대한 비교를 가능케 한다. 직위분석설문지는 선발과 직무분류 용도로 널리 활용되고 있다. 이 기법의 장법은 우선 개별 직무에 대해 다각적이고 풍부한 정보를 획득할 수 있으며 이 기법을 적용할 수 있는 직무의 종료는 거의 제한이 없을 정도로 활용 폭이 넓다.

그러나 이 설문지로 **측정된 점수를 가지고 개별 직무의 성과표준을 직접 산출하는 데에는 많은 무리가 따른다. 인사평가와 교육훈련용도로는 활용되지 않고 있다.** 왜냐하면 직위설문지는 매우 다양한 직무를 쉽게 분석할 수 있고 직무평가용도로 널리 활용되고 있지만, **성과표준이나 훈련내용을 설문지의 점수로부터 도출해내기가 어렵기** 때문이다.

3 관리직 직무분석법(Management Position Description Questionnaire : MPDQ)

(1) 개념

토나우(Tornow)와 핀토(Pinto)는 관리직 직무를 파악하기 위해 208개의 항목으로 된 질문지를 개발했다. 이 질문지는 관리자 자신이 작성하도록 되어 있는데 그 내용은 12개의 범주로 분류할 수 있다.

(2) 장 · 단점

이 기법에 의해 나타난 결과는 타 관리직무로 이동하는 **관리자의 교육의 필요성을 진단하고 나아가 관리직들 간의 상대적 가치를 평가하는 직무평가에 유용하게** 활용된다. 즉, 이 방법은 새로운 직무로 이동하기로 되어 있는 관리자의 교육필요성을 진단하고, 새로운 직무의 직무분류, 직무평가에 유용하다. 그러나 직무의 행동적 요건, 근무성과의 측정에 활용하는 데에는 한계가 있다.

한편 민츠버그(Mintzberg)는 관리자의 역할 대해 새로운 접근을 시도한 바 있다. 그는 **관리자의 일상적 근무를 관찰한 후 10가지 역할을 발견**하였다.

▼ 관리자의 역할

대인관계 역할 (interpersonal roles)	상징자 역할(figurehead role) : 조직의 대표자로서 행사 및 사회적 의무를 수행
	지도자 역할(leader role)
	연락자 역할(liaison role) : 특히 외부사람들과의 관계
정보적 역할 (informational roles)	수령자 역할(recipient role) : 기업활동에 관한 정보를 수령하는 역할
	배분자 역할(disseminator role) : 정보를 부하에게 배분
	대변자 역할(spokesperson role) : 정보를 조직외부에 전달
의사결정 역할 (decision roles)	기업가 역할(entrepreneurial)
	분쟁조정자 역할(disturbance-handler role)
	자원배분자 역할(resource-allocator role)
	교섭자 역할(negotiator role) : 다양한 사람들과 집단을 취급

4 과업목록법(task inventory procedure)

(1) 개념

과업목록법은 설문지를 이용하여 분석하고자 하는 직무의 모든 과업을 열거하고 이를 상대적 소요 시간, 빈도, 중요성, 난이도, 학습의 속도 등의 차원에서 평가한다. 이것은 특정 과업에 대한 구체 적 정보를 수집하는 대표적인 방법이다.

(2) 장·단점

과업목록법은 개발비용이 많이 들지만 일단 개발되면 **교육용도로 매우 효과적으로 활용**된다. 또 **과업을 매우 세부적이고 체계적으로 분석할 수 있고, 종업원 인터뷰를 통해 획득한 설문항목을 사 용하기 때문에 현실적 직무내용을 파악할 수 있다는 장점**이 있다. 그러나 직무 간 비교가 어렵기 때문에 직무평가 등의 용도로는 적합하지 않다.

5 직무요소법(Job Element Method : JEM)

직무전문가에게 특정 직무 수행에 필요한 지식, 기술, 능력 및 개인 특성에 관한 목록을 창출케 하는 것이다.

6 플레시먼 직무분석법(Fleishman Job Analysis System : FJAS)

플레시먼(Fleishman)에 의해 개발된 것으로 성과의 차이를 가져오는 개인이 지닌 지속적 속성인 52 가지의 능력을 인지적, 정신동작, 물리적, 감각적 능력으로 나누어 각각 7점 척도로 측정하는 것이다. 이는 경력개발, 채용, 훈련에 유용하며, **직무수행에 필요한 능력을 분석하는 것을 목적**으로 한다는 점 에서 **능력요건 척도(Ability Requirement Scales, ARS)**라고 불리기도 한다.

▼ 직무분석 기법의 종류와 내용 정리

분석 초점	개요	직무분석 기법
업무 역량	직무수행에 필요한 개인의 역량에 대한 정보를 분석	직무요소법
		플레시먼 직무분석법
과업	과업 자체의 특성을 분석	과업분석목록법
직위	개인이 가진 직위와 관련된 전반적인 정보를 분석	직위분석질문법

제 5 절   직무분석의 결과 : 직무기술서와 직무명세서

1   직무기술서와 직무명세서

직무분석 활동의 산출물(output)로는 직무기술서와 직무명세서가 있다. **직무기술서**(job description) 에는 직무의 내용, 직무수행방법 및 절차, 작업조건 등이 기록된다. **직무명세서**(job specification)는 해당 직무를 수행하는 작업자가 갖추어야 하는 자격요건, 즉 직무수행요건을 기술한다.

2   작성방법

(1) 직무기술서

- **표현이 단순명료**해야 한다.
- 직무를 정의할 때 **일의 범위와 성격을 확실하게** 지적하도록 해야 한다.
- **구체적**이어야 한다. 예컨대 일의 종류, 복잡성의 정도, 문제가 표준화되는 정도 등을 기술해야 한다.

(2) 직무명세서

직무명세서에는 다음과 같은 내용이 기술되어야 한다.

- 교육
- 육체적 특성과 건강
- 지적 능력
- 특수 능력
- 과거 직업경험
- 특수 지식 혹은 기능

직무기술서	직무명세서
− 직무명칭	− 직무명칭
− 직무의 소속직군, 직종	− 직무의 소속직군, 직종
− 직무내용의 요약	− 요구되는 교육수준
− 수행되는 과업	− 요구되는 기능/기술수준
− 직무수행의 방법	− 요구되는 지식
− 직무수행의 절차	− 요구되는 정신적 특성(창의력, 판단력 등)
− 사용되는 원재료, 장비, 도구	− 요구되는 육체적 능력
− 관련되는 타직무와의 관계	− 요구되는 작업경험
− 작업조건(작업집단의 인원수, 상호작용의 정도 등)	− 책임의 정도

제 6 절 　직무분석의 기업에서의 활용

1 　직무분석 시 문제점

(1) 직무내용의 모호성

직무기술서와 직무명세서의 내용이 애매하게 표현되어 직무에서 요구되는 행동이 분명치 않을 때가 많고, 따라서 직무기술서와 직무명세서에서 의도한 목적이 달성되지 않는 경우가 있다. 따라서 **직무분석은 직무에 관한 정보를 가능한 한 구체적인 행동으로 표현하여 직무의 목적과 표준성과를 명백히 하는 것이** 바람직하다.

(2) 직무내용의 실제성

직무는 고정되어 있지 않고 항상 변한다. 그리고 직무를 수행하는 작업자도 자주 바뀐다. 따라서 이러한 변화와 더불어 직무기술서와 직무명세서의 내용이 실제와 일치하지 않는 경우가 많이 발생한다. 따라서 **직무분석은 분석 당시의 작업자에게 너무 의존하지 말고 객관적인 입장에서 직무내용을 분석해야 한다.** 그리고 주기적으로 직무내용을 검토하여 직무기술서와 직무명세서가 항상 실제 직무내용과 일치하도록 수정해 나가야 한다.

(3) 실무자의 협조

직무에 관한 연구는 일반적으로 작업자의 의구심과 불안감 그리고 저항감을 야기하는 경향이 있다. 작업자는 항상 자기의 직무수행방법이 가장 이상적이라고 생각하는 경향이 있기 때문에 **낯선 직무분석자가 작업장에 와서 자기 직무에 관한 자료를 수집하는 데 대하여 부정적인 태도를** 갖게 된다. 노조도 **직무분석을 표준생산 수준을 높이기 위한 수단으로 오해하고 대체로 비협조적인 태도를 취한다.** 그러므로 직무분석가는 실무자의 입장을 이해하고 그들에게 **직무분석의 목적을 인식시키며 그들의 협조를 받을 수 있는 신뢰관계를 조성**해야 한다.

(4) 조직문화와 직무분석

직무분석은 조직의 직무체계를 명확하게 하고 다양한 인적자원관리 기능의 효율적 작동을 뒷받침한다. 그러나 직무분석이 지나치게 정확성과 효율성을 강조하다 보면 과도하게 구체화·세분화된 직무를 설계하는 경향이 커지고, 따라서 **구성원들의 능력활용범위와 능력개발 가능성을 제한하는 결과를 가져올 수 있다.** 또한 직무내용이 구체적으로 세분화되면 직무경계가 필요 이상으로 엄격하게 되어 구성원들 각자가 직무기술서에 명시된 작업과 업무 이외에는 관심을 갖지 않을 가능성이 있다. 이에 구성원 간 **비협조적인 태도가 조성되고 나아가 조직 전체가 관료적인 조직문화로 형성될 위험도 있다.**

따라서 세분화된 직무경계보다는 **유기적이고 신축적인 직무경계를 설정**하는 것이 바람직하다. 특히 집단적 문화(collective culture)를 가진 일본기업의 경우 구성원 간 상호협조와 공동체의식을 강조하는 조직인바, 해당 조직문화를 가진 기업이라면 세분화되고 엄격한 업무분담과 책임보다는 집단성과 달성을 목적으로 구성원 사이의 유기적인 직무수행을 강조한다. 즉, **구성원들 사이에 집단의식과 공동체 의식이 강한 조직문화에서는 세분화된 직무분석과 명백한 직무경계는 구성원의 활동범위와 능력개발 의욕을 제한 시킬 위험이** 존재한다.

2 **직무분석 시 유의사항**

(1) 직무분석을 실시하기 전에 **구체적인 목표에 대한 인식**이 있어야 한다.

(2) 종업원의 강력한 저항이 있을 수 있는데 이는 **불이익을 가져다줄 수 있다고 믿기 때문이다.** 따라서 성공적으로 직무분석을 실시하려면 **최고경영층의 의지 표명**을 통해 이로 인한 **종업원의 불이익을 최소화시킨다는 기업의 인사방침에 대한 종업원의 신뢰를 먼저 끌어내어야 한다.**

(3) 직무분석은 직무구조의 변화에 따라 **정기·비정기적으로 실시함으로써 해당 직무에 대한 정보를** 정확하게 유지해야 한다.

3 **직무분류의 개념과 기준**

(1) **직무의 전문성과 정형화 정도에 따른 직군분류**

직무분류란 여러 종류의 직무들을 직군별 혹은 직종별로 분류하는 것을 말하는데, 직무는 **전문성**과 **정형성**을 기준으로 분류가 가능하다. 여기서 **전문성**이란 직무를 수행하는 데 요구되는 자격수준의 정도를 말하며, **정형성**이란 직무수행절차, 직무일정의 결정절차, 직무내용 변경의 빈번한 정도 등 을 기준으로 판단할 수 있다.

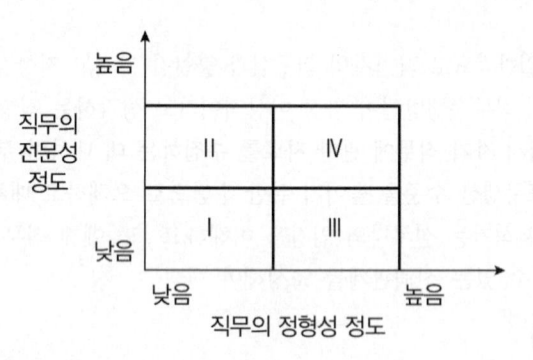

▼ **직군분류의 예시**

(2) 직군분류에 따른 직무이동

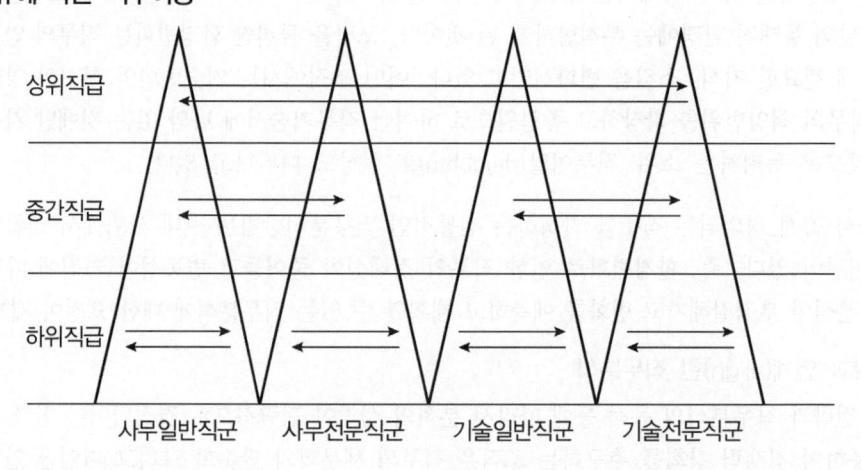

한편 **종업원의 직급수준에 따라 직군 내 이동, 직군 간 이동, 그리고 직종 간 이동을 구상할 수** 있다. 예를 들면 일반 사무직군에 종사하는 종업원의 경우, 하위 직급에는 직군 내 이동, 중간직급으로 승진했을 때에는 직군 간 이동 그리고 상위직급으로 올라갔을 때는 직종 간 이동이 가능한 것이다.

(3) 직무의 비밀성과 계절성에 따른 임시직 운용 필요성 진단

혹은 **직무의 비밀성과 계절성을 기준으로 분류하여 인력운용에 있어서 임시직 운용의 필요성이 제시된다.** 계절성이 높을 경우, 예를 들어 스키장 같은 경우는 1년 중 겨울이라는 특정 계절에만 발생하기 때문에 필요한 인력을 고정직(정규직)으로 고용했을 경우 일이 없는 다른 계절에도 인건비가 발생하여 인력운용이 효율적이지 못하게 된다. 그러나 직무가 계절적으로만 발생하더라도 이러한 직무가 기업의 경쟁력과 관련하여 비밀성이 높을 경우 추가 인건비를 부담하더라도 고정직으로 고용해야 할 것이다.

제 7 절　　직무분석의 전략적 접근 : 역량 기반 직무분석(competency based job analysis)

1 직무분석의 전략적 접근

(1) 등장배경

직무 자체가 변화하고 있는데 직무의 경계가 불확실해지고 한 사람이 여러 일을 하거나 팀으로 일하는 경우가 늘어나고 있다. 그래서 정태적이고 개인적인 '직무'라는 개념 대신 '역할(role)'이나 '작업(work)'이라는 대체어의 사용이 늘고 있다. 또한 전통적인 직무분석의 기본 가정은 개인과 직무 그리고 둘 간의 적합관계가 일정기간 변함이 없다는 것인데 이는 오늘날 동태적 환경에 부적합하다.

전통적인 직무분석의 기본 가정 중의 하나는 개인과 직무, 그리고 둘 사이의 적합관계가 일정한 기간 동안 별로 변함이 없다는 것이다. 따라서 직무는 좁고 명확하게 정의된다. 이는 경쟁이 별로 없는 대량생산 체제 하에서는 유효하게 작용할 수 있다. 그러나 이러한 과거의 조건과 가정들은 오늘날의 동태적 환경에는 부적합하게 된 것이다. 조직을 둘러싼 환경변화는 직무의 안정성과 직무수행에 필요한 지식, 스킬을 변화시키고 있다. 어떤 조직에서는 기술변화와 혁신의 영향으로 기존의 직무의 책임범위를 확장하고 종업원으로 하여금 직무기술서에 나와 있는 것에만 자신을 제한하지 말도록 독려하는 소위 '직무이탈(dejobbing)' 현상도 나타나고 있다.

따라서 좁게 정의되는 직무를 가정하는 전통적인 직무분석방법은 현대 사회에서 적합하지 못하다는 비판이 있다. 즉, 환경변화로 인한 직무의 정태성이 줄어들고 변동성이 커짐에 따라 전통적인 직무분석이 부적절해지고 변화를 예측하고 계획할 수 있는 직무분석에 대한 요청이 제기된 것이다.

(2) 전략과 연계(align)한 직무분석

경영전략과 직무분석의 목적 등에 따라서 분석의 성격이 전략적으로 결정되어야 한다. 저원가전략을 통하여 경쟁력 강화를 추구하는 조직은 직무의 세분화와 단순화 그리고 저임금 인력의 철저한 관리통제를 통하여 효율성을 극대화하려고 하지만, 창의와 혁신에 의존하여 비교경쟁우위를 확보하려는 조직은 고기술, 고임금 인력을 중심으로 신축적이고 광범위한 직무설계와 자율적이고 개방적인 직무환경을 조성한다. 즉, 창의와 혁신을 지향하는 기업의 조직특성에 맞는 직무분석은 세분화된 통제형 직무분석보다는 광범위한 직무를 수행하여 구성원의 능력개발을 통해 환경변화에 신축하게 대응할 수 있는 역량중심의 직무분석이 필요하다.

(3) 역량기반 직무분석(competency based job analysis)

1) 의의

전통적인 직무분석을 대체할 수 있는 새로운 기법으로 제시되고 있는 기법이 바로 역량기반 직무분석이다. 직무별 구체적인 의무에 기초하고 있는 직무기술서는 기업이 필요로 하는 유연한 행위를 오히려 방해하는 경향이 있다. 이에 직무를 기술하는 새로운 접근법이 필요한데 이를 가능하게 하는 것 중 하나가 역량기반 직무분석인 것이다. 역량기반 직무 분석(competency based job analysis)이란 종업원이 직무를 잘 수행하기 위해 보여야 할 측정가능하고 관찰가능한 행위역량의 관점에서 직무를 기술하는 것이다. 즉, 직무상 의무가 아닌 역량에 기초해서 직무기술서를 작성하고, 역량 모델(competency model)을 활용하여 직무수행자의 역량(competency)에 초점을 두어 직무를 분석하는 것이다.

2) 역량의 정의

역량(competency)이란 고성과에 직결하는 실천적인 행동특성을 의미한다(고성과자들이 보여주는 개인의 내적 특성, spencer&spencer). 능력이란 잠재적인 능력 내지 장기적으로 발휘되는 능력이라고 할 때는 기업의 성과와는 직접적인 관련성이 다소 멀고, 실적에 의존을 하더라도 단기적인 성과이기 때문에 한 개인의 진정한 실력의 척도가 못 될 수도 있다. 그래서 능력과 실적의 중간적인 개념으로 설정된 것이 역량(competency), 즉 '고성과 실현 행동특성'이다.

역량과 능력의 차이점은 첫째, 잠재되어 있는 능력 가운데 실제로 발휘되어 성과에 직접적인 영향을 줄 수 있는 것을 구분할 수 있어야 한다. 능력이 성과에 영향을 주기 위해서는 행동이나 태도로 나타나야 한다. 역량은 잠재적 능력 가운데 성과에 직접적으로 영향을 주는 요소들에 더 주목하기 위해 만들어진 개념이다. **둘째, 역량은 일반적인 사람들과 높은 성과를 내는 고성과자의 차이를 만드는 것이 무엇인지 확인하기 위하여 사용**된다.

실무적으로 역량은 **'직무 성과에 직접적으로 영향을 주는 KSA의 집합체'로 표현**되기도 한다. 지식(Knowledge)이란 직무를 수행하는데 직접적으로 관련이 있는 일련의 정보를 말한다. 기술 (Skill)이란 특정 직무를 수행하기 위해 지식을 활용하거나 적용할 수 있는 관찰 가능한 역량을 말한다. 기술은 반복된 학습과 노력을 통해서 습득되기 때문에 **숙련(Proficiency)이라 표현**하기 도 한다. 능력은 여러 가지 다양한 일을 수행할 수 있는 개인에게 내재되어 있는 속성을 말한다. 능력과 함께 자주 사용되는 적성은 능력의 한 유형으로 기업에서 사용되는 **적성(Aptitude)의 의미는 직무를 수행하기 위한 능력**을 의미한다.

3) 역량의 유형

① 공통역량

공통역량(common competency)은 기초역량이라고도 하는데 **조직 내 모든 구성원이 공통 적으로 가져야 할 역량**을 말한다.

② 기능역량

기능역량(functional competency)은 관리역량이라고도 하는데 **기업조직 내 각 기능별(인사, 마케팅, 재무, 생산, 회계)로 요구되는 역량**을 말한다.

③ 직무역량

직무역량(job competency)은 개인역량이라고도 하는데 **기업의 각 기능부문이 완료되기 위 해 개인별로 갖추어야 할 여러 가지 구체적인 능력**을 말한다.

2 역량모델링(competency modeling)

(1) 역량모델링의 개념

역량 모델링이란 **한 직무에서 높은 성과나 성공을 가져올 수 있는 구체적인 역량(지식, 스킬, 능력, 행위)을 결정하는 활동**이다. 한마디로 각 직무에서 요구되는 역량을 파악한 것이다. 구체적으로는 필요역량을 추출하고 각 직무별로 달성수준(level)을 결정한다. 역량모델링이 전통적인 직무분석과 가장 크게 차별화되는 점은 〈전략목표와 관련〉된다는 것이다. **기업의 전략목표로부터 필요한 역량 이 도출되기 때문이다.** 이 부분은 전통적인 직무분석에 결여된 부분이다.

(2) 역량모델링의 과정

1) 조직전략과 환경의 분석

역량모델링은 **조직의 전략, 비전, 미션을 파악하고 경쟁 환경을 분석하는 것**으로 시작한다. 역량 은 이들을 실행하기 위해 도출되는 까닭이다.

2) 역량의 도출

역량을 도출하는 단계에서는 **직무(집단)에서 고성과자가 실제 발휘한 행동에 대한 정보를 조사하여 역량을 도출**하게 된다. 역량 추출 과정에서 가장 널리 사용되는 방법은 **행동사건면접과 직무(주제) 전문가 워크숍** 방법이다.

① **행동사건면접(BEI : behavioral event interview)**이란 구조화된 면접형태의 하나로서 미래를 예측하는 좋은 지표가 된다는 가정 아래 **과거 중요한 행동사례에 대한 중요한 정보를 수집하는 데 초점을 두는 면접방법**이다.

② **직무(주제)전문가(SME : subject matter expert)** 워크숍 방법은 **내부전문가(SMEs)들이 모여 워크숍 형태로 해당직무에 적합한 역량을 도출하는 방법**이다. 직무전문가란 특정 직무나 과업 또는 스킬에 정통한 사람을 의미한다. **직무전문가를 통해 정확한 정보를 제공하고 직무성과에 중요한 역할을 제시하는 것**이다.

	특징	장점	단점
BEI	• 상세하게 설계된 과정에 따라 진행 • 전문 기술을 갖춘 면접관이 시행 • 과거의 중요한 행동사례를 통해 핵심 행동 특성을 도출하는 데 초점 • 개인 인터뷰 방식	• 현업 수행자로부터 솔직한 의견 확보 가능 • 추가적 세부사항에 대한 조사 가능 • 현장을 잘 아는 피면접자가 역할과 조직에 관한 상황 제공 가능	• 시간 · 비용이 많이 소요
SME 워크숍	• 조직 사정에 정통한 내부전문가(SME)들이 모여 워크숍 형태로 진행. 표준역량모델을 활용하여 해당 직무에 적합한 역량도출 • 참석자의 범위 및 목적에 따라 전문가 패널회의, 포커스(focus) 그룹미팅이라고도 부름	• 많은 사람들의 견해를 효율적으로 수집 가능 • 집단 토론의 특성상 기대하지 못한 정보 도출 용이 • 추가적인 세부사항을 조사할 기회 제공	• 실행하는데 훈련된 촉진자(퍼실리테이터)가 필요 • 참가자들이 동료들 앞에서 솔직하게 의견을 제시하지 않을 우려 • 집단사고의 성향에 의해 자료의 질이 낮은 수준에서 임의적으로 타협

3) 1차 역량 풀(pool) 도출

핵심역량이 선정되는 단계로 역량을 결정하는 방법은 BEI법에서는 인터뷰에서 확인된 행동사례 중 **우수성과 창출의 가장 중요한 행동 특성으로 전문가 간의 합의가 이루어진 것을 역량으로 결정**한다. SME 워크숍에서는 수집된 여러 능력 요소 자료 중에서 성과에 가장 크게 기여하는 능력을 SME 간에 합의된 역량으로 결정한다.

PART
02

4) 역량사전 작성

역량사전이란 **조직의 역량에 대해 역량의 명칭, 정의, 행동지표, 행동사례 등을 사전 형태로 정리한 것**이다. 역량사전을 작성한다는 것은 조직의 구성원들이 특정 직무의 역량에 대해 같은 의미로 역량을 이해할 수 있도록 그 개념을 명확하게 한다는 것이다.

5) 역량의 타당화 검증

도출된 역량을 실제 사용하기 위해서는 전문가 등 제3자에 의해 객관적으로 적합성이 검증되어야 한다. 이때에도 **SME는 중요한 역할**을 수행한다. 역량에 대한 검토가 끝나면 행동지표에 대한 검토가 이뤄지는데 행동지표에 대한 검토도 역량에 대한 검토와 마찬가지로 그 적합성을 검토하고 수정 및 개선 사항이 있으면 개인별로 의견을 개진하고 토론을 통해 합의해 나간다.

6) 역량모델의 확정과 시행

역량모델이 확정되고 이를 인사, 연수시스템 등 **제반 인적자원관리 시스템과 연관하여 역량기반 인적자원관리를 수립**한다.

(3) 역량모델링의 이점

1) 경영자 측의 이점

① 채용과 선발과정을 편하게 하고 정확성을 개선하기 위한 **성과기준을 확인**할 수 있다.

② 성과기대의 보다 용이한 소통을 위해 탁월한 기준을 명료화시킬 수 있다.

③ 성과, 개발, 커리어 관련 이슈와 관련되어 **사용자 종업원 사이에 이루어지는 대화의 분명한 기초를 제공**할 수 있다.

2) 종업원 측의 이점

① **역할을 성공적으로 수행하는 데 필요한 성공기준을 확인**할 수 있다.

② 종업원의 강점에 대한 보다 구체적이고 객관적인 평가를 지원하고 직업적 발전을 위한 목표 분야를 명시화할 수 있다.

③ 종업원의 스킬을 함양할 수 있는 개발 수단과 방법을 제공할 수 있다.

3) 역량기반 인적자원관리의 이점

역량모델링을 기초로 하여 여러 인적자원의 기능이 수행되는 것을 역량기반 인적자원관리(competency-based HR)라고 한다. 모집, 선발, 개발 등 다양한 인적자원관리가 역량을 기초로 이루어지는 것이다. 역량기반 인적자원관리는 **경영전략에 기초하고 있기 때문에 기업성과와 연계성이 높다는 점에서 기존의 인적자원 관리에 비해 차별적 우위를 지니게 된다.**

4) 조직에의 예시 : 효성의 직무 프로파일

㈜효성의 신인사제도는 역량(Competency)과 핵심성과지표(KPI)를 매개 고리로 하여 **조직이 지향하는 비전, 사명, 목표, 전략 등과 인사제도가 연계되어 있도록 설계**되었다. 직무에서 요구되는 **역량과 달성해야 하는 핵심성과지표 중심으로 작성된 직무기술서와 직무명세서가 효성의 직무프로파일**이다.

역량(Competency)	
기초역량(Functional Competency)	**기술역량**(Technical Competency)
• 조직구성원 모두에게 공통적으로 요구되는 능력이나 자질 • 조직에서 근무하기 위해 기본적으로 요구되는 역량 • **회사의 비전이나 핵심가치(Core Value)에서 추출됨**	• 업무와 직접 관련된 역량 • 특정한 업무를 수행함에 있어서 요구되는 역량 • 상이한 업무에 따라 상이한 역량이 요구됨

02 | 직무평가

제1절 직무평가의 개념·목적·평가요소

1 직무평가의 개념

(1) 직무평가의 개념 및 등장배경

직무평가(job evaluation)란 직무분석의 결과 밝혀진 직무의 구체적인 내용 및 이를 수행하기 위해 요구되는 작업자의 자격요건을 가지고 **해당직무의 가치를 체계적으로 밝히는 것**이다. **직무평가를 통해 조직의 모든 직무들이 ① 직무의 상대적 중요성, ② 직무수행에 필요한 지식, 업무기술, 능력 (KSAs), 그리고 ③ 직무의 난이도 등의 특성에 대해 조사되어 직무의 가치가 매겨진다**(Mathis, Jackson, 2003). 즉, 직무의 가치가 높고 낮음을 평가하는 기준은 그 **직무가 기업의 목표달성에 어느 정도 공헌하는지**에 달려 있다. 개별 직무를 기업 목표달성의 정도와 직접 연결해서 가치를 평가한다는 것은 현실적으로 매우 어려운 일이다. 이러한 이유로 직무의 가치에 대한 평가는 '직무의 기업목표 달성에의 공헌도'라는 기본 정신을 바탕으로 해당직무를 수행하는 데 요구되는 제 작업상황의 양적·질적 측면에 대한 가치를 평가하는 **간접적인 방법**을 택하게 된다.

직무평가의 등장배경은 **산업화가 진행**되던 시기에서 나타난 **임금의 공정성 문제를 극복**하기 위한 하나의 수단으로 시작되었다. 즉, 같은 기업에서 A부품 하나 만드는 데는 개당 1,000원을 주고 B부품을 하나 만드는 데 개당 2,000원을 주는 경우, 왜 B부품 생산에 더 높은 임률을 적용시키느냐에 대한 해명이 필요했던 것이다.

(2) 직무평가의 목적

1) 임금의 공정성 확보

평가 결과 **직무가치의 점수가 높은 직무를 수행하는 작업자에게 직무가치가 낮은 직무수행자보다 더 많은 임금을 주는 것을 공정성의 논리로 삼자는 데** 그 목적을 두고 있다.

2) 인력확보 및 인력배치의 합리성 제고

직무의 중요성, 난이도 등 직무가치의 정도에 따라 종업원의 능력을 기준으로 **인력배치의 합리성을 제고**시킬 수 있다. 즉 직무가치가 높은 직무들에 대해서는 보다 능력있는 종업원을 정규직에 배치하고 직무가치가 낮은 직무들에는 기업의 인건비 부담능력 등을 고려하여 비정규직에 배치하는 것을 고려할 수 있다.

직무이동 경로(경력경로, career path)의 설계 시 기업 내 여러 직무들 간의 직무의 중요성, 난이도 등의 **직무가치 정도에 따라 보다 합리적인 이동경로를 설계**할 수 있다.

2 평가요소

대개의 회사에서는 아래와 같은 직무요소를 직무평가의 기준으로 사용한다.

- 숙련정도 : 교육, 경험, 지식, 기술이 어느 정도 필요한지
- 노력정도 : 육체적 · 정신적 노력이 어느 정도 필요한지
- 책임정도 : 일이 잘못될 경우 그에 대한 여파와 책임이 어느 정도인지
- 작업환경 : 작업장소, 작업분위기 등이 만족스러운지

▼ 직무평가요소 : REFA모델

대분류	정의
1. 지식	직무교육수준 경험 사고능력(思考能力)
2. 숙련	손기술 신체적 유연성
3. 책임	고유 업무에 대한 책임 타작업자 업무에 대한 책임 타작업자 안전에 대한 책임
4. 정신적 노력	주의력 정신적 작업수행
5. 육체적 노력	다양한 근육활동 일면적 근육활동 정태적 근육활동
6. 작업환경	온도/소음/흔들림/조명/습도, 기름, 오염/먼지, 가스, 증기/재해위험/질병위험

▼ 직무평가요소 : Lytle모델

대분류	세부분류
1. 숙련	지능적 숙련(intellectual skill) 육체적 숙련(physical skill)
2. 노력	정신적 노력(mental effort) 육체적 노력(physical effort)
3. 책임	대인적 책임(responsibility for effort) 대물적 책임(responsibility for equipment and material)
4. 작업환경	위험도(hazard) 불쾌도(uncomfortableness)

제 2 절　직무평가의 방법

1　개요

(1) 종합적(전체적) 방법과 분석적 방법

직무평가의 방법에는 크게 종합적 평가방법과 분석적 평가방법의 두 가지 방법이 있다. **종합적 평가방법은 직무수행의 난이도를 기준으로 포괄적 판단에 의해 직무의 가치를 상대적으로 평가하는 방법**으로서, 이에는 서열법과 분류법이 있다. **분석적 평가방법은 직무분석에 따라 직무를 기초적 요소 또는 조건으로 분석하고, 이를 계량적으로 평가하는 방법**으로서, 이에는 점수법과 요소비교법이 있다.

(2) 비교의 기준

직무평가 방법은 비교 기준에 따라서도 **직무와 기준을 비교하는 방법과 직무와 직무를 직접비교하는 방법**으로 나눌 수 있다. 기준이 주어진 경우 **미리 정해진 표준(standard)이나 등급구간에 의하여 직무가 분류되지만, 직무와 직무를 직접 비교하는 평가방법은 직무 간 상호비교를 통하여 직무를 분류**하게 된다.

(3) 점수화 여부

계량적 방법은 점수화가 가능하지만 비계량적 방법은 점수화가 불가능하다. 점수화가 가능한 경우 **임금에 연동이 용이**하다는 특징이 있다.

(4) 구간 설정 여부

등급 별 구간이 설정된 경우 계급적 방법으로 분류할 수 있으며, 구간이 없는 경우 계열적 방법으로 분류가 가능하다.

	계급적	계열적	
점수화 ×	분류법	서열법	전체적
점수화 O	점수법	요소비교법	분석적
	직무 vs 기준	직무 vs 직무	

2　직무평가의 방법

(1) 서열법(Ranking Method)

1) 개념

서열법은 직무평가자가 평가하려는 직무들의 직무기술서 및 직무명세서를 바탕으로 이들 직무들의 **상대적인 가치**를 해당 직무들에 대해 기업의 목표달성과 관련 중요도, 직무수행상의 난이도, 작업환경 등을 포괄적으로 **고려하여 그 가치에 따라 서열을 매기는 방법**이다.

2) 장·단점

서열법은 매우 빠르고, 쉽고, 간편하고 용이한 방법으로 사용된다. 하지만 이 기법은 매우 주관적일 수 있다는 한계가 있다. 어떤 직무가 다른 직무보다 더 상위에 있어야 하는 이유를 설명하는 것은 쉽지 않기 때문이다. 만약 조직의 많은 직무를 평가해야 하는 상황이라면 그 복잡성은 더해지기 때문에 서열법은 직무가 많지 않은 작은 조직에서 사용될 수 있는 기법이다. 단점을 정리하면 아래와 같다.

① 전체적으로 볼 때 서열법은 평가자의 주관이 개입될 소지가 크다.
② 평가결과 직무들 간의 서열이 매겨졌을 때 서열 간 직무가치의 차이 정도를 파악할 수 없다. 즉 서열 1위와 2위 간의 직무가치의 차이가 서열 7위와 8위 간의 직무가치의 차이와 같을 수만은 없는 것이다.
③ 기업의 규모가 커서 평가대상 직무수가 많을 때 직무평가자의 평가능력의 한계가 예상되어 평가의 신뢰도를 확보하기가 어렵다.
④ 특히 유사직무가 많을 경우 그 서열은 매기기가 매우 어렵다. 앞의 경우와 같이 평가의 신뢰도 문제가 심각하게 제기된다.

3) 서열법의 유형

① 일괄서열법(alteration method) : 평가대상 직무들 전체를 놓고 가장 가치가 높다고 판단되는 직무와 가장 가치가 낮다고 판단되는 직무를 선정하고, 그 다음 나머지 직무들에 대해 위와 같은 방법을 계속적으로 적용하여 전체 직무들의 서열을 매기는 방법이다.
② 쌍대비교법(paired comparison method) : 평가대상 직무들을 2개씩 짝을 지어 그 서열을 평가하는 방법이다. 이 방법은 평가대상 직무들이 몇 십 개만 되어도 직무들 간의 비교활동을 수백 번에서 수천 번 해야 하는 번거로움이 따른다.
③ 위원회방법(committee method) : 평가위원회를 설치하여 서열을 평가하는 것이다.

(2) 분류법(Classification Method)

1) 개념

분류법(job classification)은 등급법(job grading method)이라고도 하는데 사전에 작성한 직무의 제 등급을 표시하는 표에 평가하려는 해당 직무를 분류하는 방법이다. 즉, 해당 기법은 사전에 직무에 대한 등급을 정해 놓고 각 등급을 설명하는 서술을 해놓은 다음, 각 직무가 어느 등급에 해당하는지 분류하는 기법이다. 분류법은 서열법과 유사하나 등급기준을 미리 정해 놓는다는 점에서 구별된다.

2) 장점

① 해당직무를 평가할 때 주어진 등급(5~10개 등급)으로 분류만 하기 때문에 다른 직무평가 방법보다도 실시과정이 간단하고 용이하다. 즉, 비교적 수행하기가 어렵지 않다.
② 분류법은 기업에서 도입하는 데 비용이 별로 발생하지 않는다.

③ 평가대상 직무들이 가지고 있는 자격요건의 수준등급이 몇 개 되지 않는 경우 이 방법은 매우 **효과적**으로 작용된다.

3) 단점

이 기법의 어려운 점은 각 등급을 제대로 잘 설명을 해야 하는데 **등급에 대한 정의 과정에서 주관적 판단이 들어갈 가능성**이 있고, 또한 **개인 직무를 특정 등급에 분류하는 과정에서도 동일한 판단이 요구**된다는 점이다. 직무수가 많고 등급에 대한 설명은 일반적일 경우 어떤 직무는 여러 등급에 해당될 수도 있을 것이다.

① **개별 등급에 대한 정의를 내리는 것이 어렵다.** 특정 평가대상 직무를 어느 등급에 분류시키기 위해서는 개별 등급에 대한 정의가 명확해야 하는데 특히 중간등급(전체 6등급 중 3~4등급 의 경우)에 대한 차별화가 명확한 정의를 내리는 데에 어려움이 있다.

② **개별등급들은 여러 직무들이 갖고 있는 가치를 공통적으로 포함시켜야 되기 때문에 그 정의가 넓은 일반성을 가지는 개념을 사용**할 수밖에 없는데, 이렇게 되면 **기술한 정의에 대한 해석상의 논란**이 생길 수 있다.

③ 직무평가 시 **어느 등급에 분류시키느냐에 대한 의사결정에 나중에 기술할 점수법이나 요소비교법보다 주관적 판단이 개입될 소지가 많다.**

④ **사전에 등급을 만드는 일이 쉽지 않다.**

⑤ **특정 직무가 해당 등급에 적합하지 않음에도 전체적인 직무가치 판정을 위하여 강제로 끼워 맞추기식의 결과**가 발생할 수도 있다.

(3) 점수법(Point Method)

1) 개념

이 기법은 앞의 두 기법보다 더 **정교하며 가장 많이 사용**되는 기법으로, 점수법(point rating method)은 한마디로 **평가대상인 개별직무의 가치를 점수화하여 표시하는 기법으로서 직무를 평가하는 요소를 사전에 정하고 각 요소별로 중요도에 따라 숫자에 의한 점수를 부여한 후 총점수를 계산하여 각 직무별 가치를 평가**하는 방법이다. 평가과정은 다음과 같다.

제1단계 : 평가요소의 선정
제2단계 : 평가요소에 대한 가중치 설정
제3단계 : 평가요소에 대한 점수 부여

2) 점수법의 절차

① **제0단계 : 기준직무의 선정**

기준직무의 특징은 ① 직무의 내용이 잘 알려져 있고, 상대적으로 안정적이며, 관련 직원들에 의해 합의가 되어 있으며, ② 여러 다른 조직에 걸쳐 공통적으로 존재하며, ③ 조직 내에서 평가될 전체 직무범위를 대표할 수 있어야 하고, 나아가 ④ 임금수준의 설정이라는 목적을 위해 노동시장에서 일반적으로 수용되어야 한다는 것이다(Martocchio, 2004).

② 제1단계 : 평가요소의 선정

평가할 직무의 범위를 적당히 대표할 수 있는 평가요소를 설정해야 하는데, 보편적으로 사용되는 평가요소[9]는 다음과 같다.

- **업무기술** : 지식, 교육, 정신적 능력, 육체적 능력, 정확성, 기민성
- **노력** : 육체적 노력, 정신적 노력
- **책임** : 사람관리, 예산관리, 자재관리
- **작업조건** : 위험성, 쾌적함

1950년 ILO 제네바 국제회의에서 합의를 본 평가요소는 다음과 같다.

숙련 (작업기술)	• 지식 • 경험 • 응용능력
책임	• 설비에 대한 책임 • 재료 및 제품에 대한 책임 • 안전에 대한 책임 • 타인의 작업에 대한 책임
노력	• 정신적 노력 • 육체적 노력
작업조건	• 작업환경 • 위험

③ 제2단계 : 평가요소의 가중치(Weight) 결정

이 단계에서는 **개별 직무의 가치에서 개별 평가요소가 차지하는 비중을 따져서 가중치를 부여하는 것이 필요하다.** 가중치 설정은 업종 및 규모에 따라 다르기 때문에 기업의 사정에 맞도록 적절히 조정해야 한다.

위에서 열거한 평가요소들이 특정직무의 가치를 평가하는 데 똑같이 중요한지 혹은 직무의 특성에 따라 중요성이 다른지를 판단해야 한다. 중요성의 정도는 가능한 한 객관적인 사실을 기준으로 판단해야 하는데, 여기에는 **해당 평가요소의 기업 전체목표 달성관점에서의 중요성, 개별 직무의 성공적 수행을 위한 중요성 등이 중요한 판단기준**이 된다.

④ 제3단계 : 평가요소에 대한 점수부여

가중치가 부여된 개별 평가요소들(소분류)에 대한 점수를 부여하는 단계다. 점수범위를 정해 놓고 가중치를 반영한 등급별 점수표를 제시하여 직무에 해당하는 평가요소별로 점수를 부여해야 한다. 직무평가요소(소분류)별로 작성하여 직무평가자가 직무기술서 및 직무명세서를 가지고 점수를 부여할 때 주관적인 평가를 배제시킬 수 있다.

---

9) 독일의 REFA 모델, 미국의 라이틀(Lytle) 모델 : 숙련(기술), 노력, 책임 그리고 작업조건 등 4가지

즉, 가중치가 부여된 개별 평가요소들에 대한 점수를 부여하는 단계로 이 과정에서 평가자의 주관이 개입될 소지가 상당히 크기 때문에 이를 줄이기 위해서 ① **각 평가요소에 대한 평가 구간을 설정한 후** ② **설정된 구간별 등급 정의를 명확히 해야 한다.** 예를 들면 교육수준의 가중치는 직무 전체 점수를 100점으로 할 때 14점이기 때문에 요구되는 교육수준이 고졸인 경우 점수는 8점으로 산정된다. 이와 같은 점수부여를 전체 평가요소에 실시하게 되면 개별 직무의 가치가 점수로 산정되는 것이다.

예 교육수준에 대한 등급별 점수 부여

교육수준	초졸 이하	초졸	중졸	고졸	전문대졸	대졸	대학원졸
등급별 점수	0	2	3	4	5	6	7

▼ **직무평가 작업표에 대한 예시**

직무명 : _____

평가일시 : _____

평가자 성명 : _____

평가요소	수준(등급)	1	2	3	4	5	합계
업무기술 (Skill)	정신적 기술(30%)	60	120	180	240	300	300
	육체적 기술(30%)	60	120	180	240	300	120
노력	정신적 노력(5%)	10	20	30	40	50	50
	육체적 노력(5%)	10	20	30	40	50	30
책임	관리감독(12.5%)	25	50	75	100	125	75
	부서예산(12.5%)	25	50	75	100	125	25
작업조건	위험요소(5%)	10	20	30	40	50	40
직무가치 총계							640

3) 장점

① **개별 직무에 대한 가치가 점수로 명확하게 산정되며 직무들 간의 가치 비교를 보다 구체적으로 할 수 있다.** 즉 서열법에서는 두 직무의 가치가 1위, 2위로만 나와 그 가치의 차이를 알 수 없으나 점수법에서는 A직무 85점, B직무 78점으로 나와 두 직무 간의 가치의 차이에 대한 구체적인 정보를 획득할 수 있다.

② **일단 평가요소 및 가중치가 결정이 되면 그 후의 평가과정에서는 평가자의 주관을 최소화할 수 있다.** 예를 들면 직무명세서에서 요구되는 교육수준이 '고졸'로 되어 있는데 직무평가자가 '중졸'에 해당하는 점수를 줄 수 없기 때문이다.

③ 직무들 간의 상대적인 가치의 크기에 대한 구체적이고 점수화한 정보를 획득할 수 있기 때문에 **직무가치를 기준으로 하는 임금수준을 결정할 때 여러 직무들 간의 임금격차에 대한 합리성 및 공정성을 보다 많이 확보**할 수 있다.

4) 단점

① 직무의 평가요소에 대한 가중치 설정에 문제가 제기될 수 있다. 우선 직무평가자의 주관성이 개입될 소지가 있으며, 또한 기업 측이 보는 평가요소의 가중치와 작업자가 보는 가중치가 다를 경우 평가결과에 대한 종업원의 수용성을 확보하는 데에 어려움이 예상된다.

② 이 방법을 개발하는 데에는 **상대적으로 시간과 비용이 많이 발생**한다.

(4) 요소비교법(Factor Comparison Method)

1) 개념

Benge에 의해서 고안된 직무평가 기법으로 서열법에서 발전된 기법으로서 서열법이 여러 직무들을 포괄적으로 가치를 평가하여 서열을 매기는 반면 요소비교법은 **여러 직무들을 전체로 비교하지 않고 직무가 갖고 있는 요소별(앞의 점수법에서 논의한 평가요소) 직무들 간의 서열을 매기는** 데에서 출발한다. 이 기법은 서열법과 점수법을 결합하여 만든 방식으로 **핵심적인 몇 개의 기준직무를 선정하고 각 직무의 평가요소를 기준직무의 평가요소와 비교하여 상대적 가치를 결정하는 기법**이다. 요소비교법은 서열법보다 훨씬 복잡하고 요소별 서열을 가지고 임금과 직접 연결시키는 점이 다르다.

요소비교법은 조직 내 가장 중심이 되는 직무, 즉 **대표직무(key job)를 선정하여 보상요인별로 직무평가를 하고, 그 다음 평가하고자 하는 직무를 대표직무의 보상요인에 결부시켜서 상호 비교함**으로써 조직 내 개별 직무가 차지하는 상대적 가치를 분석적으로 평가하는 것이다. 해당 기법은 직무의 **상대적 가치를 임금액으로 평가하는 특징**을 가진다.

2) 요소비교법의 실시 단계

① 제1단계 : 대표직무들을 선정

몇 개의 **기준직무를 선정**한다. 기준직무는 **업무내용이 명확하고 지불되는 급여액이 적절하다고 인정되는 것**이어야 한다. 대표직무란 해당기업의 목표달성과 관련하여 중요하면서 없어서는 안 될 직무들이 우선 고려대상이 된다.

② 제2단계 : 평가요소의 선정

평가요소를 결정한다. 일반적으로 ① **정신적 노력**, ② **숙련**, ③ **육체적 노력**, ④ **책임**, ⑤ **작업조건(작업환경)의 5가지 요소**가 많이 사용된다.

③ 제3단계 : 대표직무들을 평가요소별로 서열을 매김

대표직무의 평가요소별 서열은 **해당요소의 중요성의 정도, 난이도의 정도 등을 가지고 판단**하게 되는데 이를 위해서는 **직무기술서와 직무명세서가 필수적으로 구비**되어야 한다.

요소 \ 직무	시스템분석직	자료입력직	프로그래머직	계기작동직
정신적 요건	1	4	2	3
숙련	4	1	3	2
육체적 요건	2	1	3	4
책임	1	4	2	3
작업조건*	3	1	4	2

* 작업조건이 열악할수록 상위서열이 됨

④ 제4단계 : 대표 직무의 임금을 평가요소들에 배분함

대표직무들에 지급되는 **시간당 임금을 평가요소들에 배분**한다. 배분 시 고려되어야 하는 것은 해당 직무가 성과를 창출하는 데 어떤 직무요소가 중요하며 공헌도가 더 큰가를 기준으로 잡는다.

요소 \ 직무	시스템분석직	자료입력직	프로그래머직	계기작동직
시간당 임금	36,000	24,000	31,800	25,800
정신적 요건	12,000(1)* (33.33%)	4,500(4) (18.75%)	10,200(2) (32.08%)	6,900(3) (26.74%)
숙련	6,000(4) (16.67%)	8,100(1) (33.75%)	7,500(3) (23.58%)	7,800(2) (30.23%)
육체적 요건	2,400(2) (6.67%)	2,700(1) (11.25%)	2,100(3) (6.60%)	1,800(4) (6.98%)
책임	12,000(1) (33.33%)	4,500(4) (18.75%)	9,000(2) (28.30%)	5,400(3) (20.93%)
작업조건	3,600(3) (10.00%)	4,200(1) (17.50%)	3,000(4) (9.43%)	3,900(2) (15.12%)
합계	100.00%	100.00%	100.00%	100.00%

* ( ) 속의 숫자는 서열임

⑤ 제5단계 : 각 직무들의 요소별 서열과 배분된 임금의 서열을 비교함

직무들 간의 난이도 서열과 임금배분액을 기준으로 한 서열을 비교함으로써 직무요소별 난이도 서열 및 임금배분액의 타당성을 검토한다.

직무요소 \ 서열 \ 직무		시스템분석직	자료입력직	프로그래머직	계기작동직
정신적 요건	난이도 서열	1	4	2	3
	임금 서열	1	4	2	3
숙련	난이도 서열	4	1	3	2
	임금 서열	4	1	3	2
육체적 요건	난이도 서열	2	1	3	4
	임금 서열	2	1	3	4
책임	난이도 서열	1	4	2	3
	임금 서열	1	4	2	3
작업조건*	난이도 서열	3	1	4	2
	임금 서열	3	1	4	2

⑥ 제6단계 : 대표 직무들의 직무평가 결과를 기준으로 다른 직무들을 평가함

3) 장점

① 직무평가 결과가 바로 임금책정과 연결되어 임금의 공정성 확보에 상당히 기여할 수 있다.
② 직무평가의 과정이 **다른 평가방법에 비해 매우 정교하게 짜여 있어 평가의 타당도 및 신뢰도** 확보 면에서 우월하다.
③ 유사한 직무 및 기업 내 전체직무를 평가하는 데 용이하다.

4) 단점

① 대표 직무들의 **평가요소들에 대한 서열을 매길 때 주관적 판단을 배제하기가 어렵다.**
② 개별직무의 **임금을 평가요소에 배분하는 과정에 주관적 판단이 개입될 소지가 높다.**
③ 평가방법과 그 과정이 복잡하여 **종업원의 수용성(acceptance)을 끌어내는 데에 많은 노력이** 요구된다.

▼ 직무평가방법의 특성비교

특성 \ 방법	서열법	분류법	점수법	요소비교법
비교유형	직무 대 직무	직무 대 등급정의	직무 대 점수표	직무 대 직무
요소의 수	없음	없음	10~15개	7개 미만
표준척도	없음	직무등급을 분류한 단일척도	직무요소별 점수척도	직무요소별 서열척도 및 임금
타기법과의 유사성	요소비교법의 초기 형태	점수법의 초기 형태	분류법의 세분화된 형태	서열법의 발전된 형태

제 3 절 직무평가 시 문제점과 극복방안

1 문제점

① 평가결과에 대한 **종업원의 거부 내지 저항**이 발생할 수 있다.
② **평가요소의 선정(점수법, 요소비교법)에 있어서 기업 측과 종업원 측간의 마찰이 생길 수 있다**(노사 간 의견차이 발생).
③ 과거에 하지 않고 있다가 **갑자기 기업이 직무평가를 실시할 경우 종업원이 기업의 직무평가 목적에 대해 오해**를 하고, 그들의 관심사를 자칫 '**임금**'에 **초점**을 맞추는 결과를 가져와 해당기업에 종업원들의 '임금만족'이 핫이슈가 되어 **임금관련 갈등이 노골화**될 수도 있다.

2 극복방안

① 평가자의 편견을 배제하기 위하여 **위원회를 구성하여 여러 평가자의 공동판단에 의해 직무를 평가**하고 **실무구성원들의 의견도 감안**하며, 특히 노조가 **결성된 경우에는 노조의 협조 내지는 참여를 구해야 한다.**
② 평가과정을 체계적으로 구조화하고 **전문 평가자들(외부전문가)**을 중심으로 여러 실질적인 견해와 판단을 잘 종합함으로써 보다 현실적이고 효과적인 직무평가를 가능하게 할 수 있다.
③ 기업이 직무평가 실시 전에 **종업원에 대한 충분한 홍보와 평가의 객관성을 어느 정도 보장할 수 있는 외부전문가의 참여** 그리고 **종업원 대표도 직무평가 위원회에 참여시킴**이 바람직하다.

03 | 직무설계

제 1 절　직무설계의 개념과 중요성

1 직무설계의 개념과 범위

직무설계란 직원들이 수행하는 직무의 구조와 내용을 형성해가는 과정을 말한다(Oldham, 1996). 일 (직무)의 내용과 수행방법 등을 설계하는 직무구조설계분야가 있으며, 또한 이러한 직무들이 다른 직무 들과 어떻게 연결될 때 성과창출에 보다 효율적인지를 설계하는 작업과정(workflow)의 설계분야, 즉 직 무과정설계 분야가 있다. 오늘날 거론되고 있는 비즈니스 리엔지니어링(business reengineering)은 바 로 기존의 작업흐름을 과정적 측면에서 혁신적으로 바꾸어야 한다는 이론으로 이것이 바로 직무설계 분야 중 직무설계과정에 해당한다. 한편 근무시간설계의 내용은 직무를 수행하는 시작시간, 근무시간 의 길이 그리고 근무시간의 제 조건(휴식시간 등) 등이 주요내용이다.

2 직무설계의 중요성

직무는 조직구성원과 조직을 연결하는 중요한 구조적 위치를 차지하고 있다. 따라서 직무를 어떻게 설계하느냐에 따라서 구성원과 조직 사이의 연결관계가 정해지고 나아가서 구성원의 성과와 조직의 전략적 목적달성에도 많은 영향을 준다.

(1) **구성원과 조직의 통합** : 직무설계와 자아실현

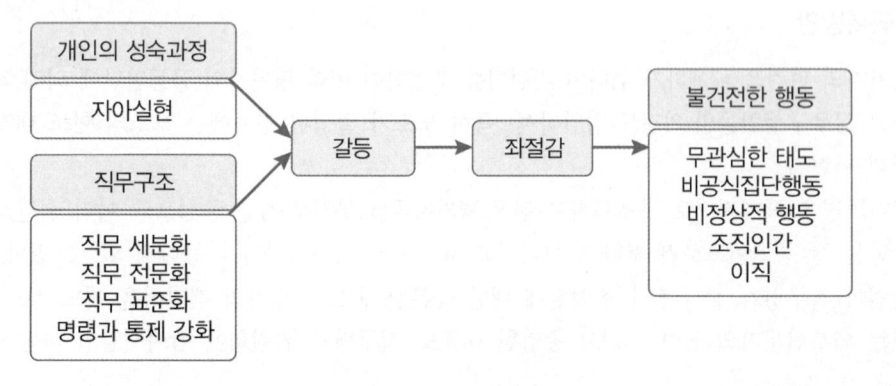

Argyris에 의하면 **개인은 근본적으로 미성숙한 상태로부터 성숙한 상태로 성장하면서 자아실현의 과정을 경험**하게 되는데, 조직은 자체의 목적을 추구하는 과정에서 직무를 전문화하고, 명령체계를 강화하며, 지휘의 통일성을 강조하는 등 **통제하기에 용이한 직무구조**를 강화하게 된다. 그 결과로 **자아실현을 추구하는 개인과 미성숙된 인간을 전제로 설계된 직무구조와는 갈등관계를 형성**하게 되고, 개인은 갈등에서 오는 좌절감을 해소하는 방법으로 **무관심한 직무태도, 이기적인 비공식집단**

활동, 비정상적 행동, 자신의 개성을 포기하고 전적으로 조직에 의존하는 조직인간의 행태, 이직 등과 같은 여러 가지 불건전한 행동을 보이게 된다.

개인과 조직 사이의 가장 바람직한 관계는 개인이 조직구성원으로서 자기의 직무를 수행하는 과정에서 자아실현과 더불어 성숙인으로 성장할 수 있는 관계이다. 따라서 개인과 조직 사이의 관계에 대한 연구결과는 현대조직에서 구성원들이 성숙인으로 성장할 수 있는 직무내용의 설계가 얼마나 중요한지를 시사한다. **구성원과 조직 사이의 갈등은 구성원의 불건전한 부적응행동과 더불어 사기 저하와 성과하락 등 조직효율성을 약화**시킨다. 구성원과 조직 사이의 갈등의 큰 원인 중 하나가 직무구조와 직무내용인 만큼 **구성원과 조직 사이의 갈등을 최소화하고 상호 간 통합을 증진시킬 수 있는 직무구조와 직무내용의 설계가 요구**된다.

(2) 전략 및 조직구조와의 일관성

개인과 조직을 통합시키는 직무설계와 더불어 **경영전략과 조직구조를 연계하는 직무설계도 조직성과와 조직효율성에 크게 기여한다.** 직무는 조직구조를 형성하는 부분으로서 조직구조와 밀접한 관계를 맺고 있다. **경영전략이 조직구조에 얼마나 잘 반영되어 있느냐에 따라서 조직성과에 영향을 준다.** 예를 들어 Porter의 차별화전략을 채택한 조직이라면 시장경쟁에 적합한 분권조직구조와 자율성을 강조하는 직무내용이 설계되는 반면에, 원가우위전략을 채택한 기업에서는 집권적 조직구조와 통제를 강조하는 직무내용이 설계된다.

제 2 절 **직무설계 접근법**

직무설계는 한마디로 **기업에서 수행되는 일(직무)의 내용과 수행방법을 정하는 것으로 '직무구조'를 설계한다고** 표현되기도 한다.

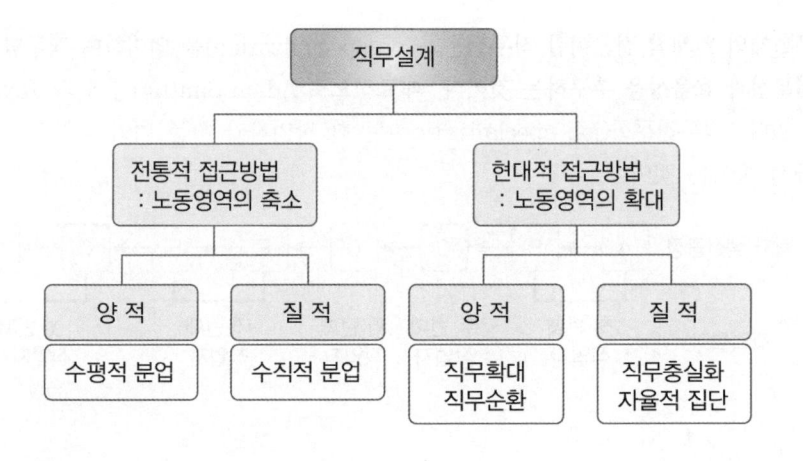

1 직무설계의 기계적 접근(Mechanistic Approach)[10] : 직무전문화

(1) 관련이론

1) Adam Smith의 분업

아담스미스(Adam Smith)는 한 국가가 부자가 되는 길을 『국부론』에서 제시한 바 있다. 그의 이론 중의 하나가 바로 **분업(division of labor)의 원리**이다. 핀을 한 사람이 혼자서 만들면 하루에 평균 10개 정도 생산하게 된다. 그런데 핀 제조공정을 ① 철사를 기계에서 뽑아내어, ② 반듯하게 만들고, ③ 절단해서, ④ 끝을 뾰족하게 하는 등, 18가지로 나누어 이를 10명의 작업자에게 각각 한 가지 일만 하도록 분담시킨다. 이때 10명이 하루에 생산한 핀은 무려 48,000 개가 되었으며 1인당으로는 4,800개이다. **분업을 통하여 생산성이 480배 증가한 것이다(Smith, 1776).**

2) Taylor의 과학적 관리법

과학적 관리법에서의 직무설계의 근간이 되는 것은 소위 3S(simplification, standardization, specialization) 개념이다. **단순화란 회사 내의 직무를 최소단위까지 나누어 한 곳에서 하나의 부품이나 하나의 제품만을 담당하게 하는 것으로** 이렇게 되면 직무도 **단일직무가 되어 반복, 숙련의 효과나 분업효과도 커지기** 때문이다. 또한 작업방법이나 도구나 부품을 **표준화**한다면 **직무의 속도나 숙련이 빨라질 것이고, 한 사람에게 한 가지의 직무만 맡도록 전문화하면 작업능률을 올릴 수 있다고 생각했던 것이다.**

(2) 기계적 접근의 내용 : 직무전문화(job specialization)

기계적 접근의 기초는 전통적인 산업공학이다. **직무의 구조화 방식에 하나의 최상의 기법이 있다는 가정하에서 효율의 극대화를 꾀하는 방식이다.** 기계적 접근은 **직무분업화와 기능단순화를 통한 반복작업을 중시한다.** 분업으로 인해 단순하고 쉬워진 부분 노동은 작업시간을 단축시킴은 물론 작업공정을 바꿀 때 생기는 작업손실을 경감시킬 수 있어서 전체적인 노동생산성을 올릴 수 있었다.

결국 직무설계의 기계적 접근이란 직무전문화(job specialization)을 의미하며 **직무범위를 좁게 설정하여 전문성과 효율성을 추구하는 것이다.** 대표적으로 Adam Smith의 분업과 Taylor의 과학적 관리법이 있다. 직무전문화(job specialization)는 한 작업자가 하는 여러 종류의 일(task)을 그 숫자 면에서 줄이는 것이다.

탁자 생산공정 A → B → C → D → E → F → G → H

작업할당   첫 번째 작업자   두 번째 작업자   세 번째 작업자   네 번째 작업자   다섯 번째 작업자

---

10) 직무설계의 전통적 접근방법

1) 기계적 직무설계의 이점

① 직업자의 **능률을 극대화**할 수 있다.

② **미숙련근로자도** 얼마든지 직무수행이 가능하며, **미숙련근로자는 비교적 싼 임금으로 언제든지 획득 가능**하다.

③ 기술상의 숙련도가 문제되지 않기 때문에 종업원에 대해서는 작업수행상 필요한 최소한의 교육만 실시되면 되며 여기에서 **비용이 절약**된다.

④ 단순하고 정형화된 일을 계속 반복하면 빨리 숙달되고, 정확성이 높아지고, 그리고 주어진 시간에 더 많이 할 수 있게 된다. 이른바 **3P효과, 즉 숙련도(proficiency), 생산성(productivity), 정확성(precision)**이 높아지는 효과가 있다. 이렇게 함으로써 많은 경험과 복잡한 지식을 보유하지 않은 사람이라도 직무 내 경험을 통한 학습에 의해서 빠르게 3p를 구현할 수 있게 된다. 이러한 학습을 **반복숙련학습(routine-based learning)**이라고 한다.

2) 기계적 직무설계의 문제점

① 직무수행자에게 **불만족**, 직무에 대한 **무관심, 몰개성화, 소외감, 개인적 성장 및 성공기회 결여** 등을 초래할 수 있다.

② **인간이 기계와 설비에 종속된 존재로 간주되는 '인간소외(alienation)', 즉 인간 없는 조직이라는 비판**이 제기된다.

③ 과업 그 자체를 지향하여 **직원의 개인적 요구를 등한시**하게 된다. **즉, 인간적 요소가 무시**되어 인간이 마치 기술조직의 일부나 도구로 여겨지는 문제가 발생한다.

구분	기업 측	근로자 측
장점	① 작업자의 선발과 훈련 용이 ② 단순, 반복작업으로 대량생산 가능 ③ 높은 생산성 ④ 숙련공이 필요 없어 노무비 저렴 ⑤ 작업의 관리가 용이	① 작업결과에 대한 책임부담이 적음 ② 정신적 부담이 적음 ③ 특별한 직무교육을 받을 필요 없음 ④ 미숙련공의 취업 용이

| 단점 | ① 제품 전체에 대한 책임규명이 어려워 품질관리에 어려움
② 작업자의 불만으로 아래의 코스트 발생
• 이직
• 지각 및 결근
• 생산공정의 고의적인 지체
• 고충건수의 증가 | ① 작업의 반복으로 권태감이 생김
② 세분화된 작업으로 작업에 대한 만족을 느끼기 힘들며, 보다 좋은 직무를 수행할 기회가 적음
③ 작업방법이나 수단을 개선하여 능력을 발휘할 기회가 적음
④ 혹사하여 피로감 가중
⑤ 동료작업자 간의 인간관계 형성기회가 줄어듦 |

(3) 직무전문화의 유형

직무전문화에는 수평적 직무전문화(혹은 양적 전문화)와 수직적 직무전문화(혹은 질적 전문화)가 있는데, 탁자 생산의 공정 중 책임이 작은 단순반복적인 작업공정을 여러 일로 분업화(전문화)시키는 것을 수평적 전문화라고 하며, 책임이 큰 공정들을 쪼개어 하위자에게 일을 맡김으로써 분업화(전문화)하는 것을 수직적 전문화라고 한다.

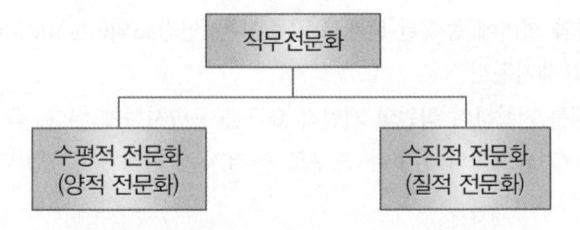

이를 수평적 분업과 수직적 분업으로 불리기도 한다. 수평적 분업화란 수행해야 할 과업의 범위에 대한 정도, 즉 얼마나 다양한 업무를 수행하느냐에 대한 정도를 의미한다. 반면 수직적 분업화는 과업수행과 관련하여 어느 정도의 재량권과 책임을 지니고 있냐는 문제이다. 즉, 수직적 분업화가 높다는 것은 업무수행의 목적, 방법 및 절차 등에 대한 사항이나 업무수행 후의 후속적인 조치 등의 사항에 대한 권한과 책임이 과업을 그저 수행하는 것과 분리되어 있음을 의미한다.

2 직무설계의 동기부여적 접근(Motivational Approach)[11] : 직무확대

(1) 등장배경 : '소외문제(alienation)'

프랑스 사회학자인 뒤르켐(Durkheim)은 '분업'과 '기계화'가 주류를 이루는 산업조직에서의 **인간은 점차 기계의 한 부품으로 전락**하고, 작업장에서의 권태로움, 일에 대한 가치상실 등으로 사회가 '기계적 연대' 현상으로 발전하고 아노미 현상이 사회에 팽배하게 될 것이라고 주장한 바 있다(Durkheim, 1892). 또한 독일의 산업사회학자인 브리프(Briefs)도 **산업조직에서의 여러 가지 소외문제를 거론하면서 극단적인 '분업'이 가져다주는 폐해를 지적**한 바 있다(Briefs, 1918).

---

11) 직무설계의 현대적 접근방법

(2) 관련이론

1) Herzberg의 2요인이론

Herzberg는 인간의 욕구를 동기요인과 위생요인으로 나누고 동기요인을 충족시키려면 직무를 수직적(혹은 질적)으로 확대하여 설계하는 것이 바람직하다고 주장하였다. 즉, 수직적이고 질적인 확대인 **직무충실화**를 주장하였는데 이를 통하여 직무담당자들은 **사기증진**뿐 아니라 **자동적으로 개발·훈련의 기회**를 갖게 되며, **책임과 자율성 확대로 성취감과 긍지**를 맛볼 수 있다.

1950년대 허츠버그(Herzberg)는 기업 종업원들의 직무태도를 조사하던 중 종업원에게 '만족'을 가져다는 사건[12]과 '불만족'을 가져다주는 사건[13]을 발견하게 되었다. 여기서 '불만족'의 주요 원인이 되는 사건들은 이상하게도 작업성과와 특별한 인과관계를 보이지 않았으나 '만족'의 주요 원인이 되는 사건들은 작업성과와 직접적인 인과관계가 있음을 발견했던 것이다. 허츠버그는 작업장에서의 만족요인 중 '직무'와 관련되는 사건에 더욱 관심을 갖게 되었다. 즉, 직무전문화 정도가 지나치게 높을 때 이것은 생산성을 향상시키기보다 작업자에게 **권태감, 좌절감, 스트레스**를 가져다주어 오히려 **생산성을 감소**시킨다는 것이다.

첫째, 고도로 전문화된 일을 장기간 계속했을 때가 문제가 된다. 고도로 전문화된 직무를 몇 개월, 심지어 몇 년 계속했을 때 작업자의 심리상태는 극도로 피폐해지게 되고 근로의욕 또한 현저히 저하되는 것이다.

둘째, 산업사회가 진전됨에 따라 작업자의 가치관도 점차 바뀌었다. 이동식 조립시스템과 같은 고도로 전문화된 작업장에서 근무하는 작업자의 경우 작업장에서 타인과의 대화 기회, 인간관계 형성 기회 등이 차단된 채 일하게 되는데 이러한 작업환경에 대해 그들의 인내심은 더 이상 힘을 발휘하지 못하게 된 것이다. 그들은 타인과의 교류를 통한 '**인간적인 작업生活**'이라는 '**사회적 욕구**'가 이미 심리 속에 강하게 뿌리를 내린 것이다.

이제 시대적 요청은 '직무전문화'에서 '직무확대화(job enlargement)'로 변화되고 있었다. 직무전문화가 점차 높아지면 생산성도 높아진다. 그러나 직무전문화 정도가 과도하게 높아지게 되면 이것이 작업자의 심리상태에 영향을 끼쳐 근로의욕을 훼손시키므로 생산성은 낮아진다는 것이다.

직무확대화는 **전문화된 직무의 내용 및 범위를 넓히는 것**이다. 직무확대화는 직무를 확대시키는 방법에 따라 수평적 직무확대화와 수직적 직무확대화로 구분된다. 혹은 전자를 양적 직무확대화, 후자를 질적 직무확대화라고도 한다.

---

12) 예를 들면 작업장에서 일을 성공적으로 수행했을 때의 성취감, 자기가 맡고 있는 직무에 대한 책임의 증가, 승진, 맡고 있는 직무가 재미가 있고 도전감을 주는 경우

13) 임금이 기대치에 못 미칠 때, 작업환경이 좋지 못할 때, 상사와의 인간관계가 좋지 못할 때 등

2) Hackman&Oldham의 **직무특성이론**[14] : 직무확대화와 성과와의 관계

Hackman&Oldham은 사원들의 자아실현과 인정감 같은 상위욕구 충족을 겨냥한 직무설계에 많은 관심을 가지고 직무의 특성을 여기에 맞게 변화시키려고 노력했다. 그들의 연구에 따르면 직무가 '심리차원의 특성'을 갖고 있을 때 한해서 그 담당자는 상위욕구를 충족할 수 있다. 심리차원의 특성은 ① **의미성**(meaningfulness), ② **책임성**(responsibility), ③ **피드백**(feedback)**을 통한 결과인식으로 이뤄진다.**

해크만과 올드햄(Hackman&Oldham, 1976)은 **직무가 확대되었을 때 직무의 내재적 특성이 성과로 연결되는 심리적 과정을 제시하였다.**

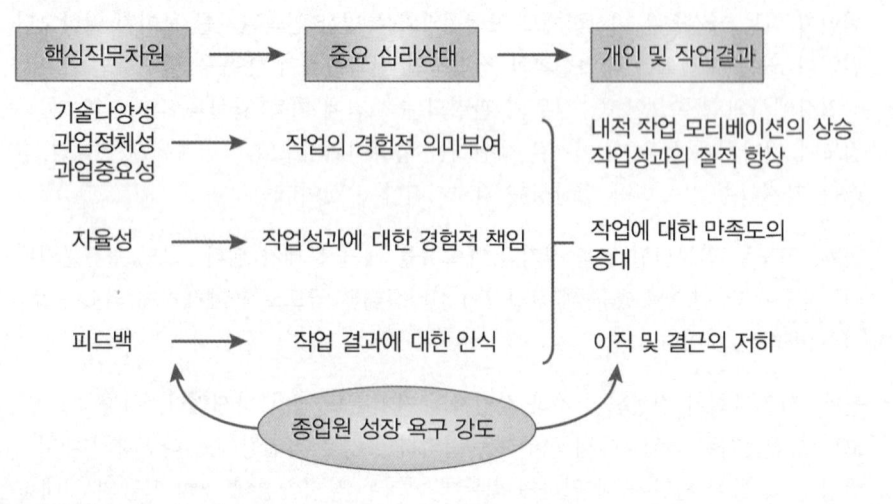

① 기능다양성(skill variety)

특정 직무를 수행하는 데에 **요구되는 기능의 종류로** 작업자가 많은 상이한 기술이나 재능 및 기술을 활용할 수 있도록 직무가 다양하고 상이한 활동을 요구하는 정도를 의미한다.

② 과업정체성(skill identity)

작업자가 현재 수행하는 직무를 가지고 **생산하는 제품(완제품)과의 관계를 인식할 수 있는 정도**를 의미한다. 즉, 직무가 전체 단위의 완성을 요구하는 정도, 그리고 직무가 정체성을 가질 수 있는 '한 부분의 작업'을 요구하는 정도이다.

③ 과업중요성(task significance)

작업자가 현재 수행하고 있는 직무가 **최종 제품의 성공적인 완성에 얼마나 중요한 몫을 차지하고 있느냐를 인식하는 정도**를 의미한다.

④ 자율성(autonomy)

작업자에게 작업의 일정, 방법 등을 결정하는 데 부여된 **자유재량권**을 말한다. 작업자들이 직무수행에 필요한 작업의 일정계획과 작업방법 및 작업절차를 결정, 선택하는 데 있어서

---

14) 제2의 직무충실화

작업자 개인에게 부여되어 있는 자유, 독립성 및 재량권의 정도이다.

⑤ 피드백(feedback)

작업자가 **자신이 수행한 일의 성과에 대한 정보를 획득할 수 있는 정도**를 의미한다. 즉, 작업의 수행결과에 관하여 작업자가 그 효과성 여부에 대하여 **직접적이고 명확한 정보를 얻을 수 있는 정도**를 의미한다.

위와 같은 심리적 상태를 위해서는 기술다양성, 직무정체성, 직무충실성, 자율성, 피드백 등 다섯 가지 차원으로 직무를 구성해야 한다. 해크만과 올드햄은 작업자가 작업에 대한 의미를 지각하는 데 기능다양성, 과업정체성 그리고 과업중요성의 정도가 영향을 미친다고 보았다. 또한 직무에서 허용되는 자율성 정도는 작업자가 작업결과에 대한 책임감을 느끼게 하는 데 있어서 원인변수가 되며, 피드백은 작업자가 작업결과를 인식할 수 있도록 해준다고 설명한다.

이러한 핵심직무 차원의 긍정적 상태는 작업자의 심리상태에 영향을 미쳐 작업자의 내적 모티베이션을 높임으로써 작업성과의 질적 향상을 가져다주며 작업에 대한 만족감 증가와 이직률 및 결근율의 감소를 가져다준다. 해크만과 올드햄은 이러한 직무구조와 직무성과 간의 인간관계에 '**작업자의 성장욕구**'의 정도가 또한 영향을 미친다고 주장했다. 즉 **작업자의 성장욕구가 높을 때는 위에서 제시한 인과관계의 정도가 강하게 나타나는 반면, 성장욕구가 낮을 경우에는 인과관계가 매우 약하거나 나타나지 않을 수도 있다는 것이다.**

동기부여 잠재력 지수(Motivating Potential Score, MPS)

$$\text{MPS} = \frac{(\text{기술다양성} + \text{과업정체성} + \text{과업중요성})}{3} \times \text{자율성} \times \text{피드백}$$

직무특성을 결합하여 하나의 지표로 만든 것을 동기부여 잠재력 지수라고 한다. MPS가 높아지려면 의미를 경험하게 하는 세 요소 중 적어도 한 요소가 높아야 하며 자율성과 피드백은 모두 높아야 한다. 즉, 자율성과 피드백이 동기부여에 가장 중요하다는 것을 알 수 있다.

위 다섯 가지 특성을 직무에 직접 부여하기 위하여 **직무 설계 시 고려할 수 있는 방법**으로는 다음과 같은 것들이 있다.

- **직무의 조합** : 여러 직무를 조합하여 같이 하게 하면 기능다양성, 직무정체성을 많이 느낄 것이다.
- **직무의 주체** : 일정 업무범위에 대해 책임을 주어 주인의식을 갖게 한다. 이로써 직무정체성, 중요성을 느낄 것이다.
- **고객관계** : 직무 담당자가 그 직무결과를 사용할 옆 부서 또는 고객과 직접 만날 수 있는 기회가 많으면 많을수록 다양성, 자율성, 피드백 수준이 오를 것이다.

- **권한위임** : 직무의 수직구조를 변화시켜 위계구조를 느슨하게 하는 등 자율성 확보수단을 동원하면 담당자의 사기수준도 증대할 것이다.
- **피드백의 구조적 장치** : 피드백 장치를 설치하며, 상사로부터 하급자에게 알리는 하향식으로 하든지 스스로 결과를 열람할 수 있도록 한다.

Herzberg	Hackman&Oldham
작업자에게 권한, 책임, 자율 부여	작업속성의 변화

Herzberg가 주장한 직무충실화는 **담당작업자**에게 자율권을 주고 복잡하고 다양한 일도 주어 직무의 계획, 통제, 감사권까지 위임한 것인데, 제2의 직무충실화인 직무특성이론은 '**직무자체**'에 자율성을 부여하고 의미와 정체성을 부여한 것이다. 예를 들면 여성 의류매장의 판매직원이 고객의 요구와 성향을 파악하여 본사의 디자인실에 알려주기도 하고 공장에 다음 달의 예정 제작수량까지 제안하는 정도에 이르렀다.

3) 사회ㆍ기술시스템이론

① 의의

사회ㆍ기술시스템이론(socio-technological system)은 1950년대 사회학자들에 의해 제시된 것으로 여기에서는 조직을 **테일러적인 단순한 기술시스템 또는 인간관계적인 단순한 사회 시스템만으로 보지 않고, 이들을 거시적 입장에서 통합한 사회ㆍ기술 시스템으로 파악**한다. 즉, **기술적 요구와 인간적 요구의 동시최적화(Joint Optimization)를 추구**하면서 환경적 요건에도 부합되어야 한다.

사회기술시스템의 첫 번째 가정은 사람이 과업을 수행하기 위해 조직화할 때 사회기술시스템이라는 결합시스템이 작동한다는 것이다. 즉, **사회기술시스템은 과업을 수행하는 사람과 그들의 관계를 의미하는 사회적 부분과 과업수행을 위한 도구, 기법, 방법을 의미하는 기술적 부분이 존재한다는 것이고, 이들 두 부분은 서로 다른 활동법칙을 따라야 하기 때문에 서로 독립적이라는 것이다.** 사회적 부분은 심리적 및 사회적 법칙을 따르지만, 기술적 부분은 기계적이고 물리적인 법칙을 따라 기능한다. **그럼에도 불구하고 두 부분은 과업수행을 위해 함께 활동해야 하며, 따라서 '사회 기술(socio-technical)'이라는 용어는 사회와 기술 부분 사이에서 발생하는 결합관계를 의미하고, '시스템(system)'은 이러한 결합관계의 결과로 나타나는 전체를 의미한다.**

② 등장배경

사회ㆍ기술 시스템은 작업자들의 인간적 사회적 욕구의 중요성을 인식함으로써 직무설계를 하는 접근법이다. 이는 1950년대 초 영국의 타비스톡(Tavistock) 연구소 연구원들이 영국의 석탄채굴과정의 문제점을 시정하려는 시도에서 시작되었다. 역사적으로 석탄채굴은 광부들이 서로 밀접하게 상호작용하면서 팀에 의해 이루어져 왔다. 그런데 1930년대와 1940년대에 동력화된 석탄채굴 장비가 도입되어 석탄채굴은 상당히 변화되었다. 팀은 해체되고 광부들은 홀로 장비에 의해 채굴된 석탄을 퍼내는 일을 하게 되었다. 석탄 채굴이란 원래 위험하고 육체적으로 힘이 많이 드는 작업이었지만, 새로운 기술의 개발로 야기된 변화 때문에 석탄채굴이 점점 무미건조하여 견디기 어려운 일이 되어 갔다. 이에 따라 광부들은 불복종, 결근, 폭력 등을 통하여 이러한 상황에 대한 자신의 불만을 표출하였다. **타비스톡 연구팀은 광부들의 불만의 뿌리는 광부들끼리 서로 밀접하게 상호작용함으로써 얻었던 것을 새로운 장비의 도입으로 상실된 데 있다고 보았다. 다시 말해 새로운 기술이 작업자들 사이에 중요한 사회적 요인을 빼앗아 갔으며 이것이 수정된다면 탄광에서의 성과는 다시 향상될 수 있다고 믿었다. 그래서 소규모 팀을 구성하여 작업을 함으로써 생산성은 상당히 향상되었다.** 이러한 연구의 결과로 직무설계에 있어 기술적 요인 또는 사회적 요인만을 고려해서는 안 되고 양 요인이 균형 있게 고려된 사회, 기술적 설계가 되어야 한다고 제안하고 있다.

③ **직무설계의 내용**

사회·기술시스템은 인간적인 삶을 위한 노력은 직무의 변화에서부터 시작되어야 한다는 사상을 가지고 있다. 사회·기술시스템이론은 1960년대 중반 이래 직무설계분야의 발전과 **노동의 인간화 및 근로생활의 질 향상(QWL)에 많은 영향**을 미쳤다. 즉, 사회·기술시스템은 **기술적 하위 시스템과 사회적 하위 시스템의 공동최적화**에 필요한 방향으로 직무의 객관적 특성을 변화시킬 것을 제시하고 있으며 직무설계원칙으로 다음을 들고 있다.

- 직무 내 과업의 최적다양성 ★
- 전체과업에 관계되는 의미 있는 과업형태
- 최적 작업주기 ★
- 성과기준 설정에 있어서의 재량권과 피드백
- 경계과업을 포함하도록 과업의 경계를 확장
- 어느 정도의 기능을 필요로 하는 가치 있는 과업 ★
- 전체 생산과정에 뚜렷한 기여를 하는 과업 ★
- 자율적 작업집단의 도입(사회·기술시스템의 공헌) ★

④ **시사점** : 직무설계에서의 효과

기계적 직무설계방법은 **전통적인 조립라인(assembly line)** 형태에서 조립공들은 극도로 **기계화·자동화된 직무 환경** 하에서 조립라인의 속도에 맞추어 각기 몇 가지 **반복적인 단순작업**만을 수행한다. 반면에 동기부여적 직무설계 하에서는 **조립공들이 소규모(10~25명 정도)의 작업팀을 구성하여 작업팀별로 자동차를 조립**한다. 따라서 팀조립하에서 조립공들은 수많은 작업을 수행함으로서 **작업이 다양화됨**은 물론 **작업의 정체성과 중요성이 커지고 기술수준도 자연적으로 높아진다.** 그리고 자율팀에게 **자율성이 부여**되고 팀조립의 결과에 대한 **피드백도 명확**해진다.

기계적 직무설계방법	동기부여적 직무설계방법
직무의 전문성(specialization)과 능률(efficiency) 그리고 합리성과 생산성을 우선적으로 강조하는 직무설계방법으로 Taylor의 과학적 관리법과 인간공학개념에 기초한 접근법이다.	직무와 연결된 심리적 요소를 통합하여 조직구성원이 보람을 느낄 수 있는 직무내용을 설계하여 구성원의 동기를 유발하려는 것으로 Herzberg의 2요인이론, Hackman과 Oldham의 직무특성모형 등의 이론에 기초한 것이다.

⑤ 동기부여적 직무설계의 성과향상 요인

동기부여적 직무설계는 전통적 직무설계에 비해 대체로 직무만족과 능률 그리고 조직성과에 긍정적인 결과를 가져온다. 그러나 동기부여적 방법이 반드시 좋은 결과를 보장하는 것은 아니다. 동기부여적 직무설계방법이 종업원의 직무만족과 더불어 조직의 성과를 향상시키기 위해서는 〈적극적 참여활동〉이 매우 중요한 역할을 한다. 특히 생산현장에서 품질과 생산성을 향상을 목적으로 형성된 분임조활동은 구성원들에게 경영참여를 통하여 자율성을 부여하고 결과피드백을 증진시켜 그들의 동기유발과 심리적 강화에 긍정적인 영향을 줌으로써 성과향상에 크게 기여한다. 즉, 동기부여적 직무설계방법의 효과를 높이는 요인은 직무내용 설계 자체보다도 **구성원의 참여와 품질개선 및 생산성 배가활동 등 그들의 성과향상 노력**이다.

⑥ 인사부서의 역할 : 〈전략적 동반자〉로서의 역할

위와 같은 적극적 참여를 장려하기 위해서 **인사부서는 구성원의 적극적인 참여의식과 행동을 개발하고 그들의 참여활동에 필요한 지식과 능력을 개발해주는 교육훈련, 그들의 성과지향적 행동을 유도·강화시켜주는 관리체계의 설계, 협력적 노사관계 그리고 일선관리자들의 리더십 역할 등 실무현장과 전문스태프의 인적자원관리 기능도 동기부여적 직무설계의 중요한 성과요인**이다.

직무설계의 효과는 **직무구조와 내용이 얼마나 경영전략 및 조직구조와 일관성을 가지고 있고 교육훈련과 보상 등 관련 인적자원관리가 얼마나 잘 연계되어 있느냐**에 달려있다. 따라서 **인적자원 스태프는 성장, 자율경영, 인간존중 등 경영전략을 직무설계에 반영하는 〈전략적 동반자〉역할을 수행**해야 한다.

4) 노동의 인간화(humanization of work)

노동의 인간화는 기존의 노동이 비인간적으로 설계되어 이루어지고 있다는 인식에서 출발하고 있다. **능률의 논리를 강조하는 테일러리즘에 입각한 전통적 노동 및 직무설계는 인간성을 고려하지 않는 비인간적 노동**이며, 이에 따라 노동에서 인간의 소외가 야기되고 있다는 것이다. 테일러리즘의 핵심내용은 분업을 통한 능률의 향상으로 근로자로 하여금 전체의 일이 아닌 분업화되어 파편화된 부스러기 일을 수행하도록 하여 근로자들의 미숙련화와 미성숙화를 야기한 것이다. **노동의 인간화는 노동의 주체인 인간에 초점을 두어 인간의 동기부여와 만족의 제고, 성장 발전 및 자아실현에 기여할 수 있게 노동을 재설계하는 것**이라 할 수 있다.

노동의 인간화의 핵심은 **노동과 관련된 위험이나 어려움을 해소하는 것(소극적 의미)과 다른 한 편으로 노동하는 사람이 일 가운데에서 성장·발전 및 자아실현을 할 수 있도록 하는 것(적극적 의미)**이라고 할 수 있다. 기업 내 노동의 인간화 방안은 구체적으로 다음과 같다.

① 작업조건의 인간적 설계
  • 작업장소의 인간적 설계
  • 작업시간의 인간적 설계

② 직무의 인간적 설계
  • 직무순환
  • 직무의 수평적·수직적 확대
  • 준자율적 작업집단

③ 인간적 경영관리
  • 인적자원개발
  • 인적자원계획
  • 성과참가 및 자본참가
  • 민주적 리더십

이 가운데 특히 인간적 직무설계가 중요한 비중을 차지하고 있다. 노동의 인간화를 실현하기 위해서는 노동의 사회적인 외재적 가치증대의 대상인 노동조건 및 환경개선과 더불어 노동의 내재적 가치를 증대하는 작업내용의 충실화가 이루어져야 한다. 구성원으로 하여금 직무에 만족하고 조직에 애착을 갖도록 하려면 자기가 수행하고 있는 노동을 통하여 자아실현의 욕구를 충족시킬 수 있고, 또 자기성장과 발전을 기할 수 있어야 한다. **직무는 노동의 내재적 가치를 충분히 살릴 수 있도록 설계되어야 한다. 즉, 노동을 통한 구성원의 공동체의식 형성과 노동을 통한 구성원의 자기실현 및 발전이 이루어지도록 직무가 설계될 때 구성원은 소외감을 느끼지 않게 될 것이다.** 노동의 인간화 측면에서의 직무설계는 일의 고통과 보람의 두 측면 중 부정적인 측면을 최소한으로 줄이고, 긍정적인 측면을 최대한으로 신장시키기 위해서 노동(일)의 내재적 가치가 충만하도록 직무를 설계하는 것이다.

3 직무설계 방법

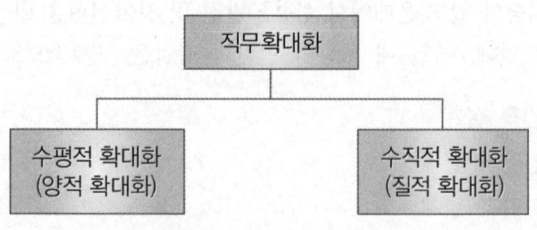

대상 확대화 방법	개인대상	집단대상
수평적 직무확대화	직무확대 (job enlargement)	직무교차 (overlapped workplace)
		직무순환 (job rotation)
수직적 직무확대화	직무충실 (job enrichment)	준자율적 작업집단 (semi-autonomous workgroup)

(1) 개인수준 직무설계

1) 직무확대(job enlargement)

직무확대는 직무의 범위를 수평적으로 확장하는 것으로 직무를 구성하는 과업의 수를 늘리는 것이다. 직무확대에 있어서 작업자가 수행하는 과업(task)의 수는 늘어나게 되지만 의사결정권한(재량권)이나 책임의 증대는 동반되지 않는다.

① 직무확대 모델의 목적

❶ 작업자의 피로도, 단조로움 및 싫증을 줄인다.

❷ 여러 종류의 과업(task)을 수행함으로써 **기술의 다양성(skill variety)을 증가**시킴으로써 작업자의 기능의 폭을 넓힌다.

❸ **직무수행에 대한 의미를 증대**(more meaningful task identity)시킨다.

❹ 작업자의 직무범위가 넓어져 여러 종류의 기능을 보유할 수 있게 되어 기업 측에서 볼 때 **인력배치의 폭(flexibility)을 넓히며**, 작업자 입장에서는 여러 종류의 기능을 보유하게 되어 **노동시장에서의 경쟁력을 그만큼 높일 수 있다.**

② 직무확대 모델의 문제점

❶ **흥미 없고 단조로운 직무를 작업자에게 추가로 할당**했을 때 작업자의 실망은 더욱 커진다.

❷ 작업에 필요한 원자재의 크기, 무게, 저장능력에 따라 직무확대 모델 자체의 도입이 제약을 받는 경우가 있다. 즉, **모든 작업에 직무확대 모델을 도입할 수 있는 것은 아니다.**

❸ 작업자의 **성장욕구(need for growth)의 정도**에 따라 직무확대 모델의 도입은 성공할 수도 실패할 수도 있다.

기대효과	문제점
• 단순반복업무에서 발생하는 단조로움, 지루함, 싫증을 줄일 수 있게 된다. • 작업자에게 보다 많고 다양한 과업을 수행하게 함으로써 작업자의 학습 및 능력개발을 제고할 수 있다. • 구성원들의 다기능화로 기업측에서는 업무배치 범위가 확대되어 인력활용의 유연성이 제고되며, 근로자측에서는 노동시장에서의 상품가치가 제고된다.	• 직무확대로 기존의 직무에 추가되는 과업이 단조롭고 흥미 없는 것일 경우 오히려 작업자의 실망이 더 커지게 된다. • 작업자에 따라 새로운 과업의 추가를 귀찮아 하고 싫어하는 경우도 있다. 작업자의 성장욕구 강도에 따라 직무확대에 대한 태도가 다를 수 있다. • 직무확대로 직무의 범위가 넓어지고 다양해지기는 하지만 권한과 책임의 증대가 동반하지 않으므로 근로자를 적극적으로 동기유발 하는 데는 한계가 있다.

2) 직무충실화(job enrichment)

직무충실화는 단순히 과업의 수를 늘려서 직무를 구조적으로 확대하는 것이 아니라, **직무의 내용을 풍부하게(enrich) 만들어 작업상 책임을 늘리며, 능력을 발휘할 수 있는 여지를 크게 하고, 도전적이고 보람 있는 일이 되도록 직무를 구성하는 것을 의미한다.** 직무충실화에서 강조되고 있는 점은 전통적으로 관리자의 고유기능에 속하였던 **계획(plan)과 통제(control) 기능을 작업자에게 위양**하는 것이다. 전통적으로 작업자는 단지 작업의 실행(doing)만을 담당했지만, 직무충실화는 작업자로 하여금 작업의 실행뿐만 아니라 계획과 통제도 어느 정도 담당하도록 하여 구성원들에게 일의 보람과 자아성취감을 느낄 수 있게 해서 동기유발과 생산성향상을 이루고자 하는 것이다.

직무충실(job enrichment)이라는 직무확대화 모델은 한마디로 **현재의 작업자가 수행하고 있는 직무에 의사결정의 자유재량권과 책임이 추가로 부가되는 과업(task)이 더 할당되는 것이다.** 과거보다 의사결정에의 재량권을 많이 주는 동시에 **책임도 그만큼 많아지게 하는 직무설계모델이다.**

① 직무충실 모델의 목적

❶ 직무를 보다 의미 있게 인식하고 **자유재량권 확대를 통한 직무수행자의 창의력 개발을 촉진시킨다.**

❷ 제품공정의 아주 작은 부분만 수행케 하는 것으로부터 직무수행의 범위를 넓혀 **직무의 완전성을 증대시킨다.**

❸ **작업자의 피로도, 단조로움, 싫증을 줄인다.**

❹ 새로운 과업을 추가로 수행함으로써 **작업자의 능력신장을 기대**할 수 있다.

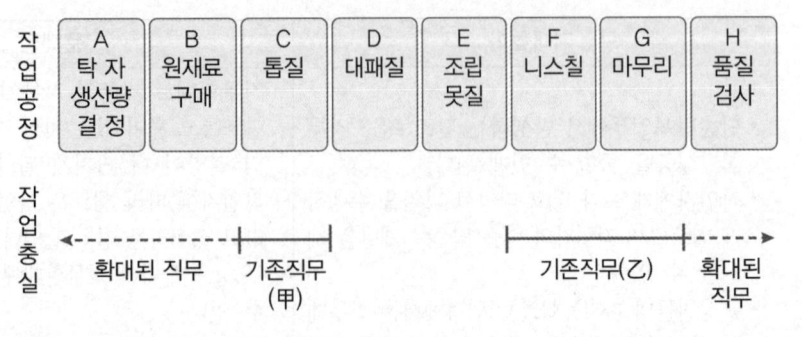

② 직무충실 모델의 문제점

❶ 단순작업을 하던 작업자에게 중요한 의사결정을 하게 했을 때 작업자가 양질의 의사결정을 할 수 있는 능력을 갖추게 하기 위해 **추가적인 교육훈련 프로그램이 요청**된다. 왜냐하면 양질의 의사결정 노력을 구비하게 하는 것은 '대패질'과 같은 단순 기능을 배우는 것과는 차원이 다른 것이기 때문이다.

❷ 작업자가 **확대된 자유재량권을 비효율적으로 발휘했을 때의 비용을 사전에 충분히 고려**해야 한다.

❸ **관리자들의 반발이 예상**된다. 즉 직무의 계획, 통제와 같은 관리활동을 자기들의 직무라고 생각해 왔는데 이들 직무의 일부분을 작업자에게 넘겨주었을 때 불만이 예상된다.

❹ **성장욕구가 낮은 작업자에게는 직무충실이 오히려 심리적으로 더 부담스러워지고 능력**이 따라가지 못했을 때의 좌절감 또한 무시할 수 없다.

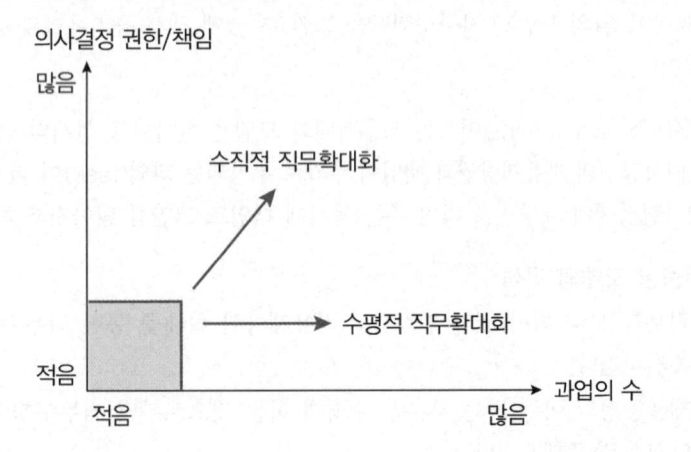

(2) 집단수준 직무설계

1) 직무순환(job rotation)

직무순환은 집단을 대상으로 하는 직무확대 모델의 하나로 **작업자에게 다양한 직무를 순환하여 수행하도록 함으로써 기술다양성을 증진시키는 것**이다. 직무순환의 실시에 있어서 고려되어야 할 점의 하나는 직무체류기간이다. **직무순환(job rotation)은 집단을 대상으로 하는 직무확대화를 위한 수평적 및 수직적 측면을 동시에 가지고 있는 직무설계의 한 모델이다.** 이것은 한마디로 여러 직무를 여러 작업자가 순환하여 수행하는데 여기서의 전제는 반드시 사전의 '계획'에 의한 것이다.

'직무순환' 모델을 도입하는 데에는 한 작업자가 특정 직무에 얼마나 오래 머무를 것인지를 결정해야 한다. **직무체류기간의 결정에 있어서는 직무난이도, 직무적응기간, 직무성과 변화 등이 고려되어야 한다.**

직무	A	B	C	D
직무수행자				
t_1	甲	乙	丙	丁
t_2	乙	丙	丁	甲
t_3	丙	丁	甲	乙

① 직무순환이 추구하는 목적
  ❶ 특정 직무는 오래 수행하기에 많은 **스트레스**를 가져다주며, 직무의 구조를 개선한다는 것이 거의 불가능할 때 여러 사람이 직무순환을 통해 스트레스를 분담할 수 있다.
  ❷ 작업자가 비교적 장기간에 걸쳐 여러 직무를 수행함으로써 단조로움을 줄이고 **매너리즘(mannerism)에 빠지는 것을 막을 수 있다.**
  ❸ 작업자가 여러 직무를 수행함으로써 **기능 다양성(skill variety)을 갖추게 되어 인력배치의 융통성을 높일 수 있다.**
  ❹ 작업자에게 보다 수준 높은 직무수행의 기회를 제공하여 작업자의 **능력신장**을 기할 수 있다.

② 직무순환모델의 장점
  기업 입장에서 보면 직무이동을 통해 획득되는 **다양한 기술은 인력배치의 융통성을 높이고, 변화에 대한 적응력을 높이며, 기업에 대한 외부노동시장의 영향을 줄이는 효과**를 가져다주었다.
  종업원 입장에서 보면 직무순환은 우선 작업자의 **직무수행상의 단조로움을 줄여 주며 능력신장을 가져다주기 때문에 노동시장에서의 경쟁력을 높일 수 있게 된다.**

③ 직무순환모델의 단점
  ❶ 특정 직무에 대해 작업자를 자주 교체함으로써 **생산성 저하 등 비용이 증가**할 수 있다.
  ❷ 긴밀한 인간관계를 통한 **협동시스템이 새로 들어온 작업자에 의해 훼손**될 수 있다.

기대효과	문제점
• 작업자가 장기간 같은 직무만 하게 되면 지루하기도 하고 한 가지 기술밖에 익힐 수 없게 되지만 동료들과 자리를 바꾸면 지루함도 감소될 수 있고 여러 직무도 배울 수 있다. • 작업자에게 다양한 직무를 수행하게 함으로써 작업자의 기능다양성을 제고시키게 되어 기업은 인력활용의 유연성을 높일 수 있다. • 작업자에게 보다 수준 높은 직무수행의 기회를 제공하여 능력개발을 촉진할 수 있으며 경력개발을 지원한다.	• 종업원을 이 직무 저 직무로 순환근무하게 하는 데는 비용의 문제가 수반된다. • 직무순환은 작업진행에 방해를 초래하기도 한다. • 직무순환은 직무의 의미충만성을 제고시키는 데 있어서 제한적 영향을 미칠 뿐이다. 이에 따라 직무순환은 동기유발잠재력지수가 낮은 직무의 해결책으로는 약하다는 점이 있다. 일년에 한 가지 일 대신에 네 가지의 지루한 일을 수행한다고 해서 종업원들이 더 큰 의미충만성을 경험하지는 않게 되는 것이다. • 직무순환은 단기적 해결책일 뿐이라는 지적을 받고 있다. 직무순환이 가능한 일들은 비교적 낮은 수준의 일이며, 업무의 수준이 높아질수록 직무순환의 적용이 어려워진다는 것이다.

2) 직무교차(overlapped workplace)

직무교차는 **집단 내 각 작업자의 직무의 일부분을 타 작업자의 직무와 중복되게 하여 직무의 중복된 부분을 타 작업자와 공동으로 수행하게 하는 직무설계방식이다.** 직무교차(overlapped workplace) 모델은 집단을 대상으로 도입할 수 있는 수평적 직무확대화에 속한다.

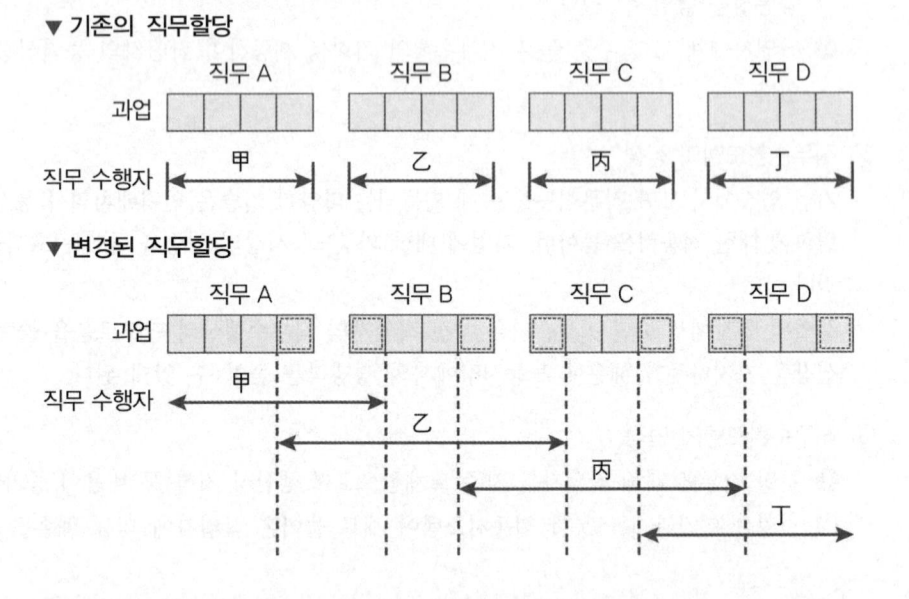

① 직무교차 모델의 목적

❶ 작업자들 간의 **상호협동을 제고시켜 능률향상을 추구**한다. 작업공간에서의 인간관계 형성의 가능성을 열어주기 때문이다.

❷ 직무수행에 있어서의 **단조로움, 싫증을 줄인다.**

❸ 직무의 범위를 넓힘으로써 **작업자의 기능의 폭을 넓힌다.**

② 직무교차 모델의 문제점

직무교차의 결정적인 약점은 **교차된 직무를 작업자 甲과 乙이 서로 미루고 소홀히 했을 때 직무 A와 B의 생산성에 문제가 야기**될 수 있다. 따라서 직무교차모델을 작업장에 도입할 경우 **작업자들 간의 협동시스템 구축을 위한 체계적인 교육이 필요하다.**

기대효과	문제점
• 작업자들 간의 상호협동을 제고시켜 능률향상을 추구한다. • 직무수행에 있어서의 단조로움을 감소시킨다. • 직무의 범위를 확대함으로써 작업자의 기능의 폭을 넓힌다.	• 교차된 직무를 수행하는 작업자들이 서로 직무를 소홀히 하게 되면 생산성에 문제가 발생할 수 있다. 따라서 직무교차를 작업장에 도입할 경우 작업자들 간 협동 시스템의 구축을 위한 체계적 교육이 필요하다.

3) **자율적 작업팀(autonomous work team)[15] = 준자율적 작업 집단(semi–autonomous workgroup)**

① 의의

자율적 작업팀은 **직무충실화 프로그램이 집단수준에서 실시되고 있는 경우**에 나타나는 기법으로 팀이 수행하고 있는 작업을 수직적 통합을 통해서 심화시키는 방법이다. 기업에서는 자율성 기준을 작업팀에서 전부 허용하기 곤란한 경우가 일반적이며 따라서 대부분 제한된 자율성이 부여된다. 〈스웨덴의 볼보자동차회사〉를 시작으로 그동안 많은 기업들이 자율적 작업팀 모델을 도입했다.

즉, 직무확대화 모델 중 가장 발전된 형태로서 '준자율적 작업집단(semi-autonomous workgroup)'을 들 수 있다. **이 모델은 집단을 대상으로 하는 수직적 직무확대화에 속한다. 이 모델은 몇 개의 직무들이 하나의 작업집단을 형성하게 하여 이를 수행하는 작업자들에게 어느 정도의 자율성(autonomy)을 허용해주는 것이다.**

---

15) 팀제의 바람직한 직무설계

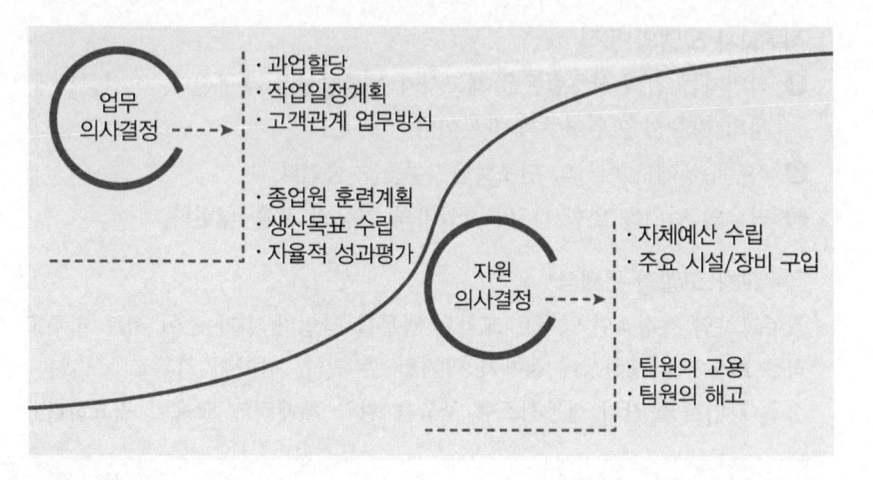

❶ 자율성의 기준

- **생산목표 설정**에 대한 결정
- **작업장소 및 작업시간**에 대한 결정
- **작업방법 및 속도**에 대한 결정
- 작업집단에 공석이 생겼을 때 **신규작업자 선정 결정**
- 해당 **작업집단 내 작업활동**에 대한 결정
- 해당 **작업집단의 책임자 결정** 등

위에서 제시한 제 기준을 작업집단이 완전히 결정할 수 있는 의사결정권을 부여받았을 때 '완전 자율적 작업집단'이 되겠지만, 기업 나름대로 사정이 있기 때문에 위의 자율성 기준을 작업집단에게 전부 허용할 수는 없다. 따라서 **작업 집단에게 부여되는 것은 제한된 자율성**이다.

이러한 준자율적 작업집단은 작업집단 내 직무들 간의 상호의존성이 높을 때 그리고 직무들이 심리적 스트레스를 많이 야기할 때 그 효과가 보다 높게 나타난다.

▼ **10대 그룹의 팀 자율성**

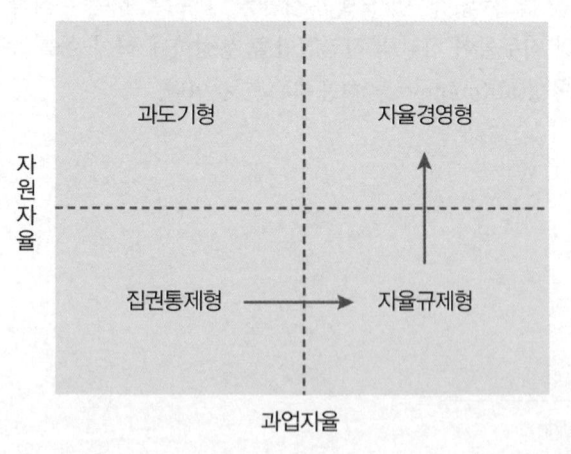

❷ 준자율적 작업집단이 추구하는 목표

- 집단 구성원의 **사회적 욕구를 충족시켜 협동시스템을 구축**한다.
- 직무수행상 제기되는 기술적 문제의 해결은 일차적으로 집단구성원들이 갖고 있는 **노하우 (know-how)의 공유**를 통해서 이루어진다.
- 타율적 상황에서 자율적 상황으로 바뀌게 되어 **개인의 성장욕구의 충족이 가능**해진다.

❸ 준자율적 작업집단의 강점

첫째, 작업에 대한 통제 및 조정기능을 작업집단에 위임했기 때문에 기업의 공식조직에 대한 **통제 및 조정기능의 경감**을 가져다준다.

둘째, 집단에 부여된 **자율성으로 인해 생산성이 향상**된다.

셋째, 집단 내 작업구성원들 간 서로가 갖고 있는 **작업상의 노하우(know-how)를 서로 전수함으로써 기업 입장에서 보면 교육훈련비가 경감**된다.

❹ 준자율적 작업집단의 문제점

첫째, **기업 측과 자율적 집단 측 간에 갈등문제가 제기**될 우려가 있다.

둘째, **작업집단 내 구성원 간의 갈등문제도 배제**할 수 없다.

❺ 준자율적 작업집단의 사례 : 스웨덴의 볼보자동차

준자율적 작업집단의 대표적인 예시는 스웨덴의 볼보(Volvo)자동차 칼마(Kalma) 및 우데발라(Uddevalla) 공장이 그 예다. 칼마 공장에서는 **전통적인 조립라인을 건설하는 대신에 기계적인 운반장치를 이용**해서 자동차를 팀으로 실어 나르면 그 팀의 구성원들이 전기장치나 변속기와 같은 부품을 부착하여 완제품을 조립하는 일을 책임지는 새로운 공장을 건설했다. 우데발라 공장도 조립라인을 모두 없애는 대신에 중앙부품창고를 중심으로 조직된 여섯 개의 작업장을 중심으로 구성되는 설비를 갖추도록 했다. 완성차 생산을 작업장의 팀들이 담당하였다. 〈사회적 측면〉에서 작업팀을 구성하여 자율과 통제권을 부여함은 물론 〈기술적 측면〉에서 전통적인 연속조립공정 대신 특별하게 고안된 자동추진 운반장치를 이용해 자동차를 작업팀 사이로 이동시키는 방식으로 바꿈으로써 협력을 증진시킨 것이다.

이로써 기업 입장에서는 효율성 추구에서 유연성과 훈련 그리고 다기능을 보유한 작업집단이 제공하는 장점과 종업원 입장에서도 자율적 작업환경으로 인한 만족과 학습 등 기회를 얻을 수 있게 되었다.

→ 시사점 : 전통적인 라인조립 공정과정에서 팀조립 형태로 작업구조와 방법을 변경함으로써 근로자의 이직률을 대폭 줄이고 품질도 크게 향상

② 팀의 개념과 특성

❶ 팀 구성원은 **주도적인 리더십을 발휘**한다. 팀에서는 서로서로 그때그때 판단에 의해서 자기들의 과업을 나누어 또는 함께 수행한다. 이것이 바로 공유된 리더십(shared leadership)이다.

❷ 팀에서는 **결과책임(accountability)**이 강조되고 공유된다. 예를 들어 고객만족이라는 종합적인 결과책임을 팀 구성원 모두가 공유한다.

❸ 팀원들의 활동이 **팀의 공동목표(shared goal)를 지향**한다. 팀의 목표를 달성하는 데 발생하는 여러 문제들을 팀원들이 서로 협력하여 그때그때 풀어간다.

집단(Group)이란 **공동의 목표**달성을 위해 서로 **상호작용**을 하면서 **서로가 같은 집단의 멤버임을 인식하는 2명 이상의 구성체**를 의미한다. 반면 팀(team)이란 **공유된 목표를 달성하기** 위하여 **공동의 책임**을 지고 **상호보완적 업무기술**을 가진 소수의 개인들이 모인 **사회적 집합체**이다. 작업집단과 작업팀의 차이를 구체적으로 살피면 아래와 같다.

	작업집단	작업팀
목표	공동목표에 따른 개인목표	팀 공동목표에의 몰입
기본단위	세분화된 직무구분	목표기여를 위한 역할부여
상호작용	독립적 수행, 또는 순차적 수행	전방위 조정과 상호작용
과업수행 지침	사전적 규정, 공식화	실행과정, 유연성
과업수행 결정	관리자의 요구에 부응	팀 스스로 설정한 과업 수행
성 과 기 여	각 개인 성과의 단순 합	팀 성과에 대한 기여와 공동노력
결 과 책 임	개인별 책임	팀 공동의 책임

작업집단(work group)에서는 구성원 공동의 목표가 있지만 이에 대해 **개인의 목표가 직무담당자별로 부과되며, 각자의 직무에 따라 과업을 수행하여 개인목표 달성에 애쓰면 된다.** 반면 작업팀(work team)에서는 **팀원 모두가 몰입해야 하는 팀 공동목표가 존재**하고, 별도의 개인목표는 대부분 없다. 따라서 팀 내 개인은 공동목표에 기여해야 하는 역할이 부여되고 **협동작업을 위해 모든 팀원이 필요시마다 상호작용과 업무조정**을 해야 한다.

과업수행과 성과 측면에서도 다르다. 작업집단에서는 **직무의 공식적 규정대로 따르고 관리자의 지시(권한)**에 부응하여야 한다. 그 결과 **각자의 직무별로 개인성과가 측정되고, 그 합이 집단 전체의 성과로 나타난다.** 그러니 각자 자신에게 기대되는 직무성과에만 책임을 지면 된다. 반면에 작업팀에서는 **팀원 간 과업의 배분과 조정이 탄력적으로 되고 팀원들이 수시로 발생하는 문제들을 스스로 해결해가는 방식의 업무수행이 일상적**이다. 팀 성과에 대한 개인 기여가 평가되고 **최종결과에 대한 책임은 팀원 공동으로 지게 된다.**

③ 팀제 기반의 전형적 자율영역

❶ 업무의사결정 : 과업할당 및 일정계획수립에서부터 외부고객과의 관계 업무, 구성원 훈련 계획 등이 있다.

❷ 자원의사결정 : 자체적으로 예산을 수립하고 실행하는 권한에서 시작한다. 또한 인적자원에 대한 권한으로서 팀원을 채용하고 해고하는 권한도 가질 수 있다.

④ 기대효과 및 문제점

기업의 **공식조직에 대한 통제 및 조정기능의 경감**을 가져다주고, **팀에 부여된 자율성으로 인한 생산성이 향상**되며, 팀 내 구성원들 간 작업상의 노하우를 상호 전수함으로써 기업의 **교육훈련비가 경감**된다. 그러나 기업과 자율적 팀간의 갈등발생과 직업팀 내 구성원간 갈등 문제가 생길 수 있다.

▼ 팀제 직무의 장·단점

장점	단점
• 과업 수요 탄력적 대응 • 효율성, 생산성 개선 • 공동작업의 창조성과 혁신 • 종업원 학습과 훈련 효과 • 종업원 참여도 및 주인정신	• 고성과자 동기저하 가능성 • 성과연계 보상의 공정성 하락 • 과도한 집단지향과 동료압력 • 전문성 약화

(3) 행동중심 직무설계

직무설계에 있어 행동중심적 접근은 조직구성원이 **직무수행을 통해 만족**을 느끼도록 하기 위해 직무영역의 설계에 초점을 두는 것을 말한다(Greg&Rastogi, 2006). 직무수행을 통해 만족을 높일 수 있는 방법은 우선 **개인 – 직무적합성을 극대화**시키는 것이다. 여기서 개인은 **직무수행자의 특성으로서 성격, 역량 그리고 선호도 등이 포함**된다. 제공되는 직무내용이 직무수행자의 특성과 매치가 잘 될 경우, 성과가 높게 나타난다는 것이다.

4 직무설계의 최근 동향[16] : 직무설계에서 주도성과 관계성 강조

(1) 관계적 직무설계

Grant(2007)는 관계적 직무설계(relational job design)의 중요성을 제시하고, 이런 직무설계가 어떻게 친사회적 차이를 가져오는지를 설명하였다. **Grant는 직무의 관계적 측면을 전혀 고려하지 않는 직무설계는 한계가 있음**을 지적한다. 이런 접근을 통해 사람들은 다른 사람과는 구별되지만 동시에 **다른 사람과 관계를 가지는 정체성을 형성**하고 의미를 창출할 수 있게 되는 유익이 있다.

---

16) 개인의 주체성과 사회성을 동시에 강조한 직무설계방식으로 이전에는 직무설계를 조직이 주도적으로 행하면 개인은 주어진 직무를 수행하는 접근이었다면, 이제는 직무제작을 통해 직무수행자 자신들이 직무의 성격과 관련자와의 관계를 변화시켜 주도적으로 만들어가는 그런 형태를 보이는 것이다.

(2) 주도적 직무설계 : Job crafting

개인의 **주도성과 관계성**이 어우러져 자신의 직무를 새로운 모습으로 빚어가는 직무제작(job crafting)이 새롭게 대두되고 있다(Wrzesniewski&Dutton, 2001). **잡크래프팅(job crafting)은 자신이 직무를 직접 설계하여 자신이 추구하는 만족을 높이는 것에서 출발한다.**

잡크래프팅의 예시는 **직무범위를 조정하여 자신에게 부여된 권한범위 내에서 보다 새로운 영역에 도전하는 것이다. 또한 자신의 일 자체를 보다 긍정적으로 재정의**하는 것이다. **이렇게 함으로써 개인은 자신이 하는 직무에 보다 긍정적인 의미를 부여하게 되고 이것이 직무만족을 높이게 되는 것이다**(임명기, 2014). 이러한 접근은 직무설계에 있어서 개인의 적극적인 역할을 강조한다. 직무제작에는 다음 세 가지 **형태**가 있다.

① **직무경계 바꾸기** : 자신의 열정을 발휘할 수 있는 방식으로 **과업을 조정**하거나 업무수행상 나타나는 역경을 극복하는 방식으로 과업을 변경하는 것이다.
② **타인과의 상호작용 변경** : 타인과 의미 있고 도움이 되며 에너지가 부여되는 그런 관계를 형성하거나, 수혜자에게 큰 효과성이 있는 그런 역할을 늘린다든가, 아니면 불쾌한 수혜자의 경우 극복하는 방식의 관계를 구성하는 것 등을 포함하는 것이다.
③ **인지적 변화** : 일에 대한 생각을 바꾸는 것으로 자신의 열정과 잘 상응하도록 일의 사회적 목적을 재구성하는 것을 포함한다.

5 직무설계에 관한 기타 이론적 접근

(1) 생물학적 접근(Biological approach)

생물학적 접근의 직무설계는 보통 **인간공학(ergonomics)에서 언급된다. 인간공학은 개인의 생리학적 특성과 물리적 작업환경과의 접점을 다룬다. 이러한 접근의 목표는 종업원들이 일하고 있는 물리적 업무환경을 구조화하여 종업원의 신체적 제약을 최소화하는 것이다. 육체의 피로, 아픔과 고통, 건강에 불편을 주는 것 등의 결과에 초점을 둔다. 생물학적 접근은 작업에 쓰이는 장비를 신체적 요구에 적합하게끔 재설계**하는 것에 적용되어 왔다. 종업원의 웰빙을 위한 직무설계로 조직환경이 안전하고 건강하다는 것을 종업원에게 강조함으로써 긍정적인 심리적 영향력을 줄 수 있다.

(2) 지각-운동적 접근(Perceptual-motor approach)

지각-운동적 접근의 직무설계는 인적공학(human-factors) 학문분야에 기반을 둔 것으로 생물학적 접근이 신체의 능력과 한계에 초점을 둔 반면에 **지각-운동적 접근은 인간의 정신적 능력과 한계에 초점을 둔다. 지각-운동적 접근의 직무설계 목표는 사람들이 정신적인 능력과 한계를 초과하지 않는 수준에서 직무설계를 하는 것이다.**

제 3 절　　직무과정의 설계 : Business Process Reengineering

1 문제제기

기업 내 모든 일(직무)은 서로 연계가 되어 있으며, 직무수행의 흐름이 원활한지의 여부가 기업 전체의 효율성과 직결된다는 점에서 직무구조 자체만을 직무설계의 고려대상으로 놓는 것은 부족하다 하겠다.

1980년대 들어 기업들은 **고객에게 질 좋은 제품을 신속하게 전달**하지 못한다면 기업성장은 고사하고 기업생존의 문제에 직면하게 된다고 판단하게 되었다. 직무과정 설계는 이와 같은 **고객지향적 사고의 부각과** 더불어 크게 대두되었다. 이러한 고객욕구를 충족시키기 위하여 기업들은 **질 좋은 제품을 보다 빠르게 고객들에게 전달하기 위하여 과거의 직무수행 과정에 대한 전면적인 재검토를** 하게 되었다.

2 개념[17]

고비용·저품질 업무현상을 저비용·고품질로 혁신하고 이제까지 비약적으로 발전해 온 정보통신기술을 적절히 활용하여 업무처리시간(cycle time)과 속도를 향상시킬 수 있는 것이 업무프로세스 리엔지니어링의 배경이다. 지금까지는 업무를 가장 단순한 요소로 분화시켜 그것을 전문작업자에게 할당하는 과업 중심적인 사고가 조직설계의 중심이 되었다면, 이제는 조직전체의 프로세스를 중심으로 한 고객 중심적인 사고가 그 중심이 되어야 한다는 것이다. 리엔지니어링은 '재(re) 설계(engineering)'한다는 의미로 마이클 해머(Hammer)에 의해 처음 생성된 용어다. 해머는 리엔지니어링을 '비용·품질·서비스·속도와 같은 핵심적 성과에서 극적인 향상을 이루기 위해서는 조직의 업무프로세스를 기본적으로 다시 생각하고 근본적으로 재설계하는 것'이라고 정의하였다.

3 구성요소

- 재설계(redesign) : 새롭게 운영하고 관리하는 방법을 계획하고 설계
- 장비 재구축(retool) : 새로운 운영 및 관리가 가능하도록 기술기반구조 및 기본적인 시스템을 설치
- 행위변화의 유도(reorchestrate) : 최고정책결정권자와 조직구성원들의 행위변화를 유도

리엔지니어링이 업무처리과정에 초점을 둔다고 해서 조직 내 모든 업무과정이 대상으로 되는 것은 아니며 조직 내 핵심 업무과정(core process)을 선택하여 그것을 중심으로 재설계된다.

---

17) 리엔지니어링이란 **정보의 전달구조에 따라 조직을 재설계**하는 것이다. 고객과 시장의 정보가 날로 중요해지고 있는 오늘날 의사결정이 정보에 가장 밀착된 현장에서 바로 이루어져야 한다. 조직의 최고층을 거쳐서 우회하는 의사결정구조는 더 이상 적합하지 않다. 그러므로 팀이 하나의 업무 프로세스를 수행하는 데 필요한 인력을 자율적으로 운영하고 통제할 수 있어야 하는데, 여기에는 업무에 필요한 능력을 가진 사람은 물론 그 업무에 관한 의사결정을 할 수 있는 권한도 포함된다.

또한 인터넷 디지털시대, 지식정보화시대가 급속히 펼쳐지고 있는 현 시점에서 기존 업무방식의 성과를 극대화하고, 경쟁자보다 앞서는 환경을 구축하기 위해서는 리엔지니어링에 의한 조직 및 업무혁신 과정이 필수적으로 요구된다.

4 비즈니스 리엔지니어링

(1) 내용

마이클 해머(Michael Hammer)는 비즈니스 리엔지니어링을 "영업실적을 나타내는 중요하고도 현대적인 척도인 비용, 품질, 서비스, 속도 등의 **극적인 변혁**을 실현하기 위해, **업무수행 프로세스 전 과정을 완전히 再考하여 근본적으로 재설계하는 것**"이라고 정의하였다(Hammer, 1993). **이 정의의 핵심은 기본적이고**(fundamental), **근본적이며**(radical), **극적인**(dramatic) **프로세스 상의 변화이다.** 즉, 프로세스의 변화는 기존 절차에 대한 가장 기본적인 가정을 의심하고 재검토하는 데서 시작하여, 근본부터 전혀 다른 새로운 업무처리 방법을 설계하며, 확실한 변혁을 창출하는 것을 의미한다. 비즈니스 리엔지니어링의 대상인 '업무 프로세스'는 "**하나 이상의 입력을 받아들여 고객에게 가치 있는 결과를 산출하는 행동의 집합**"이다. 말하자면 리엔지니어링은 종래의 조직단위나 규칙, 순서를 완전히 무시하고 일의 방법을 근본적으로 뜯어 고쳐 모든 사업활동을 프로세스 중심으로 재편성하는 것이다.

(2) 직무 프로세스 제설계(process redesign)의 단계

대상 프로세스 선정	
• 기업 내 중요 프로세스의 파악	• 프로세스별 우선순위 평가

↓

대상 프로세스 조사와 분석	
• 프로세스관련 조직 분석	• 프로세스 분석
• 프로세스 흐름도	• 문제점의 정의

↓

프로세스 재설계	
• 비효율적 업무 제거, 부서 간 분리된 업무의 결합, 재구조화 및 단순화	
• 신프로세스 기본모형 설계	• 신프로세스의 비용효과 분석
• 정보시스템 지원가능 여부	• 신프로세스 확정

↓

미비점 보완과 지속적 개선
• 인력의 재배치 : 직무분석, 업무 매뉴얼화, T/O 산정
• 조직재구축

1) 핵심 프로세스를 위주로 파악

기업 내 주요 업무흐름을 파악하여야 하는데 이때 가장 중요하게 고려해야 할 점은 고객에게 가치를 제공하는 데 반드시 필요한 핵심 프로세스 위주로 파악하여야 한다는 것이다.

2) 업무프로세스 흐름도를 작성

프로세스에 대한 조사·분석의 단계로서 업무 프로세스 흐름도를 작성한다.

3) 문제점을 도출

관련 조직과 프로세스에 대한 분석을 통해서 문제점(중복, 지연 등)을 도출한다.

4) 프로세스 재설계 착수

직무 프로세스 재설계 실행을 위한 준비가 모두 끝나면 프로세스 재설계에 착수한다. 불필요한 업무중복 혹은 업무지연의 소지가 있는 부분에 대한 과감한 재구조화 및 단순화 작업을 실시한다. 또한 신속한 업무처리를 위한 정보시스템의 지원가능성을 타진하고 정보기술을 적극적으로 활용할 수 있는 방안을 모색한다.

5) 새롭게 설계된 업무 프로세스에 대한 평가

프로세스 재설계 실행 후에는 새롭게 설계된 업무 프로세스에 대한 평가과정을 거친다.

6) 신프로세스 확정

효율적인 직무과정이라고 판단되면 신프로세스를 확정한다.

(3) 기대효과

고객에게 가치 있는 제품과 서비스를 제공하기 위하여 **불필요한 대기시간 및 작업과정이 제거됨으로써 기업은 관리의 효율성과 고객만족을 기대할 수 있으며, 장기적으로 기업의 경쟁력 축적에 기여할 것이다. 실제로 리엔지니어링을 도입한 많은 기업들은 고객에 대한 신속한 대응과 비용절감으로 경쟁력을 확보할 수 있었다.

(4) 비즈니스 리엔지니어링을 도입·실행하기 위한 필수요건

첫째, 현재의 문제점을 과감히 드러낼 수 있는 **현상타파적 사고**가 필요하다.

둘째, 한 부서의 문제점을 임시방편적으로 해결하는 것이 아니라 문제를 발생시킨 근본적인 원인을 추적하여 **업무수행방식을 과감하게 개혁**한다.

셋째, **정보처리기술**을 이용한 프로세스 혁신이 동반되어야 한다.

넷째, **최고경영자의 강력한 의지와 지원 그리고 종업원에 대한 재교육이 뒤따라야 한다.** 어떤 조직 이든지 구성원들은 변화를 거부하고 현실에 안주하려 한다.

(5) BPR의 예시

1) 포드사의 리엔지니어링 예시

포드(Ford)사가 리엔지니어링을 하기 이전과 이후의 업무처리 방식을 그림으로 표현하면 아래와 같다. 첫 단계로 구매부서가 부품공급업자에게 구매주문서를 발송하고 구매주문서 사본을 외상매입부서에 제시한다. 두 번째 단계에서 부품공급업자는 부품수납부서에 부품을 공급하고 송장을 외상매입부서에 발송한다. 세 번째 단계에서 부품수납부서는 부품인수를 외상매입부서에 알린다. 마지막으로 부품인수 확인절차가 끝나면 외상매입부서는 부품공급업자에게 대금을 지급한다. 그러나 **직무프로세스에 대한 재설계를 통해서 업무처리 절차는 간결**해지는데 구매부서의 부품공급업자에 대한 구매주문서 발송, 부품공급업자의 부품공급, 외상매입부서의 대금지급이라는 **핵심직무 위주로 신속히 이루어지**며 그 외 리엔지니어링 이전 단계에서 요구되던 당사자 간 업무연계는 데이터베이스에 의해 이루어지게 되었다.

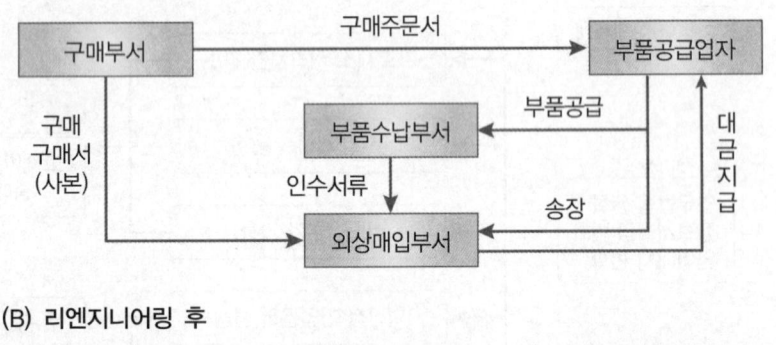

(A) 리엔지니어링 전

(B) 리엔지니어링 후

2) IBM 금융사업부의 BPR[18]

① BPR 전 : 6일 소요

고객서비스 접수 담당 → 신용도 계산 담당 → 대출업무 전문가 → 이자계산 담당 → 서류 작성 담당 → 고객

② BPR 후(4시간 소요)

대출담당자가 정교한 컴퓨터 프로그램을 이용하여 전체 대출업무를 혼자 처리

(6) 주요특징

1) 고객가치 지향적(customer value oriented)

리엔지니어링은 기본적으로 고객의 입장에서 **과거의 경험과 관행에 도전하여** 새로운 업무처리 **방식을 설계**한다. 따라서 조직내부의 관리보다는 **고객에 대한 서비스를 향상시키고 시장에 대한 대응성을 높이는 데 목적이 있기 때문에** 리엔지니어링의 궁극적 목적은 **고객만족**(customer satisfaction)**을 실현**하기 위한 것이라고 볼 수 있다.

2) 제로베이스 발상(zero-based visioning)

리엔지니어링의 정신은 "전무(全無)에서 출발(出發)(starting from scratch)" 하는 것으로, "**과 거의 경험을 파괴**"하는 근본적인 개혁을 **요구**한다. 즉 현재의 업무처리 프로세스에 대한 개선방 법을 모색하는 것이 아니라 **백지**(zero-base)**상태에서** 업무처리방식을 재설계한다.

3) 기본적인 틀(framework)에 도전

지금까지의 **전통적인 분업화·전문화의 원칙 등의 규칙에 도전**하는 것으로 기존의 **정보시스템 조직·업무구조 등이 새로운 업무 방식을 설계하는 데에 제약요인이 되어서는 안 된다.**

4) 프로세스 중심(process centered)

리엔지니어링을 실현하는 중점영역은 업무를 수행하기 위한 업무단위의 기능부서라기보다는 **시 장과 고객을 위해 특정 제품이나 서비스를 생산하는 일련의 상호교차적**(cross-functional) **업 무 프로세스**이다. 이런 의미에서 프로세스란 기능적·지리적·조직적 단위에 걸쳐 있는 규정된 업무를 수행하기 위하여 논리적으로 연결된 과업들의 집합체 또는 고객에 대하여 **가치 있는 결 과를 위해 조직원이 공동으로 노력하는 일들의 집합**이라고 정의할 수 있다.

5) 성과향상의 목표(performance-up targeted)

리엔지니어링은 업무의 개선을 목표로 하지 않고 혁신을 지향하기 때문에 고객에 대한 서비스나 업무생산성을 **현재 수행하는 업무의 개선을 위해서보다는 의도한 기간 내에서 비약적인 업무성 과의 향상이라는 기대효과**를 가지고 출발해야 한다.

---

18) Gomez-mejia L.R., Balkin D.B. and Cardy R.I. Managing Human Resource 6th ed., p.82

제 4 절   근무시간 및 장소의 설계

1 근무시간의 설계

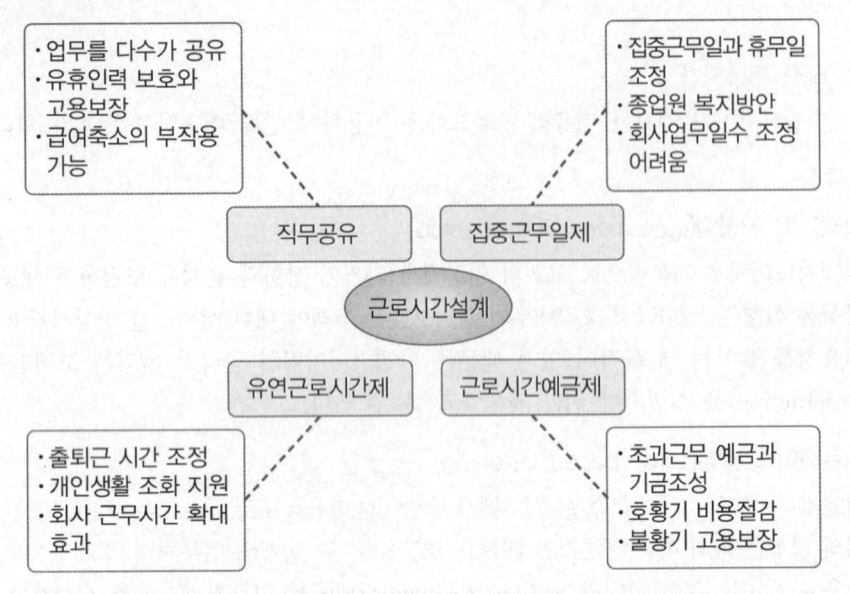

(1) **문제제기** : 성과＝f(능력, 모티베이션, 근무시간)

근무시간은 종업원의 입장에서 보면 ① 육체적·정신적 에너지를 지나치게 소진하게 되면 건강을 해칠 수 있으며 ② 근무시간은 종업원의 자유시간을 제한하기 때문에 자유시간에 대한 종업원의 욕구충족에 제약요인이 된다.

(2) **근무시간의 형태**

1) **고정적 근무시간제** : 1일 근무시간 설계

서양기업의 경우 19세기 말까지 **인간의 바이오리듬(biorhythm)을 고려하지 않고** 기업이 관리상의 편리함에 초점을 맞추어 근무시간을 결정하였다.

2) **주당 근무시간 설계** : 집중근무시간제 or 집중근무일제(compressed workweek)

① **개념**

주당근로시간 내에서 **매일의 작업시간을 탄력적으로 하는 것**이다. 예를 들어 주 40일 근무의 경우 10시간의 노동으로 주4일 근무를 하는 것이다. 종업원들에게 복지차원의 옵션으로 제공될 수 있지만 **회사 입장에서 업무 일수가 줄어들 위험**이 있고 **일자별로 근무자 수의 변동성이 커서 부작용**이 나타날 수 있으므로 **전사적으로 시행될 경우에는 주의가 필요**하다.

주당 근무시간제도에 대해 1960년대 미국에서도 생산성 향상과 종업원의 자유시간의 효과적인 설계를 고려한 집중근무시간제가 나타났다. 이러한 형태는 **주당 근무일수를 5일에서 4일로 하루 줄이고 근무시간을 8시간에서 10시간으로 혹은 12시간으로 늘리는 것**이다.

② 집중근무시간제의 장·단점

❶ 장점
- 근무시간의 시작과 종료가 전 종업원에게 동일하게 적용되기 때문에 **직무들의 상호연관성이 높을 경우 높은 협동가능성과 협업으로 인한 업무의 효율성이 높다.**
- 긴 주말은 작업과 개인에게 개인적 업무처리의 기회의 폭을 넓힐 수 있다.
- 가족과의 레크리에이션 기회가 증대된다.
- 가정과 직장이 멀리 떨어져 있는 경우 종업원에게 매우 유리하다.

❷ 단점
- 1일 10시간 혹은 그 이상의 근무로 인한 **저녁 자유시간의 단축이 개인의 불만요인으로** 나타날 수 있다.
- 고객에 대한 서비스 기간이 주당 5일에서 4일로 줄어들어 고객의 불만을 야기할 수 있다.
- 교대근무제가 없는 작업장의 경우 **장비 및 설비의 활용도가 낮다.**
- 1일 근무시간의 확장으로 인해 작업자의 피로도가 증가되어 성과와 작업안전에 오히려 **부정적 영향**을 미칠 수 있다.

3) 선택적 근로시간제 or 변동적 근무시간제(flexible time)

① 개념

회사와 종업원의 합의하여 출퇴근시간을 자유롭게 정하는 것으로 회사의 입장에서는 종업원 전체로 보면 전체 업무시간을 늘리는 효과가 있지만(법정근로시간 내에서 근무시간이 분산되기 때문) 부서 내 및 부서 간 협동이 어려움이 생겨서 조직전체의 협동이 깨짐으로써 생산성이 낮아지는 경우가 생긴다.

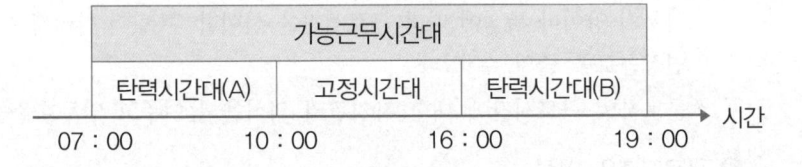

② 도입배경 및 목적

변동적 근무시간제 도입의 효과는 아래와 같다.

❶ **종업원의 욕구를 최대한 반영**하는 데 있다.
❷ 근무시간 결정에 있어 종업원에게 재량권을 부여함으로써 바로 직무구조 설계의 한 모델인 직무확대화가 추구했던 **자율성(autonomy)을 증가시켜 종업원의 근무의욕을 높이는 효과가 있다.**
❸ 현대 산업사회에서 나타나는 노동에서의 소외문제의 하나였던 **타율적 직장에서 근무시간에 관한 의사결정에 참여함으로써 〈노동의 인간화〉를 추구**하는 것이다.

변동적 근로시간제의 효과	
• 병가 등으로 인한 결근율의 감소	• 연장근무의 필요성 감소
• 지각의 감소	• 직무만족 및 근무의욕의 증가
• 이직률의 감소	• 생산성의 증가

③ 내용

변동적 근무시간제를 설계하는 데에는 **근무의 시작 및 종료시간, 반드시 근무해야 하는 시간대, 탄력적인 근무시간(flexible hours)의 폭** 등이 결정되어야 한다.

④ 근무시간제를 설계하는 데에 중요한 의사결정 사항

❶ **고정근무시간대(core hours)**는 모든 종업원이 반드시 이 시간대에 작업장에서 근무를 해야 하는 시간대를 말한다.

❷ 탄력시간대의 폭은 **고정시간대가 먼저 결정**되면, 1일 전체 근무시간을 감안하여 용이하게 결정할 수 있다.

⑤ 변동적 근무시간제의 장 · 단점

❶ 기업측의 이점

• 근로자들에게 근로시간에 대한 선택권을 제공해 줌으로써 **직무의 자율성을 증가시켜 종업원의 사기와 직무만족 및 책임감의 증대, 이직률과 결근율 및 지각률 감소** 등의 **효과**가 있다.

• **생산성이 높은 시간대에 업무를 수행**함으로써 보다 열심히 일할 가능성이 높고 **각자의 능력을 효율적으로 활용**할 수 있다. 이로 인하여 **기업의 생산성이 향상**될 수 있다.

• **신입사원의 확보와 유능한 인재의 유지**에 도움이 된다.

• 업무의 양이나 특성에 따라 근로시간을 선택할 수 있어 **합리적 시간배분**을 할 수 있고 **연장근로를 줄일 수 있다.**

• 근로자의 **근로시간에 대한 자기관리 의식**을 높여주고 **업무효율**을 향상시킬 수 있다.

❷ 근로자측의 이점

• **개인생활과 업무시간의 조화**, 즉 근무시간대와 조정이 쉬워 효율적으로 일할 수 있고, **자기개발이나 여가 기회를 확대**시켜주며, 짧은 시간의 개인적 일은 유급휴가를 내지 않고도 용무를 볼 수 있게 해준다.

• **젊은 근로자들의 욕구와 양립**할 수 있다.

• **대도시권의 통근지옥을 피할 수 있다.** 이는 특히 고령근로자에게 유익하다.

• 당일 스케줄에 따라 근무시간을 변경할 수 있고 이에 따른 **정신적, 심리적 여유**가 생길 수 있다.

❸ 한계점

- 감독상의 문제가 발생할 수 있다.
- 하루 중 고정시간대(core time)를 선택해야 하는 불편이 발생한다.
- 회의나 업무조정, 연수 등의 일정조정이 어렵다.
- 종업원간 정보교환이나 담당자 부재 시 외부로부터의 문의나 연락에 어려움이 있을 수 있다.
- 종업원에 대한 감독이 더 어려워진다.
- 전 근로자가 항상 함께 업무를 수행해야 하는 일선조립라인 현장이나 복합적 교대근무를 실시하고 있는 조직에서는 도입이 어렵다.
- 기업 내에서 이 제도를 도입하고 있는 부문과 그렇지 않은 부문이 있을 경우 도입하고 있지 않는 부문에서 불만이 야기될 수 있다.
- 노동조합은 선택적 근로시간제 도입으로 종업원이 연장근로수당을 받는 데 문제가 있다고 보고 이의 도입을 반대할 수 있다.

⑥ 변동적 근무시간제 도입 시 고려되어야 할 점

첫째, 기업의 작업집단 내 직무들 간의 상호의존성이 높지 않아야 한다.

둘째, 고객, 거래회사, 금융기관, 관청 등과의 접촉이 매우 빈번하게 일어나는 부서의 경우 이들에 대한 서비스의 극대화 추구라는 이유로 변동적 근무시간제의 도입에 많은 제약이 따르게 된다.

4) 탄력적 근로시간제

탄력적 근로시간제란 유연근무시간의 일종으로 유연근로시간제도는 근로시간에 대하여 사용자와 근로자 양측의 니즈를 절충하는 협의를 통해 법정 근로시간을 변형하는 것이다. 즉, 일정 기간 내에서 어느 주 혹은 어느 달의 근로시간을 탄력적으로 배치하여 운용하는 것이다. 노사 간 법정 근로시간을 합의에 의하여 법정 한도 내에서 유연하게 조정할 수 있다.

유연근로시간제는 사용자 입장에서는 경기변동과 성수기와 비수기에 따라 근로시간을 유동적으로 조절하여 생산 활동을 늘리고 인건비 절감의 효과를 기대할 수 있다. 근로자 입장에서는 근로시간을 예측할 수 있으며, 사용자와 근로자간의 협의에 의하여 적용을 할 수 있어서 근로자의 근로시간 결정에 관한 의견 반영을 통해 동기부여 효과가 있다. 그러나 가산수당 지급의무를 면하게 됨으로써 임금 저하의 문제가 나타날 수 있다.

5) 근무시간계정제(Arbeitszeitkonto)

① 개념

근무시간계정제(Arbeitszeitkonto)는 독일기업에서 처음 도입된 것으로서 근로자가 특정기간 동안에 발생된 계약근무시간과 실제근무시간간의 차이를 계정에 산입하여 운영하는 제도를 말한다. 근로시간 채권 혹은 채무는 특정기간 내에 소멸 혹은 변제되어야 한다. 근로자 중심의 근로시간 계정제는 앞에서 언급한 변동적 근무시간제와 유사한 것으로 초과근무시간에 대해 근로자는 수당 혹은 휴가로 보상받는다.

반면에 사용자 중심의 계정제는 주당 40시간 근무의 경우, 사용자가 연간 근무시간 범위 내에서 일간 혹은 주간 근무시간을 수요변화에 따른 작업량 추이에 따라 근무시간을 조정할 수 있는 것이다.

② 도입배경

근로시간예금제(worktime credit account)라고도 불리며 결국 근로시간예금제 혹은 근무시간계정제는 성수기에 법정노동시간을 초과해서 일한 시간을 저금해두었다가 덜 바쁜 시기에 휴가를 연장하면서 유급휴가를 즐기는 것을 말한다. 시장의 수요에 유연하게 대처하기 위한 방법의 하나로 도입되었다.

③ 근무시간계정제의 장·단점

❶ 장점
• 시장수요의 변화에 따른 노동력 투입의 최적화(사용자)
• 초과근무수당 등 인건비 절약(사용자)
• 근로시간에 대한 결정권한 증가(종업원)
• 근로자의 전체의 삶 기준으로 평생근무시간 설계의 자율성 증가(종업원)

❷ 단점
• 계정운영에 따르는 행정비용 발생
• 회사의 도산 시 근로시간 채권상실(종업원)

6) 부분근무시간제(part-time work)

① 개념

부분근무시간제(part-time work)는 정규근무시간(full-time work)제보다도 적게 일을 하며 이에 상응하는 낮은 급여가 지급되는 경우를 말한다.

② 부분근무시간제 도입의 전제

❶ 직무가 나누어질 수 있어야 한다(직무의 분할).
❷ 직무수행의 완성시간이 엄격히 정해진 직무가 아니어야 한다.
❸ 직무간의 상호의존성이 낮아야 한다.
❹ 직무수행자가 정규직무 수행자보다 낮은 급여를 수용할 태세가 되어 있어야 한다.

③ 부분근무시간제의 장·단점

❶ 장점
• 부분근무시간제의 종업원의 활용으로 일시적 생산물량의 증가를 잘 극복할 수 있다.
• 부분근무시간제 종업원의 채용으로 정규근무시간제 종업원에게 지급해야 할 연장근무수당의 비용을 절감할 수 있다.

- 작업자의 피로도가 낮다.
- 일에 대한 집중도가 높다.

❷ 단점
- 같은 직무를 위한 교육훈련을 부분근무를 하는 여러 종업원에게 실시해야 되기 때문에 **교육훈련비가 증가**할 수 있다.
- 감독자의 업무 부담이 증가된다. 왜냐하면 한 감독자가 관리해야 할 부하의 수가 증가하기 때문이다.
- 부분근무시간제 종업원은 **정규근무시간제 종업원에 비해 애사심이 낮은 경우가 많다.**

7) 교대근무제

① 개념

기업은 **제품 및 서비스의 생산을 늘릴 필요**가 있을 때 **1일 근무시간의 연장**을 위해 교대근무제를 도입한다. 특히 **생산장비를 1일 24시간 가동**해야 하는 자동화 공장이나 연속공정산업(철강, 화학, 기타 공공설비), 병원 등에서 이러한 교대근무제가 활용되고 있다.

② 교대근무제의 장·단점

❶ 장점
- **장비, 기계설비 등을 최대한 활용**할 수 있다.
- 본질적으로 높은 생산이 가능하여 **제품시장의 수요를 충족**시킬 수 있다.

❷ 단점
- 시간대별로 불리한 근무교대조(오전조, 야간조)에서의 낮은 생산성, 높은 결근율 그리고 높은 사고율의 가능성이 있다.
- 종업원의 **불충분한 수면**, 육체적 질병이 발생할 가능성이 높다.
- 시간의 제약(오후조, 야간조)으로 인해 친구, 친지와의 접촉이 어렵고, 기타 사회조직에의 참여 곤란으로 **고립된 사회생활의 가능성**이 높다.
- 근무시간대의 불규칙으로 **가족 구성원과의 원만한 관계에도 문제가 발생**할 가능성이 있다.

8) 직무공유(job sharing)

하나의 직무를 두 사람이 나누어 일하는 것을 의미한다. 이를 통해 **한시적으로 발생하는 유휴인력을 강제로 축소하지 않고 계속 보유·활용할 수 있게 된다.** 즉, 유휴인력에 대한 부담을 전체 종업원이 분담하는 것이므로 **노사 간의 합의가 필요**하다.

예를 들어 **일시적인 수요 부족 상태에서 모든 구성원들이 전일제 근무를 할 수 없을 정도로 일이 없는 경우 한 사람의 직무를 두 사람이 공유하는 것**이 Job Sharing이다. 이는 항공사에서 자주 활용하는 방법으로 비행기 편수가 줄어들었을 때 승무원을 해고하기보다는 두 승무원이 하나의 업무를 나누어 수행함으로써 보상은 줄어들지만 고용은 유지할 수 있도록 하는 것이다.

장점	단점
• **인력활용의 유연성**을 제고하게 된다. • **업무의 적용범위 및 연속성의 유지**가 가능하다. • **기능과 경험의 폭**을 확대할 수 있다. • 직무분할제를 통해 **특수업무팀**을 만듦으로써 인적자원관리의 여러 목적을 효율적으로 달성할 수 있다. • 근로자 입장에서 개인 시간이 확보되어 일과 가정 간 균형을 이룰 수 있다.	• 실질소득 감소로 직원들의 불만이 야기될 수 있다. • 예상치 못한 관리비용의 증가로 본래 취지인 인건비 감축효과를 거둘 수 없다. • **업무의 연속성** 측면에서 업무의 효율이 떨어질 수 있다. • 새로운 직무수행을 위한 **교육훈련비**가 증가될 수 있으며 **직무와 직원의 부적합**으로 인한 문제가 발생할 수 있다.

2 근무장소의 설계

(1) 재택근무

재택근무란 출퇴근을 하지 않고 집에서 일(근무)하는 것이다. 출퇴근시간을 절약하게 되고 집에서 편안하게 일을 할 수 있다는 점에서 경제적이다.

(2) 거점사무실(hoteling)

거점사무실이란 회사에서 마련한 여러 개의 사무실이 있고 이 중에서 근로자가 작업장과 가까운 지역의 사무실에 가서 근로하는 행위를 하는 것이다. 작업장의 변동성이 높고 지역적 분산이 큰 경우에 많이 활용된다.

(3) 공유사무실(shared office)

재택근무와 거점사무실을 결합한 형태로 근로자가 거주 인근 지역에서 근무할 수 있도록 사무 공간을 제공함으로써 출퇴근 시간과 자원을 절약할 수 있다. 재택근무가 비효율적인 업무에서 채택될 수 있는 좋은 대안이다.

(4) 가상사무실(virtual office)

근로자가 있는 어느 장소이든 그곳이 사무실이 되는 개념이다. 커피숍이든 숙박지이든 어느 곳에서든지 컴퓨터를 이용해 사무업무를 보는 것이 가능해졌다. 오늘날 특히 **클라우드 시스템의 발전**으로 확산되는 추세에 있다.

제 5 절 Ulrich의 인사관리부서의 역할에 따른 직무설계

1 내용

울리히는 인적자원관리 담당자의 역할을 전략적 초점 대 업무적 초점, 그리고 시스템 대 사람이라는 대립 차원들로 구분하여 네 가지 역할 유형으로 구분하였다. 인사부서의 역할을 장기적-단기적 그리고 프로세스-사람 관점에서 분류하면 아래의 4가지로 정리해 볼 수 있다(Ulrich).

2 인사부서의 4가지 역할

(1) 행정전문가(administrative expert, 단기적-프로세스 관점) : 효율적인 인프라 구축

행정전문가는 조직 프로세스를 재설계하는 활동을 수행하며 효율적인 인프라 구축을 목적으로 한다. 이러한 측면에서의 인사부서의 역할은 기업 내 효율적인 인사관리 시스템을 구축하는 것이다. 예를 들면 직무 프로세스와 관련하여 리엔지니어링 및 서비스 공유 등이다. 이러한 역할은 사실 **인사관리의 전통적인 역할로서 인력확보로부터 시작하여 인력방출까지의 전과정을 보다 효율적으로 관리하는 것**이다. 이러한 역할을 수행할 때 우리는 행정전문가라고 부른다.

(2) 근로자 대변인(employee spokesman, 단기적-사람 관점) : 직원몰입과 역량 제고

근로자 대변인은 **직원들의 의견을 청취하고 대응하는 역할**을 수행한다. 즉, 직원 몰입과 역량을 제고하는 것이 목적이다. 이러한 관점에서의 역할은 인사부서가 종업원의 기업에 대한 공헌도(업적)를 높이는 데 초점을 맞추고 있다. 이를 위해 종업원의 역량을 높일 수 있도록 지원하는 것이다. 뿐만 아니라 높은 역량을 가진 종업원이 열심히 일할 수 있도록 정신적 에너지를 극대화시키는 것이다.

(3) 변화촉진자(change agent, 장기적-사람 관점) : 새로운 조직 창조

변화촉진자는 **변혁과 변화관리를 하는 활동을 수행하면서 새로운 조직을 창조하는 것이 목적**이다. 이러한 역할은 장기적 시각에서 종업원을 변화시키는 데 초점을 둔 것으로 조직의 쇄신, 조직문화의 변화 등을 들 수 있다. 이러한 변화관리의 핵심은 조직 내 신뢰관계의 구축 그리고 문제해결 등이다. 인사부서는 조직에 대해 변화주도자로서 역할을 하는 것이다.

(4) 전략적 파트너(strategic partner, 장기적-프로세스 관점) : 전략실행

전략적 파트너는 **인사관리와 사업전략을 연계**하는 활동을 수행하며 전략을 실행하는 역할을 수행한다. 이러한 관점에서 나타나는 형태가 전략적 인사관리로 인사부서는 기업의 경영전략을 수행하는 자로서 전략적 파트너가 된다. 인사부서는 기업의 경영전략이 성공을 거둘 수 있도록 지원해야 한다. 예를 들면 경영전략을 수립할 수 있는 인력의 양성 그리고 이를 집행할 역량을 개발해야 한다.

3 전략적 인적자원관리와 인사부서의 역할

인사부서(혹은 인적자원스태프)가 이들 네 가지 역할을 각각 얼마만큼 수행하는지는 조직마다 다르다. **과거에는 대부분의 조직에서 인사부서의 역할 중 행정전문가 역할이 가장 큰 비중을 차지하고 전략적 동반자 역할은 가장 작은 비중을 차지했었지만, 근래에 와서는 행정전문가 역할의 비중이 비교적 낮아지면서 전략적 동반자 역할의 비중이 크게 증가하고 있다.**

전략적 인적자원관리 단계에서는 **인적자원관리 수준이 고도화됨에 따라 인적자원관리 기능이 경쟁력 강화를 위한 전략적 조직개발과 변화관리 방향으로 다양화**된다. 그리고 다양화된 인적자원관리 기능 간에 밀접한 관계가 맺어지고 경영전략과의 연결도 일방적인 연결관계에서 쌍방적인 연결관계로 더 나아가 완전통합단계로 발전하면서 점차적으로 보다 효과적인 전략적 인적자원관리가 실현된다.

세계화와 무경계의 환경 속에서 인적자원 경쟁력 인식이 점점 높아지면서 전략적 인적자원관리의 중요성이 강조되고 있으며 특히 구조조정과 경영혁신과정에서 인적자원관리의 혁신이 본격화되어 가고 있다. 따라서 우리나라 조직에서의 **전략적 인적자원관리는 인사부서가 전략적 파트너와 변화담당자의 역할을 얼마나 잘 수행하느냐에 달렸다.**

4 인사부서 직무설계 시 고려해야 하는 변수

(1) 기업의 규모

기업의 규모가 크면 일반적으로 인사부문에 종사하는 **종업원의 수는 늘어나며 인사부서의 타부서에 대한 서비스의 양이 증가**하게 된다. 기업의 규모는 중요한 인사관리의 내부환경요소로 기업의 성장전략과 관련이 있다.

(2) 경영전략

경영전략의 영향을 고려해야 한다. 기업이 **코스트 전략(원가우위 전략)**을 수립했을 때 인사부문의 직무는 '**통제활동(controlling)'에 많은 비중**을 둘 것이다.

(3) 인사부서와 타부서 간의 인사권과 관련되는 권한의 배분 정도

인사권이라 함은 **인사활동에 대한 의사결정 권한**을 말하는데 **기업의 규모가 작을 때에는 대개 라인부서에 많이 배분**되어 있는 반면, **기업의 규모가 커지게 되면** 라인부서의 관리자는 점차 고유 업무량(📋 생산관리 업무)의 증가로 인해 인력선발에 할애할 시간적 여유를 가지기 어렵고 인사 분야에 대한 전문능력을 동시에 구비하기가 어렵기 때문에 **인사권은 자연스럽게 인사부서로 이동**하게 된다.

5 인사부서의 역할과 직무설계

(1) 전통적 설계모델

전통적 직무설계 모델의 특징은 인사부문의 활동을 **기능적 차원을 기준으로 전문화**시키는 것이다. 이러한 전통적 인사부문 설계모델은 비교적 보수적이고 해당기업을 둘러싼 환경변화도 빠르지 않은 기업에서 흔히 발견된다.

(2) 관리활동 중심 설계모델

인사부문의 활동 중 **계획활동과 통제활동을 강화**시키는 데 있다. 인력기획과에서는 인사부문의 기능적 제 활동 중 계획에 관련된 부분을 전담하고, 인력운용과에서는 인사부문의 기능적 활동차원 중 실천적인 측면을 전담하며, 인력통제과에서는 모집 및 선발활동에 대한 평가, 교육훈련의 효과분석, 보상만족 분석 그리고 산업안전예방 프로그램에 대한 평가 등을 맡는다. **이러한 관리과정 중심의 설계는 기업의 미래에 대해 인사부문 서비스의 효율성을 높이기 위해 사전에 철저히 준비하고 인사부문의 활동을 보다 정확히 평가하여 인사부문의 활동의 효율성을 높이기 위한 정보를 제공할 수 있다는 장점이 있지만**, 인사부서의 각 과에서 하는 업무가 기능적으로 전문화되어 있지 않아 담당과에서 **전문성(professionalism)을 구비해야** 하는데 실무에서 그 능력을 갖춘다는 것이 쉽지 않다.

(3) 서비스 대상 중심 설계모델

이 모델은 한마디로 **기업 내 종업원 집단별 인사관리 서비스를 구분**하자는 것이다. 기업 내 **개별 종업원집단들이 갖고 있는 욕구구조와 이들 집단에 대한 노동시장의 특수성**을 고려하여 이들 집단에 대한 인사관리 서비스의 효율성을 극대화시키기 위해 이러한 모델이 등장하였다. 해당 모델의 장점은 종업원에 대한 서비스 기능을 강화시켜 인사관리 목표 중 하나인 '사회적 효율성' 추구가 가능해지지만, 인사기능의 전문성(professionalism) 확보에 어려움이 존재한다.

확보관리

01 | 인력수요 및 공급예측

제1절　전략적 인적자원 계획

1 전략적 인적자원 계획의 의의

조직이 인적자원 수요·공급의 균형을 제대로 유지하지 못하여 인적자원 부족이나 과잉이 발생하면 조직성과에 지장이 초래된다. 인적자원계획은 현재 및 장래의 시점에서 기업이 필요로 하는 인원의 수를 예측하고(Demand, 필요량), 이에 대한 사내외 인력공급(Availability, 가용성)을 계획해서 인력의 수급을 조정하는 계획활동이다. 즉, 인적자원계획은 경영전략을 실행하기 위한 인적자원의 수급에 대한 계획이다. 경영전략은 궁극적으로 사람을 통해서 실행된다. 결국 전략적 인적자원계획은 근본적으로 조직체의 전략목적을 효율적으로 달성하는 데 필요한 인적자원을 적시에 확보하기 위한 인적자원 관리과정을 의미한다.

인적자원은 조직이 필요로 할 때 즉각적으로 공급되지 않는다. 따라서 필요한 인적자원을 확보하려면 전략계획과의 긴밀한 연계 속에서 항상 조직체의 인력수요 예측을 바탕으로 장기간에 걸쳐서 지속적으로 내부인력을 개발하고 외부인력 공급원을 개발하여 수요인력을 충당해 나가는 체계적인 계획이 필요하다. 다시 말해 전략적 인적자원계획이란 인적자원관리에 있어서 전략적 마인드가 중요해지면서 대두된 개념으로 인적자원이 기업의 전략적 목표 달성에 기여할 수 있는 최적의 양과 질을 유지할 수 있도록 계획을 세우는 것이다.

2 인적자원계획의 중요성

조직체의 성공여부는 조직체가 필요로 하는 인력을 적시에 그리고 얼마나 신속하게 조달하느냐에 달렸다 해도 과언이 아니다. 따라서 인적자원 계획은 조직체의 전략계획과 인적자원관리를 연결시키는 중요한 역할을 한다. 인력계획을 통해 기업은 미래래 필요로 하는 인력을 모자라지도 넘치지도 않게 확보할 수 있다. 기업이 미래에 요구되는 인적자원의 양과 질을 효과적으로 충당할 수 있도록 미리 계획하는 과정이다.

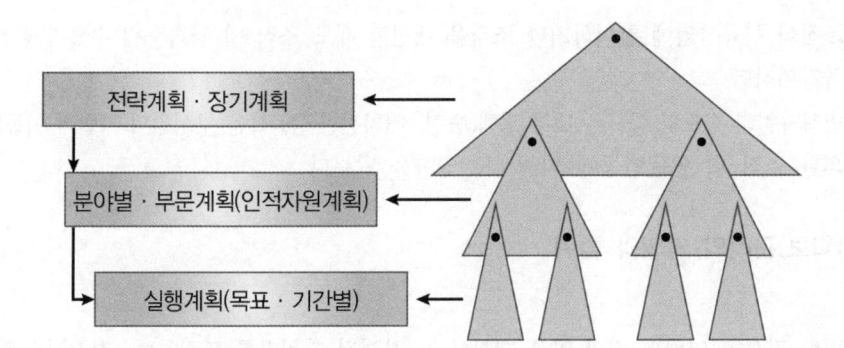

3 인적자원계획의 수립과정

(1) 환경분석

1) 외부환경분석(PEST분석[19])

인적자원계획 시에 외부환경의 검토사항으로 ① **노동시장의 변화(경제환경)**, ② **기술로 인한 직무구조의 변화(기술환경)**, ③ **종업원의 욕구구조의 변화(사회·문화적 환경)**, ④ **제도적 변화(정치적·법적 환경)** 등이 존재한다.

① 경제 성장 시에는 수요가 공급을 초과하는 것이 보통이지만, 경기 침체 시에는 기업 활동이 축소되어 인력 과잉이 발생한다. 즉, **경제상황에 따른 인력수요 변동**이 있을 수 있다.

② **기술발전에 따른 직무구조가 변화**되어 단순반복작업에 대한 수요가 줄어드는 반면 새로운 지식과 기능에 대한 수요는 점차 늘어날 것이다.

③ **개인의 신념, 가치관, 태도, 행동규범, 견해, 라이프스타일 등 사회·문화적 환경요인도** 빠르게 변화하고 있다. 3D업종에 대한 기피와 사무직, 서비스직, 전문직 선호현상은 사회·문화적 환경변화가 조직의 인력수급을 변동시킨 예의 하나이다.

④ **정치적·법적 환경은 조직의 활동에 대한 기준을 제시해 줌으로써 조직의 특정활동을 제약하기도 하고 특정활동을 장려하기도 한다.** 정부의 각종 규제의 신설, 완화, 철폐는 조직의 활동을 위축시키기도 하고 활성화시키기도 하기 때문에 인적자원에 대한 수요와 공급을 변화시키는 요인으로 작용한다. 또한 정부는 법률제정을 통하여 특정인력 고용을 촉진시킴으로써 인력의 수요와 공급에 직접적 영향을 미치기도 한다.

2) 내부환경분석

인적자원의 수요와 공급에 영향을 미치는 내부환경에는 **전략, 사업계획, 인적자원현황(인력수급상태), 이직률** 등이 있다.

① **전략은 조직의 장기목표 달성을 위하여 수립**되므로 여기에서 장래에 필요한 구성원의 질과 양이 결정된다.

---

19) Political, Economic, Social and Technological analysis

② 조직이 신규산업에 참여하거나 조직을 개편할 때도 조직 내 인적자원 수요과 공급의 변동이 불가피하다.

③ 인적자원의 수요와 공급은 **내부 정책(승진, 배치전환 등)** 혹은 **구성원의 자발적 이동(퇴직 등)에 의한 조직 내 인원변동에 의해서도 영향을 받는다.**

4 채용(확보)관리의 의의와 범위

(1) 의의

확보관리란 **필요한 인력의 질과 양을 계획하고, 잠재적 지원자를 모집하며, 최종적으로 인력을 선발하는 활동**이다. 모집은 잠재적 지원자를 찾는 활동이며 선발은 모집 후 지원자 중 최적의 능력과 가치관을 가진 자를 찾아내는 활동이다.

(2) 확보관리의 과정

채용관리의 단계	채용관리의 과정	내용
계획단계	인력계획	필요한 인력의 질과 양을 사전에 예측하는 활동으로 인력규모계획, 인력자격계획과 인력충원계획으로 구성된다.
실행단계	모집활동	지원자를 찾고 지원하도록 설득하는 활동
	선발활동	지원자 중 최적격자를 선택하는 활동
평가 및 개선단계	계획/모집/선발활동의 평가 및 개선	채용 전 과정의 효과성을 평가하고 개선하는 활동

(3) 인적자원의 중요성

1) 인적자본(human capital)의 개념

인적자본은 **사람 속에 내재화되어 있는 역량**을 의미하며, 이것은 **사람의 변화에 의해 창출**되고 그 변화를 통해 기술과 지식을 가져다주어 새로운 방식으로 일할 수 있게 해준다. 인적자본의 경우 실체가 덜 명확하고 **개인이 획득한 기술이나 지식으로 구현**되어 있다. 한편 사회적 자본 (Social capital)은 **네트워크 속에서 형성된 자본**을 말하며, **행동을 촉진시켜주는 사람들 간의 관계의 변화에 의해 창출**된다.

2) 관련 이론

① Schultz와 Becker의 인적자본이론(human capital theory)

인적 자본이란 개인 내에 체화된 속성으로서 **경제활동을 위해 유용한 지식·기술·능력 등**을 말하며, 개인의 경제적 행위에 초점을 두고, 생산성과 소득의 증대를 위해 지식과 기술을 축적하고, 사회의 생산성과 부의 증대를 목표로 한다. 인적자본 형성을 통하여 기업의 성과를 증진시킬 수 있기 때문에 핵심인재의 확보는 중요하다.

② 내부화 이론(internalization theory)

세계화와 급속한 기술변화에 직면한 기업은 높은 수준의 인적자본을 필요로 하는 바, 효과적인 경영 노하우와 신기술 등의 무형자산 내부화를 위해서는 **높은 수준의 인적자본을 필요**로 한다. 즉, 핵심인재 선발을 통해 인적자본을 형성하여 기업의 성과를 증진시킬 수 있다.

③ 자원기반이론(resource-based view)

환경의 불확실성이 높은 상황에서 **기업의 경쟁력은 사람으로부터 나온다.** 그것은 환경 불확실성이 높을수록 다른 기업과 차별화된 가치를 지속적으로 창출하고 소비자들에게 제공해 줄 수 있는 역량을 갖춘 기업이 지속적인 경쟁력을 가지기 때문이다. **Jeffrey Pfeffer(1994)의 저서인『사람을 통한 경쟁우위(Competitive Advantage Through People)』에 따르면 조직의 경쟁력은 사람으로부터 나오기 때문에 핵심인재의 선발은 중요**하다.

(4) 인력확보의 전략

1) 적응전략(Adjustment strategy)

① 개념

인력적응전략은 **기업이 미래의 어느 시점(t_1)까지 별다른 조치를 취하지 않고 기다렸다가 t_1에 도달했을 때 필요한 인력을 확보하거나 혹은 과잉인력을 보유했을 때 그 인력을 감축하는 전략**으로 t_1에서 기업이 보유하고 있는 인력을 단기적으로 움직일 수 있는 융통성을 최대한 이용하는 데 있다.

② 장점

첫째, 인력계획전략에서의 '계획'은 그 속성이 미래를 예측하는 것인데 여기에는 반드시 **예측위험성이 존재**하기 때문에 미래의 한 시점(t_1)에서의 해당 기업의 최적인력상태를 정확하게 제시하는 데 실패할 수가 있으며 이를 극복한다는 보장이 없다. 따라서 인력적응전략은 인력계획전략의 속성인 예측위험성이 가져다주는 비용을 피할 수 있으며 잘못된 인력투자를 막을 수 있다.

둘째, 인력적응전략은 **기업의 기술환경이 복잡**할 경우, t_1에서 필요로 하는 인력의 질과 양에 대해서 t_1시점에서 발생된 구체적인 기술적 상황을 가지고 판단하기 때문에 **직무와 인력간의 적합성을 보다 극대화**시킬 수 있다.

③ 단점

첫째, 바로 기업이 계획한 경영활동을 하지 못하게 되는 경우이며 이는 **시장기회(市場機會)를 상실**하게 되는 것이다.

둘째, t_1에서 기업이 기술변화 등으로 인해 기능이 노후화된 종업원들을 **법적·도덕적 제약으로 방출시키지 못할 경우가 발생**한다.

2) 계획전략(Planning strategy)

① 개념

인력계획전략은 t_1에서 **기업이 필요로 하는 인력을 사전에 예측하여 준비하는 활동**으로 미래 (t_1)에 발생할 기술변화 등 기업의 환경변화를 사전에 예측하여 t_1에서의 인력의 양적 및 질적 문제를 충분한 기간을 가지고 준비하는 전략이다.

② 장점

첫째, 기업의 인력확보면에서 **외부노동시장에 대해 비교적 높은 독립성**을 가질 수 있다. 즉 인력확보면에서 기업의 외부노동시장에 대한 의존성을 줄여 영향력을 최소화할 수 있다.

둘째, **종업원의 능력개발욕구**를 충족시켜준다.

③ 단점

첫째, **예측위험비용**이 발생할 수 있다.

둘째, 종업원을 다기능화(多技能化)해야 하는 경우가 많은데 이것은 **인사관리의 유효성 관점에서 문제가 제기**될 수 있다.

이상에서 살펴본 기업의 **인력확보전략에서 인력적응전략보다 인력계획전략이 여러 측면에서 보다 유용하다고 판단**된다. 왜냐하면 기업에게 과다인력의 보유는 비용의 증가를 가져다 주고 과소인력의 보유는 시장기회를 상실하게 할 수 있기 때문이다. 그러므로 기업이 목표달성을 극대화시키기 위해서는 인력확보를 위해 인력계획전략의 도입이 요청된다.

제 2 절　인적자원의 수요예측

1 개념 및 분류기준

(1) 개념

인력의 수요예측은 ① **양적 측면**과 ② **질적인 측면**[20]에서 t_1에서 필요한 해당기업의 **종업원 수**와 t_1에서 종업원에게 요구되는 **직무수행 자격요건**을 예측하는 활동이다. 즉, 인적자원 수요예측은 **조직이 미래에 필요로 하는 인적자원의 양과 질을 추정하는 과정**이다. 인력수요예측에 대한 개념을 살펴보기 위해 아래의 몇 가지 질문을 제기할 수 있다.

• 우리 기업은 미래(t_1)에 얼마나 많은 인력을 필요로 하는가? : 우리 기업이 미래(t_1)에 제품 및 서비스를 판매할 수 있는 판매량을 기초로 수집된 제품 및 서비스 판매계획을 집행하는 데 얼마나 많은 인력이 필요한지를 말하는 **총수요인력**을 의미한다.

---

20) 박경규 교수님(『신인사관리(제8판)』, 박경규, 홍문사)은 양과 질을 인력의 수와 인력의 자격요건으로 구분했지만, 3인 공저 교재(『신인적자원관리(제5판, 김영재 · 김성국 · 김강식, 탑북스)』)에서는 계량적 방법인지 혹은 비계량적 방법인지에 따라 양과 질을 구분함

- 우리 기업은 미래(t_1)에 얼마나 많은 인력을 채용해야 하는가? : 총수요인력에서 미래(t_1)에 우리 기업이 보유하고 있는 인력을 뺀 **순수요인력**을 말한다.
- 우리 기업은 미래(t_1)에 얼마나 많은 인력을 채용할 능력이 있는가? : 미래(t_1) 시점에서 우리 기업이 부담할 수 있는 **인건비 지불능력**을 의미한다.

1) 인력수요의 변화 : 수요과잉의 경우

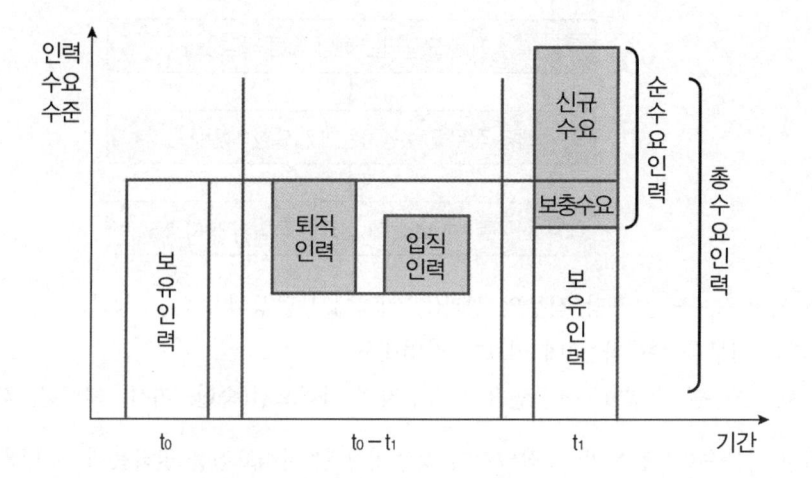

2) 인력수요의 변화 : 공급과잉의 경우

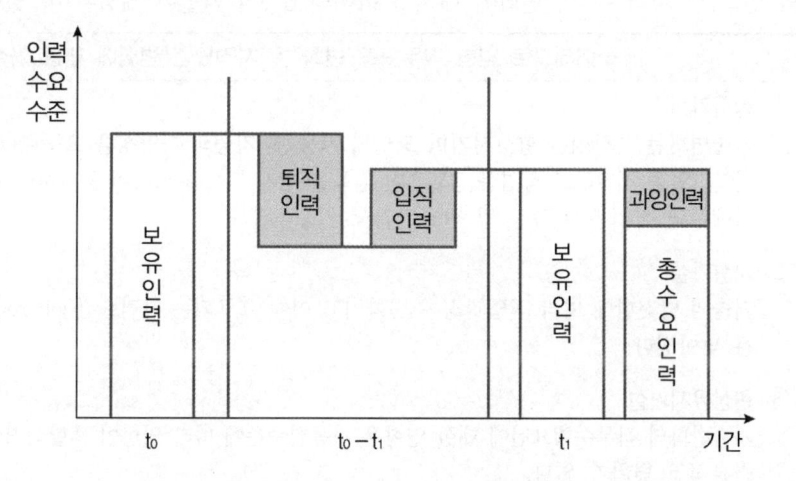

(2) 인력 수요에 영향을 미치는 요인

1) 질적 인력수요 예측기법

질적 인력수요예측의 기본전제는 미래(t_1)에 해당기업의 **종업원에게 요구되는 직무수행 자격요 건**이 기업의 환경변화로 인해 바뀔 수 있다는 것이 전제가 된다.

▼ 미래의 직무자격요건 형성과정

> t_1에서 요구되는 해당 직무의 성과
>
> ↓
>
> 해당 직무를 수행하는데 필요한 작업내용
>
> ↓
>
> 해당 직무를 수행하는데 필요한 작업자의 자격 요건

① t_1에서 요구되는 해당 **직무의 성과**(t_1 시점에서 달성해야 하는 성과)

② 해당 직무를 수행하는 데 필요한 **작업내용**

③ 해당 직무를 수행하는 데 필요한 **작업자의 자격요건(숙련, 지식, 책임감, 직무경험)**

여기서 직무수행요건은 바로 작업자가 갖추어야 할 자격요건을 말하는데 그 내용으로 숙련, 지 식, 책임감, 직무경험 등을 들 수 있다. 기술발전, 특히 하이테크의 도입이 가져다주는 직무구조 의 변화 및 자격요건의 변화에 대해서 아래의 6가지 가설이 제시된 바 있다.

하이테크로 인한 직무구조 변화 및 자격요건 변화에 대한 가설

① 상향가설

기술변화는 생산성을 향상시키며 고도의 기능 및 기능의 다양성을 요구한다. 더구나 자동화는 반복작업을 제거하고 작업자는 밀접한 감독을 받게 되어 책임감이 증가하며 특히 고도의 기술분 야에서의 작업은 복잡성 및 상호관련성이 증대된다.

② 하향가설

기술의 발전함에 따라 작업과정이 변화되고 이에 요구되는 **자격요건(job requirement)의 수준 은 낮아진다.**

③ 현상유지가설

기술변화의 직무수행요건에 대한 영향은 자동화수준에 따라 영향이 혼합되거나 작업환경에 따라 근본적인 변화가 없다.

④ 근접가설

기술변화에 따라 상위직과 하위직 간 자격요건의 수준차이가 점차 줄어든다. 즉 숙련공들에게는 단순작업이 줄어들고 책임이 부여되는 감독업무가 증가하며 작업장에서의 영향력이 증대되는 반면 대졸 출신인 기술자의 작업에 대한 영향력은 감소된다.

---

⑤ 양극화가설

제조분야에서의 자격수준은 낮아지는 반면 관리직에서의 자격수준은 상승된다. 마이크로 일렉
트로닉스(microelectronics) 내지 메카트로닉스(Mechatronics)[21]의 직무수행요건에 관한 영
향에 대한 결론은 대체로 양극화가설을 지지하고 있다.

⑥ 혼합가설

이 가설은 기술변화의 내용이나 정도에 따라 직무수행 자격요건이 다양하게 변화된다는 것이다.
라이트(Wright)에 의하면 기술발전의 제 단계에서 자격요건이 어느 정도까지 상향되다가 그
이후에는 하향곡선을 그린다(Wright, 1958).

2) 양적 인력수요 예측기법

양적 인력수요예측은 **미래의 특정시점(t_1)에** 해당기업의 전체, 부문별, 작업집단별로 필요한 **인력
의 수(數)를 예측하는 활동**을 말한다. t_1에서의 양적 인력수요는 아래와 같은 주요 변수에 의해
결정된다.

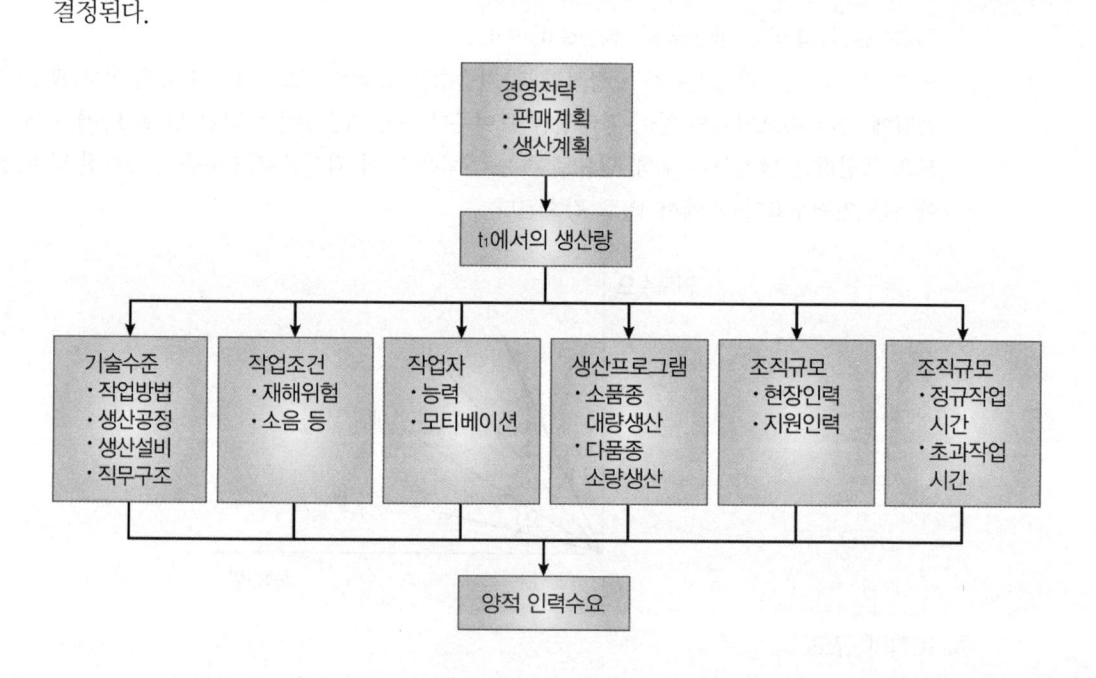

---

21) 기계공학(Mechanics)과 전자공학(Electronics)을 통합한 분야

① 생산량

인력수요에 대한 다른 결정요인이 고정적(constant)일 때 생산량과 소요인력과의 관계는 **생산량이 증가될수록 인력수요는 증가**된다.

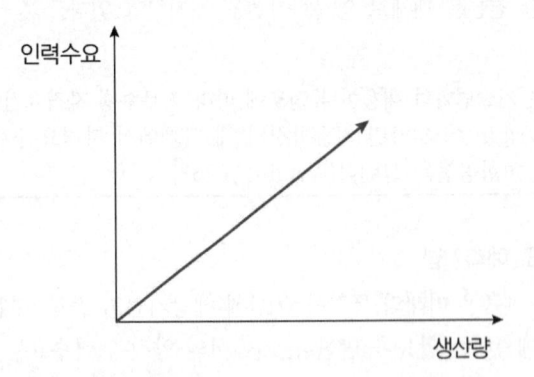

② 기술수준(작업방법, 생산공정, 생산설비 등)

인력수요의 다른 결정변수가 고정적일 때 기술수준이 낮은 정도(I)에서 높은 정도(IV)로 발전함에 따라 수요인력의 양이 달라짐을 보여준다. 즉, 기술수준이 낮은 단계(I)에서 M_1 정도의 생산량을 달성하기 위해 필요로 하는 인력은 P_1이 되지만 기술수준이 높아진 단계(II)에서는 인력수요가 P_1에서 P_2로 감소된다.

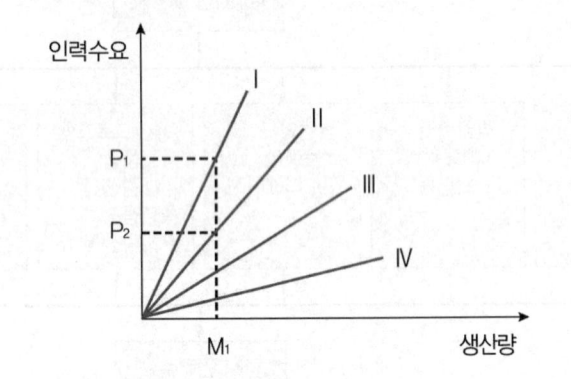

③ 조직의 규모

특정 이상의 규모가 될 때, 즉 **규모가 증가할수록 지원인력은 증가**한다.

④ 허용되는 작업시간 등

t_1에서 해당기업이 종업원을 작업에 투입할 수 있는 주당 근무시간이 어느 정도 될 것인지에 대해서도 고려해야하는데 허용되는 근로시간은 법적 환경의 변화, 허용가능한 초과근무시간과 관련하여 노조 및 종업원의 근로에 대한 가치관의 변화 등에 대한 예측을 통한 허용근무시간을 예측하기 위한 사전작업이 된다.

(3) 수요예측 기법의 분류

1) 하향적 vs 상향적 기법

① 하향적(Top-down approach) 방법

하향적 접근은 인력수요를 예측하는 데 있어서 **주로 조직체의 상위계층과 인적자원스태프의 주도 하에 인력수급에 대한 실행계획을 수립하는 방법**이다. 전문가 예측방법, 추세분석 등이 있다.

② 상향적(Bottom-up approach) 방법

실무부서를 단위로 각 구성원과 직무를 분석하여 부서의 목적을 달성하는 데 필요한 인력수요를 예측하고 이것을 상부 경영층에 전달하는 것이다. 이 방법은 **구성원의 능력과 기술 등 질적 요소가 많이 반영될 수 있지만, 부서의 부분적이고 단기적인 관점에서 인력수요를 일반적으로 과대예측하기 쉬운 단점**도 있다. 실무부서 단위의 인력수요예측에서 가장 긴요하게 활용되는 것이 **인력대체도(replacement chart)**이다.

2) 양적 접근법(계량적) vs 질적 접근법(비계량적)

① 계량적 방법

계량적 방법은 수리적 예측기법으로 **하나 이상의 기준요소를 선정하여 통계적 혹은 수리적 방식으로 인력의 수요를 예측하는 기법**이다. 계량적 방법에는 **추세분석, 회귀분석, 선형계획법** 등이 있다.

② 비계량적 방법(정성적 방법)

정석적 방법은 인적자원관리에 전문적 식견을 지니고 있다고 판단되는 **전문가 자신의 경험과 직관 그리고 판단에 의존하여 조직이 필요로 하는 인적자원의 수요를 예측하는 방법**이다. 정성적 방법에는 **명목집단기법(nominal group technique), 델파이기법(Delphi technique)** 등이 있다.

2 인력수요예측의 기법

이하에서는 앞서 설명한 수리적·통계적 기법인 계량적 방법과 전문가의 판단에 의존하는 주관적 예측기법인 비계량적 방법으로 나누어 설명하겠다.

(1) 계량적(통계적) 기법

통계적 기법의 출발점은 **해당기업의 역사적 자료를 가지고 분석**하는 것이다.

1) 생산성 비율 분석

① 개념

생산성 비율분석은 과거 해당기업이 달성했던 생산성 변화에 대한 정보를 가지고 미래에 필요한 생산라인에 투입(직접인력)할 인력을 예측하는 기법이다. 생산성이란 '**단위연도당 한 명의 직접노동인력이 생산한 제품의 평균수량**'을 말한다. 한 명의 가구 조립공이 연간 50개의 소파를 생산하는 기업이 있다고 가정해보자. 만약 마케팅 부서에서 다음 연도에 10,000개의 소파가 팔릴 것이라고 예상한다면 이 회사는 200명의 가구 조립공을 필요로 할 것이다.

② 특징 : 학습곡선(learning curve)

생산성에 근거한 예측에서 기술혁신, 작업자의 숙련향상 등으로 인해 생산성과 수요인력의 비율은 변화될 수 있다. 이와 관련하여 **학습곡선(learning curve)을 이용한 수요인력의 예측이 유용한 방법으로 인정**되고 있다. **학습곡선의 기본가정은 생산성이 경험에 의해 좌우된다는 것**이다. 처음 작업을 시작한 이후 축적되는 경험으로 점점 더 많은 제품단위를 생산할 수 있게 됨으로써 생산성이 향상된다는 것이다. 즉, **작업자는 직무에서 경험을 축적함으로써 더 나은 작업요령을 터득하게 되고, 전체 조직은 계획수립 및 신제품과 관련된 문제를 해결하기 위한 보다 나은 방법을 개발함으로써 생산성이 향상**되는 것이다.

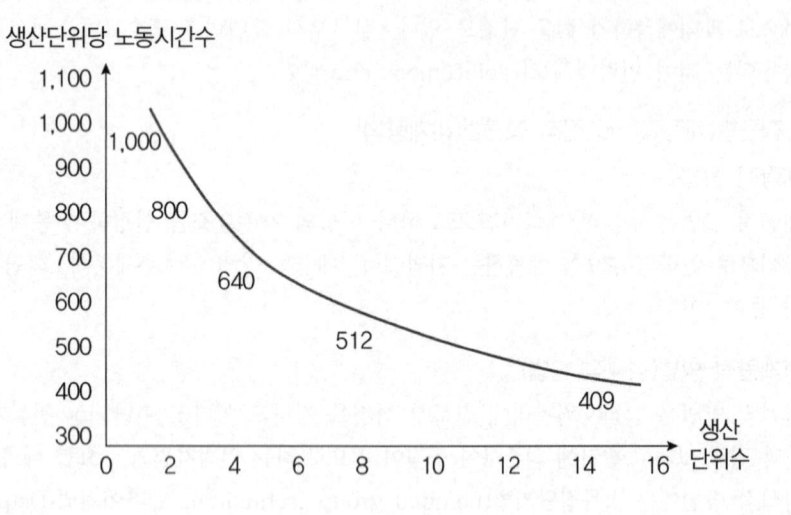

2) 추세분석

① 개념

추세분석 기법은 해당기업에서 과거에 인력변화를 가져다주었던 제반 요인들을 찾아서 이러한 요인들의 시간에 따른 변화 정도를 파악하고 이에 따른 인력의 변화 정도와 연결시켜서 미래의 인력의 변화 정도(인력수요)를 예측하는 기법이다.

② 추세분석의 단계

❶ 과거의 인력변화와 관련된 요인들을 규명한다.

❷ 이러한 요인들과 인력규모에 대한 자료를 수집하고 파악하는 단계다.

❸ 작업자 개인별 연간 생산량(종업원 1인당 연간 생산량)을 계산한다.

❹ **노동생산성의 추세를 파악한다.** 예 연간 총 환자수는 감소되었으나 간호사의 수는 증가

❺ 미래의 특정 시점(t_1), 즉 **목표연도(target year)에서의 수요인력을 예측**한다.

▼ A병원의 환자 수와 간호사의 수(예)

요소 연도	연간 총 환자수	간호사/환자 비율	고용된 간호사 수	
2013	3,000	3/15	600	실제치
2015	2,880	3/12	720	
2017	2,800	3/10	840	
2019	1,920	3/6	960	
2021	1,400	3/4	1,050	예측치
2023	1,520	3/4	1,140	
2025	1,660	3/4	1,250	

③ 특징

추세분석 기법이 예측력을 높이기 위해서는 우선 **인력변화를 가져다주는 주요 요인에 대한 정확한 파악이 중요**하다. 또한 회귀분석의 기법과 함께 인사관리를 전문적으로 수행한 역사가 길고 규모가 큰 회사라면 해당 방법을 적용할 수 있다.

한편 선형계획법은 주어진 제약조건 아래에서 최선의 인력배치를 이끌어내는 기법이다. 제약조건이라 함은 예산의 제약, 특정 직무에 요구되는 최소 또는 최대 노동인력, 생산량에 있어서의 최소치 혹은 최대치이다. 즉, **단기적 수요예측에는 적합하지만 장기적 혹은 정확한 예측이 필요한 상황에서는 적합하지 않다. 과거 자료를 토대로 필요 노동력을 계산**하기 때문이다.

3) 회귀분석(regression analysis)

① 개념

회귀분석(regression analysis)은 **기업의 인력수요결정에 미치는 여러 영향요소들의 복합적인 영향력을 계산**하여 해당기업의 미래의 인력수요를 **회귀방정식을 통해서 예측**하는 기법이다.

$$Y = a + bx_1 + cx_2 + dx_3$$

Y = 인력수요(t₁)
a = 고정인력
x_1 = 매출액(t₁)
x_2 = 생산량(t₁)
x_3 = 생산장비 투자액(t₁)

② 특징

이상에서 제시한 회귀분석 기법은 아래의 기본전제가 충족될 때 도입이 가능하다(Fisher, et al, 1996). 첫째, **회귀방정식의 도출을 가능하게 하는 충분한 과거의 데이터가 있어야 한다.** 둘째,

개별 영향변수들과 인력수요 간에 명확하고 유의적인(significant) 상관관계가 존재해야 한다. 셋째, 생산성이나 제품믹스(product mix)에 극적인 변화가 없을 것으로 예상되어야 한다.

통계적 기법의 특징
통계적 기법은 **기업의 과거의 역사적 자료를 가지고 미래를 예측**한다는 특징을 가지고 있다. 이 기법은 '**과거**'에 근거하기 때문에 예측의 정확성에는 한계가 존재할 수밖에 없다. 기업의 미래환경이 다행스럽게도 과거로부터 연속적으로 발전된다면 큰 문제가 없지만 **기업이란 항상 '불연속성'과 '불확실성' 속에서 이를 극복해 나가야 하는 숙명적인 속성**을 갖고 있다. 예를 들면, 기업의 생산라인이 경쟁회사의 갑작스런 등장으로 인해 교체되거나 기술발전으로 인해 새로운 기계(**예** 반자동화, 자동화 등)를 도입하여 생산성이 급격히 향상되는 등 **예측하지 못했던 사건이 미래의 목표시점(t_1)에서 발생**할 수 있다. 따라서 통계적 기법을 통해 얻은 양적 인력수요치에 대한 과신(過信)보다도 미래의 수요인력에 대한 방향인식과 예측기간을 가능한 한 단기간으로 좁혀 나가면서 예측치에 대한 수정작업을 계속해 나가는 것이 바람직하다.

4) 노동과학적 기법

노동과학적 기법(arbeitswissenschaftliche Methoden)은 **작업시간연구(time study)를 기초로 조직의 하위 개별 작업장별 필요한 인력을 산출하는 기법**이다. 이 기법의 중심은 생산량이며 주로 **생산직종의 인력**을 예측하는 데에 활용된다.

이 기법의 출발점은 **미래에 예상되는 생산량에서 총작업시간을 도출**하는 것이다. 따라서 **총작업시간을 1인당 작업시간으로 나눈 값이 바로 수요인력**이 된다(Marr&Stitzel, 1979).

표준작업시간은 아래와 같이 구성되어 있다.

5) 화폐적 접근법

화폐적 접근법은 **미래의 어느 시점(t_1)에서 기업이 어느 정도 종업원을 보유할 수 있는지 지불능력에 초점**을 맞춘다(Hentze, 1994).

$$보유가능인력 = \frac{허용인건비총액}{종업원 \ 1인당 \ 평균인건비}$$

기업의 인건비는 **매출액, 부가가치율 그리고 부가가치 노동배분율에 의해 결정**된다. 부가가치란 쉽게 말하면 매출액에서 원재료와 같은 제조원가를 뺀 매출이익을 말한다. 이 매출이익을 가지고 인건비, 금융이자, 세금을 지불하고 또한 감가상각액을 차감한 나머지가 순이익이 된다. **부가가치 노동분배율은 부가가치(매출이익)에서 인건비가 차지하는 비율**을 의미한다.

$$보유가능인력 = \frac{매출액 \times 부가가치율 \times 노동분배율}{1인당\ 평균인건비}$$

인력수요예측을 위한 화폐적 접근법에는 또한 **제로베이스 예산법(zero-base budgeting)**이 있다(Hentze, 1994). 이 기법은 미래의 인력예측을 기준으로 현재의 인력수준을 고려한다. 즉, **특정 직무에서 작업자의 퇴직으로 공석이 되었을 때 이 직무에 바로 충원하는 대신 기업의 목표달성 및 허용예산(인건비) 등을 고려하여 공석이 된 직무의 충원 필요성을 먼저 분석한 후 충원 의사결정**을 한다.

(2) 비계량적 기법

1) 자격요건분석 기법 : 안정적 환경

기업의 환경이 미래(t_1)에 매우 안정적이기 때문에 기업의 직무내용, 조직구조, 생산기술이 거의 변화되지 않는 경우 자격요건분석기법을 사용할 수 있다. 이러한 기법은 대개 **단기적 예측에 적합**하며 예측과정은 **현재의 직무에 대한 직무기술서 및 직무명세서**를 가지고 시작한다(Benölken, 1976).

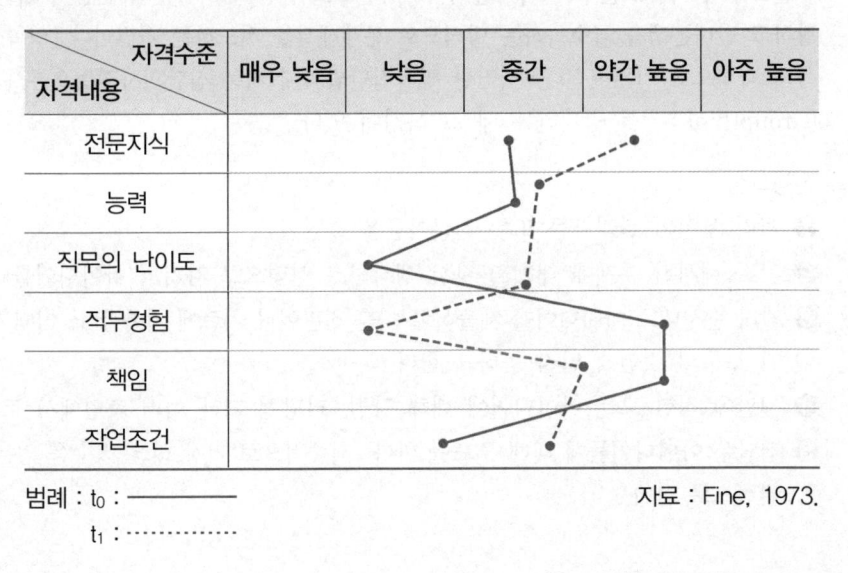

자격수준 자격내용	매우 낮음	낮음	중간	약간 높음	아주 높음
전문지식					
능력					
직무의 난이도					
직무경험					
책임					
작업조건					

범례 : t_0 : ————
　　　 t_1 : ·············

자료 : Fine, 1973.

2) 시나리오 기법 : 불안정한 환경

미래에 기업의 **환경이 매우 불안정하고 복잡한 변화가 예상**되어 해당기업의 직무, 조직구조 및 생산기술의 변화에 대한 예측이 용이하지 않을 경우 질적 인력수요예측을 위한 시나리오 기법(szenariogestützte prognose)이 활용된다. 즉, 기업의 환경이 불안정하고 복잡한 변화가 예상될 경우 사용되는 기법으로 **미래에 발생될 경영환경의 변화나 SWOT분석을 통하여 개별 직무내용의 변화를 예측**하는 것이다.

환경 시나리오를 작성할 때 투입되는 기업의 성과와 관련되는 중요한 정보는 아래와 같다.

① 기술변화의 추세

② 시장의 국제화, 교역관계의 변화

③ 에너지 및 원재료 공급

④ 제품시장의 수요·공급

⑤ 경쟁기업의 행동

⑥ 자본시장 및 자본비용의 발전추세

⑦ 사회가치관의 변화

⑧ 교육제도의 변화 등

이상에서 기술한 시나리오 기법은 그 특성상 자격요건분석기법에 비해 보다 거시적이며 개괄적이기 때문에 비교적 장기적 예측에 활용되고 있는 실정이다.

3) 명목집단기법(nominal group technique)

① 개념 및 취지

명목집단기법은 서로 다른 분야에 종사하고 있는 사람들을 명목상의 집단으로 간주하고 그들로부터 자유로운 아이디어를 받되 서면으로 받음으로써 문제의 답에 대한 익명성을 보장하고 반대논쟁을 극소화하는 방식으로 문제해결을 시도하는 기법이다. 명목집단기법은 다음의 과정으로 이루어진다. 이러한 **명목집단법의 취지는 집단의사결정오류, 특히 집단사고**(Groupthink)[22]**를 방지**하는 데 그 목적이 있다.

② 진행과정

❶ **여러 부서의 관리자들 또는 전문가들을 소집**한다.

❷ 각자 제시된 문제에 대해 혼자서 생각하고 **서면으로 자기의 아이디어를 작성**한다.

❸ 각자 순서대로 **아이디어를 제출**하고 이를 **칠판이나 차트에 기록**한다. 이때 특정 아이디어가 누구의 것인지 알지 못하게 한다.

❹ 칠판에 적힌 모든 **아이디어에 대해 장점, 타당성 기타 여러 측면에서 토론**한다.

❺ 집단은 **아이디어들에 대해 투표**를 한다. 최종적으로 가장 많은 점수를 얻은 것을 집단의 결정으로 한다.

---

22) **집단사고(Groupthink)** : 집단사고란 집단구성원들 간의 잘못된 의견일치 추구성향을 말한다. 집단사고에 빠진 구성원들은 자신이 속한 집단이 최고라는 착각에 빠지게 되며 다른 집단에 대해 배타적 태도를 가지고 집단 내부적으로는 구성원들간에 의견이 일치되어 있다는 착각을 하게 된다. 즉, 자기가 속한 집단의 역량을 과도하게 높이 평가하려는 성향을 보이며 타 집단에 대해서 폐쇄적 아집을 보이며 구성원들은 서로 견제하여 의사결정을 할 때 반대 의견이 있더라도 스스로 발언을 자제하는 등의 획일성 추구성향을 보인다. 그 결과, 집단의사결정이 역기능적 결과를 낳게 된다.

③ 장·단점

명목집단기법에서는 모든 구성원들이 **타인의 영향력을 받지 않고 독립적으로 문제를 생각해 볼 수 있다는 장점**을 가지고 있다. 그리고 **의사결정을 하는 데 시간소요가 많지 않은 것**도 장점이다. 반면 이를 이끌어 나가는 **리더가 자질과 훈련을 갖추고 있어야 한다는 것**과 한 번에 한 문제밖에 처리할 수 없다는 단점이 있다.

4) 델파이 기법(Delphi technique)

① 개념 및 특징

델파이 기법은 기업의 미래에 대해 보다 폭넓은 지식을 가진 **전문가집단**을 대상으로 미래의 인력수요를 **익명**으로 서로의 의견을 **서면**으로 피드백하며 예측하게 하는 것이다. 전문가들은 대개 해당기업의 경영전략, 생산 및 판매 등 **기업 내부의 제 정보에 가까이 갈 수 있는 사람들로서 일선 감독자로부터 최고경영층까지 다양**하다. 경우에 따라서는 **외부에서 전문가**를 초빙하여 해당기업의 정보를 공유하게 하기도 한다.

이 기법의 특징은 예측활동에 참여하는 전문가들은 **서로 대면접촉(face-to-face)을 하지 않는다.** 왜냐하면 직접 **대면에 의해 나타날 수 있는 성격의 충돌을 최소화**시키고 목소리가 **큰 사람이 의사결정과정을 지배하는 것을 방지함으로써 의사결정의 질을 향상**시킬 수 있기 때문이다(Fisher, et al, 1996).

델파이 기법은 **기존의 통계적 기법의 한계를 극복**하기 위한 것일 뿐 아니라 **해당 기업의 미래환경이 복잡하고 어떤 틀에 의해 정형화시키기 어려울 때 도입의 필요성이 강조**된다. 델파이 기법의 진행과정은 다음과 같다.

② 진행과정

❶ **참여할 전문가를 선정**한다. 대개 **12~16명 정도**이며 기업에 따라 인원이 다를 수 있다.

❷ 델파이 기법의 진행자는 전문가들에게 **서면으로 기업의 제 정보를 충분히 제공**한다.

❸ 각 전문가에게 **미래의 인력수요예측과 관련되는 질문지를 발송**한다. 이 질문지는 **익명으로 작성**하게 하여 다시 진행자에게 제출된다.

❹ 기법 진행자는 **제출된 질문지를 종합하여 다시 인력예측 질문지를 전문가에게 발송**한다. 여기에는 **다른 전문가들이 인력수요에 대해 예측한 내용들이 익명으로 정리**되어 있기 때문에 **개별 전문가들은 이를 참고로 다시 인력수요예측을 하여 익명으로 기법 진행자에게 발송**한다.

❺ 제3단계와 제4단계가 **계속해서 3~5회 반복**된다.

③ 장·단점

델파이법은 지극히 **불확실한 미래의 현상을 예측**하는 도구로 많이 사용될 수 있다. 그러나 **익명의 질문지를 배포·회수하는 과정이 몇 차례에 이루어지기 때문에 기간이 6~8주 정도 걸린다.** 따라서 결과가 **신속하게 요구되는 상황에서는 이 기법을 도입하기가 곤란**하다.

제 3 절 　인적자원의 공급예측

1 　개념

인적자원 수요예측이 이루어지고 나면 그 다음에는 **필요한 인적자원을 어떻게 조달할 것인가를 결정**해야 한다. 인적자원의 공급원천은 조직 내부와 조직외부가 있다. **내부공급원은 현재 조직 내에 존재**하면서 여러 직무들에 충원할 수 있는 인력들을 말하는데, 이러한 **내부공급원은 승진이나 배치전환 등을 통하여 조직 내 공석을 충원**하게 된다. 외부공급원은 현재 조직 내에 존재하지는 않지만 조직 내 직무에 충원될 수 있는 외부인력을 말한다.

2 　내부노동시장 공급예측의 고려요소

내부노동시장에 의한 인력공급은 현재 해당기업에 고용되어 있는 모든 종업원을 포괄하는 개념이다. 내부 노동시장에서의 인력공급예측 활동이란 내부노동시장에 대한 인력관리 패턴을 미래의 t_1시점에까지 유지했을 때 보유하게 될 인력을 예측하는 활동을 말한다.

▼ 종업원의 보유직능의 변화

현재(t_0) 직능내용　　　　　　　　　미래(t_1) 직능내용

미래의 t_1 시점에서의 종업원의 직능 변화 내용은 아래의 요소를 고려해야 한다.
- 지식(교육 정도, 보충지식)
- 기능(직무의 처리능력)
- 육체적 능력
- 인지적 능력(지적능력의 구조, 기억력 등)
- 정신적 능력(창의력, 문제해결능력, 주의력 등)
- 사회적 능력(대인관계능력 등)

3 내부노동시장의 공급예측 기법

(1) 대체도(replacement chart)

대체도는 주로 관리인력과 기술인력 대상으로 **그들의 연령과 성과수준, 승진가능성(promotability) 등 몇 가지 중요한 사항을 요약·기재**하고 앞으로 **기대되는 관리자의 승진경로와 후임자 후보들을 기재해 놓은 조직도표**이다. 따라서 대체도는 각 부서의 중요 인물의 능력과 기대되는 변동사항을 인력수요 예측에 반영시키는 데 많은 도움을 줄 수 있다.

▼ 인력대체도 – 예시

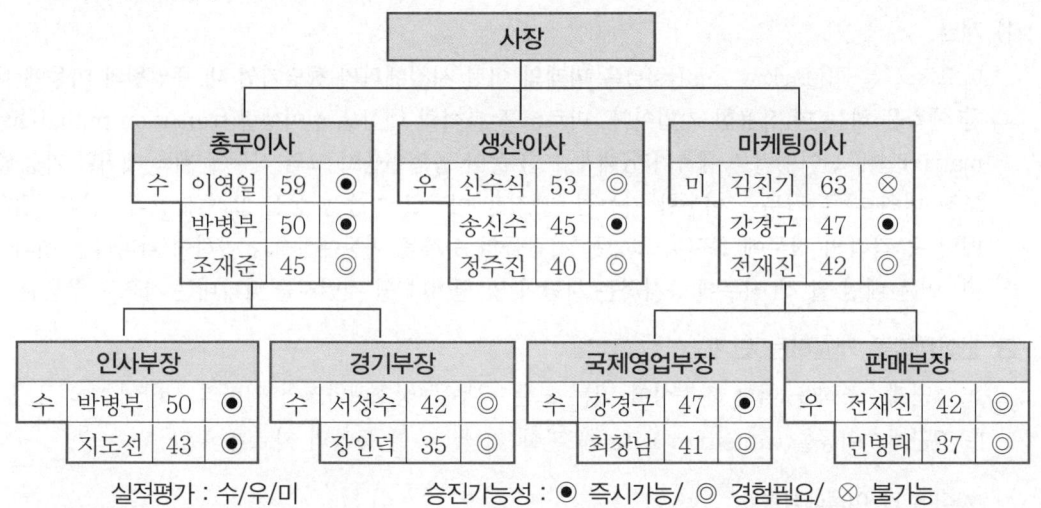

실적평가 : 수/우/미   승진가능성 : ● 즉시가능/ ◎ 경험필요/ ⊗ 불가능

(2) 기능목록(skill inventory)

해당기업은 **현재 종업원이 보유하고 있는 기능목록(skill inventories) 내지 관리능력목록(management inventories)을 작성**하고 **인적자원정보시스템(human resource information system : HRIS)을 구축해야 한다.** 기능목록 내지 관리능력목록은 종업원들이 갖고 있는 **경험, 교육수준 그리고 제반 특기 및 기타 인사관리에 필요한 사항을 알기 위해 고안된 시스템**이다. 기능 내지 관리능력 목록시스템을 최대한 유용하게 활용하기 위해서는 정보의 내용이 정확하고 최신의 것이어야 한다.

기업의 규모가 작은 경우에는 경영자는 회사의 필요와 개별 종업원의 스킬이나 희망을 매치시킬 **수 있을 정도로 개별 종업원에 대한 충분한 정보를 가질 수 있지만, 규모가 일정수준을 넘어갈 경우** 그 둘의 매치도 힘들어지고 또 수작업으로 대체도를 작성하는 것도 비효율적이다. 그래서 대기업에서는 다양한 소프트웨어 패키지를 활용하여 인사정보를 전산화하고 있다. 즉, HR 데이터베이스를 활용하고 있다. **인적자원정보시스템(human resouce information system : HRIS)은 기업이 종업원과 특정 직위에 관해 보유하고 있는 모든 정보를 하나의 시스템으로 결합시켜 낸 것이다.** 이때 이러한 **모든 유형의 종업원 자료를 하나의 데이터베이스에 결합하여 인적자원정보시스템을 형성**한다.

즉, HRIS란 인적자원관리의 결정에 필요한 제반정보를 수집·처리·저장하여 필요한 적기에 관련 정보를 얻을 수 있게 해주는 정보시스템을 말한다. 이러한 정보시스템을 갖추게 되면 많은 인적자원관리 활동의 효율화가 이루어져 경비가 절감되며 동시에 인사관리 부서가 자료입력이나 업데이트와 같은 일상적인 활동에서 벗어나 보다 전략적인 활동에 시간을 활용할 수 있게 해준다.

만일 경영자가 한 직위에 사람이 필요한 경우 그 직위의 명세, 즉 교육이나 스킬을 입력하면 이 데이터베이스는 해당 자격을 갖춘 후보자들의 리스트를 뽑아준다.

(3) 마르코프 분석(Markov chain analysis)

1) 개념

마르코프 분석(Markov analysis)은 미래의 어떤 시점에서의 해당기업 내 종업원의 이동에 대한 예측을 하는 데 유용한 기법이다. 마르코프 분석의 핵심은 전이행렬(transition probability matrix)인데 전이행렬은 예측기간(대개 1년) 동안 종업원들이 그의 직무에 계속 재직할 가능성, 조직 내의 다른 직무로 이동할 가능성, 조직을 이탈할 가능성 등을 표시해 준다. 전이행렬은 매년 초 각각의 직무에 종사하고 있는 사람들의 숫자를 이동예상률과 곱하여 나타나는 결과인데, 이는 매년 말 각 직무에 종사하는 사람이 몇 명이나 될 것인지를 나타내는 지표로 활용된다.

2) 전이행렬을 개발하는 단계

① 1단계 : 조직을 떠날 가능성이 있는 모든 직무를 상호배타적인 일련의 상황에 따라 분류
② 2단계 : 이동률(transition rate)에 관한 지난 몇 년 동안의 자료를 수집

▼ 직무 간 이동예상률

time 1	이동예상률				
	time 2				
	직무 A	직무 B	직무 C	직무 D	퇴직
직무 A	0.70	0.10	0.05	0	0.15
직무 B	0.15	0.60	0.05	0.10	0.10
직무 C	0	0	0.80	0.05	0.15
직무 D	0	0	0.05	0.85	0.10

③ 3단계 : 이러한 이동률에 대한 정보를 가지고 연초의 인력을 대입시켜 전이행렬(transition matrix)을 작성하여 미래의 인력을 예측한다.

▼ 전이행렬 계산(예)

time 1		이동예상률				
		time 2				
		직무 A	직무 B	직무 C	직무 D	퇴직
직무 A	62	44(0.70)	6(0.10)	3(0.05)	0(0.00)	9(0.15)
직무 B	75	11(0.15)	45(0.60)	4(0.05)	8(0.10)	7(0.10)
직무 C	50	0(0.00)	0(0.00)	40(0.80)	2(0.05)	8(0.15)
직무 D	45	0(0.00)	0(0.00)	2(0.05)	38(0.85)	5(0.10)
합 계		55	51	49	48	29

$$[62\ 75\ 50\ 40] \times \begin{bmatrix} 0.70 & 0.10 & 0.05 & 0 & 0.15 \\ 0.15 & 0.60 & 0.05 & 0.10 & 0.10 \\ 0 & 0 & 0.80 & 0.05 & 0.15 \\ 0 & 0 & 0.05 & 0.85 & 0.10 \end{bmatrix} \times [55\ 51\ 49\ 48\ 29]$$

3) 특징

마르코프 분석은 **널리 이용**되고 있으며 **적용하기가 쉬운 장점**이 있다. 그러나 다음과 같은 약점을 갖고 있다. 마르코프 분석이 정확하기 위해서는 **이동확률이 비교적 안정적이고 측정가능**해야 한다. 과거와 유사한 인사정책이 미래에도 적용될 것이라는 가정, 즉 **고정된 전이행렬이 전제**가 된다. 마르코프 분석은 **이동확률이 단지 종업원의 초기 직무개시 상황에 의해서만 결정된다고 가정**하고 있다.

그러나 실제 기업에서 사람들이 이동하는 원인은 수행되어야 하는 직무로 보내지기(push) 때문이 아니라 **빈자리를 메우기(pull of vacancies) 위함이라는 것**이다. 그러므로 직무 B로의 이동확률은 직무 B에 빈자리가 얼마나 있느냐에 달려 있다고 보는 것이 더 올바르다. 바로 이러한 동적인 요소를 고려하여 사내 이동과 공급을 예측하기 위한 새로운 기법들이 있으나 여기서는 생략한다.

(4) 추세분석(trend analysis)

이 기법은 **과거부터 현재까지 이르기까지 종업원의 자격수준(직능) 변화를 가져다주었던 요인들의 시간에 따른 변화를 파악**하고 이를 **당시 종업원이 보유했던 자격수준(직능)과 연결시키는 것**이다. 이러한 추세분석의 전제는 해당기업이 도입하고 있는 생산기술이 불연속적(discontinuity)이 아닌 연속적으로 변화·발전되고 있어야 한다는 것이다. 해당기업에서 **이러한 기술변화의 연속성이 존재한다면, 기업은 변화되는 기술에 적응하기 위해 종업원을 대상으로 적절한 교육훈련을 실시해왔으며 이러한 인력개발 정책이 t_1시점에까지 계속된 것으로 가정할 수 있기 때문에 t_1시점에서 해당기업 종업원이 보유하게 될 자격수준(직능)에 대한 내용을 예측**할 수 있다.

즉, 미래의 t_1시점에서의 인력공급예측은 특히 이직률, 입직률, 결근율 그리고 생산성의 변화에 대해 과거의 자료에 의한 변화추세를 찾아서 이것을 미래에 적용하는 것이다. 이 기법은 해당기업에서의 과거 변화추세가 t_0에서 t_1시점에까지 유사하게 변화될 것이라는 가정에서 출발하기 때문에 **환경변화(노동시장) 및 기술변화의 정도가 높은 기업에서 도입하기에는 한계**가 있다.

4 외부노동시장

t_1시점에서 외부노동시장의 여건이 해당기업에 얼마나 유리한지 등에 대한 예측을 하기 위해서는 t_1시점에서의 **해당국가의 경제활동인구, 실업률 그리고 특정 해당분야에 공급될 수 있는 인력에 대한 정보수집**이 요구된다. 조직은 언제나 외부 노동공급원과 관계를 가지고 있다. 신입사원이 들어오는 것이나 유능한 직원을 경쟁업체에 빼앗기는 것 모두 외부노동시장과 조직 사이에 일어나는 일이다. 따라서 효과적인 인력계획을 세우기 위해서는 반드시 외부 노동공급을 정확히 파악해야 한다.

외부노동시장의 공급예측은 ① **정기적인 통계자료**가 보여주는 **인구, 지역, 성별, 나이** 등에 관한 정보와 **노동시장과 관련된 거시적 자료**를 파악할 수 있으며, ② 수치화되어 나타나기 어려운 노동시장의 변화, 예를 들어 **법률적, 사회적, 문화적, 교육적 환경과 업계 동향의 경우**(예 교육수준, 동기부여 수준 등)는 **전문가의 주관적 판단이 중요한 역할**을 할 수 있다.

제 4 절　인력계획의 과정

1 환경분석

(1) 외부환경분석 : PEST분석

조직의 외부환경은 **정치적·법적 환경(Political), 경제적(Economic) 환경, 기술적(Technological) 환경, 사회·문화적(Social and culture) 환경** 등이 있다.

- 경제 성장 시에는 수요가 공급을 초과하는 것이 보통이지만, 경기침체시 기업 활동도 축소되어 인력 과잉이 발생한다. 즉, **경제상황에 따른 인력수요 변동**이 있을 수 있다.
- **기술발전에 따른 직무구조가 변화**되어 단순반복작업에 대한 수요가 줄어드는 반면 새로운 지식과 기능에 대한 수요는 점차 늘어날 것이다.
- **개인의 신념, 가치관, 태도, 행동규범, 견해, 라이프스타일 등 사회·문화적 환경요인도** 빠르게 변화하고 있다. 3D업종에 대한 기피와 사무직, 서비스직, 전문직 선호현상은 사회·문화적 환경 변화가 조직의 인력수급을 변동시킨 예의 하나이다.
- **정치적·법적 환경은 조직의 활동에 대한 기준을 제시해 줌으로써 조직의 특정활동을 제약하기도 하고 특정활동을 장려하기도 한다.** 정부의 각종 규제의 신설, 완화, 철폐는 조직의 활동을 위축시키기도 하고 활성화시키기도 하기 때문에 인적자원에 대한 수요와 공급을 변화시키는 요인으로 작용한다. 또한 정부는 법률제정을 통하여 특정인력 고용을 촉진시킴으로써 인력의 수요와 공급에 직접적 영향을 미치기도 한다.

(2) 내부환경분석

인적자원의 수요와 공급에 영향을 미치는 **내부환경에는 조직의 구조, 전략, 의사결정, 과업구조, 인력수급상태 등 많은 요인이** 있다.

- **전략은 조직의 장기목표 달성을 위하여 수립**되므로 여기에서 장래에 필요한 구성원의 질과 양이 결정된다.
- **조직이 신규산업에 참여하거나 조직을 개편**할 때도 조직 내 인적자원 수요과 공급의 변동이 불가피하다.
- 인적자원의 수요와 공급은 **내부 정책(승진, 배치전환 등) 혹은 구성원의 자발적 이동(퇴직 등)에 의한 조직 내 인원변동**에 의해서도 영향을 받는다.

2 인적자원 수요 및 공급예측

필요한 정보가 구해지고 나면 이를 토대로 장래의 인력수급을 예측한다. 장래에 필요로 하는 인력의 양과 질이 얼마나 될 것인지를 가늠하는 수요예측과, 기업 내부적으로 이동이나 승진으로 충당이 가능한 인력은 얼마이며 외부 영입은 어느 정도가 가능한지를 헤아려 보는 공급예측이 이루어진다. 이때 예측작업은 전문가의 주관적 판단에 주로 의지할 수도 있고 객관적 자료를 이용하여 수학적으로 계산할 수도 있다.

3 인적자원 수급 불균형 조정방안 : 인적자원의 수요와 공급의 균형

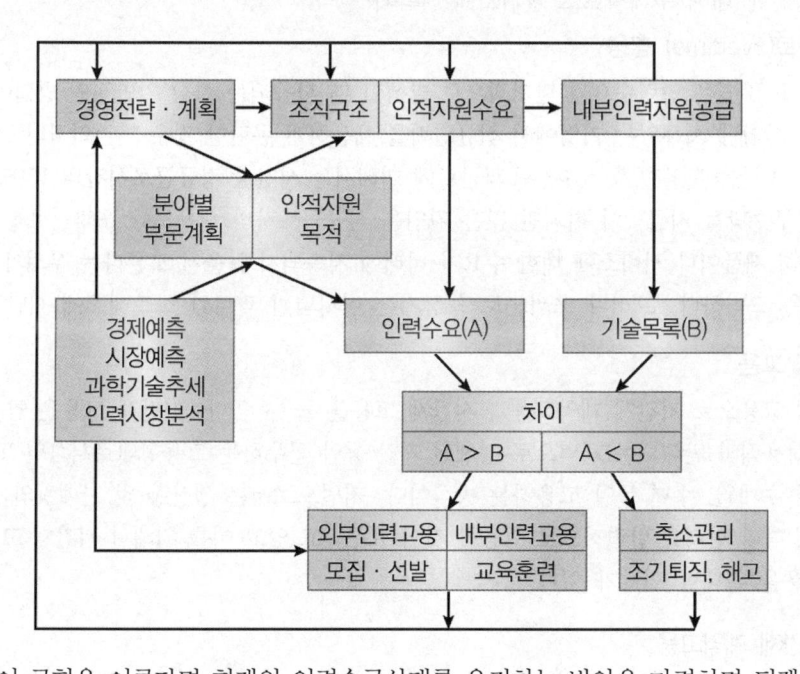

수요와 공급이 균형을 이룬다면 현재의 인력수급상태를 유지하는 방안을 마련하면 되겠지만, **수요와 공급에 불균형이 예상되면 이를 조정하는 방안을 마련**해야 한다.

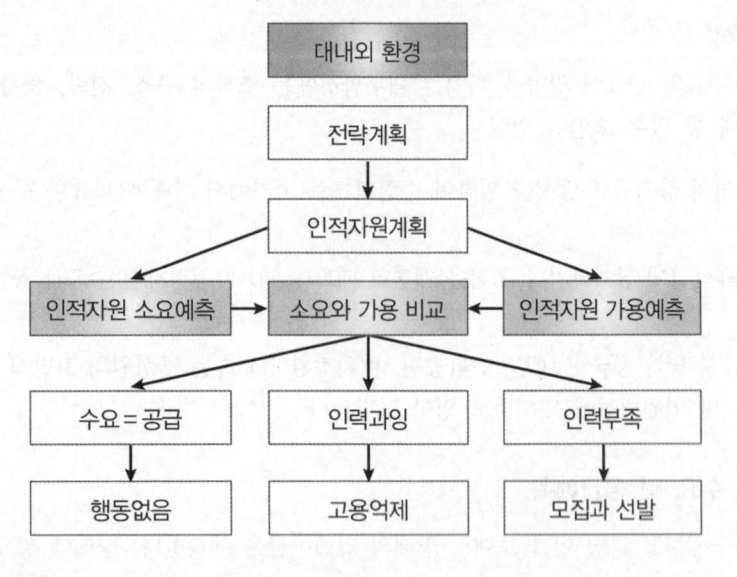

(1) 인력부족의 경우

인력부족 발생 시 **부족인력을 조직 내부와 외부에서 충원하는 조치를 마련**해야 한다. 그러나 인력부족 현상이 발생했을 경우에 **정규직 신규채용을 고려하기 이전에 다른 대안을 먼저 모색하는 것이 바람직**하다. 예를 들어 **인력부족이 일시적 현상이라면 임시직을 고용**할 수 있으며, **비즈니스 리엔지니어링을 통해서 불필요한 직무와 업무절차를 줄임으로써 인력부족에 대처**할 수 있다. 인력부족의 대처방안에 대해 구체적으로 살펴보면 다음과 같다.

1) 초과근로(overtime) 활용

초과근로 방법은 **인력수요가 단기적으로 발생**할 때 사용되는 가장 일반적인 방법이다. 또한 **인력부족 상황에 처해있는 기업에서 신규인력을 채용하기 곤란**한 경우 기존인력의 근로시간을 연장하는 방안을 활용할 수 있다. 초과근로에 대해서는 **시간당 정규근로시간의 150%에 해당되는 초과근무수당을 지급**해야 하지만 많은 기업은 신규근로자의 채용보다 초과근로를 선호하고 있다. 특히 **제품이나 서비스에 대한 수요가 미래에 지속되지 않을지 모른다는 우려가 있는 경우**에는 더욱 그러하다. 그러나 초과근로가 장기간 실시되면 과로와 스트레스에 시달릴 수 있다.

2) 임시직 고용

임시직 고용으로 **기간제 계약고용과 시간제 고용**을 들 수 있다. 기간제 고용은 임시직이라고도 하며 상용직과 반대되는 개념으로 정해진 기간 동안 근무하는 고용형태로서 1일 또는 수일간에서부터 수개월, 수년 동안 고용하는 방식이다. 기업으로서는 생산량 및 판매량의 증감, 경기의 변동에 따라 **인력을 탄력적으로 고용할 것이 요구**되고 있고 이를 위해서 **시간제 고용 등 비정규직 고용을 확대할 필요가 있다.**

① 기간제 계약고용

고용계약기간의 장단을 기준으로 고용형태가 상용직, 임시직, 일용직으로 분류되는데 **고용계약기간의 정함이 없거나 1년 이상인 경우는 상용근로자, 1개월 이상 1년 미만인 근로자는**

임시근로자, 1개월 미만인 근로자는 일용근로자로 분류된다. 기간제고용의 이점은 무엇보다도 고용의 유연성을 높여주면서 계약사원을 동기부여시켜 생산성을 높일 수 있다는 것이 장점이다. 특히 향후에는 전문직·기술직에서도 기간제 계약고용의 비중이 증가할 것으로 예상된다.

② 시간제 고용

시간제 고용은 **기준근로시간보다 짧은 시간동안 규칙적이고 자발적인 방식에 의한 고용을 의미**한다. 시간제 고용을 활용할 경우 **기업은 인건비를 절감**할 수 있으며 그 이외에도 다음의 이점이 있다.

- **인력의 효율적 활용**에 유리하다.
- 업종에 따라 계절적으로 노동수요의 변화가 큰 곳이 있는데 특히 **노동수요가 많은 계절에는 시간제고용을 활용하는 것이 바람직**하다.

3) 파견근로 활용

① 개념

파견근로는 자기 기업에서 고용하고 있는 근로자를 다른 기업에 파견하여 그 지휘명령을 받아 근로하게 하는 형태이다.

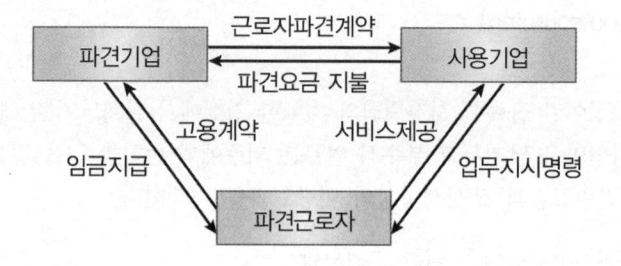

② 파견근로의 기업 측 장점

첫째, **인건비를 절감**할 수 있다.

둘째, **계절적 고용변화에 완충작용**을 한다.

셋째, **일시적 노동수요 부족**을 메울 수 있다.

넷째, **장래의 불확실성에 대한 보장**으로서 활용된다.

다섯째, 파견사원은 대체로 **업무경험이 많은 베테랑**이므로 **채용일로부터 즉시 요긴하게 활용**할 수 있는 경우가 많다.

③ 파견근로의 근로자 측 장점

첫째, **근무시간의 유연성이 보장**된다. 근무시간, 근무장소, 근무 형태 등을 자신이 스스로 선택하고자 하는 욕구가 높아지고 있는 것이 파견근로형태가 확산되고 있는 중요한 이유이다.

둘째, **일부 직종의 경우 파견근로자가 상용근로자에 비하여 더 높은 수입을 올릴 수 있다.** **일부 전문직**은 단기간의 취업으로 고수입을 올릴 수 있으므로 파견근로형태를 원하는 경우가 있다.

셋째, **비교적 쉽게, 즉시 취업이 가능한 경우가 많다.**

즉, 파견근로제는 인력수급의 용이함(채용과 해고의 탄력적 운영), 고정사업비의 절감(채용경비, 부가인건비), 관련업무의 슬림화(직접지급의무 면제, 관리의 편의성) 등의 장점이 있음에도 불구하고 사용회사에 대한 소속감 결여, 높은 이직률, 지휘와 명령의 어려움, 정규사원과의 심리적 갈등은 물론 신분(직업안정성)이 불안정하고, 정규직원에 비해 조직에 대한 애착과 몰입이 낮다는 단점이 있다.

④ 운영 시 주의사항

비정규직, 간접고용 등은 **핵심적 업무를 수행할 때는 좋지 않은 방법이다.** 조직의 핵심적 업무는 안정적으로 수행되어야 하며, 조직경쟁력을 결정하는 업무이기 때문에 비정규직 근로자가 수행하는 것이 바람직하지 않다. 따라서 인력수요의 변동이 심한 경우 **핵심적 업무는 정규근로자가, 비핵심적 업무는 비정규직 등 간접고용형태의 근로자가 담당하는 이원적 구조가 필요**하다.

4) 아웃소싱(outsourcing)

① 개념

아웃소싱이란 급속한 시장변화와 치열한 경쟁에서 살아남기 위해 **기업에서 부가가치가 높은 핵심사업만을 남겨두고 부수적 업무는 외주에 의존**하는 것을 말한다. 기업은 아웃소싱을 통하여 **인원절감과 생산성향상의 이중효과**를 기대한다.

② 효과적인 아웃소싱을 위한 고려사항

• 아웃소싱 대상업무의 합리적 선정

조직내부에서 수행할 때 **과다한 비용이 소요되고 부가가치가 낮은 업무를 대상으로** 아웃소싱을 실시하여 비용절감 효과를 높여야 한다.

• 외주업체의 선정과 계약

아웃소싱 성패의 가장 큰 요인은 외주업체의 체계적 선정과 계약이라고 할 수 있다.

• 조직내부 구성원의 공감대 형성

아웃소싱은 실행 시 내부의 장벽에 부딪힐 수 있다. 이를 극복하기 위해서는 **단순한 비용절감이 아닌 업무가치제고를 위한 전략적 수단이라는 것을 인식**시켜야 한다.

③ 특징

외주는 기업이 **특정 분야에서 전문가를 가지고 있지 않으면서 그러한 전문가를 개발하기 위한 노력과 시간을 투자하기 어려울 때 택할 수 있는 합리적인 선택안**이다. 즉, 일상적인 관리업무를 전문적으로 수행하는 외부 회사에게 인적자원 staff의 일상적 관리업무를 외주화함으로써 전문가를 일시적으로 쉽게 획득하여 비용절감을 하는 것이다. 다른 경우 외주는 **특정 작업을 수행하는 데 있어서 몸값이 덜 비싼 인력을 고용함으로써 단순하게 비용을 줄이는 것**을 목표로 할 수 있다.

(2) 인력과잉의 경우

인적자원과잉이 발생한 경우 이를 해소하기 위한 조치가 취해져야 한다. 다른 대안으로도 어쩔 수 없는 경우 **최후 수단으로 정리해고가 고려**될 수 있지만 **기업의 사회적 및 경제적 효율성에 부정적 영향**을 주기 때문에 **대체로 아래의 대안을 우선적으로 고려**하는 바, 구체적인 내용은 다음과 같다.

1) 직무분할제(job sharing, 직무공유)

① 개념

직무분할제란 **하나의 풀타임 업무를 둘 이상의 파트타임 업무로 전환**하는 것을 말한다. **기업은 인건비 감축효과**를 거둘 수 있고 **근로자는 개인시간을 활용**할 수 있는 장점이 있다. 직무분할제는 경영의 측면에서 볼 때 다음의 효과를 얻을 수 있다.

② 직무분할제의 효과

첫째, **인력활용의 유연성을 제고**하게 된다.

둘째, **업무의 적용범위 및 영속성의 유지**가 가능하다.

셋째, **기능과 경험의 폭을 확대**할 수 있다.

넷째, 직무분할제를 통해 **특수업무팀**을 만듦으로써 **인적자원관리의 여러 목적을 효율적으로 달성**할 수 있다. 구체적으로 예를 들면 정년을 앞둔 근로자의 직무를 분할하여 일하게 한다든지, 젊은 근로자가 나이와 경험이 많은 근로자와 직무를 분할함으로써 정년퇴임에 대비하여 경험을 전수받게 하거나, 승진을 앞둔 근로자가 승진 후에 맡게 될 직무를 분할하여 담당함으로써 미리 대비하게 할 수 있게 하거나, 신규근로자가 수습 혹은 훈련기간 동안에도 인력을 활용할 수 있는 동시에 능력을 육성할 수 있다.

③ 직무분할제의 단점

첫째, 종업원이 직무에 대한 책임을 서로 미룰 경우 **사회적 태만**이 발생하여 직무 성과가 낮아질 수 있다.

둘째, **임금 외 복리후생비, 교육훈련비를 고려**하면 오히려 인건비가 더 증가할 수 있다.

셋째, 단기적으로는 근무시간이 줄어들어 삶의 질이 증가하지만 **종업원의 소득도 같은 비율로 줄어들어 장기적으로는 종업원의 불만이 생기고 우수인력이 이탈**할 수 있다.

2) 인력공급과잉 해소를 위한 인력감축전략

기업은 인력수요 및 공급에 대한 예측활동 결과, 인력공급이 인력수요를 초과할 때 인력감축의 필요성을 발견한다. 양적 측면에서의 인력공급과잉은 현재 혹은 미래의 특정 시점에서 종업원 수가 필요한 인력보다 초과되는 것을 말하며, 질적 공급과잉은 기업이 필요로 하는 자격수준보다 특정 시점에서 종업원이 갖추게 되는 자격수준이 높은 경우(overqualified)를 말한다. 기업이 필요 이상의 인력을 보유하게 되면 **인건비의 추가지출로** 인한 **제품원가 상승**, 나아가 시장에서의 경쟁력 약화를 가져다줄 뿐만 아니라 **기업 내부에도 많은 역기능**을 가져다준다.

인력공급과잉 현상의 원인으로는 다음과 같은 이유가 있다.
첫째, 경기후퇴 내지 해당기업의 제품의 노후화로 인한 매출액 및 생산량의 감소이다.
둘째, 기계화 내지 자동화로 연결되는 기술변화가 인력공급 과잉을 유발한다.
셋째, 시장에서의 경쟁이 치열해짐에 따라 기업은 인건비를 줄임으로써 제품생산원가를 낮추려고 시도하게 된다.
마지막으로, 기업의 인력공급과잉은 **공장의 폐쇄 내지 이전 시**에도 나타난다. 또한 **일시적인 인력공급과잉현상**은 해당기업이 계절적 사업을 수행할 경우에도 나타난다.

인력감축 시 바로 방출을 실시하는 것은 종업원뿐만 아니라 기업 측에도 **많은 코스트를 수반**하고 **많은 시간이 소요**되기 때문에 다양한 대체안(alternative)을 가지게 된다. 인위적으로 사람을 내보내면 회사가 부담하게 되는 경제적 비용이 클 뿐만 아니라 사회적 평판도 나빠진다. 특히 기업이 강제적으로 내보내는 정리해고는 노동조합의 저항이 크고 종업원의 사기를 떨어뜨려 결과적으로 기업에 손해가 될 수 있다.

① 근무시간 단축

인력감축전략으로서 코스트가 가장 적게 발생하며 도입이 용이한 것이 바로 초과근무시간 단축이다. 초과근무시간의 단축은 **기업에게 경쟁력 저하나 경제적 비용을 발생시키지 않지만 생산시설 활용도가 낮아지는 문제**가 있다. 종업원 입장에서는 근무시간 단축으로 피로도가 낮아지는 효과와, 줄어드는 시간만큼 급여도 줄어드는 문제가 있다.

② 신규채용 억제

인력감축전략으로서의 신규채용억제는 **기업이 정년퇴직 및 자연발생적인 이직을 이용하여 인력을 중·장기적으로 감축시키는 것**이 그 목적이다. 신규인력의 채용을 억제하는 전략은 **기업의 경쟁력 저하의 원인이 되지만 기업이 부담하게 되는 인건비 측면에서는 코스트를 발생시키지 않는다.** 한편 종업원 입장에서 경제적 부담은 없지만 업무부담이 늘어나 불만이 생길 수 있다.

③ 조기퇴직제도(early retirement program)

조기퇴직제도는 일정연령에 도달한 구성원이 조기에 퇴직하여 제2의 인생을 시작할 수 있도록 기회를 제공하면서 동시에 조직 내 인력과잉과 이에 따른 경력정체현상을 인원감소를 통해 완화하고자 하는 제도로 명예퇴직제도, 희망퇴직제도, 선택정년제도 등 다양한 명칭으로 불리기도 한다. 조기퇴직제도의 긍정적 효과는 다음과 같다.
❶ 인사적체 및 승진정체 해소에 기여할 수 있다.
❷ 조직활성화에 기여할 수 있다.
❸ 인건비 절감에 기여할 수 있다.

❹ 조기퇴직제도의 실시는 **인력충원에 유연성을 높인다.**

❺ 기업이 조기퇴직자들에 대해서 **퇴직지원 프로그램(outplacement)**을 실시해서 이들의 전직이나 독립을 적극 지원하게 되면 퇴직자들은 **기업에 대해 좋은 이미지**를 가지고 퇴사하게 되므로 **기업의 사회적 평판이 향상**될 수 있다.

그러나 조기퇴직제도의 문제점으로 다음을 들 수 있다.

❶ 조기퇴직제도 시행에 있어서 **무능인력방출이라는 기업의 의도와는 상반되게 오히려 유능한 인력이 퇴직하고 무능인력이 남아있게 되는 현상**이 발생하기도 한다.

❷ 조기퇴직제도는 **기업이 의도하는 인건비 절감의 효과를 거두지 못하고 실패로 끝날 위험**을 **내재**하고 있다. 업무성과가 높고 조직에서 필요로 하는 유능한 종업원을 상실하는 반면 성과가 낮은 종업원은 남아 조직에 막대한 퇴직보상금의 부담만 안기고 기대하는 인건비 절감의 효과를 거둘 수 없게 될 것이다.

❸ **노사관계에 있어서 불신과 갈등을 야기하기도 한다.** 조기퇴직제도가 **합법을 가장한 해고** 라는 분위기가 형성될 수 있기 때문이다.

❹ 조기퇴직제도는 **기업윤리 문제**를 제기한다. 기업의 **사회적 책임 가운데 하나인 종업원**에 대한 책임 중 가장 핵심적인 것으로 **고용보장**을 들 수 있는바 **조기퇴직제도가 야기하는 고용불안정은 기업내외에서 기업의 비윤리적 행위로 비난**받을 수 있다.

❺ 남아있는 종업원에게도 다음에는 자기 차례가 될지 모른다는 **고용불안을 야기**해 평생직장 의식 및 소속감을 약화시키게 된다.

④ 보상의 동결 및 삭감

보상의 동결전략은 기업이 종업원에게 제공하는 **경제적 보상인 임금 내지 복리후생을 동결시킴으로써 종업원의 자발적 이직을 유도**하는 것이다. 보상동결전략은 기업의 입장에서 현재 남아 있는 종업원에게 불만족으로 가져다주어 생산성 향상을 위한 모티베이션이 상당히 훼손되지만 **직접적인 경제적 비용을 발생시키지 않는다.** 또한 보상동결전략은 **종업원에게 정신적 부담을 증가시키고 보상동결에 대한 불만족으로 기업을 떠나는 종업원을 남아 있는 종업원이 분담하여 수행해야 하기 때문에 업무량이 증가**한다(물론 인력감축 원인이 생산량 감소일 경우 남아 있는 종업원의 업무량 증가는 미미할 것이다).

보상삭감전략은 본질적으로 종업원에게 불만족을 야기해 해당기업을 떠나게 유도하는 전략으로 **기업의 경쟁력 측면에서 매우 큰 커다란 부담**을 가져다준다. 또한 **남아 있는 종업원에게는 상당한 정신적 및 경제적 부담**을 가져다준다.

3) 정리해고

인력감축을 위한 **최후의 방안**으로 고려할 수 있는 것이 정리해고다. 정리해고는 **기업의 의지에 의해 종업원이 강제적으로 기업을 떠나는 것**으로 '경제적·산업구조적 또는 기술적 성격에 기인한 **기업합리화 계획에 따라 남는 근로자를 감축**하거나 그 인원구성을 바꾸기 위해 행하는 해고'로 정의된다. 정리해고는 근로기준법에 명시된 **요건과 반드시 일치**해야 하고 **정해진 절차를 준수**해야 한다.

해고를 통한 인력감축전략은 다른 어떤 전략보다도 강력하고, 무엇보다도 종업원이 강제에 의해 퇴직된다는 점에서 노사 간 갈등이 증폭될 가능성이 높다. 해고는 기업에 경쟁력 훼손이라는 부담을 가져다 준다. 특히 비해고자인 현직 종업원의 기업에 대한 커미트먼트(헌신, 신뢰)는 급격히 감소된다. 그들은 우선 추가해고에 대한 불안감, 직무 불만족 등으로 직무에 대한 모티베이션이 저하되어 생산성 향상을 기대하기가 사실상 어렵다. 해고의 경우 기업은 유능한 종업원을 그 대상에서 제외시키지만 보상삭감의 경우 기업을 떠나는 사람은 주로 유능한 종업원이기 때문이다. 반면에 해고전략은 기업에 별다른 경제적 비용은 가져다 주지 않는다. 오히려 인건비 절감의 효과가 있다. 그러나 해고는 퇴직종업원에게뿐만 아니라 남아 있는 종업원에게 매우 커다란 부담을 가져다준다. 해고자에게는 실직의 고통을 주고 남아 있는 종업원에게는 퇴직자의 직무분담을 통한 업무량 증가 그리고 추가해고에 대한 불안감 등을 유발시킨다.

02 | 인적자원의 모집

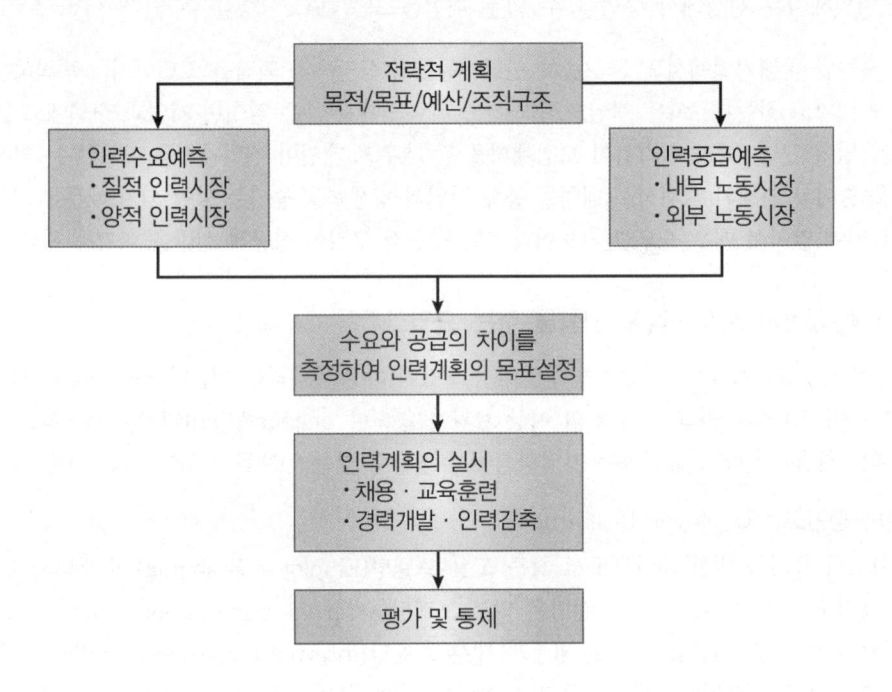

1 모집의 개념과 중요성

(1) 모집의 개념

인력의 모집은 기업이 인력수요계획에 따라 기업이 필요로 하는 인력수요를 충족시키기 위해 구체적으로 사람을 구하는 작업이라고 정의할 수 있다. 여기서 사람을 구한다는 의미는 **양적, 질적, 시간적으로 적합한 인재를 찾는 작업**이라는 의미를 포함한다. 즉, 기업이 필요로 하는 잠재적 인적자원이 공석이 되었거나 예상되는 직위에 지원할 수 있도록 장려하는 과정을 말한다(Snell&Bohlander, 2007).

기업이 필요로 하는 인적자원을 찾는 일에는 **정량적 개념**과 **정성적 개념**이 모두 포함되어 있는데 **정량적 개념은 선발예정 인원보다 충분히 많은 지원자가 있어야 선발의 우수성이 확보될 수 있다는** 의미가 담겨있으며, 정성적 개념에는 해당 기업의 해당 직위를 담당할 수 있는 자격과 능력을 갖춘 **인적자원이 확보될 수 있어야 한다는** 뜻이 담겨 있다.

요컨대 **모집활동은 인력선발을 전제로 하여 양질(良質)의 지원자를 확보하는 활동**을 말한다. '모집'과 '선발'의 특성을 비교하자면 '모집'은 보다 공격적인 활동이며 '선발'은 사실 방어적인 활동이라고 규정할 수 있다. 왜냐하면 기업의 '지원자'를 구하기 위한 모집활동은 그 행동반경이 거의 제한이 없으며 유능한 지원자를 구하지 못하는 한 그 후에 나타나는 인력선발활동은 본질적으로 그 질(質)이 떨어질 수밖에 없기 때문이다. **선발이란 '주어진 지원자'의 옥석(玉石)을 가리는 활동이다.**

(2) 모집의 중요성

채용이 중요한 이유는 **우수한 인재를 뽑는 것이 회사의 생산성과 경쟁력을 좌우**하기 때문이다. '1%의 천재가 나머지 99%를 먹여살린다'는 말이 회자될 정도로 실력 있는 우수한 인력을 확보해야 날로 치열해지는 경쟁에서 승리할 수 있는 대안을 모색하고 실행할 수 있다.

한편 오늘날 국내기업에서도 1~2년차 신입사원들의 상당수가 퇴직을 고민하거나 퇴직하는 현상이 만연해 있다고 하는데, 이는 개인으로 봐서도 바람직하지 않은 일이며 기업과 사회에도 비용이 발생하는 일이 된다. 따라서 **기업이 모집계획을 잘 세우고 개인이 취업계획을 잘 세우는 일은 사회적 비용을 줄이고 인재의 적재적소 배치를 통해 기업의 경쟁력을 높이는 일이 되기 때문에 모집은 인적 자원관리에 있어서 매우 중요한 기능이다.** 즉, 성공적 모집이 성공적 선발을 이끄는 핵심 요소이다.

2 모집에 있어서 회사선택에 영향을 주는 요인

과거와 같이 모집공고를 내고 지원자들이 알아서 오겠지 하고 기다리는 이른바 'post&pray(채용 공고를 내고 기도하며 기다림)' 전략은 이제 더 이상 효과가 없으며 'engage&find(기업이 적극적으로 나서서 우수 인재를 찾음)' 전략이 급변하는 기업환경에서 경쟁력 있는 인재를 구하기 위해 더욱 효과적이다.

(1) 기업의 평판도 : Employer Branding

인재확보와 유지를 위한 대안으로서 최근 **'고용 브랜딩(Employer Branding)'**이 부각되고 있다. 회사의 매력도를 나타내는 고용 브랜딩은 **외부 브랜딩**(external employer branding), 즉 **구직자에게 회사의 비전 및 이름을 알리는 활동**과 **내부 브랜딩**(internal employer branding), 즉 **'다니기 좋은 회사'라고 구성원이 직접 말하고 느끼도록 하는 활동**으로 구분할 수 있다.

정보의 비대칭성을 줄이기 위해서 회사는 밀레니얼 세대들이 자주 이용하는 소셜 미디어와 인터넷을 통해 회사의 정보를 적극적으로 알리는 활동이 필요하다. 내부 브랜딩의 경우 구성원들이 회사의 실제 모습을 경험하고 느끼는 바를 공유하는 활동이다. **내부 브랜딩에는 일관성, 소통문화, 그리고 유대감 형성이 매우 중요하다.**

(2) 직무의 매력도

구직자들이 직장을 선택하는 기준으로 회사보다는 맡게 될 직무에 더 관심이 큰 것으로 나타나고 있다. 직무의 매력도가 떨어지는 직무는 아무리 기업 이미지나 대우가 좋다고 해도 지원자들이 꺼리는 경향이 있다. **주로 단조롭거나, 위험이 따르거나, 사회적으로 덜 인정받는 직무에 있어서는 모집노력에 비해 많은 지원자들을 얻기 쉽지 않을 것이다.**

(3) 기업의 정책

기업의 경영정책, 특히 인사정책은 지원자들에게 매우 관심이 높은 사항이다. 예를 들어 **구글**

(Google)과 같이 직급파괴를 통해 **수평조직을 실현**하고 **파격적 보상을 실시**하는 회사에는 입사를 하려고 줄을 서 있다.

3 모집의 원천

빵을 파는 제과점을 운영하면서 빵을 만들어(make) 팔 것인지, 큰 공장에서 사다(Buy) 팔 것인지를 놓고 고민할 수 있다. **내부지향적(making) 전략은 처음부터 회사에서 임시적 신규사원을 선발해서 직무에 맞도록 훈련시킨 다음 정규직원으로 채용하는 인사방침**이며, **외부지향적(buying) 전략은 이미 자격을 갖춘 자를 선발하여 바로 투입하는 것**이다.

공석(空席)이 된 직무를 채우기 위해 지원자를 찾아야 되는 경우 이를 외부노동시장에서 찾아야 할 것인지 혹은 현재 우리 기업, 즉 내부노동시장에서 찾을 것인지 면밀히 검토해야 한다.

(1) 내부노동시장

과거 우리나라 기업풍토에서 모집은 주로 내부노동시장을 통한 기업의 내부모집(internal search)에 의존하는 바가 컸다. 즉, **인력수요가 발생하면 외부노동시장에서 인력을 사오기(buy)보다는 내부인력을 키워서(make) 충당하는 것이 일반적 추세**였다.

내부모집의 원천은 공석(openings)이 발생했을 때 기존의 내부직원이 승진, 부서 또는 직무이동을 통해 빈자리를 채울 수 있도록 제도화 되어 있는 경우, 공석이 된 직무에 지원할 수 있는 직원군이 내부모집의 원천이라고 말할 수 있다.

과거 우리나라 대기업의 경우 선발되어 채용된 신입사원들은 특별한 일이 없으면 내부 승진을 통해 피라미드 상층부로 올라가며, 피라미드 중간층, 즉 중간관리자들은 주로 공채 출신들로 채워진다. 공석이 발생하면 **주로 '아래에서 위로' 승진을 통해 충원을 하는 경향이 강한 것이 한국 대기업의 모집관리의 전형이 되어왔다.**

(2) 외부노동시장

오늘날과 같은 지식의 폭발시대에는 인력의 'make'에는 한계가 있을 수밖에 없으며, 'buy'를 통한 조직의 지식 및 부가가치의 창출이 생존에 필수적이라는 인식이 확산되고 있다.

기업이 변화하는 경영환경에서 경쟁력을 확보하기 위해 핵심인력을 기업 내부에서 공급받는 데 한계에 봉착하고 과감하게 외부모집을 확대하여 외부노동시장에서 '준비된' 우수 핵심인재를 충원하기 시작하였고 오늘날에는 우리나라 기업에서 외부모집이 내부모집을 압도하는 현상까지 보이고 있다. 외부모집의 원천과 방법은 다음과 같은 것들이 있다.

- **교육기관**: 고등학교, 직업학교 및 대학이 그 대상이 된다. 교과내용과 기업 실무와의 차이 때문에 직무수행상 필요한 능력과 지원자가 습득한 능력(기술, 기능 등) 사이에 갭이 상당히 존재하기 때문에 채용 후 교육훈련이 뒤따라야 한다.
- **경쟁기업 내지 타 기업**: 이는 어느 정도의 경력을 필요로 하는 직무를 충원할 때 활용되는 모집원이다.

- **실업자** : 자격을 갖춘 인력이 여러 가지 이유로 실직(失職) 상태에 있는 경우 이에 해당한다.
- **자영업자** : 기업가적 기질을 갖춘 인력이 필요할 때 혹은 상당한 경험을 필요로 하는 직무를 충원할 때 자영업자를 지원자로 확보할 수 있다.

인력확보의 원천을 결정하기 위한 정보	
외부환경 분석	내부노동시장 분석
• **실업률** : 실업률이 높을 경우 모집은 보다 용이함 • **외부노동시장의 제 조건** : 지역별 인력공급 가능 정도 • **고용관계 법률** • **노동시장에서의 기업의 이미지** : 양호할 경우 보다 많은 지원자 확보가 가능함	ⅰ) 내부노동시장의 경제적 요소 　• 현재 보유인력의 적정성 : 과대인력, 과소인력 　• 현재 종업원의 능력 　• 직무수행 자격요건의 변화추세(기술변화) 　• 종업원의 연령분포 　• 이직률, 결근율 등 ⅱ) 내부노동시장의 사회적 요소 　• 현직 종업원의 경력욕구 　• 현직 종업원의 현 직무에 대한 만족도 　• 현직 종업원의 조직커미트먼트 등

(3) 모집원천별 장점과 단점

	장점	단점
내부모집	• 승진기회 확대로 종업원 동기부여 • 모집에 드는 비용 저렴 • 모집에 소요되는 시간 단축 • 내부인력의 조직 및 직무지식 활용가능 • 외부인력 채용에 따르는 리스크(조직적응 실패, 기술·지식의 차이) 제고 • 기존의 인건비 및 급여수준 유지가능 • 하급직 신규채용 수요 발생	• 인재선택의 폭 협소 • 조직의 폐쇄성 강화 • 업무능력 보충을 위한 교육훈련비 증가 • 능력주의와 배치되는 패거리 문화 형성 • 인력수요를 양적으로 충족시키지 못할 가능성이 높음 (내부승진으로 인해 전체인원이 증가하지 않으므로 항상 일정수의 인력부족)
외부모집	• 인재선택의 폭 확대 • 외부로부터 인력이 유입되어 조직분위기 쇄신 • 인력수요에 대한 양적 충족 가능 • 인력유입으로 새로운 지식, 경험 축적 • 업무능력 등 자격을 갖춘 자를 채용하게 되므로 교육훈련비 감소	• 모집에 많은 비용 소요 • 모집에 많은 시간 소요 • 인건비 상승(스카우트 비용, 경력자들을 위한 특별 보너스, perquisite(복지) 지원 등) • 내부인력의 승진기회 축소 • 외부인력 채용으로 실망한 종업원들의 이직가능성 증가 • 조직분위기에 부정적 영향 • 외부인력의 채용에 따르는 리스크 발생(조직적응 실패, 기술·지식의 차이 등으로 성과 부진)

4 모집의 방법

(1) 내부모집방법

1) 사내공모제도(job posting and bidding system)

내부노동시장에서 지원자를 모집하는 방법으로 사내공모제도(job posting and bidding system)가 있다. 이 제도는 공석(空席)이 생겼을 때, 사내 게시판에다 지원자를 찾는다는 모집공고를 내어 요구하는 자격을 갖추었다고 생각되는 종업원이라면 누구라도 지원하게끔 유도하는 모집방법이다. 이 제도의 성공사례는 대표적으로 IBM社가 있다.

> ■ 일본 IBM社의 경우 사내공모제도가 성공한 요인
> ① 채용부서가 신설된 것으로서 기업의 중점전략부문이며 많은 직원들의 선망의 대상이었다.
> ② 제도의 진행과정을 철저히 비밀로 하였기 때문에 지원자가 자신의 지원사실의 비공개성(非公開性)을 믿었기 때문이다.

▼ 사내공모제도의 장·단점

장점	• 상위직급의 경우 종업원에게 승진기회 제공 및 사기진작 • 지원자에 대한 평가의 정확성 확보 • 저렴한 모집비용 • 낮은 이직률
단점	• 외부인력의 영입이 차단되어 조직의 정체 가능성 • 성장기업의 경우 사내 공급의 불충분 • 특정부서의 선발 시 연고주의를 고집할 경우 조직 내 파벌조성 가능성 • 지원자의 소속부서 상사와의 인간관계의 훼손 가능성 • 선발과정에서 여러번 탈락되었을 때 지원자의 심리적 위축감 고조

2) 기능목록(skill inventory)

조직 내 모든 인력에 대한 인사기록카드에는 각 개인의 전문분야, 자격과 경력, 근무부서, 현 부서의 근무기간, 승진예정시기, 희망근무처 등 자세한 정보가 가득 들어있는데 이를 기능목록이라고 한다. 전산화된 기능목록은 향후 2년 후에는 어느 부서에 어떤 자격을 가진 사람이 총 몇 명이며, 어디로 이동해야 하고, 어떤 부서에 어떤 인력이 어느 정도 부족한지 한눈에 알 수 있다.

3) 승계계획(succession planning)

① 개념

승계계획(succession planning)이란 높은 직위의 관리자로 성장할 잠재력을 보유한 직원이 누구인지를 찾아내고 이들이 실제로 상위 관리직으로 성장할 수 있도록 추적 관리하는 제도를 말한다. 즉, 핵심관리 직위(임원 등 고위직)가 공석일 때 그 자리를 채울 수 있는 적격자를 확보하는 방법이다. 핵심인재(high-potential employees)는 기업의 전략사업단위의 부장, 기능부서의 부장 또는 최고경영자로서의 자질을 보유하고 있고, 최고경영층으로 성장시킬 수 있다고 판단되는 성장잠재력이 높은 직원을 의미한다.

핵심인재들에게는 기존의 성공적인 관리자들의 경력 경로(career path)를 따라서 육성될 수 있도록 현재 조직에서 상위 관리자가 성장하면서 경험했던 업무나 역할을 제공한다. 또한 이들에게는 태스크포스 팀에 참여시키거나 임원들 앞에서 발표할 기회를 제공하며, 다양한 위원회에 참석하여 일하도록 하는 등 역량 개발을 위한 특별 업무도 제공한다.

② 승계계획의 기능

❶ 최고경영층에게 회사 내에 얼마나 많은 인재들이 있는지, 누가 고위 관리자로 성장할 잠재력을 갖고 있는지를 체계적으로 점검하면서 리더를 육성하도록 도와준다.

❷ 승계계획은 관리자들이 최고경영층의 자리에 오르기 위해 사전에 경험해야 할 직무나 역할이 무엇인지를 파악하여 이들에게 육성 차원에서 다양한 경험을 제공해주는 기능을 수행한다.

③ 승계계획의 절차

❶ 승계계획은 단기적 활동이 아니라 장기적인 활동으로 회사의 비전과 전략을 명확하게 하여 지속성(Sustainability)을 유지시키도록 한다.

❷ 승계관리 포지션을 선정(Identification)하는 단계로 해당 포지션을 담당하기 위해 필요한 성과수준을 토대로 해당직무에 필요한 역량과 기업의 핵심가치에 관한 역량 등을 도출한다.

❸ 도출된 역량을 바탕으로 후보자를 평가한다. 후보자를 평가할 때에는 심층면접, 다면평가, 평가센터법 등을 활용하여 후보자로서의 적격성 여부를 판단한다.

❹ 마지막으로는 승계후보군을 선별(Selection)하고 육성(Development)하는 단계다. 승계후보군을 선정할 때는 향후 승계 포지션을 잘 수행할지, 리더십을 효과적으로 발휘할 수 있는지 판단하는 것이 핵심이다. 즉, 현재보다는 미래 잠재력(Potential)에 집중한다. 승계후보자를 육성할 수 있는 구체적 방안에 대해서는 이하에서 소개하도록 하겠다.

④ 승계후보군 육성(Development)

❶ 일을 통한 육성

실제 업무활동을 통해 요구되는 경험적 역량을 배양하는 것이다. 전문분야뿐만 아니라 생소한 영역으로 배치하는 등 의도적인 CDP를 통하여 폭넓은 시각과 통찰력을 배양시킨다.

❷ 관계를 통한 육성

승계 후보자 혼자만으로 갖추기 어려운 육성 영역은 타인과 상호작용을 통해 보완한다. 코칭, 멘토링, 경영진 노출, 동료 네트워킹 등을 활용한다. 코칭은 승계후보자와 코치가 정기적으로 관심 이슈를 공유하고 지속적인 개선활동을 해 나간다. 일반적으로 외부 전문 코치를 활용한다. 멘토링은 멘토-멘티(승계 후보자) 간 장기적 관계를 기반으로 멘토가 자신의 지식과 경험을 전수한다.

❸ 교육을 통한 육성

일과 관계를 통한 육성 외에 교육을 통한 육성도 적극적으로 활용한다. 상위 승계 포지션일수록 일반적 경영관리보다는 실제 비즈니스 이슈에 초점을 둔 교육 프로그램을 운영한다. 교육방식은 직접 경험하는 학습을 통해 효과성을 높일 수 있다.

(2) 외부모집방법

1) 사원추천 모집제도(employee referral)

① 개념

회사 내 공석이 생겼을 때 현직 종업원들이 적임자를 추천하도록 하여 신규직원을 채용하는 제도이다. 사원추천제도는 무엇보다도 **경제적 모집수단**이라는 데 장점이 있다. 즉, 회사가 필요로 하는 자격을 갖춘 인재들을 저렴한 비용으로 리쿠르트하게 되므로 모집의 효과성을 높일 수 있다.

또한 종업원 공모제도를 통해 입사한 직원들은 다른 모집방법으로 들어온 사람들보다 **조직 내 체류연수가 더 길다**고 한다. 왜냐하면 자신의 추천자로부터 **회사에 대한 상세한 정보를** 이미 접하고 의사결정을 하여 채용에 응한 사람들이므로 이른바 '**현실적 직무소개(realistic job preview : RJP)**'가 이루어진 상태라고 볼 수 있기 때문이다. **따라서 기업으로서는 종업원 공모제도를 잘 활용하면 저렴한 모집비용으로 능력 있고, 믿을 만한 인재를 채용할 수 있으므로 모집의 경제성과 효율성을 달성할 수 있다.**

한편 현실적 직무소개(realistic job preview)는 **채용과정에서 지원자에게 조직이나 직무에 대해서 부정적인 내용을 포함하여 사실대로 실질적 정보를 제공하는 것이다.** 사전에 조직에서 기대하는 것과 업무환경, 그리고 실질적으로 어떤 직무를 수행하는지 정확하게 정보를 제공함으로써 **지원자와 회사의 기대치를 일치시키기 위한 활동이다.** 이를 통해 **조직에 들어온 이후에도 기대치가 달라서 발생하는 예기치 못한 상황을 사전에 예방할 수 있으며, 부정적 정보까지도 제공함으로써 이미 그러한 내용을 알고 입사한 직원이 해당 사유로 이직하는 것을 예방**할 수 있게 된다.

② 장점

첫째, 사원추천제의 장점은 무엇보다 **경제적 이익**에 있다. 이 제도는 모집비용을 상당한 정도로 절감할 수 있다는 것이다.

둘째, **직원들의 자질유지가 용이**하다는 점이다. 사원추천제를 운영하면 **직원들은 자신의 이름을 걸고 추천**을 하기 때문에 해당 직위에 부적합하거나 신뢰성이 떨어지는 사람을 추천하는 경우가 드물다.

셋째, **선발에 걸리는 시간이 단축**된다. 사원추천제를 활용할 경우 **주로 추천과 면접을 통해 선발하기 때문에** 시일이 단축된다.

넷째, 사원추천제로 입사하는 사람들은 **기존 직원들과 친밀한 관계**를 가지고 있기 때문에 **이직률도 낮고 기업문화에의 적응도도 높은 것**으로 알려져 있다.

다섯째, 사원추천제는 기존 사원들에게 직원추천 권한을 부여하고 채용될 경우 일정한 상금과 상품이 주어지기 때문에 기존 직원들의 동기부여와 사기 측면에 있어서 긍정적인 것으로 조사되고 있다.

③ 단점

첫째, 사원추천제를 통해 채용되는 사람들은 기존 직원들과는 지역, 학력에 있어서 유사성
이 높은 집단이기 때문에 **회사 내 학맥, 인맥에 근거한 파벌조성의 부작용**을 야기할
가능성이 있다.

둘째, 추천제 자체가 객관적인 채용방법이라고 보기 어렵기 때문에 **채용에 있어서 공정성을
확보하기 어렵다.**

셋째, **이 제도는 추천받지 못한 사람의 취업기회를 원천적으로 봉쇄**하는 것이기 때문에 많은
기업들이 이 제도를 확대 실시할 경우 **사회적 문제를 야기**할 수 있다.

넷째, **피추천 후보자가 채용면접에서 탈락하는 경우 추천자와 반발과 사기저하가 예상**된다.

따라서 **사원추천제를 도입할 경우 외부모집제도와 병행 실시**하는 한편, 이 제도의 공정성과 객
관성을 높여 문제점을 최소화하는 것이 이 제도의 정착을 위해 바람직하다.

2) 웹기반 모집(web-based recruitment)

① 개념

웹기반 모집(web-based recruitment)은 **온라인을 통하여 인사관리와 관련한 데이터베이
스를 활용해 기업이 원하는 인재를 모집하는 방법**이다.

② 웹기반 모집과 전통적 모집과의 비교

전통적인 방법과 웹 기반 모집의 차이점은 아래와 같다[23].

기준	전통적 모집	웹 기반 모집
모집시간	모집에 상당한 시간이 소요	실시간(real-time) 모집 가능
모집비용	모집에 상당한 비용 소요	모집에 드는 비용 저렴
개인정보 보안여부	모집 시 개인 신상자료의 노출	개인 신상자료 비밀 유지
응모횟수	한 사람이 한 번 모집에 한 번 응모가능	한 사람이 복수 응모 가능
모집정보의 원천	해당 기업의 과거 경험 데이터에 의존	외부전문가 집단의 자료와 타 기업의 성공적인 경험 등 외부의 전문적인 자료와 경험 이용 가능(벤치마킹)
모집정보 획득	잠재적 응모자에 대한 정보획득 어려움	잠재적 응모자에 대한 정보를 데이터베이스를 통해 획득 가능
모집도구	모집 툴을 해당 기업 자체에서 개발	모집 전문회사(e-recruiter)의 솔루션(software) 제공받음

---

23) 김성국, 핵심인재의 확보와 웹기반 인력 모집 관리, 인사관리 통권 136호, 2000.12

③ 웹기반 모집의 장점

첫째, 웹기반 모집은 **비용의 효율성을 높일 수 있다.** 전통적인 방법에 비해 웹광고는 비용이 적게 들고 더 오랫동안 게재되며 보다 많은 사람들에게 알려지는 효과가 있다.

둘째, **모집의 편리성이 증가**된다.

셋째, **지원자와 쌍방향 의사소통이 가능**해진다. 예를 들어 지원자들이 무엇을 예상하는지, 조직에 제안하고 싶은 것은 무엇인지 등에 대해서 조사를 할 수 있게 해준다. 이런 조사는 즉시 '교류'가 될 수 있고, 지원자들은 조직과 자신이 얼마나 잘 맞는지에 대하여 피드백 받을 수 있다.

넷째, 전문채용사이트를 통하여 **타겟 리크루팅(target recruiting)을 가능**하게 해준다.

다섯째, '**현실적인 직무소개(Realistic Job Preview)'**의 기능도 수행할 수 있다. 각 기업의 **채용사이트**는 지원창구 외에 **회사나 직무에 대한 다양한 정보를 제공함으로써** 지원자가 회사에 대한 사전정보를 얻을 수 있는 장(場)으로서의 역할을 할 수 있다.

④ 웹기반 모집의 단점

첫째, 정보 접근성의 차이로 인하여 **특정 계층에 대한 의도치 않은 편중 모집이** 이뤄질 수 있다. 즉, 인터넷이라는 수단이 공평한 응모의 기회를 제공하지 않을 수도 있다.

둘째, **동시에 여러 회사를 응모할 수 있기 때문에 실제 선발로 이어질 확률이 낮아질 수 있으며, 많은 인원의 응시로 인하여 서류검토에 많은 시간이 소요**될 수 있다.

셋째, 누구나 편하게 채용사이트에 지원할 수 있다는 것이 문제가 될 수 있는데 **지원이 폭주하게 되면 이를 처리하기 위한 비용이 많이 들 수 있다.**

⑤ 모집 방법

❶ 모집 전문회사(온라인 리크루트 업체)

웹 기반 모집에서는 모집 업무의 상당부분이 **전문업체에 위임**되기 때문에 기업은 **모집과 관련한 전략적 업무에 집중할 수 있다는 장점**이 있다.

❷ 소셜 리크루팅(social recruiting)

소셜 리크루팅은 **소셜 미디어를 통한 채용활동**을 의미한다. 공식적인 매체와는 다르게 이러한 방식을 이용하는 것은 매우 비공식적이지만 **잠재적 모집대상자가 보다 쉽게 회사와의 관계를 맺는 첫 단추**를 낄 수 있게 해준다. 하지만 **상호교류적이고, 동태적이며, 예측치 못한 특성**은 조직에 대한 **부정적 여론을 통제하기 어렵다는 단점**도 있다.

3) 인턴제도

① 개념

인턴이란 **주로 방학 중의 대학생들에게 단기적 고용의 기회를 제공**하는 것으로 **기업의 입장에서는 단기적인 인력 수요를 비교적 저렴하게 해결**할 수 있으며, 인턴들은 **기업의 현실적 상황을 체험할 수 있는 좋은 기회**이다.

② 장점

❶ 기업

- 인턴십 과정에서 참여 학생들에게 다양한 업무 경험을 제공하고 업무 처리 과정을 확인 함으로써 **향후 기관에서 필요로 하는 인재를 선발할 수 있는 인력 풀(Pool)을 확보할 수 있다.**

- 인턴제도를 통해 기업은 **사전에 지원자의 적격 여부를 판단할 수 있고 지원자는 기업에의 적합성 여부를 판단**하며 또한 **교육기관의 교과내용과 실무와의 차이를 줄일 수 있다**는 장점이 있다. 즉, 선검증 후채용으로 인하여 우수인재의 조기확보가 가능하다.

- 인턴 업무를 성공적으로 수행한 역량있는 학생들을 향후 정식 직원으로 채용함으로써, **채용 후 준비 및 적응 단계를 간소화할 수 있다.**

- 공공 관계론적 견지에서 볼 때 **인턴십은 대학과 기업 등 인턴기관 간의 긍정적인 관계 형성에 기여**할 수 있다.

❷ 종업원

- **직업에 대한 실질적 정보 습득으로 진로계획 수립 및 재조정에 도움**이 된다. 인턴십을 통해 관심을 갖고 있는 분야의 실제 직장 업무를 체험함으로써 본인이 생각했던 진로가 본인에게 맞는지 맞지 않는지 등에 대해 현실적인 판단을 가능하게 하고, 이 일이 본인이 계획했던 진로에 부합하는지 등을 확인할 수 있으며, 그에 따라 향후 진로계획을 세우는데 도움이 된다. 즉, **입사 전 기업에 대한 정보는 물론 직무에 대한 적성 파악이 가능**하다.

- **실질적인 직업 적응 능력 및 업무 수행 능력을 배양하는 데 도움이 된다.** 대학에서 향후 진출할 직업 세계와 관련한 이론적인 토대를 구축했다면, 인턴과정을 통해 직업에 대한 **실질적인 현장학습을 미리 경험**함으로써 향후 직업세계에 진출했을 때 업무 등에 대한 적응도 및 수행력 등이 미리 갖춰진 상황에서 일을 시작할 수 있다. 즉, 인턴십을 통해 "학업"에서 "일"로의 전이(school-to-work-transition) 과정에서 겪게 되는 충격을 감소시킬 수 있다.

- 인턴십 자체는 자신에게 **중요한 이력**이 되고 인턴십을 통해 알게 된 사람들과의 **사회적 네트워크는 향후 관련 분야로의 진출에 직간접적으로 도움**이 된다. 그 뿐만 아니라 **대학 졸업 전에 인턴기관이나 인턴기간 동안 접촉했던 다른 기관으로부터 채용 제의를 받을 가능성**을 높여 준다(Fledman and Weitz, 1990).

③ 단점

❶ 기업

- **비용이 많이 드는 모집방법**이다. 실제 LG그룹의 경우 신입사원을 채용하는 데 투입되는 비용이 공채제도는 54만 6천원인 데 비해 인턴제도 운영은 76만 1천원이 들어가 인턴제도를 폐지하기에 이르렀다.

- 단순한 평가방법 사용(상사평가, 적성검사 등)으로 인한 **신뢰성 및 타당성 저하 가능성**이 있다.
- **직무중심의 다양한 현장실습 프로그램이 부재**하다. 실습기간이 짧아서 OJT(On the Job Training) 형식의 현장 실습만으로는 직무에 대한 이해가 부족하고 특히 문과생의 경우 현장 업무를 원하지 않으므로 현장 경험에 대한 Merits가 부족하게 된다.

❷ 종업원
- 인턴수료 후 미채용 시 **기회비용**이 발생하게 된다.
- 대학에서의 교육받은 이론과 현장실무와의 괴리로 인하여 학교 교육을 경시하게 되고 회사에서 원하는 지식습득에만 **노력**하게 된다.
- 단순업무, 업무과다 시 불만이 발생할 수 있다. 특히 기업의 이미지 홍보를 위해 실시하는 이 제도가 오히려 실습기간 동안 인턴 사원에게 나쁜 인상을 심어 줄 수 있다. 즉, **평소에 생각해 오던 기업에 대한 이미지와 부합하지 않을 때 역효과가 발생**할 수 있다.

④ 운영 시 주의사항

회사가 인턴사원을 거쳐 정규직을 채용하는 경우라면 인턴사원에 대한 모집이 정규직 사원에 준하는 절차를 거치게 되는 경우가 많다. **인턴사원을 엄격하게 선발**한 후 다시 **최종 정규직 채용**은 이들 중 일부를 내부경쟁을 통해 채용하는 것이다. 이렇게 채용하게 되면 그렇지 않은 경우에 비해 **직장 정착률이 높아지는 경향이 있기 때문에 이직을 줄이기 위한 방법으로 활용**될 수 있다.

한편 인턴십을 **훈련비용, 채용비용 및 대체**(replacement) **비용을 줄이는 목적으로 사용할 경우에는 보통 수준의 해결책**밖에 되지 않으며, '생존경쟁(rat race)' 현상으로 인턴십 기간에는 열심히 일하지만 그 기간이 끝나고 정규직으로 채용되면 노력이 감소하는 현상이 생기는 것을 방지해야 하고 따라서 **해당 기간에 과도한 정치적 행동이나 영향력을 행사하게 되는데 해당 현상을 예방하는 조치가 마련**되어야 할 것이다.

4) 광고(advertisement)

조직 외부에서 지원자를 모집하기 위해 조직은 광고매체를 활용할 수 있다. 광고매체에는 신문이나 잡지, 인터넷, SNS 등이 있다. 지원자의 특성이나 지원자의 규모는 각 광고매체에 따라 달라지기 때문에 **광고매체를 신중하게 선택**해야 한다. 특히 **구인광고**의 경우 자격요건을 명확히 서술하지 못하여 **부적격자의 지원이 많아지는 경향**이 있지만, 전문잡지의 경우 RJP가 이뤄져 신입사원보다는 **경력직을 위한 유자격자**를 더 많이 확보하는 데 유리하다. 광고를 통한 모집은 **노동력을 유인하는 수단으로 널리 활용**되고 있으며 **공개채용의 형태**를 띠게 되므로 **인재를 공정하게 불러모은다는 장점**이 있지만 **응모자에 대한 정보는 많지 않다는 단점**이 있다.

5) 고용안정기관(employee agencies)

고용안정기관은 일자리를 제공하는 측과 일자리를 찾는 사람들을 연결시켜 주는 역할을 하는 기관이다. 여기에는 **공공기관(public agencies)**과 **직업소개소(privately owned agencies)**가 있다. **공공직업보도기관**은 국가 및 지방자치단체에서 직업소개를 위한 기관을 두고 취업안내 및 고용조정을 하는 것이다. 이는 일자리를 찾는 사람과 주려는 사람 간의 **정보의 부재로 인한 미취업을 방지하려는 목적**에서 설립 운영되고 있다. **사설 직업소개소**는 취업 희망자와 고용주 양측에서 또는 한쪽에서 수수료를 받으므로 공공기관보다는 **전문적인 고용서비스**를 제공한다. 이러한 소개소는 **공공의 직업보도기관이 충분히 발달하지 못한 경우에 자생적으로 생겨나서 그 기능을 대신**하기도 한다. 그러나 업무수행의 허위광고나 광고한 내용과는 달리 취업 희망자를 유흥업소에 넘기는 등 **사회적 부조리의 온상**이 되기도 하고 있다.

(3) 수시모집과 정시모집 : 수시모집으로의 변화

1) 수시모집의 등장배경

모집방법에 있어서 한국 기업들의 중요한 특징은 정기공채였다. 정기공채가 우리나라 기업들에게 관행으로 정착된 것은 우리나라 기업들이 미래를 위한 인재를 미리 확보하고 투자한다는 관점에서 특정 직무와는 무관하게 회사가 지향하는 비전이나 가치를 가진 사람을 대규모로 뽑아왔기 때문이다. 이러한 채용방식은 우리나라 기업들의 인력운영이 일단 뽑은 인재를 **하나의 직무에 전문화시켜서 활용하는 것이 아니라 다양한 직무를 경험하도록 하면서 키우는 방식**이었기 때문에 가능한 것이었다.

그러나 정기공채가 점차 줄어들고 수시채용으로 전환되는 경향이 빠르게 확산되고 있다. **이러한 변화는 기업들이 과거에 비해 수익성을 더 중요하게 생각하게 되었기 때문이다.** 저성장 시대에는 미리 인재에 많은 투자를 한 후 이들을 모두 끌고 가는 것은 **기업의 수익성에 부담**을 줄 수밖에 없다.

2) 적합성 기준에 따른 정기 공채와 수시 채용방식의 차이

① 직무 적합성

채용에 있어서 직무적합성이란 직무 분석의 결과를 바탕으로 **직무 수행에 필요한 지식(knowledge), 기술(skill), 능력(ability)을 기준**으로 하는 것이다. 직무적합성은 IMF 이후 **급변하는 환경**에서 '고용 유연성'이 중시됨에 따라 중요해진 기준으로, 직무적합성을 기준으로 한 채용 방식은 최근의 **소규모 수시 채용 방식**이다.

② 조직 적합성

채용에 있어서 조직 적합성이란 **기업이 특성으로 지니고 있는 가치관이나 목표에 따른 적합성을 판단하는 것**이다. 조직 적합성은 **과거 70~80년대 우리나라에서 지속적 성장이 안정적으로 기대되는 상황**에서 '고용안정성'의 패러다임이 있던 시절에 활용된 기준이다. 해당 기준으로는 주로 대규모 정기 공채의 방식이 이뤄졌다.

	사람 – 조직 적합성	사람 – 직무 적합성
채용 결정자, 면접관	경영진, 인사 전문가	관련 부서장, 직속상관
평가요소	인성, 가치관, 총체적 능력	전공, 직무적·전문적 능력
소속감	저는 A회사에 다닙니다.	저는 엔지니어입니다.
부서 이동 폭	다양한 직무로의 이동 가능	전문성 축적을 위한 제한된 이동
승진	기회가 많음(타 부서 상위직급)	전문부서에 한정
고용기간	장기고용 가정	시장 중심(단기고용 가능)
노동시장	수직이동, 폐쇄적	타 회사로 수평이동, 개방적

3) 장·단점의 비교

기업의 입장에서 **수시채용이 가지는 장점은 필요한 인력을 필요한 시점에 확보해서 활용할 수 있다는 점**이다. 그러나 수시채용은 단순히 인력을 정기가 아니라 수시로 채용한다는 것 이상의 변화를 의미한다는 점을 이해할 필요가 있다. 수시채용을 택하는 기업들은 **채용이 필요한 직무에 대해 채용공지**를 하게 되며, 따라서 과거와는 달리 **직무에 기초해서 채용**이 이루어지게 된다. 따라서 직무기술서를 포함해서 직무중심의 채용이 가능하도록 준비를 할 필요가 있다. 한편 정기공채가 사라지면 **공채로 입사한 동기들 간에 형성되는 네트워크나 긴밀한 소통 역시 사라지게 될 것으로 예상**된다. 구체적인 장·단점을 비교하면 아래와 같다.

① 대규모 정기 공채의 장·단점

❶ 장점
- 〈기업 입장〉에서 **짧은 시간에 대규모 인력을 뽑을 수 있다.**
- 〈지원자 입장〉에서는 '올해 몇 명 뽑겠다'라는 규모예측이 가능하여 **계획적인 취업준비가 가능**하다.

❷ 단점
- 〈기업 입장〉에서 직무 역량이 검증되지 않은 인력을 필요 이상으로 뽑아 추가 인건비가 발생하게 된다.
- 〈지원자 입장〉에서는 직무수행에 필요한 자격을 알지 못하여 **불필요한 스펙 쌓기를 위한 시간과 비용 낭비가 예상**된다.

② 소규모 수시 채용의 장·단점

❶ 장점
- 〈기업 입장〉에서 **직무에 맞는(P–J fit) 인재를 적시에 확보**할 수 있다.
- 〈종업원 입장〉에서는 직무에 대한 세부 정보와 필요한 역량이 공개되어 **과도한 스펙경쟁이 완화**될 수 있다.

❷ 단점

- 〈기업 입장〉에서는 직무분석, 직무평가 등 직무관리가 선행되어야 하기 때문에 **직무관리를 위한 비용과 해당 과정에서 종업원과의 마찰**이 일어날 수 있다.
- 〈지원자 입장〉에서 수시로 채용일정을 확인해야 하는 것은 물론 어느 부서에서 언제 뽑을지 모르기 때문에 구직자 입장에서는 항상 채용에 신경써야 하는바, **채용 준비 기간이 길어지는 문제**가 발생한다.

4) 조직에서의 관리방안

현실적으로 대부분의 기업들은 상황에 따라 두 가지 적합도의 균형점을 찾기 위한 노력이 필요하다. 예를 들어 신입사원 채용의 경우에는 사람–조직 적합성의 비중이 더 높을 것이고, 경력사원 채용의 경우에는 사람–직무 적합성의 비중이 압도적으로 클 수 있다.

제 2 절　　인적자원 모집의 효과

1 모집의 효과성 평가

평가내용은 첫째 모집방법에 대한 평가, 둘째 확보된 지원자 수와 질에 대한 평가, 셋째 모집활동에 투입된 비용 및 효익분석(cost–benefit)에 있다.

(1) 모집방법에 대한 평가

1) 공석(job openings)을 채우는 데 걸리는 시간 측정

공석을 채우기 위해 모집작업이 시작되고 노력의 결과로 공석이 된 직무에 자격을 갖춘 적합한 인원을 **최종적으로 선발하여 채우기까지 걸리는 시간을 측정**하여 평가하면 그 회사의 모집노력 정도를 계량적으로 측정할 수 있다.

평가 결과 해당기업의 모집활동이 불량한 것으로 판명되었을 경우 원인을 규명해야 한다. 즉, 모집원천에 대한 의사결정이 올바르게 되었는지, 모집방법이 합리적으로 선택되었는지 등에 대한 분석이 있어야 한다. 결국 모집활동에 대한 평가는 평가 그 자체가 목적이 아니라 잘못되었으면 원인을 찾아 수정하는 활동이 이어져야 모집에 대한 통제활동이 제대로 되는 것이다.

2) 현실적 직무소개가 이뤄졌는지 여부

직무에 대해 보다 정확하고 완전한 정보를 소유한 사람이 그렇지 못한 사람보다 더욱 생산적이고 만족이 높다는 가정을 세울 수 있다. 이와 관련하여 **현실적 직무소개(Realistic Job Preview)의 필요성이 강조**되고 있다. 이것은 모집단계에서 직무 지원자에게 그 직무에 대한 정확한 정보를 기업이 제공하는 것을 말한다. 즉, 직무에 대한 긍정적인 측면뿐만 아니라 **부정적인 측면 관련 정보를 제공함으로써 미래의 이직률을 감소**시키는 데 그 목적으로 두고 있다(Wanous, 1973).

현실적 직무소개의 효과로는 다음과 같은 것이 있다.

① RJP는 초기의 직무기대감을 낮춤으로써 지원자의 기대에 부응하여 자발적 이직을 낮출 수 있다. 즉, 현실적 직무소개는 **종업원의 실망감을 줄일 수 있다.**

② 사전에 직무에서의 어려움을 기대할 경우 예견한 문제에 대해 미리 대비할 수 있기 때문에 **직무요구를 더 잘 수용**할 수 있다.

③ 부정적 정보를 접하고도 자신이 선택한 것이기 때문에 보다 **직무에 만족하고 조직을 떠나는 경향이 적을 것이다.**

3) 법률저촉 여부 체크

기업의 모집행위에 있어서 **관계 법률을 위반하지 않았는지** 점검하는 것도 매우 중요하다.

(2) 모집의 정량적 · 정성적 평가

1) 의의

① 지원자 수

모집프로그램이 성공적이기 위해서는 기본적으로 지원자 수가 **충분한 풀(pool)을 형성**해야 한다. 지원자 수와 관련된 평가내용은 **단순한 지원자 수, 입사제안자 수, 자격을 갖춘 지원자 수 등**으로 구분하여 볼 수 있다. **입사제안자 수란 기업이 채용을 제안했을 때 이를 수락할 준비가 되어 있는 사람을 의미**한다. 그러나 모집활동을 평가할 때는 결국 단순한 지원자 수나 입사제안자 수만 가지고 평가하는 것보다 **자격을 갖춘 지원자를 얼마나 많이 확보했느냐가 궁극적인 평가기준**이 될 수 있다.

② 지원자의 질

지원자의 수가 충분히 크다고 해도 지원자의 **자질이 평균에 미치지 못한다면** 이 또한 모집의 **효과성은 저하**될 수 있다.

2) 관련 지표

① 산출률(Yield Ratio)

산출률이란 지원자들이 모집과 선발의 각 단계에서 어떻게 인원이 선택되고 축소되는지를 보여주는 비율이다. 모집평가를 위해서 산출률을 측정하는 이유는 각 선발단계에서 선발이 **효과적으로 되기 위해서 필요한 적정한 지원자 풀(pool)이 형성**되고 있는지 점검하려는 것이다. 선발단계를 거치면서 선발되는 인원이 줄어들기 때문에 전체적으로 피라미드 모양을 형성하게 되어 '산출률(Yield Pyramid)'라고 부르게 된다.

이와 같이 조직은 모집자료와 경험을 통해 각 선발단계별로 적정 산출률이 얼마인지를 파악한 다음, 해당 모집과 선발에서 단계별로 적정 산출률이 지켜지는지 점검해 볼 필요가 있다. 산출률이 높은 매체일수록 그 매체를 접하고 지원한 합격자를 많이 배출했다는 뜻이므로 다음번 모집광고에 있어서 매체를 선택할 때 **중요한 정보를 제공**한다.

▼ 모집에 있어서 'Yield Pyramid'

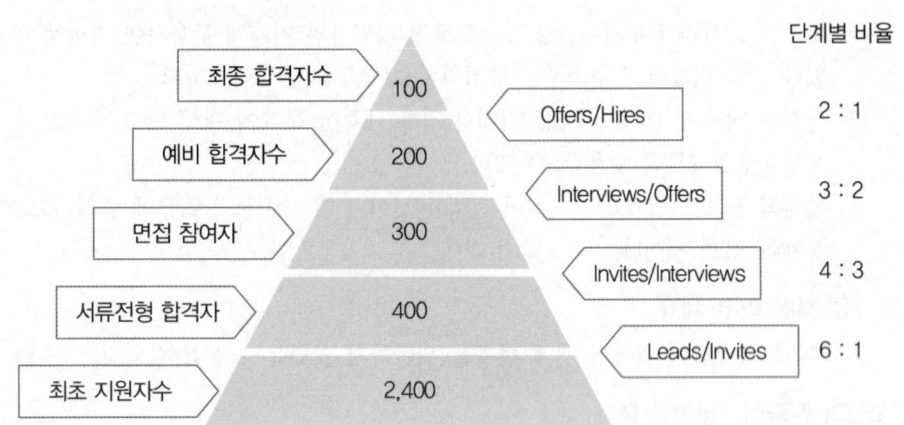

② 선발률(Selection Ratio)

선발률이란 지원자 가운데 최종선발된 인원의 비율을 말한다.

③ 수용률(Acceptance Rate)

수용률이란 **선발에 최종합격하고 회사측으로부터 채용제의(job offer)를 받은 지원자가 실제로 채용제의를 받아들여 입사하는 비율을 나타내는 지표인데, 최종합격자 가운데 입사자의 비율로 측정**한다. 조직은 입사를 거부한 이유를 철저히 분석하여 대책을 강구함으로써 수용률을 높이는 조치가 필요하다. **입사예정자의 거부율(rejection rate)이 높아지게 되면 모집의 효과성이 저하되고 적정 인력을 적시에 채용하지 못하게 되므로 회사의 생산성과 이미지에 타격을 줄 수 있다.**

④ 기초율(Base Rate or Base Rate of Success)

기초율 또는 기초성공률은 **모집의 질적 성공을 측정하는 지표이다.** 기초율은 지원자들 가운데서 선발과정을 거치지 않고 무작위로 선택하여 채용했을 때 일정기간 경과 후 업무수행에 성공적인 사람이 얼마나 있는지를 보여주는 비율이다. 기초율이 높다는 의미는 **총 지원자 가운데 자격을 갖춘 지원자의 수가 많다는 의미이다.** 기초율은 모집하고자 하는 업무의 난이도와 성격에 따라 달라진다.

(3) 비용 – 효익 분석(cost–benefit analysis)

회사입장에서는 **최소 비용으로 최대 효과를 거두는 모집**이 되어야 한다. 모집비용으로는 광고비, 출장경비, 헤드헌터에 대한 수수료 그리고 모집활동을 하는 직원들에 대한 인건비 등을 들 수 있다. 반면에 효익으로는 채용된 지원자들의 우수성(업적), 그리고 근속기간 등이 있다.

구체적으로 모집에 지출되는 비용에는 **직접비용과 간접비용**이 있다. **직접비용에는 광고비, 모집인(recruiter) 급여, 여행경비, 에이전시 수수료, 전화요금 등이 포함되고, 간접비용으로는 모집에 투입된 임직원들의 노력, 대외관계(PR), 기업 이미지 등을 들 수 있다.** 이를 실제로 회사에 근무하는 근속기간을 그 사람에 투입된 모집비용과 비교하면 모집원천별 비용–효익 분석이 가능해진다.

2 모집활동의 평가 기준 : 단기적 vs 장기적

단기적 기준	장기적 기준
• 계획한 수의 지원자를 모으는 데 소요된 시간 • 1인당 채용비용(선발과정까지 포함한 총비용) • 유자격자의 숫자	• 채용 후 1년 내 이직한 자의 숫자 • 채용 후의 평균 직무성과 • 직원배경의 다양성

3 모집의 효과성을 높이는 방법

• 과거의 **모집과 관련된 자료를 잘 관리하고 분석하여** 모집과 선발에 반영하는 **노력**을 해야 한다.
• **선발의 타겟이 되는 인력에 대한 데이터를 관리**하여 이들이 모집에 응할 수 있도록 유인해야한다. 즉, **타겟 리크루팅**(target recruiting)을 해야 한다. 타겟 리크루팅이란 우수인재를 적극적으로 유치하게 위해 개별적으로 접촉하거나 인센티브를 약속하는 등으로 모집의 효과성을 높이는 방식이다.
• 노동시장에서 **폭 넓게 지원자를 획득할 수 있도록 노력**해야 한다.
• **모집인에 대한 교육을 실시**하여 모집능력을 향상시킨다.
• 우수인력을 획득하는데 공을 세운 모집인에 대한 인센티브를 지급한다.
• **현실적 직무소개**(realistic job preview)를 통해 입사 후 직무성과를 높일 수 있다. 브리우(Breaugh)는 모집방법 간 직무성과 차이에 대해서 연구한 바 있는데, 연구 결과 **전문잡지 광고**를 통해 입사한 연구원이 **작업의 질, 협동성 및 직무태도에 높은 점수를 얻은 것**으로 밝혀졌다. 또한 특기할 만한 점은 신문광고를 통해 입사한 종업원의 결근율이 가장 높다는 것이다. 이러한 결과로부터 직무에 대해 보다 정확하고 완전한 정보를 소유한 사람이 그렇지 못한 사람보다 더욱 생산적이고 만족이 높다는 가정을 세울 수 있다.

03 │ 인적자원의 선발

제1절 선발의 원리와 선발의사결정

1 선발의 개념의 중요성

선발(selection)이란 선발하고자 하는 직위와 관련된 자격을 갖춘 지원자들의 숫자를 줄여서 기업이 원하는 인적자원을 선택하는 과정이다. '인사가 만사'라는 말을 자주 하는데 여기서 인사라는 말의 뜻에는 인사선발을 내포하는 경우가 많다. 미국의 경영자들도 "hire easy, manage hard보다도 hire hard, manage easy가 훨씬 낫다"는 말이 있다. 즉, 직원들을 선발할 때 엄격하게 하는 것이 나중에 관리할 때 쉬워진다는 뜻이다.

한편 맥킨지 컨설팅 회사 멤버들이 저술한『인재전쟁(The War for talent)』에 따르면 제목에서 나타나듯이 핵심인재를 확보하고 유지하는 것은 기업생존을 위한 전쟁을 방불케 한다고 지적한다. Microsoft의 창업자였던 Bill Gates도 자기 기업에서 최고의 인재 10명만 빠져나가도 Microsoft는 별 볼 일 없는 기업이 될 것이라고 언급한 적 있다. 즉, 이 접근은 **기업의 경쟁력은 소수의 핵심인재로부터 창출된다는 입장**으로 이들 핵심인재를 잘 유인하여 데려오는 것이 매우 중요하다는 주장을 한다.

선발활동의 **기본목적**은 지원자들 중에서 우수한 인재를 식별하는 것이다. 따라서 인력선발에서의 핵심은 바로 '직무 - 지원자' 간의 적합성(P-J fit[24])과 '회사 - 지원자' 간의 적합성(P-O fit)을 그 기준으로 삼아야 한다. 즉, 선발을 통하여 미래에 수행하게 될 직무에 가장 적합한 사람을 식별해야 한다.

---

24) 사람과 직무의 적합성
 ① 인지 능력(KSA)
  지원자의 **지식(knowledge), 기술(skill), 능력(ability)**을 사용하여 선발의사결정을 하는 경우다. 인지적 능력을 주로 '인지능력 검사'에 의해 측정된다.
 ② 인성 특질(Needs)
  지원자의 **가치관(value)과 인성적 특질(personality traits)**을 사용하여 선발의사결정을 하는 경우다. 인성적 특질 가운데 인사선발에 가장 많이 사용되는 인성 특질은 "Big five"이다.

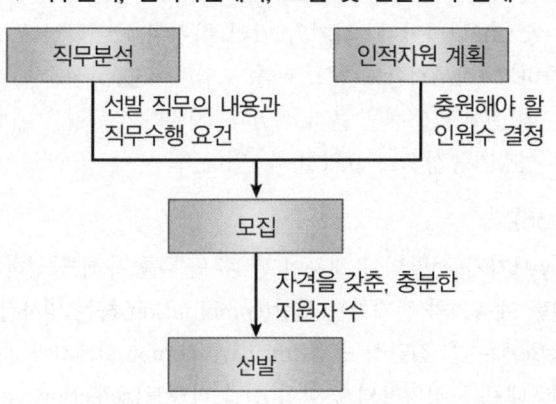

▼ 직무분석, 인적자원계획, 모집 및 선발간의 관계

2 선발방침

(1) 인재관의 결정

1) 직무명세서(job specification)를 기준으로 하는 경우

공석이 된 직무의 자격요건을 지원자가 얼마나 충실히 갖추고 있느냐를 보는 것이다. 즉, 지원자의 지능 내지 자질이나 잠재능력보다는 실제 보유한 기술 내지 기능을 중시하며, 지원자의 중장기적인 개발가능성을 상대적으로 등한시하는 인재관이라고 할 수 있다.

2) 경력중심적인 인재관

공석이 된 직무가 요구하는 자격요건뿐만 아니라 지원자가 갖춘 전체적인 현재 및 잠재능력을 아울러 중요시한다. 즉, 지원자가 채용되었을 때 조직에서 경력을 쌓아가는 과정에 중장기적으로 발휘하는 능력을 중시하는 것이다.

3) 기업문화 중심적인 인재관

우리 기업의 체질에 맞는지 안 맞는지를 인력선발의 주요 기준으로 삼는 경우이다.

(2) 선발방법에 대한 방침

선발에 있어서 지원자가 선발의 모든 단계(예 서류전형, 실기시험, 면접시험 등)를 거치게 하며, 각 단계에서 획득한 점수를 합계하여 선발하는 방침인 종합적 평가법과 선발의 각 단계마다 지원자의 자격수준이 미달할 경우 탈락시키는 단계적 제거법이 있다. 종합적 평가법은 선발비용이 많이 드는 반면 우수한 지원자를 놓칠 위험성이 낮다. 그러나 단계적 제거법은 선발단계별로 지원자를 탈락시키기 때문에 선발비용이 적게 드는 반면 우수한 지원자를 탈락시킬 위험성이 존재한다.

3 선발의 예측치와 준거치

(1) 선발의 예측치(predictors)

선발의 예측치(predictors)란 우리가 흔히 사용하는 서류심사 점수, 인터뷰 점수, 필기시험 점수 등 선발도구(selection tools), 그 가운데서도 주로 점수(scores)를 일컫는다.

최근 우리나라 대기업들이 인재를 선발하는 데 있어서 지원자들의 예측치에 대해서 과거와 다른 인식을 가지고 있는 것으로 나타났다. 과거와 달리 학력이나 어학성적 등 이른바 '스펙(spec)'을 중시하는 관행을 지양하고 '직무적합도 테스트'를 도입하여(예 삼성그룹) 스펙보다 **지원자와 직무 간 적합도**를 검증하는 데 선발의 초점을 옮기고 있다. 지원자의 역량은 대체로 ① **조직 및 직무적합도**, ② **성과창출**, ③ **성장가능성**으로 요약할 수 있다.

(2) 선발의 준거치(criterion)

준거치(criterion)란 후보자가 선발되어 채용이 된 후 근무를 통해 달성하게 될 업무의 성과기준을 의미한다. 인사선발이란 예측치와 준거치를 **결합(combination)하는 의사결정**을 의미한다. 예측치와 준거치를 결합하는 방법에는 ① **직관적 방법(intuitive combination)**과 ② **통계적 방법(statistical combination)**이 있다. 때로는 **경영자의 경험이 선발 타당도(selection validity)가 높은 경우**가 있는바, 예측치와 준거치에 대한 정확한 정의와 오랜 기간 동안의 데이터 수집을 통해서 **회사 나름의 결합 노하우를 개발**하는 노력이 중요하다.

▼ 선발에 있어서 예측치와 준거치, 그리고 결합방법

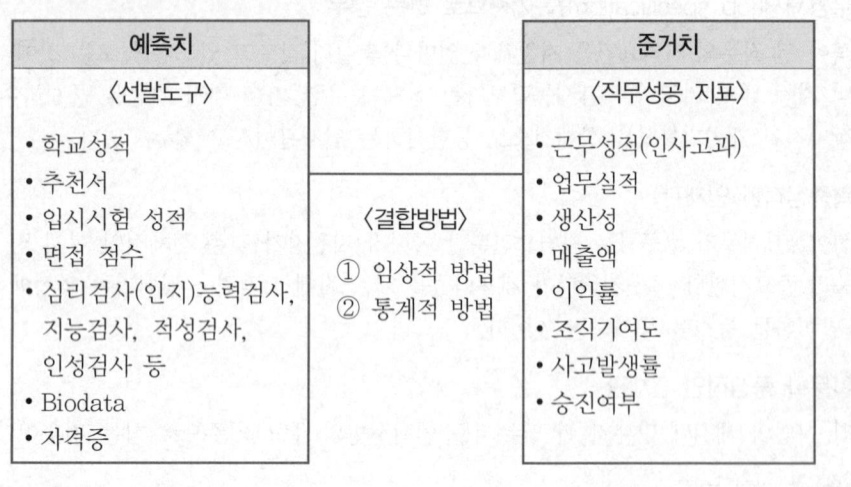

예측치	결합방법	준거치
〈선발도구〉	〈결합방법〉	〈직무성공 지표〉

• 학교성적
• 추천서
• 입시시험 성적
• 면접 점수
• 심리검사(인지)능력검사,
  지능검사, 적성검사,
  인성검사 등
• Biodata
• 자격증
	① 임상적 방법
	② 통계적 방법
		• 근무성적(인사고과)
		• 업무실적
		• 생산성
		• 매출액
		• 이익률
		• 조직기여도
		• 사고발생률
		• 승진여부

(3) 예측치와 준거치의 결합방법

인사선발의 핵심은 예측치와 준거치를 적절히 결합하여 적재적소의 인재를 선발하는 데 있다.

1) 임상적 접근법(Clinical Approach)

임상적 접근법은 **주관적, 직관적으로 적임자를 선발하는 방식**을 말한다. 이 접근법의 장점은 경영자 선발에 대한 **오랜 경험과 지식을 활용하여 인재를 선발**할 수 있다는 것이지만, **선발 의사 결정에 개인의 편견과 고정관념(stereotype)이 작용**할 수 있다는 단점이 있다.

2) 통계적 접근법(Statistical Approach)

통계적 접근법은 선발 의사결정에 있어서 **객관적, 통계적 방법에 의존하는 것**을 말한다. 이는 통계적 방법으로 적임자를 선발하는 방법이다. 통계적 방법의 장점은 선발 의사결정에 있어서 개인적 편견과 스테레오 타입이 원천적으로 배제된 과학적 방법이라는 점이다. 단점으로는 **경영자의 선발경험과 인재상이 선발과정에서 반영되지 못한다는 점이다.**

(4) 선발의사결정의 원리

이하에서는 〈통계적 접근법〉을 통해서 실제로 선발 의사결정을 어떻게 하는지를 살펴볼 것이다.

1) 프로파일 방법

프로파일 방법은 기업이 업무수행에 성공하는 종업원들의 평균적, 표준적 자질을 과거 데이터를 축적, 분석하고 파악하여 이를 '**이상적 프로파일(ideal profile)**'이라 정의하고 개별 지원자의 자질을 측정하여 이상적 프로파일과 유사한 자질을 가진 자를 선발하는 방법이다. 일반적으로 이상적 프로파일과 개별 지원자의 프로파일간 유사성을 검증하는 기준은 다음 두 가지이다.

▼ **이상적 프로파일에 기초한 인사선발의 예**

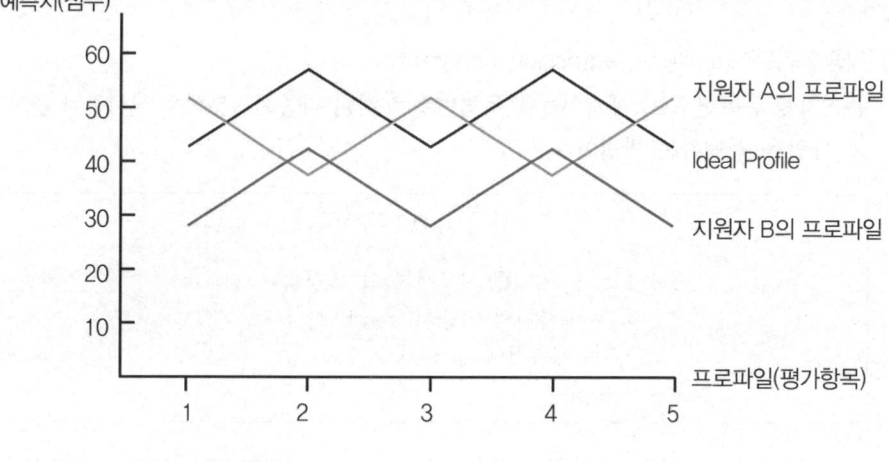

① 수준(level) → 평균점수 중시

수준이란 한 자질의 값과 이상적 자질 사이의 절대적 차이를 말한다. 이상적 자질보다 지원자의 자질수준이 높으면 'over-qualification', 낮으면 'under-qualification'으로 간주되어 적임자가 아닐 가능성이 높아지기 때문이다. 수준을 중시하여 선발하는 경우 성적의 평균점수(average)가 높은 사람이 선발될 가능성이 높다.

▼ **두 프로파일이 수준(level)은 동일하나 형태(shape)가 다른 경우**

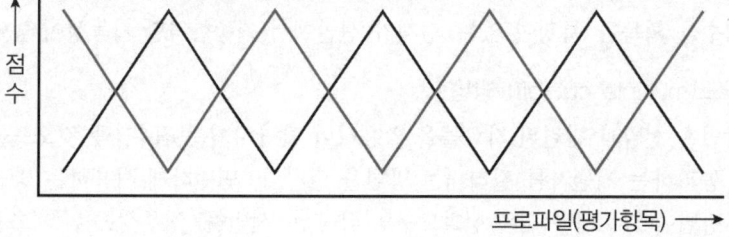

② 형태(shape) → '끼'를 중시

지원자의 각 자질의 값과 이상적 자질 간 상관관계를 구했을 때 상관계수 값이 높게 측정되었다면 그 지원자는 자질의 절대적 수준차이에도 불구하고 적임자라고 판단하고 선발한다. 왜냐하면 그 사람의 자질은 이상적 자질과 동일한 형태로 진행하기 때문에 같은 '끼'를 지녔다고 보여 입사 후 그 직무에서 성공을 거둘 가능성이 높기 때문이다.

▼ 두 프로파일이 형태(shape)는 동일하나 수준(level)이 다른 경우

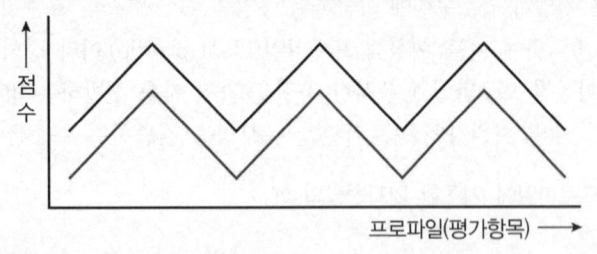

점수 → / 프로파일(평가항목) →

2) 다중회귀분석(multiple regression analysis)

준거치를 종속변수로, 예측치들을 독립변수로 하여 다중회귀분석을 실시하여 준거치가 높은 선발 대안을 선택하는 방법이다.

$$Y = a + b_1 X_1 + b_2 X_2 + \cdots + b_i X_i$$

Y = 준거치(예 직무성과)의 추정치
b_i = 예측치의 가중치(weight)
X_i = 예측치의 실제 점수
a = 상수

다중회귀분석은 기업이 과거의 선발자료를 분석하여 선발도구의 예측치 간 가중치를 산출할 수 있어 **가중치가 높은 선발도구를 집중적으로 활용하고 가중치가 낮은 선발도구를 도태시킬 수 있다는 장점**이 있다.

그러나 단점으로는 **선발자료가 충분히 축적되지 않으면 독립변수들을 알기 어렵다는 점**과 **회귀분석의 부가성(additivity) 때문에 독립변수의 수가 많으면 많을수록 회귀방정식의 설명력이 높아진다는 점**이다. 즉, 가중치가 낮은 프로파일이라도 축적하면 직무성과의 예측력이 높아진다는 단점이 있다. 다시 말하면 회귀분석 방법만으로 사람을 선발한다면 거의 모든 선발항목에서 **평균 이상의 점수를 획득한 '특징이 없는' 인재가 선발에서 최종합격할 가능성이 높아진다**는 뜻이다.

3) (복수)컷오프(multiple cut-off) 방법

컷오프 방법은 **선발과 관련된 자료들을 활용하여 탈락시키는 점수, 즉 컷오프를 정하고 복수의 컷오프를 통과하는 지원자를 걸러내는 방법**을 말한다. 빈번하게 사용하는 방법으로 〈Taylor-Russell〉 **방법**이 있는데 이것은 선발도구의 타당성, 선발률, 직무성공률, 기초율간의 관계를 규명하여 선발에 활용하는 방법이다.

제 2 절 선발 방법 및 절차

1 선발의 방법

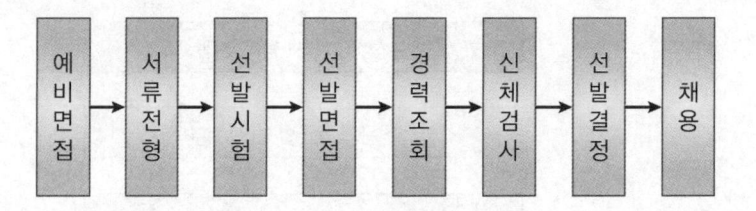

예비면접 → 서류전형 → 선발시험 → 선발면접 → 경력조회 → 신체검사 → 선발결정 → 채용

(1) 지원서 분석

지원서에는 객관적인 사실을 나타내주는 요소인 성별, 가족관계, 군복무 등이 있는 반면에 지원자의 가치관, 태도, 역량 등 인지적이며 주관적인 요소가 있다.

1) 역량기반 지원서 평가

역량기반 지원서란 지원자 개인이 가지고 있는 역량을 스스로 기술하게 하는 것이다.

2) 바이오 데이터 분석

① 개념

바이오 데이터(bio-data : biographical data)는 **전기자료로 번역**할 수 있는데 지원자 개인에 관련된 것으로 지원자의 이력서, 지원서, 면접 등을 통하여 획득된 **개인의 신상에 관한 자료**를 말하며, 검증 가능한 것뿐만 아니라 검증 불가능한 것까지도 포함한다. 구체적으로 학력, 성, 군복무여부, 결혼관계 등 개인정보를 말한다.

바이오 데이터 분석결과를 선발의사결정에 활용하려는 근거는 바로 **개인의 바이오 데이터와 직무성과(적합성 및 직무태도 포함) 간에 상관관계가 있음이** 발견되었기 때문이다.

② 바이오 데이터의 개발

바이오 데이터 개발의 예를 설명하면 다음과 같다.

첫째, 성과관련 변수인 '직무성과'를 기준으로 설정한다.

둘째, 조사대상 집단을 직무성과가 낮은 집단과 높은 집단으로 분류한다.

셋째, 분석할 지원서 항목인 '거주도시의 인구', '군복무관계', '교육수준' 등을 선택한다.

넷째, 개별항목 등급(군복무관계, 장교 등)에 대하여 조사대상 집단에서 몇 명의 종업원이 해당되는지 조사를 한다. 그 후 해당등급의 직무성과가 높은 집단의 종업원 빈도수를 해당등급에 속하는 전체 종업원 수로 나눈 비율을 산정한다.

다섯째, 직무성과가 높은 집단의 등급별 비율을 기준으로 24%면 2점, 58%면 6점을 부여한다.

여섯째, 여기서 발견된 가중치 점수를 지원자의 바이오 데이터에 부여하여 총점을 산출한다.

끝으로 절대적 합격점수 혹은 상대적인 합격점에서 합격 및 불합격을 결정한다.

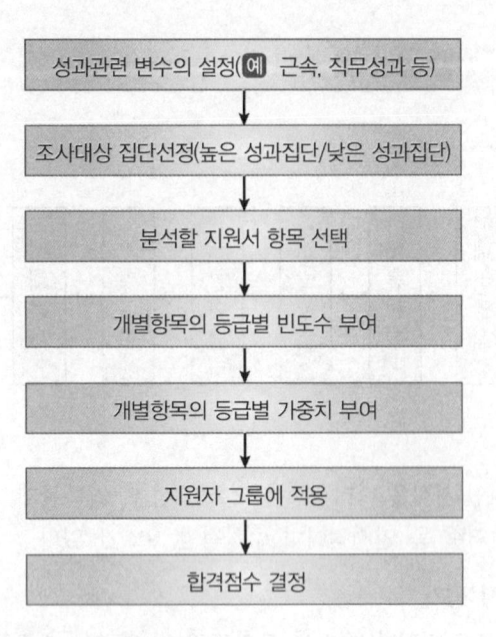

성과관련 변수의 설정(예 근속, 직무성과 등)

↓

조사대상 집단선정(높은 성과집단/낮은 성과집단)

↓

분석할 지원서 항목 선택

↓

개별항목의 등급별 빈도수 부여

↓

개별항목의 등급별 가중치 부여

↓

지원자 그룹에 적용

↓

합격점수 결정

③ 주의사항

바이오데이터를 부적절하게 활용할 경우 **성차별이나 학력차별의 결과를 초래할 수 있어 특히 주의가 필요**하다. 조직은 지원자의 미래 성과와 직접 관계가 없는 것을 서류심사의 기준으로 설정해서는 안 되며 직무가 요구하는 역량 이상의 기준을 요구하는 것도 잘못된 것이다. 예를 들어 직무수행에 영어능력이 필요없는 경우 영어표준화 시험 고득점을 기준으로 설정하면 **타당성이 낮은 선발도구**가 될 수 있다(특히 **예측타당성의 문제**).

④ 최근의 경향

❶ 블라인드 채용

최근 정부에서는 입사지원서와 면접 시 **직무와 관련 없는 개인사항을 요구하거나 질문하지 않도록 권장**하고 있다. 블라인드 채용에서는 입사지원서에 출신지역, 가족관계, 사진, 출신학교, 체중과 키 등 신체조건 기재란이 없다. 직무상 꼭 필요한 사항만을 기재하게 되어 있기 때문이다. 연구직에 지원할 경우 논문과 학위증명을 요구하거나 경비직에 지원할 경우 시력 등의 건강정보를 요구하는 것은 타당하다. 블라인드 채용의 목적은 **직무와 관계가 적은 스펙 경쟁을 지양하고 채용의 공정성을 유도하기 위함**이다.

❷ HR 애널리틱스(HR analytics) : 데이터 기반 인적자원 관리

HR 애널리틱스란 **인력과 관련된 조직성과를 높일 목적으로 인적자원 데이터를 수집하고 분석하는 과정**이다. 즉, 인적자원 데이터를 잘 활용하여 효과적인 HR도 도모하고 나아가 조직의 성과도 높이려는 활동을 말한다. HR 애널리틱스가 주목을 받는 이유는 이것이 합리적인 인적자원관리와 조직성과에 기여하는 점이 크기 때문이다. HR 애널리틱스는 **직관과 경험에 의존하는 HR 관련 의사결정에서 발생할 수 있는 과오와 결점을 합리적인 데이터에 의하여 보완함으로써 의사결정의 질을 높인다는 점에서 의미**가 있다.

채용 애널리틱스(hiring analytics)의 경우 스킬을 분석하여 **우수 인재의 특성에 대한 통찰력을 제공**하고 데이터 분석을 통해 채용과정에서 문제가 되는 편견을 제거할 수 있게 해준다. HR 애널리틱스의 적용영역은 **인재의 채용과 유지에 널리 사용**된다. 많은 데이터에 입각해 직무성과를 낼 것으로 보이는 지원자의 특성과 행동을 가려낼 수 있다. 또 기존 데이터를 활용해 이직 가능성이 있는 직원을 가려내 맞춤형 대책을 강구할 수 있다.

HR 애널리틱스가 조직에 효과를 거두기 위해서는 **데이터 애널리틱스 문화 확립이 핵심 요인**이다. 즉, 합리적인 데이터에 근거한 의사결정의 마인드 셋과 풍토가 마련되어야 한다. 또한 이를 제대로 진행할 수 있는 훈련과 교육을 받은 전문가들이 필요하다. 최근 미국의 대기업에서는 HR 애널리틱스를 전담하는 부서가 만들어지고 있다.

3) 학위와 자격증(Credentials)

조직은 때로 채용을 하기 전 특정 자격증이나 학위를 요구할 수 있다. 이를 활용하는 근거는 첫째, 학위나 자격증을 수여하는 조직은 선발과정에 특별한 역량을 가지고 있기 때문에 기업들은 그 역량에 무임승차할 수 있고, 둘째는 학위를 가졌다는 것은 그 취득과정에서 이미 필요한 기술과 지식을 획득했음을 의미하며, 셋째는 학위를 획득함으로써 개인들은 자신이 타고난 재능이나 기술이 있음을 보이고 알릴 수 있다는 것이다.

(2) 선발테스트

1) 개념

선발시험은 **직무수행자가 필요로 하는 직무관련 능력을 검사하는 시험**이다. 직무수행자는 일반적으로 **지식(knowledge), 기술(skill), 능력(ability)의 3가지 능력**을 갖추어야 특정 직무를 원활히 수행할 수 있다.

2) 장·단점

테스트를 잘 설계하는 경우 **채용 후 직무성과를 예측하는 신뢰할 만하고 정확한 수단**이 될 수 있다. 그리고 다수의 사람들에게 시행함으로써 선발도구로서 **비용이 적게 든다.** 테스트는 **선발에 필요한 정보를 얻는 보다 효율적인 방안**이다. 또 개인의 주관이 개입되지 않는 객관성이라는 장점도 존재한다. 즉, 시험에서 얻은 점수가 **업무능력 혹은 잠재력과 일치하지 않을 가능성이 있지만 신호기능(signaling function)을 할 가능성**이 있다.

그러나 단점으로는 직무성과라는 것은 종업원의 능력과 성과라는 두 요인에 의해 결정되는데 선발 테스트는 지원자의 직무수행 능력을 측정하는 데는 유효하나 그게 조직에 들어와서 열심히 일할 것인가 하는 모티베이션을 측정하는 데는 상대적으로 유효하지 못하다. 또한 테스트와 관련된 불안(anxiety)도 장애요인의 하나다. 성격에 따라 시험에 있어 불안감을 느끼고 자신의 능력을 다 표출하지 못하는 경우도 있다.

3) 선발테스트의 유형

① 인지능력검사(ability test)

지원자의 **생각, 기억력, 언어능력, 연산능력 등 인지능력을** 주로 필기시험 형식을 통해 측정한다. 인지능력(cognitive ability)는 정신적 능력에 기반을 둔 것으로 문어와 구어를 이해하고 사용하는 **언어이해력(verbal comprehension)**, 한 개인이 모든 종류의 수식 문제를 해결할 수 있는 속도와 정확성을 의미하는 **수리능력(quantitative ability)**, 많은 서로 다른 문제들에 대한 해결책을 찾아내는 **추론능력(reasoning ability)** 등이 있다.

② 성격검사(personality test)

성격검사는 **사람의 성격을 파악하는 자기보고식 검사**이다. 성격검사는 능력검사와 달리 문제해결능력을 측정하지 않는다. 성격검사를 잘 설계하면 **직무가 요구하는 것과 성격 차원을 잘 매치시켜 주는 것이** 가능하게 된다.

③ 작업표본검사(work sample test)

작업표본검사는 지원자들이 가상 직무수행 상황에서 어떻게 업무를 수행하는지 관찰하기 위해서 선취업 환경에서 직무를 가상체험해 보는 것이다. 실제 직무 가운데 **대표적인 표본을 추출하여 지원자에게 시켜보고 직무수행의 성공여부를 측정**하는 방법이다.

④ 인성검사(personality test)

성격검사와 같은 심리검사를 실시하여 해당 직무에 적합한 인성적 자질을 갖추었는지를 판단한다.

⑤ 정직성검사(honest and integrity test)

지원자의 정직성을 측정하기 위해서 심리검사나 필적검사들을 실시한다.

(3) 면접

1) 개념 및 목적

면접은 서류전형이나 자격증 등에서 알아내기 힘든 지원자의 솔직한 정보를 얻고 지원자에게 **회사에 대한 정보를 제공하기 위해 행해지는 의도적인 커뮤니케이션이다.**

선발면접의 목적은 **첫째** 지원서에 나타난 항목이 불명확할 때 이를 명료화시키며 또한 지원서에 나와 있지 않은 정보를 수집하는 데 있으며, **둘째** 기업에 관한 정보를 지원자에게 전달하고, **셋째** 지원자에게 기업을 마케팅하여 자격을 갖춘 우수한 지원자가 타 기업으로 가지 않도록 유도하는 데 있다.

2) 선발면접에 포함되어야 하는 내용

선발면접은 일반적으로 아래와 같은 내용이 포함되어야 한다.

① 학업성적에 대한 정확한 해석
② 지원자의 전반적인 능력 파악
③ 직업경력의 파악

④ 대인관계 능력의 파악

⑤ 지원자의 경력욕구 파악

면접에서 측정되는 속성은 아래와 같다.

보완속성	신체능력, 기본인지능력, 업무능력, 동기, 성격
유사속성	가치, 신념, 문화
기타 속성	성장배경, 인맥

3) 바람직한 면접 : 면접관의 질문능력의 향상

면접은 **상호작용의 과정**이므로 **면접자의 행동이나 태도가 피면접자에게 영향**을 줄 수도 있으므로 **면접자 측의 면접의 유효성을 높이려는 노력이 필요**하다. 면접의 가장 큰 장점은 **지원자에게 필요한 정보를 직접 질문할 수 있다는 것**이다. 그러나 **바람직한 질문을 지향**하고 **회피해야 하는 질문을 지양**해야 하는바, 바람직한 질문과 회피해야 하는 질문의 내용은 다음과 같다.

바람직한 질문	① 과거중심적 질문 면접의 기본 가정은 지원자의 과거가 미래에 대한 예측을 상당 부분 가능하게 해준다고 여기는 데 있다. 면접자가 과거중심적 질문을 하는 것이 피상적인 미래지향의 질문을 하는 것보다 쉽고 명확하다. ② 개방형 형태 특정한 목적을 위한 개방형 형태가 적합하다. "예/아니오"로 이루어지는 질문은 얻을 수 있는 정보의 양이 제한적이기 때문이다. 즉, 획득가능한 정보의 양을 늘리기 위해서는 개방형 형태로 질문하는 것이 바람직하다.
회피해야 하는 질문	① 의례적이거나 사회적으로 바람직한 답변을 이끌어낼 확률이 높은 질문 ② 법률에 저촉되는 질문(**예** 남녀차별적인 질문, 인종, 나이, 출신국가, 결혼상황, 자녀 여부 등에 관한 질문)

4) 면접의 유형

① 구조적 면접(structured interview or guided interview)

❶ 개념

구조화된 면접이란 회사가 **표준적 질문을 미리 구성해 놓고 면접 시 모든 지원자에게 동일한 질문을 던져 그 반응을 표준적으로 측정하는 면접방법**을 말한다.

❷ 장점

이 방법은 **지원자 간 상호비교가 가능하므로 면접을 통해 일정 수의 적격자들을 가리는 데 유용한 방법**이다. 면접관 **개인의 편견(stereotype)을 어느 정도 배제**할 수 있어 선발의 신뢰성과 타당성을 높일 수 있고, **돌발적·즉흥적 질문으로 지원자 간 비교가능성을 저해하거나 법적인 문제를 야기시킬 가능성이 적어** 기업에서는 대체로 구조화된 면접을 선호하고 있다.

❸ 단점

구조화된 면접질문들은 대체로 **보편적·상식적 질문**이 대부분이므로 지원자들이 사전에 질문에 대비하고 면접에 임하게 되어 지원자의 본심을 파악하는 데는 미흡하고, 면접질문이 유출되는 경우 나중에 정보를 접한 지원자가 유리해지므로 보안에 유의해야 한다.

② 비구조적 면접(unstructured interview or unguided interview)

❶ 개념

비구조화된 면접은 **면접관이 주제에 구애되지 않고 지원자에 따라 자유롭게 질문을 할 수 있도록 설계**된 면접방법이다.

❷ 장점

지원자에 따라 **자연스러운 질문**을 하고 지원자는 자신에게 해당되는 질문에 자연스럽게 답변할 수 있다. 그리고 지원자마다 받게 되는 질문이 다를 수 있으므로 **질문의 보안도 지켜질 수 있고**, 사전에 질문에 대한 연습이 필요 없게 되어 지원자의 본심을 잘 파악할 수 있다는 점도 장점으로 제시할 수 있다.

❸ 단점

질문에 일관성이 없고 모든 지원자에게 동일하게 질문이 주어지지 않게 되므로 비교가능성이 저해되어 지원자의 면접 점수를 상호 비교하기 어렵다는 문제가 제기된다. 그리고 **면접관 개인의 편견이나 스테레오 타입, 그리고 면접상황에 따라 면접과정이 영향**을 받을 수 있다.

선발과정에서 **면접을 2회 이상 실시하는 경우 1차 면접은 구조화된 면접, 2차나 최종면접은 비구조화된 면접**을 실시하는 경우가 많다.

③ 반구조화 면접(semi-structured interview)

❶ 개념

구조화 면접과 비구조화 면접을 **절충**한 것으로서 **주요 사항에 대해서는 사전에 준비된 질문지를 사용**하지만 나머지 세부적인 특성에 대해서는 면접관의 재량에 따르는 것이다.

❷ 장점

지원자의 본심 파악이 구조적 면접보다는 용이하다.

❸ 단점

구조적 면접과 비구조적 면접의 한계가 동시에 나타날 수 있다. 즉, 일반적 사항에 대해서는 본심 파악이 어렵지만 세부적 특성에 대해 잘못된 질문을 할 경우 면접자의 편견에 영향을 받을 수 있다.

5) 면접의 기법

① 집단면접(group interview)

지원자의 **팀워크 등 조직 적응력과 인화력을 테스트**하기 위해서 **5~7명을 한 집단으로 편성하여 공통 주제를 주어 토론하게 하고 면접관들이 이들의 팀 활동을 평가하는 집단면접**도 기업에서 많이 도입하고 있다. 집단면접은 **피면접자들의 우열비교를 통해 리더십 있는 지원자를 발견할 수 있는 장점**이 있다. 그러나 **대조효과(contrast effect)의 위험**이 있다. 대조효과란 비교가 되어 정확한 평가가 어려워지는 오류를 의미한다(=후보자 순서 오류, candidate order error).

② 위원회 면접(board interview)

다수의 면접관이 한 명의 지원자를 평가하는 것으로 평가자 간 신뢰성이 높고 복수의 면접자가 지원자를 포괄적으로 평가하여 정확한 판단이 가능하지만 피면접자가 심리적으로 위축될 **가능성이 높고 다수의 면접자를 동원해야 하므로 비용이 많이 들 수 있다.**

③ 역량면접(competency interview)

역량면접이란 **직무가 요구하는 특정 역량에 대해 집중적으로 질문하고 지원자가 해당 역량을 경험하게 된 사건들을 설명**하게 한다. 즉, 구체적인 스킬이나 역량 파악을 목표로 질문하여 지원자들에게는 **구체적인 상황에서 그들의 행동과 관련된 질문**을 한다. 이를 통해 면접자는 지원자의 역량수준을 간접적으로 평가한다.

역량기반 면접은 보통 STAR의 방식으로 이루어진다.

S	귀하가 관여한 **상황(Situation)**은 어떤 것이었습니까?
T	귀하가 달성해야했던 **과업(Task)**은 무엇이었습니까?
A	귀하는 어떤 **행동(Action)**을 취했습니까?
R	귀하는 어떤 **결과(Result)**를 얻었습니까?

④ 상황면접(situational interview)

상황면접은 **직무에서 경험하게 될 특정 상황을 지원자에게 소개하고 어떤 대응조치를 취할 것인지를 가상적으로 질문**하는 방식이다. 역량면접은 지원자가 해당 직무를 수행한 경험이 있는 경우 주로 적용되지만, 상황면접은 지원자가 반드시 해당 직무를 사전에 경험할 필요는 없다. 왜냐하면 상황면접에서는 특정 상황이 구체적으로 주어져서 지원자의 실제 행동이 아닌 대응방법을 물어보기 때문이다.

⑤ 스트레스 면접

스트레스 면접방법은 면접자가 **지원자의 약점을 공개적으로 비난할 때 이에 대해 피면접자가 어떻게 반응하느냐를 관찰하는 것**이다. 해당 기법은 **기업의 특수직무(예 공격적인 판매직 등)**에 대한 지원자에게 적용될 수 있다. 스트레스 면접은 제2차 세계대전 당시 미정보국의 첩보

요원을 선발하기 위해 고안된 방법이다. 면접자는 피면접자를 상대로 적대자의 역할을 수행하며 스트레스를 부여한 뒤 피면접자의 대처능력을 관찰하는 것이다. 첩보요원의 임무의 특성을 고려한 면접방식으로 **보통의 직무를 수행하는 데 필요한 선발면접이라기보다는 경찰업무나 스파이 등 특수상황의 근무자들을 위한 선발 시 적절한 방법**이다.

한편 예상치 못한 상황을 꾸미거나 당황하게 했을 때의 대응방식을 관찰하는 스트레스 면접도 있다. 즉, **매우 황당한 질문을 해서 피면접자들의 예상을 뒤엎음으로써 피면접자로 하여금 극도로 스트레스를 받는 상황으로 유도한 다음 그러한 위기상황에서 피면접자의 학습되거나 연출되지 않은 본 바탕의 생각과 사고방식, 그리고 상황대응능력을 측정**하는 데 목적이 있다. 위기대처능력을 집중적으로 측정하는 이색면접은 **상황감각과 판단력을 테스트**하는 것이다. 빠른 상황인식, 상황판단, 상황대응을 보기 위해서이다.

마이크로 소프트사의 빌 게이츠는 황당면접을 통해 핵심인재를 직접 선발하는 것으로 유명하다. 이러한 목적은 단지 **논리력과 유연성을 황당한 질문을 통해서** 시험해 보고자 하는 것이다. 특히 압박면접, 스트레스 면접이 사용되는 빈도가 높아지는 것은 최근 정보통신기술이 눈부시게 발달하고 시대가 빠르게 변화하면서 제품 수명주기가 날이 갈수록 짧아지고 시장경쟁이 치열한 환경을 반영하고 있다. 압박면접과 스트레스 면접을 통해 **감각을 갖추고 변화무쌍한 경영환경에 쉽게 적응하는 '준비된' 인재를 선발**하려고 하는 것이다.

황당질문의 예는 다음과 같다.
- 로또 복권에 1등 당첨된다면 가장 먼저 하고 싶은 일은?
- 서울 시내버스는 몇 대 정도라고 생각하는가?
- 지구상의 바퀴벌레 숫자는 몇 마리인가?
- 3차 대전이 일어난다면 살아남아야 할 사람은?

이러한 질문은 정확한 숫자를 정확히 제시하라는 얘기가 아니다. **상황인식과 그 대응력을 보기 위한 것**이다. 감각과 그에 따른 의사결정, 위기 대처 능력과 도전정신은 학력이나 성적순에서 나오는 것이 아닌 타고난 능력이나 본능에서 비롯되는 것일 수 있다. **생각의 속도와 고객에 대한 대응속도가 기업경쟁력이므로 상황인식과 대응력의 자질을 판단하여 인재를 선발하자는 것**이다.

⑥ 블라인드 면접(blind interview)
블라인드 면접이란 채용 전형 과정에서 **학력, 출신 지역, 전공 등을 배제**하여 진행되는 면접방식이다. 면접관에게 출신학교, 학점, 영어점수 등 소위 '스펙'이 모두 블라인드 처리된다. 블라인드 면접은 면접 과정에서 학력이나 스펙 등에 의해 형성되는 주관적 인상을 배제하고 지원자들의 개성과 인성, 조직에 대한 관심, 가치관 등을 중점적으로 파악하여 면접의 공정성, 정확성을 높이고 조직에 적합한 인재를 선발하기 위해 도입된 방식이다.

6) 면접선발의 한계

① 피면접자에 대한 사전정보(예를 들면 입사서류 기재사항)나 복장, 외모 등 지엽적 정보를 통한 인상으로 채용이 결정되는 수가 많다.

② 면접을 통해 **피면접자에 대한 좋지 못한 부정적 정보가 수집될 때, 면접자는 이에 결정적 영향**을 받아 결국 채용의사결정에 부정적으로 작용하는 수가 많다.

③ **면접에는 후광효과(halo effect), 고정관념(stereotype) 등 각종 편견이 작용**하기 때문에 면접자가 이러한 **평가오류**로부터 벗어나기 어렵다.

7) 선발면접을 효과적으로 시행하기 위한 방안

선발면접의 타당도 및 신뢰도를 높이기 위해서는 선발면접의 내용을 개발하는 것도 중요하겠지만 선발면접의 제반 관리도 매우 중요하다.

첫째, 면접자(interviewer)에 대한 교육훈련이다. 현업에 쫓기며 정신 못 차리는 사람을 불러다가 선발면접을 하라고 하였을 때 면접의 신뢰도는 확보하기가 어렵다.

둘째, 선발면접의 내용을 개발하는 데 가능하면 면접자들을 참여시켜야 한다. 이러한 조치는 선발면접의 내용에 대한 **수용성(acceptance)을 높일 뿐만 아니라 타당도 및 신뢰도 확보**에 상당히 효과적이다.

셋째, 면접에서의 지각오류를 최소화하고 면접의 타당도를 높여야 하는바 ❶ **직무에서 요구되는 주요 사항이 무엇인지를 직무분석 자료를 통하여 확정**하고, ❷ **성공적인 직무수행에 필요한 지식, 기술, 능력, 행동을 구체화**하고 면접의 초점을 이들 요건에 맞추고, ❸ **직무수행과정에서 발생할 수 있는 문제상황을 제시하고 이에 대한 해결방안을 질문**하며, ❹ **직무에서 요구되는 지식, 기술, 능력으로 피면접자를 평가**한다.

모집 · 선발(채용)에서의 인공지능(AI)의 활용

1. 의의

   인공지능은 기계학습과 더불어 HR의 전 분야에 영향을 미치고 있지만 AI가 가장 널리 사용되는 HR분야는 채용분야로 아래의 세 가지 용도로 많이 활용된다.

   ① **후보자 발굴(sourcing)** : 지원자들이 SNS나 채용사이트에 자신의 정보를 올리거나 해당 기업 사이트에 이력서를 등재하면 **방대한 이력서를 검토하여 적합자를 추려낸다.**

   ② **후보자 평가(screening)** : **후보자 중 기존의 우수한 성과를 내는 직원들에 대한 특성 등 데이터에 기초해 후보자들을 평가한다.**

   ③ **후보자 매칭(matching)** : **후보자들의 개인적 특성, 보유기술과 회사에서 성과를 내는 특성을 비교, 결합하여 직무 적합성을 판단**한다.

2. 장점

   AI는 서류전형 시 **우수 인재 판별할 수 있는 정보를 제공하는 일차적인 역할**을 한다. 즉, AI를 이용해 **대규모 후보 풀 중에서 적절한 후보자들을 빠르고 효율적으로 분류**할 수 있다. 그 외에 후보자 면접 과정에도 관여한다. 면접 시 AI가 질문을 담당하여 면접 질문에 응답하는 모든 순간의 후보자의 반응을 실시간으로 모니터링하여 후보자 선발에 도움을 준다. 최근 AI 기술에는 **"특이한" 행동 또는 부정 행위의 징후를 식별하고 그에 따라 후보자를 배제할 수 있는 비디오**

분석 소프트웨어가 포함되고 있다. 또한 AI가 인지적 편견(cognitive bias)을 줄여주고 다양한 인재의 선발에 기여하게 될 것이다. 즉, AI를 활용할 경우 ① 시·공간의 제약 없이 많은 수의 지원자의 면접을 진행할 수 있기 때문에 **우수인재 선발 가능성이 극대화**될 수 있으며, ② **자사의 문화에 적합한 인재상을 선발하는 것을 가능**하게 하여 **자사 맞춤형 인재를 선발**할 수 있고, ③ **과학적이고 일관적인 기준으로 모든 지원자를 평가**하여 객관적이며, ④ 채용과정을 **빠르고 정확하게 단축**할 수 있다. 즉, AI는 방대한 지원자 중에 후보자들을 손쉽게 분류할 수 있다는 점에서 효율성이 있으며 인간의 선입관이나 편견을 배제하여 객관적인 채용을 보장한다는 장점이 있다.

3. 단점

그러나 AI가 효과를 발휘하려면 빅 데이터와 그것을 분석할 좋은 알고리즘이 있어야 한다는 조건이 존재한다. 그렇지 못한다면 또 다른 편향성을 가질 수 있다. 즉, 규모가 큰 조직인 경우 **인공지능 학습에 사용하는 데이터베이스 자체의 편향성**으로 인하여 조직문화 강도가 높아진다. **머신러닝(machine learning)**으로 인하여 **기존 구성원과 유사한 종업원이 선발됨으로써 조직문화가 강화**되는 것이다. 예를 들어 남성인력 비중이 높은 조직에서는 기존 데이터가 주로 남성이기 때문에 '남성 편향적'으로 서류를 분류하여 보다 남성 중심적인 조직문화를 강하게 할 수 있는 것이다.

4. 선발도구로서 평가

① 신뢰성(reliability)

인지적 편견(cognitive bias)을 줄여주고 다양한 인재 선발에 기여를 하는 것은 물론 **사람의 주관 개입을 최소화할 수 있기 때문에 신뢰성은 높다**고 할 수 있다. 즉, **과학적이고 일관적 기준**으로 지원자를 평가할 수 있기 때문에 신뢰성은 높다.

② 타당성(validity)

우수인재 선발 가능성이 극대화되는 것은 물론 자사의 문화에 적합한 인재상을 선발하는 것을 가능하게 하여 P-J fit은 물론 P-O fit이라는 선발의 목적, 즉 우수인재 식별을 가능하게 하여 **타당도는 높다**고 할 수 있다. 다만, **데이터가 과거에 기반한 것으로 예측 타당성**(선발도구의 측정치가 지원자의 미래 직무성과를 예측할 수 있는 정도)**의 문제가 발생**할 수 있다.

③ 수용성(acceptability)

주관적 기준이 아니라 객관적 기준으로 가지고 선발하는 것이기 때문에 구성원의 수용도는 높다고 할 수 있다. 다만, 인공지능의 판단을 지원자가 신뢰하지 않을 경우 반감이 높아질 수 있다.

④ 실용성(practicability)

인공지능을 도입할 경우 업무 효율화는 물론 공정성 제고를 통해 서류심사나 면접에 소요되는 시간과 비용을 줄일 수 있다. 즉, 채용과정을 빠르고 정확하게 단축할 수 있으나 **도입에 많은 시간과 비용이 들기 때문에 실용성은 낮다.**

(4) 평가센터법(Human Assessment Method)

1) 개념 및 목적

평가센터법은 후보자들을 2~3일 동안 합숙시키면서 훈련받은 관찰자들이 이들을 집중적으로 **관찰하고 평가함으로써** 관리자 선발이나 승진의사결정에 있어서 신뢰성과 타당성을 높이기 위해 시행되는 체계적인 선발방법이다. 평가센터법은 평가센터라는 장소적 특징보다는 **복수의 평가자가, 복수의 평가도구를 활용하여, 복수의 역량차원을 종합적으로 평가하는 방법**이다. 평가센터법(assessment center)은 **관리직 인력을 선발할 때 주로 도입**하는데 다른 선발도구에 비해 지원자의 미래 성과를 예측하는 정확도가 높기 때문이다.

평가센터법은 **선발(S형, selection), 인력개발(D형, development), 능력평가(I형, inventory)** 등 세가지가 있다. 이 방법은 지원자의 능력 및 개인적 특성을 파악하는 데 다른 어떤 선발도구보다도 우수하다고 알려져 있으나 **선발비용이 많이 발생**한다.

2) 특징

① 복수(보통 6~10명)의 참가자의 행동을 집단적으로 관찰, 평가한다.

② 참가자들에게 주어지는 조건들을 가급적 통일한다.

③ 관찰되고 평가되는 것은 주로 참가자들의 '행동'이다.

④ 관찰자와 평가자는 복수이며 사전에 철저한 훈련을 받는다.

⑤ 선발 대상이 되는 **관리자의 직무에 대해 요구되는 자질(profile)이 미리 확정**되어 있어야 한다.

⑥ 참가자의 전반적인 인간성 파악이 목적이 아니라 **특정 관리자 직위(position)에 대한 적성 (aptitude)을 파악**하는 것이다.

3) 진행절차

① **평가대상이 되는 선발 또는 승진 후보자를 선정한다.** 또한 관찰자와 평가자에 대한 훈련을 실시 한 후 관찰 및 평가기준(圓 협동심, 의사소통, 경쟁력 등)을 정한다.

② **연습 및 테스트**를 하게 되는데 6~12명 정도가 한 그룹이 되어 **여러 테스트(적성검사, 인터뷰, 의사결정게임, 사례학습, 역할 연기, 인바스켓 기법 등)를 적절히 결합하여 실시**한다.

③ 테스트까지 완전히 끝나면 사전에 합의된 기준에 따라 참가자들의 행동이 분석되고 평가된 후, 이 결과를 선발과 개발 등에 사용하게 된다.

4) 장점

① **평가기준이 명확**하기 때문에 주관적 판단을 감소시킬 수 있다.

② 실제 담당하게 될 직무와 관련된 사항을 가지고 평가하기 때문에 평가 결과의 예측력이 높으며, 실무에 적용이 가능하다.

③ 선발의 예측력이 높기 때문에 **부적격 관리자 선발로 인한 인사비용을 절약**한다.

④ 평가센터법은 **피평가자의 깊은 면목을 파악**할 수 있고 **신뢰도와 타당성이 높아 정확한 측정**이 가능하다.

5) 단점

① 평가센터법이 **실제 접하게 되는 직무상황을 완벽하게 simulate하지 못하기 때문에** 실제 조직에서 **맞닥뜨리는 상황과 차이가 있을 수 있다.**

② 평가센터에서 시행하는 일련의 테스트는 주로 **지원자의 언어능력**(verbal ability)**과 관련된** 것이 많다. 따라서 언어능력이 뛰어난 사람이 좋은 점수를 받을 가능성이 많다. 즉, 언어능력이 뛰어나다는 것이 다른 능력을 측정하는 데 **현혹효과**(halo effect)로 적용 가능성이 있다.

③ **관찰자가 사전에 잘 훈련**되고 의사결정상에 문제가 없어야 평가센터방법의 신뢰성과 타당성이 높아질 수 있는데 **실제로는 그렇지 않은 경우가 있을 수 있다.**

④ 평가센터방법은 여러 기법들을 동원하고 그 결과를 종합적으로 평가하는 방법이기 때문에 방법의 **표준화**(standardization)**가 어렵다.**

⑤ 관리자 선발을 목표로 하는 경우 **예측타당성**(predictive validity)**이 문제**될 수 있다. 즉, 평가센터에 참가하는 지원자는 아직 관리자로서 직무를 수행한 경험이 없는 자가 대부분인데 테스트하는 항목은 **관리자로서 5~10년 후에나 일어날 수 있는 사안**이기 때문에 이것이 타당성 있는 선발도구인지에 대해서는 논란의 소지가 있다.

⑥ **시간과 비용이 많이 드는 방법이다.**

(5) 채용 전 조사 : 경력 및 신원조회

테스트와 면접을 거친 지원자들을 대상으로 채용 전에 경력 및 신원조회를 실시한다. 이는 **제출된 정보의 정확성 여부를 판별하고 중요한 정보가 빠졌는지를 검증하기 위해** 실시된다. 배경정보는 다양한 원천으로부터의 정보를 활용하게 되는데 여기에는 과거의 고용주, 기업동료, 신용조사기관, 정부기관, 학교 등이 동원될 수 있다.

(6) 예비채용 결정

테스트와 면접 등 일련의 선발절차를 통과하고 **경력 및 신원조회에 문제가 없으면 예비채용 결정을** 내린다. 관리자는 **회사가 정한 채용요건에 가장 적합한 지원자를 선발**하는 것이 중요하다.

(7) 신체검사와 최종채용 결정의 통지

예비채용 결정이 내려진 사람들 대상으로 예비합격자를 선발하고 이들에 대해서는 신체검사를 실시한다. 신체검사는 **지원자가 육체적으로 직무수행을 해낼 수 있는지를 알아보기 위해** 실시한다. 또한 채용 후 질병 등 발병에 대해서 기업도 책임이 있기 때문에 사전에 **지원자가 질병을 지니고 있는지 판단하기 위해서도 필요**하다. 신체검사를 통해 이상이 없는 경우 최종적으로 채용이 결정되고 개인에게 통보된다.

2 선발의 절차

(1) 공석 중인 직무의 파악과 직무분석

공석(openings)을 확인하고 해당 직무의 수행에 필요한 요건을 확정한다.

(2) 선발에 있어서 예측치와 준거치의 설정

성공적인 직무수행에 대한 준거치를 설정하고 사용할 예측치를 선택한다.

(3) 수행측정(Performance Measurement)

조직 내 현직자(incumbent)의 직무수행을 측정하여 측정치를 얻는다.

(4) 예측치의 타당성 측정

동시타당성과 예측타당성을 산출하여 예측치의 타당도를 평가한다.

(5) 예측치의 효용성(utility) 결정

예측치의 타당성이 높다면 타당성, 선발률, 기초율, 비용 등에 따라 그 변인이 선발의 질을 얼마나 높일 수 있는지 판단한다.

(6) 재분석

시간이 경과함에 따라 직무와 지원자 집단이 변하기 때문에 예측치는 그 타당성이 낮아질 수 있다. 따라서 주기적으로 고용조건이 예측치와 준거치와의 관계를 변화시켰는지 여부를 재분석하고 재평가해야 한다.

제 3 절   선발도구에 대한 평가

선발도구에 대한 평가기준은 기본적으로 신뢰성(reliability), 타당성(validity), 그리고 비용/편익분석 (cost/benefit analysis) 등을 들 수 있다.

1 선발도구의 신뢰성(Reliability)

(1) 신뢰성의 개념

선발도구의 신뢰성(Reliability)이란 선발도구의 측정결과가 일관성(consistency)과 안정성(stability) 을 보인다는 뜻이다. 즉, 시간과 상황에 관계 없이 똑같은 측정결과를 나타내는 것을 의미한다. 특정 선발방법을 동일한 지원자에게 반복해서 실행하더라도 동일한 결과를 보이는 정도를 의미한다.

(2) 검증방법

1) 실시-재실시 신뢰성(test-retest Reliability) 검증

시험-재시험 방법은 두 시점(t_1, t_2)에서 시험을 실시한 후 이 시험결과들 간의 상관관계를 구 하여 특정시험의 신뢰도 정도를 판단한다. 동일한 테스트를 동일한 집단을 대상으로 시간적 간격 을 두고 재실시하여 두 측정치(첫 번째와 두 번째)가 일치하는 정도를 검증하는 방법을 말한다.

2) 대체형식에 의한 신뢰성(Equivalent Form Reliability) 검증

필기시험 문제처럼 동일한 문제를 사용하여 재시험을 보게 되면 피평가자가 이미 **첫 번째 시험을 통해 지식을 획득하였으므로 재실시가 의미가 없게 된다.** 이럴 경우에는 동일 유형의 난이도가 유사한 시험을 재실시하여 신뢰성을 검증한다.

3) 평가자간 신뢰성(Inter-rater Reliability) 검증

복수평가자가 동일 시점에 동일한 평가대상을 평가할 때 평가자들이 얼마나 동일하게 평가하였는지를 검증하는 것을 말한다.

4) 내적 일관성 신뢰성(Internal Consistency Reliability) 검증

특정 피평가집단에 대해서 하나의 평가표로 측정한 결과만 있을 때 **평가항목 점수들 간의 관계의 일관성(consistency)을 산출한 신뢰성**을 말한다. 내적 일관성의 예를 들면 지원자의 성격이 어느 정도 '외향적'인가를 측정하기 위해 5가지 질문을 甲에게 하였을 때 이 **질문의 응답들이 서로 얼마나 비슷한 경향을 보여주었느냐**를 측정하는 것이다.

① 항목점수 간 상관관계 평균

측정항목 점수 간 상관관계를 산출하고 **각 항목점수 간 상관관계의 평균을 계산**하는 방법

② 전체점수와 항목점수 간 상관관계의 평균

5개 항목으로 구성된 면접 채점의 경우 5개 항목 **전체점수를 구한 뒤 각 항목점수 간 상관관계의 평균을 계산**하는 방법

③ 반분신뢰도(split-half Reliability)

하나의 평가표를 임의로(예를 들면 짝수 문항과 홀수문항) 둘로 나누어 각각 측정한 다음, 두 평가표의 전체점수 간의 상관관계를 계산하여 내적 일관성을 측정하는 방법

④ 크론바흐 알파(Cronbach's alpha)

평가문항에 대하여 조합이 가능한 모든 반분신뢰도를 계산하여 신뢰도를 추정한 값으로서 SAS나 SPSS **통계 패키지를 이용**하여 크론바흐 알파값을 산출하는데, 대체로 **0.7 이상이면 신뢰성이 있는 것으로 간주**한다.

(3) 신뢰성 저해요인

1) **첫인상에 입각한 평가** : 지원자의 첫인상을 가지고 평가할 경우 편향이 일어나기 쉽다.

2) **면접자가 면접시간을 주도하는 행동** : 지원자로부터 직무관련 정보의 수집은 제한적이게 된다.

3) **질문의 일관성 문제** : 지원자들에게 상이한 질문을 하는 경우 지원자들의 상이한 대답들을 가지고 비교 평가하기는 매우 어렵다.

4) **후광효과(halo effect)** : 어느 특정 평가항목의 점수가 아주 높거나 아주 낮을 때 이 항목의 평가 결과가 다른 항목의 평가에 영향을 미치는 경우이다.

5) **면접자의 편견** : 선발면접이 주관적으로 치우칠 가능성이 높다는 우려는 바로 면접자의 편견에 연유하고 있다.

6) **대비효과(contrast effect)** : 면접자가 여러 명의 지원자를 평가할 경우 자질면에서 낮은 지원자를 면접한 후 보통 수준의 지원자를 면접했을 때 보통보다 더 높은 점수를 주는 경우이다.

7) **비언어적 행동** : 지원자의 비언어적 행동 내지 의사소통이 선발면접 시 평가에 영향을 미치는 경우이다.

2 선발도구의 타당성

선발도구의 타당도란 특정 **선발도구가 얼마나 평가목적을 충족시키느냐에 관한 것이다.** 선발도구를 통해 선발된 사람들이 실제 근무에 있어서 성공적이어야 선발목적을 달성하게 된다. 이러한 개념을 타당성(validity)이라고 부른다. 즉, **선발타당성은 선발에 있어서 측정하고자 하는 대상을 올바르게 측정하고 있으며, 그 측정결과가 과연 측정하고자 하는 목적에 부합되는지를 나타내는 지표이다.**

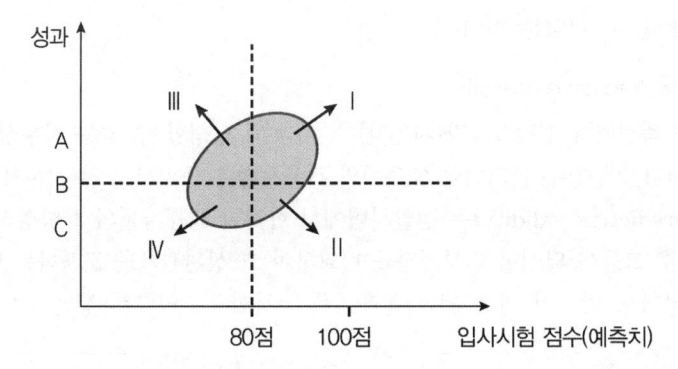

(1) 준거관련 타당성(Criterion-related Validity)

준거관련 타당성이란 **선발도구의 측정치와 지원자의 근무성적 간의 관계를 측정**하여 타당성을 검증하는 것을 말한다. 이에는 근무성적을 적용하는 〈시점〉에 따라 동시 타당성과 예측 타당성으로 구분된다.

1) 동시 타당성(Concurrent Validity)

선발도구의 측정치가 그 직무를 담당하는 종업원(현직자)들이 달성하고 있는 수준의 직무행위 측정치(ⓔ 직무성과)와 관련되어 있는 정도를 말한다. 이 경우 준거치와 예측치의 적용시점은 동일하다(concurrent). 즉, 현재 그 일을 하고 있는 기존직원들의 수준을 지원자가 '현재' 달성할 수 있는지를 검증하는 것이다.

현재타당도(concurrent validity)라고도 불리며 신입사원의 선발에 적용하려는 선발도구 A를 현직 종업원에게 실시하여 현직 종업원이 획득한 시험점수와 그들의 인사평가 점수(성과) 간의 **상관관계를 조사**하는 방법이다. 여기서 얻은 상관관계를 타당도 계수라 한다. **현재타당도의 장점은 타당도 조사결과를 매우 편리하게 빨리 얻을 수 있다는 것이다.**

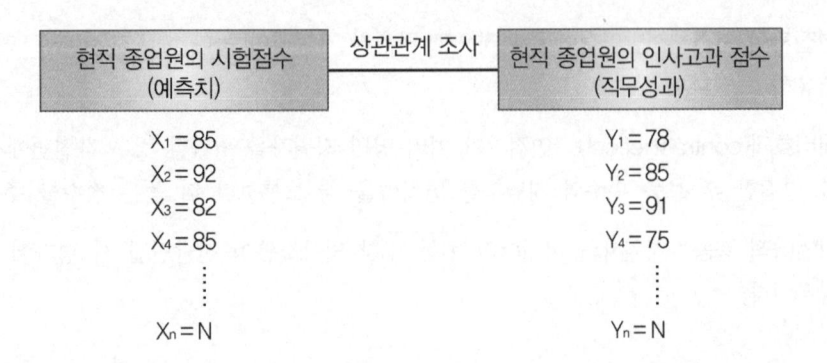

현직 종업원의 시험점수 (예측치)	상관관계 조사	현직 종업원의 인사고과 점수 (직무성과)
X₁ = 85		Y₁ = 78
X₂ = 92		Y₂ = 85
X₃ = 82		Y₃ = 91
X₄ = 85		Y₄ = 75
⋮		⋮
Xₙ = N		Yₙ = N

그러나 이 방법은 몇 가지 문제점을 안고 있다.

첫째, **현직 종업원은 이미 채용된 이후이기 때문에 '시험'에서 높은 점수를 얻기 위해 과연 최선을 다할 것인가, 즉 시험점수의 신뢰도에 문제가** 야기된다.

둘째, 신규로 채용하려는 인력집단을 **현직 종업원이 대표할 수 없는 경우이다.**

셋째, 현직 종업원의 시험성적이 현재까지의 **직무경험이나** 그들의 개별적인 노력에 의해 영향을 받을 수 있다는 것이다.

2) 예측 타당성(Predictive Validity)

선발도구의 측정치가 선발대상자(지원자)가 '미래'에 달성할 수 있는 직무성과와 관련되어 있는 정도를 말한다. 이 경우 준거치와 예측치의 적용시점은 동일하지 않고 시차가 존재한다. 즉, 예측타당도(predictive validity)는 선발시험에서 합격한 지원자들의 시험성적과 입사 후 일정 기간이 지난 후 그들이 달성한 직무성과를 비교하여 그 상관관계를 조사하는 방법이다. 이 방법은 앞의 현재타당도 방법이 안고 있는 문제점을 극복할 수 있다는 장점이 있다.

신입사원의 입사시험점수 (예측치)	(채용 후 1년) 상관관계 조사	신입사원의 인사고과 점수 (직무성과)
X₁ = 88		Y₁ = 85
X₂ = 92		Y₂ = 79
X₃ = 83		Y₃ = 82
X₄ = 85		Y₄ = 90
X₅ = 86		Y₄ = 81
⋮		⋮
Xₙ = N		Yₙ = N

그러나 타당도 조사가 신입사원의 채용 후 실시되기 때문에 해당기업이 **모집한 선발도구의 타당도가 낮은 것으로 판명되었을 때 당시의 채용집단을 대상으로는 개선할 수가 없다.** 또 다른 약점은 상관관계 조사를 통해 타당도를 조사하기 때문에 통계적으로 의미 있기 위해서는 **표본수가 상당히 커야 한다.** 또한 선발도구의 **타당도 조사시기가 신입사원의 직무성과를 관찰할 수 있는 6개월 내지 1년 후에야 비로소 가능**하다.

(2) 기술적 타당성(Descriptive Validity)

기술적 타당성이란 **선발도구가 측정하는 항목과 내용 자체를 검증하는 것**으로서 항목과 선발도구를 기술하는 과정이 적정한지를 검증하는 것이다.

1) 내용타당성(Content Validity)

선발도구가 측정하는 내용이 실제로 근무하는 데 있어서 작업상황과 직무행위에 얼마나 유사한 내용을 담고 있는지를 나타내는 것이다. 즉, 내용타당도(content validity)는 위에서 소개한 방법들인 시험성적과 직무성과와의 통계적 상관관계 조사로 측정되는 것이 아니고 **측정대상의 취지(subject matter)를 어느 정도 선발도구에 담고 있는가 해당 직무의 전문가들이 모여 판단하는 것이다.**

2) 구성타당성(Construct Validity)

구성타당성은 **공인타당성**이라고 부르는데 선발도구의 **측정치가 이론적 구성 또는 특질(theoretical construct or trait)을 가지고 있는 정도를 나타낸다. 선발도구의 특정항목들이 얼마나 이론적 속성에 부합되고 논리적인지를 표시하는 지표이다.** 내용타당도가 선발도구의 직무성과에 대한 예측정도를 나타내는 데 반하여 구성타당도는 일반적으로 특정한 추상적 개념(construct)을 측정하기 위하여 설계된 측정도구가 그 측정하고자 하는 개념을 얼마나 정확하게 측정해주는지를 말해주는 것이다. 즉, 구성타당도는 특정 선발도구의 성과 예측도를 나타낸다기보다는 해당 선발도구의 측정도구(measurable tool)로서의 적격성을 판정하는 타당도라고 할 수 있다.

3 효용성(Utility) = 비용/편익분석(cost/benefit analysis)

선발에 있어서 정확성을 높임으로써 선발의 효과성(effectiveness)을 본질적으로 높일 수 있는지를 나타내는 지표로서 효용성(utility)을 들 수 있다. **선발의 효용성을 측정하는 방법은 선발을 통해 입사한 직원들이 달성하는 직무성과치(제품 및 서비스의 양과 질)를 선발에 투입된 총비용(각종 테스트 비용 등)으로 나누어 계산한다.**

'**비용/편익분석(cost/benefit analysis)**'이라고도 하며 이는 결국 선발도구에 대한 비용은 선발도구를 개발 내지 도입하는 데 투입된 제반비용을 말한다. **선발도구 도입에 소요되는 비용은 평가센터법의 경우 가장 많으며, 가장 낮은 비용이 발생하는 선발도구는 전기자료 분석(bio-data)인 것으로 나타났다.**

4 선발비율

선발비율은 **총지원자 수에 대한 채용인원 수의 비율**이다.

$$\text{선발비율}(SR) = \frac{\text{채용인원 수}}{\text{총지원자 수}}$$

선발도구의 타당도가 낮을 경우 선발비율을 낮추고 해당 선발도구의 유효성을 높이는 노력이 요구된다.

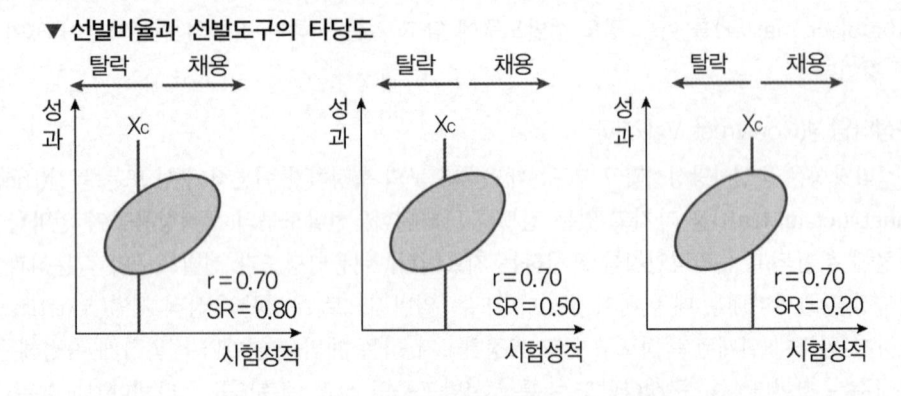

▼ 선발비율과 선발도구의 타당도

r = 타당도 계수, SR = 선발비율, Xc = 합격점수

5 Taylor-Russell 방법 : 기초율 - 타당도 - 직무성공률 간 관계

〈Taylor-Russell〉 방법은 선발도구의 타당성, 선발률, 직무성공률, 기초율간의 관계를 규명하여 선발에 활용하는 방법이다.

(1) 예측치의 타당성

예측치의 타당성이란 선발 도구로서 적용된 예측치가 얼마나 정확성을 가지는가를 나타내는 것이다. **예측치(입사시험 성적)와 준거치(직무 성공도) 간 상관관계 계수가 높을수록 타당성이 높은 정확한 선발도구**라는 의미다.

(2) 선발률, 직무성공률, 기초율

1) 선발률(selection ratio)

최종합격자를 총 지원자로 나눈 값

$$\text{선발률(selection ratio)} = \frac{\text{최종합격자}}{\text{총 지원자}}$$

2) 직무성공률(success rate)

선발된 인원(입사자) 중에서 일정기간 후 성공적 직무수행자의 비율

$$직무성공률 = \frac{성공적\ 직무수행자}{선발된\ 인원}$$

3) 기초율(success base rate)

총 지원자 가운데 성공적 직무수행자의 비율

$$기초율 = \frac{성공적\ 직무수행자}{총\ 지원자}$$

(3) 기초율, 타당도, 선발비율, 성공률 간 관계 : Taylor-Russell Table

선발도구는 선발상황에 따라 유효성이 달라지는바, 구체적인 내용은 아래와 같다.

- **동일 선발도구(동일 타당도) 하에서는 선발비율이 낮을수록 직무성공률이 상승한다.** 왜냐하면 선발비율이 낮으면 비교적 우수한 지원자들이 선발되므로 보다 높은 성과가 가능해지기 때문이다.
- **동일 선발비율 하에서는 타당도가 높을수록 직무성공률이 높아진다.**
- 기초비율이 낮을 경우 선발도구의 타당성을 높임으로써 유효성을 크게 높일 수 있지만, 기초율이 높을 경우 선별의 필요성이 낮아져 타당도를 높이더라도 성과 향상에 기여하는 공헌도는 크게 높아지지 않는다. 즉, **기초율이 낮을수록 똑같은 선발비율 조건에서 선발도구의 타당도 개선에 더욱 신경써야 할 것이다.**

6 컷오프(cut-off)에 의한 선발의사결정의 효과성

(1) 선발 의사결정에 따른 4가지 의사결정 결과

▼ 준거치에 설정된 컷오프

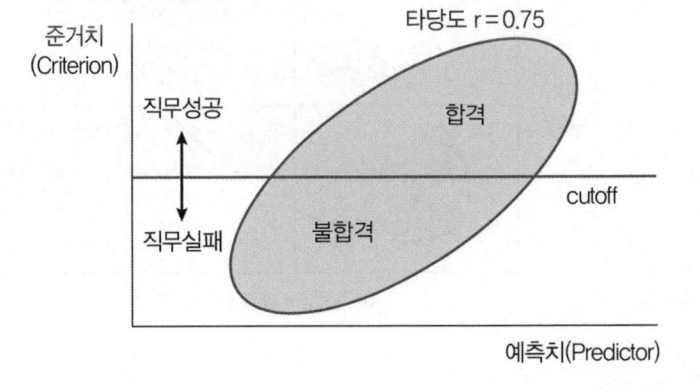

▼ 예측치에 설정된 컷오프

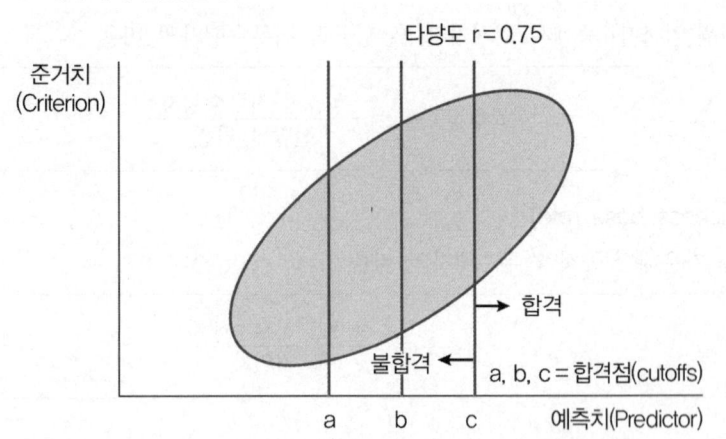

선발 의사결정을 하게 되면 다음과 같은 네 가지 결과가 발생하게 된다.

1) False Positive Error(FP)

입사 후 부적격자로 판명된 지원자를 선발하는 오류

2) False Negative Error(FN)

선발되어 근무를 하였다면 나중에 적격자로 판명될 지원자를 탈락시키는 오류

3) True Positive(TP)

입사 후 적격자로 판명된 지원자를 선발함

4) True Negatives(TN)

선발되어 근무를 하였다면 나중에 부적격자로 판명될 지원자를 탈락시킴

▼ 선발의사결정의 효과성 검증

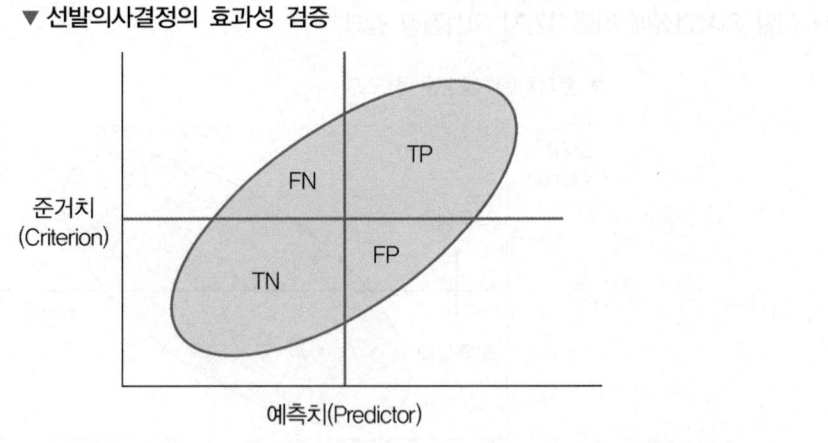

3)과 4)는 선발의사결정을 올바르게 행사하여 오류를 회피한 경우이고, 1)과 2)의 경우는 선발에 있어서 피하기 어려운 오류가 발생한 것으로 볼 수 있다. 오류를 방지하고 감소하는 가장 손쉬운 대책은 선발률을 낮추어 요행히 선발에 합격하는 사람을 줄이는 것이다. 그러나 이 경우 전체 선발 인원이 축소되므로 당초 목표한 선발인원을 채우지 못할 우려가 있다. 이에 인턴십이나 수습기간을 부여하여 신입사원의 근무성적을 체크하여 최종 채용여부를 결정하는 방법도 선발오류를 줄일 수 있는 대안이 될 수 있을 것이다.

한편 선발의 오류는 선발도구의 타당도가 낮을수록 그 비중은 더 커진다. 선발도구를 개선하여 선발과정의 전체적인 타당도를 높일 때 이들 오류의 정도는 줄어든다. 따라서 보다 높은 타당도를 가진 새로운 선발도구를 활용하거나 또는 기존 선발도구에 타당도가 확보된 선발도구를 추가하여 종합적인 평가를 함으로써 선발과정의 전체적인 타당도를 높일 수 있다.

(2) 선발상의 오류

1) 제1유형 오류(False Negative Error)

제1유형 오류는 입사시험성적은 합격선에 미달했지만 만약 선발되었더라면 만족스러운 성과를 올릴 수 있었던 지원자를 실제로 탈락시키는 데서 발생하는 오류이다. 그러므로 이 그룹에 속한 지원자는 이론적으로 선발되었어야 하며, 그들은 불완전한 선발도구 때문에 조직체에 공헌할 수 있는 기회를 잃은 것이다.

2) 제2유형 오류(False Positive Error)

제2유형 오류는 **입사시험성적은 합격선을 초과했지만, 실제성과는 만족스럽지 못한 지원자**를 선발하는 데서 오는 오류이다. 그러므로 이들 지원자는 **탈락되었어야 했는데 불완전한 선발도구**로 인하여 선발된 것이다.

제 4 절 확보관리의 개선방안

1 객관적 정보에 기반한 지속적인 채용프로세스 개선

채용과정의 개선은 관리자의 일시적 판단에 의해 이루어지기보다 가능한 **객관적이고 과학적인 지표**를 통해 성취될 수 있다. 이를테면 선발방법의 타당성과 신뢰성을 조사해 보고, 지원자에 대한 설문조사를 실시하는 등 객관적이고 비교가능한 채용정보를 수집, 분석함으로써 선발과정을 개선해 나갈 수 있다.

2 채용과정에 현장관리자의 참여와 역할 확대

현장관리자를 채용과정에 참여시킴으로써 **채용의 직무적합성**을 높일 수 있는 바, 선발기준과 선발방법을 정할 때도 현장관리자 참여를 확대하는 것이 이상적이다.

3 지원자와의 쌍방향 커뮤니케이션 모색

채용은 조직이 필요한 자를 선택하는 과정이 한 방향으로만 이뤄진다는 인식이 있지만 채용의 엄밀한 의미는 지원자와 조직이 상호 소통하면서 서로를 탐색하는 과정이다. 따라서 **조직은 채용 후 조직에서 기대하는 것은 무엇인지, 지원자가 직장선택에 있어 고민하고 있는 사항은 무엇인지** 등을 채용과정에서 신중히 고려해야 한다. 이를테면 **면접과정에서도 지원자가 회사에 궁금한 점을 질의할 수 있도록 하는 쌍방향 소통을** 하면 바람직하다.

4 RJP를 통하여 직무적합성 높이기

RJP는 **특정 직무에 지원하기 전 직무에 대해 되도록 많은 것을 파악할 수 있도록 조직이 돕는 것을** 말한다. 조직은 잠재적 지원자에게 직무의 내용뿐만 아니라 근무환경, 조직문화 등을 회사 홈페이지에 소개함으로써 **지원자가 직무 적합성 여부를 스스로 판단할 수 있게** 도와야 한다. 또한 채용합격통지를 받은 자에 대해서 조직은 **입사 전 직장을 방문할 기회를 주어 직무와 근무환경을 구체적으로 파악할 수 있도록** 할 수 있다. 그렇다면 지원자는 최종적으로 해당 조직을 자신의 근무지로 선택하는 데 도움을 얻을 수 있다.

PART

04

개별관리

01 | 교육훈련

제1절   인적자원개발(human resource development)

1 인적자원개발의 개념

인적자원개발은 조직이 **현재, 그리고 미래의 목표달성에 필수적인 역량을 구성원들이 습득할 수 있도록 지원하는 제반 활동**을 의미한다. 인적자원개발에는 개인개발, 경력개발, 조직개발의 3가지의 HRD 구성요소가 포함된다.

2 인적자원개발의 중요성 : 인재경영(talent management)

인재경영은 **고급인재(high talented people)**를 확보하고 개발하고 유지하기 위해 성과관리, 학습, 보상 등을 포함한 체계적이고 계획된 전략 기반의 인적자원관리 경영방식을 말한다. **조직은 경력 개발, 학습, 성과 관리 등을 통해 조직원의 몰입과 충성을 꾀한다. 다양한 사업 환경 변화에 대비한 인재경영의 중요성은 날로 중요해지고 있으면 최근 젊은 세대의 직무 몰입과 충성**을 위해서도 경력 개발의 가능성 그리고 성과 향상을 위한 기회가 중요한 요소로 지적된다.

3 인적자원개발의 구성요소

(1) 개인개발(individual development)

개인개발은 **교육과 훈련(education&training)**으로 개인에게 부족한 지식과 기술을 향상시키기 위한 활동이다. 교육은 지식의 향상을 위해 진행되는 것이며, 훈련은 현장에서 구성원의 기술향상을 위해 지원되는 것이다.

(2) 경력개발(career development)

경력개발은 **구성원 개개인의 경력에 대한 욕구와 조직이 추구하는 목표를 일치시키기 위한 활동**으로 경력계획(career planing)과 경력관리(career management)를 포함한다.

(3) 조직개발(organization development)

조직개발은 조직차원에서 진행되는 것으로 **조직의 효과성과 구성원의 복지와 만족도를 높이기 위한 의도적인 활동**을 의미한다.

제 2 절 교육훈련의 개념과 목적

1 교육훈련의 개념

교육훈련(training&development)이란 구성원들이 직무를 수행하는 데 필요한 지식과 기술, 그리고 능력을 배양시켜 조직의 목적을 달성하도록 돕는 프로세스라고 정의할 수 있다(Mathis&Jackson, 2003). 교육은 이해력과 지적 활동을 활성화시킴으로써 지식 및 기능을 습득하는 과정이라면, 훈련은 반복적인 연습을 통해 지식 및 기능을 습득하는 과정이다. 요컨대, '교육훈련'이란 인력개발을 위한 하나의 도구이며, '교육'은 이해력과 지적활동을 활성화시킴으로써 지식 및 기능을 습득하는 과정이며, '훈련'은 주로 반복적인 연습을 통해 지식 및 기능을 습득하는 과정으로 이해할 수 있다.

기업의 교육훈련은 종업원의 능력을 직접적으로 향상시키는 활동이다. 반면에 전환배치와 승진은 종업원에게 새로운 직무를 부여하여 이를 수행하도록 함으로써 점차적으로 능력의 향상을 기대하는 간접적인 능력향상 활동에 해당한다.

2 교육훈련의 필요성

기업은 변화 속에 존재하는 조직체이다. 교육훈련 활동과 관련한 변화요소로서 기술변화, 노동시장의 구조변화, 종업원의 욕구변화 등을 들 수 있다. 또한 종업원이 보유하고 있는 능력 자체도 계속 변화하는데, 이는 기술변화와 관련이 있다. 기술변화는 직무구조를 변화시키고 이것은 작업자의 직무수행 자격요건의 변화를 요구한다.

노동시장의 구조적 변화로 인하여 우리 기업에 적합한 인력을 구하지 못하는 경우가 많다. 이런 경우 필요한 인력을 기업내부에서 양성하지 않을 수 없게 된다. 그리고 종업원의 욕구변화 또한 새로운 추세로 인식되고 있는데 종업원은 한번 배운 기술·기능을 가능한 한 장기적으로 직무에 적용할 수 있기를 원하고 있다. 즉 교육훈련을 통해 습득한 기술·기능이 짧은 기간 내에 노후화되어 자신의 직장안전(job security)이 위협받는 것을 원하지 않는 것이다. 뿐만 아니라 자신의 성장욕구를 충족시켜줄 수 있는 교육훈련을 원하고 있다.

또한 종업원이 보유하고 있는 능력은 기간이 경과함에 따라 자연적 감소현상이 나타날 수 있는데 이를 '지식의 반감기'라고 한다. 기업에서 교육훈련을 통해 획득한 지식의 반감기는 5년이다.

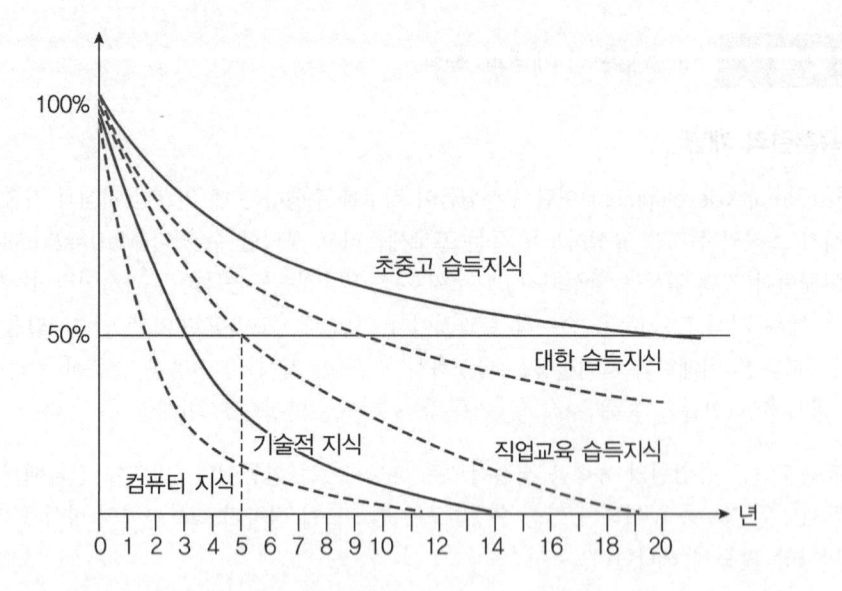

이상에서 제시한 **교육훈련의 필요성**은 바로 기업이 '변화'라는 물결을 극복하여야 생존할 수 있다는 논리에서 찾을 수 있다.

교육훈련 필요성 요약
① 기술변화로 인한 작업자의 직무수행 자격요건의 변화
② 노동시장의 구조적 변화
③ 종업원의 욕구변화
④ 지식의 반감기

3 교육훈련의 목적

교육훈련은 〈기업의 경제적 효율성〉과 〈종업원의 사회적 효율성〉을 높이기 위함이다. 즉, 기업입장에서는 교육훈련을 통하여 **필요한 인력을 사내에서 확보**하고, **비용을 절감**할 수 있으며 종업원 입장에서는 승진기회가 증가하고 성장욕구를 충족시킬 수 있다. 기업은 변화 속에 존재하는 조직체로 **기업이 변화에 생존하기 위해서 교육훈련은 필수적**이다.

(1) 기업 – 경제적 효율성
- 필요한 인력을 사내(社內)에서 확보
- 현직 종업원의 자격수준 유지 및 향상
- 인력배치의 유연성 제고
- 외부노동시장에 대한 의존도 축소
- 경영문제에 대한 통찰력 제고 및 극복
- 기업이미지 개선
- 근무의욕제고
- 생산성 향상
- 후계자 양성
- 사내 협동 및 커뮤니케이션 제고
- 조직목표와 개인목표의 일치에의 지원
- 비용절감

(2) 종업원 – 사회적 효율성
- 승진기회의 증가
- 노동시장에서의 경쟁력 강화
- 사내 배치의 폭을 넓혀 직장안전 제고
- 기술변화에 대한 적응력 제고
- 개성의 개발
- 책임의 증가
- 보상의 증가
- 직무만족도 증가
- 성장욕구 충족
- 인간관계 및 커뮤니케이션 활성화를 통한 직무소외 감소
- 보다 수준 높은 직무수행 기회를 통해 성장욕구 충족

PART 04

제 3 절　교육훈련 프로세스

교육훈련은 ① **교육훈련 수요조사**, ② **프로그램 설계**, ③ **교육훈련 실시**, ④ **교육훈련 평가** 등 4단계 과정을 거쳐 시행된다. 인사관리의 한 영역으로서 교육훈련 활동은 본질적으로 기업의 목표달성에 기여하는 방향으로 설계되어야 한다.

▼ **교육훈련 시스템의 구조**

1 교육훈련 수요조사 : 교육훈련의 필요성 분석

(1) 교육훈련의 수요조사의 수준(level)

1) 조직수준 : 경제적 지표와 종업원 의식수준

조직 전체의 성과를 올리는 데 어떤 문제가 있다면 그것을 해결하기 위해서 교육훈련을 실시할 수 있다. **매출액 내지 생산성, 시장점유율, 수익성 등** 조직 전체와 관련되는 제 현상에 대해 문제가 생겼거나 미래에 기대되는 조직목표와 이를 뒷받침할 수 있는 인적자원 간의 차이(gap)가 발견되었을 때 조직수준에서의 교육훈련 필요성 분석이 요구된다. 이런 경우 **교육훈련은 기업의 경영전략과 직접 연결되어야** 한다.

종업원의 의식측면에서도 교육훈련이 필요하다. 예를 들면 **현존하는 조직문화를 변화시키거나 새로운 조직문화를 도입**하여 조직에 활력(vitality)을 불어넣을 필요가 있을 때 혹은 조직이 환경에 적응하기 위해 유연성을 높이려고 할 때 교육훈련을 실시할 수 있다.

2) 직무수준 : 기술변화에 따른 직무구조의 변화 및 새로운 직무의 출현

해당 직무나 과업이 요구하는 요건을 충족하여 일을 성공적으로 수행하기 위해 종업원의 지식, 기술, 능력을 향상시킬 필요성이 제기되면 교육훈련이 실시될 수 있다. 또한 **정보기술 발전으로 새로운 직무가 생겨난 경우** 이를 성공적으로 수행할 종업원을 위해 교육훈련이 실시되어야 할 것이다. 즉, **기술변화는 조직구조를 변화시키고 이것은 직무에 요구되는 작업자의 자격요건의 변화를 가져다준다.**

교육훈련을 통해
충족되어야 할
자격요건

t_0에서 요구되는
직무 A의 자격요건

t_1에서 요구되는
직무 A의 자격요건

3) 개인수준 : 경제적 지표 및 직무수준 필요성의 개인별 측정 및 교육훈련에 대한 개인적 욕구

개인별 인사평가(performance appraisal)의 결과 직무수행에 부적합한 요소가 확인되면 그 부분을 보충하기 위해 교육훈련이 실시될 수 있다. 그리고 **개인이 받기를 원하는 교육희망도** 개인수준의 수요분석에서 파악되어 희망에 따른 교육훈련이 실시될 수 있다. 이때 **개인수준에서의 필요성 분석은 종업원 개인별 교육훈련이 현재 필요한가를 파악하는 것이며, 교육훈련에 대한 종업원 개인이 추구하는 교육훈련 욕구도 파악해야** 한다.

(2) 필요성 분석 방법

1) 자료조사법

① 개념

자료조사법(records and report)은 **해당기업이 보유하고 있는 제 기록들을 검토**하여 교육 훈련의 필요성을 밝혀내는 기법으로서 자료들의 종류는 기업마다 매우 다양하다.

② 장점

객관적인 자료 획득이 가능하다.

③ 단점

❶ 자료가 **현재 상황을 정확하게 반영하지 못한다.** 대부분의 자료는 과거의 어느 시점을 기준 으로 작성된 것이기 때문이다.
❷ 자료의 **내용이 일반적**이기 때문에 교육훈련의 체계적인 연결에 어려움이 있다.

2) 작업표본법

① 개념

작업표본법(work samples)은 **일선 작업장에서 종업원의 수행한 작업결과의 일부를 검토**하여 해당 작업자 혹은 작업집단에 대한 교육훈련의 필요성 여부를 판단하는 기법이다.

② 장점

❶ **작업의 실제상황**이 조사된다.
❷ **작업진행을 방해하지 않는다.**

③ 단점

❶ 표본이 잘못 선택되었을 때 교육훈련 필요성 판단에 **오류가 발생**할 수 있다.
❷ 표본의 올바른 선택을 위해서 **전문가 내지 이에 대한 교육이 필요**하다.

3) 질문지법

① 개념

종업원을 대상으로 질문지를 통해 태도조사, 문제점 조사 등을 실시하여 교육훈련의 필요성을 파악하는 것이다.

② 장점

❶ 실제로 **유용한 정보**를 획득할 가능성이 높다.
❷ 실시가 용이하며 **정보획득에 시간이 많이 들지 않는다.**
❸ 수집된 정보를 **계량적으로 분석하기가 용이**하다.
❹ 응답에 **비밀이 보장**되므로 **종업원의 솔직한 의견을 수렴**할 수 있다.

③ 단점

❶ 왜곡된 응답을 방지하기가 어렵다.

❷ 질문지 개발에 어려움이 있다. 잘못된 질문지의 경우 유용한 정보를 획득할 수 없다.

❸ 질문지 개발에 비용이 많이 든다.

4) 전문가 자문법

① 개념

전문가 자문법(key consultations)은 **기업의 내부 및 외부에서 교육훈련 전문가에게 해당기업의 교육훈련의 필요성을 파악하도록** 의뢰하는 것을 말한다.

② 장점

❶ 교육훈련분야에 대한 전문적인 접근이 가능하여 획득된 **정보의 타당성이 매우 높다.**

❷ 전문가집단이 기업내부에 소속되어 있는 경우 **교육훈련을 실시하는 데 지원을 비교적 용이하게 받을 수 있다.**

③ 단점

❶ **전문가집단을 선택하는 데 많은 주의가 요청**된다. 왜냐하면 전문가가 아닌 사람을 선택했을 때 이들로부터 얻는 정보의 유용성에 문제가 제기되기 때문이다.

❷ **정보획득이 신속하지 못할 가능성이 높다.**

5) 면접법

① 개념

면접법(interviews)은 **교육훈련 담당자가 필요하다고 판단되는 종업원을 개인 혹은 집단으로 면접함으로써 교육훈련의 필요성에 관한 정보를 획득**하는 기법이다.

② 장점

❶ 대면(對面)하여 대화를 통해 정보를 획득하기 때문에 **유용성이 매우 높다.**

❷ 보다 **활성화된 커뮤니케이션을 통해 조직 활성화에 기여**할 수 있다.

③ 단점

❶ **시간이 많이 요구**된다.

❷ **면접자의 교육이 요청**된다.

❸ **비구조화된 면접인 경우, 면접결과를 계량화하는 데 어려움**이 있다.

6) 델파이 기법

① 개념

델파이 기법(Delphi technique)은 **교육훈련에 대한 풍부한 경험을 가진 기업 내부전문가 12~16명으로 구성된 집단이 일련의 과정을 거치면서 교육훈련의 필요성을 파악**하는 기법이다.

② 장점

❶ 창의적이고 유용한 아이디어 창출을 유도하기가 용이하다.

❷ 전문가들은 대화를 통해 서로 영향을 주고받지 않고, 그들이 각자 제출한 아이디어에 의해 서로 영향을 주고받기 때문에 **집단 내 갈등이 생기지 않는다.**

③ 단점

❶ 이 기법을 위해서는 대개 6~8주 정도의 **장기간이 소요되기 때문에 신속하게 정보를 획득할 수 없다.**

❷ 이 기법을 주관하는 자는 기법진행에 대해 전문적인 지식을 갖추어야 하기 때문에 **이들에 대한 교육이 추가로 요구**된다.

제 4 절　교육훈련 프로그램(교육훈련의 실천)

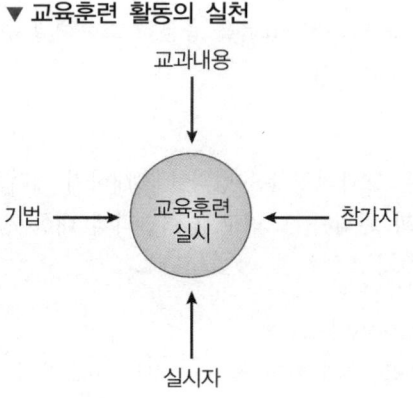

▼ 교육훈련 활동의 실천

1 교육훈련의 내용과 설계 시 고려사항

(1) 교육훈련의 내용

1) 역량(competency)

① 개념

교육훈련은 역량에 초점을 두어야한다. 역량(Competency)이란 **고성과자들로부터 일관되게 관찰되는 행동과 내적 특성**을 의미한다. 특정 과업에 대한 숙련의 수준을 나타내는 **기술(skill)**, 특정 분야에 대한 정보 수준을 나타내는 **지식(knowledge)**, 자기 스스로에 대한 자아이미지와 태도를 나타내는 **자아개념(self-concept)**, 한 사람을 다른 사람과 구별해주는 심리적 경향성을 의미하는 **특질(trait)**, 특정한 행동으로 이끄는 내적인 요인을 나타내는 **동기(motive)**로 구성된다. 역량은 다음과 같은 특성을 지닌다.

❶ 행동성 : 역량은 **행동으로 전환이 가능**하고, 그 행동의 결과로 조직성과가 향상되는 것이어야 한다.

❷ **측정가능성** : 누가 역량을 어느 정도 보유하고 있는지에 대한 **평가가 가능**해야 한다.

❸ **개발가능성** : 교육과 훈련으로 **개발과 확장이 가능**한 것이어야 한다.

2) 태도(attitude)

지식과 능력이 많다고 해도 의욕이 없으면 소용없다. 그러므로 **긍정적인 직무태도로 직무몰입과 직무만족을 높이기 위한** 교육훈련의 내용을 개발하는 것도 필요하다. 직무만족이란 개인이 직무나 직무경험에 대한 평가의 결과로 얻게 되는 즐겁고 긍정적인 감정상태를 의미하며, 조직몰입(Organization Involvement)은 개인이 조직에 대해 보다 **긍정적인 느낌을 가지고** 조직에 대해 **자신이 심리적으로 애착을 가지고 있는 상태**를 의미한다.

(2) 교육훈련의 설계

교육훈련 설계에는 학습자의 준비정도, 학습자의 학습유형, 훈련의 전이 등이 고려되어야 한다.

1) 학습자의 준비정도

① 학습능력

교육대상 직원의 학습능력이란 **교육을 충분히 소화해낼 수 있는 기초지식이나 기술, 그리고 기초적 지각능력**을 의미한다.

② 학습 모티베이션

일방적인 교육훈련은 효과적인 교육성과를 기대하기 어려운 바, 교육훈련을 설계할 때는 **교육대상의 기초능력과 관심사, 그리고 경력관리에 대한 정보를 사전에 수집**해야 한다.

2) 학습자의 학습유형

① 오디오형 학습자(auditory learner)

교육내용을 **듣는 것**을 통해 가장 잘 학습하는 학습자의 유형이다.

② 촉각형 학습자(tactile learner)

물건을 **직접 손으로 만져보아야** 가장 잘 학습하는 스타일의 유형이다.

③ 비디오형 학습자(visual learner)

그림이나 동영상 등 자료를 활용하여 보여주는 스타일로 교육을 해야 가장 잘 학습하는 유형으로 특히 최근의 세대들은 영상세대라 불리는데 이들은 영상매체를 사용하여 실시하는 교육훈련에서 가장 학습의 효과가 있다.

기업에서 실시하는 교육훈련은 성인교육으로 스스로 문제해결을 할 수 있으며 업무와 관련성이 있는 높은 내용을 학습할 수 있도록 설계되어야 한다. 즉, **실무지향적이고 자신이 하는 업무와 직접적으로 관련**이 있는 교육내용으로 설계되어야 한다.

3) 교육훈련의 전이(transfer of training)

① 개념

교육훈련의 전이란 피훈련자(trainee)가 **교육훈련을 통해 획득한 지식, 기술, 능력을 자신의 업무에 효과적이고 지속적으로 적용**하는 것을 말한다(Broad&Newstrom, 1992). 교육훈련의 전이가 일어나면 교육훈련 참가자는 자신의 담당업무에 교육훈련 받은 내용을 적용하고 업무의 성과를 향상시킬 수 있다. 여기서 전이는 **업무의 개선을 수반할 경우에는 긍정적 효과**를 의미하며, **교육훈련의 전이가 업무의 성과를 저해할 경우에는 부정적 효과가 될 것**이다(Baldwin&Ford, 1988).

② 전이의 장애요인

❶ 교육훈련이 **실제적이지 못한** 경우

❷ 교육훈련 내용이 **직무와 무관한** 경우

❸ 교육훈련 **설계가 미흡**한 경우

❹ 훈련자 **의도와 괴리**가 있는 경우

❺ 조직문화가 **전이에 비협조적**인 경우

❻ 변화에 저항하는 **동료들의 압력이** 거센 경우

❼ 변화에 수반되는 노력이 **불편함을 초래**하는 경우

❽ 직무환경이 **전이에 방해**가 되는 경우

③ 교육프로그램 설계 시 고려사항

긍정적인 교육훈련의 전이를 극대화시키기 위해서 교육훈련 프로그램의 설계에 있어서 다음과 같은 사항을 고려하여야 한다.

❶ 훈련프로그램의 설계 및 실행 단계
- **훈련현장과 직무현장** 사이의 그리고 **훈련내용과 직무내용** 사이의 유사성을 제고한다.
- 훈련기간 중 습득한 내용을 **실습해보거나 적용해볼 수 있는 기회를** 제공한다.
- 학습내용이 충분한 정도로 익숙해지기 위하여 **과학습(overlearning)**이 일어나도록 한다.
- 응용력을 제고하기 위해서는 일반원리 등을 숙지하도록 하되 **다양한 상황을 설정하여 적용해보도록 훈련**한다.

❷ 직무복귀 이후 고려 사항
- 새로 습득한 내용을 **현장에서 적용할 수 있는 기회를** 제공한다.
- **적용하는데 어려움을 야기하는 장애요인을** 제거한다.
- 훈련내용을 현장에서 **적용하고 활용하는 데 필요한 자원을** 제공한다.

특히 〈조직분위기 및 보상 메커니즘〉이 교육훈련 전이에 큰 영향을 미친다. **상사나 동료들이 새로 습득한 기술이나 행동양식을 적용하고 활용하는 것을 격려하고 긍정적 피드백을 제공하는 등 지지적 분위기를 형성할 때** 당사자들은 심리적 안정감을 갖고 보다 더 적극적으로

훈련내용을 업무수행현장에 이전하려 할 것이며, 그에 더하여 **훈련내용을 적극적으로 활용한 결과** 자신의 **경력발전** 등과 같은 내재적 보상(intrinsic reward)을 얻거나 **임금인상** 등과 같은 **외재적 보상**(extrinsic rewards)을 얻게 되면 훈련내용의 이전은 더욱 더 활발하게 일어날 수 있다.

2 교육훈련 장소에 따른 기법

(1) 사내교육훈련(OJT, on the job training)

1) 개념

직장 내 교육훈련(on the job training : OJT)은 일명 OJT는 부서 내에서 일을 하는 과정에서 **상사가 직무상의 훈련을 시키는 것**이다. OJT는 **업무시간 중에 실제 업무를 수행하면서 동시에 실시하는 교육**으로서 **상급자가 하급자에 대해 실시하는 것**으로 직속 라인이 주가 되며 스탭은 보조적 역할을 맡는다. OJT의 종류로는 도제식 훈련(apprenticeship program), 직무오리엔테이션(Job Instruction Training : JIT), 인턴십, 멘토링 등을 둘 수 있다.

2) 장점

① 훈련이 추상적이지 않고 **실무와 연결되어 매우 구체적**이다.
② 교육훈련 대상자와 **상사/동료 간의 이해 및 협동정신을 제고시킨다.**
③ 교육훈련 대상자의 **개인별 능력에 따라 훈련의 진도를 조정하기가 용이하다.**

3) 단점

① 교육훈련 실시자(상사/동료)의 교습능력이 부족한 경우 학습효과가 제한적이다. 즉, '아는 것'과 '가르치는 것' 간의 차이(gap)가 존재하는 경우이다.
② 한 번에 다수의 종업원을 교육시킬 수 없다.
③ 기술변화가 빠른 기업에서는 새로운 기술을 상사/선배·동료 자신들도 모르기 때문에 교육훈련의 범위에 한계가 있다.

장점	단점
• 교육하면서 직무수행이 가능하다(learning by doing). • 상사 및 동료와 커뮤니케이션 기회가 증가한다. • 비용 및 시간이 절약된다. • 교육이 구체적이며 현실적이다.	• 현장상사의 교육전문성에 한계가 있다. • 작업, 실무에 지장을 초래한다. • 다수 사원의 교육은 불가능하다. • 현재 관행을 반복적으로 후임자에게 전수하므로 피훈련자들이 잘못된 교육내용을 무비판적으로 답습할 가능성이 있다.

(2) 사외교육훈련(off-JT, off the job training)

1) 개념

사외교육훈련은 상사 외 사람에 의해서 이뤄지는 **직무 외 훈련**을 말하는 것으로 **교육을 전담하는 스탭의 책임 하에 이뤄지는 집합교육**을 의미한다. 즉, **직무가 수행되는 장소를 벗어나 시간적·공간적으로 격리된 상태에서 교육훈련을 받는 것**을 말한다. 외부훈련의 종류로는 평가센터, 세미나, 학회 등이 있다.

2) 장점

① 현장에서 보기 드문 **예외, 사건, 돌발상황 등의 교육환경**을 만들 수 있다.

② 교육만 전문으로 하기 때문에 **교육효과가 높다.**

③ **훈련 내용을 통일**하기 쉽다.

④ 종업원은 **훈련에 전념**할 수 있다.

⑤ **전문적인 강사**에 의해 **전문적 교육**이 이뤄질 수 있다.

3) 단점

① 근무시간이 줄어든다.

② **경제적 부담이 크다.**

③ 직무현실과 떼어 놓기 때문에 **현실감**이 없을 수 있다.

3 교육훈련 대상자에 따른 기법

직급 측면에서 보면 신입사원, 작업층 그리고 관리층으로 구분된다.

(1) 신입사원 대상의 교육훈련 : 조직사회화(organizational socialization)

1) 개념

신입사원 대상의 교육훈련 핵심은 '**성공적인 조직사회화(organizational socialization)**'이다. 신입사원이 **낯선 조직에 들어와 기존의 조직구성원과 유사하게 조직을 이해하고 새로운 경험에 의한 충격을 완화하고 조직에 점차적으로 적응하게 하는 것**이다. 즉, 선발 이후 조직과의 관계를 정립하고 적응하는 과정으로서 한 개인이 어느 조직에 속하면서 그 조직의 규범, 조직문화, 가치관 등을 습득해나가는 과정이다.

회사에 처음 들어오는 신입사원들에게는 회사의 가치관이나 규범, 조직문화 등 모든 것이 생소할 것이다. 이러한 진입충격을 최대한 완화시키고, 빠른 시간 내에 조직 정체성을 가질 수 있도록 만들어주는 것이 중요하다. 신입사원처럼 조직 외부에 있던 사람들이 조직 내의 조직문화, 일하는 방식, 규범 등에 적응해나가는 과정을 조직사회화라고 한다.

2) 기능

조직사회화의 기능은 ① 개인과 조직 간 조화(P-O fit)를 통해 조직정체성을 유도할 수 있으며, ② 진입충격(entry shock)[25]을 완화하고, ③ 심리적 계약(psychological contract)[26]을 공고화하여 조직목표를 수월하게 달성할 수 있으며, ④ 종업원의 불만족과 이직을 감소시킬 수 있다.

3) 조직사회화의 단계(D. Feldman)

① 1단계 : 조직 진입 전 사회화(선행사회화, anticipatory socialization)

❶ 의의

조직에 합류하고 싶은 개인들은 자신의 능력과 기대에 적합한 조직을 탐색하며, 조직은 모집을 통하여 **조직 차원의 기대와 정보를 전달**하고 지원자들을 평가하여 선발한다. 조직에 입사하기 전 응시자는 자신의 역량, 가치, 흥미에 기반하여 모집과정에 임하게 되며 모집과정 동안 조직에서의 생활에 대해 기대를 갖게 된다. 입사 전 인턴십, 산학협력교육, 직업교육 등 제도운영을 통해 **조직과 직무에 대한 기대를 가지게 된다.**

이 시기에 〈조직원〉은 조직과 직무에 대한 기대를 가지게 되며, **자신의 기술, 관심, 그리고 가치에 적합한 직무를 발견하게 된다. 〈조직〉은 모집에 대한 조직의 기대와 정보를 지원자들에게 전달**하고 새로운 인력을 평가하고 선발하여 고용하게 되는 단계이다.

❷ 구체적 방안 : 현실적 직무소개(realistic job preview)

현실적 직무소개는 지원자에게 직무와 조직에 대해 균형 있고 현실적인 정보와 직무의 긍정적, 부정적 측면을 모두 제시하는 것이다. 지원자에게 현실적 정보를 제공함으로써 입사 후 이들이 겪을 수 있는 현실충격, 불만족, 이직의향 등을 감소시킬 수 있다. 현실적 직무소개는 다음과 같은 기능을 한다.

- **기대수준 충족(met expectation)**
  지원자의 기대를 적합한 수준으로 낮추어 **진입충격(entry shock)을 낮출 수 있다.**

- **백신효과(vaccination effect)에 따른 효과적 대응(coping) 기능**
  직무에 대한 **현실적 정보를 제시**함으로써 지원자를 **예방접종**하게 된다. 이를 **백신효과(vaccination effect)**라고 하며 이에 따라 형성된 항체는 **지원자가 실망스럽고 불만족스러운 직무에 대처해 나가는 것을 도와서 나름대로의 대처방법을 준비**할 수 있게 된다.

- **개인적 몰입(commitment) 기능**
  지원자에게 정직한 분위기를 전달하여 지원자는 **조직에 대해 애착을 가지고 이직 의향도 감소**하게 된다. 왜냐하면 조직의 부정적 측면에 대해 정직한 얘기를 듣고 난 후 입사한 종업원은 충분한 정보를 가지고 **스스로 판단하여 입사하였다고 생각**하기 때문에 직무와 조직에 대한 몰입도가 높아진다.

---

25) 기업 등의 조직에 채용된 **신입직원이 자신이 가졌던 기대나 예상과는 다른 낯선 현실로 인하여 근무 초기에 겪는 충격**을 말한다. 즉, 진입충격은 취업 전 품었던 이상과 취업 후 겪는 현실간의 괴리에서 오는 심리적 충격, 즉 불안·실망·혼란·부적응 상태 등을 의미한다.

26) 심리적 계약은 **명문화된 고용계약**과 달리 회사와 종업원 간에 암묵적 동의와 약속을 의미한다. 이에는 구체적이고 금전적인 교환조건에 대한 암묵적 약속으로서 거래적 계약과 금전적 자원뿐 아니라 비금전적 자원을 포함한 장기적 교환에 대한 관계적 계약이 있다. 그리고 이 두 심리적 계약은 회사의 의무사항과 종업원의 의무사항으로 구성되어 있다(Rousseau).

② 2단계 : 조직과 대면(breaking in, encounter)

❶ 의의

조직에 들어가는 대면단계로, 모집과정을 거쳐 조직에 입사하여 **적응하는 단계**이다. 이 시기에는 ① **오리엔테이션 프로그램을 통해 조직에 대한 정보를 제공**하고, ② **도전적 과제 부여를 통해 종업원으로 하여금 책임감**을 느끼게 하고(직무에 있어서 높은 수준의 도전과 책임 기대), ③ 건설적이고 도움이 되는 방향으로 **피드백을 제공**함으로써 자신이 과업을 얼마나 잘 수행하고 있는지 스스로 알 수 있어야 하며, ④ 상사의 지원, 즉 실수하고 배우고 성장하는 지원환경을 발전시키기 위한 도전과 자율을 의미하는 '**지원적 자율성(supportive autonomy)**'이 필요하다.

이 시기에 〈조직원〉은 **새로운 과업을 학습**하고, **조직의 규칙과 관습을 습득**하게 되며, **새로운 대인관계를 형성**하게 되며, 〈조직〉은 **새로운 인력을 훈련하기 위한 오리엔테이션을 실시**하게 되고 **새로운 상사와 동료에 대한 사회적 적응을 촉진**하게 된다.

❷ 3단계 : 구체적 방안 : 멘토링(mentoring)

멘토(mentor)는 호머의 『오디세이』에 나오는 인물로 오디세우스가 트로이전쟁에 나갈 때 자신의 아들을 잘 가르쳐서 왕국을 잘 보전하게 해달라고 자신의 친구 멘토(mentor)에게 아들 교육을 부탁한 데서 유래된 것이다. 오늘날 회사에서 멘토는 **경험이 부족한 직원(프로테제, protégé)의 개발을 도와주는 경험이 풍부하고 능력 있는 고참직원**을 의미한다. 직원은 멘토링을 통해 지식을 구하고 공유할 수 있다.

③ 3단계 : 변화와 수용(change and acquisition)

❶ 의의

변신과 정착단계로서 서로 간에 보다 효과적인 적응이 이뤄지는 단계다. 즉, 조직이 바라는 방향으로 개인이 변화하는 과정으로 신입사원이 **안정화되고 정착되는 단계**이다. 한마디로 **성취의 시기(성과를 달성하는 시기)**라고 할 수 있다.

이 시기에 〈조직원〉은 **업무사항을 숙달**하게 되고 **안정적·신뢰적 업무관계를 형성**하게 되며, 〈조직〉은 **종업원의 발전정도를 평가하고 종업원들에게 조직의 미래계획을 알려주며 종업원의 강점과 약점을 고려해 업무를 재구성**하게 된다.

❷ 구체적 방안 : 온보딩(onboarding) 프로그램

'**선발**' 이상으로 '**정착**'의 중요성을 강조한 것으로 온보딩은 조직사회화 분야에서 많이 사용되고 있는 비교적 새로운 용어로 **조직 진입 초기의 적응을 의미한다**. 직역하면 '배에 탄다'는 의미로 신입사원이 조직에 수월히 적응하도록 업무에 필요한 **K·S·A를 교육하는 것이다**. 온보딩 프로그램이란 업무에 적응하는 데 필요한 **추가적인 직무훈련, 상사에 의한 코칭이나 멘토링, 회사 내 다양한 업무 체험, 팀 동료의 지원 등을 포함하는 복합적인 적응 프로그램**이다. 온보딩은 직원이 새로운 **직장에 적응할 때까지 지속적으로 필요한 활동**이다.

온보딩을 성공적으로 운영하기 위해서는 ① **역할(role)과 임무(task)의 빠르고 정확한 숙지가 필요하며**, ② **신규인력 스스로가 주도해야 하고**(수동적 태도가 아닌 자기 주도성을 높이도록 하는 것이 바람직), ③ **네트워크 구축에 초점을 둔 프로그램 운영이 필요하다**(대인관계 구축의 기회를 늘리는 것).

온보딩(Onboarding)과 사회화

온보딩은 신입사원이 자신의 새로운 일에 대한 사회적, 성과적 측면에 적응하도록 도와주는 과정으로 아래의 4단계로 구성된다.
① 준수(Compliance) : 기업의 정책, 규칙, 규정 이해
② 명확화(Clarification) : 직무와 성과 기대 이해
③ 문화(Culture) : 기업의 역사, 전통, 가치, 규범, 미션 이해
④ 연결(Connection) : 업무와 대인관계 이해 및 개발

---

4) 성공적인 조직사회화를 위한 구체적인 교육훈련 기법

① 오리엔테이션 : 입직관리

오리엔테이션은 조직의 문화적 양식과 관행, 조직의 목적과 가치를 전달하는 과정이다. 이 과정을 통하여 직무 수행에 필요한 지식·능력·기술 KSA 등을 주지시키고 **조직 진입에 따른 충격을 예방하고 조기 이직을 감소**시킬 수 있다.

오리엔테이션 과정의 설계와 시행에 있어서 중요한 기준들은 **유용성과 유인력, 효과성**이다. 따라서 규정집을 단순 강조하기보다는 **쌍방적 의사소통과 효과적인 전달방법의 선택이 중요**하다. 현실적 직무소개나 멘토링, 팀워크 훈련 등이 유용하게 사용될 수 있다.

입직관리는 입사 초기 상당기간 집단적으로 이루어지는 것이 일반적이다. 여러 주에 걸쳐 체계적으로 신입사원들에게 회사의 가치관과 기업문화, 역사와 바람직한 인재상을 전달한다. 이러한 집단적·회사주도적 오리엔테이션은 조직의 심리적 계약 기대사항을 명확히 전달할 수 있다는 장점이 있다. 반면에 신입사원 관점의 기대사항을 개인적으로 파악할 수 있는 기회는 제한적이라는 단점도 있다.

② 멘토링(mentoring)

❶ 개념[27]

Feldman(1983)은 멘토를 '조직에서 후진들에게 조언과 상담을 해 주며 도움을 주는 사람'이라고 정의를 하였는데, 요컨대 **멘토란 연하의 동료 또는 신입사원에게 이미 조직에서 터득했던 지혜와 경험을 전해주는 연장자로 통용되고 있다.** 기업조직에서 멘토는 "후진들(mentee : 멘토의 지원을 받는 자)에게 역할모델을 제공할 뿐만 아니라 도전적 직무 부여, 상담 및 조직에 대한 지식제공 등을 통해 그의 대인관계 개발 및 경력관리에 도움을 주는 자"로 이해되고 있다. 멘토링은 신입사원에 국한되는 것이 아니라 경영자 훈련 등 조직에서의 성장(경력개발, 승진)까지 포괄하는 개념이다.

---

27) 임재문, "멘토링 기능이 호텔직원의 역할스트레스와 직무태도 및 이직의도에 미치는 영향", 세종대 박사학위논문, 2007

❷ 멘토링의 유형

- 1차적 멘토(primary mentor)와 2차적 멘토(secondary mentor)

  1차적 멘토는 **어떤 이슈가 발생하였을 때 가장 먼저 도움을 요청**하는 사람이며 2차적 멘토는 **특정 관심영역에 대해 도움을 제공하는 자로서 전문적 지식을 가진 사람**을 의미한다.

- 공식적인 멘토와 비공식적인 멘토

  공식적 멘토는 **기업이 공개적으로 정해주는 것**이며, 비공식적인 멘토는 **조직과 상관없이 신입사원과 비공개된 관계를 맺는 것**이다.

이외에도 기간 관점에서 단기적 멘토와 장기적 멘토로 구분할 수 있다. 신입사원의 경우 대개 6개월에서 1년 정도로 단기적인 반면 경력직의 경우 멘토링이 장기적으로 될 수 있다.

공식적 멘토관계	비공식적 멘토관계
• 인위적 발생 • 멘토의 quality control이 용이함 • 신입사원의 학습내용이 정형화됨 • 멘토 - 신입사원 간의 심리적 연대감/일체감 정도가 낮음 • 관리상의 비용 발생 • 멘토관계의 효과에 대한 파악이 용이함	• 자연발생적 • 멘토의 quality control이 어려움 • 신입사원의 학습내용이 비정형화됨 • 멘토 - 신입사원 간의 심리적 연대감/일체감 정도가 높음 • 관리상의 비용이 발생하지 않음 • 멘토관계의 효과에 대한 파악이 어려움

	공식적 멘토	비공식적 멘토
멘토/멘티 결정방법	제3자(기업, 조직)	자연발생적
장점	• 조직에서 정해주기 때문에 특정기술 개발을 위한 훈련이 용이(즉, 멘토의 quality control이 용이) • 구체적 목표달성 가능 • 멘토관계의 효과 파악이 용이함	• 각자 자신의 성격, 목적, 취향에 따라 멘토와 멘티를 선정하기 때문에 관계에 대한 만족도 제고가 가능함 • 많은 비용이 들지 않음
단점	• 많은 비용이 소요됨 • 인사부서의 관리업무 증가 • 인사부서에서 임의로 관계를 조정함으로써 부적합한 연결 초래 가능 • 지나치게 공식화할 경우 자유로운 관계형성이나 감정적 측면의 이점을 살리지 못함	• 다양한 사람들 간의 관계 형성 어려움 • 개인적 친분이나 연고에 따라 관계가 형성되기 때문에 지나치게 사적인 관계로 발전할 가능성이 있음 • 자발적 참여를 강하게 유도하지 못함

❸ 멘토링의 기능

- 경력기능(career function)

경력기능이란 멘토가 멘티에게 자신의 역할을 수행하는 데 필요한 내용을 습득시키고 조직 내에서 승진 또는 경력개발 등의 기회를 미리 준비하도록 도와주는 기능을 의미한다. 신입사원이 **조직에 적응하는 데 필요한 정보**인 기존 구성원의 인적사항, 조직 내 권력 구조 및 조직의 일반적 풍토 그리고 조직에서 갖추어야 할 기본자세, 예의바른 태도 등을 멘토로부터 교육받게 된다. 구체적으로 후원(Sponsorship), 노출 및 소개(Exposure &Visibility), 지도(Coaching), 보호(Protection), 도전적인 업무부여(Challenging assignment) 등 다섯 가지 기능이 있다(Noe, 1988).

- 심리사회적 기능(psychosocial function)

심리사회적 기능이란 멘티가 조직생활을 하면서 **심리적 안정감을 느낄 수 있도록 멘토가 멘티의 고민 상담역할을 해주는 것을 말한다. 신입사원이 조직에서 겪는 어려운 일들에 대해 멘토는 이를 지원하고, 신입사원의 직무범위 밖의 사항인 개인생활 내지 가정생활에 대해서도 조직과 관련하여 조언 내지 지원을 한다.** 멘토와 멘티 상호간의 신뢰와 친근감을 바탕으로 멘티가 조직생활에 자신감을 갖도록 도와주고 자아에 대한 정체성을 갖도록 도움을 주는 것이다. 이를 수용 및 지원, 상담, 우정으로 세분화하여 설명하였다(Noe, 1988).

- 역할모형 기능(role modeling function)

역할모형 기능이란 **멘토가 멘티들에게 조직 내에서 임무를 수행하거나 역할을 이행할 때 적절한 행동방식과 태도, 가치관 등을 전해 주고 멘티는 이러한 멘토를 바람직한 역할 모형이나 준거의 틀로 설정하고 닮아가는 것으로 바람직한 역할 수행에 있어서 멘티의 효율성을 고양시켜 주는 기능이다.** Decker&Nathan(1985)에 의하면 멘티는 상급자를 관찰함으로써 조직생활에 중요한 관리자적 기술을 습득할 수 있다고 하였다.

- 조직적 개입활동 기능

신입사원을 **조직의 타 구성원이 인정할 수 있도록 여건을 조성하고 실행한다.**

❹ 멘토링의 기대효과

조직차원	개인차원	
	멘토(Mentor)	멘티(Mentee)
• 회사의 비전, 가치관, 조직문화의 강화·유지 • 성장 가능성이 높은 핵심인재의 육성·유지 • 구성원들의 학습 촉진 • 지식 이전을 통한 경쟁력 강화 • 신입사원의 회사에 대한 신속한 적응 유도	• 새로운 지식, 기술 확보 • 리더십 스킬 향상	• 담당분야에 대한 전문지식 습득 • 회사생활에 대한 자신감 • 경력 개발 및 시장가치 향상

❺ 멘토링의 성공적 운영방안

멘토링 제도 운영의 문제점으로는 ① **경영진의 실천의지 부족,** ② **관리의 복잡성과 운영비용,** ③ **적절하지 못한 멘토의 선정 등**이 있는바 성공적인 멘토링 프로그램 운영방안의 내용은 아래와 같다.

- 멘토와 멘티의 참여는 **자발적**이어야 한다.
- **멘토와 멘티의 연결과정 유연성**이 중요하다. 예를 들어 **멘토 풀(pool)을 구축**하여 멘티들이 다양한 자격을 갖춘 멘토 중에서 선택할 수 있도록 해야 한다.
- **멘토 선정 기준**은 부하육성과 함께 **멘토링에 대한 의욕과 대인관계 능력을 함께 고려**하는 것이 필요하다. 특히 효과적인 멘토링을 위해서는 **기술적 능력과 함께 대인관계 능력을 겸비**하고 멘토를 선정하는 것이 중요하다.
- **멘토 프로그램 평가를 진행**해야 한다. 멘토와 멘티의 인터뷰는 특정 불만족 요소에 대한 즉각적인 피드백을 제공한다. 설문조사를 통해서는 참여로 인한 혜택에 대한 구체적인 정보를 수집할 수 있다. **멘티끼리 멘토링의 문제점이나 성공경험을 공유**하는 것도 효과적인 방법이다.
- 직원 개발에 대한 보상을 제공하여 관리자에게 멘토링과 다른 개발 활동에 시간과 노력을 투자하는 것은 가치가 있다는 신호를 보내야 한다. 즉, **멘토링 프로그램을 구체적으로 평가하고 효과적인 개발에 대한 보상을 제공함으로써 멘토들의 노력과 시간에 대한 중요성을 인정해 주는 것이 바람직하다.**

③ 코칭(coaching)

❶ 개념

코칭은 1970년대 미국의 한 기업에서 고안한 것으로 **현재보다 좀 더 발전하려는 의지를 지닌 사람과 전문가인 코치가 함께 개인의 잠재된 능력을 개발하고자하는 프로그램의 일종**으로 구성원들 스스로가 자신의 잠재능력을 이해하고 이를 이끌어낼 수 있도록 도와주고 **강화와 피드백**을 제공해주는 것이다.

❷ 멘토링과의 차이

코칭은 개인과 코치가 수평적 관계를 이루어 파트너로서 개인의 잠재력 성장을 도모한다는 점에서 **교육자가 우월적인 위치에서 업무 지식과 경험을 개인에게 주입시키는 멘토링**이나 컨설팅과는 차이가 있다. 또한 **멘토링은 전통적 의미에서 지식과 경험이 많은 연장자나 선배의 인도에 따라 갈 수 있게 만드는 것**이라면 코치는 그가 코치를 받는 사람의 공식적인 직장에서의 역할에 대해 직접적인 경험을 가지고 있지 않아도 된다는 점에서 다르다.

즉, **코칭은 단기적이며 주로 직무와 관련된 지식과 기술의 향상 중심으로 이뤄지지만 멘토링은 코칭에 비하여 내용이 직접적이지 않으며 주로 장기적인 관점의 경력개발과 리더십에 대한 방향지시가 이뤄질 수 있다.** 코칭이 경험의 유무에 따라 코치와 피코치가 결정된다면 보다 장기적인 **멘토링의 경우에는 직위의 격차가 주된 멘토의 요건**이 될 수 있다.

❸ 코칭의 유형

한편 코칭의 유형으로는 ① 비즈니스 상황에서 개인성과를 개선하려는 비즈니스 코칭(business coaching)과 ② 최고경영자 개발을 위해 사용되는 임원코칭(executive coaching)이 있다.

❹ 성공적인 운영방안

성공적 코칭을 위해서는 **관리자의 역량이 필요**하다. 관리자는 코칭을 통해서 구성원의 성과는 물론 구성원의 역량향상에도 관심을 기울여야 하는바, **매슬로의 욕구단계설에 있는 하위욕구보다 자기존중과 자아실현이라는 상위욕구를 통해서 구성원들을 동기부여해야 효과적이다.**

	멘토링	코칭	OJT
목적	후배사원의 현재 조직업무뿐 아니라 미래의 조직생활을 위한 학습과 개인적인 성장 지원	부적합한 행동을 수정하여 성과를 향상시키고 새로운 책임을 수행할 수 있는 역량의 향상	현재 수행해야 할 업무의 빠른 습득을 통한 생산성 향상
초점	현재뿐 아니라 장기적인 관점에서 학습과 경력개발	현재 및 미래 조직의 직무 수행상의 과제 해결과 역량의 향상	현재 담당 업무수행에 필요한 역량 향상
주체	부서와 관계없이 선배와 후배 사원	같은 부서 내의 리더(주로 직책자)	같은 부서 내의 선임사원
관계	업무와 무관한 관계	업무 중심의 공식적인 상하 관계	업무 중심의 수직적 관계
장소	장소의 제약이 없음	사무실	업무수행현장

④ 교육훈련 평가

이상의 **교육훈련 평가는 신입사원에게 투입한 것이 실제 업무에 얼마나 산출될 것인가를 측정하는 것이다.** 이를 위해서 Follow up 교육이 평가 수단이 될 수 있는데, **Follow up 교육이란 지금까지 실시해온 집합교육이나 현장에서의 OJT 등에 덧붙여 행하는 교육, 즉 추가지도를 말한다.** 통신교육을 통해 필요한 지식을 보완하거나 외부기관에서 개최하는 세미나 강습회에 파견하는 방법 등이 있다.

(2) 작업층 교육훈련

1) 실습장훈련

① 개념

실습장훈련(vestibule training)은 **기업 내 작업장과 별도의 공간에 설비를 갖추어 교육대상자(trainee)에게 주로 기능(skill)을 전수시키는 훈련기법**이다.

② 장점

❶ 많은 사람을 일시에 훈련시킬 수 있다.

❷ 교육대상자는 작업장에서 벗어나 훈련에만 몰두할 수 있어 학습효과가 높다.

③ 단점

❶ 훈련내용과 실무와의 연결에 종종 문제가 생긴다.

❷ 학습효과가 예상보다 낮게 나타나게 될 경우 훈련실시자와 일선 작업자의 상사(line manager) 간 갈등이 야기된다.

2) 도제제도

도제제도(apprenticeship program)는 직장 내 훈련과 직장 외 훈련(Off-JT)을 혼용한 방법이다. 이 제도의 장점은 직장 내 훈련(OJT)과 직장 외 훈련(Off-JT)의 장점을 모두 흡수할 수 있다는 데 있으며 단점은 동시에 많은 사람을 교육시킬 수 없는 데 있다.

3) 직업학교 훈련

① 개념

이 기법은 교육대상자를 직업학교에 수학하게 하는 것을 말한다.

② 장점

❶ 우수한 교육실시자가 있어 학습효과가 높다.

❷ 교육내용이 매우 정형화(structured)되어 있어 학습효과가 높다.

❸ 다수의 교육훈련 대상자를 동시에 가르칠 수 있다.

③ 단점

❶ 교육훈련 내용과 실무와의 연결에 문제가 생길 수 있다.

❷ 개인별 학습진도의 조정이 어렵다.

(3) 관리층 교육훈련의 기법

1) 인바스켓 훈련

① 개념

인바스켓 훈련(in-basket training)은 관리자의 의사결정능력을 제고시키기 위해 개발된 것이다. 훈련실시자는 훈련참가자에게 가상의 기업에 대한 정보를 제공한 후 이들에게 특정 경영상황에서 문제해결을 위한 의사결정을 하게 한다.

② 장·단점

이 기법의 장점은 모의상황이 다양하고 실제와 같기 때문에 훈련 참가자에게 흥미를 불러일으킨다. 그러나 단점으로서 훈련의 효과를 측정하는 데 어려움이 있다.

2) 비즈니스 게임

① 개념

비즈니스 게임(business game)은 기업의 경쟁상황에서 올바른 의사결정능력을 제고시키기 위해 개발된 기법이다. 3~5명 정도 규모의 팀으로 구성하여 참가하며 교육실시자는 이들 팀에게 동종의 경쟁상황에 있는 서로 다른 모의기업의 책임자들로서 상대방 기업에 이길 수 있는 경영의사결정을 하도록 한다. '경영의사결정 – 결과분석 – 결과 피드백'이라는 과정을 여러 번 거치면서 교육참가팀 구성원들은 **경쟁상황에서 의사결정의 질(質)을 높일 수 있는 능력이 제고되는 것이다.**

② 장·단점

비즈니스 게임의 장점은 교육참가팀이 실시한 **경영의사결정의 결과가 즉각 피드백되어 다른 참가팀에 비해 의사결정이 얼마나 정확했는지를 알 수 있다.** 그러나 단점으로는 참가팀들이 경영원리에 입각한 의사결정을 내리기보다 게임에 이기는 열쇠를 찾는 데 더 관심을 기울임으로써 교육이 실제 기업의 경쟁상황에 얼마나 현실성 있게 적용할 수 있느냐에 그 한계가 있다.

▼ 비즈니스 게임의 과정

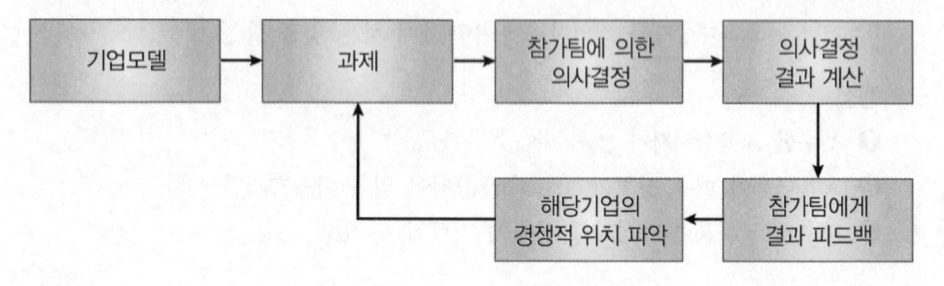

3) 사례연구

① 개념

사례연구(case study) 역시 **관리자의 의사결정능력을 향상시키기 위해 도입되는 기법이다.** 기업에서 일어난 일련의 사건, 기업의 현황들을 교육 참가자에게 제시하는 것인데 그 과정은 아래와 같다.

❶ 사례에서 **중요한 문제점과 중요하지 않은 문제점을 구분하여** 밝혀낸다.

❷ **문제점을 분석하여 그 원인을 추론**해야 한다.

❸ **문제해결을 위한 대안을 제시**한다.

② 장점

❶ 흥미가 있고 학습동기를 유발할 수 있다.

❷ 기업의 현실적인 문제에 대한 학습이 가능하다.

③ 단점

❶ 적절한 사례를 확보하는 데 어려움이 많다.

❷ 학습의 진도를 측정하기가 어렵다.

❸ 이론에 대한 체계적인 습득이 어렵다.

4) 역할연기법

① 개념

역할연기법(role playing)은 관리자뿐만 아니라 일반 종업원을 대상으로 **인간관계에 대한 태도개선 및 인간관계기술을 제고시키기 위한 기법**이다.

② 장점

❶ 교육참가자에게 흥미와 체험감을 준다.
❷ 연기에 나타난 문제점을 파악함으로써 교육참가자 개인이 갖고 있는 약점을 인식할 수 있다.
❸ 교육참가자에게 아는 것과 행동하는 것 사이의 갭(gap)을 인식시킬 수 있다.

③ 단점

교육의 범위가 제한적이다. 기업의 활동에는 수없이 많은 역할이 요구되는데 이 기법에서는 시간적 제약으로 몇 개 정도의 역할연기밖에 할 수 없다.

5) 행동모델법

① 개념

행동모델법(behavior modeling)은 관리자 및 일반 종업원에게 어떤 상황에 대한 가장 이상적인 행동을 제시하고 교육참가자가 이 행동을 이해하고 그대로 모방하게 하는 것이다.

② 장점

❶ 교육참가자에게 기업의 인간관계와 관련되는 구체적 상황에 대한 이상적인 행동을 제시해 주기 때문에 이에 대한 학습이 신속하게 이루어진다.
❷ 기업실무에서의 시행착오를 줄여 준다.

③ 단점

❶ 기법을 개발하는 데 비용이 많이 든다.
❷ 행동모델법을 배울 수 있는 인간관계 관련 행동의 수가 제한적이다.

6) 교류분석법

① 개념

교류분석법(transactional analysis)은 두 사람 간에 나타나는 대화의 내용을 분석함으로써 **인간관계능력을 향상시키는 데 활용**된다.

② 장점

❶ 실질적으로 인간관계에 대한 통찰력을 제고시킨다.
❷ 추가적으로 갈등에 대한 이론을 학습하여 이를 실무에 적용할 수 있게 해준다.

③ 단점

❶ 학습진도를 파악하기가 어렵다.

❷ 적절하고 기업실무에 맞는 교류분석의 사례를 개발하는 데 어려움이 있다.

7) 대역법

① 개념

대역법(understudy)은 **관리자를 대상으로 직무지식을 획득하기 위한 교육기법**이다.

② 장점

❶ **교육이 개인별로 이루어져 학습효과가 매우 높다.**

❷ **실무의 내용을 그대로 교육받기 때문에 학습한 내용을 실무에 적용시키는 데 아무런 문제가 없다.**

❸ **교육참가자가 미래에 현재의 상사가 수행하는 직무를 맡을 예정이기 때문에 학습의욕이 매우 높다.**

③ 단점

❶ 우수한 상사가 반드시 우수한 '교사'가 되지 않는 경우도 있다.

❷ 교육이 의례적으로 흐를 가능성이 있다.

8) 코칭

① 개념

코칭은 교육실시자가 **교육참가자(trainee)와 개인적인 접촉을 통해 새로운 역량을 전수하는** 것을 말한다.

② 장점

❶ **실무와 직접 관련되어 매우 구체적이다.**

❷ **교육대상자의 역량수준에 따라 진도 조정이 용이하다.**

③ 단점

❶ 유능한 코치를 구하기가 어렵다.

❷ 효과측정이 용이하지 않다.

9) 청년중역회법

① 개념

청년중역회법(Junior Board of Directors)은 **관리자 내지 관리자의 길을 걸을 예정인 종업원을 대상으로 조직 전반에 대한 지식을 축적하는 데 도입되는 기법**이다.

② 장점

❶ **조직 전반에 대한 지식을 획득하는 데 매우 효과적이다.**

❷ **조직 내 커뮤니케이션이 활성화**된다.

③ 단점

❶ 모의이사회에 선발되지 못한 관리자에게 갈등을 유발할 수 있다.

❷ 모의이사회에서 제시된 문제점 때문에 실제 해당부서가 곤경에 빠질 수가 있어 이들 부서의 모의이사회에 대한 방어적인 자세가 나타날 수 있다.

4 기타 교육훈련 기법

(1) 이러닝(E-learning)

1) 개념

이러닝이란 사내 인트라넷(intranet)을 사용하여 실시하는 온라인 교육을 의미한다. 이러닝은 시간과 장소에 구애받지 않고 피훈련자가 학습 속도를 조절하면서 교육훈련을 실시할 수 있지만, 이러닝 도입을 위해서는 직원들의 컴퓨터 사용능력이 어느 정도 갖춰져 있어야 함은 물론 최초 도입기에 많은 비용이 예상되므로 최고경영자의 이해와 후원이 필수적이다.

한편 이러닝은 웹기반 교육훈련(web-based learning)이라고도 불리는데 웹기반 교육훈련은 주로 인트라넷을 통한 교육자와 피교육자 간의 단순한 커뮤니케이션 수준으로부터 특정 교육훈련 프로그램 중심으로 교육자와 피교육자 간 높은 수준의 커뮤니케이션과 학습 상호 작용에 이르기까지 다양한 형태로 구성된다. 높은 수준의 웹기반 교육훈련은 교육훈련 프로그램들 간의 상호연결을 통하여 교육훈련자원의 범위를 대폭 확대하는 한편, 피교육자들의 학습경험도 상호 교환하고 이를 데이터베이스에 입력·저장시켜 조직체의 지적자본 데이터베이스를 구축하는 데 중요한 역할을 한다.

2) 장·단점

장점	단점
• 시간과 공간의 제약을 초월하여 동시에 많은 직원을 대상으로 교육을 실시할 수 있다. • 피훈련자는 스스로 학습시간을 조정할 수 있다. • 양방향 교육, 상호작용적 교육이므로 오류를 즉시 수정할 수 있다. • 교육내용의 전수가 표준화되어 있어 훈련의 일관성이 유지된다. • 연습문제를 풀고 모범답안을 피드백 받을 수 있다. • 프로그램 내 안내문이나 보충설명이 포함되어 있다. • 교육내용을 언제든지 업데이트할 수 있다. • 훈련자 주도의 교육훈련이 이뤄진다.	• 피훈련자를 불안하게 할 수 있다. • 모든 피훈련자가 E-learning을 잘 받아들이지는 않는다. • 인터넷 접속이 용이하지 않을 수 있다(실무나 실기가 많이 요구되는 교육훈련에는 부적합하다). • 비용이 많이 들 수 있다. • 학습의 효과가 그리 높지 않은 것으로 조사되었다. • 최고경영자의 적극적 후원이 없으면 성공하기 어렵다.

(2) 액션러닝(action learning)

1) 개념 및 구성요소

액션러닝이란 **학습을 학습하는 것**(learning about learning)을 의미하며 실제 문제를 팀원들에게 주어 그 문제를 해결하고, 계획을 실행하는 일련의 과정을 통해서 학습하는 것이다. 요컨대 **액션러닝이란** 교육참가자들이 **소규모 집단**을 구성하여 개인과 집단이 **팀워크**를 바탕으로 **경영상의 실제문제**(real problems)를 정해진 시점까지 해결하도록 하여 **문제해결과정에 대한 성찰**(reflection)을 통해 **학습**하도록 지원하는 교육방식이다(Marquardt교수).

① 문제(problem)

조직에서 반드시 **해결해야 할 중요한 과제 혹은 시급한 문제**를 다룬다.

② 학습 팀(action learning team)

학습팀은 문제 해결을 위해 4~8명으로 구성된다. 학습팀은 문제 해결을 창의적으로 할 수 있도록 **다양하게 구성하는 것이 좋다.**

③ 질문(questioning)과 성찰(reflection)

액션러닝이 가진 고유한 특징으로 올바른 답변보다는 올바른 질문을 통해 팀원들은 무엇을 알고 무엇을 모르는지를 깨달을 수 있고 질문과 성찰을 통해 결론을 내리기보다 당면한 문제의 본질을 더 구체적으로 할 수 있다.

④ 실행(action)의지

액션러닝은 실제 문제해결을 전제로 학습하는 것이기 때문에 **결정된 내용을 실행**할 수 있어야 한다. 이러한 실행의지는 학습을 촉진하는 역할을 한다.

⑤ 학습(learning)의지

문제를 당장 해결하는 대안보다 **액션러닝 과정에서 일어난 학습이 조직에 더 중요한 가치를** 갖는 경우가 있다. 액션러닝을 통해 과제 해결 기술, 팀 리더십 등 다양한 내용을 학습할 수 있다.

⑥ 러닝코치(learning coach)

러닝코치는 **구성원을 격려하고 적절한 시기에 추진결과를 성찰하고 학습 내용을 정리할 수 있는 기회와 분위기를 제공**함으로써 구성원의 학습효과를 제고하는 데 기여한다.

위 6가지 구성요소는 액션러닝 성공을 위해 고려해야 할 필수 요소다.

2) 등장배경

① 제1의 물결 : T-Group훈련

감수성 훈련(sensitivity training)이라고도 부르며 조직구성원들이 다른 구성원과의 대면접촉(face to face contact)을 통해 타인에 관심을 가지고, 그들의 처지나 입장을 이해함으로써 마음의 벽을 허물고 인종, 지역, 학력, 출신 등 차이를 극복하고 협동을 하게 됨으로써 **조직이 활성화되고 이를 통해 조직성과가 향상된다**는 것이 제1의 물결의 골자이다.

② 제2의 물결 : 구조적 피드백(structured feedback)

강화 및 피드백의 개념을 교육훈련에 도입한 것으로서 조직 내 인간행동이 그 결과에 대해 자신을 둘러싼 상사, 동료, 부하직원, 고객, 주주 등 이해관계자들의 평가에 의해 끊임없이 피드백을 받는다는 개념을 핵심으로 하는 이 훈련기법은 후에 **다면평가 등으로 발전**하였다. 이 물결의 기본사고는 **교육훈련에 있어서 중요한 것은 교육훈련을 통한 전이(transfer of training)**이며, 이것이 **이해관계자들의 피드백 반응으로 측정**된다는 데 있었다.

③ 제3의 물결 : 행동을 통한 학습(action learning)

교육훈련에서의 제3의 물결은 **기존의 교육훈련 패러다임을 근본적으로 흔드는 획기적인 것**이다. 교육훈련의 제3의 물결이란 다름 아닌 **액션러닝, 즉 행동을 통한 학습**이다.

3) **특징** : 현장경험(on-the-job experience)

학습은 경험을 통해 일어나며 경험을 통한 개인과 집단의 학습이 액션러닝의 핵심이다. 액션러닝이 현장경험을 강조하는 이유는 '**살아있는 사례**'를 다룸으로써 **리더십, 부하육성 능력, 문제해결 능력, 기회포착 능력** 등 관리자 교육의 필수과목을 스스로 마스터할 수 있기 때문이다.

4) **기대효과**

관리자들은 더 이상 강의실 교육이나 과거 자료에 토대를 둔 '박제화된 교육'에 만족하지 않는다. 이들은 매일 매일의 직무상황에서 **실시간(real time)으로 발생하는 문제에 대한 해답을 지금 요구**하고 있다(**미래지향적 및 문제해결지향 교육**). 일단 이들이 실제 경험과 행동을 통해 무언가를 깨닫게 되면 이들은 이러한 경험을 토대로 후진들이 쉽게 배울 수 있는 '**살아있는 사례**'를 개발하여 전수하는 능력을 얻게 된다.

① **학습과 결과 활용 간 소요시간을 획기적으로 단축**시킨다.

② **현재와 미래에 초점을 둔 교육**이다.

③ **교육훈련의 결과와 과정 모두를 강조**한다.

④ **교육훈련 비용을 감축**시킨다.

⑤ **혁신적 해법을 제시**할 수 있다.

⑥ **조직몰입을 증가**시키고 **조직학습을 향상**시킨다.

5) **문제점**

그러나 액션러닝은 교육훈련 효과에 대한 실증적 분석이나 연구가 별로 없다. 개개인의 행동을 통해 배우는 것을 표준화하고 이를 계량적 방법으로 분석하는 것은 어렵다(**표준화와 계량화가 어려움**). 그러나 어렵다고 해서 액션러닝의 존재이유가 도전받는 것은 아니다.

① **실증연구가 별로 없다.**

② **표준화 및 계량화가 어렵다.**

③ 직접행동을 통한 학습으로 **교육훈련시간이 많이 소요**된다.

④ 개인이 실제 작업과 행동을 통해 경험을 축적하고 성장하는 기법이기 때문에 **학습과 성장수준에 개인차를 배제할 수 없다.**

6) 전통적인 기법과의 차이점

비교기준	전통적 교육	액션러닝
패러다임	공급자 중심	수요자 중심
이론과 실천의 관계	이론과 실천의 분리	이론과 실천의 통합
교육전략	주입식 교육	참여식 교육
학습자의 역할	피동적(수동적)	능동적
강조점	현장과 관련성이 적은 이론적 주제 (투입중심)	현장중시의 비구조적 문제 또는 기회의 해결 및 발전(과정중심)

7) 액션러닝 프로그램 : 식스시그마와 카이젠(kaizen)

오늘날 경쟁이 심화되는 환경에서 기업은 **제품과 서비스의 질을 높여야만 한다. 전사적 품질 경영(Total Quality Management, TQM)은 기업 전반의 지속적인 품질 경영을 강조하며 사람, 기계, 시스템 등의 개선을 위한 노력**이다. 품질을 추구하기 위한 노력의 일환으로 많은 회사에서 식스 시그마 프로그램을 사용하고 있다. **식스 시그마 과정(Six Sigma Process)이란 모든 품질수준을 정량적으로 평가하고, 문제해결 과정과 전문가 양성 등의 효율적인 품질문화를 조성하며, 품질혁신과 고객만족을 달성하기 위해 전사적으로 실행하는 내용**을 말한다. 품질관리 교육은 이 프로세스의 가장 중요한 구성요소다. 즉, **식스 시그마는 제품의 불량률이나 결함률을 없애는 품질기준**이다.

교육은 직원들에게 '**린 사고**'라는 개념을 통하여 품질 개선에 큰 도움을 주었다. 린 사고(lean thinking)는 **적은 노력, 장비, 공간 및 시간으로 더 많은 일을 하면서도 고객이 필요로 하고 원하는 것을 제공하는 방법**을 일컫는다. 린 사고의 일부에는 직원에게 새로운 기술을 교육하거나 기존 기술을 새로운 방식으로 적용하는 방법을 가르치는 것이 포함된다.

카이젠(개선, kaizen)은 사업프로세스를 개선하기 위한 지속적인 노력에 각 직위의 직원들을 포함시키는 방안으로 회사의 모든 수준의 직원이 비즈니스 프로세스의 지속적인 개선에 집중하는 전략을 말한다. 식스시그마와 카이젠은 직원들에게 비용절감을 위한 통계적 지식과 측정도구를 요구한다. 즉, **식스시그마 적용 및 응용을 통해 직원들은 제품 또는 서비스 품질 향상을 위해 비즈니스 프로세스 개선에 중점을 둔 프로젝트를 수행한다. 또한 카이젠 프로그램에서는 먼저 개선 기회를 식별하고, 이에 관한 데이터를 수집하고, 개선하며, 결과를 측정하고, 결과를 기반으로 관행을 개선하는 방법에 대한 교육이 이뤄진다.** 이를 위해 지속적인 연계, 계획, 실행, 확인, 실행(PDCA)을 포함하는 활동을 고려한다. 해당 과정을 통해 회사의 사업 프로세스를 개선하는 데 목표를 둔다.

(3) 혼합형 학습(blended learning)

다양한 학습방법을 섞은 학습으로 주로 온라인 교육과 오프라인 교육을 연계한 학습방법을 의미한다. 즉, 대면교수법과 테크놀로지 기반의 전달과 교수법이 가지고 있는 장점을 최대화하고 이들이 가지고 있는 단점을 최소화할 수 있다. 블렌디드 학습은 높은 학습자 통제를 제공하여 학습자의 자기주도학습을 **가능**하게 해주고 학습자 스스로가 본인 학습에 대해 더 많은 **책임감**을 가질 수 있게 해준다. 순수 온라인 학습과 비교했을 때 블렌디드 학습은 **더 높은 수준의 면대면 사회적 상호작용**을 제공해주고 **부분적이더라도 강의가 학습 공헌도가 높은 환경에서 전달**될 수 있다. 그러나 블렌디드 학습과정은 두 가지 학습접근 방식을 사용하여 **더 많은 시간과 까다로운 절차**가 발생할 수 있다. 즉, **빠르게 변화하는 기술, 불충분한 관리 지원 및 블렌디드 학습에 대한 몰입, 구현방식**에 있어서 이해가 부족하여 문제가 발생할 수 있다.

<table>
<tr><td>제 5 절</td><td>교육훈련의 평가</td></tr>
</table>

1 교육훈련 평가의 개념과 목적

(1) 교육훈련 평가의 개념

교육훈련의 평가란 **교육을 하면서 또는 교육을 마치고 나서 효과가 있었는지를 검증**하는 것은 물론, 그 과정에서 잘못은 없었는지, 차기교육에 바꿔야 될 것은 없는지 등에 대한 검토를 의미한다. 즉, 실제 교육이 이루어진 후 **얼마나 효과적인 시행이었는가를 적절히 평가**하는 과정이 교육훈련 실시에 대한 평가이다.

(2) 교육훈련 평가 실시의 필요성

교육훈련 평가 결과를 토대로 효과를 분석하여 차후 교육훈련에 피드백하는 과정을 거쳐야만 효율적인 교육훈련의 관리가 이루어질 수 있다. 교육·훈련을 평가하는 목적은 ① 교육목적이 예측했던 대로 달성되었는지를 **최고의사결정자에게 정보를 제공**할 수 있고, ② 피교육자들, 교육 담당자들에게 **교육·훈련결과를 피드백**할 수 있으며, ③ 교육과 관련된 전반 사항에 대해 **개선점을 지적**하고, ④ **교육의 경제적 효과, 회사에의 공헌도를 결산**하는 데에 있다.

2 교육훈련 평가의 접근법

▼ 교육훈련에 대한 평가시스템

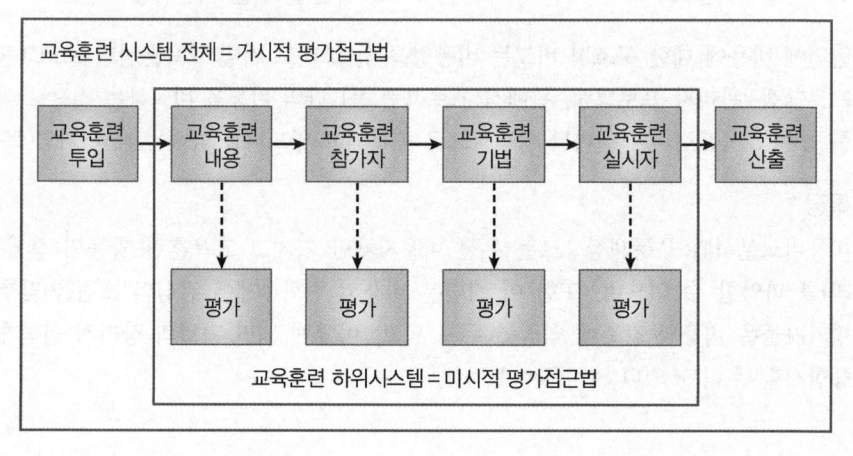

(1) 거시적 접근법

교육훈련 활동 전체를 하나의 평가단위로 간주하고 평가하는 것을 거시적 접근법(macro approach) 이라고 하는데 구체적 내용은 아래와 같다.

- 기업의 자원배분 측면에서 다른 부문에 자원을 할당하는 것보다 교육훈련 부문에 할당하는 것이 경제적 효율성이 더 높은가?
- 교육훈련 활동이 기업의 목표달성에 어느 정도 기여하는가?
- 교육훈련을 통해 기업내부에서 인력을 확보하는 것이 기업외부에서 인력을 영입하는 것보다 더 효과적인가?
- 교육훈련 활동이 투입(input)과 산출(output) 면에서 어느 정도 효과가 있는가?

거시적 접근법의 기본 논리를 교육훈련 활동의 전 과정을 하나의 검은 상자(black box)로 간주하고 여기에 투입된 것과 산출된 것이 평가대상이 된다.

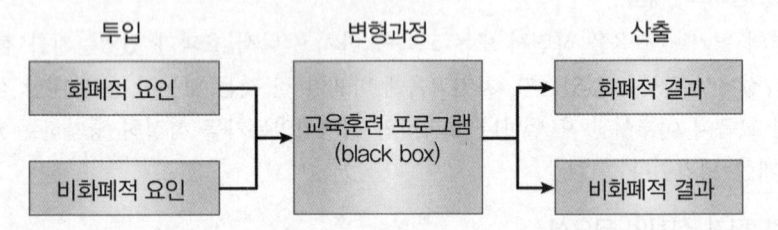

1) **투입에 대한 화폐적 평가** : 비교비용분석법(cost comparison analysis)

① 개념

비교비용분석법은 교육훈련 활동을 위해 투자되는 모든 투입요소 중 화폐적으로 환산할 수 있는 지출비용 중심으로 평가하는 기법으로서 비용의 구조적 배분 정도 및 기간별 변화추세의 파악을 목적으로 하고 있다.

② 유형

비용비교의 내용은 **기간별 비교**와 **구조적 비교로** 구분되는데, **기간별 비교는 해당기업의 예산기간을 기준**으로 혹은 개별 교육훈련의 소요기간별로 발생한 비용을 기준으로 비교한다.

반면에 **비용에 대한 구조적 비교는 비용항목 간** 그리고 개별 교육훈련별 프로그램(신입사원 프로그램, 관리자 프로그램, 판매직 프로그램 등) 간의 비용을 비교하는 것으로 이러한 비교를 통해 교육훈련비가 얼마나 합리적으로 배분되고 있느냐를 밝히는 데 평가의 목적이 있다.

③ 특징

비용비교분석법의 문제점으로는 우선 **비용자체만 가지고 교육훈련 활동의 경제적 가치(결과)를 파악할 수 없으며,** 또한 이 기법은 비용의 변화추세에 관심의 초점을 맞추기 때문에 평가자들은 비용의 감소에 역점을 두게 되고, 이렇게 되면 기업의 장기적 인력개발 측면을 등한시할 우려가 있다(Staude, 1978).

2) 비용-편익 분석법(cost-benefit analysis)

① 개념

비용-편익분석은 **투입과 산출에 대한 화폐적 평가**로 교육훈련 프로그램에 투입한 비용과 교육훈련의 결과로 나타나는 편익을 서로 비교·분석하는 기법이다.

② 단계

아래의 4단계 과정을 거쳐 실시된다.

▼ 비용-편익분석의 과정

```
┌─────────────────────────┐
│  비용 및 편익항목의 인식  │
└─────────────────────────┘
            ↓
┌─────────────────────────┐
│   비용 및 편익의 측정    │
└─────────────────────────┘
            ↓
┌─────────────────────────┐
│     할인율의 결정        │
└─────────────────────────┘
            ↓
┌─────────────────────────┐
│     결과의 분석          │
└─────────────────────────┘
```

첫째, **첫 번째로 비용 및 편익 항목의 확인단계**에서 교육훈련 및 개발에 드는 비용은 예산의 확인으로 쉽게 조사될 수 있지만 수익 항목의 확인은 좀 더 복잡하다. 직접수익, 간접수익 등 여러 기준에 따라 구분하여 살펴볼 수 있는데 직접수익은 교육훈련 기간 동안 달성된 성과(sachleistung), 교육훈련의 결과, 능력의 향상으로 인해 인상된 급여 등을 말하며, 간접수익은 교육훈련을 통해 확보된 인력을 사내에서 확보했을 때의 모집 및 선발비용 절약액, 기업 내 커뮤니케이션의 개선, 노동시장에서의 기업의 이미지 제고 등을 말한다.

둘째, **비용 및 편익의 측정에서 특히 교과의 화폐적 측정문제는 '비용-편익분석' 기법의 핵심적 문제로서 그 측정가능성에 대해서 그간 많은 논란이 존재해왔다.** 여기서는 〈역사적 원가〉 내지 시장의 〈대체가격〉의 개념이 도입된다. 즉, '관리자의 관리능력 향상'에 대한 효과의 화폐적 측정은 **기업이 이와 같은 관리자를 외부노동시장에서 확보할 때 드는 비용을 계산함으로써 가능**하다고 본 것이다.

셋째, 할인율의 결정단계에서는 비용이나 효익이 여러 기간에 걸쳐 발생할 때 미래에 발생할 것으로 예상되는 비용 및 편익을 현재의 가치로 환산하여 계산해야만 비교가 가능해지므로 이때 사용되는 할인율의 결정이 중요하다. 즉, 미래에 발생하는 비용 및 효익을 현재의 비용 및 효익과 비교하기 위하여 적절한 할인율을 적용하여 현재가치로 환산하는 과정이다.

넷째, **결과의 분석단계**에서는 두 가지 방법이 가능하다. ❶ **편익에서 비용을 뺀 값을 분석대상으로 하는 경우**와 ❷ **비용 대 편익의 비율(rate of return)을 밝히는 경우다.** 일반적으로 비용 대 효익의 비율(rate of return)을 사용하여 결과를 분석하게 된다. 두 가지 방법이 가능하다.

③ 특징

위에서 논의했던 **비용 – 편익분석 기법의 문제점**으로는 편익의 전부를 화폐적 단위로 환산해야 하는 어려움이 따른다. 즉 편익의 평가에 많은 주관성이 개입되며, 특히 이 평가를 교육훈련 프로그램을 주관하는 부서에서 실시할 경우 편익에 대해 과대 계산을 할 수도 있다.

(2) 미시적 접근법

미시적 접근법은 **교육훈련 시스템을 구성하는 개별 요소에 평가의 초점을 맞추는 것**으로 거시적 접근법은 투입과 산출 사이의 변환과정에 대해서 설명하지 못하지만, 미시적 접근법은 투입이 성과를 창출하는 내부 과정에 대해 자세히 밝힐 수 있다는 점에서 의의가 있다.

1) 교육훈련의 내용 평가

이것은 교육훈련 참가자에게 무엇을 학습시킬 것인가에 대한 평가를 말한다.

2) 교육훈련의 참가자 평가

① 선발평가

교육훈련의 참가자가 제대로 선발되었는가에 대한 문제는 교육훈련 프로그램의 효율성과 관련해서 중요한 의미를 갖는다. 즉, **교육훈련의 참가자에게 요구되는 자격수준을 참가자가 갖추면 교육훈련 프로그램의 진행에 차질을 초래하지 않으며 그만큼 효과도 높아지는 것이다.** 참가자 선발문제는 기업의 일반적인 인력확보(채용) 시 나타나는 선발문제와 유사하지만 특히 여기서 고려해야 할 사항은 다음의 두 가지를 제시할 수 있다. 첫째, **교육훈련 참가자가 교육훈련 프로그램에 참가함으로써 기대되는 미래의 자격수준과 현재 그가 갖추고 있는 자격수준의 차이가 적으면 적을수록 교육훈련 프로그램은 보다 시간 및 비용 면에서 경제적이 된다. 둘째, 교육훈련 참가자가 갖고 있는 현재의 자격수준 외에 잠재능력을 정확히 평가하여 이 잠재능력이 미래에 요구되는 자격수준을 능가하는지의 여부가 평가되어야 한다.**

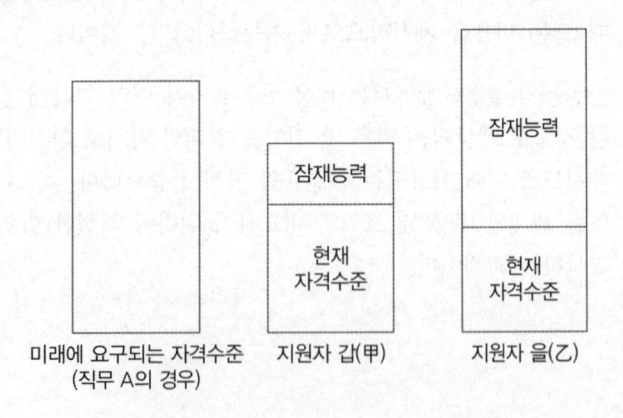

미래에 요구되는 자격수준
(직무 A의 경우)   지원자 갑(甲)   지원자 을(乙)

② 반응평가

교육훈련 프로그램이 교육훈련 참가자에게 어떻게 받아들여지고 있는가, 즉 **참가자의 긍정적 혹은 부정적 태도를 파악**하는 것이 반응평가이다. 이것을 통해 참가자의 **교육훈련에 임하는 모티베이션의 정도**를 알 수 있으며 바로 이러한 모티베이션이 학습효과에 영향을 미친다고 간주되기 때문에 반응평가의 중요성이 인정된다.

정교한 방법으로는 **교육훈련의 실시 전, 실시 중 그리고 실시 후에 각각 평가하여 그 결과를 비교분석함**이 바람직하다.

③ 학습성과의 평가

교육훈련의 참가자에게 기대되는 학습성과에 대한 평가는 기업이 원하는 자격수준에 교육훈련 참가자가 도달했느냐를 파악하는 것이다. 학습의 영역으로서 **첫째, 인지적 영역(지식, 이해력, 적용능력, 분석력, 평가력), 둘째, 정의적 영역(태도, 가치관, 주의력), 셋째, 정신운동적 영역(추진력, 어휘구사력, 조정능력, 융통성)** 등을 들 수 있는데 학습성과에 대한 평가는 가능한 한 해당 학습 영역별로 실시해야 한다.

④ 적용효과의 평가

적용효과는 교육훈련 참가자가 습득한 학습내용을 경영실무에 어느 정도 적용시키느냐를 말하는 것이다. 교육훈련의 결과가 어떻게 성과(performance)에까지 연결되느냐는 참가자가 실무에 돌아와서 보여주는 태도변화, 행동변화 그리고 성과변화의 제 변화과정을 통해 나타난다.

학습내용이 직무수행으로 이전(transfer)될 때 다음과 같은 세 가지 사항이 긍정적으로 영향을 미친다. **첫째, 교육훈련의 내용이 참가자의 욕구와 일치되는 경우, 둘째, 교육훈련의 종료 후 실시자가 참가자에게 계속적인 커뮤니케이션을 통해 이전을 지원하는 경우 그리고 마지막으로 교육훈련 기간이 길면 길수록** 높은 이전효과를 가져다준다. 반면에 교육훈련에의 참가자가 자발적이 아니고 상사의 압력에 의해 비자발적으로 행해졌을 때 이전효과는 줄어든다.

3) 교육훈련의 기법평가

첫째, 도입한 기법이 교육훈련의 기능적 측면을 어느 정도 충족시키느냐를 평가한다.

둘째, 교육훈련 내용을 교육훈련 기법을 통해 참가자에게 전달한 결과 나타나는 교육적 효과와 교육훈련 기법과의 관련성을 평가하는 것인데 이것은 주로 교육훈련의 참가자를 대상으로 평가가 실시된다.

셋째, 기법의 경제적 측면인데 이것은 개별 기법을 도입 및 실시할 때 발생하는 비용, 시간 그리고 경제적 편익이 평가대상이 된다.

4) 교육훈련의 실시자 평가

교육훈련 참가자와의 관계에서 요구되는 임무와 조직적 측면에서 요구되는 임무로 구분된다. 교육훈련 실시자를 평가하기 위한 도구로서 질문지법(교육훈련 참가자, 실시자 자신 및 동료, 교육훈련 프로그램 책임자 그리고 외부전문가를 대상), 면접법 그리고 관찰법을 도입할 수 있다.

(3) 거시적 접근법과 미시적 접근법의 비교

거시적 접근법은 **교육훈련 프로그램을 '전체'로서 평가**하려는 것이 그 출발점이다. 이 접근법은 교육훈련 활동의 전 과정을 하나의 검은 상자(black box) 모형을 도입하여 **교육훈련 활동에 대한 투입(input)과 산출(output) 사이에 존재하는 복잡한 변화과정을 평가대상으로 삼지 않고 투입과 산출에만 평가의 초점을 맞추는 것**이다. 거시적 접근법의 장점은 아래와 같다.

- 교육훈련 활동에 대한 산출 측면을 인식하고 있으며, 때문에 **교육훈련의 경제성 측면의 인식**을 강조하고 있다.
- **교육훈련에 대한 임의적인 의사결정을 저지**시킬 수 있다.
- 교육훈련에 대한 투자가 그 효과 면에서 화폐 단위로 구체적으로 표시되기 때문에 **교육훈련 부문의 입장이 기업의 예산편성에 긍정적으로 반영**될 수 있다.

즉, 거시적 접근법은 **교육훈련 활동의 평가에 대한 전체적 조망을 용이하게 해주는 반면에 교육훈련 활동에 투입된 요소가 어떤 구체적 과정을 거쳐 산출로 변형되는가에 대한 정보는 전혀 제공해 주지 못한다.**

이에 반해 **미시적 접근법은 교육훈련 프로그램의 내부에 평가의 초점을 맞추는 것**이다. 이 접근법의 목적은 **교육훈련 프로그램을 구성하고 있는 하위 시스템들(교육훈련의 내용, 참가자, 기법, 실시자)을 개별적으로 평가함으로써 이들 요소가 갖고 있는 문제점을 발견·개선하려는 데** 있다. 또한 이 접근법은 거시적 접근법에 비해 **교육훈련 프로그램이 실패했을 때 실패의 원인을 분석하는 데 보다 유용한 것으로 평가**된다.

3 교육훈련 평가의 기법

(1) 커크패트릭(Kirkpatrick)의 평가 기준

커크패트릭은 교육훈련 평가를 다음의 네 가지 기준으로 평가하는 것이 필요하다고 주장하였다.

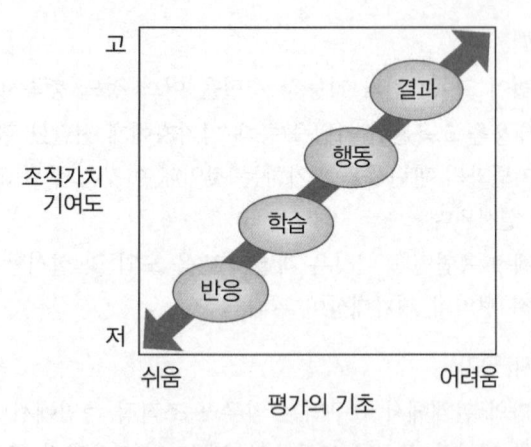

1) 반응기준(reaction criteria)

반응기준은 피훈련자가 **교육훈련을 통해 받은 인상을 기준으로 교육훈련을 평가**하는 것을 말한다. **주로 교육훈련이 끝난 직후 참가자들을 대상으로 설문조사를 실시**하여 교육훈련이 유익하였는지, 배운 내용이 양적으로 질적으로 적절했는지, 흥미가 있었는지를 측정한다.

2) 학습기준(learning criteria)

교육훈련 도중이나 직후에 배운 내용을 테스트해서 과연 학습이 일어났는지 측정을 하는 것을 말한다. 학교에서 실시하는 중간시험이나 기말시험, 연수원에서 실시하는 평가는 주로 학습기준에 의해 교육훈련을 평가하는 방법이다.

3) 행동기준(behavioral criteria)

교육훈련의 결과 **피훈련자가 직무에 돌아와 행동의 변화를 보여 실제로 성과에 영향을 미치는지를 측정**하는 기준을 말한다. 교육훈련의 전이는 주로 행동기준으로 교육훈련을 평가하는 것이다.

4) 결과기준(result criteria)

교육훈련이 **조직의 목표와 관련된 중요한 결과를 달성하는 데 어떤 효과가 있는지를 측정하는 것**을 말한다. 결과의 지표로서는 불량률, 매출액, 업무수행 시간, 비용, 직원이직률 등을 들 수 있다. 결과지표를 교육 전과 교육 후 특정 시점을 비교하여 측정한다.

(2) 골드스타인(Goldstein)의 교육훈련 타당도 평가법

▼ 교육훈련의 타당도

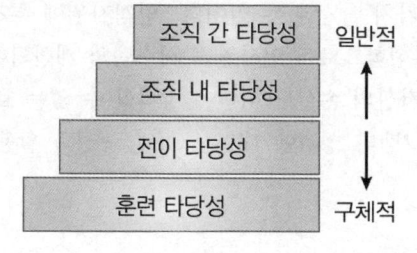

교육훈련의 타당성(validity of training) 검증은 **"과연 교육훈련이 당초 목적한 바를 충족시키는가?"** 라는 물음에 답하는 것이다. 골드스타인은 교육훈련의 타당성을 다음의 네 가지 카테고리로 분류하고 각 카테고리별로 타당성에 관한 질문에 답을 할 수 있는지 여부를 검증하고자 시도하였다.

1) 훈련 타당성(training validity)

훈련 타당성 검증은 "피훈련자가 훈련기간 동안 무엇을 학습하였는가(또는 할 것인가)?"라는 질문에 답을 하는 것을 말한다. 아무리 재미있는 훈련이라고 하여도 교육을 통해 배우는 내용이 없으면 훈련 타당성이 없는 것으로 판단한다.

2) 전이 타당성(transfer validity)

전이 타당성 검증은 "피훈련자가 교육훈련에서 학습한 지식, 기술, 능력(KSA)을 현업에서 어느 정도나 성과의 개선과 연계하였는가(또는 연계할 것인가)?"라는 질문에 답을 하는 것으로, 예를 들면 피훈련자들이 맡고 있는 직무에 대한 기본적인 직무분석을 하지 않은 상태에서 직무교육을 시행하면 교육훈련의 전이가 일어나기 어렵다.

3) 조직 내 타당성(intra-organizational validity)

조직 내 타당성을 검증하기 위해서 "새롭게 교육훈련 프로그램을 이수한 피훈련자 집단의 성과가 동일한 기업조직 내 당초 피훈련자 집단의 성과와 비교해서 유사한 결과를 보이는가?"라는 질문에 답을 하는 방법으로 검증할 수 있다. 잘 설계된 교육 프로그램은 개발 직후에 교육을 받은 첫 번째 집단(1기)의 성과와 후속 집단(2기나 3기)의 성과와 유사하여야 한다는 논리에 기초하고 있다. 두 성과 간 차이가 크다면 교육훈련 프로그램 타당성에 문제가 있다고 볼 수 있다.

4) 조직 간 타당성(inter-organizational validity)

조직 간 타당성 검증은 "한 기업에서 성공적으로 실시한 교육훈련 프로그램이 다른 기업에서도 효과적으로 실시될 수 있는가?"라는 질문에 답을 하는 방법으로 검증될 수 있다. 예를 들면, 컴퓨터 교육이나 어학교육 같은 교육은 속성상 조직과 업종, 산업에 크게 구애받지 않고 실시할 수 있는 교육이기 때문에 조직 간 타당성이 비교적 높은 교육이라고 할 수 있다. 타 기업에서 성공했다고 알려진 교육프로그램을 타당성 검증도 없이 무분별하게 도입하게 되면 교육훈련의 성공을 보장할 수 없는 것도 조직 간 타당성 검증에 문제가 있을 수 있기 때문이다.

(3) 투자수익률(ROI) 평가법

1) ROI(Return on Investment) 도입의 필요성과 측정대상

인사부서는 그들의 존재이유를 밝히기 위해서 인사부서의 효율성을 수치로 측정하여 공표함으로써 그 부가가치를 표현할 수밖에 없는 분위기로 유도되고 있다. 인사관리에 ROI를 도입하는 것은 '인사부서의 부가가치'를 높이는 일이다. 인적자원에 투자하는 재무적 자원에 대한 회수(return), 즉 성과를 분석함으로써 인사관리 시스템의 개선되어야 할 포인트를 발견할 수 있으며 나아가 소중한 인적자산의 손실도 미연에 방지할 수 있는 효과를 거둘 수 있다. 이에 인적자원개발과 관련된 프로그램의 성과에 대한 ROI의 측정과 활용은 그 중요성이 증대되고 있다.

2) ROI를 활용한 교육훈련 성과 측정 실무

① 투자(Investment)에 대한 분석

얼마나 많은 비용을 인적자원에 투자하는가이다. 인적자원 투자액은 급여 총액, 복리후생 비용, 교육훈련 비용, 사용자가 부담하는 고용보험 납부액과 인사관리 관련 행정비용 등이 있다.

② 효익(Return) 분석

효익을 확보하기 위해서는 효익을 감소시키는 요인을 살펴 이를 감소시킴으로써 조직이 얻게 되는 효익, 즉 절약액을 계량적으로(화폐가치로) 파악하면 된다. 비용실현을 막고 절약(save)하게 되면 효익(R)은 증가하게 된다. 비용에는 ① 이직(turnover) 비용, ② 근태(absenteeism) 비용, ③ 종업원의 보상비용(worker's compensation payment), ④ 종업원의 사기(morale) 저하에 따른 비용 등이 있다.

I와 R에 대한 정확한 정보가 수집되면 될수록 ROI의 결과는 정확한 것이 될 수 있다. ROI 측정과 분석에는 종종 전문지식이 동원되기 때문에 기업 외부 전문가가 동원되기도 한다.

PART
04

I(Investment : 비용요소)	R(Return : 효익요소)
• 임금총액 • 복리후생 비용 • 교육훈련 비용 • 사용자가 부담하는 고용보험 납부액 • 인사관리 관련 행정비용 등	• 수익 창출액 • 각종 원가 절감액 • 이직 비용의 절감액 • 결근, 지각, 조퇴(근태)비용의 절감액 • 종업원 보상비용 • 교육훈련을 통한 개선효과(화폐적) • 사기저하의 방지 비용 등

③ ROI의 계산

ROI를 회계학적으로 정의하면 세후 영업이익 ÷ 자산이다. 즉, 기업이 자산(투자액)을 얼마나 수익성 있게 운영하였는지를 측정하는 지표가 바로 ROI이다. 그러나 이 공식은 회계학적으로는 의미가 있으나, 인사관리 성과를 측정하기에는 미흡하다. 일반적으로 가장 많이 사용되는 ROI 산출공식은 다음과 같이 순효익(효익−비용)을 비용으로 나누어 계산하며, 퍼센트(%)로 표시되는 것이 대부분이다.

$$ROI(\%) = \frac{순효익(효익 - 비용)}{비용} \times 100$$

ROI 값이 크면 클수록 그만큼 프로그램의 성과가 매우 높고 효율적이라는 의미로 받아들여진다.

제 6 절   인적자원 포트폴리오

1 개념

인적자원 포트폴리오(HR Portfolio)는 **인적자원의 다양한 스펙과 특성을 의미**하며, 인적자원 포트폴리오 관리(human resource portfolio management)란 기업에서 내부노동시장과 외부노동시장의 동향을 파악하여 인적자원관리의 경쟁력을 확보하기 위해 다양한 인적자원들을 분산적으로 잘 관리하여 인적자원개발을 하는 것이라고 이해할 수 있다.

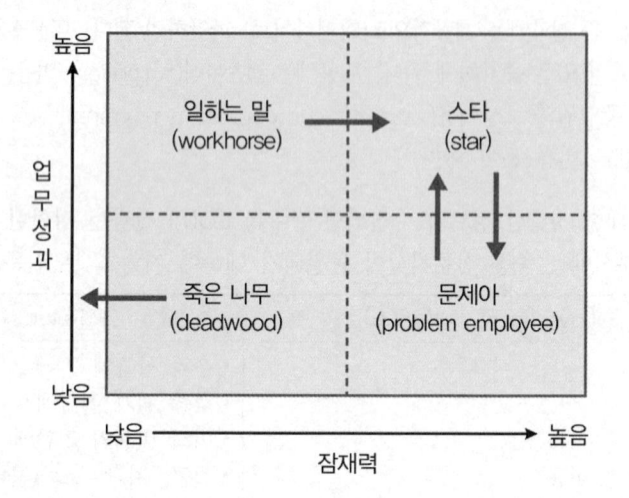

2 인적자원의 유형

(1) 스타(star)

1) 개념

업무성과도 높고 잠재력이 높은 유형으로 포트폴리오 분석의 결과 **가장 바람직한 상태**이다.

2) 대응전략 : 유지(hold)전략

스타형 인력에 대해서는 **충분한 보상과 복지, 승진정책 등 적극적 투자** 등을 통하여 **유지(hold)하는 전략이 필요**하다. GE의 잭 웰치는 인재의 중요성을 강조하면서 회사의 경쟁력 창출에 핵심인 **상위 20%의 인재는 보너스, 스톡옵션, 칭찬과 격려, 교육훈련** 등 다양한 정신적·물질적 **보상**을 지급하였다.

(2) 일하는 말(working horse)

1) 개념

일하는 말은 **업무성과는 높으나 잠재력은 낮은 인적자원의 유형**을 의미한다.

2) 대응전략 : 수확(harvest) 전략

일하는 말은 성장가능성은 낮지만 **단기적으로 성과를 낼 수 있는 인력**이다. 이들에게는 장기적 투자는 경계해야 한다. 즉, **교육·개발에 지나친 투자는 경계하되 적절한 동기부여 정책**이 필요하다. **수확(harvest) 전략**을 통하여 여기서 나오는 자금으로 별이나 일하는 말에 투자해야 할 것이다.

단, 현재는 잠재력이 낮더라도 **향후 스타로의 개발가능성이 있는 소수의 인재**에 대해서는 스타로 이동가능한 충분한 기회를 제공하고 동기부여를 하는 것도 중요하다. 즉, 개발가능한 소수 인력을 팀으로 구성하여 액션러닝(Action Learning)을 실시하거나, 멘토 혹은 코칭을 활용하여 잠재력을 이끌 수 있도록 해야 한다.

(3) 문제아(problem employee)

1) 개념

잠재력은 높으나 업무성과가 낮은 인적자원의 유형을 의미한다.

2) 대응전략 : 육성(build) 전략

문제아는 **교육훈련 투자를 통해 스타형으로 이동될 것을 예측**해야 한다. 즉, 이들에게 **육성(build) 전략**이 필요하다. OJT, Off-JT, 멘토링 등 다양한 기법을 활용하여 성과를 낼 수 있도록 적극적 지원이 필요하다.

(4) 죽은 나무(dead wood)

1) 개념

업무성과와 잠재력이 모두 낮은 인적자원의 유형을 의미한다.

2) 대응전략 : 철수(divest) 전략

죽은 나무는 가능하면 방출하고 **이직을 원할 때 적극 권장**하면서 신규사원으로 대체하는 **철수(divest) 전략**이 필요하다. 즉, 조직에서는 저성과자로 분류되기 때문에 저투자 방식을 지향해야 한다.

저투자의 방식으로는 ① **내부화 접근법인 고용조건의 변화**와 ② **외부화 접근법인 Lay-off**가 있다. GE는 차별화된 인력관리를 지향하여 하위 10%인 집단에 대해서는 **퇴출**시키는데 이러한 방식은 우리나라에서 고용불안 등 사회적 문제를 일으킬 수 있기 때문에 지양해야 하는 바, 내부화 접근법인 고용조건 변화를 활용하여 저성과자에게 스스로 역량을 개발할 수 있는 기회를 제공하는 것이 적절할 것이다.

3 조직에서의 시사점

'죽은 나무'에 대한 투자는 의미가 없으므로 퇴직관리 프로그램을 가동하여 퇴출될 수 있도록 유도하는 것이 바람직한 관리방향으로 간주된다. 한편 '스타' 인력에 대한 지속적인 관심과 더불어 만족할만한 수준의 보상관리를 지속함으로써 '문제아'로 전락하지 않도록 관리해야 한다. 결국 인적자원 개발의 목표는 '일하는 말'과 '문제아'를 '스타'로 성장하게 하는 것이다.

02 | 경력개발의 관리

1 경력관리의 개념

(1) 경력

경력(career)이란 일반적으로 '한 개인의 일생에 걸쳐 일과 관련하여 얻게 되는 경험'을 의미한다. 일에 관련된 모든 활동이 경력에 해당한다.

(2) 경력관리(career management)

경력관리는 개인이 경력목표와 전략을 수립하고, 실행하며, 점검하는 과정으로 개인과 조직의 요구에 맞게 경력을 달성시키는 관리활동이다.

1) 개인의 경력목표

개인측면에서 경력개발이란 한 개인의 일생에 걸쳐 일과 관련하여 얻게 되는 경험을 통해 자신의 직무관련태도, 능력 및 성과를 향상시켜나가는 과정이다.

2) 조직효과성 목표

한 개인이 **입사에서 퇴직에 이르기까지 경력경로를 개인과 조직이 함께 계획하고 관리하여 개인욕구와 조직목표를 달성해가는 총체적 과정**이다. 조직은 조직의 니즈인 조직효과성 달성과 종업원의 경력욕구를 결합한 체계적인 경력개발을 위해 경력개발제도(CDP : Career Development Program)를 운영할 수 있다.

① **경력목표(career goal) : 개인이 도달하려는 미래의 지위**를 의미한다. 즉, 어떤 사람이 되려고 하는지를 의미한다.

② **경력계획(career planning)** : 개별사원들이 **경력목표를 달성하기까지의 방향과 경로를 미리 설정**해 주는 것이다.

③ **경력개발(career development) : 경력계획대로 경력목표를 달성하기 위하여 개인이나 조직이 실제적으로 참여하는 활동**으로 조직과 개인의 합동노력에 의해 효율적으로 수행되는 것이다.

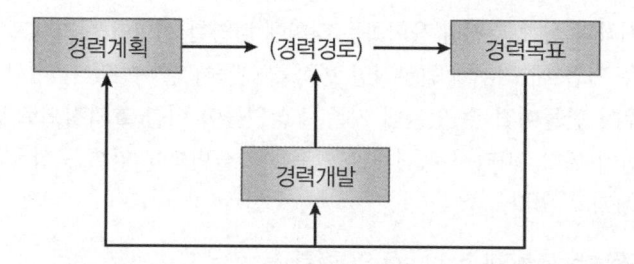

요컨대 **경력개발(경력관리, career management or development)이란 개인의 경력욕구와 조직의 경력니즈인 조직효과성 달성을 결합할 수 있는 방향으로 경력을 설계하는 관리과정**이다. 즉, 경력개발은 경력계획과 경력관리라는 두 가지 차원을 포함하는 것이다.

2 경력개발의 필요성

경력개발은 인력운용에 대한 장기적 시각에서 출발하며 기업과 종업원 모두에게 매우 중요한 이슈가 된다. 오늘날 **경력개발의 필요성은 기업을 둘러싸고 있는 외부환경 및 내부환경의 변화**로 더욱 강조되고 있다.

(1) 글로벌 경쟁의 심화

글로벌 경쟁의 등장에 따라 기존의 많은 기업들이 **비용절감 압력**에 직면하게 되었다. **직무 안정성은 획기적으로 감소**되었고, 결국 개인들은 **자신의 경력에 대한 지속적 검토와 경력개발에 대한 책임**이 커지게 되었다.

(2) 구성원의 가치관 변화

우선 **외부환경의 경우 국제화에 따른 무한경쟁시대**에서 기업들은 살아남아야 하고, 사회구성원의 **가치관이 집단주의에서 개인주의로 급속히 변하**고 있다. 또한 종업원은 삶의 질을 추구하는 경향이 있다.

(3) 조직구조의 변화

글로벌 경쟁의 심화와 새로운 ICT 기술 변화에 따라 기업들은 조직구조를 상당한 수준으로 변화시켜 왔다. 조직은 과거에 비해 "**flatter(평평)**"해졌으며 분권화 경향이 강하게 표출되고, **관리직무의 필요성이 현저히 감소**되었고, **아웃소싱과 조직 간 네크워트화가 강조**되고 있다. 새로운 조직구조에서 강조되고 있는 유연성은 **경영계층을 현저히 감소**시키고 **비정규직의 활용도를 바탕으로 한 새로운 경력기회들을 만들고 있는 것이다.

(4) 직무내용의 변화

또한 기업의 내부환경 또한 많이 변화되고 있는데 대표적으로 **비즈니스 리엔지니어링(Business Process Reengineering)**으로 인하여 **직무내용이 질적으로 많이 변화**되고 있다. 특히 **전문인력의 필요성이 더욱 강조**되며 분권화로 인하여 **업무방식이 변화**되고 있다.

한편 21세기 시작과 함께 디지털 융합화는 경영에 다양한 변화를 야기하고 있다. 특히 정보통신기술 (ICT)의 발달은 기업 내 직무에 근본적인 변화를 만들어 낼 수 있다. 이런 **기술변화로 인하여 조직 내 새로운 직무가 만들어질 수 있는데 기존 구성원들이 이를 효과적으로 감당할 수 있는지가 경쟁 력 유지의 관건이** 된다. 따라서 경력개발을 통해 기술변화에 따른 구성원의 빠른 적응을 가능하게 할 필요성이 커지고 있다.

(5) 심리적 계약(Psychological contract)의 변화

1) 개념

심리적 계약이란 명문화된 계약내용을 확인하고 서로 공식적인 서명을 하는 것은 아니지만 고용 관계 형성에서도 이와 비슷한 비공식적 계약이 이루어지는 것을 의미한다. 문서화되지는 않았지 만 관계를 이루는 양 당사자가 상호에게 가지고 있는 믿음이나 신뢰를 의미한다. 즉, 심리적 계약이란 **개인과 조직 간에 암묵적으로 약속된 상호 호혜적 교환에 관한 개인의 믿음**으로 정의 된다(Rousseau).

2) 심리적 계약의 변화

과거의 **관계형 계약은 거래형 심리적 계약으로 바뀌게 되었다.** 거래적 계약에서는 계약기간이 단기적이며 성과에 대한 직접적인 보상이 이루어지는 반면에 서로간의 몰입 정도가 낮으며 계약 의 종료가 보다 용이하게 된다. 따라서 **과거의 직무 안정성(Employment)**[28] **대신에 조직은 구 성원들의 자발적 학습과 경력개발에 의한 고용가능성(employ-ability) 역량을 향상시키는 것이 경력개발의 새로운 목표로 등장하고** 있다.

3) 심리적 계약의 유형

Rousseau에 따르면 심리적 계약의 유형은 **시간틀(단기적 혹은 장기적)과 성과규정 명시화 정 도를** 가지고 분류할 수 있는 바, 계약관계에서 시간틀의 경우 **기간이 정해져 있고 단기적인 경 우와 기간이 정해져 있지 않고 장기적인 경우로** 나눌 수 있다. 한편 성과규범(정)의 명시화 정도 란 **계약의 적용범위로 계약관계 전체가 특정 영역에 한정되지 않고 개인의 삶 전체와 연관되어 폭넓은 관계가 형성되는 경우 성과규정(범)이 불명확한 경우이며, 반대로 경제적 고용관계 등 특정 영역에 한정되어 적용이 되는 경우는** 성과규정(범)이 명확한 경우로 분류할 수 있다.

즉, 심리적 계약은 성과규범(performance norm)의 명확성과 시간개념에 의해 다음의 4가지로 구분할 수 있다.

---

28) 관계형 심리적 계약은 과거 전통적인 경력개발로 조직 구성원이 만족할 만한 직무성과와 지속적인 노력을 보여주는 경우 조직은 구성원에게 직업 안정성을 보장하였다.

▼ 심리적 계약의 유형

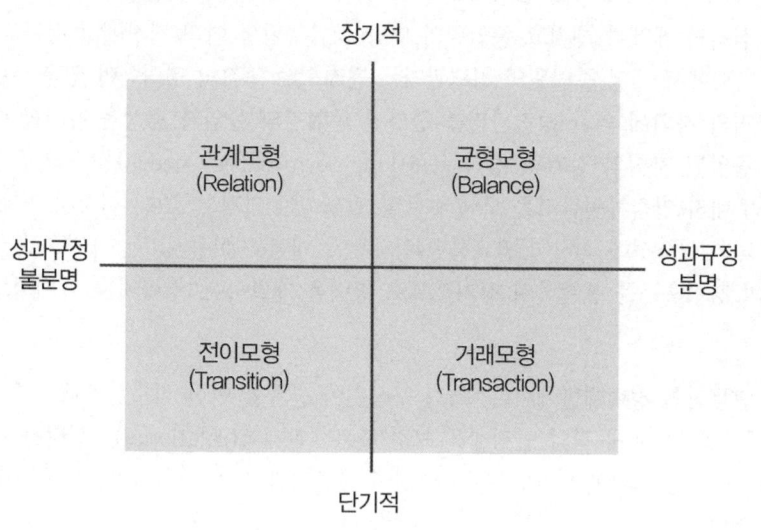

① 관계모형(relational model) : 가족적 고용형태

장기적이고 성과규정이 불분명한 경우로 가족적 고용형태를 의미한다. 종업원의 높은 충성심과 경영진의 배려가 교환되는 형태로 **우리나라의 전통적 고용형태이다.** 1997년 경제위기 이전에는 고용관계가 형성되면 가족의 경조사도 관여를 하고 개인의 삶에 깊이 관여하는 것이 보통이었다. 개인도 물론 여기에 부응하여 조직이 원할 때는 저녁시간과 주말시간 등 가족이나 개인의 여가시간을 희생하는 것이 자연스러웠다.

② 균형모형(balanced model) : 동반자적 고용형태

장기적이고 성과규정이 명확한 경우로서 동반자적 고용형태를 의미한다.

③ 전이모형(transitional model) : 임시적 고용형태

단기적이고 성과규정이 불명확한 경우로 임시적 고용형태이다. 노사 간 신뢰가 형성되지 않은 명목상 교환환계이다.

④ 거래모형(transactional model) : 계약적 고용형태

단기적이고 성과규정은 명확한 경우로서 계약적 고용형태이다. 종업원이 일을 하면 거기에 대하여 보상을 지급하는 경제적인 거래형태이다. 최근의 우리나라 고용관행으로 **과거의 관계형 계약은 거래형 심리적 계약으로 바뀌게 되었다.** 즉, 과거에는 직무안정성 보장을 통한 조직몰입이 용이했다면 **현재는 거래적 관계에 따라 계약의 종료가 보다 용이하게 되며 서로 간 몰입이 낮다는 특징**이 있다. 이런 경우 개인에게 자발적 헌신이나 조직을 위한 적극적 봉사 등은 기대하기 어려운 계약관계라고 할 수 있다.

4) 심리적 계약의 변화에 따른 경력개발 초점의 변화

과거의 심리적 계약이 깨지고 종업원의 입장에서는 평생 여러 직장에서 경력을 쌓아가야 하는 이러한 상황에서 개인 종업원의 경력관리는 전적으로 조직의 영역에만 있을 수는 없다. **과거와 같은 조직의 자의에 의한 경력관리를 한다면 종업원의 몰입과 충성을 유지할 수 없다.** 따라서 **조직은 종업원 자신의 장기적 경력 욕구(long term career needs)를 도와주는 방향으로서의 경력관리 내지 인적자원관리를 모색**해야 할 필요성이 커지고 있다. 따라서 이제 조직의 경력관리는 조직의 필요성에 의하여 필요하면 언제든지 개인을 이동시키는 개념으로부터 **조직이 개인 종업원의 경력욕구를 통합하여 장기적으로 경력을 개발하는 '경력개발'의 개념으로 전환**되어야 한다.

과거의 **전통적인 경력개발**에서는 "조직 구성원이 만족할 만한 직무성과와 지속적 노력"을 보여준다면 "구성원들에게 **직업 안정성을 보장**"하는 〈관계형(relational)〉 **심리적 계약**을 가정하였다. 그러나 경쟁 심화에 따른 고용 유연성이 강조되면서 과거의 가정들은 더 이상 유효하지 못하게 되었다.

과거의 관계형 계약은 〈거래형(transactional)〉 **심리적 계약**으로 바뀌게 되었다. 거래적 계약에서는 계약기간이 단기적이며, 성과에 대한 직접적인 보상이 이루어지는 반면에, 서로 간의 몰입 정도가 낮으며, 계약의 종료가 보다 용이하게 된다. **과거의 직무 안정성은 더 이상 보장되지 않는다.** 반면에 조직은 구성원들의 자발적 학습과 경력개발에 의한 **고용가능성(employability) 역량을 향상시키는 것이 경력개발의 새로운 목표로** 등장하고 있는 것이다.

3 경력개발의 목적

경제적 효율성면에서 볼 때 기업이 추구하는 목적은 세 가지가 있다. 첫째, 종업원의 경력개발을 통해 인적자원을 효율적으로 확보할 수 있다. 둘째, 경력개발을 통해 기업은 조직의 노하우(know-how)를 체계적으로 축적하여 경쟁력을 제고시킬 수 있다. 셋째, 종업원의 기업조직에 대한 일체감을 제고시켜 기업 내 협동시스템의 구축이 보다 원활해진다.

사회적 효율성과 관련하여 첫째, 종업원의 성장욕구를 충족시켜 준다. 둘째, 종업원에게 자리에 대한 안정감(job security)을 주고 미래를 보다 의미 있게 설계할 수 있게 해준다. 셋째, 경력개발은 종업원에게 전문적 능력의 획득기회를 부여하기 때문에 노동시장에서의 경쟁력을 높게 해준다.

제 2 절   경력관리의 과정 : 경력관리모형

개인차원의 경력관리 과정은 ① **경력 및 환경탐색**, ② **경력목표의 설정**, ③ **경영전략의 설정**, ④ **경력평가** 순으로 진행된다.

▼ 경력개발 시스템

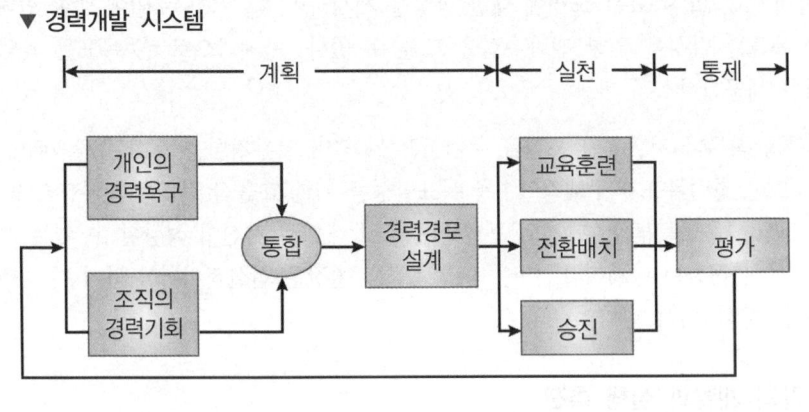

1   경력탐색 : 현재 역량의 진단(assessment)

경력관리모형의 첫 단계는 경력탐색으로 정보를 얻는 일을 의미한다. 경력탐색은 **경력관련 문제에 대한 정보를 얻고 분석하는 과정**이다. 진단(assessment)단계는 역량개발의 필요성을 확인하는 단계로 조직, 과업, 개인 차원에서의 니즈분석이 이루어진다. 진단단계에서는 구성원들의 현재 역량수준(as-is)을 측정하여 다음 단계인 바람직한 역량의 수준(to-be) 사이에 차이를 확인해야 한다.

(1) 조직분석(organizational analysis)

조직분석은 역량개발활동에 영향을 미칠 **조직 전체의 요인들에 대한 검토**를 의미한다. 조직분석은 **조직이 추구하는 목표를 달성하는 데 필요한 역량**이 무엇이며 **현재 조직의 역량수준이 필요한 역량수준에 얼마나 근접해있는가** 하는 점을 판단하기 위한 활동이다.

(2) 과업분석(task analysis)

과업분석은 **개별 직무수행을 위해 필요한 과업과 과업수행에서 요구되는 지식, 기술, 행동을 확인하는 과정**이다. 과업분석은 주로 **직무분석을 통해** 이루어지고 직무기술서에 요약·정리된다.

(3) 개인분석(personal analysis)

조직분석과 과업분석은 조직 차원에서 개발이 필요한 영역에 대해서 판단하는 과정이었다면 **개인분석은 개인차원에서 개발이 필요한 영역을 판단하는 과정**이다. 개인분석은 **각자가 스스로 판단할 수 있는 자기진단(self-assessment) 도구**들이 많이 나와 있다. 이러한 도구를 활용하여 자신의 **강점, 약점, 그리고 관심 영역 등을 판단**할 수 있다. 성격검사, 인사평가 등을 통해 가능하다.

2 경력목표의 결정

경력탐색을 토대로 경력목표를 결정하게 된다. 예를 들면 특정기간 내 팀장으로 승진하는 것, 특정 프로젝트를 맡는 것, 당분간 현 직위에 그대로 있는 것 등이 있을 수 있다. 경력목표는 **개인이 달성하고자 하는 바람직한 경영관련 성과**이다. 개인은 경력목표를 설정함으로써 얻는 효과는 ① **목표는 노력을 크게 증가시키고**, ② **목표는 노력에 대한 방향을 제시하며**, ③ **목표는 일에 대한 인내수준을 높일 수 있고**, ④ 목표는 달성을 위한 **전략수립을 도울 수 있다.** 마지막으로 ⑤ 목표는 **과업수행에 대한 피드백 기회를 제공**한다.

경력목표는 특정 직무나 지위에만 초점을 두어서는 안 되며 업무경험을 토대로 광범위한 측면에서 접근해야 한다. 또한 **경력목표가 구체적일수록 목표달성을 위한 효율적 전략을 개발할 가능성은 커진다.** 즉, 방향(direction)을 설정하는 단계로 구성원이 조직 내에서 자신이 성장할 수 있는 경력의 비전을 이해하고 목표를 설정하는 단계이다. 미래 경력 목표의 설정은 **현실적**이어야 하며 이는 **현재의 역량수준을 감안하여 설정**되어야 한다.

3 경력전략의 개발과 실행 촉진

(1) 경영전략 수립

경력전략이란 경력목표를 달성하기 위한 활동계획을 의미한다. 예를 들어 팀장 승진이 목표라면 회사에서 제공하는 관리자 개발과정을 이수하고, 상사에게 팀관리 업무를 할 수 있는 기회를 달라고 부탁하거나 팀 전체의 운영을 배우는 등의 활동을 할 수 있다. **경영전략을 실행하는 과정에서 개인에게 유용한 피드백을 제공**할 수 있다.

(2) 경영전략의 실행

현재의 역량(as-is)과 방향설정을 통해 설정한 목표역량수준(to-be) 사이의 차이(gap)를 줄이기 위한 구체적인 활동을 실행에 옮기는 개발(development) 단계로 해당 단계에서는 인사부서의 역할이 중요하다. 관리자들은 부하직원들이 현장에서 업무를 수행하면서 역량향상이 이루어질 수 있도록 지원해야 한다. 이것은 **코칭, 멘토링, OJT**를 통해서 이뤄질 수 있다.

4 경력의 평가

경력평가로부터 얻은 추가정보는 경력탐색을 위한 또 다른 수단으로 작용할 수 있다(경력수정[29]). 즉, 경력목표 달성을 위한 경력계획과 전략실행정도에 대한 평가는 경력탐색 행동을 다시 참여하도록 이끌거나 경력계획행동 및 경영전략실행행동의 지속성 유지에 영향을 주는 중요한 행동이다. 특히 **평가를 통해 스스로 경력목표를 지속적으로 점검하고 조정하는** 과정은 **환경에 맞춰 경력목표와 계획을 유연하게 변화**시킬 수 있어 경력관리행동에서 그 중요성이 강조된다.

경력을 평가할 때는 ① **경력전략의 적합성을 검증하며**(전략이 자신의 목표를 달성하는 데 효율적인지

---

29) 예를 들어 팀장 승진이라는 경력목표를 위해 상사에게 부탁해서 담당하게 된 팀 관리 업무를 제대로 처리하지 못한 경우 관리직에 대한 미련을 버리거나(경력목표 수정) 대학원 진학 등 경영전략을 수정할 수 있다.

를 검토), ② 다른 하나는 **경력목표 자체의 적합성을 검증**한다(경력목표가 적합한지, 달성가능한지 검토). 경력평가의 출처는 ① 주변인, ② 일과 일상생활의 관찰, ③ 자기자신 등이 있다.

특히 성공적 경력평가를 위해서는 **경력전략이 기대했던 대로 진행되고 있는지 또는 그렇지 않은지를 탐지**할 수 있는 〈조기경보 시스템(Early Warning System)〉을 필요로 한다. 즉, **경력관련 이슈를 조기에 탐지**하여 **이에 신속히 대처**함으로써 조직의 성과를 높일 수 있다.

정리하여 경력관리 사이클은 의사결정 및 문제해결 과정이다. 개인이 자신과 주변환경에 대해 정보를 수집하고, 목표를 설정하며, 계획과 전략을 개발하고 실행하며, 지속적인 경력관리를 위한 정보를 구하기 위해 피드백을 얻게 된다.

제 3 절　경력개발 관리

경력개발은 종업원에게 장기적으로 의미 있는 상이한 직무를 부여함으로써 이루어진다.

1 개인의 경력욕구

(1) 리치(Leach)

경력욕구 형성의 근인(近因)은 바로 경력역할(career roles)과 경력상황(career situation)에 의해 결정된다. 경력역할과 경력상황에 대한 인식은 개인의 〈경력방향〉과 〈경력포부 수준〉에 따라 달라지는 것이다. 개인의 경력방향과 경력포부 수준은 개인의 〈자기존경욕구(self-esteem)〉와 〈경력자아개념〉에 따라 달라진다. 경력 자아개념이란 개인이 보유하고 있는 기술, 재능, 능력 그리고 강점과 약점, 인생목표 등을 말한다. 이러한 **자기 존경욕구와 경력자아 개념은 개인의 유전적 특성과 태어난 후 성장하면서 영향을 받는 요인인 개인이 속한 사회문화적 특성, 부모의 가정교육, 학교기관 등으로부터의 교육 그리고 성장과정에 개인이 경험하는 다른 사람들이 가지고 있는 가치관, 또한 직무를 수행함으로써 얻게 되는 경험 등에 의해 형성**된다. 즉, 자기 존경욕구와 경력 자아개념은 개인의 연령에 따라 관심·태도·가치관이 변화된 것이며 이러한 요인들로부터 영향을 받아 형성된다는 것이다.

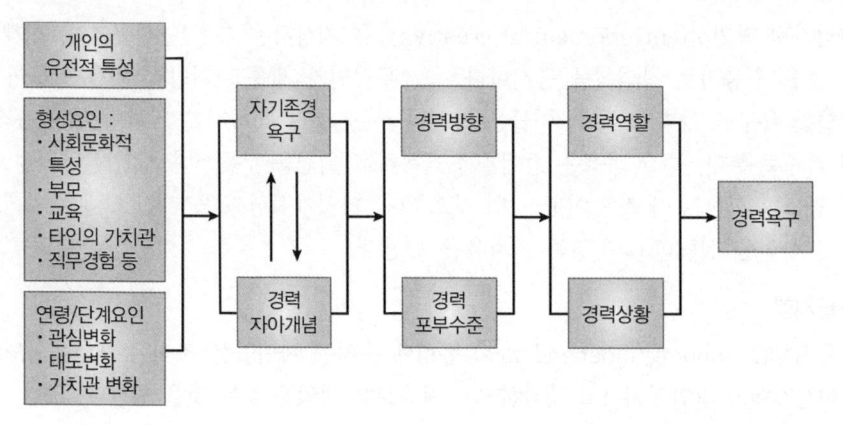

(2) 샤인(Schein)의 '경력의 닻(career anchors)'

경력닻은 자신의 직업에 관한 자기개념의 중심이 되는 재능, 동기, 가치를 합한 것으로 샤인은 경력닻 개념을 통해 서로 다른 경력지향성을 설명하였다. 사람은 자신의 이미지와 부합되는 직무나 조직을 선택하는 경향이 있기 때문에 이 닻은 경력선택의 토대로서의 역할을 할 수 있다.

1) 관리지향

관리지향(managerial competence) 유형에 속하는 사람들은 자신이 진정으로 일반관리자가 되기를 원한다. 이들의 높은 수준의 책임과 도전적이고 다양한 리더십이 발휘될 수 있는 통합적인 작업 및 조직에 공헌도가 큰 업무를 선호한다. 이들은 자기에 대한 인정으로서 **승진을 최고의 가치로 인식한다.** 주요 목표는 특정 전문영역보다 일반적인 관리직에 있다. 관리역량 닻을 가진 사람의 주요 관심사는 다른 사람들의 노력을 잘 조정하고 전체 결과에 대해 책임을 지며 여러 다른 부서들을 잘 통합하는 데 있다.

2) 기술 – 기능지향

기술 – 기능지향(technical-functional competence) 유형에 속하는 사람들은 특정 종류의 작업에 강한 재능과 동기유인을 가지고 있으며 직무의 실제 내용(content)에 관심이 많다. 이들은 전문화된 영역에 몰입하고 행정가나 관리자와 연관이 있는 **제너럴리스트를 덜 가치 있다고 생각하며 일반관리직무 담당으로 승진하는 것을 별로 좋아하지 않는다.** 전문지향이라고도 하며 전문역량 닻을 가진 사람은 전문분야(재무, 인적자원, 마케팅)에 종사하기를 원한다.

3) 안전지향

안전지향(security) 유형에 속하는 사람들은 자신의 직업 안정, 고용의 안정 등에 강한 욕구를 가지고 있다. 이들은 안정적이고 예측이 가능한 직무를 선호하며 보수의 인상, 작업조건의 향상이나 복리후생 등의 외재적 요인에 대한 관심이 직무확충이나 직무개발, 내재적인 동기부여보다 많으며 연공적인 급여체계를 선호한다. 그리고 이들은 자신의 꾸준한 성과나 조직에 대한 충성심으로 인정받기를 원하며 이로 인해 **직장 안전이 강화되기를 원한다.** 장기적 경력안정성이 기본핵심으로 안전·안정 닻을 가진 사람은 일반적으로 안정적이고 예측 가능한 일을 선호한다.

4) 사업가적 창의성 지향

사업가적 창의성(entrepreneurial creativity)을 지향하는 유형은 신규조직, 신제품, 신규서비스 등을 창출하는 창의성을 중시한다. 즉, 무엇인가 새롭고 기발한 것을 만들어 내려고 하는 강렬한 욕구를 가지고 있다. 이들은 **자신의 부(富)를 축적하기를 원하며 부의 축적을 사업성공의 척도로 본다.** 주요 목표는 장애물을 극복하고 위험을 무릅쓰며 개인적 탁월성을 성취하려는 것 등을 포함하는 새로운 어떤 것의 창조이다. 기업가정신 닻을 가진 사람은 자기 나름대로 자신의 사업을 설립하고 운영하는 자유를 원한다.

5) 자율지향

자율지향(autonomy/independence) 유형에 속하는 사람들은 조직은 개인을 규제하려고 하며 비이성적이고 강압적이라고 생각하므로 자유로운 직업을 갖는 것을 원한다. 또한 그의 재능범위 내에서 분명하게 구분이 되고 시간적 경계가 있는 직무를 원한다. 상여금 등 성과에 의한 보상을 선호하며 승진을 함으로써 자율성의 확대를 기대한다. 주요 관심은 조직의 규칙과 제약조건에서 벗어나려는 데 있으며, 언제 일하고 어떤 일을 하며 얼마나 열심히 일해야 하는지를 스스로 결정할 수 있는 경력을 선호한다. 자율성/독립성 닻의 소유자는 자율성 확보를 위하여 기꺼이 승진을 마다할 수 있다.

6) 봉사지향

봉사(sense of service)를 지향하는 유형은 자신이 가진 특정의 중요한 가치를 기준으로 직무의 가치를 평가한다. 보수 자체를 중요시하지 않으며, 더 중시하는 것은 **공헌을 인정하는 승진제도이**다. 또한 **자율적인 행동을 많이 할 수 있는 기회**를 가질 수 있기를 원한다. 주요 관심사는 타인을 돕는 직업에서 일함으로써 타인의 삶을 향상시키는 것과 같은 가치 있는 성과를 달성하는 것이다.

7) 도전지향

도전지향(pure challenge) 유형은 항상 어렵고 도전적인 문제의 해결기회를 많이 제공하는 직무를 좋아하며 일상의 업무를 전투라고 생각하고 승리를 최대의 목표로 삼는다. 도전지향의 경우 **도전적인 직무를 많이 제공하면 조직에 대한 충성심은 강해진다.** 주요관심사는 해결할 수 없을 것 같은 문제나 극복하기 어려울 것 같은 장애를 해결하는 것이다. 도전 닻을 가진 사람은 호기심, 다양성 및 도전을 추구한다.

8) 생활지향

생활지향(life style) 유형에 있어서 경력은 덜 중요하며 얼핏 경력 닻이 없는 것처럼 보이지만 **실제로 경력은 자신의 전체적인 생활스타일과 잘 혼합되어야 한다고 주장하는 유형으로서 개인사, 가족생활, 경력을 제대로 통합할 수 있는 방법을 더 중요시한다.**

(3) 홀랜드(J. L. Holland)

1) 의의

홀랜드는 직무에 맞는 개인의 성격유형을 6가지로 제시하였다. Holland의 RIASEC 모델은 성격유형에 맞는 직업을 가진 사람들은 직무만족이 높고 이직률이 낮다는 것을 밝힌 연구다.

2) 6가지 성격유형

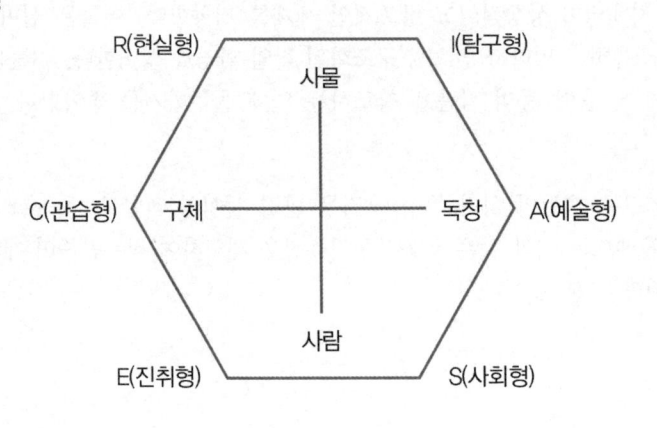

① 현실형(Realistic) : 현실적, 과제지향적

추상적인 것보다는 **현실적, 과제지향적인** 것을 좋아하며 **현재 지향적**이다. 이들의 관심은 **기계적인 능력과 관련되어 있는 활동을 선호**한다. 예측하기 어려운 것보다는 **확실하고 예측할 수 있는 세계에 관심**을 가진다.

② 탐구형(Investigative) : 과학적, 학구적, 연구지향적

추상적인 문제를 해결하기 좋아한다. 즉, 관찰이나 조사, 분석, 평가하기를 좋아하고 특별히 과학적이고 수학적인 사고를 유발하는 해결을 선호한다. 이들은 사회지향적인 경향을 선호하지 않으며 학문적, 과학적인 성공에 관심을 기울이는 사람들이다.

③ 사회형(Social) : 인간적, 가치지향적, 대인관계 능력 우수

탁월한 사회적 성격의 소유자로서 인간관계나 인간문제에 많은 관심을 가지고 있다. 이들은 **사람들과 일하기 좋아하고, 남들을 가르치고, 도와주고 훈련하는 일을 선호**한다. 어떠한 방법을 모색하거나 과학적인 영역에 몰두하기보다는 **사람들을 설득하는 일을 좋아**한다. 이런 특성들 때문에 **사회적인 활동을 촉진시키는 작업환경을 선호**한다.

④ 관습형(Conventional) : 구조화, 전통, 상세함을 지향

규칙을 잘 따르고 자료를 가지고 일하기 좋아하며 사무적인 능력이나 숫자를 다루는 능력을 지닌 사람이 많다. **타인의 지시를 기꺼이 따르고** 세부활동을 잘 수행한다. 막연하거나 예측 불허의 상황을 선호하지 않으며 자료나 실제적인 상황을 잘 관리하고 **관례에 순응**하며 **구조적인 환경에 무리 없이 잘 해낸다.**

⑤ 진취형(Enterprising) : 기업가정신, 경영, 목표중심의 활동 선호

이 유형은 **정치적이고 경제적인 영역을 도전하는** 데 관심이 많다. 이들의 대화는 **설득력, 영향력**이 있어서 조직체를 관리하거나 조직의 목표를 이끌어 나가는 일을 선호한다. 다른 유형보다 **자기주장이 강하고 지배적**이다. 이들은 **새로운 도전**을 가치 있게 여기고 **사회적인 권위나 경제력을 추구하고 중요시 여기는** 사람들이다.

⑥ 예술형(Artistic) : 창의성과 자기표현이 가능한 구조화되지 않은 상황을 선호

느낌에 지배되며 **상상적이고 창조적인 세계를 지향**한다. 이들은 **심미적, 혁신적, 직관적인 능력을 소유**하고 있다고 믿으며 **구조화된 작업 환경을 싫어한다.** 이들은 미학에 관심이 많고 그림, 연극, 음악 등의 작품을 창조하는 일에 몰두하기를 좋아한다.

3) 시사점

홀랜드의 연구는 개인의 성격 특성과 직무 환경 사이의 적합도, 즉 **person-job fit에 기초한 연구**이다. 홀랜드는 위와 같은 6가지 성격유형을 제시하여 **직무만족이 개인과 성격의 적합도에 따라 결정**된다고 본 것이다.

2 조직의 경력욕구

경력개발의 필요성은 **첫째, 기업의 경영전략에서 파생**된다. 즉, 조직의 경력욕구는 기본적으로 미래의 특정 시점에 필요한 인력을 기업내부에서 확보하려는 데 있다. **둘째, 경력개발에 대한 조직의 경력욕구는 현직 종업원의 능력을 신장시켜 성과의 향상을 추구**하는 것이다. **셋째, 현재의 인력을 유지**하는 것이다.

▼ 조직의 경력욕구 수립과정

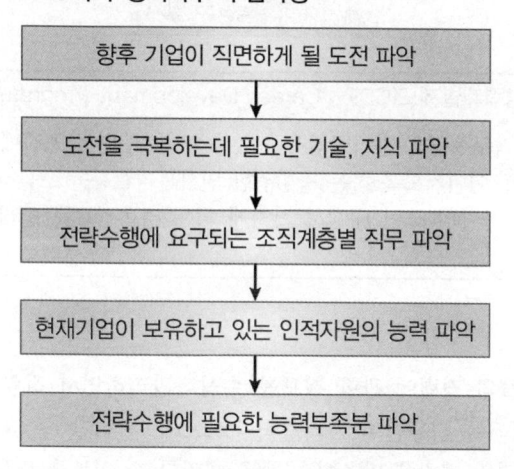

향후 기업이 직면하게 될 도전 파악

↓

도전을 극복하는데 필요한 기술, 지식 파악

↓

전략수행에 요구되는 조직계층별 직무 파악

↓

현재기업이 보유하고 있는 인적자원의 능력 파악

↓

전략수행에 필요한 능력부족분 파악

3 경력욕구의 통합

▼ 경력개발의 계획과 관리과정

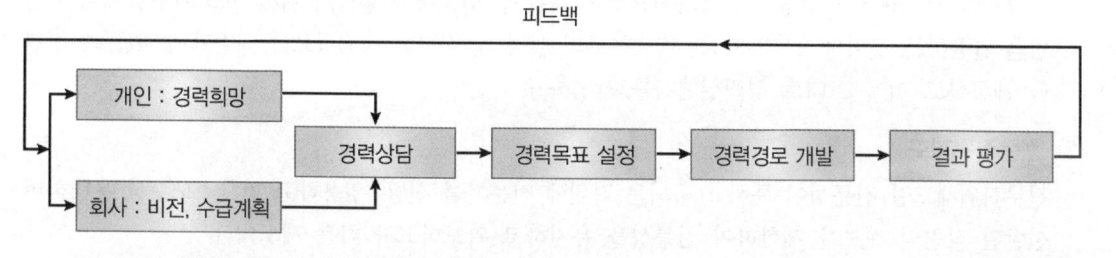

피드백

개인 : 경력희망 → 경력상담 → 경력목표 설정 → 경력경로 개발 → 결과 평가

회사 : 비전, 수급계획 →

개인이 수립한 경력목표(경력욕구)는 조직의 인력수요(경력욕구)와 조정되어 **통합**되면, 조직의 입장에서는 조직개발로 연결되며 개인에게는 경력개발로 이어진다. 조직은 조직의 니즈인 **조직효과성 달성**과 **종업원의 경력욕구를 결합**한 체계적인 경력개발을 위해 **경력개발제도**(CDP : Career Development Program)을 운영할 수 있다. 실제상황에서 개인의 경력목표와 조직의 인력수요 간에 갭이 생겼을 경우 이를 조정하기 위해 여러 가지 지원시스템이 존재한다.

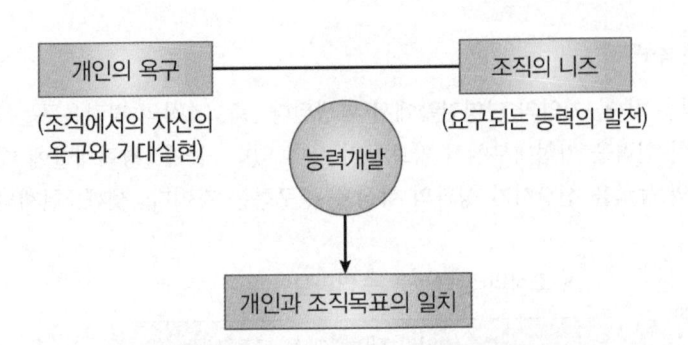

경력개발제도(CDP : Career Development Program)

광의의 경력개발제도란 **조직구성원의 자기발전욕구를 충족시켜주면서 조직에 필요한 인재를 육성하고,** 이것이 조직의 목표달성으로 이어지도록 하는 광범위한 인사관리활동을 포괄하는 제도를 의미하며, 협의의 경력개발제도란 개인이 하나의 조직 내에서 거치게 되는 경력경로를 합리적으로 설정·관리해주는 인사관리제도를 말한다.

(1) CDP 상담센터

CDP 상담센터란 직원들의 경력에 관한 정보를 수집·관리하면서 직원들의 경력상담을 담당하는 기구이다. CDP 상담센터는 직원들이 자기경력을 스스로 관리할 수 있도록 도와주는 기관으로서 조직내부 또는 외부 환경의 변화에 맞추어 미래를 대비할 수 있는 능력을 키워주고, 직원의 경력개발에 많은 관심을 갖고 있다는 상징적 의미도 동시에 갖는다.

(2) 경력개발 워크숍

경력개발 워크숍은 경력경로를 효과적으로 설계할 수 있도록 지원하기 위해 워크숍이나 세미나 방법을 활용하는 것이다. 조직에서는 경력목표의 설정 및 적합한 경력경로를 개발할 수 있도록 경험을 제공하고 이를 토대로 경력설계서를 작성하도록 한다.

(3) 전문직위제도

전문직위제도란 **전문성이 특히 요구되는 직위에 전문가를 선발, 임용하고 인사·보수상 우대하며 선발된 직원의 전보를 제한하여 전문성을 유지하고 확보하고자 하는 제도이다.**

4 경력경로(career path)의 설계

(1) 전통적 경력경로(traditional career path)

전통적 경력경로(traditional career path)는 **개인이 경험하는 조직 내 직무들이 수직적으로 배열되어 있는 경우이다.** 주로 서양기업(미국, 독일 등)에서 발견되며 전문성을 극대화하기 위해 사용되는 유형이다.

직무가 잘 발달되어 있는 서구 기업의 경우 **직무를 중심으로 직급체계(직무등급제, job grade system)** 가 있어 직무별 경력경로가 명확하게 설정되어 있다. 본인의 직무전문 분야를 설정하면 거기에 맞는 전문가(specialist)로서의 경력경로를 알 수 있도록 되어 있다. **전통적 경력경로 한계**의 구체적 내용은 아래와 같다.

- 기업합병, 하이테크 도입 등으로 인한 중간관리층의 슬림화
- 기업의 종업원에 대한 온정주의 및 직업안정성의 감소
- 종업원의 조직에 대한 충성심 감소
- 직무수준별 개인의 경력욕구 변화 등

(2) 네트워크 경력경로(network career path)

네트워크 경력경로(network career path)는 **개인이 조직에서 경험하는 직무들이 수평적일 뿐만 아니라 수직적으로 배열**되어 있는 경우이다. 주로 **일본이나 우리나라에서 흔히 발견된다. 전문성을 극대화시키는 데에는 제약이** 있다.

한국기업의 경우에는 직급 체계가 사원-대리-과장-차장-부장으로 이어지는 직위등급제이며 직무간의 순환이 활발하기 때문에 경력경로 개념이 잘 발달되어 있지 못하다. 이는 **다양한 분야를 경험하게 하여 종합관리자(generalist)로 육성**하는 데 도움이 되지만 직무 분야의 전문가로 성장하기에는 어렵다.

(3) 이중 경력경로(dual-career path)

1) 등장배경 : 전문직종 사원의 경력 딜레마 극복

기술개발을 위한 기술인력을 많이 보유하고 있는 조직의 경우에는 독특한 경력관리가 필요하다. **기술인력 중심의 경우에 유능한 인재의 관리자로의 승진에 문제가 있는데, 기술인력이 관리자로 승진하게 되면 관리적인 업무에 매몰되어 기술개발이 소홀하게 되거나 원래의 기술전문성이 떨어지게 된다. 또 기술인력 중에는 관리직으로의 승진을 싫어하고 자신의 기술개발이나 연구의 일에 전념하고 싶어하는 경우도 있다.** 이러한 과정에서 나온 것이 이중경력제도(dual ladder system)이다.

즉, **기술직종 사원들은 중기경력 이후 경력딜레마에 당면하기 쉽다.** 경력 상한에 도달하는 시간이 다른 직무에 비해 짧은 경우가 많기 때문이다. 그러나 조직 역시 기술직 직원의 관리능력을 고려하게 되기 때문에 이 둘을 효과적으로 해결할 수 있는 대안으로 〈이중경력제도〉가 도입된 것이다.

2) 개념

이중 경력경로(dual-career path)는 원래 **기술직종 종사자들을 대상으로 개발된** 것으로서 **이들이 어느 정도 직무경험을 쌓았을 때 관리직종으로 보내지 않고 전문직종에 계속 근무하게 하는 것이다. 즉, 조직의 계층을 '관리직' 경로와 '기술(전문)직' 경로로 양분하여 각 계층에서는 동일한 지위(status)와 보상(rewards)을 약속**하는 시스템이다.

3) 이중경력제도의 설계

이중경력제도의 전형적인 형태는 Y자의 모습을 하는 것이다. 여기서 **기술(전문)인력들은 입사**

후 어느 일정 시점까지는 동일한 사다리를 올라간 후 관리직과 기술직으로 이원화된 경로를 밟게 된다. 이때 같은 래더(ladder), 즉 직급에서는 관리직과 기술(전문)직에 관계없이 같은 처우가 보장된다.

이중경력제도가 기술과 관리의 두 경력경로 중에서 선택을 해야 하는 반면 **복수경력제도에서는 기술인력이 자신의 욕구에 따라 3~5개의 경로 중 선택할 수 있고 수평적·수직적으로 경력을 이동할 수 있는 기회를 부여하고 있다.** 즉, 복수경력제도에서는 관리직 경로 외에 기술인력이 택할 수 있는 경력경로의 선택 폭을 확대한 것이다.

4) 이중경력제도의 장·단점

장점	단점
① **기술 및 연구직의 승진 TO 부족에서 오는 승진적체 및 경력관리 문제 해결** ② **기술 및 연구직의 경력정체를 극복**하여 조직 입장에서는 이들의 이직을 방지하고 전문인력 육성이 가능 ③ 관리자 및 전문가 경로 옵션을 제공하여 선택할 수 있게 함으로써 **종업원 자아실현에 기여**	① 관리직으로 승진하지 못한 주변 구성원이 유능하지 못해서 관리직으로 승진하지 못해 **연구전문직(Dumping Ground)에 남는다고 생각하는 인식의 문제점 발생** ② **보상, 권한, 신분지위에 있어서 연구전문직이 관리전문직에 비해 열등하게 되는 현상 발생**

5) 이중경력제도의 문제점

첫째, 기술경로에 남은 사람들은 관리직으로 승진하지 않고도 긍지와 자부심을 갖고 일할 수 있어야 하지만, 기술직 경로에는 남은 사람 혹은 무능한 사람이라는 인식이 자리잡은 경우가 많다. 기술직 경로는 **쓰레기하치장(dumping ground)으로서의 이미지가 강한 것이다.**

둘째, 기술 경로에 있는 사람들은 관리직과 동등한 처우가 주어져야 하는데 실제로 이의 보장이 어렵다는 것이다. 특히 **관리직은 기술직이 갖지 못한 각종 파워를 가질 수 있다.**

셋째, 관리직에 비해 기술직은 직위의 호칭이 어려워 일반적으로 인정을 받지 못하는 경우가 있다(예 선임연구원과 과장). 이는 **우리나라처럼 장에 대해 높은 가치를 부여하는 문화권**에서는 더욱 **심리적 괴리감을** 줄 수 있다.

넷째, **기술직은 관리직에 비해 성과에 대한 부담이 더욱 크다.** 기술직의 경우는 **성과가 눈에 보이므로** 평가에 대한 압박이 더욱 크다고 할 수 있다.

6) 이중경력제도의 성공조건

① 기술(전문)직에 대한 품질 관리

이 제도의 성공 관건은 기술(전문)직을 쓰레기하치장의 이미지로 고착화시키지 않는 것이다. 이를 위해서는 **기술(전문)직에 기술적으로 탁월한 사람들이 모여들게 해야 하고** 또 전문직에서의 승격요건을 매우 엄격하게 적용하는 **이중경력제도에 대한 지속적인 '품질관리'가** 이루어질 필요가 있다.

② 기술(전문)직에 대한 보상처우 개선

기술(전문)직에 우수한 인재가 모이게 함과 동시에 **실질적인 보상체계가 확립**되어야 한다. 실질적인 보상이 관리직과 전문직에 동등하게 주어진다고 해도 관리직은 눈에 안 보이는 권위와 보상을 누리게 되는바, **기술(전문)직의 강사와 전문가 등의 활용, 정년 후의 재고용 등 관리직이 누리지 못하는 전문직만의 보상책을 강구**할 필요가 있다.

③ 기술(전문)직의 직무특성을 고려한 평가체계 정비

기술(전문)직 경로에서의 승격요건을 엄격히 시행하기 위해서는 **기술(전문)직의 특성을 고려한 평가체계의 정비가 필요**하다. 기술(전문)직의 특성을 고려한 평가체계를 마련하고 이를 엄격히 적용하는 평가문화와 평가관리 정착이 선행되어야 한다.

④ 경로 이동에 대한 적응 유도

전문가 경로 및 관리자 경로에 관한 정보를 제공함으로써 직원으로 하여금 **올바른 선택을 유도**하게 한다. 또한 경력 이동 후에도 빠른 적응과 능력 신장을 위해 **멘토링 등 교육프로그램을 활용**하고 개인의 니즈를 적극적으로 반영하여 P–J fit을 통한 동기부여를 충족할 수 있다.

(4) 경력과 관련된 최근의 개념

1) 무경계경력(boundaryless career)

① 개념

조직의 경계를 뛰어넘어서 경력계획을 설정하고 경력개발을 시도하는 경력경로이다.

② 특징

첫째, 경력 전개가 한 조직 내에서만 이해되는 것이 아니라 **조직의 경계를 넘어서는 경력이 당연시된다는 점**이다.

둘째, 무경계 경력에서 필요한 역량은 know-why(경력 정체성을 위한 이론적 지식), know-how(경력 마케팅 역량), know-whom(정보와 영향력 네트워크 구축 역량) 등이 있다.

셋째, **경력 주체로서의 개인의 책임감 유지와 경력 상의 의사결정 기준으로서 자신의 경력 가치관을 확립**하여야 된다는 것이다. 특히 직무 안정성이라는 관점에서 조직이 주도적 역할을 할 가능성이 높았지만, **조직의 경계가 무의미해지는 환경에서는 개인의 역할이 커지는 것**이다.

2) 프로티안 경력(protean career)

영어의 protean은 그리스 신화의 proteus는 언제나 모양을 바꿀 수 있는 능력을 지닌 신 proteus에서 유래된 단어로, 여기에서 파생된 프로티안은 **언제나 모양이 바뀔 수 있다는 의미**를 지닌다. 무경계 경력은 조직 경계를 넘어서는 것을 강조하지만 **다변형 경력은 유형 자체의 변화 가능성을 동시에 포함**한다. 다변형 경력개발에서는 지식 그 자체보다는 자기주도적 학습력(learn-how)이 중요하다. 또한 직무안정성보다 고용가능역량(employability)이 우선되며 "조직 내에서의 나(work-self)"에서 "본연의 나(whole-self)"가 경력 성공의 기준이 된다.

자기주도적 학습(Self-Directed Learning)

경력개발의 개인차원 목표 설정 시 **일차적으로 개인 스스로가 자신의 경력개발에 일차적인 책임의식을 갖는 것이 중요**하다. 이러한 적극적인 개인 차원의 경력개발이 이루어지기 위해서는 자신만의 경력목표를 설정하여야 한다. 개인의 경력개발을 위해서는 〈**자기주도적 학습(Self-Directed Learning)**〉이 중요하다. 자기주도적 학습의 핵심은 스스로의 필요에 의한 구성원의 자발적 노력이다. 다음은 조직 차원에서 주도하는 교육훈련과 자기 주도 학습의 차이점을 요약한 표이다.

교육훈련	학습
기술(Skills) 개발	행동 변화
조직에서 주도적으로 시행	개인 주도적 시행
단기적 기술 향상	장기적 변화 시도
이미 중요하다고 인식된 도전 시도	불확실한 미래에 대비
현재 조직의 요구에 대응	조직의 미래를 새롭게 정의
그룹 중심	개인 중심
구조 중심적 "실행" 중심	비정형적 "이해력" 중심

3) 맞벌이부부 경력(dual-career)

이중경력(맞벌이 부부 경력)이란 **경력개발 과정에서 부부의 경력개발을 함께 고려하면서 계획이 이루어져야 한다는 것**을 의미한다. 이 경우 부부의 경력개발 단계를 함께 고려하여 **당사자들과의 충분한 협의**를 거치는 것이 우선적으로 시행되는 것이 바람직하다. 근무지 이동 등의 경우에는 배우자의 재배치가 가능한지를 먼저 확인할 필요가 있는 것이다. 만일 한 배우자의 이동으로 인하여 다른 배우자에게 어려움이 생기는 경우 기업 측에서 적극적 도움을 제공할 필요가 있다. 글로벌 기업의 경우 **글로벌 기업 간 네트워크를 통해 서로 간의 배우자 전직문제를 해결해주기**도 한다.

5 Hall의 경력단계 : 탐색 → 확립 → 유지 → 쇠퇴

▼ 연령별 경력단계(예)

경력욕구	정체성	친교성	생산성	통합성

(1) 탐색단계

제1단계인 탐색단계(exploration stage)는 25세 이하에서 나타나며 **개인이 자아개념(self-concept)** 을 정립하고 경력방향을 결정하는 단계이다. 이때 직업탐색이 일어나며 경력 또는 일에 대한 정체성 (identity)이 형성된다. 기업조직에 들어온 지 1~2년이 되는 시기다.

(2) 확립단계

제2단계를 확립단계라고 하는데 이 시기에 개인은 **특정한 직무영역에 정착**하게 된다. **성과가 향상** 되며 조직에 대해서는 **친밀감 및 귀속감**을 갖게 된다. 다른 동료들 또는 라이벌 간에 상당한 **경쟁** 심이 작용하는 단계이기도 하다.

(3) 유지단계

제3단계는 유지단계이다. 이 단계에서 **개인의 관심은 오로지 일에 매달리는 것**이며 하는 일에 있어 서 새로운 것은 적으나 일관성이 존재한다. 가장 높은 성과를 내는 생산의 시기이기도 하지만, 이 시기에는 매너리즘에 따른 〈중년의 위기(mid-life crisis)〉가 올 수 있다.

(4) 쇠퇴단계

마지막 제4단계를 쇠퇴단계라고 하는데 이 시기에 **개인은 조직에서의 은퇴를 준비**한다. 육체적으 로나 정신적으로 능력이 쇠퇴하는 시기이며 경력개발에 대한 모티베이션이 줄어드는 시기이다.

제 4 절   경력정체

1 경력정체의 개념

경력정체는 조직생활을 통하여 **객관적으로 안정된 위치에 있음에도 불구하고 조직생활에 대해 불만족** 을 느끼는 상태이며 경력정체인력은 조직의 계층에서 더 오를 자리도 더 떨어질 자리도 없는 지위에 있는 사람을 말한다(Bardwick, 1986). 경력정체는 승진정체와는 달리 조직에서 객관적인 직급상승의 정지 외에도 개인이 느끼는 주관적인 것도 포함된다.

Bardwick(1986)은 경력정체를 **구조적 정체(structural plateauing)**와 **직무내용상 정체(job-content plateauing, 혹은 주관적 정체)**로 나누어 설명했는데 구조적 정체는 더 이상의 승진이 종료 된 것을 말한다. 즉, 객관적인 차원에서는 조직 내 다른 직위로의 수직적 또는 수평적 이동이 중지된 상태를 의미한다. '구조적 경력정체의 99% 원칙'에 따르면 구조적 정체의 가장 큰 이유는 중요한 전략 적 의사결정에 참여할 수 있는 자리의 숫자가 전체 조직구성원의 1%에도 미치지 못하는 경우가 많아 서 대부분의 종업원들은 직급상승의 정체를 경험할 수밖에 없다는 것이다.

한편 직무내용상 정체(주관적 정체)는 어떤 사람이 더 이상 자신의 업무나 직무상의 책임과 도전감이 증가할 가능성이 낮은 상태를 말한다. 즉, 객관적으로 안정된 위치에 있음에도 불구하고 주관적 차원 에서 조직생활에 대해 불만족을 느끼는 상태를 의미한다.

2 경력정체의 유형

경력정체의 인력의 유형을 '현실인식'과 '행동유형'이라는 2차원으로 분석할 수 있다.

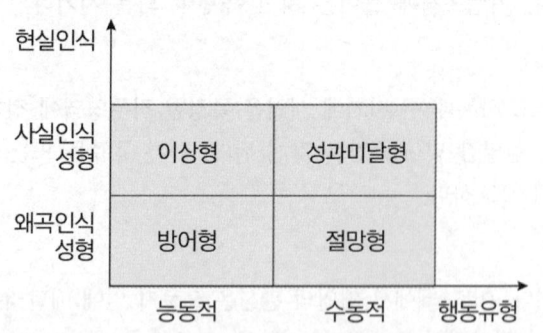

▼ 경력정체 인력의 유형

- '**방어형**' 인력은 경력정체 현실에 대해 왜곡된 인식성향을 보여주며 행동이 매우 능동적인 사람이다. 이들은 자신의 경력이 정체된 책임을 조직에 전가하며, 타인을 비난하고 조직에 대해 부정적 행동을 과감히 한다.
- '**절망형**' 인력은 경력정체의 책임을 조직에 돌리지만 수동적인 행동성향을 가지고 있기 때문에 **현실에 대해 절망하고 무기력함**을 보여준다.
- '**성과미달형**'은 경력정체의 책임을 자신이 져야 한다는 인식을 갖고 있으나 수동적인 행동성향을 가졌기 때문에 조직에 대해 별다른 대항을 하지 않으며 스스로 현실에 안주하려는 자세를 보여준다.
- '**이상형**'은 경력정체 원인에 대한 정확한 인식을 하며 능동적인 행동성향을 갖고 있어 경력정체에 대한 책임이 본인에게 있다고 믿고 주어진 상황에서 조직과 자신에 대해 최선을 다하여 노력하는 모습을 보여준다.

3 경력정체의 관리방안

(1) 객관적 경력정체에 대한 대안

  1) 진로선택제도의 도입

    이 제도는 기업조직에서 기본적으로 전문직제도를 활성화시키는 것이다.

  2) 직능자격제도의 도입

    이 제도는 조직의 제한된 계층승진 기회와 개인이 보유한 역량 간의 불일치를 자격승진을 통한 보상상승을 부여해 메우는 것이다. 즉 계층승진 기회(T/O)가 있을 때 조직구성원의 역량을 기준으로 자격등급을 상승시켜주는 것을 의미한다.

(2) 주관적 경력정체에 대한 대안

  1) 직무재설계

    해당 직무로부터 전혀 도전감과 의미를 찾을 수 없을 때 이러한 직무들에 대한 **직무확대 내지 직무충실**(job enrichment) 방향으로 직무를 재설계하여야 한다.

2) 순환보직

현재 수행하고 있는 직무의 재설계가 용이하지 않을 경우 순환보직을 활성화시킬 수 있다.

4 조직에의 관리방안

경력정체는 경력중기에 나타날 수 있는데 경력중기에 더불어 나타나는 문제는 쇠퇴(obsolescence)가 있다. 쇠퇴는 '현재 또는 미래의 업무역할에서 효율적 수행을 유지하기 위해 필요한 최근의 지식이나 기술이 부족한 정도'로 정의된다. 쇠퇴는 변화로 인해 나타난다. 쇠퇴를 극복하기 위해서는 〈계속적 학습과 개발〉이 필요하다.

- 승진기회가 제한적이라면 직무순환과 수평기회를 통해 이동기회를 제공한다.
- 다양성, 도전성, 책임감을 늘리는 방향으로 직무를 재설계한다.
- 경력 중기의 구성원들은 종업원들에게 멘토로서의 역할을 수행할 수 있기 때문에 **멘토링 기법을 강**습한다.
- **지속적 교육**을 통하여 쇠퇴를 억제할 수 있다.
- 경력정체를 겪고 있는 종업원의 성과의욕을 자극하는 데 있어서 **전통적 보상방법인 임금과 승진 외에**재미있고 도전적인 직무, 인정, 칭찬 등의 보상방법을 활용한다(**예** 장기근속상).

제 5 절 ㅣ 경력개발의 실행

1 전환배치

(1) 전환배치의 원칙

전환배치(transfer)는 종업원이 한 직무에서 다른 직무로 이동하는 것을 말한다. 수평적인 이동은 새로 맡을 직무가 기존의 직무와 비교해 볼 때 권한, 책임 그리고 보상 측면에서 별다른 변화가 없는 경우를 말하는데 이를 전환배치라고 한다. 반면에 수직적인 이동 중 상향적 이동은 승진(promotion)을 말하는데, 새로 배치된 직무가 기존의 직무에 비해 **권한·책임** 그리고 보상이 증가하는 경우를 말한다. 하향적 이동은 강등(demotion)이라고 하며 승진과 반대되는 개념이다.

1) 적재적소적시주의

적재적소적시주의(right man, right place, right timing)는 **종업원을 전환배치시키는데 해당**종업원의 '능력(적성) - 직무 - 시간이라는 세 가지 측면을 모두 고려하여 이들 간의 적합성(fitness)을 극대화시켜야 된다는 원칙을 말한다.

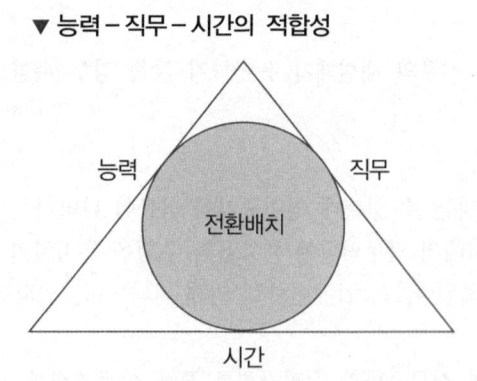

▼ 능력 – 직무 – 시간의 적합성

2) 인재육성주의

인재육성주의는 종업원에게 전환배치를 통해 능력이 신장될 수 있도록 한다는 원칙을 말한다.

3) 균형주의

균형주의는 앞에서 언급한 두 가지 원칙을 실행에 옮기는 데 있어서 조직 전체의 종업원 상황을 고려하여 전환배치를 해야 하는 원칙을 말한다. '능력 – 직무', '성장욕구 – 직무' 간의 적합성 정도를 상대적으로 극대화시켜야 한다는 것이다.

(2) 전환배치의 유형

1) 생산 및 판매변화에 의한 전환배치

제품시장의 환경변화로 인해 생산 및 판매상황이 바뀌게 될 때, 기업은 이에 따른 **내부노동시장**에서의 인력수요와 공급을 조절하기 위해 전환배치를 하게 된다.

2) 순환근무

순환근무(job rotation)는 주로 경력개발의 목적으로 실시되는 전환배치의 형태로서 **종업원**이 **특정 직무에 오래 근무했을 경우 매너리즘에 빠지는 것을 막기 위해 도입된다. 기능다양성(skill variety)** 내지 능력신장을 할 수 있는 기회를 제공할 수 있다.

3) 교대근무

교대근무(shift transfer)는 **경력개발과 관계없이 수행되는 것으로 업무는 변화되지 않고 다만** 근무시간만 바뀌는 전환배치의 한 형태이다. **기계설비를 24시간 계속 가동해야 할 때 사용**된다.

4) 교정적 전환배치

교정적 전환배치(remedial transfer)는 개인의 적성이 해당 직무와 맞지 않았을 때, 특정 개인이 작업집단 내 인간관계에 문제가 생겨 협동분위기가 훼손될 때, 상사와 부하 간 갈등이 심화되었을 때 등의 상황에서 발생한다.

2 승진

(1) 승진의 개념과 중요성

1) 승진의 개념

승진(promotion)은 기업 내 개인이 현재 수행하는 것보다 더 나은 직무로의 이동을 의미한다. 보다 나은 직무가 되기 위해서는 **첫째 직무내용이 변화하며 과거보다 권한 및 책임의 크기가 증가되며, 둘째 임금, 지위 등 보상이 증가**되어야 한다.

2) 승진의 중요성

첫째, 개인이 조직에서 '보다 높은 자리'로 올라간다는 것은 **자기 자신, 가족 및 주위 사람들로부터 인정감을 보장해 준다.**

둘째, 승진은 개인에게 **권한(power)의 증가**를 가져다준다.

셋째, 승진은 본질적으로 **보상의 증가**를 가져다준다.

넷째, 승진은 **개인에게 성장욕구의 충족**을 가져다준다.

다섯째, 승진은 대부분의 경우 기업조직으로부터의 인정감의 표시가 되며 이것은 **직장안정**(job security)**으로 연결**되어 개인으로 하여금 **조직 내에서의 심리적 안정감**을 가져다준다.

3) 승진 시 주의사항

승진과 관련하여 주의할 점은 현재 승진자와 미래 경영자 역량과의 괴리문제다. A유형의 직원은 고위경영자에게 적합한 잠재력과 역량을 가지고 B유형의 직원은 현재 수준에서 역량을 발휘하는 경우라면 A유형의 직원들은 낮은 직급의 승진 대상에서 탈락하게 되어 나중에 최고 경영자로 성장할 가능성이 배제된다. 따라서 **승진을 시킬 때 단순히 중간관리자로서 잘 할 사람과 현재 업무성과가 좋은 사람만 승진시키게 되면 조직의 미래가 불확실하게 된다.** 미래에 고위경영자로 성장 잠재력이 있는 사람을 발굴하고 개발시켜가는 것이 중요한 의사결정이 될 수 있다. 즉, 관리자로의 승진의 경우 현 시점의 성과뿐만 아니라 관리자로서의 성장잠재력도 고려해야 한다.

▼ 직원 유형에 따른 성과와 직위승진의 관계

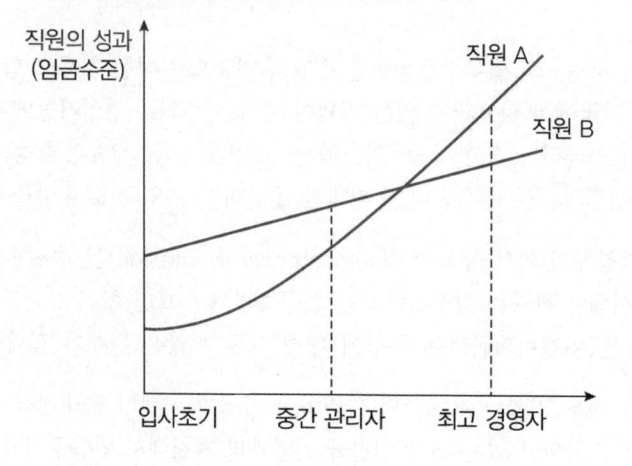

(2) 승진의 기준

1) 승진의 기본 방향

① 연공주의

연공주의는 근무경력, 즉 시간의 차이에 의해 승진의 우선권을 부여하는 개념으로 근무기간에 비례해서 개인의 업무능력과 숙련도가 신장된다는 사고에 근거를 두고 있다(숙련상승설 전제). 연공주의는 측정의 신뢰성이 높아 객관적이며, 한국의 경우와 같이 유교적 문화가 강한 곳에서 사회제도와 이념을 같이하고 있다. 연공주의는 대체로 안정성 경향을 강조하는 종업원들과 노동조합에 의해 널리 지지를 받아온 원칙이다.

승진의사결정에 있어서 연공주의(seniority orientation)는 연공이 높은 종업원을 우선적으로 승진시켜야 한다는 입장이다. 연공이란 한 조직 내지 해당 직급에서의 개인의 근속기간을 말하는데, 대개 우리나라 기업에서는 학력별 근속기간을 중요시하고 있다. 승진에 있어서 연공주의 정책은 아래의 몇 가지 근거에 바탕을 두어 형성되었다.

첫째, 우리나라와 같은 유교문화권에서의 사회적 가치관인 '장유유서(長幼有序)'가 대가족제도 하에서 가족구성원 간의 서열을 연령을 기준으로 매기게 되었고 이것이 기업조직에 전수되어 **연령을 바탕으로 하는 기업 내 질서유지가 매우 효율적인 것으로 인식되었던 것이다.**

둘째, 한 개인이 승진이 되면 자기 부서에는 부하를 갖게 되고 타부서에서는 같은 직급의 동료를 갖게 되어 이들 간의 **협동시스템을 구축하는 데 연령 내지 연공이 중요한 역할을 한다는 것이다.** 예를 들면 같은 부서 내 부하들이 상사보다 나이가 많을 경우 유교문화적 가치관 하에서 쌍방이 상당한 심리적인 불편함을 느끼게 되는 경우이다.

셋째, 연공주의가 합리성을 가지고 있다는 믿음은 기업조직에서 개인의 숙련 내지 **능력신장은 많은 경우에 있어서 연공에 정비례한다는 가정이다.**

넷째, 연공주의는 **평가시스템 미비**로 인해 우리나라에서 광범위하게 수용되고 있다.

② 능력주의

능력주의는 구성원의 업무수행능력을 승진의 기준으로 하는 것으로 합리적 사고방식을 강조하는 구미 각국에서 **활용되고 있는 개념**이다. 능력주의는 **경영자들에게 널리 지지를 받아온 원칙**으로서 임금의 급격한 상승, 기술혁신, 노동력 부족, 개방경제 등 새로운 동향에 대응하고 조직구성원의 직무수행능력을 최대한 활용하여 기업의 효율성을 높이려는 것이다.

승진의사결정에 있어서 능력주의(competence orientation)는 승진후보자가 보유하고 있는 능력을 중시해야 한다는 입장이다. 즉, 연공주의의 주요한 합리성 논리인 개인의 조직에서의 '연공과 숙련'은 정비례한다는 주장에 대해 그렇지 않은 경우가 많다는 것이다.

우리나라의 경우 기업의 세계화와 관련하여 기업의 경쟁이 국내에서 국외로 확대되자 이미 능력주의를 도입하고 있는 **서양 선진국 기업과의 경쟁에서 연공주의가 효율적이지 못하다는**

인식에서 더욱 강조되고 있는 추세다. 뿐만 아니라 **유교문화에 바탕을 둔 전통적 가치관인 연령의 역할이** 오늘날 확산되고 있는 개인주의 지향적인 조직에서 질서유지 및 협동시스템 구축에 힘을 발휘하는 데에는 한계가 있다는 것이다.

그러나 이러한 승진에 있어서 능력주의는 다음의 두 가지 측면에서 여전히 문제를 갖고 있다.

첫째, **능력에 대한 객관적인 평가시스템이 구축되어 있지 못해서 능력주의가 잘못되면 승진 의사결정이 상사의 주관적인 평가에 의존**하게 되고 나아가 **정실인사(情實人事)의 풍 토**를 더욱 공고히 해줄 수 있다는 것이다.

둘째, **조직 내 직무 간의 경계가 불명확한 경우 개인의 능력을 측정하는 데에 한계가 있을** 수 있다.

연공주의와 능력주의는 상호 배타적인 것이 아니라 상호 보완적인 측면도 있으므로 조직에 서는 연공주의의 장점을 최대한 살려나가면서 능력주의를 수용해 나가는 것이 필요하다.

③ 연공주의와 능력주의의 조화

연공주의와 능력주의는 각각 장단점을 갖고 있기 때문에 **기업의 상황에 맞게 연공과 능력의 요소를 적절히 가미하면** 승진관리를 효과적으로 할 수 있다. 연공주의와 능력주의를 조화시 키는 기본 방법은 아래와 같다.

❶ 기술수준이 낮은 직무군에 대해서는 연공요소에 더 큰 비중을 두고, 기술수준이 높은 직무 군에 대해서는 능력에 더 많은 비중을 둔다.

❷ 동일한 기술수준의 경우에 급여액이 낮은 종업원 군에 대해서는 연공요소의 비중을 높게 주고, 급여액이 높은 종업원 군에 대해서는 능력의 비중을 더 많이 준다.

❸ 성과차이가 적은 직무 군에 대해서는 연공요소에 더 많은 비중을 둔다.

❹ 근속연수가 적은 종업원에 대해서는 특정기간 동안 **연공요소의 비중을 많이 두고**, 근속 연수가 증가함에 따라 **능력의 비중**을 높인다.

2) 승진의 기본원칙

공헌 (contribution)	적정성	승진기회 부여(Inducement)
	공정성	올바른 사람
	합리성	공헌의 내용(공헌평가의 요소)

① 적정성의 원칙

적정성의 원칙은 **해당기업이 종업원에게 어느 정도의 승진기회를 부여하느냐**와 관련된다. 이는 첫째, **시간적 차원**에서 해당기업에서 과거 조직구성원집단이 받았던 승진기회와 현재 유사한 구성원집단이 받고 있는 승진기회를 비교하는 것과, **둘째, 공간적 차원**에서 해당기업 과 유사한 조직에서의 조직구성원이 받고 있는 승진기회와 해당기업의 그것과 비교하는 것 으로 측정할 수 있다.

② 공정성의 원칙

공정성의 원칙은 **조직이 조직구성원에게 나누어줄 수 있는 '승진기회'의 덩어리를 올바른 사람에게 배분했느냐와** 관련되는 원칙이다.

③ 합리성의 원칙

합리성의 원칙은 조직구성원이 조직의 목표달성을 위해 공헌한 내용을 정확히 파악하기 위해 **무엇을 '공헌' 내지 '능력'으로 간주할 것인가에** 관련되는 원칙이다.

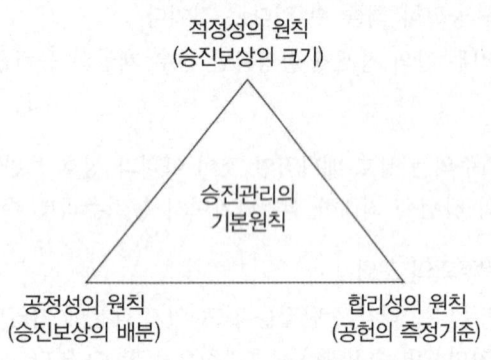

(3) 승진제도의 유형

1) 직급승진

직급승진은 종업원이 **상위직급으로 이동**하는 것을 말하는데 기업에서의 직급의 예는 대리−과장−차장−부장−이사 등으로 구분할 수 있다. 직급승진의 기본전제는 상위직급의 특정직무가 공석이 되어야 한다는, 소위 T/O가 나야 가능해진다는 것이다.

2) 자격승진

자격승진은 종업원이 갖추고 있는 **직무수행능력(직능)을 기준으로 승진시키는** 제도이다. 이러한 제도를 소위 '**직능자격제도**'라고 하는데 기업은 **직종별 직급과 직능의 수준을 분리하여 관리**하게 된다.

▼ 직능등급과 직급 간의 관계(관리직종의 예)

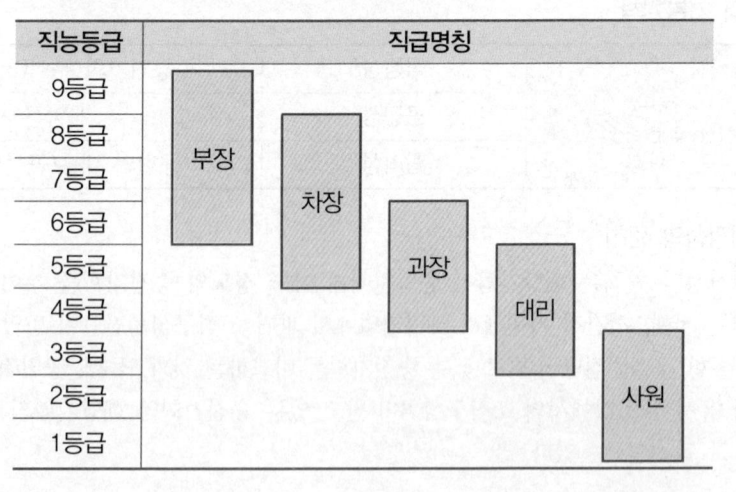

3) 대용승진

대용승진(surrogate promotion)은 **준승진(quasi-promotion)** 혹은 건조승진(dry promotion)
이라고도 하는데 승진은 발생했지만 직무내용이나 보상(임금)이 변동되지 않은 경우이다. 즉 직
무내용의 실질적인 변동 없이 직급명칭 혹은 자격명칭만 변경되는 형식적 승진을 말한다.

이는 **첫째,** 조직내부사정상 오랫동안의 승진정체 현상 때문에 조직분위기가 정체되어 있을 때
도입하며 **둘째,** 종업원이 대외업무를 수행하는 경우 접촉고객의 종업원에 대한 신뢰심을 높이기
위해 직급을 높이게 된다.

(4) 승진기준의 개별요소에 대한 평정방법

우리나라에서 도입하고 있는 승진기준은 승진정책에서 설명한 **연공주의와 능력주의를 혼용하여 구성**
되어 있다. 연공주의를 반영하는 기준으로서 **경력평정**이 있으며, 능력주의를 반영하는 기준으로서
인사평가와 연수평정이 있다.

1) 경력평정

종업원에 대한 경력평정은 해당직급에서의 근속연수를 기준으로 이루어진다. 이러한 방식의 경
력평정은 기본적으로 연공을 반영하는 것이 목적이 되겠지만 그 뒤에 깔려 있는 **전제는 근속연**
수가 많아짐에 따라 해당종업원의 능력수준이 높아지고 그 결과 업적도 높아질 것이라는 것이
다(숙련상승설에 기반). 따라서 경력을 평정할 때 해당직급에서 근속연수와 능력(기능) 신장 간
의 관계가 정비례되는 시기를 표준연수라고 하는데, 이 기간 동안의 경력을 점수에 반영하는
것이 바람직하다.

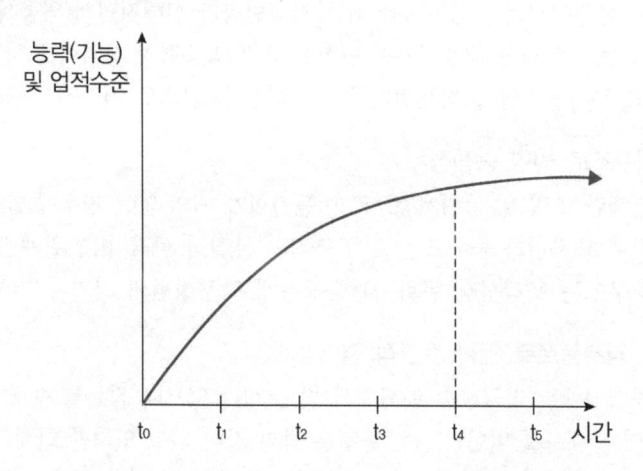

2) 인사평가

인사평가에서의 평가요소를 크게 **능력(역량)**, 개인적 특성, 직무행동 그리고 업적으로 나눌 수
있다. 따라서 승진기준으로서의 인사평가는 그 내용면에서 승진 후보자의 능력, 특히 잠재능력
이 가장 중요한 평가요소가 되어야 한다.

3) 연수평정

연수평정은 승진 후보자가 기업에서 실시하는 **교육훈련 프로그램에 참가하여 획득한 학습성과**를 말한다. 그러나 문제점으로는 첫째, 기업에서 제공하는 교육훈련 프로그램이 과연 미래의 직무를 수행하는데 필요한 지식 및 기능을 얼마나 제공하고 있는지의 문제가 있으며, 둘째, 기업에서 실시하고 있는 교육훈련의 기간이 매우 짧다.

이상에서 제시한 몇 가지 이유를 감안해 볼 때 연수평정을 통해 승진 후보자의 능력을 간접적으로 평가하는 것보다 인사평가를 보다 정교하게 설계하여 승진후보자의 능력을 평가하는 것이 보다 바람직하다.

(5) 승진제도의 문제점과 향후 전개방향

1) 승진제도의 문제점

① 승진평가의 타당성 문제

승진과 관련하여 주의할 점은 현재 승진자와 미래 경영자 역량과의 괴리문제다. 관리자 혹은 미래 고위 경영자로서의 승진의 경우 **현 시점의 성과뿐만 아니라 관리자로서의 성장잠재력도 고려해야 함**에도 불구하고 현 시점의 성과만으로 평가하여 승진에서의 타당성을 저하시켜 조직유효성을 떨어뜨릴 수 있다.

② 연공주의 중심의 승진관리

연공중심의 승진관리는 전통적으로 조직체환경이 안정적이고 조직구성원의 능력도태가 심하지 않은 환경에서는 적합하지만 **최근 환경변화가 심해지면서 연공서열주의는 조직을 침체시키고, 유능한 인력을 퇴출시키며 변화에 대한 적응력과 창의력을 약화시키고, 안정과 충성심 그리고 무사안일한 조직분위기를 조성하는 요인으로 작용**하고 있다.

③ Tall 조직구조로 인한 승진정체

구조적 정체란 조직 내 상위계층으로 이동기회가 거의 없는 경우에 발생한다. 조직의 상층부로 올라갈수록 자리가 줄어드는 것이 조직의 본질적 성격이다. **위계질서가 많은 피라미드식 Tall 조직구조는 조직성장 둔화 시 승진정체로 구성원의 사기가 저하될 수 있다.**

④ 직급상승 강조풍토로 인한 주관적 경력정체

주관적 경력정체는 직급상승 측면에서 별 문제가 없으나 직무를 수행하는 개인이 직무에 대해 갖고 있는 태도를 말한다. 즉, **승진은 남과 같이 되고 있지만 현재 맡고 있는 직무가 자신에게 도전감을 주지 못할 때 그리고 현재의 직무로부터 자신의 자아관련 일체감 내지 의미를 찾을 수 없을 때 나타난다.**

2) 승진제도 문제점의 개선방안

① 승진평가 타당성 개선

승진 시 잠재력을 평가하기 위해서는 종합평가제도(Assessment)가 고과자의 승진을 예측하는 데 높은 타당도와 신뢰도를 보인다. 종합평가제도는 승진과 관련된 잠재력과 같은 특정을 잘 평가할 수 있기 때문에 관리자 승진에 있어서 종합평가제도를 사용하여 잠재력을 평가함으로써 승진평가의 타당성을 높일 수 있다.

② 연공주의와 능력주의와의 조화

연공서열과 능력을 적절히 조화시켜서 승진관리에 반영한다. 예를 들어 **하위계층에서는 연공서열을 그리고 상위계층에서는 능력을 승진기준으로 사용**한다. 즉, **표준연수까지만 연공주의를 사용하고 그 이후에는 능력주의를 사용**하는 것이다.

③ Tall구조에서 Flat 구조로의 전환

조직을 피라미드에서 **평평한(Flat) 조직으로 변화시킴으로써 구조적 경력정체를 완화**시킬 수 있다. 즉, 팀제 운영 및 직급체계 단순화를 통해 조직서열을 감소시킴으로써 승진정체 현상을 극복할 수 있다.

④ 내재적 보상 제공을 통한 경력정체 극복

승진에 대한 과도한 집착은 승진 외 경력개발요소가 조직 내 부재하기 때문이다. **주관적 경력정체를 극복할 수 있는 방안은 ① 직무재설계와 ② 순환보직 등이 있다.**

제 6 절 경력개발에 대한 평가

경력개발에 대한 평가 시에는 아래의 사항을 고려해야 한다.

첫째, **경력성과(career performance)를 평가**해야 한다.
둘째, **종업원의 경력개발에 대한 태도(career attitude)를 평가**해야 한다.
셋째, **기업이 도입한 경력개발 프로그램이 개인과 조직의 목표를 일치시켜 조직 내 협동시스템을 구축하는 데 어느 정도 기여하였는지를 평가**하여야 한다.
넷째, **경력개발 프로그램이 기업의 미래의 인력 확보 및 배치의 유연성에 어느 정도 기여하는지를 평가**하여야 한다.

제 7 절 징계(discipline) 관리

1 징계의 개념과 기능

(1) 징계의 개념

징계란 기업의 목표달성을 효과적으로 하기 위하여 해당 기업의 특성에 맞는 규칙이나 규범을 정하여 기업의 구성원들이 이를 준수하도록 요구하고, 규정이나 규칙에 위반되는 행위에 대해서는 목표달성을 방해하는 것으로 간주하여 불이익을 주는 행위를 의미한다. 규율(discipline)은 종업원의 자기통제와 질서 있는 행동의 상태로 규율 확립을 통해 기업은 종업원 관리를 해야 하며, 규율 확립 조치로서 징계란 정해진 기준을 지키지 못하는 종업원에게 제재를 가하는 것이다.

(2) 징계의 기능

징계는 종업원들의 사규 위반행위에 대해 일시적, 잠정적으로 불이익을 부과하여 **장래에 있을 부정적 행동에 대한 재발을 방지**하고, 더 나아가 **기업질서를 유지**하고 **규칙과 규범을 지키도록 경고하고 유도**하는 기능을 수행한다.

2 징계대상 행동

일반적으로 징계의 대상이 되는 행동은 다음을 포함한다.
- 직무태만 및 근무불량
- 횡령 및 금품, 향응수수
- 중대한 과실로 인하여 회사에 손해를 야기한 경우
- 업무상 지시 위반 등

3 징계의 효과

(1) 예방적 효과

징계방침과 규정을 명백히 하고 조직구성원의 적절한 직무배치와 업무관리를 통하여 **징계대상 행동이 발생하지 않도록 이를 사전에 방지**하는 것이다.

(2) 행동개선 효과

위반행위를 범하거나 그런 증상을 보이는 구성원의 경우 징계방침과 규정 중심으로 관리자의 상담과 지도 그리고 구성원 자신의 자기개발을 통하여 **행동개선을 모색**하는 것이다.

(3) 처벌효과

예방적 또는 개선효과가 불가능할 경우에는 최종적으로 **부당행위 또는 위반행위**를 저지시키고 적용함으로써 앞으로 그러한 행동을 **억제**시키는 것이다.

4 징계시스템의 설계

(1) 합법적 징계시스템의 설계

징계방침과 규정을 설계하는 것으로 징계방침과 규정은 **조직구성원들의 지지와 협조를 얻을 수 있는 내용으로 설계**되어야 한다. 징계규정은 조직구성원 전체의 가장 근본적인 목적과 이를 달성하는 데 필요한 최저 행동기준으로 설정되어야 한다.

(2) 커뮤니케이션

징계방침과 규정은 명백히 설정되어야 되고, 전체 구성원에게 명확하게 전달되어야 한다. 징계방침과 규정을 설정하는 데 있어서 **관리자들이 참여**하게 되면 보다 공정하고 실현가능한 징계시스템이 설계될 수 있으므로 실제 커뮤니케이션에 있어서도 그들의 적극적인 협조를 얻을 수 있다.

(3) 구성원 행동의 평가 및 개선

조직구성원의 징계대상 행동을 분석·평가하여 **사전행동 개선에 노력**한다. 특히 **인사고과 또는 목표관리와 연결**시켜 징계대상 행동이나 그 증상을 보이는 구성원에 대해서는 구체적인 행동개선을 목표화하고 관리자는 이에 특별한 관심을 가지고 관리해 나간다. 즉, **징계의 목적이 위반자를 벌주는 것이 아니라 조직목표달성에 부정적인 영향을 미칠 수 있는 행위를 변화시키는 데 있다는 사실을 유념하는 것**이다.

(4) 점진적 징계조치

점진적 징계조치를 취함으로써 조직구성원에게 **행동개선의 기회를 부여**한다. 즉, **위반사항에 대해 적합한 최저 제재만을 부과하려는 규율확립 접근법**이다. 징계의 종류는 대부분 경고나 시말서, 견책, 감봉, 정직, 해고의 순서를 취한다.

---

5 **징계의 원칙** : 뜨거운 난로의 규칙(hot stove rule)

맥그리거(McGregor)의 뜨거운 난로 규칙이란 뜨거운 난로를 만지면 즉시 화상을 입듯이, **누군가 규칙을 어기면 즉시 징계를 받아야 한다는 것**이다. 이에 맥그리거는 징계를 할 때의 네 가지 규칙에 대해 제시하였다.

(1) 사전경고(warning)

난로는 손을 대면 뜨겁다는 것은 모두 알고 있다. 따라서 손을 댄 사람은 그것을 자신의 실수로 인정하고 용인한다. 벌도 마찬가지이다. **사전에 벌이 된다는 것을 알고 있어야 벌을 수용**한다. 벌이 되는 줄 모르던 사람에게 벌을 주는 것은 반발만 초래한다.

(2) 즉시성(immediacy)

난로는 손을 대자마자 곧 손이 화상을 입는다. 이렇듯 벌이나 제재조치는 **행위가 끝난 직후** 곧 이루어져야 한다.

(3) 일관성(consistency)

난로는 손을 대면 일관되게 뜨겁다. 이렇듯 벌은 **일관되게 주어져야 한다.** 어떤 때는 벌이 있었다 어떤 때는 없었다 하면 효과가 떨어진다.

(4) 공평성(impersonality)

난로는 뜨겁게 하는 데 **개인에 따라 차별을 하지 않는다.** 이는 사적인 것의 비개입(impersonal)이라고도 한다. 벌이나 제재에 있어서 무생물 난로처럼 사적 감정에 따른 편애가 없어야 효과적 시행이 보장된다.

6 징계시스템 운영 시 유의사항

첫째, 징계가 정당성을 확보하려면 **징계사유가 객관적으로 확실**해야 한다. 이를 실체적 정당성이라고 한다.

둘째, 징계사유가 존재한다 하더라도 사유에 **합당한 징계량이 결정**되어야 한다. 경미한 사안에 그것도 처음 행한 과오로 해고에까지 이르러서는 안된다. 이는 양형의 문제이다.

셋째, 징계는 **절차적 정당성**을 확보하지 못하면 그 정당성을 잃게 된다. 이를 위해서는 조직 내 규정에서 정한 절차를 지켜야 한다.

넷째, **징계의 전 과정을 문서로 작성**해서 차후 제기될 수 있는 법적 소송에 대비해야 한다.

제 8 절　경력개발 실행 시 문제점과 성공요건

1 비현실적인 경력목표

조직구성원의 과다한 자기중심적인 경력발전만을 원함으로써 비현실적인 경력목표를 추구하는 문제이다. 조직구성원의 경력발전은 조직체의 전반적인 상황에 맞추어서 계획되어야 하기 때문에 **조직구성원은 조직체의 상황은 물론, 자기평가를 통하여 자기 자신의 정확한 위치를 알아야 한다.**

2 빠른 승진경로

경력개발을 승진과 동일시하는 경향도 또 하나의 문제다. 승진만을 경력개발의 목적으로 보고 **빠른 승진경로(fast track)에 너무 많은 관심을 보임으로써 많은 구성원들이 '인기직무'로 경력목표를 집중**하는 경향이다. 그러나 경력개발의 목적은 구성원의 적성과 능력에 따라 가장 적합한 경력진로를 추구하는 것을 목적으로 하기 때문에 **경력계획의 우선적인 목적은 조직구성원의 경력과 능력개발이며, 승진은 그 과정에서의 부산물로 인식**되어야 한다.

3 과다한 의존경향

경력계획은 인사부서의 책임이라는 그릇된 인식하에 경력계획을 전적으로 staff에 맡기고 그들에게 의존하는 것도 문제다. **경력계획의 최종적인 책임은 조직구성원 자신**이며 전문스태프와 일선관리자는 구성원으로 하여금 가장 적합한 경력목표와 경력진로를 설정하도록 지원하는 것이다. 따라서 **경력계획에 대한 조직구성원의 적극적인 태도가 매우 중요**하다.

4 경력정체

조직은 구성원의 경력정체를 미리 예측하고 이에 대한 사전 방지 혹은 사전 조치를 취하는 것이 바람직하다.

평가관리

01 | 인사평가의 최근 경향 : 성과관리

제1절 인사평가의 개념 및 중요성

1 인사평가의 개념

인사평가(performance management)란 조직구성원이 조직체 목표달성에 얼마나 기여하고 있는지를 평가하는 인적자원관리 기능으로서, 구성원의 업적과 잠재력 혹은 능력과 자질을 조직에 대한 유효성 관점에서 장기적으로 검토 및 평가하여 이들의 가치를 조직적으로 결정하고자 시행하는 제도이다. 인사평가는 구성원의 보상(reward)과 동기부여 그리고 능력개발에 결정적인 역할을 하며 나아가 전략적 인적자원관리에도 많은 영향을 준다. 인사평가는 조직에서 근무평정, 인사고과, 성과관리 등 여러 이름으로 불린다.

2 인사평가의 중요성 : Michigan Approach

인사평가 시스템은 인사관리 시스템의 하위시스템으로서 피드백 고리(feedback loof)에 해당한다. 인사관리라는 전체 시스템이 순기능을 하기 위해서 항상 산출요소(output)와 투입요소(input) 간의 비교·분석을 통한 피드백 기능이 제대로 작동되어야 한다. 따라서 인사평가는 인사관리 시스템의 성패를 가름하는 중요한 하위 시스템으로 간주되는 것이다. **인사평가는 성과지향적 인사관리의 사이클상에 보상과 인적자원 개발을 위한 문지기(gatekeeping) 역할을 하는 것이다.** 즉, 인사평가를 통해서 공정한 보상관리와 효과적 인적자원개발이 가능한 것이다.

▼ 인적자원관리의 순환도와 인사평가의 역할(Michigan Approach)

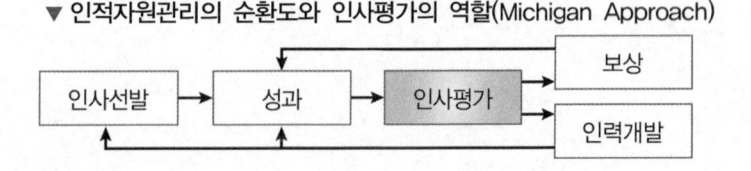

제2절 인사평가의 목적

1 전략적 목적(Strategic purpose) : 경영전략과의 연계

이것은 개인 활동들이 **조직목표와 전략적 방향에 연계되어야 함**을 의미하며, **성과평가는 조직의 사업전략이 요구하는 핵심직무를 잘 수행하는 방향으로 가게 하는 것**이다. 즉, 구성원들의 과업활동을 조직체의 전략적 목표와 연계시켜 그들로부터 성공적인 경영전략수행을 위하여 요구되는 행동과 활동 그리고 성과를 이끌어내는 것이다.

2 관리적 목적(Administrative Purpose) : 보상 및 상벌결정

관리적 목적이란 인사평가를 임금, 승진, 해고, 인센티브 지급 등의 목적으로 위해 사용하는 것을 말한다. 고과자들이 이런 목적으로 사용하기 위한 평가를 할 때는 평가를 "필요악"으로 간주하며, 피고과자를 의식하여 모두 높게 평가하거나 비슷하게 평가하는 오류를 범하기 쉽다.

3 개발적 목적(Developmental Purpose) : 피드백과 인력개발

인사평가는 구성원의 역량과 성과가 얼마나 향상되고 있고 조직체의 기대수준에 얼마나 접근하고 있는지를 구성원에게 알려주는 것이다. 이와 같은 역량과 성과에 대한 피드백은 **구성원의 동기부여**는 물론 그의 **성과향상에도 크게 기여**한다. 그리고 구성원의 역량개발과 경력개발에도 매우 중요한 역할을 한다. 즉, 평가 결과를 통해 낮은 평가를 받게 되면 그 원인이 능력의 부족인지, 동기부족인지, 아니면 장애요인 때문인지를 파악하여 필요한 부분을 개발시켜 주기 위한 목적으로 인사평가를 실시하는 것을 말한다.

제 3 절   인사평가의 최근경향 : 성과관리

1 등장배경과 개념

(1) 등장배경 : 관리적 목적 → 개발 및 전략적 목적

전통적으로 인사평가의 목적은 종업원들을 효과적으로 관리 및 통제하는 데에 있었다. 그러나 이러한 접근방식은 경영환경의 변화에 따라 점진적으로 변화하기 시작하였다. 끊임없이 시장이 확장되고 경쟁자들이 출현하는 환경에서 생존하기 위해서는 조직의 성과를 획기적으로 향상시키기 위한 패러다임의 변화가 필수 불가결한 것이었다. **따라서 기존의 평가 중심의 인사고과는 성과관리라는 보다 확장된 개념에서 이루어지기 시작하였다.**

과거의 단기적이고 재무지향적인 통제는 새로운 기술의 개발이나 새로운 지식의 창출에는 별로 신경을 쓰지 않게 되어 조직의 장기적이고 지속가능한 역량을 축적하는 데는 한계를 가지게 된다. 이에 **최근에는 성과관리에 더 초점을 맞추어 인사평가의 전략적 및 개발적 목적에 초점을 두어 구성원을 동기부여시키고 목표달성을 위한 통합적(종합적)인 통제의 한 과정으로 활용**하게 되었다.

(2) 개념

성과관리는 ① **조직 – 개인 목표 간 정렬과정(goal-alignment)**를 통해 전사적으로 목표관리를 하는 〈조직성과〉영역과 ② **구체적이고 객관적인 성과지표(performance indicator)로 측정**되어야 하는 〈개인성과〉영역으로 구성된다. 즉, 개별 구성원의 성과가 팀성과와 조직성과에 기여하는 방향으로 전개되는 전략적 인사관리의 핵심 기능이다.

2 절차

(1) 성과계획

조직전략의 방향성을 검토하고 전략적 목표 달성을 위해 각 하부 조직별 사업계획 및 성과지표 중심으로 목표를 확정한다. 즉, **성과측정요소를 규명**하는 단계이다.

(2) 성과평가(performance appraisal)

성과평가는 **구체적이고 객관화된 평가기준에 따라 실적을 평가**하고 평가결과를 근거로 점수를 부여(평정)하는 공식적인 과정을 의미한다.

(3) 성과 피드백

성과평가의 결과를 가지고 활용하는 단계로 성과피드백을 통해 개인이 직무를 수행하면서 현재 수행정도를 알 수 있으며 못한 부분과 잘한 부분을 파악하여 못한 부분은 더 잘 할 수 있는 방안을 찾고, 잘한 부분은 인정받을 수 있는 좋은 기회가 된다. **성과피드백을 제대로 운영**하기 위해서는 아래와 같은 조건을 형성해야 한다.

첫째, **성과피드백의 목적을 명확히 제시**하고 공유한다.

둘째, 평가시스템이 **신뢰성, 타당성, 수용성, 신뢰성 등 인사평가의 구성요건을 갖추었는지 점검**해야 한다. 또한 평가에서의 **공정성 및 객관성 확보를 통한 수용성 제고 필요성**도 있다.

셋째, 리더, 즉 **상사의 역할이 제대로 정립**되어야 하는 바 **팀장 혹은 부서장의 역할과 업무에 성과 피드백이 포함**될 수 있게 해야 한다.

넷째, **평가자 교육 제공 등을 통해 성과피드백을 잘 수행**할 수 있도록 평가자 관리가 필요하다. **코칭과 소통스킬 개발 등 교육적 지원**도 제공할 필요가 있다.

3 구성요소

(1) 특성(Trait)[30]

조직의 성공에 바람직한 개인적 속성인 특성을 가지고 평가하는 방법이다. 인사평가는 실제 수행성과(업적)에 대한 평가뿐만 아니라 **미래의 성과를 위한 잠재능력에 대한 평가도 포함**한다. 따라서 인사고과는 실제 수행성과에 대한 평가지표뿐만 아니라 **미래 성과에 관련된 개인의 특성(trait)도 고과요소에 포함하는 경우**가 많이 있다. 인사고과의 목적상 고과결과를 주로 임금에 반영하는 경우에는 실제 수행성과에 대한 고과요소가 중요하지만, 고과결과가 **주로 승진결정에 사용되는 경우에는 개인의 능력특성에 대한 고과요소가 더 중요하다.**

(2) 행위(Behavior)

개별 직원이 **직무수행을 효과적으로 하기 위해 꼭 필요한 행동을 정의하여 평가하는 방식**이다. 평가요소 결정 시 **업무수행에 초점을 맞추는 것으로서 피평가자가 마땅히 수행해야 할 것들을 얼마나 만족할 만한 수준으로 수행했는지 여부**를 의미한다. 행동요소는 **통제가능성이 높고 그에 따라 평가

---

30) 역량, 적성, 태도

의 동기부여 효과도 높아질 수 있지만 **업무수행 방식 면에서 경직성을 가져와 업무수행의 유연성을 떨어뜨릴 수 있다.** 행동을 평가하기 위해서는 특정 사람의 행동을 제대로 관찰하고 기록하는 것이 중요하다. 중대사건(critical incident), 즉 각 직원들의 효과적 및 비효과적 성과의 구체적 예들을 경영자들이 기록을 하도록 하는 것이 중요하다.

(3) 결과(Result)

객관적이고 측정 가능한 결과를 관리하는 데 역점이 있으며 주관성이 많이 배제된다. 결과요소는 피평가자가 수행해야 할 것들을 어떻게 수행했는지 여부보다는 **그러한 업무수행의 결과가 무엇이 느냐**를 가리킨다. 결과요소는 업무수행방식 면에서 **유연성과 창의성을 발휘할 수 있는 여지를 제공하는 장점을** 가지고 있지만 **행동요소에 비해 통제가능성이 떨어지기 때문에 특별히 낮은 직급의 구성원들에게 동기를 부여하는 효과가 떨어질 수 있다.** 따라서 일반적으로 결과요소는 책임성이 더 큰 비중을 차지하는 높은 직급의 관리자나 경영진의 인사평가에 많이 사용된다.

4 성과관리의 실패요인과 접근방법

(1) 성과관리의 실패요인

1) 올바른 성과지표가 부재한 경우

조직에서 흔히 범하고 있는 오류 중의 하나가 올바른 측정기준이 아닌 엉뚱한 측정기준을 가지고 평가를 실시하고 있다는 사실이다. 조직의 전략적 목표에 따른 영역별, 부서별, 개인별 성과평가를 위해서는 올바른 결정적 성공요인인 CSF(critical success factor)가 **먼저 파악**되어야 하고, 이어서 해당 영역의 **성과 달성정도를 정확히 측정할 수 있는 핵심성과지표(KPI : Key performance indicator)가 정의**되어야 한다.

그러나 이러한 과정이 요식행위에 머무는 경우가 많아 올바른 이해가 결여된 상태에서 성공요인이나 성과지표가 설정되어 개인과 집단의 성과향상에는 관계가 없는 활동을 측정하는 경우가 허다하다.

MBO, CSF, KPI의 관계
핵심성공요인(Critical Success Factor)은 기업 또는 단위 사업영역에 존재 목적을 달성하고 목표시장에서 만족할 만한 성과를 거둘 수 있도록 하는 요소 및 요구조건들을 말한다. CSF는 주로 개념이나 추상명사 형태로 존재하는 경우가 많으며 MBO평가와 관련하여 주로 비계량적 목표를 세울 때 도움이 되는 전략적 개념이다.   CSF의 구체적 예로서 고객만족, 핵심인재 확보 등을 들 수 있다. **핵심성과지표(Key Performance Indicator)는 CSF를 구체적으로 측정하기 위한 기준**으로서 KPI는 금액, 시간, 빈도, 정도 등 객관적 측정 수치로 제시되는 경우가 많다. KPI는 **측정이 용이**하다는 장점이 있어 기업이나 부서의 전략적 의사결정에 핵심 역할을 하는 단위가 되며 조직과 개인을 위한 책임경영과 목표관리를 가능하게 하는 역할을 한다. KPI의 예로서 인건비 10% 절감, 이직률 5% 미만 유지 등을 들 수 있다.

2) 종업원의 성과와 조직의 성과가 연계성이 떨어지는 경우

종업원들은 대부분 높은 업무를 달성했는데 조직단위의 성과가 부진한 경우이다. 이러한 원인은 개인 수준의 업무와 상위수준의 성과 간의 연계성이 낮은 경우를 들 수 있다. 조직목표와의 전략적 연계성이 떨어질 경우 아무리 개인의 성과가 탁월하다고 하더라도 이것이 조직 전체의 성과로 귀결되지 못하는 문제점이 발생한다. 또한 조직의 성과평가 기준이 구성원 간 협력과 팀워크를 반영하지 못하는 경우에도 이러한 문제가 발생할 수 있다. 이 경우 구성원들이 개인성과의 극대화를 위해 개인 간의 협력에 기반하는 조직 전체의 성과를 희생하는 경우가 발생할 가능성이 커진다.

3) 성과측정이 동기유발에 도움이 되지 않는 경우

개인의 성과평가 결과는 다른 인적자원관리 활동에 관련된 의사결정(예 승진이나 보상)의 기본 정보로 활용이 된다. 이때 종업원의 동기유발효과를 저해할 수 있는 두 가지 문제점이 있다. ① 하나는 평가의 차별성 부족이며, ② 다른 하나는 평가 결과 활용의 부재이다. 전자는 평가를 받는 종업원들이 일괄적으로 높은 평가를 받거나 낮은 평가를 받으면 평가를 수행할 이유가 없다. 후자는 아무리 잘 설계된 인적자원제도라 할지라도 효과적인 실행이 뒤따르지 않으면 그 제도의 효과성은 실현될 수 없다.

(2) 성과관리의 기본원칙 : 효과성과 공정성

1) 효과성(effectiveness)

성과관리시스템은 궁극적으로 조직 전체의 성과를 향상시키고, 시장에서의 경쟁력을 제고하는 데에 그 핵심이 있다. 아래는 효과성 향상을 위한 구체적인 실천방안이다.

첫째, 성과관리 시스템의 효과성 향상을 위해서는 개인 및 각 부서별 업무의 본질이 무엇인가에 대한 깊은 이해가 선행되어야 한다. 업무의 본질에 대한 정확한 이해가 된 후에야 해당 업무를 성공적으로 수행하기 위한 결정적 핵심성공요인과 핵심성과지표에 대한 선정이 올바르게 될 수 있다.

둘째, 성과평과 결과의 적극적 활용이 필요하다. 성과평가 결과의 적극적인 활용이 결여된다면 성과향상을 위한 동인이 구성되지 않기 때문이다. 따라서 성과기준을 만족하는 성과에 대해서는 적극적인 보상의 제공과 인정을 통해 종업원들의 향후 업무행동에 대한 지침을 제공해야 한다. 또한 업무 수행 결과가 제시된 기준에 미치지 못할 경우에는 이에 대한 자세한 피드백을 제공하고 업무향상을 위한 교육훈련 프로그램을 제공하여 종업원들이 업무수행을 통해 성장하고 업무성과 향상에 따르는 혜택을 누릴 수 있도록 해야 한다.

2) 공정성 인식(justice perception)

조직 공정성은 사람들이 직장에서 공평하게 대우받는다고 느끼는 정도를 말한다. 조직공정성은 분배적(distributive), 절차적(procedural), 상호적(interactional) 공정성 세 가지 개념으로 규정되어 있다.

① 분배적 공정성

분배공정성은 **자원과 보상이 어떻게 분배되고 할당되는지에 대해 인지된 공정성**을 의미한다.

② 과정적 공정성(절차공정성)

절차공정성은 **분배의사결정을 할 때의 과정과 절차에 대해 인지된 공정성**을 의미한다. 연구자에 따르면 분배적 공정성과 절차공정성에 대한 긍정적 지각은 종업원들에게 영향을 미치는 결정에 대해서 그들에게 **발언권을 줌**으로써 강화된다. 발언권은 의사결정에 의해 영향을 받는 종업원들이 다른 사람에게 의사결정에 관한 정보를 제안할 수 있는 것을 말한다.

③ 상호작용적 공정성

상호공정성은 **업무수행 시 공정하게 대우받았는가에 대한 느낌**이다. 이는 아래의 두 가지로 나눠진다.

❶ 대인관계적 정의 : 종업원을 존엄으로 대하고 존중하는 정도
❷ 정보적 정의 : 종업원에게 결정에 대한 진실한 설명을 제공하는 정보

이 중 가장 중요하게 여겨지는 것은 과정적 공정성(distributive justice)다. 많은 연구결과에 따르면 과정적 공정성이 확립되어 있으면 다른 공정성 요인이 상대적으로 낮은 경우라 할지라도 종업원들의 성과평가 및 보상분배에 대한 수용성이 비교적 높게 유지될 수 있다.

과정적 공정성을 높이기 위해서는 성과관리시스템에 대한 종업원의 이해도를 높여야 한다. 이를 위해서 **성과관리시스템 설계에 종업원을 참여**시키는 것도 좋은 방안이 될 수 있다. 종업원의 참여는 설계된 성과관리시스템에 대한 종업원들의 **수용성을 향상**시키는 데에 큰 도움이 될 수 있다. 또한 이러한 종업원들의 참여는 업무의 본질에 대한 **종업원들의 이해를 증진시켜 성과향상에 도움**이 되기도 한다.

모든 구성원들을 완벽하게 만족시키는 인사평가시스템을 가질 수 없지만, 종업원들의 수용성을 향상시키기 위해서는 **종업원들이 성과관리 또는 인사평가시스템에 대해 어느 정도의 소유의식(ownership)을 가질 수 있도록 하는 방안을 강구**해 보는 것이 권장된다.

(3) 성과관리와 관리자

1) 평가자 역할의 중요성

종업원 개인과 단위조직의 성과관리에 있어 관리자의 역할은 매우 중요하다. 성과관리시스템이 실질적인 성과에 미치는 영향이 관리자의 역할을 제외한 상태에서 보면 매우 제한적일 수 있기 때문이다. **상사와 부하가 작업장에서 형성하는 관계의 질(Leader-Member Exchange)이 높을수록 종업원들은 높은 만족도와 업무성과를 나타내게 된다.** 이는 **관리자의 역할을 적극적으로 고려**해야 효과적인 성과관리가 이루어질 수 있음을 보여준다.

또한 관리자는 조직의 **성과관리시스템을 운영하는 가장 중요한 주체**다. 인사제도 실행에 관한 최근의 연구에 따르면 **똑같은 인사제도라 할지라도 일선관리자들의 운영방식에 따라서 종업원**

들이 경험하는 인사제도의 효과성은 매우 상이한 것으로 알려져 있다. 이는 일부 관리자들은 다른 관리자들보다 성과관리 시스템을 효과적으로 운영하여 성과관리시스템의 효과성을 극대화 시킬 수 있다는 것을 의미한다. 따라서 효과적인 성과관리를 위해서는 시스템의 설계뿐 아니라 관리자의 효과적인 운영이 중요하다. 한편 관리자는 종업원에게 효과적인 피드백을 제공하는 주체로서 중요하며, 종업원의 공정성 인식을 향상시키는 데에도 큰 역할을 한다.

2) 평가자의 역할

평가자는 ① 공정한 심판관(Judge), 즉 공정하고 객관적으로 평가를 실시하는 역할을 수행해야 하며, ② 코치(coach)로서의 역할, 즉 피평가자에게 평가피드백을 제공하여 구성원 성과에 어떤 문제점이 있고 어떻게 개선해야 하는지를 알려주어야 한다. 즉, 단순한 관찰자의 역할에서 벗어나 직접 구성원을 이끌고 구성원 개개인에게 관심을 가져야하는 코치로서의 역할을 수행해야 한다.

Deci의 인지평가이론(cognitive evaluation theory : CET)에 따른 피드백의 기능과 내재적 동기의 효과

① 능력정보(competence information) 기능 : 능력을 평가하는 것으로 내적 동기와 관련
② 통제적 정보(controlling information) 기능 : 외적 통제와 관련된 것으로 외재적 동기와 관련

통제적 정보가 능력정보에 의한 내재적 동기유발 효과를 약화시킬 수 있다.

---

02 | 인사평가

| 제1절 | 인사평가의 내용과 구성요소 |

1 인사평가의 내용

기업 인사평가의 내용은 바로 무엇을 평가할 것인가라는 질문에 대한 대답이다. 인사평가활동에서 평가되는 내용은 크게 종업원 개인이 가지고 있는 특성(personal characteristics)과 그가 행동을 통해 만들어낸 결과물인 업적 혹은 성과(performance)로 구분된다. 또한 인사평가의 내용은 개인수준과 집단수준에서 다를 수 있다.

(1) 종업원 개인의 특성(personal characteristics)

개인의 특성은 크게 **역량, 적성 그리고 태도 등으로 구분된다. ① 역량(competency)이란 우수한 성과를 내는 조직구성원이 가지고 있는 개인의 내적특성**으로서 다양한 상황에서 안정적으로 나타나며 비교적 장기간 지속되는 행동 및 사고방식을 의미한다. 역량은 기술(skill), 지식(knowledge), 자아개념(self-concept), 반응특성(trait), 동기(motive) 등으로 구성된다(spencer&spencer, 1993). **역량의 구체적 예로서 고객지향성, 정보지향성, 조직민첩성(organizational agility), 문제해결능력, 전략적 사고력, 업무추진력 등이 있다. ② 적성**은 입사 후 시간이 지나 개별 종업원의 특정직무를 수행하고 있는 경우, **해당직무와 직무수행자간의 적합성(fitness)을 판단하는 데 중요한 역할**을 한다. **③ 태도(attitude)란 특정한 사람, 사물, 이슈, 사건 등에 대한 호의적이거나 비호의적인 느낌을 의미한다**(Kraimer et al, 2005). 직무수행과 관련하여 성과와 관련되는 것이 평가대상이 된다. 성과와 관련되는 태도요소로서 직무만족, 직무몰입, 열정, 애사심 그리고 신뢰(trust) 등을 들 수 있다. 최근에는 신뢰가 조직의 중요한 자본으로 인식되고 있는 추세다.

이러한 특성 중심의 평가는 개인이 가진 특성이 반드시 업무성과로 이어지지 않는다는 점, 평가하는 사람이 누구인지에 따라 크게 다른 결과를 낳는 경우가 많아 신뢰성이 떨어진다는 점, 특성은 쉽게 변하지 않기 때문에 그 결과를 가지고 직원의 동기부여를 하기 어렵다는 점에서 문제가 있다.

(2) 업적 혹은 성과(performance)

업적은 개인 및 팀이 조직의 목표달성에 기여한 공헌도를 말하는데 매출액, 생산량, 불량률, 사고율, 고객만족도 등이 평가내용을 구성한다. 성과의 측정범위를 개인에서 집단 내지 조직 전체 수준으로 넓힐 경우 측정의 정확성은 높아진다. 왜냐하면 성과란 어느 개인 혼자의 노력에 의해서 발생하기보다 여러 사람의 협동을 통해서 일어나는 경우가 많기 때문이다. 즉, **직무 간 상호의존성(interdependence)이 존재하기 때문이다.**

(3) 행동(Behavior) 중심의 평가

행동을 중심으로 이루어지는 인사평가는 특히 일의 '과정'이 중요한 과업에 적절하다. 행동중심의 평가는 종업원에게 구체적으로 어떤 점을 개선해야 하는지에 관하여 분명한 지침을 줄 수 있다는 점에서 개발목적에 유용하다. 그러나 성공적인 업무수행을 위한 모든 행동을 미리 다 정해 놓을 수는 없으므로 독특한 방법으로 성공을 이끌어낸 종업원이 불이익을 받을 수도 있다.

2 인사평가의 수준

인사평가의 수준(level)은 종업원 개인을 대상으로 하는 **개인평가**, 집단 혹은 팀을 대상으로 하는 **집단평가**, 조직 전체를 대상으로 하는 **조직평가**로 구성된다.

3 인사평가의 구성요소

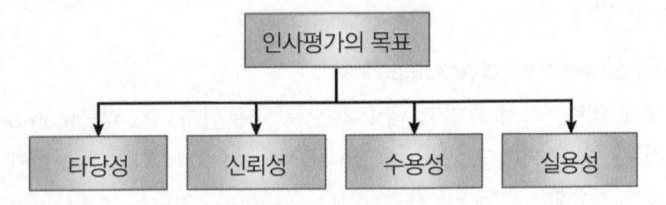

(1) 신뢰성(Reliability)

1) 개념

신뢰성이란 성과측정에 있어서 **결과치의 일관성(consistency)** 또는 **안정성(stability)을 나타내는 지표**이다. 즉, 신뢰성(reliability)이란 측정하고자 하는 **평가내용(항목)이 얼마나 정확하게 측정되었느냐에 관한 것**으로 인사평가의 측정항목들은 평가자와 측정시기에 관계 없이 결과가 **일정하도록 설계**되어야 한다.

평가자 간 신뢰성(inter–rater reliability)

1. 개념
   평가자 간 신뢰도란 **2명 이상의 평가자가 측정한 점수가 동일한 정도**를 의미한다.

2. 극복방안
   ① **상대평가와 절대평가를 적절하게 사용**한다. 예를 들어 교육훈련 필요성을 위한 평가 시에는 절대평가를, 승진을 위한 평가 시에는 상대평가를 사용하면 평가오류를 줄일 수 있다.
   ② **평가결과를 공개**한다. 즉, 평가결과를 피평가자에게 피드백을 하면 정실이나 연고에 따라 편파적으로 평가하는 것을 방지할 수 있다.
   ③ **다면평가를 활용**한다. 여러 사람이 평가할수록 신뢰성이 높아지기 때문이다.

2) 인사평가 시 나타나는 전형적 오류

평가자의 의도적인 주관적 평가	평가자 자신이 인지 못하는 오류	정보부족으로 인한 오류
• 관대화 경향 • 중심화 경향 • 가혹화 경향 • 상동적 오류 • 연공 오류 • 평균화의 오류	• 후광 효과 • 시간적 오류 • 상관편견 • 대비오류 • 유사성 오류	• 중심화 경향 • 귀인과정 오류 • 2차 평가자 오류

① 관대화 경향

관대화 경향(leniency error)은 피평가자의 능력이나 성과를 실제보다 더 높게 평가하는 것을 말한다. 관대화경향이 나타나는 원인으로는, 첫째 부하를 나쁘게 평가하여 대립할 필요가 없다는 것, 둘째 자기 부하를 타부문의 종업원에 비하여 승진에 유리하게 하기 위한 것, 셋째 나쁜 평가가 곧 평가자 자신의 책임으로 간주될 수 있다는 점 등을 들 수 있다.

② 중심화 경향

중심화 경향(central tendency)은 집단화 경향이라고도 하며 피평가자에 대한 평가점수가 보통 또는 척도상의 중심점에 집중하는 경향을 말한다. 이의 원인으로는 첫째, 평가자가 평가방법을 이해하지 못하였거나 평가능력이 부족하여 적당히 중간척도에 평가한 경우, 둘째 평가방법에 대해 회의적이거나 피평가자를 잘 알지 못하기 때문에 적당히 중간척도에 평가한 경우, 셋째 낮게 평가할 경우 피평가자와의 감정적 대립을 우려하여 중간으로 평가하거나 소홀한 평가를 한 경우 등이 있다.

③ 가혹화 경향

가혹화 경향(harsh tendency)은 관대화 경향과 반대되는 평가점수 분포도가 나타나는 경우를 말하는데 평가자가 피평가자의 능력 및 성과를 실제보다 의도적으로 낮게 평가하는 경우를 말한다. 이러한 경향은 첫째 평가자의 가치관에 의해 성과에 대한 기대수준을 매우 높게 설정했을 때 나타나며, 둘째 부하들과의 갈등관계에서 일종의 처벌적 성격을 띠었을 때도 나타난다.

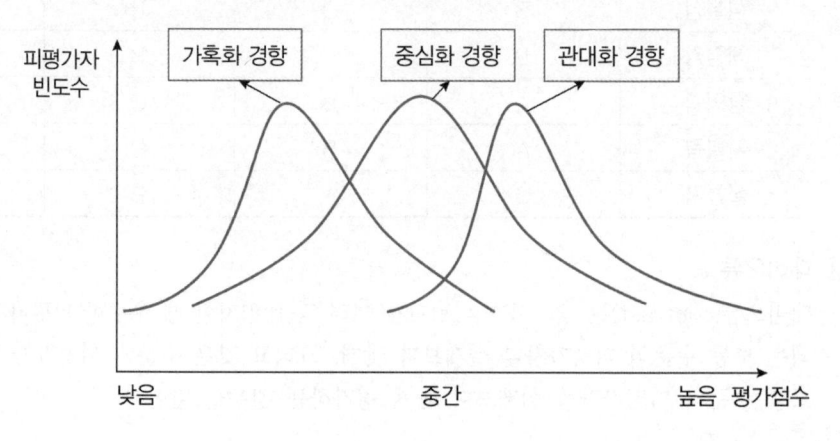

④ 상동적 오류

상동적 오류(stereotyping)란 **특정한 사람에 대해 갖고 있는 평가자의 지각에 의해 나타난다.**

⑤ 연공 오류

연공 오류(seniority)는 **피평가자가 가지고 있는 연공적 속성인 연령, 학력, 근속연수가 평가에 영향을 미치는 경우**이다.

⑥ 후광효과

후광효과는 평가자가 **피평가자의 어느 한 면을 기준으로 다른 것까지 함께 평가해버리는 경향**을 말한다. '후광효과'란 원래 뒤에서 빛을 보내어 앞에 있는 얼굴의 식별을 잘못한다는 의미인데, 예를 들어 '친절성'이라는 항목이 성실성, 책임감 뒤에서 그 평가에 영향을 미쳐 성실성, 책임감에 대한 식별을 정확히 하지 못하게 한다는 것이다(Milkovich&Newman, 2005).

⑦ 시간적 오류

시간적 오류(recency errors)는 **평가자가 피평가자를 평가함에 있어서 쉽게 기억할 수 있는 최근 업적이나 능력을 중심으로 평가하려는 데서 나타나는 오류이다.** 평가시기가 가까워지면 평소보다 늦게 퇴근하고 더 많이 일하는 모습을 평가자에게 보여주기도 한다. 시간적 오류 역시 평가자 스스로 오류를 범하고 있다는 것을 인지(認知)하지 못하는 경우가 많다.

	2018년 상반기	2018년 하반기	평균
甲	60	80	70
乙	80	60	70

⑧ 상관편견

상관편견(correlational bias)이란 **평가자가 평가항목의 의미를 정확하게 이해하지 못했을 때 나타난다.** 성실성과 책임감, 창의력과 기획력이라는 항목 간의 정확한 차이를 구분하지 못하는 평가자가 피평가자를 평가할 때 위의 항목들에 대해 항상 똑같은 점수를 주는 것이다.

피평가자 항목	甲	乙	丙	丁
성실성	B	C	B	A
책임감	B	C	B	A
창의력	A	B	C	B
기획력	A	B	C	B
실천력	C	A	B	C

⑨ 대비오류

대비오류(contrast)는 **평가자가 피평가자 여러 명을 평가할 때 우수한 피평가자 다음에 평가되는 보통 수준의 피평가자를 실제보다 낮게, 그리고 낮은 수준의 피평가자 뒤에 평가되는 보통 수준의 피평가자를 실제보다 높게 평가하는 경우**를 말한다.

⑩ 유사성 오류

유사성 오류(similar-to-me error)는 **평가자와 피평가자 간의 가치관, 행동패턴 그리고 태도 면에서 유사한 정도에 따라 평가결과가 영향을 받는 경우**를 말한다.

⑪ 귀인과정 오류

귀인과정 오류(errors of attribution process)는 **하이더(Heider)의 귀인이론에 그 근거를 두고 있다**(Heider, 1958). 하이더는 타인의 행동을 보고 그 원인을 크게 두 가지 방향으로 생각할 수 있다고 했다. 행동의 원인을 행동자의 내적 원인에 귀인하느냐 혹은 행동자를 둘러싸고 있는 환경인 외적 원인에 귀인하느냐로 나뉘는 것이다.

피평가자의 업적이 낮았을 때 그 원인이 외적 귀인에 있음에도 불구하고 평가자의 내적 귀인에서 찾거나, 반대의 경우 피평가자의 업적이 높았을 때 이를 내적 귀인임에도 불구하고 외적 귀인에서 찾는 경우 공히 오류가 된다. 흔히 말하는 '잘되면 내 탓(내적 귀인), 못되면 조상 탓(외적 귀인)'이 바로 귀인과정 오류의 대표적인 것이다.

⑫ 2차 평가자의 오류

평사원을 평가하는 경우 1차 평가자는 직속상사의 과장이며, **2차 평가자는 직속상사의 상사인 부장이 된다. 최종 평가점수는 1차 평가자와 2차 평가자가 평가한 점수를 평균하는 것이 일반적인 추세이다.** 평가에 1차 평가자로 만족하지 않고 2차 평가자를 동원하는 이유는 1차 평가자의 평가를 믿지 못하기 때문이다. 즉 **1차 평가자가 실시한 평가결과를 조정하기 위해 2차 평가제도를 도입하고 있다.**

⑬ 평균화의 오류

평균화의 오류는 상사가 부하들을 평가할 때 당해 연도에는 조직이 정한 평가지침(📋 상대평가)를 따르지만 평가결과를 4~5년 합산하여 분석해 보면 피평가자들이 받은 점수가 서로 거의 비슷하게 나오는 것을 말한다. 즉 피평가자가 10명일 경우 평가 첫해에는 특정 2명이 S등급을 받고 나머지는 A, B, C 등을 받게 된다. 평가 두 번째 해에는 다른 2명에게 S등급을 주는 등 5년이 경과하면 이들이 10명이 받은 평가결과는 모두 비슷하게 되는 것이다. **평가자(상사)가 부하들에 대한 평가에 부담을 느껴 다년간에 걸쳐 골고루 나누어 주는 평가를 하게 된다.**

3) 인사평가 오류를 방지하기 위한 노력

첫째, 평가자의 의도적인 주관적 평가로 인한 오류를 이를 수정하는 데 매우 많은 노력이 요구된다. 결국 **오류를 '최소화'시키는 방향으로 노력해야 한다.** 이러한 오류들은 **평가방법을 보다 정교하게 함**으로써 줄일 수 있다. 즉, 평가자의 의도가 상대적으로 덜 개입되는 상대평가를 사용하는 등의 노력이 필요하다.

둘째, 평가자 자신이 인지 못하는 오류들은 제도(방법)의 개선과 아울러 **평가자 교육(rater training)**을 통해서 상당한 극복이 가능하다.

※ 평가오류의 극복방안 : 평가자 훈련(평가자 교육)

평가자 교육의 가장 기본적인 목표는 평가에서의 오류를 줄이고 평가의 정확성을 증가시키는 것이다.

(1) RET(Rater Error Training; RET)

평가자 오류 훈련은 평가자가 평가오류를 알게 하여 평가자들이 오류를 최소화할 수 있는 전략을 개발하도록 하는 것이다. 예를 들어 평가자가 평가오류를 범하는 영상을 보게 한 후 오류가 어떻게 영향을 미치는가를 논의하게 한다. 그 후에 오류를 회피하는 방안에 대해서 알려주는 것이다.

▼ 평가자 오류 훈련의 교육내용 사례

관대화 오류의 정의 : 평가자들이 피평가자가 받아야 할 점수보다 더 높게 평가를 하는 것이다. 이러한 평가가 실제로 관찰된 직무행동을 반영하지 않는다.

발생이유	대처방법
부정적이거나 보통 수준의 피드백을 주는 것이 불편한 심리를 유발하므로	정확한 피드백을 제시해 주어야 직무행동에서 개선과 향상이 일어날 수 있다는 것을 명심해야 한다.
개인적으로 직무수행의 기준이 낮아서	개인의 사적 기준이 아니라, 평가제도가 제시한 평가 가이드라인을 사용해야 한다는 점을 인식해야 한다.
다른 평가자들도 평가점수를 부풀릴 것이라고 생각해서	평가에 따른 결과를 예측하거나, 다른 결과를 보고 평가점수를 수정하는 것은 평가제도 취지를 손상시킬 수 있다는 사실을 명심해야 한다.
부정적인 피드백을 줬다는 이유로 피평가자로부터 반발을 살까 두려워서	평가 절차에서 익명성을 보장한다.

즉, 교육을 통해서 평가 오류의 특성을 이해하고 평가자 스스로 평가과정에서 이 오류를 조심하고 피할 수 있도록 하겠다는 목적에서 행해지는 평가자 교육이다. 예를 들어 관대화 오류에 대해서 교육을 할 때 관대화 오류의 특성에 대한 설명과 더불어 발생이유와 대처방법을 도식화하여 평가자가 해야 할 행동을 알 수 있도록 한다. 즉, 평가자 오류 훈련은 기본적으로 평가 오류에 관한 명제지식(declarative knowledge)을 주로 전수하는 것이다.

(2) FOR(Frame-of-reference : FOR)

참조틀 훈련은 평가차원에서 정확성을 증가시키기 위해서 **직무수행을 평가할 때 공통적으로 참조하는 기준(틀)인 모범적인 평가 실례를 평가자에게 제공**한다(Sulsky & Day, 1992). 즉, 평가 시 공통적으로 참조하는 기준(틀)을 평가자에게 교육시키는 것이다. 평가자들에게 우수한, 평균적인, 부족한 수행을 나타내는 사람들을 보여주고 그들에 대한 평가자들의 평가가 얼마나 정확했는지에 관하여 피드백을 준다. 훈련의 목적은 각 수행차원에서 어떤 수행이 효과적인지에 대한 판단이 일치되도록 하기 위하여 평가자들을 훈련시키는 데 있다.

(3) 정보처리접근(information processing approach)

평가자가 가진 **인지적 한계를 효과적으로 극복할 수 있도록 돕는 훈련**이다. 평가에 필요한 사항을 적절하게 **관찰해 내는 훈련**으로 행동 관찰 교육(behavior observation training, BOT)과 **판단을 정확하게 내리는 의사결정 훈련**(decision-making)으로 평가 변산 교육(Rater Variability Training : RVT)이 있다.

- 행동 관찰 교육(behavior observation training, BOT) : 행동 관찰의 정확성 증가

  BOT는 피평가자가 직무수행 과정에서 어떤 행동을 하는지에 관하여 정확한 정보를 갖고 있을 때 평가자가 더 정확한 평가를 할 수 있다는 관점에서 기초하여 개발된 교육이다. 즉, 행동 정확성은 행동의 기억에 기반을 두고 피평가자가 어떤 행동을 했는지 하지 않았는지를 평가자가 적절히 반영했는지를 따지는 것이다.

- 평가 변산 교육(Rater Variability Training : RVT) : 평가 정확성 향상

  평가 시 평가의 변별가능성(변별력)을 증가시키는 것으로 ① 지식교육(직무수행에 대한 평가에서 변별력이 나도록 평가), ② 실습, ③ 피드백 등 3가지 과정으로 이뤄진다. 한편 위에서 서술한 참조틀 교육도 평가 정확성 향상을 위한 도구로 사용된다.

셋째, 정보부족으로 인한 오류의 극복문제다. 이에 대한 대책은 **평가자가 필요로 하는 정보를 기업이 충분히 제공**하든지, 평가자가 피평가자에 대하여 획득할 수 있는 정보만큼 **평가내용의 범위를 축소**해야 할 것이다.

(2) 타당성(Validity)

1) 개념

타당성이란 직무성과와 관련성(relevance)이 있는 내용을 측정하는 정도를 말한다. 즉, 인사평가에서의 타당성(validity)은 **평가내용이 평가목적을 얼마나 잘 반영하고 있느냐에 관한 것**이다.

평가목적   평가내용

승진 — 승진
임금(인센티브) — 임금(인센티브)
교육훈련 — 교육훈련
인력공급예측 — 인력공급예측

범례 : ———— : 직접적 자료
------- : 보조적 자료

기업이 종업원에 대한 승진 의사결정을 하는 데에는 승진후보자의 잠재능력과 적성이 주요한 평가내용이 되어야 한다. 승진후보자 甲이 현재 A직무를 성공적으로 수행하고 있지만 그가 B직무도 성공적으로 수행할 수 있느냐에 대한 판단이다. 평가내용 중 성과(공헌도)는 甲이 과거에

A직무를 수행한 성과이지 미래의 B직무를 수행하여 가져다줄 성과를 의미하는 것은 아니다. 승진의사결정을 하는 데 승진 후보자의 과거 업적들만 고려했을 때 기업이나 당사자에게 심각한 문제가 야기될 수도 있다.

임금(인센티브)은 기업이 제품 및 서비스를 판매하여 나온 수익(부가가치)의 일부에서 나온다. 따라서 **임금(인센티브)을 결정하기 위한 기준은 당연히 피평가자의 성과가 되어야 한다.** 다만 작업행동, 예를 들어 업무의 신속성, 정확성, 제안건수 등은 이것이 직접 성과로 연결되지 않았다 하더라도 임금(인센티브)에 어느 정도 반영함이 타당하다. 왜냐하면 일이나 어느 한 사람이 독립적으로 수행하는 경우는 드물며 대개 여러 사람이 공동으로 하기 때문에 일이 추진되는 과정에서 다른 사람의 잘못에 의해 성과가 미흡할 수 있기 때문이다.

교육훈련에 대한 의사결정을 위해서는 피평가자의 잠재능력, 성과, 적성 그리고 작업행동 모두가 평가내용이 되어야 할 것이다. 기업이 현재 및 미래에 인력공급 수준을 판단하기 위해서 종업원의 잠재능력, 성과수준, 적성이 주요한 기준이 되며 작업행동 역시 보조적인 자료가 된다.

2) 타당성 저해 요인 : 오염(contamination)과 결핍(deficiency)

타당성이란 **성과측정이 성과와 관련된 모든 측면을 평가하는가, 또는 단지 관련된 측면만 평가하는가에 대한 정도**를 말한다. 타당성 있는 인사평가를 위해서는 실제 성과가 높은 사람이 높은 고과점수를 받아야 하는 바 성과에 대한 정의가 필요하다. 평가항목에서는 이와 관련된 핵심적 질문이 모두 들어가야 하며 성과와 상관없는 요소는 모두 제거되어야 한다. 만약 **평가목적과 관련된 핵심적 질문이 누락되는 경우 결핍(deficiency)**이라 하고, **평가목적과 무관한 부분이 포함되는 경우 오염(contamination)**이 되어 타당성을 저해시킨다.

3) 타당성 증진방안

① 목적별 평가

인사평가의 목적이 무엇인가에 따라 이에 필요한 피평가자에 대한 정보가 다르다. 인사평가에서의 타당성 문제는 바로 **인사평가에서 추구하는 개별 목적에 맞는 평가내용을 얼마나 평가내용으로 삼느냐에 따라 결정**되는 것이다.

② 평가시기의 분리

능력평가와 업적평가를 같은 시기에 실시하지 않고 시간차를 두고 실행하는 방법이 있다. 능력과 업적을 동시에 평가하면 **업적평가와 능력평가가 서로 영향을 주기 쉽다.** 업적이 좋은 직원이 능력 역시 뛰어난 경우가 일반적이라 하더라도, 업적은 환경적 상황에 따라 결정되는 부분이 클 수 있다. 따라서 **능력평가의 타당성을 높이기 위해서 조직은 업적과 능력평가를 시기적으로 따로 평가하여 양자 간의 간섭이 줄어들도록 하는 노력이 필요**하다.

③ 직무군(job family)에 따른 차별관리

직무군에 따라 가장 적합한 평가기준과 평가방법을 찾아 차별적으로 적용해야 한다. 각 직무와 업무성격에 적합한 평가기준과 평가방법을 고민한 후 직무군별로 적합한 평가기준을 따로 적용하면 평가의 타당성을 높일 수 있다.

(3) 수용성(Acceptability)

1) 개념

수용성(acceptability)은 인사평가제도에 대해 피평가자들이 이를 적법(適法)하고, 필요한 것이라고 믿고, 평가가 공정하게 이루어지며 그리고 평가결과가 활용되는 평가목적에 대해 동의(同意)하는 정도를 말한다. 다시 말해 수용성은 평가도구를 사용하는 사람들이 효과 있는 평가 잣대로 받아들이는 정도를 의미한다. 수용성은 평가기준뿐만 아니라 **평가과정에 있어서 공정성(fairness)도 의미도 포함하는** 개념이다.

2) 종업원이 평가에 저항하는 이유

① **평가제도의 목적에 대한 신뢰감 상실**이다.

② 평가제도에 대한 **정보의 부족**이다.

③ 평가제도의 도입으로 인해 **종업원과 관리자의 종속적 관계가 더욱 강화될 것**이라는 점이다.

3) 수용성을 높이기 위한 방안

① 인사평가제도를 개발할 때 그 목적과 필요성을 투명하게 종업원에게 알리고 필요한 경우 교육을 실시한다.

② 인사평가제도를 개발할 때 **종업원(혹은 노조) 대표를 참여**시킨다. 이렇게 함으로써 종업원으로부터 새로운 아이디어도 얻을 수 있으며 현장에서 간과하기 쉬운 평가내용을 보완할 수 있다.

③ **인사평가에 있어서 평가의 신뢰성이 최대한 보장될 수 있도록 제도를 구비**하고 **평가자 교육**에 대한 투자를 늘려야 한다.

④ **피드백과 고과면담(평가면담)을 실시**한다. 평가결과를 제공하는 **고과면담을 효과적으로 실시**하는 것은 매우 중요하다. 여기서 강조되는 상황은 **부하를 대하는 상사의 태도**, 즉 관리자의 면담태도가 피평가자가 형성하는 **상호작용 공정성(interactional justice)**에 직접적인 영향을 미치기 때문에 중요하다. 평가결과에 대한 면담 과정은 스트레스를 줄 수 있기 때문에 상호작용공정성을 확립하는 것은 매우 중요하다.

한편 피드백을 준비하는 과정에서는 다면평가에서 **자기평가(self-assessment)**와 타인평가자료를 함께 활용한다. 자기평가와 타인평가가 불일치하는 것은 자기인식을 증가시키고 **성과목표와 직무수행 사이의 차이를 보여주기 때문에 개선이 필요한 영역을 함축적으로 제시**하게 된다. 자기일관성이론에 의하면 사람들은 자신의 행동에 대하여 타인과 자신의 지각이 일치하기를 원하므로 **자기평가와 타인평가의 차이가 존재한다는 것 자체가 평가면담 후 직무수행의 변화와 관계가 있다.** 타인평가가 일관적으로 자기평가와 다를 때는 피평가자가 이 결과에 대해서 주목하게 되고 평가면담에서 피드백을 수용할 가능성을 높이게 된다.

평가면담 개선을 위한 BEER 원칙
① 행동(Behavior)에 초점을 둔다. ② 영향(Effect)을 거론하면서 저성과와 관련 행동을 수용할 수 없는 이유를 설명한다. ③ 기대(Expectation), 즉 평가자가 기대하는 것이 무엇인지 구체적으로 알려준다. ④ 결과(Result)를 보상과 처벌의 측면에서 설명하여 행동개선의 효과를 기대한다.

(4) 실용성(practicability)

1) 개념

실용성이란 기업이 이러한 평가제도를 도입하는 것이 의미가 있는지 또한 **현실적으로 비용보다 효과가 더 큰지를 검토**해야 하는 것과 관련된다.

2) 인사평가제도가 실용성 관점에서 갖추어야 하는 조건

첫째, 인사평가제도는 **특정 작업장에서 종업원의 성과 차이가 의미 있게 나타나는 경우에 제도 도입 필요성이 인정**된다. 적어도 작업자 간의 **성과차이가 10% 이상 나타나는 작업장**에 인사평가제도가 도입된다면 그 실용성은 인정된다고 할 수 있다.

둘째, 인시평가제도는 **능력이 우수한 자와 그렇지 못한 자, 성과가 높은 자와 그렇지 못한 자를 식별**할 수 있는 것이라야 한다.

셋째, 인사평가제도는 **평가자가 쉽게 이해할 수 있는 것**이라야 하며 **평가에 소요되는 시간도 적절**해야 한다.

넷째, 가장 중요한 이슈인 **비용-편익 측면**이다.

(5) 전략적 부합성(strategic congruence)

수렴성은 평가 시스템이 조직의 전략과 목표, 그리고 조직문화에 수렴하는 직무성과와 관련된 정도를 의미한다. 인사평가를 통해 측정하려는 것이 조직의 전략, 목표, 문화에 수렴할 때 그 측정기준, 즉 잣대는 정확하다고 인정할 수 있을 것이다. 따라서 성공적인 전략목적달성을 위하여 조직체의 경영이념과 기본가치 그리고 전략목적이 고과요소에 직접 반영되어야 한다.

고과요소를 설계하는 데 있어서 흔히 문제가 되는 것은 실제 성과나 이에 관련된 잠재적인 개인특성에 초점을 맞추지 않고 성과와 관련이 없는 내용을 평가한다는 것이다. 이러한 문제에 빠지지 않기 위하여 인사고과는 목적에 따라 성과와 관련성(relevance)이 높은 고과요소만을 포함하는 것이 바람직하다.

(6) 구체성(specificity)

평가는 피평가자에 있어서 **구체적인 가이드 역할**을 할 수 있어야 하는데 구체성이란 피평가자가 평가측정이 기대하는 행동이나 업적, 그리고 그 기대를 충족시키기 위해서 구체적으로 어떻게 해야 할지에 대해 알려주는 정도를 가리킨다.

(7) 민감도(sensitivity)

평가도구는 해당 성과에 대해 **높은 성과를 내는 사람과 낮은 성과를 내는 사람들 간에 측정치간 차이를 충분히 차별적으로(민감하게) 측정할 수 있는 것이어야 한다. 측정도구가 민감하지 못하면 한쪽으로 치우친 결과**를 얻을 수 있다. 이상적인 평가는 평가 결과 최소치와 최대치에 따른 인원이 고루 분포될 수 있는 경우일 것이다. 이 경우 평가기준의 민감도와 변별력이 충분히 확보될 수 있다.

(8) 실행가능성(practicality)

평가를 실제로 측정하는 데 어려움이 없어야 하며 자료의 수집이 실제 상황에서 용이해야 한다는 의미이다. 아무리 평가기준이 합리적이라고 해도 실제로 평가자가 측정하는 데 문제가 있으면 소용이 없는 것이다.

제 2 절   인사평가의 기법

1 평가방법에 따른 구분

기업에서 택할 수 있는 평가방법에는 종업원을 상호 비교하여 평가하는 상대평가법과 종업원을 일정한 기준에서 그 수준을 평가하는 절대평가법이 있다.

(1) 상대평가 : 선별의 논리

상대평가는 평가대상자들 **상호간의 비교를 통해 우열을 가리는 방법**이다. 인류 역사상 가장 오래된 방법이며 가장 단순하고 이해하기 쉽지만 여러 문제점도 가지고 있다. 대표적인 상대평가방법에는 서열법, 쌍대비교법, 강제할당법이 있다.

1) 장점

① 직원들의 차등화에 효과적

② 승진, 해고, 성과급 등 인사결정에 적절함

③ 관대화, 중심화, 가혹화의 문제해결

④ 저성과자의 구분이 확실하여 관리자의 의사결정에 유익

⑤ 개발과 사용이 용이

⑥ 사용자들의 수용성이 높음

2) 단점

① 조직전략과의 연계성 부족

② 신뢰성과 타당성이 고과자에 의존

③ 피드백 목표를 위한 구체성(specificity) 결여

④ 지나친 경쟁을 유도하고 협업을 어렵게 만듦

⑤ 대다수를 차지하는 중간인재들의 사기 저하

3) 적합한 상황

① 성과주의 인사관행의 정착이 필요한 경우

② 개인 간 경쟁을 통해 동기부여가 필요한 경우

③ 우수인재와 저성과자의 구분이 필요한 경우

④ 관리자의 관리역량과 평가역량이 부족한 경우

(2) 절대평가 : 개발 및 육성의 논리

절대평가란 다른 사람과의 상대적인 비교를 하는 것이 아니라 **평가 목표나 기준에 비추어 평가**하는 것이다. 즉, 절대평가는 사전에 정해진 절대적인 평가기준과 비교하여 평가대상자가 그 평가기준에 얼마나 근접해 있는가를 정하는 방법이다. 대표적인 기법으로는 평정척도법, 행위기준척도법, 목표관리법 등이 있다.

1) 장점

① 결과보다는 과정에 초점을 맞출 수 있음

② 구체적 피드백(feedback)과 개선이 가능함

③ 평가기준이 비교적 명확하여 조직전략과의 연계가 가능

④ 지나친 경쟁을 지양하고 협업이 용이함

⑤ 근로자의 수용성이 높음

2) 단점

① 직원들의 차별화가 어려움

② 관대화, 중심화, 가혹화의 문제발생

③ 평가기준 개발에 많은 시간과 비용이 소요

④ 평가제도가 유명무실화될 가능성이 높음

3) 적합한 상황

① 경쟁보다 구성원 간 협력이 필요한 경우

② 구성원들의 역량과 사기를 높여야 하는 경우

③ 인재의 구분이 모호하거나 의미가 없는 경우

④ 관리자의 관리역량과 평가역량이 높은 경우

	절대평가	상대평가
평가의 논리	[개발, 육성의 논리] • 어떤 일을 상호 합의한 목표에 비추어 어느 정도 행하였는가? 하려고 한 일을 했는지 여부의 판단 • 업무수행능력 기준에 비추어 어느 정도 수준에 있는가? 도달한 능력수준을 치밀하게 분석, 판단하는 것	[선별의 논리] • 일정 집단 내에서 각 평가요소에 대해 누가 좋다. 나쁘다 또는 잘했다, 못했다 등의 우열과 순위를 매기거나 우수, 양호, 부족으로 나누거나 강제배분에 의한 평가방법
평가기준	평가기준(업무기준, 직능기준)이 명확하다. 따라서 피평가자가 한 사람이라도 평가할 수 있다.	평가의 착안점은 정해져 있더라도 사람과 사람을 비교하는 것이므로 평가기준이 일정치 않다. 피평가자가 한 사람이면 평가할 수 없다.
정규분포	피평가자가 받은 성적의 정규분포를 생각할 필요가 없다.	기준이 없으므로 정규분포를 사용하여 A,B,C,D 등급의 %를 정할 필요가 있다.
협력	팀이 협력하여 기준을 충족할 수 있게 된다. 따라서 화합을 깨뜨리지 않는다.	아무리 향상되어도 A,B,C,D로 나누어지므로 동료는 적대관계가 되고 팀워크를 깨뜨리기 쉽다.
평가목적	평가의 기준이 명확하므로 장·단점이 뚜렷하여 자기개발이나 교육에 사용할 수 있다.	사람과 사람을 비교하기 때문에 장점, 단점이 뚜렷하지 않고 자기 개발이나 교육에 사용하기 힘들다.
수용성	평가자는 평가하기 쉽고, 피평가자도 수용성이 높다.	절대적 기준이 없으므로 평가하기 어렵고, 수용성도 낮다.
평가결과의 조정	평가결과의 조정이 필요한 경우 기준에 의하여 행해지므로 비교적 용이하다.	평가결과를 조정할 경우 대인비교가 되므로 기준이 없고 하기 힘들다.
동기부여	도전목표가 뚜렷해지므로 해야 한다는 의욕을 창출해 낼 수 있으며 업적향상에 도움이 된다.	도전목표가 명확지 않으므로 의욕과 연결시킬 수 없으며 업적향상에 도움이 되기 힘들다.

PART
05

2 평가 초점에 따른 분류

(1) 행위자 지향(Performer-oriented approach)

행위자 지향 접근법은 **피평가자 개인의 인성적 특질, 능력 또는 역량 태도 등 개인 속성을 평가대상**으로 삼는 것을 말한다.

(2) 행위지향 접근법(Behavior-oriented approach)

행위지향 접근법은 업무와 관련된 **행동 기준**으로 평가하는 것이다.

(3) 결과지향 접근법(Result-oriented approach)

결과지향 접근법은 **업무수행 결과**로서 **달성된 결과(성과)**를 대상으로 평가를 하는 것이다.

(4) 비교지향 접근방법(Comparison-oriented approach)

비교지향 접근법은 **전형적인 상대평가**로서 개인과 개인, 집단과 집단간의 비교를 통해 평가하는 접근방법을 말한다.

접근법	평가기준 및 방법
행위자 지향	인성, 특질(traits), 능력(ability), 역량(competency), 태도(attitude)
행위지향	중요사건 서술법(critical incident appraisal) 행위기준 평가법(BARS) 행위관찰 평가법(BOS)
결과지향	목표관리법(MBO)
비교지향	서열법(Rank Order) 강제할당법(Forced distribution) 쌍대비교법(Paired comparison)

3 인사평가의 기법

인사평가의 방법은 ① 누가 **평가자**가 되느냐, ② **평가시기**를 언제로 할 것인가, ③ 어떤 **평가기법**을 도입하느냐에 따라 구분될 수 있다.

(1) 다면평가

1) 다면평가의 개념

다면평가(일명 360도 평가)란 **상급자가 하급자를 평가하는 하향식 평가의 단점을 보완**하여 상급자에 의한 평가 이외에도 평가자 자신(자기 평가), 부하 직원, 동료, 고객, 외부전문가 등 다양한 시각을 가진 평가자들에 의한 평가를 말한다.

다면평가는 **영어로 '360° feedback'**이라고 한다. 다면평가는 엄밀히 말해서 평가라기보다 '피드백'이다. 즉, 평가를 해서 사람을 특정 포지션에 배치하거나 임금을 결정하고 사람을 줄이는 의사결정에 사용하기보다는 본질적으로 피평가자에게 피드백을 줌으로써 사람을 개발시키는 데 목적이 있다.

2) 다면평가의 등장배경

① 인사평가 상 오류의 문제점 극복

상사에 의한 부하의 일방적 평가는 **평가오류에 취약**한 바 이러한 제한점을 극복하기 위해 다양한 평가주체들이 평가에 참여하는 방법이 고안되었다.

② 참여적 형태의 평가

전통적인 인사평가제도가 관리적 목적에 초점을 두었다면 다면평가제도는 **피평가자가 평가제도에 대해 가질 수 있는 부정적 태도를 방지하고 주인의식을 갖고 참여할 수 있도록 하는 제도**이다. 즉, 다양한 평가원으로부터 각 평가자들이 관찰한 피평가자의 직무수행에 대한 정보를 입수하므로 **여러 각도에서 직무행동을 평가할 수 있고 평가점수를 피평가자에게 제공할 때 다각적으로 관찰한 직무행동을 피드백으로 활용하여 직무성과를 향상시키는 성과관리 방법으로 활용**된다.

3) 평가주체별 개념과 특징

① 자기자신

피평가자 자신은 **평가내용의 대부분에 대해 충분한 정보**를 갖고 있지만 **대개 과장되게 평가**하는 경향이 있다.

❶ 특징
- 업적, 역량 등을 스스로 평가함
- 일반적으로 과장되게 평가함

❷ 평가 결과 활용 : 평가에 직접 영향을 미치지 않으나 상사의 평가에 간접적으로 영향을 미칠 수 있음

② 상사

직속상사의 경우 피평가자의 현재능력, 작업행동 및 성과에 대해서는 관찰 및 업무지시를 통해 상당히 많은 양의 정보를 가지고 있겠지만 부하인 피평가자의 잠재능력 및 적성에 대해서는 해당직무에 관련되는 것 이외에는 알기가 쉽지 않다.

❶ 특징
- 가장 일반적 형태의 평가
- 1차 평가자의 의견이 가장 많이 반영되어야 함
- 평가오류가 가장 많이 발생함
- 고과결과가 공개되고 피드백되어야 함

❷ 평가결과 활용 : 임금인상, 승진, 교육훈련, 전환배치

③ 부하

부하의 경우 **상사의 현재능력 및 잠재능력 특히 리더십에 대해서는 어느 정도의 정보를 획득할 수 있다.**

❶ 특징

- 상사가 가장 긴장하는 평가자
- 일반적으로 인정하고 싶지 않은 결과가 도출됨
- 일반적으로 직속 부하가 평가
- 구성원 수가 많지 않을 경우 고과자 선정에 문제, 고과자 신원이 보호되어야 함

❷ 평가결과 활용 : 리더십, 개발, 승진(경영자)

④ 동료

동료가 평가자가 되었을 때는 피평가자의 직무태도에 대해서는 비교적 충분한 정보를 관찰을 **통해 갖게 된다. 그러나 동료는 피평가자의 현재능력 및 성과에 대해서는 거의 판단하기가 어렵다.**

❶ 특징

- 평가자 선정이 어려움
- 주고받기 식이 될 우려가 있음

❷ 평가결과 활용 : 전환배치, 승진

⑤ 고객

서비스를 이용한 고객이 평가자가 되는 경우로 고객의 경우 **고객에 대한 태도 및 작업행동 (서비스, 친절성) 정도에 대한 어느 정도 정보를 획득**할 뿐이다.

⑥ 외부전문가

외부전문가는 사실상 **피평가자의 직무태도, 작업행동, 성과에 대해서는 관찰기회가 없기 때문에 알 수 없다. 그러나 피평가자와 관련되는 서류나 몇 가지 테스트 및 인터뷰를 통해 현재의 능력, 잠재능력 그리고 적성에 대해서는 많은 정보를 획득할 수 있다.**

❶ 특징

- 전문적인 집단에 대한 평가 시 활용
- 평가의 신뢰성을 높이기 위해 평가센터를 운영하는 방법도 활용됨

❷ 평가결과 활용 : 고위직 승진 및 승계 후보자 선정 및 특수 프로젝트 구성원

평가주체	장점	단점
상사	• 권한위계와 같은 방향의 평가 • 전통적이며 수용성이 높음 • 성과중심 인사결정에 직접 활용 • 실시가 용이	• 평가 오류와 부정확성에 노출 • 단일 평가자로서 평가 오류에 취약함 • 상사의 편향에 대한 부하의 거부감
동료	• 동료의 인간관계 측면의 평가에 용이 • 익명성과 책임성을 조화시킴 • 팀 내 의사소통을 원활하게 함	• 구성원 간의 경쟁유발과 팀워크 손상 • 우정효과에 의해 영향을 받기 쉬움
부하	• 참여를 통해 권한위임과 주인의식을 갖게 함 • 관리자의 하향적 리더십을 평가할 수 있음 • 상하 간 원활한 의사소통 기회	• 부하들의 부자연스러움과 두려움 • 권한위계와 반대방향(피평가자의 불쾌감) • 상사의 평가대상 직무내용에 대한 이해 부족
자신	• 직무수행의 맥락에 대한 높은 이해 • 피드백 정보로 활용 • 타인과 관점 차이를 확인하는 개발목적 사용	• 직무수행의 과대평가 가능성 • 행위자/관찰자 편향 가능성
고객	• 객관적 시각에서 평가 • 직무수행의 소비자의 견해 • 조직전략으로 사용	• 직무성과에 대한 정확한 정보 부족 • 제한된 직무 • 피평가자의 심리적인 반발 가능

4) 다면평가 시행 시의 문제점

첫째, 다면평가는 **위험성(risk)이 큰 기법**이다. 특히 중요한 위험성은 **부정적인 평가가 개인에게 매우 위험한 심리적 상처를 줄 수 있다는 점**이다.

둘째, 부정적 평가를 받은 사람들 사이에 **보복심리가 작용**할 수 있다.

셋째, 그러한 보복심리를 우려해 다면평가에서는 익명성이 생명이지만 평가자들은 그러한 **익명 성이 철저히 지켜지리라는 확신을 갖지 못하는 경우**가 많다. 때문에 보복을 걱정해서 평가를 내리기도 한다.

넷째, **평가가 성과관리와 연결될 경우 높은 점수를 얻기 위한 게임 플레잉(game playing)의 만연**을 가져올 수 있다. 관리자가 인기를 얻으려는 장난을 칠 수도 있고 때로는 집단적으로 특정인을 높이 평가하거나 벌주는 사례도 생기며 혈연·학연 등의 비공식집단에 속한 관리자에게 터무니없는 점수를 부여하거나 구성원들 간에 조직적인 담합도 발생할 수 있다.

5) 다면평가의 성공을 위한 당사자들의 노력

① 평가자에게 요구되는 책무성

다면평가에 있어서 평가자는 성실하게 평가하여 결과를 피평가자에게 피드백할 수 있도록 최선을 다 해야 한다. 이를 위해서 **평가자는 피평가자를 잘 알고 있는 사람으로서 신뢰할 만하고 정확한 평가를 할 수 있는 위치**에 있어야 한다. 그리고 평가의 정확도를 높이기 위해 평가자는 **익명성이 보장되는 범위 내에서 평가**를 앞두고 훈련을 받을 필요가 있다.

한편 **평가자 책임성**(accountability)을 증가시키는 요소는 네 단계를 거쳐서 일어날 수 있는데 평가과정에 **다른 사람이 개입**하게 되고, 이를 통하여 평가에 대한 **근거를 제시**할 필요가 생기고, 평가자가 **이런 과정을 인식**하며, 마지막으로는 평가자는 자신의 **평가점수도 평가**되고 있다는 것을 느끼는 것이다. 혹은 직접적인 방법으로서 이 과정으로 관리하는 방법 중 하나가 **평가자들이 집단으로 자신들의 평가를 논의**하도록 요구할 수 있다.

② 피평가자에게 요구되는 책무성

다면평가가 성공을 거두기 위해서는 피평가자의 행동개선이 이뤄져야 하는바, 후속조치(follow up)를 철저히 해야 한다. 이 제도를 통해 얻은 피드백이 하나의 보고서로만 끝나서는 안되고 사후의 개선을 위한 액션플랜으로 연결되어야 한다. 감독자가 동의하는 액션플랜이 없다면 종업원은 결과를 잘못 해석하고 잘못된 액션플랜을 생각할 수도 있다. 나아가 액션플랜은 결과와도 연결되어야 하지만 동시에 조직의 보상이나 벌과도 연결되어야 한다. 그렇지 않으면 피드백 수령자는 그 결과에 대해 진지해지지 못할 것이기 때문이다.

③ 조직에게 요구되는 책무성

다면평가는 **인적자원개발 목적으로 시행하는 것이** 바람직하다. 왜냐하면 다면평가의 본래 의도가 관리자의 행동변화와 스킬 개발, 그리고 리더십 능력 개선에 있기 때문이다.

6) 다면평가의 장·단점

① 장점

❶ 조직 내 **커뮤니케이션의 활성화**

❷ 평가자가 다양해짐으로써 **피평가자에 대한 장·단점 파악에 효과적**

❸ 평가의 **신뢰성 향상**(다수의 평가의견을 종합하여 외부전문가 집단을 활용할 수 있으므로)

❹ **조직구성원의 평가능력 향상**에 도움을 줌

② 단점

❶ 평가가 **인기투표 방식으로 전락**할 위험성이 있음(특히 부하에 의한 상향식 평가)

❷ **동료에 의한 평가** 시에는 **주고받기 식으로 전락**할 가능성이 있음

❸ **평가자 신원에 대한 기밀이** 지켜지기 어려움

❹ 평가에 많은 노력과 **시간, 비용**이 소요됨

❺ **경영진에 대한 평가결과가 우호적으로 나오지 않을 경우 폐지될** 가능성이 높음

(2) 평가시기

이상에서 논의한 인사평가의 구성요건과 관련시켜 볼 때 인사평가는 수습기간이 끝날 때, 상사가 이동할 때, 그리고 **정기적으로 일년에 1~2회 실시함이** 바람직하다.

(3) 평가기법

1) 서열법(ranking)

① 개념과 유형

서열법(ranking)은 피평가자에 대해 능력·업적 등을 통틀어 그 가치에 따라 서열을 매기는 **방법**이다. 서열을 매기는 기법으로서 **교대서열법**(alternative ranking method)과 **쌍대비교법** (paired comparision method)이 있다. 교대서열법은 **피평가자 중 먼저 가장 우수한 사람과 가장 못한 사람을 뽑고 또 남은 사람 중에서 계속해서 이런 방법으로 가장 우수한 자 – 가장 못한 자를 뽑아 전체 서열을 매기는 방법**이다. 쌍대비교법은 **피평가자를 임의로 한 쌍씩 짝을 지어 비교하는 것을 되풀이하여 서열을 매기는 방법**이다.

② 특징

서열법은 **피평가자가 많지 않고 피평가자의 성과차이 혹은 기여도 차이가 명확할 때 활용**할 수 있다. 서열법은 소수의 피평가자를 간단하고 직관적인 방법으로 평가할 때 유용하다. 특히 피평가자 간에 서열을 매기어 승진자를 결정하거나 임금인상폭을 정할 때 유용하다. 또한 **관대화 경향이나 중심화 경향과 같은 항상 오류**(constant errors)**를 제거할 수 있다.**

그러나 서열법은 피평가자가 많아지면 피평가자 간 서열을 매기는 작업이 쉽지 않다는 단점이 있다. 또한 **낮은 순위의 피평가자에게 불안감을 불러일으킨다는 부작용**이 있다. 평가기준을 명확히 하지 않은 채 단지 피평가자들의 순위를 매기는 것은 **평가자의 주관적 판단이 결합될 위험성**을 높인다. 또한 서열을 결정하였다고 하더라도 **이 서열의 차이는 등간척도**(interval scale)**를 뜻하는 것이 아니므로 계량화가 어렵다는 단점**도 있다.

③ 인사평가 구성면에서의 평가

평가제도의 신뢰성 측면에서는 서열법이 어느 정도의 의미를 갖고 있다. 전형적인 평가오류인 관대화·중심화·가혹화 경향은 이 서열법에서는 나타날 수 없기 때문이다. 실용성 측면에서는 평가가 용이하고 비용이 저렴하다고 할 수 있다. 그러나 서열법은 **평가제도의 타당성 측면에서 볼 때 문제가 많다.** 수용성 측면에서도 서열을 매기는 데 대한 구체적인 기준이 제시되지 않기 때문에 피평가자의 저항이 예상된다.

한편 **대인비교법**(person-to-person comparison)은 피평가자에 대해 평가요소별 서열을 매기는 것인데, 대인비교법 역시 기존의 서열법에 평가요소별 서열을 매겼다는 것일 뿐 서열법이 갖고 있는 본질적인 문제를 극복하는 데에는 한계가 있다.

▼ 대인비교법(예)

평가요소 피평가자	현재능력	잠재능력	태도	작업행동	성과	순위합계	종합순위
김○○	2	3	4	1	2	12	2
이○○	3	1	3	2	1	10	1
박○○	1	2	5	3	3	14	3
최○○	4	5	2	4	5	20	5
정○○	5	4	1	5	4	19	4

2) 강제할당법(forced distribution method)

① 개념 및 특징

강제할당법은 **피평가자를 미리 정해진 비율에 따라 분류하는 방법**이다. 이를테면 GE(General Electrics)는 직원의 평가결과를 20/70/10의 비율로 분류하는 강제할당법으로 잘 알려져 있다. 관리자는 상위 20%에 대해서 높은 보상을 제공하고, 하위 10%는 업무개선 혹은 전직 (outplacement)을 유도하는 정책을 채택하였다.

이 방법의 **장점** 중 하나는 **평가결과의 인플레이션을 방지할 수 있다는 점**이다. 정해진 비율이 없으면 관리자는 실제보다 관대한 평가를 주어 피평가자의 저항을 줄이려 하기 때문에 평가의 관대화는 평가를 유명무실하게 만들 수 있다. 강제할당법을 활용하면 관리자는 **연봉인상을 결정할 때 개인별 차이를 쉽게 정할 수 있다.**

그러나 **강제할당법은 최하위 그룹 직원들의 근로의욕을 줄이고, 평가에 대한 저항을 증가시키는 단점**이 있다. 최하위 그룹의 직원이라도 저성과자라 하기 힘든 직원들이 있다. **보통의 직원을 강제로 최하위 그룹에 할당하는 경우가 발생할 수 있기 때문에 주의가 필요하다.**

② 강제할당법 활용을 위한 운영상 조치

❶ 평가 시에 **객관적 기준과 구체적인 표준**을 정한다.

❷ 강제할당법의 설계 단계에 **직원의 의견을 반영**한다.

❸ **소집단에 대해서는 강제할당법의 적용을 예외**로 한다. 소집단의 경우 절대평가를 하거나 강제할당비율의 조정이 필요하다.

③ 인사평가 구성면에서의 평가

고과자의 관대화 경향이나 중심화 경향을 극복할 수 있어 **신뢰성이 높지만** 평가요소인 **능력이나 태도 업적이 실질적으로 측정되지 않아서 타당성의 문제**가 있으며 고과자의 재량권을 제약하여 일정 비율의 팀원들에게는 반드시 낮은 등급을 부여하게 함으로써 **팀원의 사기를 저하시킨다는 점에서 수용성이 낮다.** 그러나 실용성 측면에서는 **평가가 용이하고 비용이 저렴**하다.

3) 평정척도법(rating scale method)

① 개념 및 특징

평정척도법(rating scale method)은 피평가자의 능력, 개인적 특성 및 성과를 평가하기 위하여 **평가요소들을 제시하고 이에 대해 단계별 차등을 두어 평가하게 하는 기법**이다. 즉, 피평가자의 능력과 업적을 일련의 척도에 의해 평가하는 것이다. 대인비교법의 약점을 보완하기 위해 개발되었다. **대인비교법에서는 평가요소별 피평가자의 서열을 매기지만 평정척도법에서는 등급을 매기기 때문에 보다 구체적인 평가정보를 제공**해 준다.

평정척도법은 **단순성(simplicity)이라는 장점**으로 고과자는 힘들이지 않고 피고과자를 평가할 수 있고 이는 또 쉽게 계량화된다. 때문에 **많은 수의 종업원들을 신속하게 평가할 수 있고 비교가 가능**하다. 그러나 이 방법은 **현혹효과 또는 후광효과 혹은 항상오류 등에 취약**하다.

② 인사평가 구성면에서의 평가

평정척도법은 타당성 측면에서 상당히 양호하다고 할 수 있다. 평가목적에 따른 평가요소를 개발하여 평가하게 하면 특정 평가요소에 대한 피평가자의 수준을 판단할 수 있다. 또한 평가결과에 대한 의미 있는 계량화가 가능하여 임금(인센티브) 책정 등에 유용한 정보를 제공할 수 있다. 그러나 신뢰성 측면에서 심각한 문제가 있는데 후광효과, 관대화 경향, 중심화 경향, 가혹화 경향 등을 피하기 어렵다. 수용성 측면에는 기본적으로 커다란 문제가 없겠으나 피평가자 측에서 평가자의 주관적 평가(신뢰성)에 문제를 제기할 수도 있다. 실용성 측면에서는 의미 있는 평가요소를 찾거나 기법을 개발하거나 평가결과를 개선하고 분석하는데 어느 정도의 노력과 비용이 발생한다.

▼ 평정척도법의 예

척도 / 평가요소	직무요구에 부족	직무요구에 약간 부족	직무요구에 충족	직무요구에 초과 충족	직무요구에 훨씬 초과충족
작업의 질 정확성, 기술 완전성, 정연성	항상 불만족 ☐	때때로 불만족 ☐	항상 만족 ☐	우수 ☐	항상 우수 ☐
작업의 양 정규임무, 과외 및 불시임무	요구수준 이하 ☐	항상 불만족 ☐	요구 충족 ☐	요구의 초과 ☐	항상 요구초과
신뢰성 교육이행, 안전 습관, 창의력, 시간엄수, 출석	항상 감독 필요 ☐	때때로 감독 필요 ☐	보통 신뢰 가능 ☐	감독 필요 거의 없음 ☐	완전신뢰
태도 회사·직무 및 동료근로자에 대한 태도, 협동	타인과 함께 일할 수 없음 무관심 ☐	종종 비협조 ☐	보통 함께 일함 ☐	종종 열의표시 훌륭한 팀일원 ☐	특별한 흥미 타인이 작업 하도록 자극함 ☐

4) 체크리스트법(checklist method)

① 개념 및 특징

체크리스트법은 평가내용이 되는 **피평가자의 능력(잠재능력), 태도, 작업행동 그리고 성과 등에 관련되는 표준행동들을 제시하고 평가자가 해당 서술문을 체크하여 평가하는 기법이다.** 체크리스트법의 특징은 **평가의 내용이 되는 개별 표준행동에 평가자가 인지할 수 없도록 가중치가 매겨져 있다는 사실**이다. 평정척도법이 **후광효과라는 문제점이 있으므로 그의 대안으로 구체적인 행위를 평가하기 위해 제시**되었다.

이 방법은 **평가자가 간단하게 기입할 수 있다는 장점**이 있고, **명확한 직무행동으로 반영되는 지식이나 노력을 측정할 때 사용**하기 좋다. 그러나 **좀 더 심층적인 개인특성(trait)과 관련된 행동을 평가할 때는 타당도가 떨어지며, 존재 유무로 묻기 때문에 정보의 손실이 생긴다는 단점**도 있다.

피평가자의 일반적인 행동이라고 생각되는 문항에 표기하시오.

<u>설문문항</u>

_____ 어떤 문제에 직면했을 때 결단력 있게 행동한다.
_____ 모든 부하들을 대상으로 공정한 승진의사결정을 한다.
_____ 지속적으로 드러나는 문제에 대해 임시방편의 해결책을 제공한다.
_____ 관계를 해칠 지 모르는 일을 하기에 앞서 부하들의 감정을 평가한다.
_____ 1년에 1~2회 성과를 평가한다.
_____ 부하의 낮은 업무성과에 대해 잘 지적하지 않는다.
_____ 문제해결을 위해 작업자와 자세히 논의한다.
_____ 부하의 업무를 철저히 검토하고 시정할 사항을 예리하게 찾는다.
_____ 낮은 성과를 낸 사람에게 높은 성과급을 준다.
_____ 개인의 상황을 고려하지 않고 회사정책을 실행에 옮긴다.
_____ 부하의 업무를 세심히 살펴보지 않고 일을 시킨다.
_____ 문제에 직면했을 때 문제해결을 위한 지침을 제공할 능력이 없다.
_____ 다른 관리자들과 매우 좋은 관계를 형성하고 있다.
_____ 종업원의 복지에 관심을 보이긴 하지만 실천에 옮기지는 않는다.

---

② 인사평가 구성면에서의 평가

타당도 측면에서 상당히 양호하다. **평가목적에 해당되는 표준행동을 포함시키면 되기 때문**이다. 예를 들면 승진의사결정을 목적으로 하는 평가의 경우 표준행동으로서 "판단력이 정확하다", "강한 리더십을 갖고 있다" 등 피평가자의 자질(잠재능력)에 관련되는 요소를 포함시키면 된다. **신뢰성 측면에서도 매우 우수**하다. **개별평가요소에 대한 가중치를 평가자가 모르기 때문에 관대화·중심화·가혹화 경향이 최소화**될 수 있다.

평가제도의 **수용성** 측면에서도 체크리스트법은 별로 문제될 것이 없다. 이 기법은 단지 피평가자가 평가항목인 **표준행동을 보여주었느냐** 혹은 보여주지 않았느냐를 **평가하기 때문에** 피평가자의 입장에서 볼 때 평가자의 **평가에 있어서의 자유재량권이 많이 줄어들기 때문이다.**

그러나 실용성 측면에서 볼 때 체크리스트법은 평가하기는 용이하지만 많은 비용을 요구한다. 즉 평가항목이 되는 **표준행동에 대한 개발비** 그리고 이러한 항목들에 대한 **가중치 부여에 대한 과학적인 검토과정에 많은 비용이** 뒤따르는 것이다.

5) 강제선택서술법(forced-choice description)

① 개념 및 특징

강제선택서술법(forced-choice description)은 **쌍으로 된 평가항목의 서술문을 평가자에게 제시하고 평가자가 두 개의 서술문 중 반드시 한 곳에만 체크하게 하는 기법이다.** 강제로 선택하게 하면 평가자가 고의로 피평가자를 과대평가하는 오류를 어느 정도 방지할 수 있다. 이러한 대조표법은 각 항목의 가중치를 공개하지 않기 때문에 피평가자에게는 전체적인 점수로 된 피드백만을 해 주게 된다.

② 인사평가 구성면에서의 평가

첫째, 서술문의 개발 내용에 따라 인사평가의 개별 목적으로 반영할 수 있는 서술문을 제시하기 때문에 **타당성 측면에서는 별다른 문제가 없다.**

둘째, **신뢰성** 측면에서는 이 기법이 다른 어떤 평가보다도 가장 우수하다. **주관적 평가, 후광효과, 관대화, 중심화, 가혹화 등의 제 오류로부터 탈피**할 수 있다.

셋째, **수용성 측면에서는 평가자로부터의 어느 정도의 저항이 예상**된다. 이렇게 복잡하고 매우 정교한 과정을 거쳐야만 식별력 있는 쌍의 서술문을 획득할 수 있기 때문에 그만큼 비용이 든다.

6) 중요사건기술법(critical incident description)

① 개념 및 특징

중요사건기술법(critical incident description)은 **평가자가 일상 작업생활에서 관찰 등을 통해 피평가자가 보여준 특별히 효과적인 혹은 비효과적인 행동 내지 업적을 기록하여 이를 평가시점에서 정리하여 평가하는 것이다.** 체크리스트법이나 행동관찰법 등 모두 중대사건을 중심으로 한다는 점에서 공통점을 가진다. 중대사건기술법, 행동관찰법, 체크리스트법 모두 평가대상 행동이 무엇인지를 명확히 할 수 있다는 장점이 있으며 평가자가 피드백하기도 그만큼 용이하다. 그러나 이들 방법은 업무별로 중대사건을 추론하는 것이 쉽지 않고 업무환경이 바뀌면 중대사건 역시 바뀔 수 있어 중대사건을 매번 정확히 파악하는 것이 어렵다. 또한 이들 방법은 행동의 빈도와 발생여부를 평가자가 파악해야 하기 때문에 피평가자 행동의 관찰이 용이한 경우에만 적용될 수 있다.

② 인사평가 구성면에서의 평가

타당도 측면에서 중요한 정보를 제공하기가 어렵다. 예를 들어 교육훈련과 인사평가의 목적으로 피평가자를 평가할 때 피평가자가 지난 평가기간 동안 특별한 (혹은 돌출적인) 행동을 하지 않았을 때 교육훈련관련 정보를 획득하기가 어렵다. 그러나 임금(인센티브)이 목적인 평가인 경우, 평가기간 동안 피평가자가 기업에 특별히 커다란 공헌을 했을 때 이를 임금(인센티브) 결정에 활용할 수 있다. **신뢰성 측면에서는 기록된 중요사건 그 자체에 대한 신뢰도는 매우 높을 것이다.** 이 방법으로 기술할 만한 중요사건은 대개 작업조직에 이미 알려졌으므로 평가자의 주관이나 편견이 개입될 소지가 적기 때문이다. 그러나 **이 기법은 여러 피평가자들을 비교하여 우열을 가려야 하는 경우가 어렵다.** 즉, 피평가자들이 중요사건 기술 그 자체에 대해서는 수용성이 높겠지만 **이 사건들에 대한 평가, 나아가 이를 승진, 임금(인센티브) 등에 반영할 때의 수용성은 낮아질 것이다.**

7) 행동기준평가법(behaviorally anchored rating scales : BARS)

① 개념

행동기준평가법(behaviorally anchored rating scales : BARS)은 **평정척도법과 중요사건 기술법을 혼용하여 보다 정교하게 계량적으로 수정한 기법**이다(Smith&Kendall).

BARS는 직무상에 나타나는 행동을 평가의 기준(anchor)으로 제시하여 이 기준행동에 비추어 피평가자의 행동을 평가하는 방법으로 도식평정법이 가진 척도 의미에 대한 불명확성(예 매우 우수, 매우 부족 등의 추상적 용어)을 제거하는 것이 가장 큰 특징이다. BARS는 행동과 성과를 구분하고 **관찰할 수 있는 행동에 기초를 두고 평가하며, 직무를 수행하는 행동에 대하여 처방을 내려줌으로써 성과의 개선을 꾀하는 방법**이다. 따라서 효과적 사용을 위해서는 **직무행동과 다양한 직무행동의 수준을 제대로 규명하는 것이 관건이다. 즉, 구성원 누구나 이해하고 동의할 수 있는 행동을 평가기준으로 사용**하는 것이 바람직하다.

행동기준평가법은 평가요소가 피평가자의 행동을 '우수', '평균', 혹은 '평균 이하'와 같이 규정하도록 하는 설명이 있는 경우 **향후 예상되는 바람직한 특성이나 행동의 평가에 초점을 두었다는 점에서 행동기대평가법(behavior expectation scale)**이라고 불리기도 한다. 행동기대평가법이 가지고 있는 특징은 **제시된 행동패턴이 해당 부문에서 성과를 높이려면 어떤 행동을 보여주어야 하는지를 구체적으로 보여주는 효과**가 있다. 즉 성과달성에 효과적인 직무행동과 그렇지 못한 직무행동을 구분하게 해주는 것이다.

▼ 행동기대평가법 – 판매감독직(예)

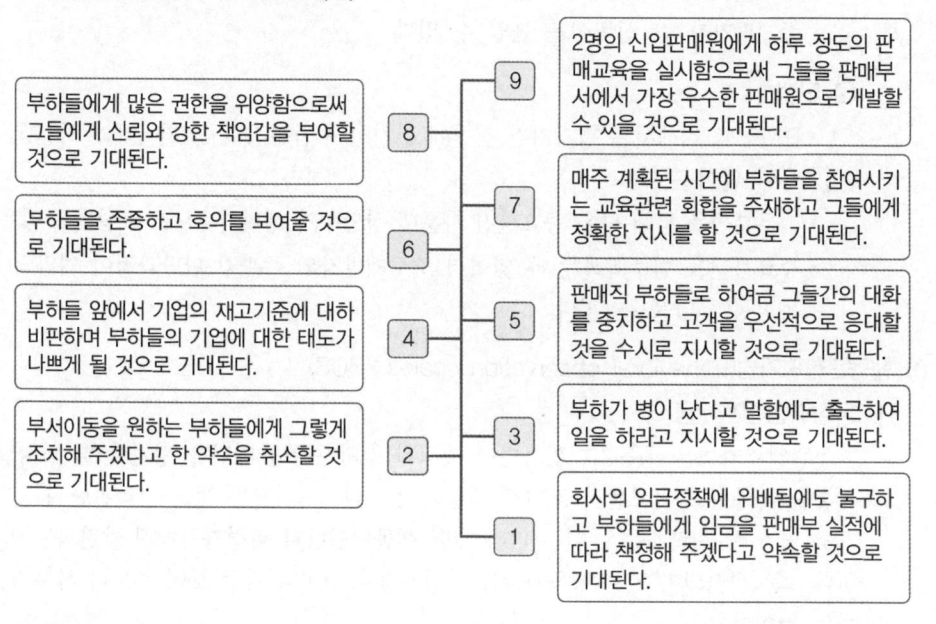

② 개발단계

❶ 대표직원을 선발하여 **개발위원회를 구성**한다.

❷ 직무성과에 효과적인 행동과 비효과적인 행동, 즉 **중요사건을 열거**한다.

❸ 개발위원회에서 동일 범주에 속하는 행동끼리 **중요사건을 범주화**한다.

❹ **2차 개발위원회를 구성**하여 **중요사건을 다시 분류**하게 한다. 중요사건을 재분류하는 이유는 위 과정을 통하여 추출된 문항이 원래 **의도했던 직무와 관련이 없는 문항인 경우**도 있고, **직접적으로 관찰하는 것이 가능하지 않은 경우**도 있으며, **애매모호한 내용인 경우**도 있기 때문이다. 직무담당자와 관리자가 이런 문항을 삭제한다. 또 **직무성과에 결정적인 영향을 미칠 수 있는 직무행동이 누락**될 수 있다. 이 경우 외부전문가나 인사부서의 협력으로 보충한다. 직무담당자와 관리자가 동의하는 정도가 대략 60~80% 정도일 때 문항이 선택된다.

❺ 최종적으로 남은 행동패턴을 그 질(quality)에 따라 서열(수준)을 매겨 **중요사건을 등급화(점수화)**한다.

❻ 만들어진 등급표를 **확정한 후 시행**한다.

③ BARS의 장·단점

❶ 장점

• 성과평가기준이 중요사건이나 행동으로 명확히 정의되어 **평가의 객관성, 정확성, 공정성을 확보**할 수 있다.

• 평가기간 동안 종업원의 행동에 대해 기록하고 **평가 후 피드백을 통하여 종업원 상담과 동기부여 효과**가 있다.

• 명확한 성과평가기준이 독립적으로 존재하여 평가자에 따른 평가 오차를 줄일 수 있다. 즉, **평가자 간 신뢰성을 높일 수 있다.**

❷ 단점

• BARS를 위해서는 평가기간 전반에 걸쳐서 종업원 행동을 기록해야 하는데 **시간과 비용이 많이 든다.**

• 직무분석을 통해 나온 중요사건 가운데 상당수가 행위기준으로 포함되지 않을 수 있다.

• 중요사건을 범주화하는 데 있어서 도구개발자의 주관적 판단과정이 개입되어 범주 간 독립성이 없을 수 있다.

8) 행동관찰평가법(behavioral observation scales : BOS)

① 등장배경 및 개념

행동관찰평가법은 **행동기대평가법에 제시된 성과수준별 패턴을 평가할 때 나타날 수 있는 오류를 극복하고자 보완적 조치로 개발**된 것이다. 여기서는 여러 성과관련 행동패턴 중 한 개를 평가 시 선택하는 것이 아니라 **개별 행동패턴마다 피평가자에게 발견되는 빈도를 조사**한다. 즉, 서술되어 있는 행동기준을 피평가자가 얼마나 자주 보여 주느냐 하는 빈도를 측정하는 것이다.

구성원의 직무수행을 평가하는 데 필요한 결정적인 직무행동을 추출하기 위하여 고안된 방법이 중대사건기법(critical incident discription)이다. 이러한 **중대사건을 행동목록으로 작성하고 이러한 행동을 얼마나 많이 보였는지를 빈도로 평가하는 것이 행동관찰평가법**(behavioral observation scales)이다. 행동관찰평가법은 **리커트 척도의 형식을 통하여 행동의 빈도를 얼마나 보였는지를 측정하는 것이 피평가자의 행동을 더 정확히 나타낼 수 있다는 관점에서 개발한 평가기법**이다.

② BOS의 개발과정

❶ 중대사건기법을 **활용**하여 조직에서 **효과적인 행동, 비효과적인 행동을 도출**한다.

❷ 중대사건기법을 통해 도출된 행동에서 **핵심행동사례를 추출**한다.

❸ 어떤 행동이 중요한 사례로 관찰되는지 조사하여 요인분석을 실시한 후 요인분석을 토대로 **평가차원을 구성**한다. 예 변화에 대한 저항 관리능력 → 부하들이 변화해야 할 부분을 자세히 설명한다, 왜 변화가 필요한지를 설명한다. 등

③ BOS의 장·단점

❶ 장점

• 평가에 적용하는 행동은 **체계적인 직무분석을 통해 도출**되고, 평가자와 피평가자에게 **익숙한 행동**이기 때문에 평가자가 척도를 이해하기 쉽고 피평가자는 어떤 행동에 관해서 자신이 평가받는지 명확하게 알 수 있다.

• BOS를 바탕으로 한 평가는 피평가자의 강점과 약점에 대한 구체적인 피드백이 가능하기 때문에 **직무에 필요한 역량을 육성하는 면에서 유용**하다.

- 평가되는 직무수행 차원들이 현재의 직무에서 직접 도출한 것이기 때문에 **내용적으로 타당**하다.

❷ 단점

- 평가가 보통 1년에 한두 번 이루어지는 것을 고려할 때 **평가자의 기억능력이 평가에 영향**을 미칠 수 있다.
- BOS를 바탕으로 평가를 할 때 **최고점수에 해당하는 것이 95~100%의 빈도로 나타나는 행동이라면 그러한 행동 빈도가 어느 정도인지 실제로 평가자가 판단하기 어렵다.**
- 행동기준을 활용하는 평가방법의 가장 큰 문제로 제시된 행동문항들은 평가자들이 직무수행을 관찰하고 정보를 기억하는 데 영향을 미쳐서 더 큰 오류의 원천이 될 수 있다. 즉, **판단 단계에서 주관성을 배제하는 효과**는 있지만, 정보수집과 기억단계에서 행동 문항에 해당하는 행동만 관찰하고 기억하기 때문에 다양한 직무행동정보를 수집하지 못하게 된다.

④ BOS와 BARS의 비교

❶ 공통점

첫째, BARS와 BOS는 **직무수행과 성과에 결정적인 영향을 주는 행동을 추출하기 위하여 구체적인 사건을 분석하여 평가목록을 구성**한다는 점이 동일하다.

둘째, 평가점수를 매기게 되는 관리자와 평가를 받는 부하에게 익숙한 용어를 사용하여 평가지문이 구성된다. 즉, 조직에서 **구성원들이 일상적으로 사용되는 용어를 되도록 있는 그대로 반영**한다.

셋째, 직무상황에서 관찰된 행동을 바탕으로 평가를 하기 때문에 인사평가체계나 인사관리에 대한 전문성을 가진 사람이 아니라도 인사평가를 위한 요소가 적절하게 포함되었다고 인식되는 정도, 즉 **안면타당도(face validity)가 높다.**

넷째, 우수한 직무수행이 무엇인가에 대하여 정의를 내리는 과정에서 두 평가방법은 평가해야 할 직무수행과 성과의 여러 차원을 반영하여 평가에 포함시킴으로써 **직무수행의 복잡한 구조를 반영**한다는 점에서 유사하다.

❷ 차이점

첫째, BOS는 BARS와 달리 중요행동을 어느 정도로 나타냈는지를 연속적인 빈도로 평가하는 방법에서는 도식평정법의 형식을 취한다. 즉, **BOS는 행위의 빈도를 평가할 수 있다는 점에서 BARS와 다르다.**

둘째, **BOS는 BARS를 좀 더 편의적으로 수정한 것**이다. 즉, BOS는 행동기준의 평가방식을 따르는 BARS의 장점을 유지하면서 BARS가 개발시간과 비용이 많이 든다는 단점을 줄이고자 한다. BARS와 달리 행동을 추출한 후 등간의 척도를 구성하면서도 각 점수마다 직무수행 정도에 대한 정의를 내려야 하는 작업이 필요하지 않다.

셋째, BARS는 당장의 성과를 내는 데 도움이 되는 행동보다 향후 예상되는 바람직한 특성이나 행동에 평가의 초점이 있는데, 이를 **행위기대고과법(BES, behavior expectation scale)**이라고 한다. 즉, BARS는 BES로 활용되어 제시된 행동패턴이 해당 부분에서 성과를 높이려면 어떤 행동을 보여주어야 하는지를 구체적으로 보여주는 효과가 있다.

⑤ **인사평가 구성요건 측면에서의 평가(BARS 및 BOS 공통)**

첫째, **임금(인센티브)에 대한 의사결정의 목적**으로 활용될 때 높은 **타당도**를 보인다.

둘째, 신뢰성 측면에서 보면 특히 행동기대평가법의 경우 피평가자의 구체적인 행동패턴을 평가척도로 제시하기 때문에 **후광효과 · 관대화 · 중심화 · 가혹화 경향을 줄일 수 있어 매우 양호**하다.

셋째, 성공적인 작업행동패턴과 비효과적인 행동패턴을 알려주기 때문에 **성과향상을 위한 간접적인 교육효과**도 있어 **수용도가 높다.**

넷째, **막대한 비용**으로 실용성은 낮다.

9) 목표관리법(MBO, management by objectives)

① **개념 및 특징**

1950년대 드러커(Drucker)가 하나의 경영관리기법으로 도입하면서 McGregor가 인사평가의 관점에서 가능성을 인식하였고 이후 1960년대부터 목표관리법이 하나의 인사평가기법으로 정착되기 시작하였다. 1952년 Peter Drucker에 의하여 이론적 기초가 처음 제시되었는데, 그의 저서 『The Practice of Management』에서 관리를 의도적인 것으로 보고 **목표의 달성**, 즉 성취결과를 강조하며 모든 경영활동 분야에서 반드시 목표가 설정되어야 한다는 주장을 하였다.

MBO란 조직을 보다 체계적으로 관리하고자 하는 접근방법(systematic management approach of organization)으로 ① 6개월 또는 1년 등 정해진 기간 내에 ② 상사와 부하가 협의에 의해 목표를 설정하고, ③ 목표 달성 과정에서 피드백을 제공하여 목표에 대한 몰입과 목표 달성을 독려하며, ④ 기간이 종료된 후에 목표달성률을 평가하는 〈결과지향적 평가기법〉이다.

▼ **목표관리법의 평가(예)**

목표	목표량/기간	실행결과	목표달성률(%)
1. 전화판매량	100	104	104
2. 새로운 고객과의 접촉횟수	20	18	90
3. 제품명 A의 판매량	10,000	9,750	97.5
4. 제품명 B의 판매량	17,000	18,700	110
5. 고객의 불편신고/서비스 전화	35	11	30

목표관리법은 ① 성과(업적)에 국한되고, ② 부하가 참여하며, ③ 상사와 부하 간의 커뮤니케이션의 활성화된다는 특징이 있다.

② 배경이론(Locke의 목표설정이론)

목표관리제는 동기부여이론 가운데 하나인 **목표설정이론(goal-setting theory)에** 근거를 두고 있다. 목표설정이론은 사람들은 자신이 하고자 하는 일에 대해 **목표를 설정할 때 이를 달성하기 위해 하는 동기가 발생한다는 이론**이다. 이때 설정되는 목표는 가능하면 도전적으로 설정하여 달성 가능하게 설정해야 한다. 즉, MBO는 목표가 ① **구체성,** ② **적정 난이도,** ③ **부하의 수용이라는 특징**을 가질 때 목표를 달성하고자 하는 동기가 높아져서 행동으로 발현되고 성과가 높아진다는 목표설정이론의 관점에서 출발한다.

③ 목표관리법의 실천단계

❶ 제1단계 : 부하가 차기년도에 달성할 목표를 설정하여 이를 **상사와 협의하여 목표를 확정** 짓는다. 목표를 설정하기 전 **직무기술서 검토를 통해 직무의 범위와 핵심활동을 파악하** 여 상사와 부하가 목표를 공동으로 개발한다. 좋은 목표의 조건인 'SMART(s)'의 내용은 아래와 같다.

smarts	smart
• Specific 목표는 구체적이어야 한다. • Measurable 목표는 계수화가 가능한 것이어야 한다. • Alignment 목표는 사명 및 비전과 관련되어야 한다. • Result-control 목표는 피평가자가 수용할 수 있는 내용이어야 한다. • Time frame 목표는 달성기간을 정해야 한다. • Stretch 목표는 도전적이어야 한다.	• Specific 목표는 구체적이어야 한다. • Measurable 목표는 측정가능해야 한다. • Achievable 목표는 달성가능해야 한다. • Result-oriented 목표는 결과지향적이어야 한다. • Time-bounded 목표는 시간제한이 있어야 한다.

❷ 제2단계 : 설정된 **목표를 달성하기 위해 부하(피평가자)는 업무를 수행**한다. 직무를 수행 하는 과정에서 수립한 목표를 달성했는지를 확인하고 **목표에 미치지 못하는 성과가 있을** 경우 책임소재를 파악하여 개인의 성과를 독려하거나 **환경의 변화를 고려하여 목표의 적** 절성을 검토하여 목표수정 여부를 결정한다.

❸ 제3단계 : 수행한 업무에 대해 1차적으로 피평가자인 부하는 스스로 자신이 달성한 목표 의 정도를 평가하고 이를 상사(평가자)에게 보고하여 **평가결과에 대해 상사와 협의**한다. **목표관리 과정의 전반적 검토가 필요한 바,** 조직 전체의 성과와 개인의 직무수행의 양과 질을 파악하여 **조직의 역량이 얼마나 향상되었는지를 중심적으로 평가하여 해당 평가 결** 과는 승진과 보상 등 인사 상의 결정에도 활용될 수 있다. 즉, **목표관리 전체 과정에 대하** 여 검토하여 인사평가제도의 효과성을 평가한다.

④ MBO의 장·단점

장점	단점
• 목표달성을 지향하는 활동에 초점을 맞춤 • 체계적 직무분석에 근거 – 법적문제 대응과 타당도 높음 • 성과가 조직의 모든 수준에서 향상됨 • 구성원이 동기부여됨 • 개인과 팀의 목표가 조직의 목표와 일관성을 가짐	• 시간과 비용이 많이 소요됨 • 과정목표가 무시될 수 있음 • 조직의 변화가 MBO의 지속성을 저해함 • 참여를 부정적으로 보는 위계적 가치가 MBO 과정을 저해 • 직무 간 상호의존성 인식 부족으로 팀 간 경쟁

⑤ MBO의 문제점과 극복방안

❶ 문제점

• 이 제도가 원래의 취지와 다른 성격으로 운영되어 종업원의 불만을 야기하기도 한다. 기업들의 외향적 양적 성적풍토와 연결되어 **강제적 목표할당 식의 관리로 변질되는 수**가 있다. 즉, '언제까지 얼마를 달성하라'라는 **일방적 하향적 성격의 것이 됨으로써 제도의 본래 취지와는 달리** 운영될 수 있다.

• 목표관리제에 의한 인사고과에서는 원칙적으로 달성도에 의한 절대평가를 지향한다. 이 경우 목표수준을 **너도나도 낮게 잡아 평가의 인플레이션을 유발하기도 한다. 즉, 쉬운 목표를 설정하려는 〈담합〉이 이뤄질 수 있다.**

• 목표관리제에 의한 고과에서는 목표의 달성도가 중요하다. 따라서 종업원들의 **목표의 곤란도가 동일해야** 하는데 현실적으로 목표의 곤란도를 동일하게 하는 것이 쉽지 않다.

❷ 목표관리법에서의 '담합'의 극복방안 : 개인평가와 집단평가와의 연계

• 집단평가의 일부 또는 전부를 개인의 업적고과에 반영한다.

• 집단평가의 결과에 따라 부서장이 부서직원에게 부여할 수 있는 등급의 비율을 달리하는 것이다. 즉, 좋은 집단평가를 받은 부서에서는 S 및 A등급을 받을 수 있는 비율을 높여주는 것이다.

⑥ 인사평가 구성요건 측면에서의 평가

첫째, 평가내용이 성과(업적)에만 국한되기 때문에 **평가의 목적 중 임금(인센티브) 의사결정의 타당성은 매우 높다**고 할 수 있다.

둘째, 평가의 신뢰성 측면에서 목표관리법은 상당히 양호하다. 그러나 **목표관리법은 평가자와 피평가자간에 담합이 이루어지는 경우가 종종 발생한다. 이러한 소위 말하는 담합행위를 최소화하기 위해서는 개별목표들에 대한 가중치를 조직의 상층에서부터 차례로 미리 정해야** 한다.

셋째, 평가자의 수용성 역시 매우 양호하다고 할 수 있다. 피평가자가 바로 평가에 참여하고 **평가결과를 상사와 협의하여 결정**하기 때문이다.

넷째, 실용성 측면에서 볼 때 목표관리법은 비용이 많이 든다.

10) 평가센터법(Human Assessment Center)

① 개념 및 특징

평가센터 기법으로 알려진 역량평가란 실제 직무상황과 유사한 모의상황을 피평가자에게 다양하게 제시하고, 그 상황에서 피평가자의 역할과 행동을 훈련된 다수 전문 평가자가 관찰하고 협의하는 절차를 통해 역량을 평가하는 객관적이고 과학적인 기법이다. 평가센터는 **역량 평가위원회**라고도 불리며 그 명칭이 단순히 물리적 장소를 지칭하는 것 같은 느낌이 있어서 **역량평가센터**나 **평가위원회**라고 불리기도 한다.

② 인사평가 구성요건 측면에서의 평가

첫째, 제도의 **타당성** 측면에서 보면 **평가의 목적 중 승진의사결정을 위해 아주 유용한 기법**이 된다. 왜냐하면 평가센터법은 피평가자가 달성한 업적보다 **잠재능력, 정성 등에 평가의 초점을 맞추기 때문**이다.

둘째, 평가의 **신뢰성** 측면에서 평가센터법은 매우 양호하다. **여러 가지 평가기법과 여러 명의 평가자를 동원하여 평가내용을 측정하기 때문**이다.

셋째, 평가센터법은 기업이 승진의사결정을 위해 해당직급에 속하는 종업원 중 승진가능성이 있는 종업원을 평가센터에 초대하여 평가하기 때문에 이 **평가센터에 초대된 종업원과 해당직급에서 초대받지 못한 종업원 간에 갈등이 조성**될 수 있다. 즉, 평가센터에 초대받지 못한 종업원의 심리적 저항이 예상된다.

넷째, **평가의 실용성 측면에서 평가센터법은 여타 다른 평가기법에 비해 가장 비용이 많이 들며 평가시간도 가장 많이 소요**된다.

▼ 인사평가기법의 평가 구성요소별 특징

	타당성	신뢰성	수용성	실용성
서열법	낮음	높음	낮음	높음
평정척도법	높음	낮음	중간 (신뢰도 문제제기 가능)	낮음
체크리스트법	높음	높음	높음	낮음
강제선택서술법	높음	높음	평가자에게 심리적 갈등 야기	낮음
중요사건기술법	–	높음	중요사건 기술 그 자체에 대해서는 수용성이 높으나 승진, 임금 등 관리적 목적으로 사용될 경우 수용성 낮음	높음
행동기준평가법	임금에 대한 의사결정 목적으로 사용 시 타당성 높음 ∵ 직무성과에 초점	높음	높음	낮음

목표관리법	성과에 국한되어 평가 목적 중 임금 의사결정 타당성이 높음	높음	높음	낮음
평가센터법	승진의사결정 시 높음	높음	초대받지 못한 종업원의 심리적 저항 예상	가장 낮음

▼ 인사평가법의 절대평가와 상대평가

절대평가		상대평가
• 체크리스트법	• 행위기준평가법	• 서열법
• 강제선택서술법	• 목표관리법	• 평정척도법(강제분포式)
• 중요사건기록법	• 평가센터법	

제 3 절　인사평가의 변화추세

1 현대적 평가와 전통적 평가의 비교

구분	전통적 평가 (Evaluation)	현대적 평가 (Assessment)
왜?	사정형, 상벌, 감독	능력개발, 강·약점 발견
누가?	상사중심, 단면평가	본인참여, 다면평가
무엇을?	성격, 인물(포괄적, 추상적)	업적, 능력(객관적, 구체적)
어떻게?	상대평가, 감점주의	절대평가, 가점주의
언제?	평가, 연1회	수시평가
피드백	비공개	공개
기준	과거중심(did)	미래중심(can)

2 인사평가의 전개방향

(1) 사정형에서 육성형으로

과거의 인사고과는 상벌을 위한 감독형 고과, 즉 사정형(査定型)으로 임금관리 목적으로 주로 사용되었다. 그러나 **최근에는 직무에서 요구되는 지식과 스킬을 현재 종업원이 보유하고 있는 그것과 비교해서 그 gap을 메꾸어 줌으로써 성과향상을 도모하는 육성형을 지향**하고 있다.

(2) 인물중심에서 업적중심으로

과거 인사고과는 자질이나 태도를 강조하는 '인물평정형'의 성격이 강했다. 그것은 우리 사회가 인간의 전인적 측면을 강조하였기 때문이기도 하지만 조직에서 오랫동안 집단적으로 같이 생활하는 경우가 많아 성실성, 협조성 등 인간적 덕목이 중시되었기 때문이다. 그러나 이 경우 피고과자가 어떻게 개선할 수 있는가가 명확히 제시되기 힘들고 그 판단이 평가자의 자의에 의해서 이루어지는

것을 피하기 힘들다. 특히 최근처럼 능력에 의한 보수와 승진의 차이가 결정되는 상황에서는 객관성 확보가 어렵다. 따라서 **최근에는 객관적 타당성과 측정가능성이 높은 '업적 평정형'을 추구**하는 사례가 늘고 있다.

(3) 비공개주의에서 공개주의로

인사고과가 인물 중심형일때는 그 결과의 공개가 힘들었다. 그것은 다분히 주관적 평가가 많고 피평가자가 수긍하기 힘들 때가 많았기 때문이다. 그러나 **업적이라는 비교적 객관적인 평가를 지향**하는 경우 **고과의 공개가 가능**해진다. 또한 **육성형을 지향하는 경우 상하급자의 면담과정을 거쳐 부족한 부분에 대한 확인**이 이루어져야 한다.

제 4 절 역량평가 : 역량모델링(Competency modeling)

1 역량의 개념과 특징

역량이란 **특정한 상황이나 직무에서 고성과자들이 보여주는 개인의 내적 특성(스킬, 지식, 자아개념, 특질, 동기)을 의미**한다(spencer and spencer, 1993). 고성과에 직결되는 행동특성으로 역량에 기초한 평가가 등장하게 된 배경은 **능력**이라는 것이 잠재적인 능력 내지 장기적으로 발휘되는 능력이라고 할 때는 **기업의 성과와는 직접적인 관련성이 다소 멀며,** 실적에 의존할 경우 **단기적인 성과**이기 때문에 진정한 실력의 척도가 못 될 수 있기 때문이다. 그래서 **능력과 실적의 중간적인 개념**으로 설정된 것이 **역량**(competency), 즉 〈고성과 실현 행동특성〉이다. 역량의 특징은 아래와 같다.

(1) **역량은 행동(Behavior)이다.** 보유하고 있는 지식이나 기술(skill) 그 자체가 아니라 내면의 동기, 가치, 태도 등이 지식이나 기술 등과 결합하여 나타나는 행동이 역량이다. 즉, 역량은 보유 능력이 아니라 발휘 능력이자 실천 능력을 의미한다.

(2) **역량은 성과와 연계된 행동(Performance-related)이다.** 본인 의사를 상대에게 논리적으로 전달하는 능력이 매우 뛰어나더라도 그러한 특성이 해당 직무의 성과 창출을 위한 중요한 행동이 아닐 수 있다. 이런 경우 일반적인 의미에서는 '의사소통' 능력이 뛰어나다고 할 수 있지만 그렇다고 해당 직무에 적합한 '역량'을 갖추었다고는 할 수 없다.

(3) 역량은 행동이기 때문에 **관찰(Observable)이 가능**하며, 그 모습이 높은 수준의 행동인지 아닌지를 판단할 수 있기 때문에 **측정이 가능하다(Measurable).**

(4) 역량은 **교육훈련 및 개발을 통해 향상이 가능**하다. 즉, 역량평가는 (관리자) 선발뿐만이 아니라 개인의 직무역량을 진단하고 개발하는 데 쓰일 수 있다.
- **역량평가센터(Assessment Center, AC)**
  직무와 관련된 업무수행을 평가하기 위한 방법으로 피평가자의 행동을 관찰하여 역량을 측정하고 후보자를 선발하는 것이다.

- **역량개발센터(Development Center, DC)**

  현업의 업무 상황과 유사한 시뮬레이션 과제의 수행을 통하여 직원들이 자신의 역량수준을 인식하고 역량을 개발하는 육성의 목적으로 시행하는 것이다.

2 역량모델링(역량중심 인사평가)의 개념과 절차

(1) 역량모델링의 개념

역량모델링이란 한 직무에서 높은 성과나 성공을 가져올 수 있는 구체적인 역량(지식, 스킬, 능력, 행위)을 결정하는 활동이다. 구체적으로는 필요역량을 추출하고 각 직무별로 달성수준(level)을 결정한다. 역량모델링이 전통적인 직무분석과 가장 크게 차별화되는 점은 〈전략목표와 관련〉된다는 것이다. 기업의 전략목표로부터 필요한 역량이 도출되기 때문이다. 이 부분은 전통적인 직무분석에 결여된 부분이다.

(2) 역량모델링의 절차

1) 역량의 도출

특정 직무(집단)에서 고성과자가 실제 발휘한 행동에 대한 정보를 조사하여 역량을 도출한다. 설문지조사, 행동사건면접(BEI[31]) 등 방법을 통하여 고성과자에게 관찰되는 행동 특성에 대한 정보를 분석하여 CSF와 KPI를 도출한다. 마이크로 소프트사(Microsoft)의 경우 6개의 성공요인(핵심가치)으로부터 성공적인 수행을 위해 요구되는 29개의 핵심 역량을 개발하여 4단계의 성과수준을 확립하였다.

2) 역량사전(Competency Dictionary)

역량모델링을 통해 도출된 역량을 정의, 행동지표, 하위요소, 행동사례 등으로 정의한 것을 '역량사전'이라고 한다. 즉, 역량을 파악하고 정리하는 것으로 역량의 명칭, 정의, 행동지표는 반드시 정확하게 정의되어야 한다. 또한 행동지표를 표현하는 방법에는 BARS와 BOS를 사용할 수 있다.

3) 평가의 실시

보유한 역량과 필요한 역량의 gap을 측정하여 평가를 실시하는 단계다. 평가를 실시하여 이를 토대로 향후 역량개발계획에 대해 작성한다.

3 역량요소의 유형에 따른 개발대상

역량요소는 ① 개인속성역량(personal trait competencies)과 ② 직무지향역량(job-focused competencies)이 있다. 개인속성역량은 속인적 특성에 기반한 역량으로 업무 성과에 영향을 미칠 수 있으나 교육훈련을 통한 개발에 한계가 있기 때문에 주로 선발 시 고려하는 것이 바람직하다. 그러나 직무지향역량은 지식(knowledge), 기술(skill), 행동양식(behavior)으로 구분되어 교육훈련을 통해 육성이 가능하다.

---

31) Behavioral Event Interview(BEI)란 평가 역량에 대한 피평가자의 과거 경험을 인터뷰 형식으로 조사하는 것을 의미한다.

4 역량평가시스템의 특성과 활용

역량평가시스템에서 평가항목은 성과(업적)와 직접적인 인과성을 가진 핵심 KSAOs를 평가하는 데에 집중되어 있으며 **구체적 행동지표(behavioral indicator)** 위주로 평가가 실시된다. 역량주의 평가방식은 **성과주의 평가방식에 비해 미래적 속성을 가지고 있다**고 할 수 있다. 이는 현재 직무에서 달성한 성과를 평가하는 것이 주요 목적이 되기보다는 앞으로 전개될 다양한 직무와 역할에 효과적으로 적용될 수 있는 개인의 내재적 속성과 능력을 평가하는 것이 주요 목적이기 때문이다. 또한 역량은 **전략과 강한 연계성**을 가지고 있다. 성과라 함은 기업 활동의 결과물을 지칭하는 것으로 '사후적(ex-post)' 의미를 가진 개념이고, 전략이라 함은 기업 활동을 어떻게 하겠다는 포괄적인 계획을 지칭하므로 '사전적(ex-ante)' 의미의 개념이다. 높은 수준의 역량은 주어진 전략을 효과적으로 수행할 수 있는 원천이 되므로, **역량주의의 추구는 효과적인 전략실행방안으로서의 성격이 강하다.** 마지막으로 **평가결과는 직책과 역할구조(role profile) 중심으로 산출**되므로, **역량평가를 통해 직책과 역할을 효율적으로 수행하기 위한 요건에 대한 정의**를 할 수 있다. 이는 인적자원의 **선발 및 개발** 등에 효과적으로 **활용**될 수 있다.

5 역량주의 성과관리의 명암

(1) 장점

역량주의 인적자원관리는 **기존의 직무에 기반한 인적자원관리 방식의 한계점을 극복**할 수 있다. 첫째, 종업원이 현재 수행하고 있는 직무 이외에 다른 직무를 수행할 수 있는 **인력 활용의 유연성**이 커진다. 둘째, **직무관리가 수월**해진다. 직무수행의 기준이 되는 직무요건은 매우 구체적으로 기술되기 때문에 이로 인해 발생하는 다양한 직무요건에 대한 복잡한 분류와 이에 대한 관리가 필수적이다. 그러나 역량은 일반적이고 광범위한 용어로 정의되기 때문에 보다 단순한 체계를 가지고 직무를 관리할 수 있다. 즉, 역량주의는 복잡해지고 급격히 변해가는 경영환경에서 효과적으로 사용할 수 있는 명확한 장점이 있다.

역량모델링의 경영자 측 이점	역량모델링의 종업원 측 이점
• 채용과 선발과정을 편하게 하고 정확성을 개선하기 위한 성과기준을 확인 • 성과기대의 보다 용이한 소통을 위한 탁월성 기준의 명료화 • 성과, 개발, 커리어 관련 이슈와 관련, 사용자 종업원 사이에 이루어지는 대화의 분명한 기초 제공	• 역할을 성공적으로 수행하는 데 필요한 성공기준의 확인 • 종업원의 강점에 대한 보다 구체적이고 객관적인 평가를 지원하고 직업적 발전을 위한 목표분야를 명시화 • 종업원의 스킬을 함양할 수 있는 개발 수단과 방법의 제공

(2) 한계점

그러나 역량주의에서는 성과관리를 위한 분석대상이 〈직무〉가 아닌 〈사람〉에 있다. 역량주의는 직무 자체가 아닌 직무를 성공적으로 수행한 사람들을 표본으로 그들에게서 공통적으로 발견되는 KSAOs를 기반으로 역량을 선별해 내기 때문에 그 **구체성과 객관성이 떨어지는 것**으로 알려져 있다. 이러한 역량주의 추구는 인적자원관리 활동이 **법적 기반을 취약하게 만드는 계기로 작용**할 수 있다.

(3) 성공적 운영 방안

인적 속성이나 행동에 관한 판단은 평가자에 따라 충분히 다를 수 있는 주관성이 개입될 가능성이 크기 때문에 역량요건을 이용하여 의사결정을 하는 경우에는 **역량요건에 대한 직무연관성(job-relatedness)**을 수립하고 동시에 평가의 객관성이 유지될 수 있도록 **최대한 노력**해야 한다.

6 역량평가의 수준(level)

실무적 관점에서 **역량주의는 관리자를 선발하거나 그들의 지식과 능력의 개발을 통한 성과달성을 위해** 개인적 수준에서 이해되는 것이 보통이나 역량이라는 개념은 개인수준을 넘어 팀과 조직 등 보다 상위 수준에서 이해되고 활용될 수 있다. 실제로 Sparrow(1995)와 같은 학자는 역량을 개인역량, 관리역량, 조직역량으로 구분하여 개념의 확장을 꾀하였으며, **학계에서는 조직수준에서 역량에 대한 개념을 구체화하고 성과에 미치는 영향을 연구하려는 다양한 시도가 있었다.** 조직수준의 역량체계에서는 조직 전체를 하나의 유기체로 바라보고 기업의 경쟁력 확보와 성과창출에 영향을 미치는 요인을 파악한다. 예를 들어 **강한 조직문화**는 높은 성과를 창출하는 데 기여하는 조직수준의 역량으로 간주될 수 있다.

제 5 절　팀 평가

1 팀 평가의 개념과 필요성

Rousseau와 House(1994)는 조직관리체계가 단일 수준에 고착되는 오류를 극복하기 위하여 중위 수준(meso-level)에서 조직의 현상을 파악하는 접근법을 제안하였는바, 직무수행과 조직성과의 개념적 격차가 큰 **개인과 조직수준의 가교역할을 하는 것이 팀**으로 **양 수준의 공통요소를 반영하면서 동시에 팀 수준 자체가 지닌 특성을 고려하여 평가가 이뤄지는 것을 팀 평가**라고 한다. 팀 단위 성과평가의 필요성이 제기되는 이유는 많은 조직에서 개인 단위보다는 팀 단위로 업무를 처리하기 때문이다. 팀 단위로 업무를 수행하게 된 배경은 다음과 같다.

첫째, **최근의 환경변화와 업무의 복잡성이 증가**하면서 업무수행의 기본 단위를 팀으로 구성하기 때문이다.

둘째, **Flat 조직, 즉 수평적이고 자율적인 조직**이 변화하는 환경에 유연하게 대응하기 위해서는 개인 보다는 팀 업무가 효과적이기 때문이다.

셋째, **경쟁의 심화**로 인하여 **효율적이고 효과적인 업무수행**을 위해서 팀 단위의 업무가 증가하고 있다.

2 팀 평가의 요소

(1) 팀 역량(competency)

팀 역량은 고성과 팀이 보여주는 심리적 요소로 개인 역량의 합 이상의 형태를 보이는 상동적(homologous) 요소이다. 개인역량과 유사하게 팀 역량은 지식, 기술, 태도로 구분된다. 즉, 팀역량이란 팀의 효율적인 직무수행을 위해 필요한 지식, 팀 직무수행을 위해 요구되는 기술, 팀 수행을 촉진하는 팀 구성원의 태도로 정의하였다.

팀 지식	공유정신모형(shared mental model) : 팀 구성원들이 공통적으로 가지는 지식
팀 태도	팀 중심사고, 상호 신뢰, 팀 효능감, 응집력 등

(2) 팀원의 행위(team member behavior)

팀원의 행위는 팀원 개인의 성과와 관련된 행위는 물론 **팀 과업 수행을 위해 필요한 모든 행위**를 의미한다. **역할 내 수행(in-role performance) 활동**과 역할 외 수행(extra-role performance)이 있는바, **역할 내 수행은 과업에 초점이 맞추어진 수행으로 팀워크를 바탕으로 나타나는 효과적인 활동**을 의미하며, 조직 내 상위관리자나 팀장이 평가하여 전사적인 비교가 가능하고, **역할 외 수행은 조직 내 팀과업을 수행하면서 조직 내 다른 팀들과 기능적인 협력을 하고, 조직의 사기를 높이기 위해 도움을 주는 행동으로 다른 팀들과 협력을 잘 하는 것과 조직에 몰입하는 활동**으로 정의할 수 있다(Tjosvold&Yu, 2004).

(3) 팀 성과(team performance)

팀 성과는 **팀 차원의 업무수행 결과물**을 의미한다. 즉, 최종적으로 발현되는 팀의 객관적인 성과로 **성과의 양, 성과의 질, 성과의 효율성, 만족, 자기개발**을 의미한다.

성과의 양	팀 성과 달성 목표 대비 달성한 양
성과의 질	달성된 성과의 품질
성과의 효율성	팀내 구성원들이 과업을 수행하면서 받은 상호작용, 팀장 등에 대한 전반적인 만족
자기개발	성과 달성을 통해 이뤄진 팀원들의 역량개발

3 팀 평가의 절차

```
┌─────────────────┐
│   팀목표의 설정   │
└─────────────────┘
         ↓
┌─────────────────┐
│     KPI 개발     │
└─────────────────┘
         ↓
┌─────────────────┐
│  목표수준의 설정  │
└─────────────────┘
         ↓
┌─────────────────┐
│    가중치 부여    │
└─────────────────┘
         ↓
┌─────────────────────┐
│ 평가실시 및 결과의 활용 │
└─────────────────────┘
```

(1) 팀목표의 설정

팀의 목표는 **상위조직의 경영전략으로부터 도출**되어야 하며 목표달성을 위한 세부계획 및 일정을 포함하게 된다.

(2) KPI 개발

KPI(Key Performance Indicator)란 핵심성과지표를 말하는데 이것은 개인뿐만 아니라 팀의 목표를 정확하게 인식하고 측정을 보다 용이하게 할 수 있게 해준다. 이것을 개발하기 위해서는 **해당 팀이 추구해야 하는 업무목표**, 고객가치(Customer Value) 그리고 **핵심성공요인(CSF : Core Success Factor)이 먼저 파악**되어야 한다.

KPI 선정시 고려사항
• KPI는 해당조직 및 팀의 전략과 시장상황에 적절히 변화될 수 있는 유연성(flexibility)을 갖추어야 한다.
• KPI는 **단순(simple)하고 방향이 분명**하여 **평가에 어려움을 최소화**시켜야 한다.
• **투명성(transparent)과 특정가능한 내용**을 갖추어야 한다.
• 조직의 중·장기적 vision을 내포하여야 한다.

(3) 목표수준의 설정

목표수준의 설정은 해당 팀의 역량, 주어진 업무여건 등을 고려하여 조직 전체에 대한 가능한 기여도를 밝히는 것이다. 일반적으로는 대개 과거 2~3년치 달성했던 업적을 기준으로 어느 정도 **도전적인 목표수준**이 설정된다.

(4) 가중치 부여

팀이 추구해야 할 목표는 단 한 개만 있는 것이 아니라 **복수일 경우가 일반적**이다. 가중치를 부여하는 기준으로서 상위부서의 경영목표, 팀의 존재목적과의 관련성 등을 제시할 수 있다.

(5) 평가실시 및 결과의 활용

팀에 대한 평가는 **대개 정기적으로 실시**하며, 보다 **신뢰성을 높일 수 있는 평가방식으로서 MBO식 평가**를 들 수 있다. MBO식의 평가는 목표설정단계 및 업적평가단계에 피평가자가 참여할 수 있기 때문에 평가의 정확성 및 평가결과에 대한 수용성이 매우 높다.

4 팀 성과 지원요소

(1) 조직지원

조직의 지원은 **팀 성과에 직·간접적으로 영향을 미치는 요소**다. 팀이 과업을 수행하는 데 요구되는 물질적 자원 혹은 정보의 지원, 팀의 과업을 수행하는 데 필요한 교육, 팀에 적합한 보상 시스템, 리더의 적절한 코칭과 같은 조직의 지원이 이루어지지 않는다면 **팀 성과를 발현**하기 어렵다.

1) 정보지원

팀이 불확실한 직무환경에서 적절한 의사결정을 이루기 위해서는 **조직 차원에서 팀 의사결정을 위한 필요한 정보를 제공**해야 한다.

2) 교육지원

팀 과업은 상호의존성을 가지고 있기 때문에 고유 업무만을 처리하는 것으로 팀에서 자신의 역할이 완수되었다고 할 수 없으며, **팀 업무를 위한 추가적인 업무가 발생**한다. 이 경우 팀구성원들이 익숙하지 않은 팀 업무 역량을 향상시켜주기 위하여 팀 지향적 교육시스템을 통해 지원해주어야 한다.

(2) 팀 구조

1) 다양성

규모의 적절성과 팀 구성원들의 다양성이 팀 효과성에 영향을 줄 수 있는바, 다양성이 반영되는 부분은 **의사결정의 질**이다. 팀 구성원들이 가지고 있는 차이는 **팀의 목적, 팀에 적극적으로 기여하고자 하는 의지**, 임무 완수를 위한 팀에 속해 있다는 자부심 등을 반영한다. 가치 측면의 **다양성이 너무 크면 팀에 대한 구성원들의 만족, 팀에 계속 남고자 하는 의도, 팀에 대한 몰입에 영향**을 준다. 반면 문제를 해결하기 위한 시각이나 경험이 다양하지 못하고 **과도하게 비슷하면 편향된 결과를 도출할 수 있고, 새로운 환경에 적응하지 못하고 정체되어 팀이 업무를 수행해 나가는 데 걸림돌**이 된다. 따라서 팀의 가치나 사고방식은 팀 구성원들에 걸쳐 **적절하게 다양**해야 한다.

2) 팀 규모

팀 규모가 증가하면 팀원들의 역할이 다양해지고 **일사불란한 관리가 힘들어지며**, 구성원들이 자기중심적인 행동을 보이기 때문에 **무임승차행위와 회피행동**이 나타날 가능성이 커진다. **팀 규모가 작은 경우**에는 팀원들은 팀 업무에 있어 업무부담을 증가시키는 **무임승차 팀원의 행동을 쉽게 감지**하고, **팀 업무에 대한 자신의 기여도를 쉽게 알 수 있다**. 하지만 팀의 과업의 업무량에 비해 팀원의 수가 지나치게 부족한 경우 개별 팀원들의 업무부하량이 많아지게 되어 효율적인 팀워크를 조성할 수 있는 사회적 활동을 하기 어렵다. 따라서 **과업의 특성에 적절한 팀 규모가 필요**하다.

3) 팀 목표

Hackman(1987)은 팀의 효과성에 기여하는 요소로서 **팀 목표의 추진방향성**을 제시하였다. 강렬한 추진력을 가진 팀의 방향성은 팀 목표가 **명확성, 도전성, 중요성**을 가져야 한다.

4) 과업 상호의존성

과업 상호의존성이란 **집단 구성원들이 주어진 과업을 효율적으로 수행하기 위해 서로 의존하고 협력하는 정도**를 의미한다. 팀 과업을 완성하는 데 필요한 팀 구성원들의 상호작용 정도를 나타내는 과업의 상호의존성을 고려할 필요가 있다. 팀이 과업 상호의존성이 없다면 진정한 팀으로서 확실성이 없고 단순한 집단(Group)에 불과하다.

제 6 절   균형성과표(BSC)에 의한 평가 : 기업(조직)에 대한 성과평가 방식

1 균형성과표(BSC)의 기원과 의의

성과인식에 대한 보다 의미 있는 접근으로는 BSC(Balanced Scored Card) 방식이 있다(Kaplan& Norton, 1996). BSC 방식에서는 평가항목은 재무적 성과, 고객만족, 업무프로세스 및 학습의 4대 영역으로 구성되어 있다.

▼ BSC 방식의 성과평가 항목

평가영역	목표가치	핵심지표	
재무적 성과	수익성 성장성 주주이익	• 매출성장률 • 시장점유율 • ROA	• 신규시장 개척 • 영업이익률 • 현금흐름
고객만족	품질 스피드 가격 서비스	• 고객만족도 • 수주/출하 리드타임 • 고객정착률	• 적시공급률 • 신규고객 획득률 • 고객의 이익성
업무프로세스	기술력 제조 탁월성 신제품 도입	• 신제품 매출액 비율 • 연구개발의 투자 이익률 • 신제품 개발 건수	• 프로세스 기간(고객대응시간) • 프로세스 품질(불량률, 반품률) • 주력제품의 매출액 비율
학습	기술 선도력 학습 능력 프로세스 개선	• 제품개발기간 • 정보시스템의 능력(정보접근, 생산·서비스에 대한 피드백 시스템) • 제안 실행 프로세스의 평가 • 양산까지의 학습속도	

균형성과표(Balanced Scorecard : BSC)는 1992년 하버드대학의 교수인 **로버트 캐플란(Robert Kaplan) 과 컨설턴트인 데이비드 노튼(David Norton)에 의해서 처음 개발**되었다. BSC는 과거 재무제표에 의 한 경영성과 평가와 달리 기업경영의 비재무적 관점을 포함하고 있어서 오늘날 인사평가에 있어서 BSC 관점에서 피평가자의 재무적, 비재무적 역량을 전략적이고 전체적으로 평가하려는 새로운 시도가 보이 고 있다. 인사평가의 목적이 개인과 집단의 조직 전체 성과에의 기여도를 평가하는 것이기 때문에 **개 인의 성과를 조직전체의 경영 관점에서 평가**하는 BSC평가가 성과관리(performance management) 차원에서 효과가 있는 평가수단으로 인식되고 있다.

2 BSC의 정의

BSC는 **조직의 전략으로부터 도출되어 신중하게 선택된 평가지표들의 합으로 정의**할 수 있다. BSC로 선택된 지표들은 경영진이 조직의 미션(mission)과 전략적 목표를 달성하기 위한 성과요인들과 그 결 과를 종업원과 외부 이해관계자들에게 제공하는 정보라고 볼 수 있다.

3 성과측정 시스템으로서 BSC

재무재표, 즉 재무성과지표들은 평가지표로서 한계를 내포하고 있다. **재무적 성과지표는 과거에 발생한 사실을 잘 반영할지는 모르지만 지식과 관계 네트워크 등의 무형자산이 중요시되는 오늘날 조직의 가치창출 메커니즘에 대해서는 설명해 주지 못한다. 우리는 재무성과지표를 〈후행지표〉라 부른다. 재무성과지표는 과거에 이루어진 행위에 대한 결과물이다.** BSC는 이러한 후행지표들을 미래를 반영해 주는 〈선행지표〉들을 통해 보완하는 역할을 한다.

BSC는 장기적 관점에서 직원들의 의사결정에 제대로 방향성을 제시해 주지 못하는 재무통제 시스템에 초점을 맞추기보다는 전략수행과 관련된 주요 요인들을 묘사하는 측정지표를 채택하고 있다. 이러한 측정지표의 사용은 전략 달성에 중요한 요인이 된다. **BSC는 재무적 성과지표를 계속 유지하는 반면에 다른 세 가지 관점인 고객, 내부 프로세스, 학습 및 성장 관점으로 재무제표의 한계점을 보완한다고 볼 수 있다.**

4 BSC의 네 가지 관점

▼ 균형성과표(BSC)

(1) 고객 관점(customer perspective)

고객 관점은 시장과 목표 고객 관점에서 기업의 경영성과를 평가하는 것이다. BSC에서 고객 관점과 관련된 성과지표로 시장점유율, 고객수, 고객확보(신규고객수), 고객만족, 고객유지(고객 유지율, 상실 고객수) 등을 들 수 있다. 트리시와 위어즈마는 운영의 우수성, 제품 선도력, 고객친밀성 등 세 가지 요소를 고객 관점에서 평가할 것을 제안하였다(Treacy&Wiersema, 1995).

(2) 내부 프로세스 관점(internal perspective)

내부 프로세스 관점은 고객과 주주에게 가치를 지속적으로 제공하기 위해서 기업이 어떤 프로세스에서 남보다 탁월해야 하는가에 대해 살펴보는 것이다. 경영 시스템(관리비, 제안건수), 제품개발, 생산, 품질, 적송, 사후 서비스, 정보기술 등이 이러한 관점과 관련된 것들이다.

(3) 학습 및 성장 관점(Learning and growth perspective)

학습 및 성장관점의 성과지표들은 나머지 다른 세 가지 관점들을 가능하게 하는 요소로서 직원의 숙련도나 정보 시스템 등과 관련된 현재의 조직 인프라가 목표 달성에 요구되는 수준과 차이가 있다는 것을 발견할 수 있다. 이 관점에서 설정한 성과지표들은 이러한 차이를 줄여서 미래의 지속적인 성과달성을 도모한다. 직원숙련도, 직원만족, 정보획득 가능성, 연구개발(R&D) 등이 바로 그것들이다.

(4) 재무 관점(financial perspective)

재무적 측정지표는 영리조직에 있어서 중요한 요소다. 재무관점에서의 성과지표는 다른 관점과 관련된 성과지표들을 이용해서 실행한 전략이 향상된 결과를 낳는지 알려준다. 재무적 측정지표로는 자기자본이익률, EVA(Economic Value Added), 수익성 등을 들 수 있다.

5 BSC 평가의 기대효과

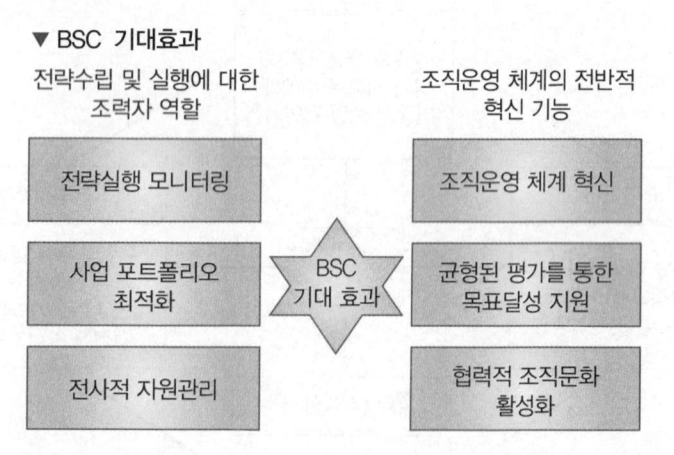

▼ BSC 기대효과

(1) 전략실행 모니터링

BSC는 조직의 비전과 전략수립의 기본방향을 제시함과 동시에 전략의 실질적인 달성촉진 도구로서 활용된다.

(2) 사업 포트폴리오 최적화

사업 포트폴리오 최적화는 회사 내에서 추진되는 여러 가지 사업들의 상대적 중요성을 고려하여 전사적 관점에서 시너지를 극대화할 수 있도록 사업을 구성하는 전략적 의사결정이다. BSC 평가는 경영자들이 다양한 사업의 성과를 전사적 전략관점에서 조망하여 이에 따르는 신속한 의사결정을 하게 해준다.

(3) 조직운영체계 혁신

BSC는 전략수립에서부터 세부 실행에 이르기까지 조직의 전반적 활동을 모두 다루기 때문에 **업무 중복을 방지하고 일관성 있게 추진하여 조직 운영체계를 통합**할 수 있다.

(4) 균형된 평가를 통한 목표달성 지원

BSC는 과거지향적 평가와 재무중심적 평가에서 벗어나, 미래지향적이고 재무, 비재무적 측면의 균형된 성과평가를 위한 기준을 제시한다.

(5) 전사적 자원관리(Enterprise Resource Planning : ERP)

BSC는 조직의 가장 상위 의사결정인 전략에서 성과지표 및 목표에 이르는 실행 의사결정까지를 모두 포함하고 있기 때문에 전사적 자원관리를 가능하게 한다. 즉, BSC를 통해 **조직 내 한정된 자원을 어떻게 전략적으로 활용하고 할당할 것인가를 결정하는 데 도움**을 주며 궁극적으로 차기의 **전략 수립과 실행을 위해 조직의 자원과 역량을 가장 효과적으로 관리하는 방안**을 제시한다. 한편 BSC는 **캐스케이딩**[32]**을 통해 전사적 전략목표가 조직의 하부단위까지 일관된 관점 하에서 잘 연계될 수 있도록 도와준다.**

(6) 협력적 조직문화 활성화

BSC는 핵심성과지표, 목표설정 및 피드백 그리고 그 결과에 대한 평가와 보상이라는 구체적 기준과 방법을 통해 조직구성원들이 스스로 변화하게 만든다. 즉, BSC는 **조직 구성원들에게 '나와 우리 조직이 왜 변화해야만 하는가'에 대한 당위성을 제시하여 협력적 조직문화를 형성하는 데 구심적 역할**을 한다.

---

32) 전사적 목표 → 부서의 목표 → 개인의 목표로 이어지는 전략과 목표의 연계

박문각 공인노무사

보상관리

01 | 임금관리

제1절   보상관리(Compensation management)

1 보상의 개념과 유형

보상(compensation)이란 종업원이 조직에 제공하는 노동에 대한 모든 형태의 대가로서 크게 금전적 보상과 비금전적 보상으로 구분된다.

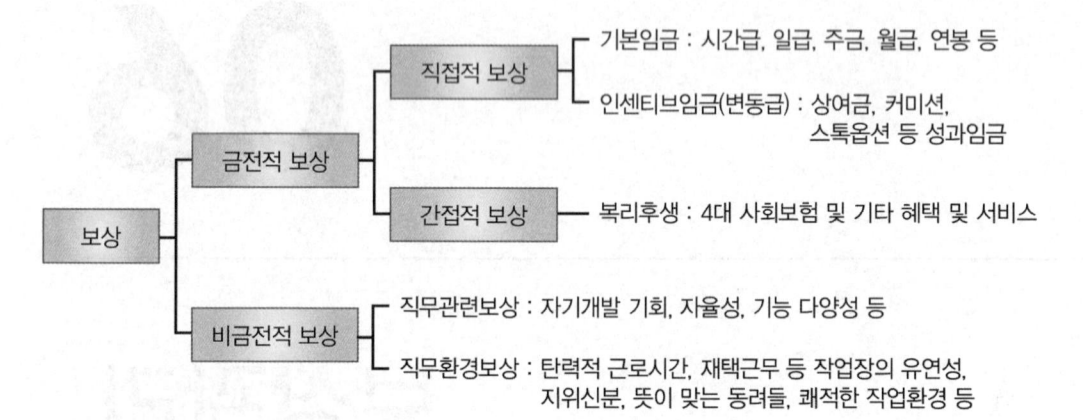

(1) 금전적 보상(financial compensation)

금전적 보상 혹은 경제적 보상은 노동의 대가를 금전적으로 보상해 주는 것으로 **직접적 보상과 간접적 보상**이 있다.

1) 직접적 보상(direct compensation)

직접적 보상은 **화폐적 임금으로 받는 보상**으로 시간급, 일급, 주급, 월급, 연봉 등의 기본임금(base pay)과 작업성과와 연동되어 있는 상여금, 커미션, 스톡옵션 등의 성과임금, 즉 인센티브임금(incentives)으로 구성된다.

2) 간접적 보상(indirect compensation)

간접적 보상은 화폐적 형태로 직접 제공받지는 않지만 금전적 성격이 강해 **조직이 금전적으로 부담해야하는 서비스 및 혜택**, 즉 복리후생을 의미한다(Milkovich&Newman).

(2) 비금전적 보상(non-financial compensation)

비금전적 보상 또는 비경제적 보상은 **종업원이 직무 그 자체나 작업의 심리적, 물리적 환경으로부터 얻는 만족**, 예컨대 자기개발 기회 제공, 자율성, 탄력적 근로시간제, 재택근무 등의 작업장의 유연성, 쾌적한 작업환경 등을 말한다.

2 보상관리의 개념

종업원들이 받는 **다양한 유형의 보상을 조직의 목적달성에 기여하도록 체계적으로 관리하는 과정**을 보상관리라고 한다. 보상관리는 크게 ① 임금관리와 ② 복리후생관리로 구분해서 다룬다.

보상은 **기업 입장에서 전체 비용의 큰 부분을 차지하고 있어 비용 관리 차원에서 매우 중요한 요소**이며 종업원에게 미치는 경제적, 심리적 영향을 통해 종업원의 태도와 행동에 영향을 미친다. 따라서 보상은 **경쟁시장에서 유능한 인력을 유인하고 유지**하며 나아가 **종업원을 동기부여시켜 조직의 전략적 목적을 효과적으로 달성하기 위한 핵심적 전략영역**이 되고 있다.

계획 :
- 보상욕구 분석
  - 임금 공정성 설계
  - 복리후생욕구 분석

실천 :
- 임금수준
- 임금형태
- 복리후생 프로그램

통제 :
- 임금효과 분석
  (만족도 분석)
- 복리후생효과 분석

3 보상에 대한 거래차원

임금의 공정성 문제는 임금의 상위개념인 보상(compensation)을 어떤 거래차원으로 보느냐에 따라 달라질 수 있다. 다음에서는 벨처(Belcher)가 제시한 보상에 대한 거래차원과 임금의 공정성 유형을 살펴본다.

(1) 경제적 거래

보상을 **노사 간에 존재하는 경제적 거래현상(economic transaction)으로 보는 것**으로 해당 관점에서 임금은 종업원을 생산의 한 요소로 간주하여 이를 사용하는 데 대해 지불하는 **가격(price)**을 의미한다.

(2) 심리적 거래

보상을 심리적 거래(psychological transaction)로 보는 관점은 고용에 대해 개인이 특정한 형태의 노동을 임금과 기타 직무만족을 위해 조직과 교환하는 심리적 계약으로 보는 것이다. 따라서 임금은 개인에게 있어서 **다양한 욕구를 충족시켜 주는 수단**으로 인식된다.

(3) 사회적 거래

조직이란 개인들의 집합체이고 고용은 개인과 조직 모두에게 중요한 관계를 갖도록 해주기 때문에 보상은 사회적 거래(sociological transaction) 현상으로 이해할 수 있다. 이러한 관점에서 개인이 받는 보상은 조직과 사회에 있어서 **지위(status)의 상징**으로 보는 것이다.

(4) 정치적 거래

정치적 거래(political transaction) 관점에서는 **임금을 당사자들의 권력과 영향력 작용의 결과로 간주**하고 있다. 즉 기업, 노조, 기업 내 소집단 그리고 종업원 개인은 모두 임금결정 과정에 영향을 주고 그 결과 임금이 결정된다는 것이다.

(5) 윤리적 거래

보상에 대한 윤리적 거래(ethical transaction)에서는 보상 관련 교환관계가 **당사자 간의 윤리의식을 토대로 공정(fairness)하게 이루어져야 한다**는 것이다.

4 보상지급과 관련된 원칙(이념)

(1) 공정성(equity)

공정성이란 투입에 대한 결과의 비율에 대한 유사 정도를 의미한다. 개인이 적극적으로 공헌하고자 하며 열심히 할 유인책이 되지만, 경쟁이 유발되거나 위화감이 조성될 수 있다.

(2) 평등성(equality)

평등성이란 **결과(보상)의 유사 정도**를 의미한다. 조직구성원들 간의 일체감을 느끼며 **한 공동체라**는 의식을 가지게 되지만 **동기부여가 되지 않아 하향평준화**될 가능성이 있다.

(3) 필요성(needs)

필요성이란 **개인이나 가족의 필요성 정도**로 조직 구성원 개개인의 필요성을 채워줄 수 있지만 **공헌과 분배의 불일치 현상**이 존재한다.

(4) 경쟁력(competitiveness)

필요한 인적자원을 확보하기 위해서는 **조직이 경쟁력 있는 보상제도를 수립, 운영하는 것이 중요**하다. 많은 조직은 **경쟁사보다 높은 수준의 임금**을 제공하여 우수한 인재를 유인하고 이들을 이용한 핵심 역량의 축적 및 활용을 통해 시장에서의 **지속가능한 경쟁우위(sustainable competitive advantage)를 점하고자 노력한다. 물론 이에 있어 조직의 **임금지불능력을 고려**하는 것은 매우 중요하다. 조직의 지불능력을 넘어서는 **과도한 임금지불은 오히려 조직경쟁력을 약화**시킬 수 있기 때문이다.

(5) 전략적 적합성(strategic congruence)

종업원의 동기부여와 이를 통한 기업력 경쟁력 강화를 위해서는 전략적 적합성을 높게 유지하는 것이 무엇보다 중요하다. 우수한 인적자원의 획득이 조직의 성과에 큰 영향을 끼치지 않는 경우도 종종 있기 때문이다. 다시 말해 경쟁력 있는 훌륭한 인재를 확보하는 것은 중요하지만 **인재의 획득 및 활용에 있어 전략적 적합성을 고려**하는 것이 요구된다. 전략적 적합성이 높을 때 조직이 시장에서 높은 성과를 낼 확률이 높아지고 이는 다시 종업원에게 긍정적인 영향을 줄 수 있다. 따라서 **전략적 적합성을 통해 개인의 업무성공이 조직 전체의 성공으로 나타날 수 있는 환경을 조성하는 것은 매우 중요**하다.

제 2 절　임금관리의 개념과 중요성

1 임금관리의 개념

(1) 임금관리의 개념

임금(wage or pay)은 근로자가 조직에 대해 제공한 노동에 대한 대가로 받는 금품 일체를 말한다. 임금관리(wage&salary management)는 인적자원관리의 하위 시스템으로 **임금을 조직의 목적달성에 기여하도록 체계적으로 관리하는 과정**을 말한다. 따라서 임금관리는 노사 간 이해대립적인 임금의 양면성을 극복해서 조직의 목표와 근로자의 욕구, 즉 개인의 목표를 균형적으로 달성함으로써 노사 공존영역을 이룩하는 방향으로 전개되어야 한다.

(2) 임금관리의 중요성

기업에서 임금이 갖는 중요성은 바로 **경제적 효율성을 극대화**시키는 것이다. 이와 관련하여 아래의 몇 가지로 제시할 수 있다.

첫째, 임금은 조직의 목표달성에 핵심적 요소가 되는 **생산성에 영향**을 미친다.

둘째, 임금은 기업이 생산하는 제품의 제조원가의 상당한 부분을 차지하고 있어 기업의 이윤획득은 물론 **시장에서의 해당 상품의 경쟁력을 결정하는 데 매우 중요한 요소**가 되고 있다.

셋째, 임금은 기업이 **노동시장에서 인력을 확보하는 데 중요한 역할**을 한다.

또한 **종업원의 사회적 효율성 극대화 측면**에서는 다음과 같이 설명할 수 있다.

첫째, 임금은 종업원 소득의 주 원천으로서 **생리적 욕구(physiological needs)를 충족시키는 데 결정적인 역할**을 한다.

둘째, 임금은 **종업원의 생활의 질(quality of life)을 향상**시키는 데 중요한 역할을 한다.

셋째, 임금은 **종업원의 존경욕구(esteem needs)를 충족**시켜 줄 수 있다.

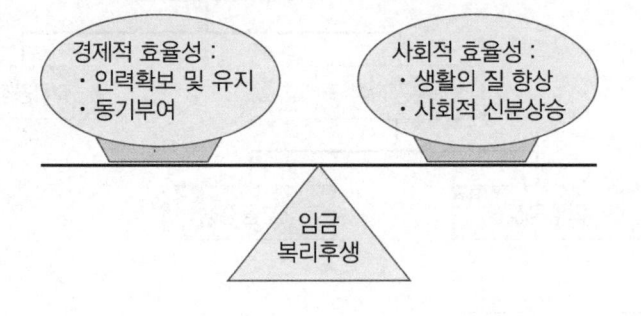

2 임금관리의 내용

(1) 임금수준관리

임금수준관리는 종업원들에게 제공되는 **임금액 크기와 관련**된 것으로 기업은 적절한 임금수준 관리를 통해서 **임금의 대외적 공정성을 달성함으로써 기업의 경쟁력을 확보**하고 동시에 **종업원의 생활안정도 실현**할 수 있도록 하여야 한다.

사원들에게 지급하는 평균임금 수준을 의미하는 것으로 ❶ 임금인상 경쟁을 다른 회사들보다 앞서서 주도하는 **선도(leading)전략**, ❷ 다른 회사들과 보조를 맞추어나가는 **동행(matching)전략**, ❸ 다른 회사보다 낮게 책정하는 **추종(following)전략** 등이 있다.

(2) 임금체계관리

임금수준관리에 의해 결정된 **임금총액을 종업원들에게 공평하게 배분하는 방식의 문제와 관련**된 것이다. 즉, 임금체계는 임금제도를 선정하는 문제로 정해진 임금총액(또는 평균임금)을 사원들에게 어떤 기준으로 배분하는지의 문제이다. 임금항목을 공정하고 타당한 배분기준에 입각하여 구성함으로써 종업원들 간 공정한 임금격차를 유지하고 이를 통해 종업원들의 임금만족과 동기를 유발시키는데 그 중점이 있다. 배분기준으로는 일반적으로 **연공기준, 직무가치기준, 직무수행능력기준** 등이 있다.

(3) 임금형태관리

임금형태관리는 **임금의 계산 및 지불방법**에 관한 것으로 임금형태로는 시간급, 성과급 등이 있다. 학자들에 따라서 성과급을 임금체계관리에 포함시키기도 한다[33]. 임금형태의 관리는 한 사람에게 정해진 임금 총액을 언제 어떤 형태로 지급하는지의 문제로 작업시간에 따라서 **시간급**을 계산할 수도 있고, 지금까지의 성과가 많은 사람에게 보너스 형태로 **성과급**을 줄 수도 있다.

이러한 **임금체계관리와 임금형태관리**는 임금의 내부적 공정성과 개인적 공정성 확보에 중점을 둔다.

3 임금관리의 원칙(기준)

(1) 공정성

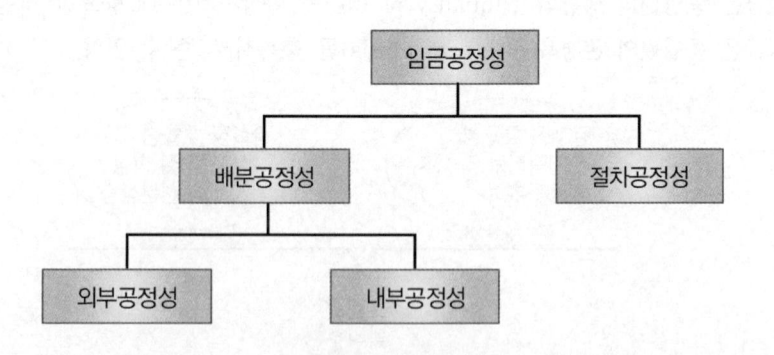

---

33) 박경규 교수님은 성과급을 **임금체계**로 분류하지만 3인공저를 포함한 대부분의 책은 **임금형태**로 분류함

1) 개념

사회적 교환(social exchange)의 내용으로서 개인은 조직에 대해 조직목표달성을 위해 공헌(contribution)을 제공하고 조직은 개인에게 이에 대한 대가로 유인(inducement)을 주는데, 여기서 공헌과 유인의 크기가 같거나 유인이 공헌보다 약간 클 때 개인은 조직을 떠나지 않고 공헌을 계속한다는 것이다(Barnard, 1948). 즉, 회사와 종업원의 관계는 〈교환관계〉이기 때문에 종업원은 노력, 시간, 능력 등 공헌을 회사에 제공하고 그 대가로 회사는 금전, 만족감 등의 보상을 제공한다. 〈호혜의 법칙(principle of reciprocity)〉이라는 사회규범이 있는데 무엇인가를 받았으면 그에 상응하는 대가를 주어야 정당하고 공정하다고 생각한다.

아담스(Adams)의 공정성 이론에 의하면 **지각된 공정성이 임금 절대액 못지 않게 중요**한바, 경영자는 종업원들이 받는 임금의 절대액뿐만 아니라 조직 내·외에서 자기와 같거나 유사한 직무를 수행하는 사람들과의 비교를 통한 지각의 중요성을 인식하고, 임금 공정성을 확보할 수 있도록 임금 시스템을 설계하고 운영해야 한다.

대개는 **기대(예측수준)와 실제의 차이가 작을수록 만족**한다. 또한 임금만족은 절대수준의 크기에도 달려있지만 **자신이 회사에 공헌(input)한 것에 대한 보상(output)의 비율을 다른 사람의 공헌과 보상의 비율과 비교하여 유사하지 않으면 긴장과 불만이 생긴다는 공정성이론(equity theory)**이 있다.

2) 공정성의 유형

① 구조적 공정성 혹은 배분공정성(distributive justice) : Adams의 공정성 이론

❶ 의의

호만스(Homans)는 조직에서 보상이 주어질 경우 보상을 받는 사람들은 그들 각각이 조직에 희생하는 정도에 적합한 보상이 배분되기를 기대하는데, 이러한 적정배분의 지각을 배분공정성이라고 하였다(Homans, 1961). 아담스(Adams)는 **조직 내 개인과 조직 간의 교환관계에 있어서 공정성문제와 공정성이 훼손되었을 때 나타나는 개인의 행동유형을 제시**한 바 있다(Adams, 1963).

❷ 공정성 이론의 내용

그의 이론은 아래의 세 가지 가정에서 출발한다. **첫째, 종업원들은 그들이 직무에 대해 공헌한 바에 따라 조직으로부터 보상을 받는데, 이들을 비교함으로써 공정성을 지각한다. 둘째, 종업원들은 그들의 보상을 동료의 그것과 비교하여 공정성을 판단**한다. **셋째, 불공정성을 지각하게 되면 종업원은 이것을 감소시키기 위해 노력**한다.

$$\frac{Output(P) \; < \; Output(O)}{Input(P) \; > \; Input(O)}$$

P = 자신, O = 타인

Input은 개인이 조직에 투입하는 것을 말하는데 Barnard가 말한 '공헌'과 유사한 개념이다(Barnard, 1938). Output은 조직이 개인에게 주는 모든 것을 의미한다. 아담스는 타인과 자신의 Input 대비 Output을 비교함으로써 공정성을 판단하는 모델을 제시하였다. 즉, 개인은 그가 조직에 대한 Input과 조직으로부터 받는 Output의 비율과 타인의 Output/Input의 비율을 비교함으로써 공정성을 지각한다고 본 것이다. 여기서 나온 두 개의 비율이 같으면 공정성(equity)이 지각되고 그 비율이 서로 다를 경우 불공정성(inequity)이 지각되는 것이다. 이러한 불공정성에 대해 개인은 심리적으로 긴장을 느끼게 되고 개인은 이러한 긴장을 해소하고 불공정성을 줄이기 위한 적응행동을 하게 된다.

❸ 공정성 이론의 시사점

공정성 이론의 핵심은 첫째, 개인이 보상에 대한 공정성을 인식할 때 자기가 조직에 투입한 것과 받은 주관적인 지각을 통해 인지한다는 것이며, 둘째, 공정성 지각에 〈타인〉을 끌어들인다는 것이다.

한편 임금에 있어서 개인의 공정성 지각에 대한 다음과 같은 사실을 제시한다.

첫째, 비경제적 보상까지 포함시켜서 공정성을 판단한다. 즉, 복리후생의 정도가 임금의 공정성 지각에 영향을 미친다.

둘째, 기대임금(expected pay)의 중요성을 강조한다.

셋째, 임금의 공정성을 지각할 때 반드시 타인 혹은 비교집단을 동원한다는 것이다.

❹ 비교대상에 따른 배분 공정성의 유형

임금공정성 지각에 있어서 개인의 비교대상의 위치에 따라 외부공정성(external equity)과 내부공정성(internal equity)으로 나눌 수 있다. 외부공정성은 종업원이 받는 임금수준이 타 기업의 그것과 비교하는 것이며, 내부공정성은 해당기업 내 종업원들 간의 임금수준에 있어서의 격차(difference)가 과연 공정한가에 관한 것이다. 임금의 외부공정성을 결정하는 해당기업의 임금수준은 결국 기업이 창출한 부가가치에서 종업원에게 배분할 임금의 크기가 얼마나 되느냐에 관한 것이며, 임금의 내부공정성은 허용되는 임금총액을 종업원 개인에게 어떻게 나누어주어야 종업원 개인이 공정하다고 지각할 수 있느냐에 관한 것이다.

---

① 외부공정성(external equity)

임금의 외부적 공정성은 임금을 대외적으로 비교한 공정성으로 특정 조직의 종업원들이 자신의 임금액을 외부 조직의 유사 직무를 수행하는 사람들이 받는 임금액과 비교해서 거의 동일한 수준의 임금을 받는다고 지각할 때의 공정성을 의미한다. 즉, 종업원들이 임금의 대외비교에서 부족한 감정을 느끼지 않는 것을 의미한다. 여기서 외부의 다른 조직이란 일반적으로 동종업체나 경쟁업체를 말한다.

---

② 조직적 공정성(organizational equity) 혹은 내부적 공정성(Internal equity)

임금의 **내부적 공정성(혹은 조직공정성)**은 동일조직 내에서 상이한 직무를 담당하고 있는 종업원들이 맡고 있는 임금에 초점을 둔 공정성을 말한다. 즉, 종업원들이 맡고 있는 직무들의 상대적 가치에 따른 임금격차에 대해 지각된 공정성을 의미한다.

내부적 공정성은 종업원들의 일반적인 태도, 즉 조직 내부의 다른 직무로의 이동, 승진을 비롯한 종업원들 간의 협력적 태도와 조직몰입 등에 영향을 미친다.

③ 개인적 공정성(individual equity)

개인적 공정성은 종업원 공정성(employee equity)이라고도 하는데 동일 조직 내에서 동일 직무를 담당하고 있는 **종업원들 간의 연공, 공헌, 성과수준 등과 같은 개인적 특성차이에 따른 임금격차**에 대해 지각된 공정성을 의미한다. 개인적 공정성은 특히 종업원의 작업성과나 공헌에 대한 동기유발에 직접적 영향을 미친다.

② 절차 공정성(procedural equity) 혹은 과정적 공정성

임금이 결정되기까지의 모든 절차가 공정하면 절차 공정성이 높은 것이다. 절차상 하자가 있을 경우 종업원의 **수용성**을 얻기 힘들다. 절차공정성에 대한 종업원의 지각은 **임금만족의 영향요인**으로 임금결정결과를 수용하는 데 중대한 영향을 미치고, **조직을 보다 신뢰적인 조직으로 만들고 보다 높은 수준의 조직몰입**을 가져온다. 한편 절차 공정성은 **윤리적 인사관리 즉, 조직과 종업원간의 고용관계에서의 윤리를 실천하는 조직정의**(organizational justice)**의 실체적 내용**이다. 즉, 절차공정성은 결국 **종업원의 임금제도에 대한 수용성**(acceptance)**을 높이는 데 기여**한다.

레벤탈(Leventhal)은 절차공정성이 배분공정성의 확립과 유지의 전제조건이라고 말하면서 절차공정성이 존재하지 않는다면 배분공정성은 사라질 것이라는 극단적 주장을 하기도 했다(Leventhal 1980). 그는 절차공정성이 확보되기 위해서는 아래의 몇 가지 규칙이 지켜져야 한다고 했다.

❶ 정보의 정확성(accuracy of information) : 임금결정과정에 활용되는 정보는 정확하여야만 공정성 획득이 가능하다.

❷ 수정가능성(correctability) : 임금결정의 절차 속에 잘못된 의사결정을 바로 잡기 위한 조항들이 포함되었을 때 공정성이 확보된다. 예를 들면 고충처리절차나 항의절차 등이 그것이다.

❸ 대표성(representative) : 임금배분에 있어서 모든 단계들은 종업원의 관심, 가치관이 반영되어야 공정성 확보가 가능하다.

❹ 도덕성(ethicality) : 임금배분절차가 윤리와 도덕에 관한 종업원이 가지고 있는 기준과 일치할 때 절차공정성은 극대화된다.

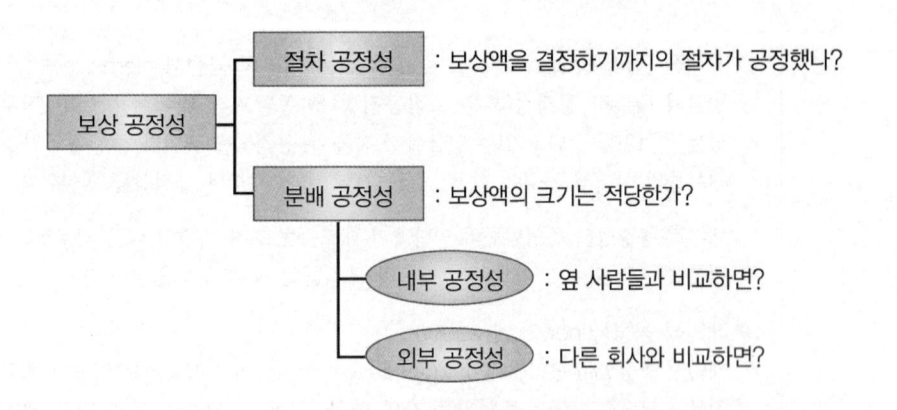

(2) 안정성

예측가능한 임금은 **종업원 입장에서는 안정된 소득과 생활을 위하여 고정비적 성격으로서의 임금 안정성**을 의미하지만 **기업 입장에서는 경영의 안정을 위하여 지불능력과 연계된 변동비적 성격의 임금의 안정성**을 원하게 된다. 노사 공존경영을 위한 임금의 안정성 실현은 근로자 생활안정을 위한 생계비와 관련해서 기본급을 고정급으로 지급되도록 하는 동시에, 생산성과 관련해서는 변동급적으로 지급되는 부가적 임금의 설정과 관리를 서로 조화·양립시킴으로써 달성될 수 있다.

(3) 조직유효성(효과성) : 임금의 동기부여적 기능

공정하고 효과적인 임금관리는 종업원들이 조직목표 달성을 위해 보다 높은 근로의욕을 갖고 일하도록 동기부여시키고, 이를 통해 기업의 경쟁력 강화를 위한 생산성 향상과 품질개선, 고객 및 주주만족의 증대를 가져오며 또한 노무비를 효율적으로 통제함으로써 궁극적으로는 조직의 유효성, 즉 성과를 증대시킨다.

Herzberg는 2요인이론에서 **임금은 동기요인(motivator)이 아닌 위생요인(hygiene)으로서 종업원에게 만족을 주지 못하고 단지 불만족을 감소시키는 작용을 하는 것**으로 파악하였다. 그러나 **근년의 많은 연구들은 임금의 동기부여적 가치를 인정**하고 있다. 임금은 종업원의 조직목표 달성에 공헌한 대가로 조직이 제공하는 금전적 보상이므로 명백한 중요한 요인이다. 즉, **임금은 동기부여 요인**으로서 근로자의 작업 및 고객에 대한 태도와 행동에 영향을 미쳐서 **생산성 향상과 품질개선, 고객만족 증대 등 조직 유효성을 증대시키는 데 핵심 역할**을 한다는 것이다.

1) 효율성 임금 이론(efficient wage theory)

임금상승이 노동생산성을 증가시킨다는 이론으로 시장균형 임금보다 높은 수준의 임금을 지급하면 생산성을 높일 수 있다고 보는 이론이다. 생산성이 임금을 결정하는 것이 아니라 **임금이 생산성을 결정**한다고 본다.

2) Adams의 공정성 이론

종업원들은 자신들의 직무수행에 공헌한 투입물과 이에 대한 보상으로 조직으로부터 받은 결과물을 비교한 다음, 자신에 해당하는 비율을 조직 내·외의 유사 직무군에 종사하는 다른 사람들의 그것과 비교함으로써 공정성을 판단한다. 만약 자신의 비율이 다른 사람의 비율과 동일하다면 공정하다고 지각하고 만족하게 된다. 그러나 두 비율에 차이가 있어 **불공정한 것으로 지각하게 되면 긴장감이 유발되고 종업원들은 불공정성을 줄이거나 제거하는 방향으로 동기부여**된다 (공정성-동기부여와의 관계).

3) Vroom의 기대이론(expectancy theory)

종업원의 직무수행을 위한 모티베이션은 **종업원이 노력하면 특정 결과나 성과를 가져올 것이라는 주관적 확률인 기대(expectancy)**와 그러한 성과로 보상이 주어질 것이라고 믿는 수단성 (instrumentality), 그리고 그러한 **보상에 대한 매력인 유인가(valence)**에 달려있다고 본다. 그러므로 임금이 보상인 이상, 기대이론은 만약 종업원들이 화폐를 매력 있는 유인가로 보고 노력을 해서 좋은 성과를 달성하면 보상도 증가될 것으로 확신하는 경우에 임금은 높은 성과를 유도한다는 것이다. 여기서 **중요한 것은 보상과 성과 간의 적합성, 즉 임금이 직무성과와 얼마나 밀접하게 연결되어 있느냐** 하는 것으로 높은 성과가 보다 많은 임금을 가져다주리라는 종업원의 확신인 수단성(성과 → 보상)에 대한 지각이 임금의 동기부여 기능의 성공적 열쇠가 된다.

4) 대리인이론(agency theory)

1976년 젠센(M. Jensen)과 메클링(W. Meckling)에 의해 처음 제기된 이론으로 대리인 이론의 기본 전제는 주인과 대리인 간에 **이해(interest)가 상충**된다는 것이다. 뿐만 아니라 **주인이 대리인에 비해 정보가 부족하고 주인의 이익을 충실하게 대변하지 못할 경우 대리인 문제(agency problem)가 발생**하게 되는데 대표적으로 〈도덕적 해이(moral hazard)〉가 있다.

도덕적 해이란 대리인이 자신의 의무를 다 하지 않고 주인의 이익에 부응하지 않는 방향으로 행동하는 것을 의미한다. 이러한 도덕적 해이의 방지를 위해서는 〈성과급(노력과 보상 간 강한 연결고리 제공) 도입〉을 통해 대리인과 주인의 이익을 일치시켜 조직의 성과에 긍정적 영향을 미칠 수 있다.

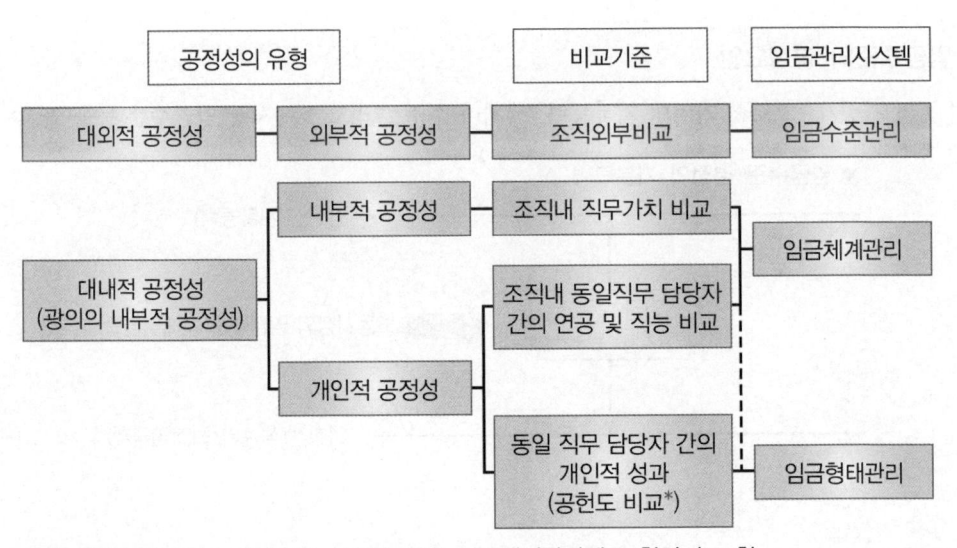

공정성의 유형	비교기준	임금관리시스템
대외적 공정성 — 외부적 공정성	조직외부비교	임금수준관리
대내적 공정성 (광의의 내부적 공정성) — 내부적 공정성	조직내 직무가치 비교	임금체계관리
개인적 공정성	조직내 동일직무 담당자 간의 연공 및 직능 비교	
	동일 직무 담당자 간의 개인적 성과 (공헌도 비교*)	임금형태관리

＊성과만을 기준으로 기본급을 설정할 경우 임금체계관리에 포함하기도 함

| 제 3 절 | 임금수준관리 |

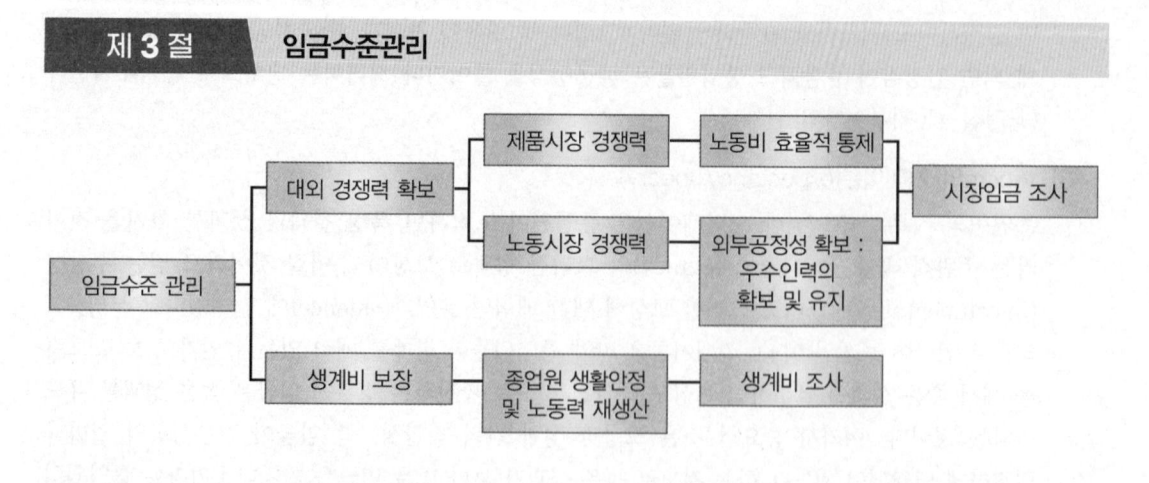

1 임금수준 관리의 개념과 목적

임금수준(pay level)이란 **임금액의 크기**를 나타내는 말로 **종업원에게 지급되는 평균임금률**을 의미한다. 따라서 임금수준 관리란 평균임금률 내지는 평균임금액 관리를 의미한다.

임금은 조직의 전략적 목적을 달성하기 위한 유용적 수단으로 **기업의 임금수준은 조직의 제품시장 및 노동시장에서 대외적 경쟁력을 확보하는 데 대단히 중요**하다. 이는 임금수준이 제품시장에서의 조직의 경쟁적 지위확보와 노동시장에서 유능한 종업원들을 유인하고 유지하는 조직의 능력에 직접 영향을 미치기 때문이다. 따라서 기업의 임금수준 관리는 기업이 제품 및 노동시장에서 **대외적 경쟁력을 확보**하는 데 그 목적이 있다.

• 제품시장에서의 경쟁력 : **저렴한 노무비**를 통한 제품시장에서의 경쟁력 확보
• 노동시장에서의 경쟁력 : 노동시장에서 경쟁력 있는 임금수준을 통한 **유능한 인재**의 확보

2 임금수준의 결정요인

임금수준의 결정기준으로서 **기업의 지불능력, 생계비 수준** 그리고 **노동시장 임금수준** 등을 들 수 있다.

▼ 임금수준 결정의 기본모형

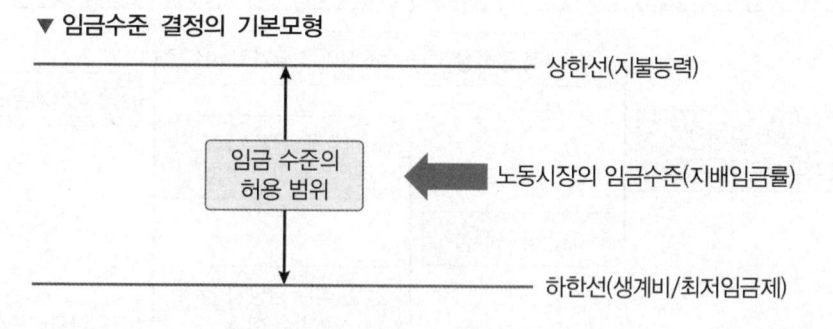

(1) 기업측 요인 : 기업의 지불능력

기업의 지불능력이란 노사가 생산활동으로 창출한 부가가치 중에서 기업이 임금으로 어느 정도까지를 지불할 수 있는가를 나타내는 말로서 **기업이 안정적 성장을 지속할 수 있는 범위 내에서 임금으로 지불할 수 있는 기업의 재정능력을 의미**한다. 기업의 지불능력을 파악하는 기준으로 **생산성(productivity) 기준**과 **수익성(profitability) 기준**의 두 가지를 들 수 있다.

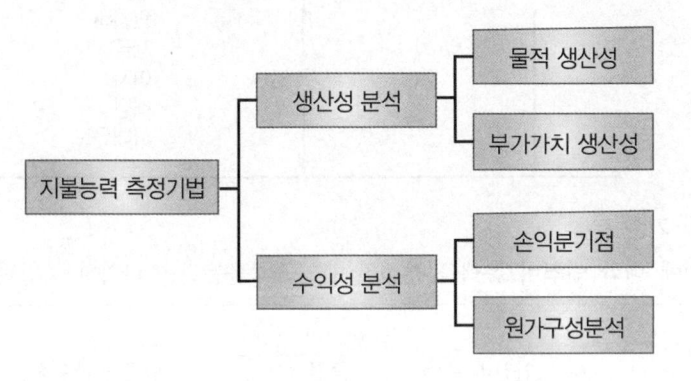

1) 생산성 기준

생산성은 **단위 생산요소의 투입량에 대한 산출량의 비율**을 말한다.

① 물적 생산성

물적 생산성은 **단위노동생산요소의 투입량에 대한 생산량의 비율**을 말한다.

② 부가가치 생산성

부가가치(value added)란 **자본과 노동의 결합에 의하여 새로이 창출된 가치**를 말한다. 즉, **기업의 부가가치는 매출액에서 제조원가를 공제한 금액이 부가가치액이 된다.** 부가가치 중에는 인건비가 포함되어 있는데 **부가가치에 대한 인건비의 비율을 노동분배율이라고 한다.** 노동분배율이란 기업의 부가가치의 자본과 노동 간의 배분율을 말하는데 부가가치 중 인건비로 지출되는 금액의 비율을 말한다. **기업의 인건비 지불 상한선은 부가가치액에 노동분배율을 곱한 액수가 된다.** 공정한 임금수준이라 함은 바로 이 부가가치에 노동분배율을 곱하여 얻은 금액이 그 기준이 된다고 보는 것이다.

$$\text{임금수준(평균임금)} = \frac{\text{인건비 총액}}{\text{종업원 수}} = \frac{\text{부가가치}}{\text{종업원 수}} \times \frac{\text{인건비 총액}}{\text{부가가치}}$$

한편 우리나라 기업에서의 부가가치 노동분배율은 산업별로 차이가 있다. 부가가치 노동분배율에 의한 임금수준결정은 생산된 상품의 시장가치가 반영된 것이기 때문에 매우 합리적이라고 할 수 있다. 그러나 기업실무에서 **적정한 노동분배율에 대한 노사 간의 합의를 도출하는 데에는 복잡한 협상과정을 피하기가 어렵다.**

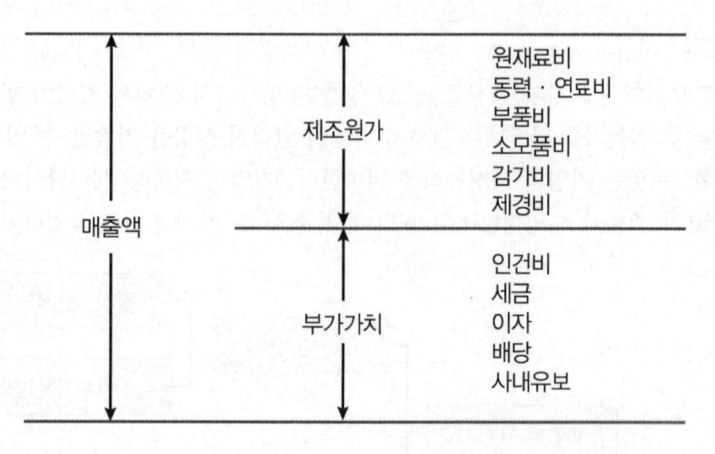

③ 매출액 기준 분석

매출액에 대한 인건비 총액을 분석하여 임금지불능력을 파악하는 방법이다.

$$\frac{인건비\ 총액}{매출액} = \frac{\dfrac{인건비\ 총액}{종업원수}}{\dfrac{매출액}{종업원수}} = \frac{(평균)임금수준}{매출액\ 노동\ 생산성}$$

2) 수익성 기준

수익성(profitability)이란 **지출에 대한 수익의 비율**이다.

① 손익분기점 분석

손익분기점이란 **총비용과 총수익이 일치하는 수준에서의 매출액 또는 매출량**을 말한다.

$$지불능력의\ 최고한도 = \frac{인건비총액}{손익분기점총액}$$

매출액이 손익분기점을 넘어서면 이익이 발생하고 이에 미치지 못하면 손실이 발생한다. 손익분기점 방법은 기업의 매출액 변화에 따라 기업이 부담해야 하는 인건비 추세를 보여주고 있다. **매출액이 일단 손익분기점을 넘게 되면 기업은 이익을 확보할 수 있으며 인건비 지불능력을 획득하게 된다.** 손익분기점 방법은 총수익과 총비용의 관계를 명확하게 밝혀주므로, 이를 이용하여 일정한 조업도 하에서 기업의 인건비 지불능력이 어느 정도인가 또는 지불한도는 어느 수준인가를 파악할 수 있으며 종업원의 추가충원계획 등도 세울 수가 있다.

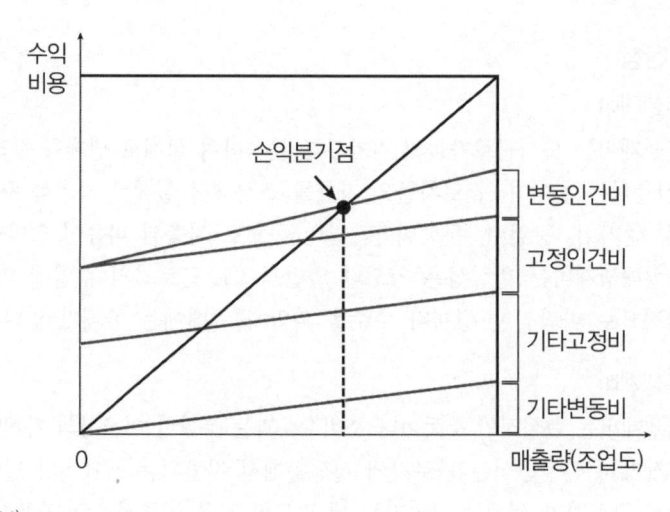

② 원가구성분석[34]

전체 원가구성요소 중 인건비 비율을 **과거의 자료를 근거**로 계산하여 임금수준결정에 활용하는 것이다. 이 방법은 보다 정교하고 정확한 원가계산기법이 뒤따라야만 기업의 지불능력지표로 활용될 수 있다. **전체 원가구성요소 중 인건비 비율을 과거의 자료를 근거로 계산하여 임금수준결정에 활용하는 것이다.**

이상에서 제시한 임금수준의 **공정성 확보차원에서 기업의 지불능력을 측정하는 방법들은 나름대로 상당한 합리성을 가지고 있지만 기업 실무에서는 아래와 같은 한계**를 보여준다.

첫째, **우리나라 기업의 실정은 기업이 종업원에게 충분한 자료를 제공하지 않고 있다.**

둘째, **기업의 경영실적은 해마다 변화의 정도가 상당히 크다.** 경영실적이 떨어진 연도에는 임금수준이 이에 맞게 낮아져야 하는데, 임금이 하락하는 데에는 상당한 어려움이 존재한다.

(2) 종업원 측 요인 : 생계비

종업원의 생계비는 **임금수준의 하한선을 결정하는 기준이 되며, 정부는 근로자의 최소한의 생계를 유지하도록 하기 위해 최저임금을 법적으로 강제**하고 있다. 즉, 보상을 '윤리적 거래'로 보았을 때 노동을 제공하는 근로자가 시민으로서 더불어 같이 생활할 수 있는 수준의 보상을 할 것이 요구된다는 것이다. 생계비는 **근로자의 생활을 보장**해줌과 동시에 **노동의 대가라는 측면에서 근로자가 양보할 수 있는 마지노선**이라 할 수 있다.

---

34) **예**　재료비 : 100만원
　　　+ 노무비 : 200만원
　　　+ 기타경비 : 50만원
　　　= 총 제조원가 : 350만원
　　　+ 비제조원가(**예** 판관비) : 100만원
　　　= 판매원가(제조원가＋비제조원가) : 450만원
　　　+ 이익(마진) : 200만원
　　　= 판매가격 : 650만원

1) 생계비 산정

① 실태생계비

실태생계비는 **도시근로자들의 가계부를 분석하여 실제로 생계를 꾸려가기 위해 지출된 비용을 산출**하는 것이다. 근로자들의 가계를 조사해서 실제로 가계를 꾸려나가기 위해 식비, 피복비, 주거비, 광열비, 문화비 및 잡비 등으로 **지출된 비용이 얼마인가를 조사하여 산정**한다. 실태생계비는 현실성은 있으나 일반적으로 근로자의 수입에 의해 제약을 받기 때문에 **객관적으로 바람직한 생계비 수준을 파악하는 데에는 한계가 있다.**

② 이론생계비

이론생계비는 현실적인 소득이나 소비수준과는 무관한 이론상의 가계비용을 파악하는 것이다. 이론생계비 산정방식은 근로자의 실생활에서 지출되는 생계비가 얼마인가를 분석하는 것이 아니고 근로자가 생계를 꾸려가는 데 필요한 것을 이론적으로 파악하는 것이다. 식품영양학, 생활과학, 노동과학 등의 이론에 입각하여 가족규모별로 생활에 필요한 지출항목을 이론적으로 구성하고 이에 해당되는 각 품목별 소요량과 단가를 곱한 것을 집계하여 산출한다. 이러한 산정방식은 **과학적이고 이상적**이라고 할 수 있지만 **현실성이 결여**된다는 점에서 문제가 있다.

이론생계비는 전물량방식과 반물량방식이 있다. **전물량방식(market basket)은 인간생활에 필요한 필수품에 그 수량을 곱한 후 합산하는 방식**이며 **반물량방식(Engel)은 엥겔지수의 역수를 전물량방식으로 구한 식료품비에 곱함으로써 생계비를 구하는 방식**이다.

- 전물량방식(market basket)

  생활에 필요한 **전물량에 일정가격을 곱한 후 합산**하는 방식이다.

- 반물량방식(Engel)

  객관적이고 계산이 명확한 식비만 전물량방식을 적용하고 기타 내용(주거, 오락비 등)은 **실태생계비를 조사하여 산출된 엥겔지수를 이용하여 생계비를 산정**하는 방식으로 전물량방식으로 구한 식료품비에 엥겔지수의 역수를 곱하여 생계비를 구하는 방식이다.

$$엥겔지수 = \frac{식료품비}{총\ 생계비} \times 100$$

2) 정부의 정책 : 최저임금제도(minimum wage system)

① 의의

최저임금제(minimum wage system)란 **국가가 노사 간의 임금결정 과정에 개입하여 임금의 최하 수준을 정하고, 사용자가 이 수준 이상의 임금을 지급하도록 법으로 강제함으로써 저임금 근로자를 보호하는 제도**이다. 즉, **정부가 저임금 근로자의 생활을 보호하기 위하여 노ㆍ사간의 임금결정과정에 개입하여 임금의 최저수준을 정하고, 사용자에게 이 수준 이상의 임금을 지급하도록 법으로 강제**하는 제도이다.

구분	시급	전년대비 인상률	월급 (월 209시간 기준, 주휴수당 포함)
2023년	9,620원	5%	2,010,580원
2022년	9,160원	5.1%	1,914,440원

최저임금제는 1894년 뉴질랜드의 노동쟁의조정 및 중재법을 효시로 하여 호주(1896), 영국 (1909)에서 법제화되었고, 제2차 세계대전을 계기로 많은 선진국에서 법제화가 시작되었으 며 그 적용범위도 확대되어 왔다.

② 최저임금의 결정 과정

우리나라의 최저임금제도는 헌법 제32조 제1항 "국가는 법률이 정하는 바에 의하여 최저임 금제를 시행하여야 한다"는 규정에 의거하여, 1986년 12월 31일에 최저임금법이 제정·공 포되었고 **1988년 1월 1일부터 시행**되고 있다. 이 법에서 **최저임금은 매년 최저임금위원회 의 심의·의결을 거쳐 고용노동부장관이 결정·고시**하도록 되어 있다. **최저임금위원회**는 노 동부에 설치된 최저임금 결정기구로 **근로자위원·사용자위원·공익위원 각 9인으로 구성되 고 임기는 3년으로 하되 연임이 가능**하다. 본 위원회에서 최저임금은 근로자의 생계비, 유사 근로자의 임금, 노동생산성 및 소득분배율 등을 고려하여 정하고, 이 경우 사업의 종류별로 구분하여 정할 수 있다. 고용노동부장관은 최저임금위원회의 최저임금안에 의거하여 매년 8월 5일까지 최저임금을 결정·고시하고, 고시된 최저임금은 다음 연도 1월 1일부터 효력을 발생한다.

③ 목적과 기대효과

최저임금제의 기본적 목적은 사회정책적 목적으로 최저생계비에 미달되는 저임금 근로자의 임금을 정부가 개입하여 최저생계비에 접근하는 수준으로 인상시켜 **저임금근로자의 생활을 보호**해주는 데 그 일차적 목적이 있다.

일반적으로 기업들은 저임금을 통한 생산비 절감을 도모하고자 하는데, 최저임금제를 실시 함으로써 기업 간 과당경쟁에 의한 임금의 부당한 절하를 방지하는 동시에 **저임금 의존식 경영을 지양**하고, **장기적으로 기술개발과 경영합리화를 통한 생산성 향상 노력을 자극**하고 **기업 간 공정한 경쟁을 유도**할 수 있다.

최저임금제는 불황기에 임금수준의 저하를 방지해서 **유효수요(effective demand)**(시장에서 구매력을 수반하는 수요)**감소를 방지**해준다(**유효수요 창출**).

이러한 목적을 가진 최저임금제는 국가적 차원에서 최저생계비를 보장해줌으로써 **근로자의 저임금 해소와 빈곤퇴치, 산업간·직종간 임금격차의 해소, 경영합리화와 생산성 향상, 기 업간 공정한 경쟁의 유도, 노사관계의 안정화** 등의 긍정적 효과를 기대할 수 있다.

④ 역기능

❶ 실업률 증가로 연결될 수 있다.

❷ 최저임금으로 인해 상승된 비용을 제품의 가격에 반영시켜 그 부담은 결국 소비자에게 돌아가게 될 가능성이 있다.

(3) 적정 임금수준의 결정 : 노동시장의 임금수준(지배 임금률)

보상을 '경제적 거래'로 보는 시각을 바탕으로 하고 있다. 즉 **임금수준이란 노동시장에서 노동의 수요와 공급의 원칙에 따라 가격이 형성되며 이 가격이 공정한 것이라는 논리이다.** 노동시장에서의 수요란 기업이 고용하고자 하는 근로자 수가 되며, 공급이란 노동력을 기업에 제공하고자 하는 근로자 수가 된다.

1) 지배임금률

① 개념

지배임금률 또는 사회일반의 임금수준(사회적 균형)이란 **동일지역 혹은 동일업종의 임금수준과의 균형**을 의미한다.

② 시장임금조사(market pay survey)

지배임금률 파악을 위해서는 〈임금조사(wage survey)〉를 실시한다. 임금조사란 다른 기업들이 지급하는 임금에 대한 정보를 수집하고 판단하는 체계적 과정이다. 임금조사는 다음의 과정을 통해 이루어진다.

❶ 노동시장의 범위를 규정

❷ 조사대상의 기업체 선정

❸ 조사대상이 되는 기준직무(key job)를 선정

❹ 수집할 정보의 내용 결정

❺ 자료수집 기법을 선정

여기서 **기준직무(key job)**는 임금조사에 선정된 직무로 기준직무의 조건으로는 **첫째, 직무 명칭이나 내용으로 보아 일반성(대중성)과 표준화 정도가 높아야** 하며, **둘째, 임금률을 결정하는 데 있어서 다른 직무들에게 벤치마크가 될 수 있어야** 한다. 수집할 정보 내용으로는 **기준직무의 기본임금과 임금의 폭, 상여금과 복리후생비, 지급방법, 근무시간과 휴가일수 등 임금과 임금정책 그리고 지불방법에 관한 상세한 항목**으로 구성되어 있다. 마지막으로 **자료 수집기법**으로 일반적으로 사용되는 것은 **면접이나 설문조사**이다.

③ 시장임금선(Market pay line) 확보

임금 정책을 결정하기 위한 수단으로 시장임금선을 확보해야 하는 바, **X축은 임금의 기준이 되는 차원**(직무급의 경우 직무구조(job structure), 직능급의 경우 직무수행능력, 연공급의 경우 연공의 수준)이 오며 **Y축은 임금조사를 통해 파악한 지배임금률**이 된다. 즉, 임금의 시장라인은 직무급의 경우 **직무의 가치와 임금조사에 따른 임금률의 수학적 관계를 보여주**

는 직선이다. 이 직선을 구성하는 정보는 직무평가의 결과와 임금조사로부터 얻을 수 있으며 이를 기반으로 **직무의 시장임금을 구할 수 있는 것이다.**

한마디로 **직무평가 점수와 시장임금 조사자료를 이용한 핵심직무를 기초로 하여 시장임금선 (pay policy line)을 개발해야 한다.** 구체적인 절차는 임금조사와 직무평가를 전제로 직무평가 후 각 직무의 임률(pay rates)을 할당하는 일을 하게 되는데 보통 유사직무를 급여등급 (pay grade)으로 한데 묶는다. 즉, 급여등급이란 직무평가 결과 난이도나 중요도가 유사한 직무들로 구성된다. 다음단계는 각 급여등급에 대해 임률을 할당하는데 여기서 시장임금선 이 도출된다. 그 과정은 **첫째, 각 등급별 평균임금률을 알아낸다.** 평균을 구하는 것은 한 급여등급 내에 여러 직무가 존재하기 때문이다. **둘째, 급여등급별 평균임금률을 표에 찍는 다. 셋째, 찍은 점을 이으면 임금커브(시장임금선)가 만들어진다.** 이는 수작업이나 통계적 기법을 이용할 수 있다.

직무급 도입의 절차 : 임금정책선의 결정

직무급을 도입하기 위해서는 **첫째는 직무분석, 둘째는 직무평가, 셋째는 임금정책선(wage policy line)을 결정**하는 것이다. 직무분석은 직무에 대한 정보를 수집하고, 직무평가는 이를 기반으로 직무의 가치를 측정하고, 임금정책선은 직무별로 임금수준을 정하는 활동이다. 직무분석과 직무평가는 앞서 설명하였기 때문에 여기서는 임금정책선을 설명하고자 한다. **임금정책선 (wage policy line)이란 직무를 가치 순으로 나열한 후, 각 직무에 어느 정도의 임금을 부여할 것인가를 보여주는 정책선이다.**

임금정책선은 가장 가치가 낮은 직무의 임금부터 가장 가치가 높은 직무의 임금까지를 보여준다. 임금정책선은 사용자가 임의로 결정하는 것이 아니라 **시장평균임금과 현재 회사의 임금수준을 비교하는 과정을 통해 결정**된다. 이를테면 조직은 임금정책선을 시장평균임금보다 더 높게 설정할 수도, 더 낮게 설정할 수도 있다. 혹은 회사의 임금정책선을 시장평균임금과 동일하도록 설정할 수도 있다.

시장임금의 중간값을 연결한 부분을 〈Mecian〉으로 표기한다면, 일반적으로 한 회사의 임금정책 선을 〈Mecian〉 시장임금(혹은 시장평균임금)보다 높게 설정하는 회사는 임금선도정책을 채택 한 회사라 한다. 또한 임금정책선을 〈Mecian〉 시장임금과 동일하게 설정한 회사는 임금동행정 책을 채택한 회사라 한다.

직무급을 도입한 조직은 임금정책선을 설정하기 위해 무엇보다 **시장임금 조사를 정기적으로 해야 한다. 직무급은 시장임금의 변동을 민감하게 반응하는 임금체계이기 때문이다.** 특정 직무 의 임금이 시장평균임금에 크게 미치지 못하게 되면 이직이 빈번하게 발생할 수 있다. 특히 서구의 노동시장처럼 이직과 해고가 비교적 쉽게 이루어지는 노동시장 상황에서 직무급은 시장 임금의 변동을 임금정책선에 민감하게 반영하는 특징을 보이게 된다.

2) 기업의 경영전략

① 선도전략(lead strategy)

❶ 개념

선도전략은 **노동시장에서 경쟁기업보다 더 높은 수준의 임금을 지급하는 고임금전략**을 말한다. 이는 **고임금 – 저노무비 원칙(Taylor)[35]**에 기반한 것으로 고임금으로 유능한 종업원이 채용되어 훈련기간이 단축되고 생산성이 증가되면 기업 입장에서는 높은 노무비가 상쇄될 수 있다.

❷ 장 · 단점

선도전략의 〈장점〉은 **유능한 종업원을 유인하고 유지하여 그들의 능력을 최대화**시키고 **종업원의 임금에 대한 불만족을 최소화**시킬 수 있다. 주로 **자본집약적 산업**에서 사용된다. 그러나 〈단점〉으로는 **다른 전략에 비해 비용이 많이 소요**되고, 조직내부의 부조화와 사용자에 대한 종업원의 불만을 회피하기 위하여 **사용자로 하여금 임금수준을 강화시키도록 강요**할 수 있으며, **높은 이직의 원인이 되는 부정적 직무특성이 숨겨질 수 있다. 높은 임금이 소비자에게 전가**될 수 있다.

② 동행전략(match strategy)

❶ 개념

동행전략은 **경쟁기업과 동일한 수준의 임금을 지급하는 시장임금 전략**으로 가장 일반적으로 사용되는 전략이다.

❷ 장 · 단점

동행전략의 〈장점〉은 **임금에 대한 불만족 이슈를 가림으로써 기업의 노조화를 회피**할 수 있으며, **제품가격 측면에서 경쟁기업과의 불리한 위치를 피할** 수 있다. 그러나 〈단점〉으로는 **노동시장에서의 경쟁우위를 제공하기 어렵다.**

③ 추종전략(lag strategy)

❶ 개념

추종전략은 **경쟁기업보다 낮은 수준의 임금을 지급하는 저임금 전략**이다.

❷ 장 · 단점

추종전략의 〈장점〉은 **장래에 높은 보상을 약속하는 경우(벤처기업 초창기에 우수인력 확보를 위한 스톡옵션 제도)라면 조직구성원의 조직몰입과 팀워크를 강화시켜 생산성 증대를 가져올** 수 있다. **노동집약적 사업**에서 주로 사용되는 전략이다. 그러나 〈단점〉으로는 **유능한 인재 확보가 어렵다.**

---

35) 여기서 임금이란 종업원 관점에서의 급여를 의미하고, 노무비는 기업입장에서 종업원에게 들이는 비용을 의미한다.

④ 혼합전략(hybrid strategy)

종업원은 종업원 집단이나 직군별로 세 가지 전략을 달리하거나, 종업원에 대해 **기본급, 상여금 등의 인센티브 임금, 스톡옵션, 복리후생** 등에 대해서 상이한 전략을 사용하는 것으로 이를 **유연전략**이라고도 한다.

전략	조직성과					적합한 상황
	종업원 유인능력	종업원 유지능력	노무비 절감	임금 불만족 감소	생산성 증대	
선도전략	+	+	?	+	?	• 고기술 종업원의 분권적 조직 • 높은 수익률, 분화된 제품 생산의 자본집약적 산업 • 종업원의 성과통제가 어려운 경우
동행전략	=	=	=	=	?	• 후발기업
추종전략	−	?	+	−	?	• 저수익률·미분화제품의 노동 집약적 산업, 저질의 노동력 산업
혼합전략	?	?	+	?	+	?

제4절 임금체계의 관리

1 임금체계 관리의 개요

(1) 의의

임금체계(wage structure)란 임금지급 항목의 구성내용 또는 개별 종업원의 임금을 결정하는 기준을 말한다. 형식면에서는 종업원들에게 지급되는 임금이 어떠한 항목들로 구성되어 있고, 내용면에서는 각 항목에 어떠한 기준에 의해 설정되어 개별임금의 격차가 공정되게 결정되는가를 나타내는 개념이다. 이는 임금의 내부공정성(internal equity)과 관련이 있으며, 내부공정성이란 **기업이 허용임금 총액을 종업원들에게 어떻게 배분하느냐에 관한 것**이다. 임금배분기준을 종업원들이 공정하다고 생각하는 정도에 따라 임금제도에 대한 공정성과 임금만족이 결정된다.

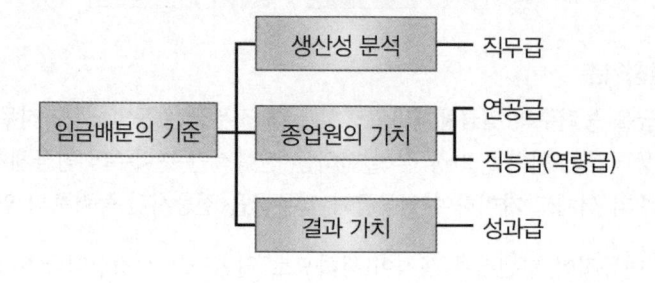

임금체계 관리는 종업원들 간에 공정한 임금격차를 유지함으로써 ① **조직 대내적으로 내부적 및 개인적 임금공정성을 확보하고**, ② **종업원을 동기부여시키며**, ③ **또한 종업원들에게 안정된 소득을 확보해주는 데** 그 목적을 두고 있다.

(2) 임금배분의 기준

직무가치를 임금배분의 공정성 기준으로 삼는 것(직무급)은 주로 서양 선진국에서 널리 도입하고 있는 기준이다. 여기서 직무가치란 기업 내 존재하고 있는 직무들 간의 상대적인 가치를 말하며 여기서의 측정방법은 보통의 능력을 갖춘 종업원이 보통의 노력을 기울였을 때 달성한 개별 직무에서의 성과가 기업의 목표달성에 얼마나 더 공헌을 하느냐에 따라 가치가 차별화된다. 따라서 보다 높은 가치를 수행하는 종업원에게 더 높은 임금을 지급해야 공정하다는 논리가 성립되는 것이다. 한편 **종업원 가치를 임금배분의 기준으로 하는 경우(속인급)**는 종업원의 연공을 기준(연공급)으로 하느냐 **직능 내지 역량을 기준(직능급)**으로 하느냐로 구분된다. 한편 **결과가치인 성과(업적)를 기준으로 하는 경우(성과급)**는 더 많은 노력을 투입하여 업적을 높인 경우 이를 반영하는 것이 공정하다는 논리에서 설정된 것이다.

▼ 임금체계의 예

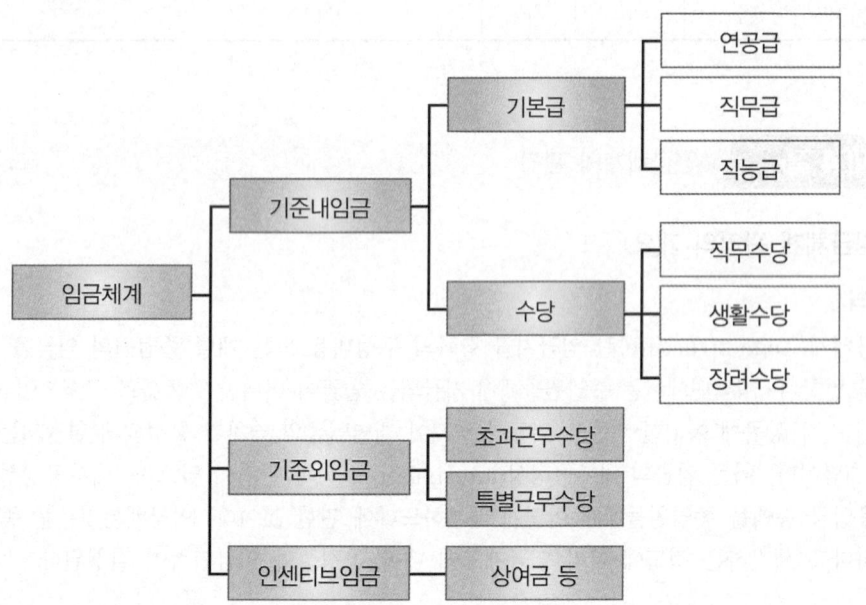

(3) 임금체계의 결정기준

직무급과 직능급을 능력주의 임금체계라고도 하는데 직무급은 동일노동·직무에 대하여 동일임금을 지급하므로 노동대가의 원칙을 가장 잘 실현하는 전형적인 능력주의 임금체계로 손꼽히고 있으며, 직능급은 연공주의 색채도 가미하여 연공급과 직무급을 절충시킨 능력주의 임금체계라 볼 수 있다.

성과급의 경우 변동적인 인센티브 성격이 강하므로 일반적으로 정상임금 이상의 추가 급여로 제공하고 있고, 더욱이 **성과급만을 기본급으로 할 경우 종업원의 소득안정을 기할 수 없기 때문에** 대체로 **임금형태관리에서 다루어지고 있다.** 다음에서는 임금체계의 유형으로서 고정적 성격을 가진 연공급, 직무급, 직능급을 살펴본다.

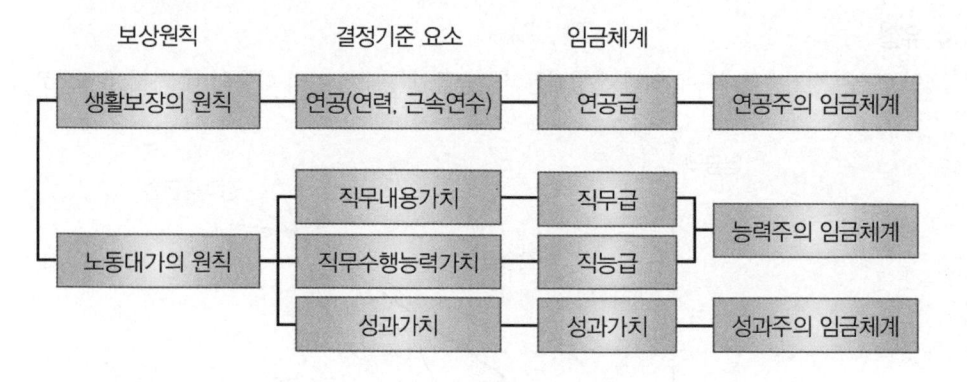

2 임금체계의 유형

(1) 연공급(seniority-based pay)

1) 연공급의 개념

연공(seniority)은 종업원이 회사나 부서 또는 직무에 **근무한 기간**을 말한다. 연공급(seniority-based pay)은 연공서열형 임금 혹은 연공승급 임금이라고도 불리는데 임금을 **종업원의 근속연수를 기준으로 차별화해서 결정하는 제도**이다. 여기서 근속연수는 학력수준과 타 직장에서의 근무연수도 고려하는 것이 일반적이다.

일반적으로 넓은 의미의 연공급은 우리나라나 일본처럼 입사 연령, 학력, 성별, 경력 등의 **속인적 요소를 감안하여 개인의 임금수준을 결정**하고 입사 후 **근속연수에 따라 임금수준을 결정하는 임금체계**를 말한다. 이를테면 특히 학력의 경우가 그러한데 대졸 신입사원은 고졸 신입사원보다 4년 더 근무한 것으로 간주하고 초임급을 높게 책정하고 그 이후부터는 근속연수가 높아짐에 따라 임금수준이 높아진다. 중도 채용자의 경우 입사 전 직장경력, 연령, 시장임률 등을 고려해서 초임을 책정한다. 따라서 연공급은 근속연수, 연령, 학력, 경력 등의 속인적 요소에 따라 임금이 개별적으로 차이가 나므로 이를 〈속인급〉이라고도 한다.

2) 연공급의 기본가정

① 연공급은 근로자들이 기업에서 근속연수나 경력 등의 연공요소가 증가함에 따라 숙련도나 **직무수행능력이 신장된다는 논리에 근거**를 두고 있다. 즉, 연공이 높을수록 숙련도가 증가한다는 '숙련상승설'에 근거한 것이다.

② 연공급은 **장기고용을 전제**로 하는 **정기승급제도를 채택**하고 있으며, 따라서 종업원의 연령이나 근속연수에 따라 **생활보장의 성격**이 강하다. 즉, 연공이 높을수록 생계비가 증가한다는 '생계비 보장설'에 근거한 것이다.

③ 사회문화적 환경측면에서 볼 때, 연공급은 **연공서열적 사회질서와 가치관**을 경영 조직 내에서 보상면에서 확립하는 것으로 **전통적 유교사상과 신분사상에 그 뿌리**를 두고 있다. 이러한

유교문화권 내에서는 연공이 높을수록 회사에 대한 공헌도가 증가한다는 가정에 근거를 두고 있는 것이다.

3) 유형

연공급은 정기승급제도에 의해 운영되는 바, 승급선 형태에 따라 다음의 네 가지 유형으로 구분된다.

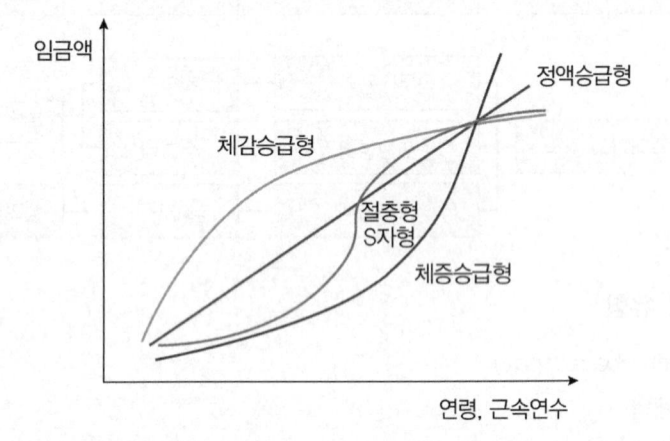

① 정액승급형 : 근속연수에 따른 승급액은 일정하며 승급률은 체감하는 형이다.

② 체증승급형 : 근속연수에 따라 승급액이 증가하는 형태로 승급률이 일정한 정률승급이 여기에 속한다.

③ 체감승급형 : 근속연수에 따라 승급액이 감소하는 현상이다.

④ S자형승급형 : 체증승급형과 체감승급형을 일정시점에서 결합한 형태로서 근속연수에 따라 승급액이 증가하다가 일정 시점을 지나면 감소하는 형이다. 가장 많이 이용되는 형이다.

4) 장·단점

① 장점

❶ 연공급은 장기고용을 전제로 근속연수가 증가함에 따라 임금이 증가하므로 종업원의 고용안정과 생활보장을 이룩할 수 있다.

❷ 종업원의 기업에 대한 귀속의식이 고양된다.

❸ 노사관계의 안정화를 도모할 수 있다.

❹ 종업원에 대한 교육훈련의 효과가 높아진다.

❺ 연공서열을 중시하는 동양적 기업풍토에서는 조직의 질서유지와 사기유지에 도움이 된다.

❻ 사회적으로 노동이동이 낮은 폐쇄적 노동시장에서 직무성과의 객관적 측정이 어려운 경우에 그 실시가 용이하다.

② 단점

❶ 임금이 근속연수, 연령 등 연공적 요소의 증가에 따라서만 결정되고 직무가치나 능력적 요소는 반영되지 않고 있다.

❷ 능력 있는 종업원의 사기저하와 무사안일적이고 소극적인 근무태도를 야기할 수 있다.

❸ 동일노동에 대한 동일임금의 실시가 곤란하다.

❹ 임금의 공평성 원칙을 실현할 수 없다.

❺ 연공자들의 누적에 따른 **인사체증**이 일어날 수 있다.

❻ 실제 능력이나 성과보다 과도한 임금을 지불하고 인력이 적절히 활용되지 못함으로써 기업의 **인건비 부담 가중화**를 가져와 생산성 및 경쟁력의 저하를 초래하기도 한다.

장점	단점
• 생활보장으로 기업에 대한 귀속의식의 확대 • 연공존중의 유교문화적 풍토에서 질서 확립과 사기 유지 • 폐쇄적 노동시장 하에서 인력관리의 용이함 • 실시가 용이함 • 성과평가가 어려운 직무에의 적용이 용이함	• 동일노동에 대한 동일임금 실시가 곤란함 • 전문기술인력의 확보가 곤란함 • 능력 있는 젊은 종업원의 사기 저하 • 인건비 부담의 가중 • 소극적인 근무태도의 야기

5) 연공급의 한계

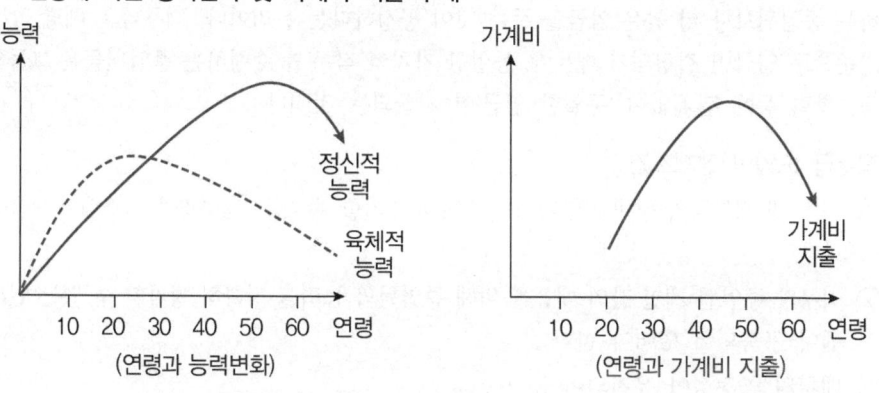

▼ 연령에 따른 능력변화 및 가계비 지출 추세

연공급은 **기업 내외의 급속한 환경변화**, 즉 사무 및 공장자동화 등 기술혁신의 진전에 따른 숙련형태와 더불어 **근속=숙련(숙련상승설)의 등식이 무너지고**, 초임금의 대폭상승에 따른 젊은층과 중·고령층간의 임금격차의 축소, 경영의 다각화, 고령화·고학력화 추세와 젊은 층의 능력지향적 가치관 변화, 시장경쟁의 격화와 기업의 인건비 부담의 과중화 등의 환경변화로 인해 **능력주의적 임금으로의 전환이 요청**되고 있다.

6) 연공급의 도입 시 저항하는 이유

이상에서 살펴본 연공임금이 일본에서 발생하게 된 이유는 당시의 기업상황에서는 상당히 설득력이 있을지 몰라도 **오늘날에도 합리적이고 공정한 임금제도라고 하기에는 상당한 무리가** 따른다. 그러나 우리나라 기업이 연공임금제도를 폐지하고 능력 내지 업적을 기준으로 하는 임금제도(예 연봉제)를 도입하여 임금배분에 있어서 공정성을 확보하는 데에는 아래와 같은 어려운 문제가 앞을 가로막고 있다.

첫째, 근로자의 능력 내지 업적을 객관적으로 측정할 수 있는 평가시스템을 아직 개발하지 못하고 있다. 둘째, 노조의 강력한 저항이다.

(2) 직무급(Job-based pay)

1) 개념

직무급은 조직 내 직무들을 평가하여 **직무의 상대적 가치를 기준으로 임금을 결정하는 임금체계**이다. 즉, 직무의 중요도, 난이도, 책임도, 작업조건 등을 기준으로 각 직무의 상대적 가치를 평가하고 그 결과에 따라 임금을 결정하는 것이다. 이처럼 직무급은 **직무의 가치에 부합하는 임금을 지급**하여 직무 간 공정한 임금격차를 유지하는 것이 임금배분의 공정성을 실현한다는 논리에 바탕을 두고 있다.

연공급이 속인급으로 불리는 데 반해 직무급은 근로자가 담당하는 직무를 객관적, 과학적으로 분석·평가하여 임금이 결정된다는 점에서 직무중심형 임금 혹은 속직급이라고도 불어진다.

다시 말해 직무급은 해당기업에 존재하는 직무들을 평가하여 상대적인 가치에 따라 임금을 결정하는 임금제도이다. 직무가치가 높은 직무를 수행하는 종업원에게 직무가치가 낮은 직무를 수행하는 종업원보다 더 높은 임금을 주는 것이 공정하다는 논리이다. 직무급은 해당 직무의 가치를 기준으로 임금이 결정되기 때문에 '동일한 가치의 직무'를 수행하는 종업원들은 그들의 능력, 연공, 학력 등에 관계없이 '동일한 임금'이 지급되는 것이다.

2) 직무급 도입의 전제조건

① 기업 내 직무들의 상대적인 가치를 정확히 평가할 수 있는 직무평가 시스템이 구축되어 있어야 한다.
② 직무와 종업원 개인 간의 대응을 위해 종업원의 능력을 정확히 평가할 수 있는 인사평가 시스템이 구축되어 있어야 한다.
③ 배치의 공정성이 유지되어야 한다.
④ 기업 간 자유로운 노동이동이 사회적으로 수용되어야 한다.

3) 직무급의 성공적 도입을 위한 조건

① 직무분석과 직무 상호간의 가치를 평가하기 위한 직무평가가 선행되어야 한다.
② 생산이 안정적이어서 **직무가 기능적으로 분화되고 표준화**되어 있어야 한다.
③ 직무중심의 합리적 채용과 인사고과제도가 확립되어 배치와 승진, 이동이 직무중심으로 적정하게 실시되어야 한다.
④ 노사 모두가 직무급을 공평하고 타당한 임금제도로 수용할 수 있는 합리적 의식을 갖고 있어야 한다.
⑤ 최저임금수준이 노동의 재생산이 가능한 생계비수준 이상이 되어야 한다.

⑥ 직무급은 **거시적 측면에서 횡단적 노동시장이 형성**되어 있어야 한다. 즉, 자유로운 노동이동을 통하여 직무의 상향이동이 가능해야 한다.

4) 형태

점수법에 의거하여 직무평가를 실시했을 때 그 결과를 임금에 반영시키는 데는 세 가지 방법이 있다.

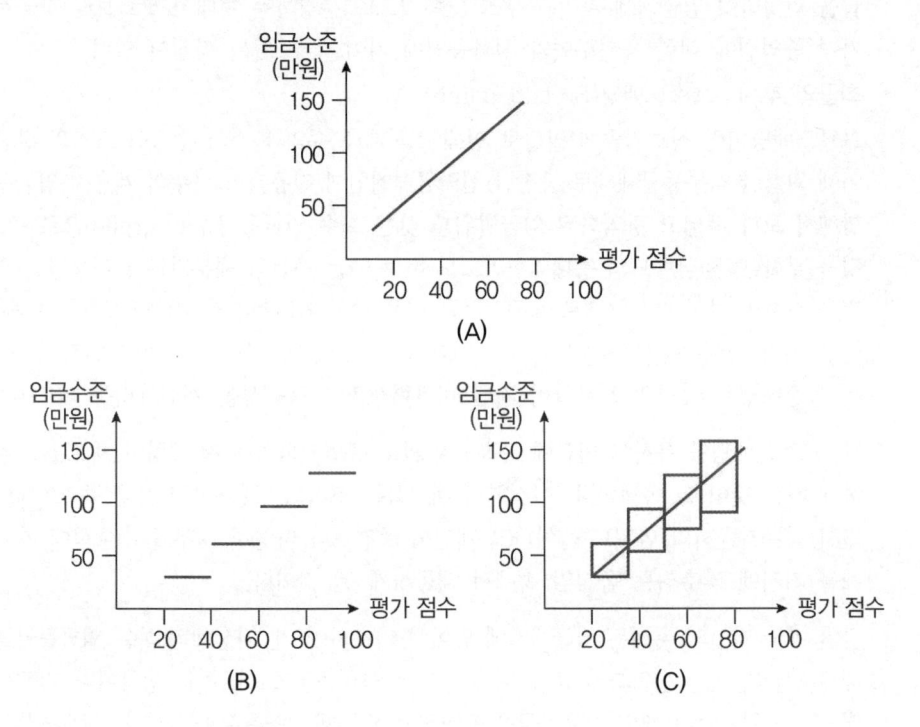

① 평점별 단순직무급(개별직무급)(A)

평점별 단순직무급(개별직무급)은 개별 직무마다 각기 다른 임금률이 정해져 있는 형태(**직무평가에서 나온 개별 직무들의 임금을 그 점수에 정비례시키는 방법**)로 직무평가결과 산출된 평점에 1점당의 단가를 곱하여 임금액을 산출하게 되는데, 이를 평점별 직무급이라고도 한다. 한편 직급별 직무급은 모든 직무를 적당한 수의 몇 개의 직급(직무등급)으로 묶어 직급별로 임금률을 결정하여 운영하는 형태이다.

② **직급별 단일 직무급(B)**

단일 직무급은 각 직무들에 대한 직무평가의 평점을 일정 간격을 기준으로 해서 여러 직급으로 분류하고 보통 10~15개 정도 각 직급마다 하나의 임금률을 설정하여 운영하는 형태이다. 직급별 단일직무급은 **직무평가 점수를 구간을 만들어 구간별 임금을 동일하게 지급하는 방법**이다. 이 방법은 **관리하는 데 간편**하지만 특정구간의 최하점수와 최고점수를 받은 직무들에 대해 동일한 임금을 부여하기 때문에 **정확도 측면에서 문제가 발생**한다. 기업 실무에서는 적용상의 편의성 때문에 많이 도입하고 있다.

③ 직급별 범위 직무급(C)

직급별 범위 직무급은 **직급별 단일 직무급에 업적 내지 연공을 고려하는 방법이다. 동일직급 내 직무에 대하여 일정 범위의 임금률을 설정하여 운영하는 형태이다.** 즉, 범위 직무급으로 동일하게 속하는 종업원이라도 숙련, 능력, 업적 등의 차이를 반영하여 일정범위 내에서 승급을 인정하여 임금액에 차이를 두고 탄력적으로 운영하는 형태이므로 보다 자극적 성격을 가져 종업원에 대한 동기부여와 성과증진에 기여할 수 있는 장점이 있다.

④ 최근의 추세 : 브로드밴딩(Broadbanding)

브로드밴딩이란 정보기술의 발달로 인해 조직계층 수의 축소와 수평적 조직의 확산에 따라 이에 적합한 직무등급체계로 등장한 **신임금체계**인데 **전통적인 다수의 계층적 임금구조를 통합해서 보다 폭넓고 광역화된 임금범위를 갖는 소수 임금등급(pay grade)으로 축소시키는 것**을 말한다. 임금밴드의 광대역화라고도 하며 이는 종전의 세분화된 급여등급을 허물고 그것을 소수의 광범위한 밴드로 재구성하는 것을 말한다(Dessler, 2008). 그럼으로써 한 밴드 안에 여러 급여수준과 급여등급이 속하게 되는 것이다. 이러한 광대역 밴드로 재구성하게 된 등장배경은 **종전의 직무급이 지닌 비탄력성과 비적응성을 개선하려는 의도**에서이다.

즉, 브로드밴딩을 통하여 **임금에 구속받지 않고 종업원의 탄력적 배치와 새로운 스킬을 습득하게 하는 것**이 그 목적이다. 이러한 광대역화는 조직의 다운사이징이나 구조조정이 진행되면서 직무기술서의 범위도 늘어나고 개인이 종전보다 다양한 직무를 수행함에 따라 급여체계를 거기에 맞추려는 움직임 속에서 태동하게 된 것이다.

근년 미국 기업의 추세는 직급체계에 있어서 기조의 20개 이상에 달하는 임금등급들을 통합해서 임금의 폭이 광역화된 10개 미만 정도의 임금등급으로 줄이는 경향이다. **새로이 형성된 밴드(band)는 여러 개의 직무등급을 포함하게 되는데**, 보통은 4~5개의 직무등급 혹은 하나의 밴드로 통합된다(Dreher&Dougherty). 따라서 브로드밴딩은 한마디로 직무급체계에서 **직무(혹은 임금)등급 수는 축소하되 등급 내 범위는 광역화**하는 것으로, **광역화된 직무(임금)등급체계**라 할 수 있다.

▼ 밴드의 광대역화(Broadbanding)

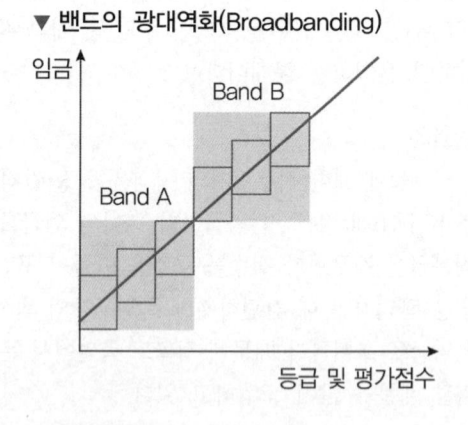

정리하여 브로드밴딩은 **직급체계의 단순화**를 통해 **인력 운용의 탄력성과 효율성**을 제고할 수 있는 방안이다. 이를 통해 **조직체계와 직급체계의 일원화**를 꾀할 수 있으며, **동기부여형 임금체계**를 수립하여 운영할 수 있다. 이는 급여등급의 통합으로 인해 특정 **임금등급의 상한선과 하한선**이 확대되므로, 성과에 따라 임금이 이전보다 더욱 큰 폭으로 상승되거나 하락될 가능성이 커지기 때문이다. 따라서 브로드 밴딩은 **고성과를 유도하는 인적자원관리** 방식의 일환으로 간주될 수 있다.

5) 특징

① 직무급은 동일 가치의 직무에 종사하는 종업원에게는 연령, 근속연수, 학력, 능력 등에 관계없이 동일 임금이 지불됨에 따라 '**동일노동에 대한 동일임금(equal pay for equal work)**'의 **원칙에 입각한 합리적 임금체계**라 할 수 있다.

② 직무급에서는 종업원이 높은 능력이나 자격수준을 갖고 있다 할지라도 실제 그 직무를 맡고 있지 않으면 그의 초과되는 능력이나 자격수준은 원칙적으로 임금에 반영되지 않는다. 따라서 **종업원이 현재보다 높은 임금을 받기 위해서는 현재보다 직무의 중요도, 난이도 등이 높은 직무로 이동해야 한다.**

③ **직무급은 직무가치를 기준으로 한 직무에 대한 임금으로서, 속인적 요소를 기준으로 한 사람에 대한 임금인 연공급과 직무수행능력을 기준으로 한 직능급과 구분**된다.

④ 직무급은 기업 간 노동의 이동이 자유로운 **횡단적 노동시장 임금의 형성에 바탕**을 두고 있다.

6) 장·단점

① 장점

❶ **직무 간 공정한 임금격차를 유지**할 수 있고 **노동의 공헌면에서 임금배분의 공정성**을 기할 수 있다.

❷ 직무를 중심으로 한 합리적 인사관리를 가능하게 함으로써 **노동력의 효율적 이용과 인건비의 효율성 증대에 기여**한다.

❸ 공정한 임금지급을 통하여 **유능한 인력의 확보와 활용이 용이**하다.

② 단점

❶ 직무분석 및 직무평가 등의 절차가 복잡하고 객관적 평가기준의 설정도 곤란하다.

❷ 직무가 표준화되어 있지 않고 직무구조와 인적능력 구성이 일치하지 않거나 노동시장이 폐쇄적인 경우 등에서는 직무급 도입이 어렵다.

❸ 연공중심의 기업풍토 하에서 특히 장기근속자의 저항이 강하여 실시의 어려움이 많고, 노동조합의 반발도 만만치 않다.

장점	단점
• 능력주의 인사풍토 조성 • 인건비의 효율성 증대 • 개인별 임금차 불만의 해소 • 동일노동에 대한 동일임금 실현	• 절차가 복잡함 • 학력, 연공주의 풍토에서 오는 저항 • 종신고용풍토의 혼란 • 노동의 자유이동이 수용되지 않은 사회에서의 적용이 제한적임

(3) 직능급

1) 개념

직능급은 종업원이 직무를 수행하는 데 요구되는 능력을 기준으로 임금을 결정하는 임금체계이다. 즉, 직능급은 종업원의 직무수행능력(직능)의 발전단계에 따라 일정 자격기준(직능자격등급)을 설정하고 이를 기준으로 임금을 결정하는 임금체계이다.

연공급이 사람에 대한 임금이고 직무급이 직무에 대한 임금이라면 직능급은 일을 전제로 한 사람에 대한 임금체계로 근속연수, 학력 등의 연공적 요소와 직무적 요소를 절충한 임금제도라 할 수 있다.

개인의 능력이란 직무수행에 직접 필요한 보유능력과 잠재적으로 갖고 있는 잠재능력으로 구분할 수 있는데 직무에 발휘된 보유능력은 업적과 성과로 나타나지만 잠재능력은 측정하기가 어렵다. 이는 인사평가 시 그의 태도, 기능, 지식을 평가하여 그 결과를 보고 알 수 있다. 여기서 직능은 ❶ 지식의 전문성과 ❷ 다기능성 등 두 가지 속성을 가지고 있다.

▼ 직능의 인식범위

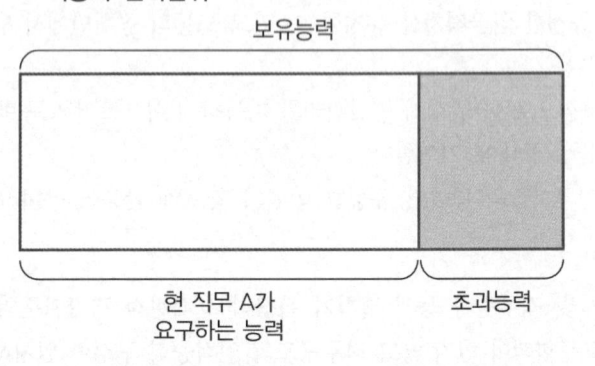

보유능력

현 직무 A가
요구하는 능력

초과능력

문제는 기술환경의 변화에 따라 직무가 변화하게 되는데, 모든 직무변화에 대처하기 위해 노력하는 것보다 '역량(Competency)', 즉 직무수행능력으로 직무의 개념을 대처하여 종업원의 능력신장을 꾀하는 것이다.

2) 도입배경

1970년대 이후 일본에서 기업 내외의 환경변화, 특히 오일쇼크 이후의 저성장으로 인한 기업 내 승진정체 현상과 노동력의 고학력화·고령화, 인재육성과 능력주의 인사의 중요성 대두 등으로 인해 일본 조직풍토하에서 연공급을 개선하면서 직무급의 장점도 살릴 수 있는 능력주의적

임금제도가 도입되면서 급속히 보급되어 왔다. 즉 1970년대 일본에서 생성된 임금제도로 생성 배경을 정리하면 아래와 같다.

첫째, 2차에 걸친 석유파동으로 일본경제는 **고성장에서 저성장으로 전환**되어 **조직의 확장이 완만해져** 기업 내 **승진정체현상**이 나타났다.

둘째, 1980년대에는 **노동력이 고령화·고학력화**되었고 또한 **정년연장에 따른 인력관리의 어려움**이 나타났다.

셋째, **경쟁에 대처하기 위한 인적자원의 중요성**이 더욱 **부각**되었고 직군관리를 중시함으로써 인재의 집중적인 육성이 주요 과제로 등장하였던 것이다.

이상의 이유로 인하여 **기업은 종업원의 능력신장, 승진정체에 대한 대처를 위해 직능자격제도를 개발**하였으며 이를 바탕으로 **직능급이 도입**되었다. 직능급은 종업원이 보유하고 있는 **직무수행 능력(직능)을 기준으로 임금액을 결정하는 제도**를 말한다. 종업원들이 **연공은 같지만 직능이 다른 경우 상이한 임금**을 받으며 역시 동일한 직무를 수행하더라도 보유하고 있는 직능이 상이할 경우 임금액은 달라진다.

3) 직능급 도입 시 전제조건

개인이 보유하고 있는 능력이 현재 수행하고 있는 직무가 요구하고 있는 능력보다 더 많을 때 **직능급 도입이 필요성이 요청된다.** 이 경우 직무급에서는 현 직무의 직무가치, 즉 요구하는 능력을 기준으로 임금액을 책정하지만 직능급에서는 초과하는 능력까지 포함시켜 개인의 임금액을 결정한다.

한편 **직능급을 도입하기 위해서는 〈직능자격제도〉의 구축이 그 전제가 된다.** 승진 부분에서 살펴보았듯이 직능자격제도는 해당직종(例 관리직종) 내에서 여러 등급으로 자격수준을 나누어 관리하는 제도이다. 직능자격제도는 **연공주의의 장점을 살리면서 능력주의의 합리성을 가미한 제도**로서 각 직종(관리직종, 일반직종)별로 직무수행에 필요한 자격요건으로서의 직무수행능력이 분류되고 등급이 부여된 일정한 직능자격 등급을 기준으로 승격, 승진 및 급여(직능급) 등의 처우를 결정하는 인사제도이다. 즉, 직능자격제도는 **자격승격(직능 자격등급의 상승)과 직위승진(例 사원에서 대리로 승진)을 분리 운영**하여 자리(post)가 없어 직위승진의 기회를 누리지 못하는 종업원들에게 직위가 부여되지 않는 대신, 각 개인의 직무수행능력을 평가한 다음, 직능향상의 정도에 따라 등급을 부여한다. 이들이 **현재보다 높은 등급으로 승격**되면 이에 따라 각 직능 등급별로 높게 책정되어 있는 임금을 지불함으로써 급여상의 처우를 개선시켜주는 것이다.

4) 특징 : 직무급 vs 직능급

① **직능급은 동일직능·동일임금 원칙에 입각한 능력주의 임금제도**로서 구성원의 능력을 **직능 고과에 의해 평가**하고 그 결과에 따라 임금을 결정한다. 반면에 **직무급은 동일직무·동일임금의 원칙에 입각**하여 종업원이 담당하는 **직무의 상대적 가치를 직무평가에 의해 평가**하고 그 서열에 따라 임금을 결정한다는 것이 중요한 차이점이다.

② **직능급은 직무급과 같이 직무에 기초를 둔 임금체계가 아니므로 직무의 확정 및 직무의 표준화를 반드시 필요로 하지는 않는다.**

③ **직능급은 직무내용이 아닌 직무능력 중심이기 때문에 직무평가가 꼭 필요하지 않지만, 직무급은 직무평가가 선행되어야 한다.**

④ **직능급은 직무급의 경우처럼 적정배치가 불가결한 전제는 아니다.** 적정배치가 잘되고 있지 않는 기업에서도 종업원의 능력이 평가되어 그에 따라 임금이 결정되므로 **적정배치가 불충분하더라도 종업원 사기에 미치는 영향은 직무급의 경우보다도 상당히 완화될 수 있다.**

⑤ **직능급에서 직능고과는** 종업원의 근속연수, 학력, 경력 등의 연공요소도 포함하여 다면적 기능이나 지식 등의 요소에 크게 의존하기 때문에 고정적 직무내용에 한정된 것이 아니고 **기존의 연공급과 타협적 성격이 강한 특징이 있다.**

5) 유형

① **기본유형 : 단일형 직능급과 병존형 직능급**

기본급 전액을 직능급으로 구성해서 지급하면 단일형 직능급(순수형 직능급)으로, 일부만을 직능급으로 지급하고 나머지 부분은 연공급이나 직무급으로 지급하는 것, 즉 **직능급과 다른 임금체계를 혼합해서 기본급을 지급하는 것을 병존형 직능급(혼합형 직능급)이라고 한다.**

② **직능등급별 직능급과 능력평점별 직능급**

기업에서 종업원 개개인에 대해서 임금률을 설정하는 것은 임금관리상 부적당하다. 따라서 **직능을 몇 개로 등급화하여 등급마다 임금률을 설정하여 운영하는 제도가 직능등급별 직능급이다.**

이에 반해 **능력평점별 직능급 혹은 개별 직능급은** 직능고과에 의해 각 개인마다 능력평가점수를 산출하여 이것에 1점당 단가를 곱하여 임금을 결정하는 제도이다.

③ **단일임금률 직능급과 범위임금률 직능급**

하나의 직능등급에 대해 하나의 임금률을 설정하여 임금을 결정하는 형태가 단일임금률 직능급이고, **하나의 직능등급에 대해 임금액의 상한과 하한의 범위가 설정되어 있는 형태가 범위임금률 직능급**이다.

6) 장·단점

① 장점

❶ 능력에 의한 처우가 가능하여 **능력주의 인사관리를 실현할 수 있다.** 즉, 직능급은 **우수한 인재의 이직을 방지할 뿐만 아니라 종업원으로 하여금 보다 적극적인 능력개발 노력을 유발시킨다.** 개인이 노력을 통해 능력신장이 되면 이것이 바로 보상으로 연결되기 때문이다. 직능급은 바로 이러한 논리 때문에 **종업원의 임금에 대한 공정성 도구로서 그 수용도가 매우 높다.**

❷ 종업원 개인의 직능개발에 대한 노력으로 직능이 신장되면 직능등급의 상승으로 이어져 **자기개발 의욕을 자극하고 동기를 유발함은 물론 생산성 향상에 기여할 수 있다.**

❸ 종업원의 직무수행능력에 따라 차별적인 임금을 지급하므로 임금공정성을 실현할 수 있고 또한 **유능한 인재를 유인하고 유지할 수 있다.**

❹ 직능급은 직무를 전제로 한 사람에 대한 임금이므로 **연공도 어느 정도 반영**될 수 있기 때문에 보수적 기업풍토 하에서 완전한 직무급의 도입이 어려운 한국기업에 적합한 임금제도이다.

❺ 저성장기에 중고령층은 승진 정체로 생애소득의 박탈감을 느끼게 된다. 직능급은 직위승진과 자격승진이 분리 운영되어 유연한 인사처우가 가능하므로 이들 생애소득을 보장하고 또한 **능력주의 임금관리를 통해 저성장기에 효과적으로 적응**해 나갈 수 있도록 해준다.

② 단점

❶ 직능 파악, 평가방법선정, 평가기준, 임금률결정 등의 어려움이 있고, 이로 인해 **잘못 운영하면 연공급화될 가능성**이 있다.

❷ 직능이 신장될 수 있는 직종이어야 직능급 도입이 가능하므로 **직능신장을 기대하기 어려운 직무**(예 운전업무, 수위 등)는 도입이 곤란하다.

장점	단점
• 능력주의 임금관리를 실현할 수 있다. • 유능한 인재를 계속 보유할 수 있다. • 종업원의 성장욕구 충족기회를 제공한다. • 승진정체를 완화시킬 수 있다.	• 초과능력이 바로 성과를 가져다주지 않기 때문에 임금부담이 가중된다. • 직능평가에 어려움이 있다. • 적용할 수 있는 직종이 제한적이다. (직능이 신장될 수 있는 직종에만 적용 가능) • 직무가 표준화되어 있어야 적용이 가능하다.

7) 역량급(competency-based pay)으로의 변화

서양기업에서는 직능급을 지식 내지 기능에 기초한 임금(knowledge or skill-based pay)으로 명명하였다. **일본기업에서 개발한 직능급**은 사실상 종업원의 보유직능을 평가하는 과정에 종업원의 현재 등급에서의 **체류기간을 고려**하지만 서양기업의 경우 체류기간과 관계없이 보유직능을 기준으로 임금을 책정하는 점이 다르다.

1990년대 들어와 과거 사용했던 종업원의 직무수행능력에 초점을 맞춘 직능급이라는 명칭이 **역량급(competency-based pay)으로 바뀌고 있다.** 이는 직능이라는 용어가 종업원이 수행하는 해당 직무와 관련되는 것인 반면 역량은 종업원이 보유하고 있는 기능, 지식 등 기업경쟁력의 원천과 관련되는 것에 초점을 맞춘 개념이기 때문이다. 따라서 **역량급 하에서는 과거 직능급에서의 측정대상보다 그 범위가 확장**된다. 특히 역량급 하에서의 역량측정은 종업원 개인이 보유하고 있는 역량뿐만 아니라 그가 속해 있는 **조직(팀)의 역량도 측정**하여 개인의 임금을 결정하는 데 고려한다.

PART
06

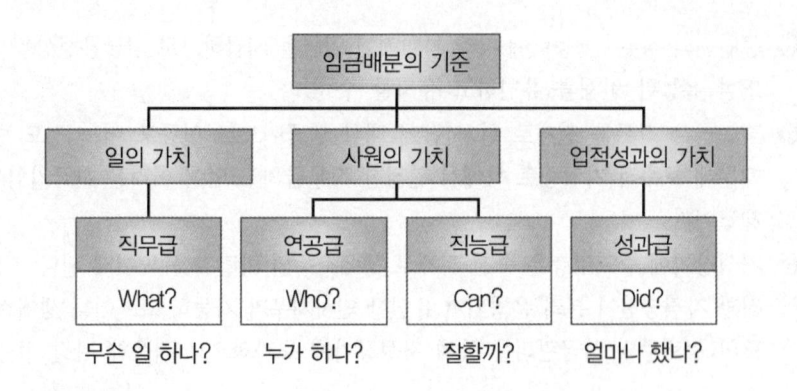

3 새로운 임금제도

(1) 도입배경

기술변화, 세계화와 기업 간 경쟁의 격화 등 **기업환경의 변화에 따라 21세기의 수요를 적절히 반영할 수 있는 혁신적 임금제도**가 부상되고 있다. 여기서는 최근 연공급제의 대안으로 거론되는 기술급(숙련급)과 역량급에 초점을 두어 간략히 살펴보기로 한다.

(2) 기술급과 지식급

1) 개념

① 기술급(skill-based pay)

기술급(skill-based pay)은 좁은 의미로는 **숙련급, 기능급** 등으로 불리는데, 환경변화에 신속하게 대처하지 못하는 직무급의 대안으로 **종업원이 수행하고 있는 기술이 아니라 보유하고 있는 기술의 종류와 수준에 따라 임금이 결정되는 제도이다.** 즉, 종업원이 현재 담당하고 있는 직무가 종업원이 보유한 기술을 요구하지 않더라도 **검정된 모든 기술에 대해서 개인에게 임금을 지급하는 제도**이다. 기술급은 종업원들로 하여금 조직에 대한 그들의 가치와 성과를 증대시킬 다양한 기술 내지는 보다 심화된 기술을 습득하도록 격려해서 급격한 기업환경 특히 기술환경의 변화기에서 조직의 경쟁적 위치를 개선하도록 하는 데 그 목적이 있다. **기술급은 업무가 구체적이고 잘 정의될 수 있는 제조업분야, 특히 조립업무 분야에서 많이 적용되고 있다**(예 자동차산업 및 전자산업분야).

전형적인 기술급은 4단계에서 8단계의 수준이나 **기술 블록(blocks)으로 구성되어 있다.** 이를테면 도제 → 장인 → 마스터(master)처럼 초급 용접기술 → 중급 용접기술 → 고급 용접기술 등 또는 다양한 종류의 기술습득을 위한 조립기술군(조립1, 조립2), 도장기술군(도장1, 도장2, 도장3), 검사기술군(검사1, 검사2) 등을 둘 수 있다. **종업원들은 각 단계별로 설정되어 있는 기술 혹은 기술블록의 종류와 수준을 습득함으로써 그 다음 단계로 나아가게 되며 이에 따라 책정된 임금을 받게 된다.**

② 지식급(knowledge-based pay)

지식급(knowledge-based pay)은 종업원이 보유한 지식의 종류와 수준에 의해 임금이 결정되는 제도이다. 지식급은 **지식중심의 다양한 서비스를 제공하는 서비스직이나 팀에서 많이 사용**되고 있다. 초기의 지식급은 은행 및 보험회사를 비롯해서 많은 수의 종업원들이 재화 대신에 자료와 정보를 기록·처리하는 조직 등에서 실시되었다.

지식급의 예로서 중·고등학교 교사들의 경우, 학사학위 소지자보다 석사학위 소지자가, 석사학위 소지자보다 박사학위 소지자가 더 많은 지식을 가진 교사로서 보다 효과적이라고 전제하고 더 많은 임금을 받게 된다. 마찬가지로 특정 분야의 학위는 다른 분야의 학위보다 더 많은 임금을 받게 된다. 이러한 유형의 임금제도를 종종 자격에 기초한 임금제도(credential-based pay plans)라고 한다(Henderson).

2) 특징

기술급과 지식급의 구분은 1990년대에 들면서 그 **개념상의 차이가 모호**해지면서 **지식급을 포함한 넓은 의미의 skill-based pay 용어가 많이 사용**되고 있다. 이를테면 Milkovich&Newman은 기술급에 지식을 포함시켜 **개인이 직무와 관련하여 습득한 기술(skills), 능력, 지식의 폭(breadth)과 깊이(depth)에 따라 임금을 지급하는 제도**로 정의하고 있다(Milkovich&Newman).

① **다기술급제도(multiskill-based pay)는 각 개인이 수행할 수 있는 기술의 숫자에 따라서 임금이 결정**되는 제도로 좁은 분야에서의 숙련기술보다는 **기술의 다양화가 바람직한 생산직·사무직 종업원의 경우에 흔히 적용**되는 것이다. 이는 기술이나 지식의 폭에 초점을 둠으로써 지식이나 종류로서 여러 직무분야에서의 기술이나 지식의 숫자가 증가된 것, 즉 **다기술(multi-skill or horizontal skill)의 습득을** 의미한다.

② **숙련기술급제도(increased knowledge-based pay)는 일정 직무 이내에서 기술습득의 숙련정도, 즉 기술이나 지식의 깊이에 따라서 임금이 결정되는 제도로 고급기술의 습득이 요구되는 숙련공 및 전문기술직들을 위한 기술급제도**이다. 이는 기술이나 지식의 수준과 관련되는 것으로 한정된 직무분야에서 기술이나 **지식의 심화정도(vertical skill)를** 말한다.

이처럼 기술급은 **기술이나 지식 등 개인 특성에 기초한 임금제도로서** 종업원이 여러 직무분야에 걸쳐 습득한 기술이나 지식의 다양성 정도나 한정된 분야에서 그 심화의 정도에 따라 임금액이 달라지는 것이 특징이다.

3) 기술급의 장·단점

① 장점

❶ **생산현장에 있어서 기술급의 가장 확실한 장점은 노동력의 유연성 증대이다.** 기술급은 종업원들이 다양한 기술을 습득해서 여러 직무를 수행할 수 있도록 함으로써 노동력 활용에 있어 유연성이 증대된다.

❷ 종업원들의 기술이 확대되어 조직은 부품부족에 따른 비정규직 작업흐름이나 제품변화에 원활하게 적응할 수 있도록 **생산일정계획이나 생산 라인 시스템의 변화에 유연성을** 가질 수 있다(**예** just-in-time system, 유연생산시스템).

❸ 기술급은 **다른 직무들에 대한 폭넓은 이해를 증진시켜 조직 내 타직무 종사자들과의 커뮤니케이션을 촉진**하고, 종업원들에게 조직의 기능과 관리방법 등에 대한 **폭넓은 시야를** 제공해준다.

❹ 종업원들은 **상위 직무로 이동하지 않고도 소득과 기술을 증대시킬 수 있다.**

② 단점

❶ 종업원들이 다양한 기술습득과 기술심화로 전통적 임금제도보다 더 많은 임금을 지급받기 때문에 **인건비가 점차 상승**한다.

❷ 기술 역시 진부화될 수 있기 때문에 자칫 **진부화된 기술의 습득에 대해서도 종업원들에게 보상을 제공하는 임금시스템**이 될 수 있다.

❸ 만약 임금 상승이 전적으로 기술에만 기반을 둘 경우 종업원들이 **기술급에서 요구하는 모든 기술을 빨리 습득하여 최고 수준에 이르게 되어 더 이상 임금 상승의 여지가 없게 되면 좌절감**을 느낄 수도 있다.

4) 기술급의 효과

기술급은 **종업원들이 다양한 기술을 습득하고 심화시키도록 격려**하기 때문에 종업원들은 자신이 가지고 있는 잠재능력을 최대로 발휘하고 자아발전과 성장을 도모할 수 있게 되고 또한 종업원들이 기술을 직무성과의 중요한 투입요소로 지각하는 정도까지는 기술급은 공정성 지각을 증대시켜 종업원들을 동기부여시키게 되어 경영성과 증대에 긍정적 효과를 미친다.

특히 공격적인 대외경쟁에 직면하고 있고, 제품수명주기가 짧고 시장변화에 신속하게 대응하는데 관심을 갖고 있는 기업들에서 기본급으로서 기술급 도입이 보다 증가된 것으로 나타났다. 또한 오늘날 기술과 지식이 핵심적인 역할을 하는 21세기 지식기반 경제사회에서 기술급은 생산직 근로자뿐만 아니라 이제는 사무직 및 때로는 관리직까지도 확대·적용되는 추세에 있다.

(3) 역량급(competency-based pay)

1) 개념

역량급은 1980년대부터 1990년대 사이에 들어서 관리직 및 전문·기술직을 대상으로 설계된 임금제도인데 **종업원들이 현재 담당하고 있는 직무와 상관없이 그들이 보유하고 있는 역량의 범위와 수준에 따라 임금이 결정되는 제도**이다.

역량은 가시적 요소인 기술(skill), 지식(knowledge)과 내면적 요소인 자아개념(self-concepts), 특질(traits), 동기(motives) 등으로 구성된다(spencer&spencer).

기술	특정한 물리적 또는 정신적 과업에 대한 숙련도나 능력
지식	특정분야에 관해 개인이 가지고 있는 축적된 정보
자아개념	개인의 행동에 영향을 미치는 개인의 태도, 가치관, 자아이미지(self-image)
특질	특정상황이나 정보에 대해 일정한 방식으로 행동하고자 하는 기질로서 성격이나 능력 등
동기	특정행동을 유발시키고 방향을 잡도록 하는 추진력(원인)

2) 역량의 유형

직원들이 소유해야 할 역량을 조직수준별로 분류하면 다음과 같다.

① 공통역량(common competency)

조직의 모든 사원들이 공통적으로 가져야 할 역량을 의미한다. **예** 변화적응력, 대인관계능력

② 기능역량(functional competency)

기업조직에는 생산, 재무, 마케팅, 인사, 회계 등 여러 기능이 있는데 **각 기능별로 요구되는 역량**이 다르다. 기능역량은 **특정한 분야에서만 필요로 하는 전문적인 능력**을 의미한다. **예** 판매능력은 마케팅기능 수행에 필요한 능력이지만, 기계수리능력은 생산기능 수행에 필요하다.

③ 직무역량(job competency)

기업의 기능이 효율적으로 행해지기 위해 여러 가지 구체적인 직무가 완수되어야 하는데, **각 직무의 수행에 필요한 구체적 역량**을 직무역량이라고 한다. **예** 판매직의 직무역량 : 대인관계능력, 설득력, 교섭력, 친절, 시장정보관리력, 커뮤니케이션능력, 성취동기 등

▼ **역량의 수준별 분류**

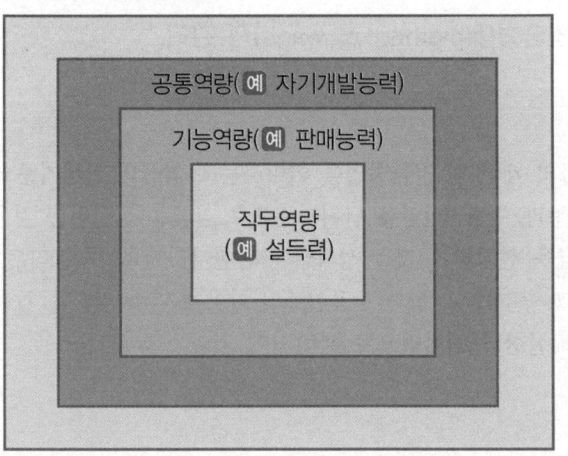

3) 장·단점

① 장점

❶ 기술급과 같이 **종업원들이 다양한 역량을 습득해서 여러 직무를 수행할 수 있도록 함으로써 노동력의 유연성을 증대시킨다.**

❷ 종업원들이 습득하고 개선된 역량에 상응한 임금을 지급함으로써 **임금공정성을 제고할** 뿐만 아니라 **역량습득과 개발을 촉진시켜** 종업원들의 역량이 향상되어 조직의 성과가 증대된다.

❸ 조직의 성공을 위해 경쟁적 강점을 제공하는 **핵심역량에 초점을** 두고 보상을 제공함으로써 **핵심역량을** 조직전략 수행에 적합화시킬 수 있고 지속적 학습과 개선을 통해 전략을 강화시킨다.

❹ 역량은 시간이 경과함에 따라 습득되고 개선되므로 경력개발과 연계되어 설계될 수 있다.

② 단점

❶ 역량의 정의가 어려워 자칫 모호한 표현이 될 우려가 있다.

❷ 역량의 측정 및 타당성과 신뢰성 검증이 어렵다.

❸ 역량이 진부화될 수 있다.

4 임금체계의 구성

임금체계는 구성 형식 면에서 크게 기준임금, 기준외임금, 상여금으로 구성된다. 기준내임금은 정상적 근로조건 내 노동에 대하여 지급하는 임금으로 기본급과 기준 내 수당으로 구성된다. 기준외임금은 근로자가 정상적 근로조건을 초과하여 제공하는 노동에 대하여 지급하는 임금이다. 기준외임금은 연장근로수당, 휴일근로수당, 야간근로수당 등과 같은 **초과근무수당**과 위험한 작업 및 심야작업에 대한 **특별근무수당**으로 구성된다. 한편 **상여금은** 정기적으로 지급되는 임금 이외에 특별히 지급되는 현금급여로 보너스라고도 불린다.

제 5 절　임금형태(method of wage)의 관리

1 의의

임금형태의 관리는 **임금의 계산 및 지불방법을** 의미하는데 임금의 산정기준으로서 일반적으로 활용되고 있는 것이 〈시간과 성과〉이다. 시간을 단위기준으로 임금을 산정하는 것을 **시간급**이라고 하고, **성과를 단위기준으로 임금을 산정하는 것을 성과급이라 한다.** 임금형태관리는 임금의 공정성 개념으로 볼 때 대내적 공정성, 그 중 개인의 성과나 공헌도의 차이에 따라 임금을 차등지급하는 것이 공정하다고 보는 **개인적 공정성 실현과 직접적으로 관련**되어 있다.

2 임금형태의 유형

(1) 시간급(time payment)

시간급은 근로자의 작업량이나 작업성과에 관계없이 **단순히 근로시간을 단위로 임금액을 산정하고 지급하는 방식**이다. 시간급은 근로자가 정해진 근로시간만 근무하면 임금을 정액으로 지급받을 수 있기 때문에 고정급 혹은 정액급이라고도 한다.

시간급은 근로시간의 단위, 즉 시간(hour), 일(day), 주(week), 월(month), 연(year) 등 단위에 따라서 시급제, 일급제, 주급제, 월급제, 연봉제 등으로 유형화할 수 있다. 대체로 하위직 직무일수록 시급제, 일급제, 주급제의 형태로 지급되고 상위직일수록 월급제와 연봉제의 형태로 지급된다.

(2) 성과급(output payment)

1) 개념

성과급은 개별종업원이나 집단이 수행한 노동성과나 업적을 기준으로 임금을 산정하여 지급하는 임금형태이다. 즉, 종업원이 **특정 과업을 달성한 결과에 따라서 받는 변동 임금**을 말한다. 성과급은 종업원이 달성한 성과의 크기를 기준으로 임금액을 결정하는 제도이다.

2) 성과임금의 동기부여 효과에 관한 이론

	이론의 내용	이론의 시사점
기대이론	• 성과실현에 대한 자신감이나 기대 • 성과와 보상의 연계 • 구성원이 바라는 내용의 보상	• 성과달성을 위한 교육과 역량 강화 • 성과에 따른 일관되고 가시적 보상 • 구성원이 원하는 보상제공
공정성 이론	• 자신의 노력과 비교한 보상 • 타인의 노력 대비 보상수준 • 비율이 공정하면 만족, 다르면 불만족	• 공정성과 평가의 중요성 • 절차적 공정성 • 분배적 공정성
목표설정 이론	• 명확하고 달성 가능하고 도전적인 목표 • 목표설정이 동기부여에 영향	• 성과목표 설정방법의 중요성 • 성과와 보상의 연계
강화이론	• 기대하지 않았던 보상이 강한 효과 • 즉각적인 보상이 효과적	• 적시(timely) 보상의 중요성
대리인 이론	• 직접 업무수행 관찰이 어려울 경우 통제 방법으로서의 보상전략 • 결과에 대한 보상으로 과정을 통제	• 직무에 따른 보상체계의 차별화 • 개인목표와 조직목표의 일치

3) 성과급의 긍정적 효과

① 근로자를 동기부여시키고 **노동생산성을** 향상시킨다.

② **직접노무비를 감소**(10~20%)시키고 **종업원들의 소득을 약 20% 정도 증대**시키는 것으로 밝혀지고 있다.

③ **성과지향적 경영을 자극**하고 커뮤니케이션을 증대시키며 노무비와 생산비의 사전 결정이 가능하고, 결근률과 지각률 감소와 종업원들의 직무에 대한 창조적 관심 증대 및 비능률적 작업자의 감소 등의 효과가 있다.

4) 부정적 효과

① 종업원들이 단기간에 최대의 산출량을 내기 위해 **제품 질의 희생을 조장**할 수 있다.

② 성과의 표준설정과 측정의 어려움 및 임금결정의 문제 등으로 **노사간 마찰**이 일어날 수 있다.

③ 임금액이 변동적이므로 소득이 불안정하여 특히 미숙련 및 고령의 근로자, 여성 근로자의 경우에 불리하다.

④ 작업속도의 증가로 종업원의 건강을 해칠 우려가 있다.

⑤ 개별성과급제도의 경우 종업원들간 협동관계와 신뢰감을 저해할 수 있다.

5) 성과급의 전제조건

① 생산단위 측정이 용이한 경우

② 작업과 노력이 생산성의 중요한 결정요인이 되는 경우

③ 작업의 시간 및 동작연구 혹은 표준화가 작업능률을 향상시킬 수 있는 경우

④ 작업에 미치는 기술 변화가 비교적 드문 경우

⑤ 경쟁적이어서 단위당 노무비가 사전에 결정되어 있는 경우

⑥ 기업이 시간연구에 경험이 있는 자를 채용하고, 경영자가 성과표준을 임의로 변경하지 않을 것이라는 종업원의 신뢰가 있는 경우

6) 성과임금의 전략적 활용을 위한 방안

① 성과임금과 능력개발

기대이론에 따르면 성과임금이 동기부여 효과를 발휘하기 위해서는 열심히 노력하면 성과가 달성될 수 있다는 기대가 있어야 한다. 이때 그러한 기대에 중요한 영향을 미치는 것이 구성원의 역량이다. 그런 점에서 성과임금을 도입하는 기업에서는 구성원의 역량개발에도 충분한 투자와 노력을 기울여야 한다.

② 성과임금과 임금안정성

성과임금은 변동급이기 때문에 구성원 입장에서 소득불안정성을 증가시킨다. 성과임금은 불안감을 키울 수 있는바, 고정급과 변동급의 적절한 비율을 모색해야 하며, 저직급의 저임금 구성원의 경우에는 성과에 따른 변동급의 크기가 지나치게 과도해지지 않도록 설계하는 것이 바람직하다.

③ 성과임금과 성과지표

성과임금이 동기부여의 효과를 발생시키기 위해서는 구성원들이 성과지표를 잘 이해하고 수용할 수 있어야 한다. 구성원이 성과지표를 불신하는 순간 동기부여 효과는 사라지게 된다. 따라서 중요한 것은 성과지표의 특징과 장단점을 이해한 상태에서 구성원들이 이를 수용하도록 만드는 일이다. 이를 위해서는 회사가 일방적으로 성과지표를 설계해서 적용하는 것보다는 적극적으로 구성원과 함께 성과지표를 개발하는 것이 더 바람직하다.

④ 성과임금과 평가

성과임금은 성과에 의해 결정되지만 성과달성정도를 판단하는 평가이다. 따라서 합리적인 성과지표를 만드는 것도 중요하지만 구성원들에게 평가가 공정하게 이루어지는 것도 중요하다. 평가에 대한 불신이 큰 경우 성과임금의 동기부여 효과도 사라진다는 점을 기억할 필요가 있다.

3 성과급의 체계와 구성

성과급의 적용단위가 개인인가 집단인가에 따라 크게 개인성과급제도와 집단성과급제도로 분류된다.

(1) 개인성과급제도(individual incentive plan)

임금률 결정방법 생산수준과 임금률간의 관계	일정시간당 생산단위	제품단위당 소요시간
생산수준에 관계없이 일정(고정임금률)	1) 단순성과급	3) 표준시간급
생산수준에 따라 변화(변동임금률)	2) 복률성과급 • 테일러식 차별성과급 • 메리크식 복률성과급	4) 할증성과급 • 할시식 할증급 • 로완식 할증급 • 간트식 할증급

개인별로 성과급을 적용하는 것으로 근로자들 개개인의 임금이 각자의 노동성과나 작업능률에 따라 지급되는 제도를 말한다. 즉, 개인성과급제도는 종업원이 달성한 성과를 개인별로 계산하여 이를 임금결정의 기준으로 삼는 제도를 의미한다.

임금률 결정방법을 기준으로 분류하면 일정 시간당 생산단위에 기초해서 결정하는 방법과 제품 단위당 소요시간에 기초하여 결정하는 두 가지 방법이 있다. 전자는 과업수행의 사이클이 비교적 짧은 과업에 적절한 방법이고 후자는 과업수행의 사이클이 긴 과업에 적절하다.

생산수준과 임금률간의 관계를 기준으로 분류하면 임금률을 생산수준과는 관계없이 생산량과 비례적으로 연결시키는 방법과 생산수준에 따라 임금률을 달리하는 두 가지 방법이 있다. 후자의 경우 표준생산량 이상으로 생산한 경우에는 보다 높은 임금률을 적용하는 방법이다.

1) 단순성과급(straight piecework plan)

① 개념

단순성과급(straight piecework plan)은 개인이 생산하는 제품의 수량에 고정된 임률인 개당 임금을 곱하여 임금액을 결정하는 제도이다. 즉, 단순성과급은 제품 또는 작업의 단위당 고정된 단일 임금을 정하고 여기에 실제의 작업성과(생산량 또는 판매량)를 곱하여 임금액을 산정하는 방법이다. 제품 1개당 또는 작업의 1단위당에 대한 임금단가(개수 임률 또는 단위 임률)을 정하고 여기에 실제의 작업성과(생산량 또는 작업 수행량)를 곱하여 임금액을 책정하는 방법이다.

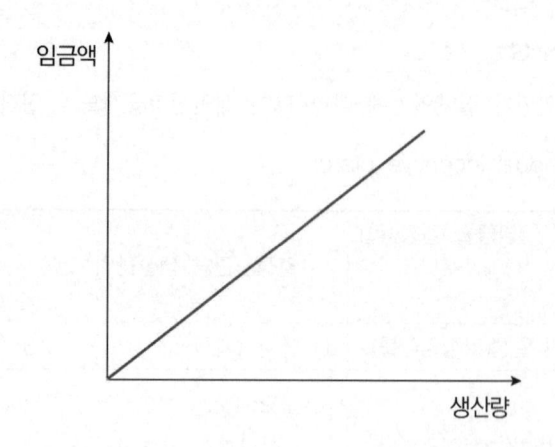

② 장점

❶ 간단하고 이해하기가 쉬워 종업원의 수용도가 다른 성과급제도보다 높으며 노동능률 증진에 주는 자극이 강하다.

❷ 직접 노동비용이 각 산출물 단위에 대하여 동일하고 상대적으로 쉽게 결정되어 **조직은 높은 정확성을 갖고 노무비를 예측**할 수 있다.

③ 단점

❶ 성과표준, 즉 생산단위당 임률이나 표준산출량의 합리적 설정이 어렵고 이로 인하여 노사 갈등이 야기될 수 있다.

❷ 시간당 표준산출량 이하의 생산에 대해 최저임금이 설정되어 있지 않을 경우 **초보자나 미숙련공 및 노령자는 매우 낮은 임금을 받을 수** 있다.

❸ 수입이 일정하지 않아 생활의 안정을 기하기 어렵다.

2) 복률성과급(multiple piece rate plan)

복률성과급은 근로자의 작업능률을 보다 효과적으로 자극하기 위하여 **작업성과의 고저나 다과에 따라 적용 임금률을 달리 산정하는 제도이다.**

① 테일러식 차별성과급(Taylor differential piece rate plan)

테일러式 복률성과급(Taylor differential piece rate plan)은 테일러가 고안한 제도로서 과학으로 결정된 **표준과업량을 기준으로 하여 2종류의 임률을 제시하고 표준과업량을 달성한 종업원에게 훨씬 유리한 임률을 적용시키는 제도이다.**

테일러식 차별 성과급제도는 **종업원 1일의 표준량을 과학적인 동작연구 및 시간연구에 의하여 설정**하고 이를 전제로 하여 일정한 과업 이상의 성과를 달성한 종업원에게는 고율의 임금을 지급하고 과업 미만의 달성자에게는 저율의 임금을 지급하는 방식이다. 즉, **근로자가 표준과업량을 달성했을 경우에는 정상임금수준보다 높은 임금률을 적용해서 임금을 지급하는 방식이다.** 차별성과급의 경우 임금선은 변동적 기울기를 가지는 것이 단순성과급과 구별되는 특징이고 따라서 **단순성과급보다 인센티브 효과가 더 크다.**

테일러는 **표준과업량이라는 목표를 달성한 자에게는 훨씬 유리한 임금을 제공함으로써 종업원의 작업의욕 나아가 생산성 향상을 추구**하였다. 테일러의 이러한 복률성과급제도는 본질적으로 생산성 향상에 기여할 수는 있지만 숙련수준이 떨어지는 종업원에게는 불리한 제도로서 **숙련공우대 임금제도**라는 비판을 받기도 했다.

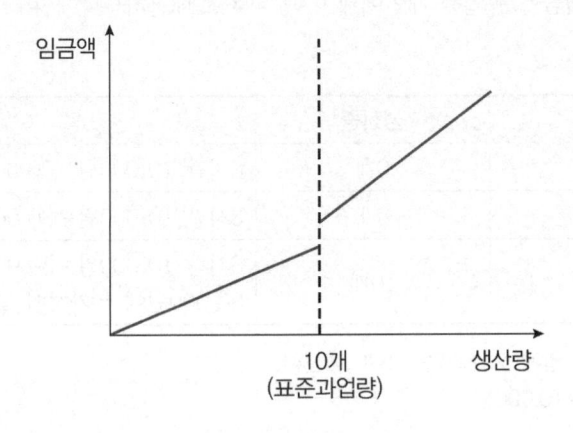

② 메리크식 복률성과급(Merrick multiple piece rate plan)

테일러 제자 메리크(D.V. Merrick)가 **테일러식 차별성과급의 결함을 보완**하여 임금률을 3단계로 나눈 것이다. 즉, **표준생산량의 83% 이하, 83~100%, 그리고 100% 이상으로 나누어 상이한 임금률을 적용하는 방식이다.** 메리크식 복률성과급은 **중간수준의 종업원에 대한 배려가 가능**하다는 이점이 있다.

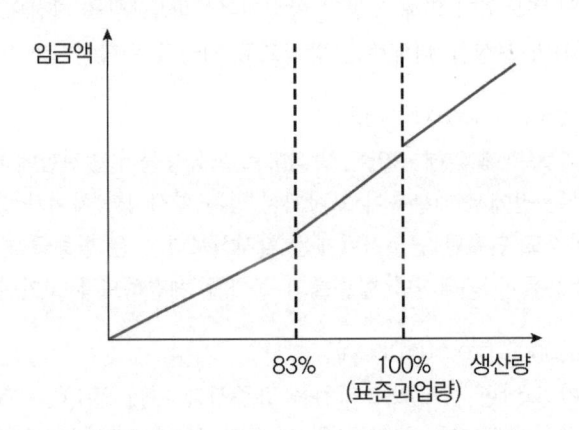

3) 표준시간급(standard hour plan)

표준시간급은 **과업단위당 표준시간기준을 설정하고 종업원이 이 작업을 완성하면 이미 설정된 표준시간에 임률을 적용하여 임금액을 지급하는 제도**이다. 이 제도는 작업 또는 제품의 1단위를 완성하는 데 필요한 표준시간을 설정하고 표준시간 내 작업을 완성하면 표준시간에 단위시간당 임금률을 곱하여 임금을 지급하는 방식이다.

4) 할증성과급(premium plan)

할증급(the premium plan)은 종업원에게 작업한 시간에 대해 성과가 낮다 하더라도 일정한 임금을 보장해 주고, 반면에 **노동능률 내지 성과가 높은 종업원에 대해서는 일정한 비율의 할증임금을 지급하는 제도**이다. 소요시간을 기준으로 하여 복수의 임률을 적용하는 방식으로 **절약된 시간에 대한 임금**을 종업원 개인에게 어떤 비율로 배분하느냐에 따라 할시식, 로완식, 간트식으로 구분된다.

	생산량	임금
甲	6개	8시간 10,000원＝80,000원
乙	8개	8시간 10,000원＝80,000원
丙	10개	8시간 10,000원＝80,000원 80,000원에 추가하여 할증급 지급

* 하루 8시간 작업에 표준과업은 8개 생산임
  시간당 임금＝10,000원

① 할시식 할증급(Halsey premium plan)

1981년 미국의 할시가 고안한 방식으로 표준작업시간을 과거의 경험으로 설정한 다음, **절약임금의 1/2 혹은 1/3을 해당 종업원에게 추가로 지급하는 방식**이다.

② 비도우식 할증급(Bedaux premium plan)

1919년 미국의 비도우에 의해 고안된 방식이며, 과업달성을 기점으로 근로자는 **절약시간에 대해 75%(3/4)의 보상을 더해주는 방식**으로 지급하는 할시식의 변형 방식이다.

③ 로완식 할증급(Rowan premium plan)

1898년 영국의 로완에 의해 고안된 방식으로 **노동능률이 증진함에 따라 절약임금의 배분율이 가변적**이라는 점에서 배분율이 고정되어 있는 할시식과 차이가 있다. 로완식은 **표준작업시간을 조금이라도 단축한 근로자에게는 할시식보다 높은 할증급을 주도록** 하고 **일정 한도 이상으로 작업능률이 증대되면 할증률의 증가를 체감하도록** 고안한 제도이다.

④ 간트식 할증급(Gantt premium plan)

1901년 간트가 고안한 방식으로 작업을 표준시간 내에 완수하지 못한 때에는 시간급만을 지급하여 과업 미달성자의 최저임금을 보장해 주고, 표준작업 시간 내에 과업을 완수하는 경우 시간급의 일정률을 인센티브로 가산하여 지급하는 방식이다. 즉, 할증급 중에서 개인에게 가장 많은 임금을 보장하는 제도로서, **노동능률에 의해 절약한 임금을 개인에게 모두 주고 추가로 보너스를 지급**하는 것이다.

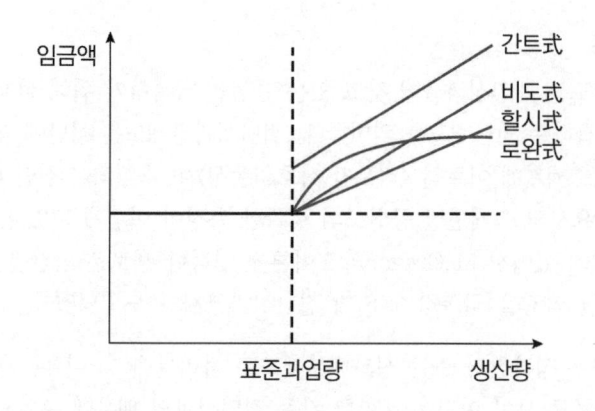

5) 개인성과급의 장·단점

① 개인성과급의 장점

❶ 개인성과급은 본질적으로 **생산성 향상, 낮은 인건비** 그리고 종업원에게 높은 소득을 가져다준다.

❷ 성과급에서는 **시간급에서보다 적절한 생산량을 유지하기 위한 감독의 필요성이 줄어든다.**

❸ **양질의 성과측정 기법**이 주어진다면 **시간급에서보다 인건비 측정을 보다 용이하게** 할 수 있다.

② 개인성과급의 단점

❶ 종업원은 생산량을 추구하고 관리자는 생산량과 품질수준을 동시에 고려하기를 원하기 때문에 **품질관련 문제가 발생**할 수 있다.

❷ 표준과업량의 변경에 대한 불안감으로 인해 종업원은 **기업의 신기술 도입에 저항**할 가능성이 높다.

❸ 생산기계에 문제(고장, 정비불량 등)가 생겼을 때 이에 대한 **종업원의 불만이 고조**된다.

❹ 작업장 내 인간관계에 문제가 생길 수 있다. 예를 들면 동료직원보다 특별히 **성과가 높은 종업원(rate buster)은 작업집단 내에서 소외**된다(Wilson, 1992).

(2) **집단인센티브제도(group incentive plan)**

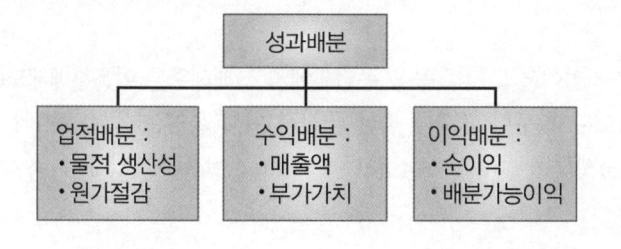

1) 개념 및 특징

집단성과급제도는 **개인성과급이 갖고 있는 단점을 극복하기 위해 설계**된 것으로서 개인의 임금에 추가로 지급하는 임금제도를 의미한다. 집단성과급제도는 **집단에 대해서 성과급 임금을 적용**하는 것으로 20세기에 이르러 〈직무간 상호의존성〉이 증대되어 **집단 내 구성원간 상호협력관계의 유지가 중요시되고 개인별 공헌도의 정확한 측정이 어렵게 되었다.** 또한 행동과학의 발전은 경영관리사고에 있어서 McGregor의 Y이론에 입각한 새로운 인간관을 낳게 하였고, 개인성과급제도가 지닌 약점을 극복하기 위해 집단성과급제가 도입되었다.

집단성과급제는 **성과참가 또는 성과배분제도**로 불리는데 그 이유는 **경영성과를 종업원의 집단적 노력의 산물로 보아 이익을 포함한 각종 경영성과의 배분에 종업원을 참여시키기 때문**이다. 성과배분제도는 창출된 경영성과를 노사 공존경영을 목표로 노사 간에 적절히 배분하는 제도이다. 기업이 기대 이상의 성과를 거두었을 경우 기대성과와 실질성과와의 차액을 원천으로 하여 근로자측에 배분되는 임금을 성과배분임금이라고 한다. 일반적으로 근로자 집단을 대상으로 집단의 성과증진에 초점을 두고 성과를 배분하는 집단 인센티브제도를 의미한다.

이러한 성과배분제도는 보상이 사전에 정해진 공식에 의해 결정되고 경영성과에 따라 사후적으로 변동적인 집단 인센티브 임금제도라는 점이 특징이라 할 수 있으며 **근로자가 경영성과 배분에 참가한다는 의미에서 의사결정참가, 자본참가와 더불어 경영참가의 한 유형으로도 볼 수 있다.**

대표적인 기준으로는 업적배분, 수익배분, 이익배분이 있는바, 이 중 **업적이나 수익을 기준**으로 제공하는 것을 **성과배분계획, 이익을 기준**으로 하는 것을 **이익배분계획**이라고 분류한다.

2) 집단성과급 도입배경

첫째, 개인성과급 하에서 나타나는 종업원들 간 인간관계 훼손으로 인해 협동심이 떨어질 가능성이 있기 때문에 집단을 대상으로 보상함으로써 **공동체의식을 제고시키는 데 있다.**

둘째, 표준과업량 내지 표준시간 책정에 있어서 **노사 간의 갈등을 줄이는 데 있다.**

셋째, **개인의 성과가 독립적이지 못하고 여러 명이 공동으로 수행하거나 직무들 간 상호연관성이 높을 때,** 현실적으로 개인의 성과를 측정하기가 어렵기 때문에 집단의 성과를 기준으로 하는 **집단성과급은 성과측정의 객관성을 높일 수 있다.**

3) 유형 및 특성

성과배분제도는 기업이윤의 일정 몫을 종업원에게 분배해주는 이윤분배제도(profit sharing plan)와 생산성 향상이나 노무비 감소를 통한 금전적 이득(절약분)을 사용자와 종업원 간에 배분하는 생산성 이득배분제도(productivity gain sharing plan)가 있다.

4) 이윤분배제도

① 개념

1891년 영국에서 처음으로 실시되었으며 이윤분배제도는 **기업에 일정 수준의 이윤이 발생했을 경우 그 일정 부분을 사전에 노사의 교섭에 의해 정해진 배분방식에 따라 종업원들에게 상여금으로 지급하는 제도**이다.

② 이윤배분제도의 효과와 제한점

이윤배분제도는 **생산성향상, 근무집중도의 증가, 잔업회피태도의 감소, 노사 간 협조적 분위기의 조성, 수월한 임금교섭 등 긍정적인 효과**를 가져온다. 이 중 **생산성향상과 노사 간 협조적 분위기의 조성은 매우 중요한 효과**라 할 수 있다.

그러나 이윤배분제도는 우리나라 조직체에서 몇 가지 제한점을 가진다. **첫째, 우리나라의 많은 조직체에서 이윤배분제도는 구성원의 경영참여가 결여된 상황에서 적용**되고 있고, 따라서 **성과향상에 대한 충분한 동기부여 여건을 조성하지 못하고 있다. 둘째, 이윤배분에 대한 정확한 공식을 일관성 있게 적용하지 않고 상황에 따라 편의적인 방법으로 이윤배분을** 하고 있다. 따라서 조직구성원들이 성과지표를 정확하게 알지 못하여 **그들의 목표의식과 동기를 충분히 자극하지 못하고 있다. 셋째, 이윤배분액은 배분율과 이윤목표치를 어느 수준에서 정하느냐에 따라서 많은 영향을 받는다. 따라서 이윤목표치를 높게 설정하려는 경영층과 이를 낮게 설정하려는 구성원들 사이에 많은 갈등이 발생하여 오히려 노사 간의 불신감과 불화를 야기**하는 경우가 많이 있다. 뿐만 아니라 **이윤배분액의 산출에 있어서도 노조의 요구, 동기유발의 필요성, 사내유보의 필요성 등 상충되는 충족조건들이 다양하고 복잡**하여 적절한 조화를 이루기가 쉽지 않다.

③ 유형

❶ 현금분배제도(cash distribution plan)
이윤의 일정액을 1년 또는 그 이내에 현금으로 종업원에게 배분하는 제도이다.

❷ 이연분배제도(deferred distribution plan)
이윤의 일정액을 각 종업원의 계정이 설치되어 있는 공동기금에 예치해 두었다가 종업원의 퇴직, 사망, 해고 시 현금으로 지급하는 제도인데 현금분배제도와는 달리 세제상 혜택이 있어 미국의 경우 80% 이상이 많은 기업들이 이 제도를 채택하고 있다.

❸ 복합분배제도(combination plan)
앞의 두 유형을 복합한 것으로 이윤의 일부는 즉시 현금으로 종업원에게 지급하고 나머지는 퇴직, 사망, 해고 시에 지급하는 제도이다.

④ 이익산정의 기준

이익 배분의 방식은 기업의 '**순이익**'을 기준으로 하는 경우와 '**배분가능이익**'을 기준으로 하는 경우로 구분된다. 순이익에 대한 배분기준을 정하는 데에는 여러 가지 근거를 마련할 수 있겠지만 그 논리성·합리성 측면에서 아직까지 모두가 공감할 수 있는 기준이 제시되지 못하는 실정이다. 그러나 '배분가능이익'에 대한 배분문제는 자본과 노동 간에 상당한 의견접근이 되고 있다. 여기서 '배분가능이익'이란 순이익에서 자본가에게 자기자본의 최저 은행이자율에 해당되는 금액을 일단 먼저 배분하고 난 금액을 말한다. 이렇게 함으로써 자본가의 투자액에 대한 최소한의 기회비용을 반영할 수 있다.

5) 생산성 이득 분배제도(gain sharing, 이득공유제도 혹은 성과배분계획 등)

업적치와 수익치 중심의 성과배분계획은 조직이 절감한 비용에 따라 성과급을 산정하는 비용절감배분제(cost saving plan)이다. 생산성 이득 분배제도는 **생산성 향상을 통한 조직의 성과개선**뿐만 아니라 **근로생활의 질을 향상**시키는 방안으로서도 관심이 집중되어 그 실시가 급격히 증가하는 추세이다.

① 스캔론 플랜(Scanlon plan)

❶ 개념

생산성 향상을 노사협조의 결과로 보고 **총매출액에 대한 노무비 절약분을 인센티브 임금, 즉 상여금으로 종업원들에게 배분하는 비용절감 인센티브 제도**이다. 종업원의 **참여의식을 고취시키고 그들의 지식과 아이디어를 충분히 활용할 수 있는 참가시스템**으로서 새로운 형태의 제안제도와 기업 성과를 종업원과 합의한 기준에 따라 공정하게 배분하는 상여금제도를 양대 지주로 운용되고 있다.

❷ 성과배분의 산정방식

과거 2~5년 동안 실제 노무비를 조사한 다음, 생산의 판매가치에 대한 실제 노무비의 비율을 기준노무비율(기준 생산성 비율)로 설정한다. 이를 기초로 매달 생산의 판매가치에 기준 노무비율을 곱하여 기준 노무비를 계산하고 여기서 실제 노무비를 차감한 잔액이 생산성 향상에 의한 노무비 절약분으로 상여기금(bonus pool)이 된다.

이 상여기금의 25%는 실제노무비 총액이 기준 노무비 총액을 초과하는 결손월에 대비하여 **적립금으로 유보하고 나머지 75%는 종업원측과 회사측이 일반적으로 3 : 1의 비율로 배분한다.** 성공적인 스캔론 플랜에서 종업원은 일반적으로 자기 급여액의 10~15% 정도의 상여금을 받는다.

(단위: $)

1. 1957년 1월 보너스 계산		
총매출		898,780
(-)운임	12,268	
(+)운임	3,465	15,733
순매출		883,047
(+)재고품		67,076
생산의 판매가치		950,123
허용임금(950,123의 38.2%)		362,947
실제임금		
공장임금	206,674	
사무직봉급	88,574	
휴가자봉급	12,402	307,650
보너스 풀		55,297
결손월을 위한 적립금(25%)		13,824
보너스잔액		41,473
회사분(25%)		10,368
종업원분(75%)		31,105
휴가자봉급을 제외한 실제임금에 대한 보너스 비율(%)		
(31,105÷295,248)		10.5%

❸ 종업원 참여제도

스캔론 플랜은 **협력과 팀워크에 초점을 둔 공개적 집단제안제도**를 채택한다. 집단제안제도는 **하위수준의 생산위원회(production committee)와 상위수준의 심사위원회(screening committee)**가 모체가 되어 운영된다. 제안은 종업원측 생산위원회의 위원을 통해 생산위원회에 제출되고 채택되면 바로 실시할 수 있게 된다. 채택되지 않은 제안은 심사위원회에 회부되어 심사를 받아 승인되거나 기각된다.

❹ 특징

스캔론 플랜의 상여금제도가 가지는 가장 큰 장점은 **보너스 산출공식이 모든 구성원들에게 쉽게 이해된다는 점과 종업원들에 대한 동기부여가 크다는 점이다.** 그러나 경영자가 **품질관리**가 보너스 산정에 있어서 중요한 요소가 되어야 한다고 믿는다면 스캔론 플랜의 실시는 피해야 할 것이다.

② 럭커플랜(Rucker plan)

❶ 개념

럭커플랜은 **기업이 창출한 부가가치에 인건비가 차지하는 비율을 기준으로 배분액을 결정**하는 제도이다. 럭커(Rucker)는 기업의 부가가치에 차지하는 인건비의 비율이 거의 일정함을 발견하였다. 따라서 기업이 주어진 인건비로 평시보다 더 많은 부가가치를 창출하였을 경우 이 부과된 부가가치를 노사협동의 산물로 보고 기업과 종업원 간에 배분하는 것이다.

❷ 성과배분의 산정방식

매월의 생산가치(부가가치)에 표준생산성 비율을 곱하여 (럭커)기준노무비를 계산한다. 여기서 실제 노무비를 차감한 잔액이 생산가치 증대분으로서 노무비 절약분이 되고 이를 노사가 사전에 합의한 비율에 따라 배분하는데 일반적으로는 종업원측과 회사측이 50%：50%의 비율로 배분한다. 결손월에 대비해서 보통 절약분의 25~30%를 유보하여 적립금은 연말에 보너스로 지급되고 손실분은 기업이 충당한다.

(단위: $)

지급임금액	110,179
표준생산성[1]	3,278
표준부가가치	361,166
실제부가가치	408,227
초과된 부가가치(보너스 풀)	47,061
종업원 측 분배[2]	14,358
기업 측 분배	32,703

주 : 1) 표준생산성은 부가가치를 임금으로 나눈 값임.
　　2) 종업원 측 분배액은 부가가치노동분배율(지급임금액÷표준부가가치)에 따름.

❸ 특징

생산제품의 시장상황을 반영하기 때문에 매우 합리적인 제도이지만, 배분액의 계산시 표준생산성 내지 부가가치 노동분배율에 대한 과학적인 근거를 찾는 데 한계가 있다. 스캔론 플랜이 노무비 절감에 한정해서 인센티브를 제공하는 반면 럭커플랜은 노무비뿐 아니라 원재료비 및 기타 비용의 절감에 대해서도 인센티브를 제공한다. 따라서 원재료비 구성비가 높고 품질에 대해서 종업원이 관심을 가져 원가가 절감될 수 있는 상황에서는 스캔론 플랜보다 럭커플랜이 경영자에게 보다 유리한 제도라고 할 수 있다.

■ 스캔론 플랜과 럭커플랜의 비교

① 공통점

스캔론 플랜과 럭커플랜은 집단성과배분제의 유형으로 생산성 향상을 위한 경영참가제도라는 측면에서 공통점이 있다. 또한 두 제도 모두 종업원 제안제도가 있다.

② 차이점

• 스캔론 플랜이 노무비 절감에 한정해서 인센티브를 제공하는 반면 럭커플랜은 노무비뿐 아니라 원재료비 및 기타 비용의 절감에 대해서도 인센티브를 제공한다. 따라서 원재료비 구성비가 높고 품질에 대해서 종업원이 관심을 가져 원가가 절감될 수 있는 상황에서는 스캔론 플랜보다 럭커플랜이 경영자에게 보다 유리한 제도라고 할 수 있다.

- 보너스 산출을 위한 기본공식이 스캔론 플랜은 노무비 대비 '총매출액'을 기준으로 하지만 럭커플랜은 노무비 대비 '부가가치'를 기준으로 한다.
- 스캔론플랜은 집단 단위의 보너스제도와 종업원참여제도가 결합된 조직개발기법으로 그 이론이 되는 배경이 '조직개발 이론'이지만, 럭커플랜은 경제학자인 Rucker가 제안한 제도로서 노동시장을 둘러싸고 일어나는 고용량과 임금수준 그리고 고용여건 등에 관한 선택에 영향을 주는 요인에 대해 연구하는 '노동경제학'이 배경이론이다.
- 스캔론플랜은 종업원 참여제도로 생산위원회와 조정위원회를 모두 두고 있지만, 럭커플랜은 조정위원회만 두고 있어서 참여제도로서의 중요성은 스캔론 플랜보다 떨어진다.
- 회사와 종업원의 보너스 분배비율이 스캔론 플랜은 75 : 25(3 : 1)이지만, 럭커플랜은 50 : 50(1 : 1)로 분배한다는 점에서 차이가 있다.
- 각각의 비율을 산출하는 방식이 다른 바, 구체적 공식은 아래와 같다.

스캔론 플랜	럭커 플랜
• 생산매출가치(The sales value of production : SVOP) = 매출액(sales revenue) + 고가치(the value of goods in inventory) • 스캔론 비율(The Scanlon ratio) = 노동비용 ÷ SVOP • 스캔론 비율이 낮다는 것은 SVOP에 비해 노동비용이 낮다는 것을 의미함	• 럭커 플랜 비율 = 부가가치 ÷ 노동비용

③ 임프로셰어 플랜(improshare plan)

임프로셰어는 공유를 통한 생산성향상(Improved Productivity Through Sharing)의 축약어로 엔지니어였던 미셸 페인(Fein)에 의해 만들어진 제도다. 이 제도에서는 하나의 제품을 생산하기 위해 필요한 표준적인 시간을 설정한 후 이 시간보다 빨리 제품을 완성하는 경우 그로 인한 시간단축분을 금전으로 환산하여 노사간에 절반씩 나누어 가지면 된다. 구성원들이 열심히 노력하거나 효율적으로 일해서 소요시간을 단축하게 되면 그만큼 생산성이 향상되기 때문에 그 과실을 배분하는 것이다.

즉, 단위당 소요되는 표준노동시간과 실제노동시간을 비교하여 절약된 노동시간을 노사가 각각 50 : 50의 비율로 배분하는 제도로서 이 제도는 종업원 참여가 결여되어 있고 산출물 가치보다는 물적 생산성에 기초를 두고 산업공학적 관점에서 보너스 공식을 산정한다는 점이 특징이다.

위와 같은 성과배분제도는 생산성 향상을 비롯해서 원가절감, 종업원의 만족과 협력의 증대, 결근률과 이직률 하락, 노사관계 개선, 품질향상, 기업분위기 개선 등의 경영성과 증대를 가져온 것으로 밝혀졌다. 그러나 무임승차현상이나 열심히 일하는 직원의 불만이 나타날 수 있다.

구분	Scanlon plan	Rucker plan	Improshare
배경이론	조기개발이론	노동경제이론	산업공학
기본철학	참가형 경영	효율적 경영	효율적 경영
종업원참가제도의 구조	생산위원회, 조정위훤회	조정위원회	생산성향상 팀
종업원제안제도	있음	있음	없음
집단보너스 기본공식	노동비용/생산액	노동비용/부가가치	실제생산시간/ 표준생산시간
보너스 지급주기	월별 또는 분기별	월별 또는 분기별	주별 혹은 격주별
종업원 참여정도	제안위원회 또는 작업팀	럭커 위원회	훌륭한 아이디어의 제안 및 즉각적인 활용
목표	비용(노무비) 감소	비용(노무비) 감소	직·간접적인 근무시간 감축
산정기준	생산의 판매가치	부가가치	표준 작업시간과 비교한 절약된 작업시간

④ 프렌치시스템(the French system)

성과배분의 기준을 '원가절감'에 두는 것으로서 프렌치 시스템(the French system)이 있다. 이 시스템은 **총투입에 대한 총산출의 비율을 기초로 계산하여 〈절약분〉을 계산**한다. 예를 들면 해당 기업이 과거에 평균적으로 100억 원의 제조원가를 투입하여 140억 원의 제품가치를 산출했을 때 표준비율은 1.4가 된다. 구체적인 예는 다음과 같다.

(단위: $)

총산출액		1,214,000
투입액		
노무비	330,000	
원재료비	140,000	
전기사용료	11,000	
소모품비 등	24,000	
감가상각비 및 기타	235,000	740,000
기대 총산출액(총투입액×1.4)		1,036,000
실제 산출액		1,214,000
비용절약액(1,214,000−1,036,000)		178,000
분배액(178,000×50%)		89,000

기업은 원가절감액 중 50%를 종업원에게 보너스로 배분하는데 지급스케줄이 좀 복잡하다. 해당 연도에 전체 보너스 중 50%를 배분하고 나머지는 추후 배분하는 것으로, 예를 들어 **1년 후에는 25%, 2년 후에는 15%, 3년 후에는 나머지 10%를 배분**한다. 보너스 금액을 바로 수령하지 않는 이유는 올해의 최신성과 기준으로 보너스가 책정될 경우 지나친 성과압력에 대한 종업원의 불만이 제기될 수 있기 때문이다.

6) 집단성과급 제도의 장단점

① 장점

❶ 집단성과급제도 하에서는 **성과의 평가가 용이**하다.

❷ 집단성과급제도는 **집단 내 구성원들 간의 협동심을 제고**시켜준다.

② 단점

❶ 개인이 받은 성과배분(보너스)과 그의 성과 간 정확한 관련성을 밝히기가 어렵기 때문에 **집단성과급제도는 개인의 모티베이션 관리상 한계가** 있다.

❷ 집단성과급제도 하에서는 우수한 종업원들의 업적이 그들 개인에게 정확하게 반영되지 못하기 때문에 이들의 **불만이 이직으로** 연결될 수 있다.

❸ 집단성과급제도에서 부여되는 보너스가 개인의 기본급이 아니기 때문에 기업이 **외부노동시장에서 우수한 인재를 구하려고 할 때 임금의 경쟁력에** 문제가 생길 수 있다.

7) 성과급 도입의 전제조건

① **생산단위 측정이 용이**한 경우

② **작업과 노력이 생산성의 중요한 결정요인**이 되는 경우

③ **작업의 시간 및 동작연구 혹은 표준화가 작업능률을 향상**시킬 수 있는 경우

④ **작업에 미치는 기술 변화가 비교적 드문** 경우

⑤ 경쟁적이어서 **단위당 노무비가 사전에 결정**되어 있는 경우

⑥ 기업이 시간연구에 경험이 있는 자를 채용하고, 경영자가 성과표준을 임의로 변경하지 않을 것이라는 **종업원의 신뢰가** 있는 경우 ★**평가에 대한 신뢰**가 중요

4 연봉제

(1) 개념

우리나라 기업에서 연봉제는 **1997년 IMF 이후 기업의 생존을 위한 구조조정과 함께 능력주의적 보상체계의 도입 필요성이 대두**되면서 기업 경영혁신의 가장 큰 이슈가 되어왔다. 연봉제는 일급제, 주급제, 월급제와 같은 임금형태의 하나로서 **개별 종업원의 임금을 직무수행능력이나 업적 및 공헌도 등을 평가한 결과에 따라 1년 단위로 결정하여 차등지급하는 임금제도**를 말한다. 즉, 임금을 종업원의 능력 및 업적과 연계하여 연간 임금총액을 결정하는 방식이다.

(2) 특징

연봉제는 별도의 임금체계가 아니라 **개인이 받는 임금을 1년 단위로 결정하는 임금제도로서** 개인 근로자의 **임금을 인사평가 결과에 기반하여 결정하는 임금제도**이다. 따라서 연봉제는 개인의 성과와 능력을 임금에 반영하는 **성과급의 성격이 강하다.** 연봉제는 다음과 같은 특징을 가지고 있다.

첫째, 연봉제는 **임금총액을 월단위로 표시하지 않고 연간 단위로 표시하는 임금제도**이다.

둘째, **연봉제는 인사평가를 통해 개인의 업적과 능력에 비례해서 개인 간 임금차등**을 둔다. 인사평가에 의한 임금차이는 보통 성과연봉이라는 이름으로 지급된다.

셋째, 연봉제는 기존의 복잡한 수당과 상여금 등 **임금항목들을 단순하게 통합**해서 기본연봉과 성과연봉, 그리고 꼭 필요한 수당으로 간소화한다.

▼ **전통적 임금제도와 연봉제의 비교**

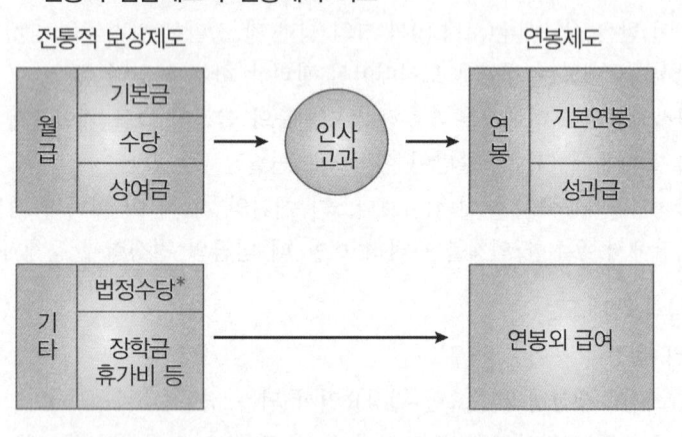

* 시간외 수당, 야간근로수당, 휴일근로수당, 연월차수당 등

(3) 도입배경

첫째, 치열한 경쟁환경 하에서 세계화가 급격히 진전되면서 기존의 연공급 임금체계로는 종업원의 동기부여와 능력향상, 유능한 인재확보, 조직 활성화, 인건비의 효율적인 통제 등을 통한 조직의 생산성 향상과 경쟁력 강화를 기대하기가 어렵게 됨에 따라 이러한 기대를 충족시켜 줄 수 있는 능력·업적에 상응하는 임금제도인 연봉제 도입이 강력하게 요청되었다.

둘째, 업무의 다양화와 함께 종업원들의 고학력화와 가치관의 변화로 종업원들은 전체 종업원들의 평균임금의 일률적 인상보다 개인의 능력이나 업적에 상응하는 보상을 더 선호하고 있다는 점이다.

셋째, 현재 복잡한 임금수당항목을 단순화시켜 임금관리의 간소화를 도모하기 위함이다. 즉, **임금관리의 투명성 확보**를 위해서도 연봉제의 필요성이 있었다. 과거 각종 수당을 신설하여 임금관리의 투명성이 보장되지 않았지만 연봉제는 급여체계를 단순화함으로써 임금관리의 투명성을 확보할 수 있다.

▼ 한국기업의 연봉제 유형

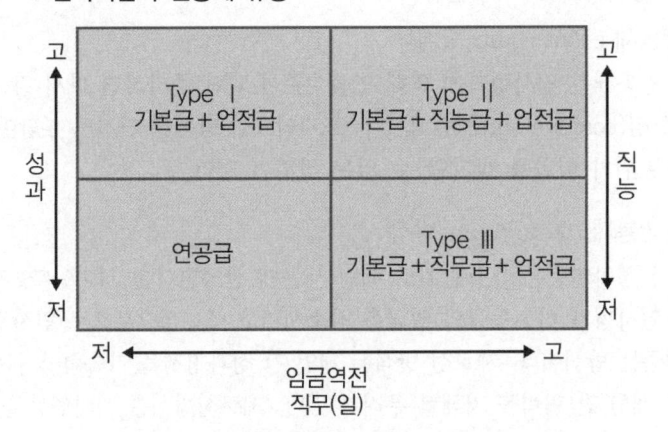

Type Ⅰ/40:60, Type Ⅱ/20:70:10, Type Ⅲ/20:60:20
(빈도분석을 통한 유형별 평균구성비)

(4) 연봉제의 유형

1) 연봉임금의 구성방식에 의한 분류

① 총액연봉제

임금구성이 기본급, 제수당, 상여금을 하나로 통합해서 **연봉 하나로만 구성되어 있는 형태**로서 **단일 연봉제**라고 한다. 임금인상이 전체 임금에 적용되고 목표달성 여부, 즉 실적에 따라 연봉액의 차이가 큰 것이 특징이다.

② 부분연봉제

임금구성이 종래의 생활급적인 월 급여에 해당하는 **기본연봉과 업적에 대한 상여금에 해당하는 업적연봉(업적상여)으로 구성**되어 있는 형태이다(**기본연봉＋업적연봉**). 따라서 기본연봉은 그대로 둔 채 개인의 성과에 따라 변동하는 상여금만이 차등지급된다.

▼ 직능급과 연령의 비율

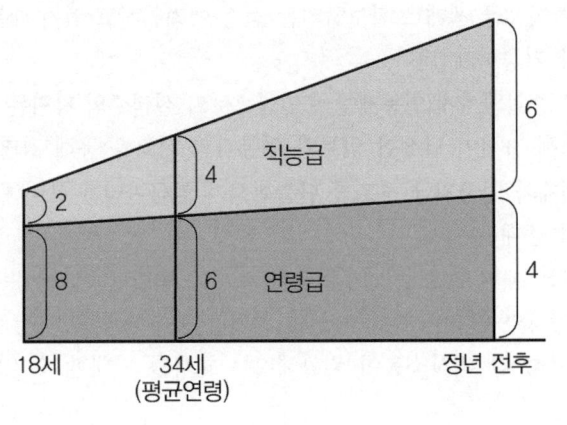

2) 연봉임금의 인상방식에 따른 분류

① 누적 연봉제 : Plus-sum 방식

누적식 연봉제는 **인사평가에 의해 연봉수준이 일단 증가하면 다시 감소하지 않고 누적되는 포지티브섬(positive sum) 방식**이다. 포지티브섬 방식은 인건비 부담이 크지만 경쟁으로 인한 협력분위기 악화를 방지할 수 있는 장점이 있다.

② 비누적 연봉제 : Zero-sum 방식

비누적식 성과연봉은 1년 단위로 매번 새롭게 산정한다는 의미이다. 제로섬(zero sum) 방식으로 **인사평가 하위등급의 임금을 감소시키고, 그 절감분으로 인사평가 상위등급의 임금을 올려주는 방식**이다. 제로섬 방식은 개인 간 성과경쟁을 가속화시키는 효과가 있으나 과도할 경우 개인 간 협력을 저해할 우려가 있다. 제로섬방식은 성과연봉을 개인 간 나누어 갖기 때문에 포지티브섬 방식에 비해 **인건비 부담이 적은 것이 장점**이다.

③ 혼합식 연봉제

혼합식 연봉제는 비누적식과 누적식을 혼합한 형태의 연봉제이다. 기본연봉은 누적식으로 성과연봉은 비누적식으로 운영한다. 혼합형 연봉제에서는 인사평가 하위등급을 받은 근로자라도 기본연봉이 감소하지 않는다. 왜냐하면 기본연봉은 누적식이고 통상적으로 감액되지 않기 때문이다. 따라서 **혼합형 연봉제는 연봉 감액으로 인한 임금 불안정성을 상당히 방지**할 수 있다. 이런 이유에서 혼합형 연봉제는 **연봉제 도입 초기 근로자의 저항을 줄일 수 있다.**

(5) 연봉제의 장단점

1) 장점

① 능력과 실적이 임금과 직결되어 **능력주의, 실적주의로 종업원들에게 동기를 부여함**으로써 **의욕적인 근무를 가능케** 한다. 즉, 연봉제는 임금이 종업원의 능력 및 실적과 직결되어 있으므로 임금의 공정성 확보를 통해 **종업원의 동기부여와 능력개발 촉진, 조직 활성화**를 가져오고 나아가 생산성 향상을 기대할 수 있다.

② 국제적인 감각을 지닌 관리자, 전문직 종사자, 하이테크 기술자, 특수기능 보유자 등 필요한 인재를 종래의 연공급 체계로 확보하기는 점점 어려워지고 있기 때문에 **연봉제를 통한 우수 인재의 확보가 가능**하게 된다.

③ 중간관리자 및 종업원에게 연봉제를 도입함으로써 **실적주의 강화**는 물론 **경영자에게 준하는 책임감을 부여해 자신이 달성한 업무와 연봉과의 비교를 통해 경영감각을 배양**할 수 있다.

④ **복잡한 임금체계와 임금지급 구조를 단순화시켜 임금관리가 용이해지므로 임금관리의 효율성과 효과성이 증대**된다.

⑤ 연봉제 대상자는 매년 스스로 업무목표를 세우고 연말에 그 달성 정도를 평가받게 되는데 이 과정에서 상사와 면담을 통해 자신의 의견을 충분히 밝히고 상사로부터 조언을 구할 수 있어 **상사와 부하 간 의사소통이 원활**해지는 효과를 기대할 수 있다.

⑥ 연봉제 도입으로 종래 연공급제에서 개인의 능력이나 성과와 무관한 인건비 상승이 통제되고 고임금, 저인건비의 실현을 통해 **인건비의 효율적 관리가 가능**해진다. 또한 복잡한 임금체계를 단순화시켜 임금지급 관리도 용이하게 된다.

2) 단점

① 우리나라의 고유한 사회문화적 전통인 **유교의 장유유서 의식 및 선임자 우대 원칙과 갈등이 예상**되며 **조직의 안정성을 해칠 수 있다.**

② 연봉제는 공헌과 실적에 대한 평가를 기초로 하는데 과연 **평가의 객관성 및 공정성을 확보할 수 있느냐의 문제**가 있다. 만약 **성과 평가가 객관적이고 공정하지 못하면 연봉제에 대한 불신감이 야기**되어 조직의 동요가 일어날 수 있고, **노사 갈등도 증폭**될 수 있다.

③ 연봉제 하에서는 성과와 공헌에 따른 급여의 부침이 예상되는데 **급여감액 시 종업원의 사기 저하의 가능성이 존재**한다. 연봉액의 급격한 감소는 **종업원의 사기를 저하**시킬 수 있다.

④ **종업원 상호 간의 불필요한 경쟁심을 유발해 위화감을 조성**하고 조직 내 팀워크를 약화시킬 수 있다.

⑤ **단기 업적 위주의 풍토를 조장**함으로써 경영의 장기적 측면이 소홀해질 수 있다.

(6) 연봉제 운영 시 유의사항

1) **연봉제가 도입되면 하위 직급의 임금이 상위직급의 임금을 상회하는 임금역전 현상**이 일어날 수 있다. 하위 직급에 속한 직원이 우수한 인사평가를 거듭해서 받고 상위 직급의 직원이 그렇지 못할 경우 흔하지 않지만 직급 간의 임금역전이 일어날 수 있다. 이 경우 연봉제에 대한 근로자의 저항이 커질 수 있는데 **조직은 연봉제를 도입하는 목적과 취지가 성과와 능력에 의한 보상이라는 점을 내부 구성원에게 효과적으로 전달**해야 할 것이다.

2) 연봉제는 동기부여 중심의 능력·성과주의 임금제도로서 **인건비 통제**를 연봉제 도입의 단기적·부차적 목적이 아닌 주된 목적으로 한다면 **종업원들의 동기부여와 능력향상을 통한 기업의 성과 증대는 어렵게 되어 장기적으로 실패할 가능성**이 높다.

3) 연봉제를 도입하면 인사평가의 공정성에 대한 우려가 커진다. 따라서 **연봉제의 도입과 함께 기존의 평가방식과 절차를 개선하고 공정한 인사평가를 위한 관리자 교육이 필수적**이다. 같은 취지에서 연봉제의 성패는 근본적으로 **개인의 능력과 업적에 대한 객관적이고 공정한 평가**에 달려있다.

4) **연봉제의 도입 이후 개인 간 과도한 임금격차가 발생하면 업무수행 과정에서의 협력이 크게 저하될 위험**이 있다. 조직은 개인의 성과와 능력을 강조하는 연봉제를 도입하는 것과 함께 **집단성과를 임금에 반영하여 협력을 촉진**해야 할 것이다.

5) 연봉제는 **업무 성격을 무시한 채 모든 종업원들에게 일률적으로 적용해서는 성공하기 어렵다.** 따라서 연봉제가 성공적으로 운영되기 위해서 **일반사무직이나 생산기능직보다 관리직, 전문·기술직, 영업직을 대상으로 적용하는 것이 바람직**하다.

6) 처음부터 개인간 연봉격차를 크게 해서 실적주의를 조기에 정착시키겠다는 생각은 위험하다. 이는 구성원들에게 불안감을 주어 예상 외의 큰 저항을 불러일으킬 수 있기 때문이다. 예를 들어 부분연봉제의 경우 **도입초기에는 기본연봉과 업적연봉의 구성비율을 대략 70% : 30% 정도로 안정적으로 책정**하고, 이후 연봉제의 성숙단계나 효과, 종업원 반응도에 따라 자극적인 업적연봉 비율을 점차 상향조정해 나가는 것이 바람직하다.

▼ 회사의 특성에 따른 임금체계의 선택

회사특성	산업	임금체계
고령사원이 많음	플랜트, 기계	연공급＋직능급
기술혁신이 많음	첨단, 광고, IT	직무급＋직능급
직무표준화가 잘되어 있음	철강, 제지	연공급＋직무급
단순노무직	가전, 섬유	직무급
사무직	금융, 본사	직능급＋연공급
서비스	판매	성과급

5 Merit Pay

(1) 의의

우리나라의 연봉제도는 미국이나 구미 기업에서 일반적으로 활용되고 있는 메리트 페이(merit pay)를 기반으로 도입된 것이다. **메리트제도는 기본급이 개인의 성과수준에 따라서 매년 상향 조정되는 개인성과급제를 말한다.**

(2) 특징

화이트 칼라, 특히 사무직, 전문직, 관리직 등 지식근로자에 많이 사용되는 임금형태다. 또한 고과 평점을 활용하여 승급의사결정이 이뤄지며, 임금이 떨어질 염려가 없고 또한 성과와 보상간의 연결고리가 강한 편이라 보기는 어렵다.

(3) 승급원리

메리트 제도에서의 승급은 **개인의 성과**와 **임금구조상에서 개인의 기본급이 차지하는 위치**에 따라 이뤄진다.

▼ 평가등급 및 임금등급에서의 위치별 승급 적용률

	S등급	A등급	B등급	C등급	D등급
중간점 상위	150%×0.5	125%×0.5	100%×0.5	75%×0.5	50%×0.5
중간점 근처	150%×0.8	125%×0.8	100%×0.8	75%×0.8	50%×0.5
중간점 아래	150%	125%	100%	74%	50%

여기서 **콤파율(compa-ratio)**에 대한 문제를 고민해야 된다. 콤파율은 임금범위의 중간값(midpoint)에 대한 개인 직원의 상대적 임금수준을 의미한다. 기업이 임금 등급(pat grade)을 가지고 있을 경우 각 임금 등급별로 종업원들의 평균 임금을 임금 등급의 중간치로 나누는 것이다. **평균이 중간치와 같다면 비교율은 1이다. 비교율이 1에 가까울수록 임금구조가 기업의 목표를 뒷받침할 수 있도록 잘 설계된 것이다.** 즉, 콤파율이 1이면 임금수준이 중간값과 동일하며, 1보다 작으면 임금수준이 중간점 이하, 1보다 크면 임금수준이 중간점 이상이라는 의미이다.

$$콤파율(Compa-ratios) = \frac{개인직원의\ 임금수준(Pay\ rate)}{임금\ 범위의\ 중간점}$$

콤파율을 고려하여 기본급이 높은 종업원의 승급률(중간점 이상)은 같은 성과등급에서 중간점 이하인 종업원보다 작은 승급률이 적용된다. 이는 한번의 승급으로 지속적인 임금격차가 고착화되는 것을 방지하기 위함이다.

(4) 임금승급의 방식

1) 자동승급(automatic progression)
업적과 무관하게 이루어지는 승급방식

2) 업적승급(merit progression)
업적에 따라 차등적으로 이루어지는 승급방식

3) 절충승급
위 둘을 절충한 승급방식

(5) 문제점
메리트 페이의 문제점은 ① **성과급에서 소외되는 사람들의 사기 문제**와 ② **공정한 평가가 전제**되어야 한다는 것이다.

6 재산참가제도

(1) 개념
재산참가란 **기업재산의 소유에 종업원이 참여하는 것**을 의미한다.

(2) 유형

1) 종업원 지주제(ESOP : Employee Stock Ownership Plan)
① 개념 및 전개과정

종업원 지주제는 회사가 경영방침상 특별한 편의를 제공하여 **종업원들로 하여금 자사주를 취득·보유하도록 하는 제도**를 의미한다. 종업원 지주제는 여러 종류와 형태가 있지만 우리나라에서는 우리사주제도(ESOP : Employee Stock Ownership Plan)의 형태로 운영하고 있는바, 주로 우리사주제도에 관하여 설명한다.

우리사주제도는 조직체로부터 독립된 별도의 기구를 설립하여 조직체의 주식을 구입하고 이를 구성원들에게 배정하여 신탁자산의 형태로 관리하는 제도이다.

② 기대효과 및 문제점

우리사주제도는 종업원들에게 자사의 주식을 소유하게 함으로써 **조직몰입을 증가시키고, 높은 동기유발을 가능하게 하여 조직유효성을 증대시킬** 수 있다.

그러나 자사주의 구입자금과 수익률 문제 등으로 **종업원의 재산형성에 크게 기여하지 못하여 동기부여로서의 기능이 떨어졌고,** 우리사주의 의무보유기간의 문제와 취득자금 조달문제로 우리사주제도를 운영하더라도 실제 보유한 비율이 미비하였으며, 비상장기업의 경우 증권거래법상 우선배정제도가 적용되지 않아 법적 근거가 미비하였다.

③ 신우리사주

위와 같은 문제를 극복하기 위해 「근로자복지기본법(2001)」 제정을 통하여 성과배분형 신우리사주제도 도입의 기본 틀을 마련하였으며, 그 핵심 내용은 회사에서 **성과급 방식으로 자사주 또는 금전을 우리사주조합에 출연함으로써 근로자의 자사주 취득을 지원**하는 것이다.

즉, 종업원지주제의 본래 취지 달성을 위해 **우리나라의 종업원 지주제는 〈우리사주조합〉의 형태로 운영**되고 있다. 이는 **근로자가 우리사주조합을 설립하여 자사주를 취득, 보유하는 제도**를 의미한다. 우리사주제도는 ❶ 회사의 경영방침으로서 피고용인에게 자사 주식을 보유하도록 추진하는 것이며, ❷ 특별한 편의(예 주가의 저가 양도)를 제공해야 하고, ❸ 자사주의 취득 및 장기보유를 목적으로 하는 것이어야 한다.

신 우리사주의 특징은 ❶ 생산성 향상, 노사 협력 증진 등 본래 목적이 원활히 발휘될 수 있도록 장기부여를 적극 유도하기 위해 종전 제도에 비해 **성과배분형·이윤공유형 시스템으로 제도 발전 방안을 모색**했다는 점이며, ❷ 상대적으로 복지혜택을 적게 받는 비상장기업 근로자의 복지 향상을 위하여 **비상장기업 우리사주제도 활성화를 도모**했다는 것이다.

④ 문제점과 성공요건

종업원 지주제도의 기본목적은 조직구성원들이 주주가 됨으로써 **경제적인 이득은 물론, 회사에 대한 애사심과 충성심을 증진시켜 근로의욕을 높이고 생산성과 성과를 높이는 데** 있다. 즉, 세금과 재정부담 완화에 장점이 되고 특히 종업원 지주제도를 통해 **종업원이 회사 의사결정에 주주로서 투표할 권리도** 가지게 되어 회사 의사결정의 참여를 통해 **주인의식도 심어**줄 수 있다.

그러나 종업원지주제도의 부정적 측면은 **종업원에게 투자의 다각화를 저해하여 심각한 투자위험성을** 높일 수 있다. 종업원들은 그들의 고용을 유지하기 위해 상황이 좋지 않은 회사 주식을 매수하는 등 **회사 성과가 계속 좋지 않게 되면 종업원은 심각한 재정위험을 겪게 된**다. 대리인이론에 의하면 종업원의 이런 재정위험 증가를 상쇄하기 위해 그들은 **회사에 더 높은 임금을 요구**할 가능성이 있다. 특히 우리나라에서 종업원 지주제도는 일반적으로 **경제**

적 이득이나 근로의욕의 향상을 달성하지 못하고 있다. 즉, 종업원지주제도를 회사측에서 필요한 자금 조달방법으로 잘못 활용하거나 또는 주식의 가격변동이 너무 심하여 구성원들 로부터 불신을 얻게 되는 문제 등이 있을 수 있는바, 종업원 지주제도가 성공적으로 운영되 려면 다음과 같은 요건이 갖추어져야 한다.

❶ 경영이념 : 종업원지주제도는 기업의 공개는 물론 **기업을 구성원들과 공동소유하고 그들과 공존공영한다는 이념하에 실시**되어야 한다.

❷ 착실한 성장 : 종업원지주제가 구성원들에게 불이익을 가져오지 않게 하기 위해서는 **조직 체가 장기적으로 꾸준히 성장할 수 있는 조건을 갖추고 있는 것이** 바람직하다.

❸ 정보자료의 공개 : 조직체는 구성원들에게 지주제도에 관한 개념과 경제적 이득 등 그들 에게 어떠한 영향을 주는지 잘 인식시키고, 매출과 이익 그리고 생산성과 주식가격의 변 동 등 **조직체의 성과와 관련자료를 구성원들에게 주기적으로 공개함으로써 그들의 주식 구매결정에 도움**을 주어야 한다.

❹ 경영참여 : 업무수행과정에서 구성원들이 의사결정에 참여할 수 있는 기회를 되도록 확대 시켜 성과 면에서 시너지효과를 극대화시킬 필요가 있다.

PART 06

2) 스톡옵션(주식매입선택권제)

① 스톡옵션의 개념과 목적

스톡옵션제란 회사가 경영자 및 종업원들에게 장래의 일정 기간 내에(권리행사기간) 사전에 약정된 가격(권리행사가격)으로 일정 수량의 자사주를 매입할 수 있는 권리를 부여하는 제도이다. 스톡옵션제는 주식에 근거한 보상(stock-based compensation)제도로 조직구성원이 열심히 노력해서 조직의 성과증대에 공헌한다면 주가도 동반 상승할 것이라는 데 가정을 두고 있다. 따라서 임직원은 장래의 일정시점에서 주가가 행사가격을 상회할 경우 옵션을 행사하여 회사로부터 주식을 매입하고 취득한 주식을 시장에 추후 매각함으로써 이득을 획득하게 된다. 한편 옵션에는 **매입선택권(call option)과 매도선택권(put option)**이 있는데 스톡옵션은 전자에 해당한다.

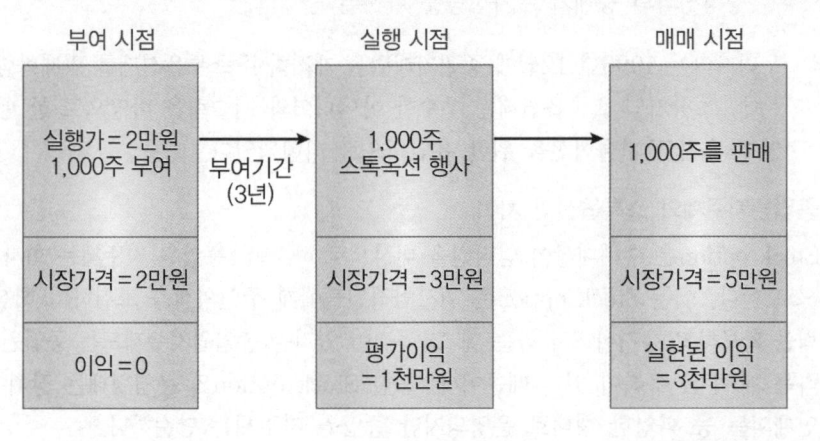

스톡옵션의 목적은 ❶ 창의적이고 우수한 인재의 확보와 유지(특히 중소기업의 경우), ❷ 업적과 임직원의 보상을 연동시킴으로써 주주와 임직원의 이해를 일치시키고, 나아가 ❸ 장기적 관점에서 기업가치를 극대화하기 위한 조직구성원의 동기부여에 그 목적이 있다.

② 특징

❶ 주가가 기업의 수익성과 성장성에 영향을 받고 경영자가 이들 요인들에 영향을 미칠 수 있는 범위까지는 스톡옵션이 인센티브가 될 수 있다.

❷ 스톡옵션제에서 보상의 구체적 실현은 확정기간(vesting period)을 포함한 장기간이 경과한 후 주식을 매각함으로써 이루어진다. 그러므로 스톡옵션제는 주식 혹은 주가에 근거한 주식 연동형 장기 인센티브제도이다.

③ 유형

❶ 인센티브 스톡옵션(incentive stock options : ISO)
일정 요건하에 세제상 우대조치가 인정되는 스톡옵션으로, 회사가 임직원들에게 미래의 일정기간 내에 약정 가격으로 일정 수의 자사주를 매입할 수 있는 권리를 부여하는 제도이다.

❷ 비적격 스톡옵션(non-qualified stock potions : NQSP)
무자격 스톡옵션이라 불리며 세제상 우대조치를 받을 수 없는 스톡옵션으로 제도 설계에 유연성을 가질 수 있는 것이 특징이다.

❸ 주식평가 보상권(stock appreciation right : SAR)
임직원에게 일정기간 동안 자사주의 시장가격 상승액을 보상으로 받을 수 있는 권리를 부여하는 제도이다. 이는 정규소득으로 인정되어 과세된다.

④ 효과

스톡옵션제는 구성원들을 동기부여시키고, 경영자로 하여금 장기적이고 주주가치를 제고시키는 경영을 촉진시킬 뿐만 아니라 유능한 인재를 확보하고 유지하는 기능을 수행하고, 나아가 경영성과의 증대가 주가상승을 가져온다.

우리나라는 1996년 12월에 증권거래법을 개정하여 스톡옵션제를 법제화함으로써 도입되었는데, 초창기의 스톡옵션제는 우수한 아이디어와 기술력을 바탕으로 한 벤처기업에서 우수 인재 유치와 기술혁신을 위한 유인책으로 시행되었다.

3) 종업원지주제와 스톡옵션의 차이

Stock option은 수혜대상이 임직원을 대상으로 하지만, 종업원 지주제는 회사의 종업원을 대상으로 한다. 이는 Stock option은 회사임직원들에게 주인의식을 고취하여 핵심인재, 즉 고급인력을 확보하고 유지하고자 하는 데 그 목적이 있지만 종업원지주제도는 종업원 재산형성을 지원하는 데 주된 목적이 있기 때문이다. 또한 Stock option의 운영형태는 장기 보상 프로그램과 연계되는 등 다양한 형태로 운영되지만 종업원 지주제는 단순하다.

제 6 절	임금평가 : 성과차이 모델

1 계량적 접근 : 콤파비율(compa-ratio)

실제 임금과 의도한 임금의 일치 여부를 확인하기 위해 자주 사용되는 방법은 콤파율로 수식은 아래와 같다.

$$\text{등급의 콤파비율(Grade compa-ratio)} = \frac{\text{등급의 실제 평균 임금}}{\text{등급의 중간값}}$$

콤파비율은 직접적으로 **실제 임금과 임금정책의 일관성 정도를 평가**한다. **콤파비율이 1보다 적다는 것은 실제 임금이 정책에 뒤쳐져 있음을 말하고, 1보다 클 경우 정책을 초과해 임금이 지불되고 있음**을 가리킨다.

2 심리적 접근 : 기대임금의 활용

임금에 대한 평가는 크게 객관적인 숫자를 분석하는 것과 종업원의 심리적 측면을 분석하는 것으로 구분할 수 있다.

성과차이 모델

임금만족에 대한 대표적인 이론으로서 성과차이 모델(discrepancy theory)이 있는데 그 공식은 아래와 같다.

$$s = 1 - \frac{(|X - V|)}{V}$$

s : 만족수준, X : 실제 수령한 임금, V : 기대임금

위에서 제시한 임금만족공식은 **개인의 임금만족이** 그가 수령하는 임금수준으로만 결정되는 것이 아니라 그가 **어느 정도의 임금수준을 기대했느냐에 따라 달라진다는 것**이다.

실제임금이 기대임금보다 클 경우에 개인은 임금불만족을 느끼기보다 심리적 불편함을 느낀다는 것이다(Lawler, 1971). 여기서 기대임금의 수준과 실제임금에 대한 지각은 앞에서 살펴본 **아담스(Adams)의 공정성 모델**에 그 기초를 두고 있다. 임금만족을 결정하는 요인으로는 개인이 수령하는 임금액 외에도 기업이 그에게 제공하고 있는 비화폐적 보상, 간접임금과 복리후생 그리고 임금제도의 절차에 대한 공정성 지각 등이 존재한다.

제 7 절 　임금관련 이슈

1 　임금피크제(salary peak system)

(1) 개념

한국사회의 고령화가 급진전되면서 **연공급체계하에서 노동력의 고령화에 따른 기업의 인건비 부담이 더욱 가중됨에 따라 이를 해소하면서 동시에 고령근로자의 고용도 보장해 주기 위한 대안으로서** 임금피크제도(salary peak system)가 많은 기업에 도입되었다.

임금피크제란 동일한 인건비 하에서 고용안정을 중시하는 방안으로 근로자의 계속 고용을 위해 노사간의 합의를 통해 **일정 연령을 기준으로 생산성에 맞추어 임금이 하락하도록 조정하는 대신 소정의 기간 동안 고용을 보장해주는** 제도를 말한다.

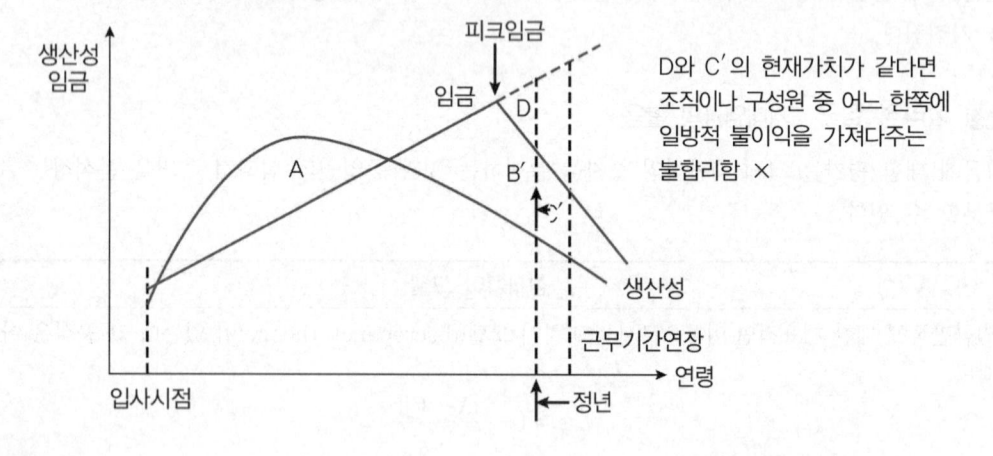

(2) 도입배경

임금피크제가 도입된 배경은 근로자의 조기퇴출을 막는 하나의 대안이 될 수 있기 때문이다. **한국은 연공급 위주의 급여체계를 갖추고 있기 때문에 종업원이 나이가 들수록 기업의 인건비 부담은 크게 늘어나게 된다.** 특히 IMF 체제 이후 우리나라 기업들은 상시 구조조정 체제에 들어가면서 급여는 높으면서 상대적으로 생산성이 떨어지는 나이가 많은 종업원들을 조기퇴출하는 경향이 강화되었다. 그런데 이러한 조기퇴출로 여러 가지 개인적·사회적 문제가 파생되었고, 남아 있는 직원들의 사기저하, 사회적 불안의 한 요소가 되기도 하였다. 이에 관련된 문제를 인식하고 개인, 기업 등 사회적 주체들간에 하나의 타협점을 찾은 것이 임금피크제이다. 즉, 조기퇴출을 방지하고 정년을 보장해주는 대신 생산성이 떨어지는 일정 연령 이후에는 임금을 삭감하는 방안에 대해 접점을 찾게 된 것이다.

정리하여 임금피크제는 ① **연공급 제도를 채택한 기업에서 인건비 부담을 줄이기 위해 사용될 수 있으며,** ② **기업 간 경쟁이 격화되는 상황에서 경비절감에 의한 경쟁력 강화라는 환경적 요구에 대응할 수 있고,** ③ **고령인력의 대량해고라는 사회문제를 해결하기 위해 도입된 것이다.**

(3) 유형

1) 정년연장형

정년연장형은 기존의 정년을 연장하는 대신 정년 전부터 임금을 줄이는 방식이다. 예컨대 정년을 58세로부터 60세로 연장하는 대신에 정년 전인 56세부터 임금을 삭감하는 제도로서 널리 사용되는 방식이다.

정년 연장형	임금조정기간		
	56세	종전 정년 (58세)	연장된 정년 (60세)
			정년연장기간

2) 정년보장형

정년보장형은 **단체협약이나 취업규칙에서 정해진 정년을 보장**하는 대신 **일정 근무연수가 경과하면 그 시점부터 근로자의 임금을 삭감 조정하는 형태**이다. 임금피크제 초기에 도입된 형태이다.

정년 보장형	임금조정기간		
	56세	종전 정년 (58세)	연장된 정년 (60세)
			재고용기간

3) 재고용형(고용연장형)

재고용형은 정년 후에 재고용을 보장하는 제도이다. 여기에는 **정년퇴직 후 재고용을 조건으로 정년 전부터 임금을 줄이는 방식(Ⅰ형)**과 **정년퇴직 후 촉탁직이나 계약직 등으로 재고용하면서 정년퇴직 후부터 임금을 줄이는 방식(Ⅱ형)**이 있다.

재고용형 Ⅰ형	임금조정기간		
	56세	종전 정년 (58세)	60세
			재고용기간

재고용형 Ⅱ형	임금조정기간		
		정년 (58세)	연장된 정년 (60세)
			재고용기간

4) 근로시간 단축형

근로시간 단축형은 **기존의 정년을 연장하는 대신 정년 전부터 근로시간을 단축하는 방식이다.** 여기에는 단순히 근로시간을 단축하는 Ⅰ형과 정년을 그대로 두고 정년퇴직자를 재고용하는 조건으로 정년 전 또는 정년 퇴직 후부터 근로시간을 단축하는 Ⅱ형이 있다.

5) 혼합형

혼합형은 정년을 연장한 후 재고용하는 방식, 근로자가 정년 연장형 또는 재고용형 중에서 본인에게 유리한 유형을 선택하는 방식 등 2가지 이상을 상호복합적으로 활용하는 방식이다.

(4) 임금감액률의 결정

임금피크제를 도입함에 있어 중요한 의사결정 중의 하나는 임금피크 이후에 임금감액률을 결정하는 것이다. 임금굴절이 이루어지면서 1차년도에 피크임금의 85%, 2차년도에 81%, 3차년도에 75%식으로 임금의 감액이 이루어진다. 이는 기존의 임금이 줄어드는 것이어서 종업원 입장에서는 충분한 납득과 설명이 이루어져야 한다.

▼ 임금피크제에서의 임금감액과 증가액의 균형

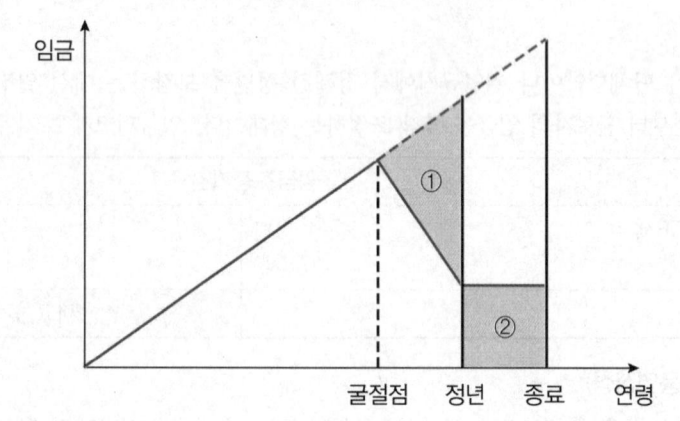

(5) 임금피크제의 효과

1) 긍정적 효과

근로자에게는 경영위기 시에 해고를 피할 수 있고, 정년 이후에도 계속해서 일할 수 있다는 장점이 있다. 사용자는 근로자의 고령화로 인한 기업의 인건비 부담을 줄일 수 있고 해고를 둘러싼 노사간 갈등도 최소화할 수 있다. 또한 보다 저렴한 비용으로 훈련된 고용인력을 유지·확보할 수 있고, 동시에 임금피크제 실시를 통해 경감된 재원으로 신규인력을 채용할 수 있다.

2) 부정적 효과

동일한 업무를 하는 대신 적은 임금을 받게 되면서 생기는 근로자의 사기저하 및 조직활력 저하 가능성도 있다. 또한 중·장년층의 정년이 보장 또는 연장되면서 상대적으로 청년층 신규채용이 줄어들 가능성도 있어 전체적으로 고용시장이 위축될 가능성도 있다.

(6) 임금피크제의 과제

1) 임금피크제가 효과적으로 시행되기 위해서는 임금피크를 적용하는 시점을 언제로 할 것인가, 임금삭감률을 몇 퍼센트로 할 것이가, 보직 전환자에게 어떤 임무를 줄 것인가 등의 과제를 해결해야 한다.

2) 임금피크제에 들어가 있는 인력의 사기 문제이다. 체면을 중시하는 우리 사회에서 동기나 동료가 임원으로 승진했는데 자신은 저임금 계약직 신분으로 남아 있는 데에서 오는 심리적 괴리감 또한 풀어야 할 과제이다.

3) **임금피크제에 들어간 근로자들을 위한 적절한 직무를 개발**해야 한다. 그들의 경험과 지식을 활용할 수 있는 직무를 개발하고 부여함으로써 개인은 심리적 존재감을 느끼며 일할 수 있고 조직 측에서도 성과향상에 도움을 받을 수 있다.

4) **임금수준을 하락시키는 편법으로 작용**할 수 있고, 공기업의 경우 고령인력을 능력과 무관하게 구제하는 수단으로 사용될 가능성도 있다.

(7) 임금피크제 운영 시 유의사항

1) 성과급의 추가 지급
임금피크제가 도입되어 임금액이 감소되면 근로자는 근로의욕을 상실할 수 있는 문제점이 발생한다. 따라서 **임금이 감액되는 과정에서 성과에 따라 성과급을 추가로 지급하는 조치를 취하여 근로의욕을 유지**한다.

2) 직무 이동
임금피크제는 단지 임금만을 감액하는 제도가 아니다. 기존 일에서 다른 일로 이동하게 되는데 일반적으로 **낮은 가치의 직무에서 낮은 임금을 받게 되는 구조**로 이뤄진다. 즉, **직무평가가 선행**되어야 한다.

3) 퇴직 선택 시 전직지원프로그램 제공
직무 이동 대신 **퇴직을 선택**할 경우 해당 근로자의 재취업을 돕기 위하여 **전직지원서비스를 제공**해야 한다.

2 최고경영자 보상

(1) 개요
임금관리에서 상위계층 경영자에 대한 보상은 일반 구성원들과 관리자들에 대한 보상과 다른 점이 많기 때문에 별도의 설명이 필요하다. 특히 대기업의 경우 그 액수가 엄청난 규모에 달하는 경우가 많기 때문에 **일반구성원과 관리자들의 보상에 비하여 매우 다른 특성**을 지닌다.

(2) 경영자 보상의 개념
경영자란 기업의 소유 여부와 관계없이 기업의 실질적인 경영을 책임지고 있는 최고경영자를 비롯한 여러 임원들로 구성이 되어 있는 최고경영진을 구성하는 개인을 지칭한다. 경영자 보상이란 급여, 보너스, 그리고 장기성 인센티브인 스톡옵션과 같은 프로그램을 통해 조직의 관리자와 소유자 간의 이해관계를 일치시키기 위해 사용하는 전략적 도구이다. 경영자들은 조직의 성패에 매우 큰 영향을 미치는 중요한 위치에 있는 사람들이기 때문에 최고경영자 보상은 중요하다.

(3) 관련이론

Drucker는 20 : 1이 일반종업원과 최고경영자 보상의 적정격차라고 설명하는데 그 근거가 되는 이론은 아래와 같다.

1) 인적자본이론(human capital theory)

경험과 지식과 같은 최고경영자의 인적자본이 기업성과와 최고경영자 보상체계를 향상시키는 하나의 요소이다. 일반적으로 기업이 경쟁우위의 한 원천인 인적자원에 의지하면 할수록, 기업 성과에 기여하는 하나의 요소로서의 인적자본은 더 중요해진다.

2) 대리인 이론(agency theory)

소유-경영 분리가 이뤄진 경우 문제점으로 Jensen&Meckling(1976)에 따르면 개인 또는 집단이 의사결정과정을 다른 사람에게 위임할 때 소유주-대리인(principal-agent) 관계가 성립하게 된다. 이러한 관계는 소유주를 의사결정 및 실행에 있어서 발생하는 문제에 노출시킨다. 이는 대리인과 소유주 간의 정보의 불균형과 감시의 불완전성 등으로 발생하는 도덕적 해이에 기인한다. 소유와 경영의 분리에 따라 소유주가 치르게 되는 손실을 최소화하기 위해서는 대리인에 대한 감시가 필요하게 되는데 대리인을 통제하기 위한 감시 시스템에 대한 비용, 즉 대리인 비용(agency cost)이 발생하게 된다. 대리인 비용을 효과적으로 제거하기 위해서는 소유주와 대리인 간의 이해관계를 일치(interest alignment)시키고자 하는 시도가 필요한데 이러한 대리인 비용을 최소화하기 위한 방안 중 하나가 경영자 보상이다. 즉, **성과를 위한 보상체계가 대리비용을 줄이고, 경영자의 노력을 고양시키는 하나의 수단임을 제시한다.** 적정하게 구성된 최고경영자의 보상체계는 **최고경영자와 주주들 간의 다른 이해관계에서 발생하는 대리문제(agency problems)를 경감시키는데 도움이 되고, 기업의 성과에 기여할 수 있다.**

3) 내부화 이론(internalization theory)

다국적기업이 지구화와 급속한 기술혁신에 직면해서 국내 기업보다 더 높은 수준의 인적자본을 필요로 한다. **효과적인 경영 노하우와 최상의 기술(혹은 신기술)과 같은 무형자산의 내부화는 더 높은 수준의 최고경영자의 인적자본을 필요조건으로 한다.**

(4) 토너먼트 이론(Tournament theory)

Lazear&Rosen의 토너먼트이론에 따르면 경영자 보상은 조직의 일반 종업원에게도 긍정적 영향을 미칠 수 있다고 주장한다. 토너먼트 이론은 기업 내에서 계급 간 보수격차가 클 때 하위계급의 구성원은 승진을 통한 높은 보수를 획득하기 위해 높은 수준의 노력을 투입할 유인을 가지며, 이는 곧 하위계급 구성원 간의 경쟁을 통해 높은 기업성과로 이어짐을 주장하는 것이다. 즉, 높은 보수를 획득하기 위한 계급 내 경쟁을 통해 경쟁에서 승리한 구성원이 이를 독식하는 구조를 지니며 토너먼트 이론에 따른 인센티브는 절대적 성과가 아닌 상대적 성과에 따른 상대적 평가를 기반으로 한다. 최고경영자 보상은 조직의 성공의 사다리를 밟고 올라가서 쟁취하여야 할 매력적 목표로 **종업원의 동기부여 효과가 있다는 것이다.**

그러나 이러한 토너먼트 이론은 하위계급의 승진기회가 존재함을 전제하고 있다는 점에서 전문경영기업과 소유경영기업에서 그 효과성이 전혀 다르게 나타날 수 있다. 즉, 오너일가와 같은 소유경영자가 최고경영자 직책을 맡는 소유경영기업 내에서는 전문경영기업과 비교하여 **임원들의 최고경영자로의 승진기회가 제한**되어 있다고 봤을 때, **토너먼트 이론이 성립하지 않을 가능성**도 존재한다.

(5) 보상의 형태

일반적으로 경영자 보상은 크게 기본급, 보너스, 성과에 근거한 인센티브로 구성이 된다.

여기서 기본급과 성과급의 비중을 고려해야 하는데, 기본급의 경우 종업원 입장의 안정성으로 성과급의 격차보다 더 큰 인센티브 효과를 지닐 가능성이 있지만, 반대로 성과급 역시 노력투입의 결과물인 경영성과에 따라 보장받는 보수이기 때문에 오히려 기본급의 격차보다 더욱 큰 인센티브 효과를 지닐 가능성이 존재한다. 여기에는 **경영자의 위험성향에 따라 효과가 달라질 것이다.**

주식기반 보상을 활용할 수도 있는 바, 능력주의 임금제도가 확산됨에 따라서 주식옵션이 많은 최고경영자와 상위경영자들에게 제공되고 있다. 즉, **단기적 인센티브보다 중·장기적 인센티브제도를 활용할 때 주식기반 보상을 활용하는 것이 효과적이다.** 최고경영자의 보상은 기본임금이나 성과배분보다는 주로 주식옵션(stock option) 때문에 엄청난 액수에 달할 수 있다.

이 외에도 차량, 금융·보험, 클럽회원권 등 **간접적 보상도 고려**할 수 있다.

(6) 경영자 보상의 결정요인

1) 경제·사회적 요인

대표적으로 **기업의 성과**이며 경영자보상은 기업의 성과에 기초하여 지급하는 것이 바람직하다. 한편 사회적 요인으로는 제도화 과정이 있다. Selznick의 제도화이론(institutional theory)에 따르면 조직은 인간의 힘을 동원하여 특정한 목표에 이르게 하는 기술적 도구이며 조직은 그 구성원과는 별개로 일단 형성이 되면 나름의 생명력을 가지고 존속한다. 조직은 **사회적·문화적 압력에 따라 주변에 유사한 조직이 받아들이는 가치를 받아들임으로써 생존의 정당성을 확보**하게 된다. 최고경영자 보상은 사회·문화적으로 보았을 때 **다른 조직에서 제공하는 적당한 수준을 유지하는 제도화 과정**을 거치게 된다. 따라서 조직의 규모, 산업의 평균, 사회적 위치 등을 보상 책정에 고려하게 된다.

2) 지배구조와 권력

미국 기업의 경우 이사회에서는 임원들의 보수를 결정하는 **보상위원회(compensation committee)가 존재**한다. 최고경영자가 기업의 지배구조에 관련된 의사결정을 하는 이사회의 의장직을 겸하고 있는 경우 권력이 한 사람에게 집중되는 **최고경영자 겸직(CEO duality)**이라는 현상이 나타난다. 이는 심각한 도덕적 해이(moral hazard)가 나타나는 원인이 되며 결과적으로 이 경우 **최고경영자가 자신의 보상을 스스로 결정하는 모양새**가 되기도 한다. 혹은 최고경영자와 깊은 관계를 맺고 있는 인사들이 최고경영자 보상을 결정할 수 있는데 이 경우 최고경영자 보상의 상승은 ① 기업의 보상액 지급능력의 한계와 ② 사회적 감시에 따른 비난의 가능성 이외에는 억제하기 어려운 것으로 알려져 있다.

3) 개인적 특성

Becker의 인적자본이론(human capital theory)에 따르면 조직에 고용된 **사람들의 기술, 지식, 그리고 능력을 이용하여 조직의 전략적 목표를 달성**한다. 또한 본 이론은 조직의 생산성을 극대화하기 위해 노동력을 효과적으로 사용하는 동시에 노동비용을 최소화하는 것이 조직의 성과를 향상시키는 원동력이 될 수 있다고 설명한다. 따라서 **최고경영자의 지식이나 능력을 효과적으로 사용하면 효과적인 전략의 수립과 실행이 가능하고 조직을 성장시킬 수 있으므로 높은 성과를 창출**하게 된다.

한편 Blau의 **사회연결망이론**(social network theory)에 따르면 인간은 서로가 가지고 있는 공통적 속성을 중심으로 경제적 효율성이나 생존을 위해 상호작용을 통해 가까운 관계를 형성하며, 이는 사회적 연결망 형성의 기반이 된다. 이러한 연결망은 연결망의 수와 연결의 강도를 중심으로 연구되어 왔다. 연결망의 기본은 한 개인과 개인의 연결이며 이는 그들 간의 신뢰를 통해 형성된다. 이러한 **신뢰를 기반으로 획득한 사회적 연결망이 '사회적 자본(social capital)'**이다. **최고경영자가 높은 수준의 사회적 자본을 보유**하고 있어 조직의 성과에 긍정적 영향을 미칠 것으로 기대되기 때문에 최고경영자의 보상수준도 높아질 수 있다.

4) 운(luck)

여기서 운이라 함은 'CEO의 통제 밖에 있는 요인에 의해 발생하는 성과의 변화'를 뜻한다. 이러한 운에 의한 영향은 스톡옵션과 같이 성과에 따라 주어지는 보상, 그리고 임금과 보너스와 같이 사측에 자유재량에 의해 지급되는 보상에도 동일하게 나타난다.

(7) 경영자 보상과 이사회의 역할

최고경영자의 권력이 강하고 지배구조가 집중화되어 있을 경우(CEO duality, interlocking)에는 최고경영자의 임금 상승을 억제하기 어려운 경우가 많다. 그리고 이는 결과적으로 **회사에 막대한 피해를 입히게 되고, 경영자 개인적으로도 많은 어려움을 겪어야 하는 결과**를 야기하는 경우가 많다. 따라서 조직은 최고경영자를 포함한 경영자들의 보상을 적절한 수준으로 유지하기 위해서는 이를 위한 적절한 시스템을 갖추고 있어야 하며, 이러한 체계적인 경영자 보상관리의 가장 중요한 주체는 이사회다. 우리나라에서 경영자 보수는 상법상 주주총회에서 결정하게 되어 있고, 보상의 구체적인 사항에 대해서는 이사회에 위임하는 것이 일반적이다. 따라서 **효과적이고 적절한 경영자 보수 관리를 위해서는 이사회의 역할과 책임을 정확히 인식하고 그에 합당한 제도적, 관리적 체계를 갖추는 것이 중요**하다.

02 | 복리후생 관리

제1절　복리후생의 개념

1 의의

복리후생(employee benefits and services)이란 **종업원의 노동과 직접적으로 연결되지 않는 간접적 보상**으로 기업이 종업원의 생활의 안정과 질을 향상시키기 위해 종업원과 그 가족에게 제공하는 직접적 보상인 임금 이외의 모든 보상과 서비스를 말한다. 즉, 복리후생은 기업이 종업원에게 은혜적으로 베푸는 부가급여(Fringe Benefit)로서의 성격을 갖는 것이다.

오늘날 복리후생은 산업사회의 발전과 생활수준의 향상, 종업원의 욕구수준 증대와 다양화, 노동력 구성의 변화 등으로 인해 임금, 근로시간 등의 **기본적 근로조건을 보완**해서 종업원과 그 가족의 생활의 안정과 삶의 질 향상을 위한 **고용급여(Employee Benefit)로도 인식**되고 있다. 즉, 복리후생은 점차 임금, 노동시간 등의 기본적 노동조건을 보완하는 파생적 근로조건으로 인식되고 있다. 이와 관련하여 **우리나라 고용노동부는 기업 내 복리후생을 "임금과 기본근로조건 이외에 추가적으로 기업 부담 하에 제공되는 편익"이라고 규정하고 있다(노동부, 1988).**

따라서 복리후생은 **노동에 대한 간접적 보상**이며 이것은 경제적인 것과 비경제적인 것으로 구분된다. **경제적인 복리후생이란 기업이 이를 도입함으로써 경제적 부담(지출)을 지게 되는 것이며 비경제적인 것은 종업원 개인에게 직무수행에 있어서 보다 많은 의사결정권한을 부여하거나 근무시간에 대해 자율성을 부여하는 것 등을 말한다(Armstrong&Murlis, 1994).**

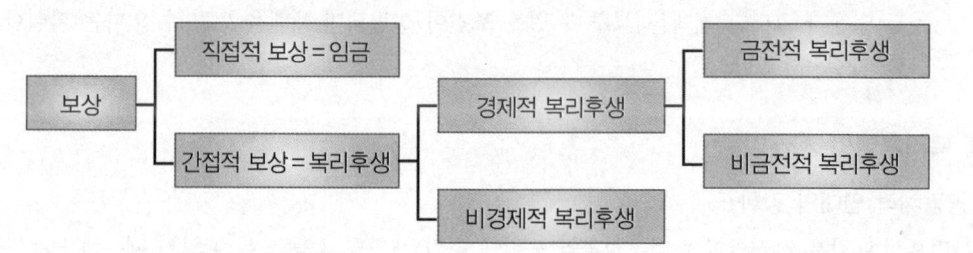

2 중요성과 성격

(1) 복리후생의 중요성

첫째, 복리후생은 총 보상의 일부로서 복리후생비는 **임금총액의 약 30% 정도가 되어 노무비의 큰 부분을 차지**하고 있다. 이것이 **제품시장에서 가격경쟁력에 영향**을 주고 있기 때문에 중요하다.

둘째, 복리후생은 **우수한 종업원의 확보와 유지, 즉 노동시장에서의 경쟁력 확보에 영향**을 미치기 때문에 중요하다. 경쟁적인 노동시장이 형성되는 오늘날 **조직의 핵심역량을 보유한 인재를 확보하고 유지**하기 위해서는 기업들은 종업원이 원하는 복리후생 제공을 위해 많은 노력을 기울여야 한다.

(2) 복리후생의 성격

간접적 보상으로서의 복리후생은 직접적 보상인 임금과 비교해서 다음과 같은 차별적 성격을 갖고 있다.

첫째, 임금은 개별종업원의 연공, 노동의 양·질 등 성과에 따라 개별적으로 지급되는 반면, 복리후생은 연공이나 성과에 관계없이 조직의 모든 종업원들을 대상으로 제공되는 집단적 보상의 성격을 갖는다.

둘째, 임금은 개별종업원의 노동의 대가이므로 종업원은 이를 필요성 여부와 관계없이 당연히 요구하는 반면, 복리후생은 종업원 자신이 필요로 하는 구체적 상황이나 조건이 발생해야 혜택을 받게 된다. 예를 들어 의료보험은 본인이나 가족에게 질병이 발생해야 그 혜택을 받을 수 있다.

셋째, 임금은 종업원의 자유의사에 따라 다양한 용도로 사용될 수 있지만, 복리후생은 종업원의 필요에 따라 제공되기 때문에 필요의 구체적 내용에 따라 그 용도가 제한을 받는다.

넷째, 복리후생은 다양한 형태로 지급된다.

다섯째, 복리후생은 기대소득의 성격을 갖는다. 특정시점에는 복리후생을 제공받지 못했다 하더라도 언젠가 그러한 혜택을 받을 수 있는 **조건이 성립되면 혜택을 누릴 수 있다는 확실한 기대**를 가질 수 있다.

3 복리후생의 지급이유

(1) 공동체적 연대의 강화

복리후생과 같은 간접급여는 업무성과와 능력에 따라 개인별 차등을 두지 않기 때문에 모든 구성원의 공동체적 연대를 강화할 수 있다. 즉, **임금의 개인별 차등성에 추가하여 복리후생은 조직 내 평등성을 강화하여 소속감과 연대감을 형성**할 수 있다.

(2) 규모의 경제 효과

복리후생은 회사 내 근로자를 집단별로 묶어 특정 서비스를 제공하기 때문에 규모의 경제를 기대할 수 있다. 근로자가 특정 서비스를 개인적으로 구매할 때와 비교하여 회사가 동일한 서비스를 원하는 직원들을 위하여 집단으로 구매하면 더 낮은 비용으로 제공할 수 있다.

(3) 우수인재의 유인 및 유지

복리후생은 우수한 인재를 유인하고 유지하는 데 도움을 준다. **조직이 경쟁기업과 다른 특유의 차별화된 복리후생 서비스를 개발하여 제공하면, 임금수준이 동일하더라도 인재유치에 유리하다.** 근로자가 원하는 서비스로 복리후생을 잘 설계하면 조직은 임금이 주지 못하는 매력을 근로자에게 제공할 수 있기 때문이다.

제 2 절   복리후생의 기능과 목적

1 복리후생의 기능

(1) 우수인력의 확보

복리후생은 종업원에게는 **비과세소득**이므로 **종업원에게 동일금액 임금보다 유리한 보상**이 될 수 있다. 따라서 경쟁기업과 만약 임금수준이 비슷하거나 다소 떨어진다 하더라도 노동시장에서 우수한 종업원을 유인할 수 있어 우수인력 확보에 경쟁력을 갖게 되어 유리한 입장에 서게 된다. 하이테크 산업에서는 더욱 그러하다.

(2) 이직 및 결근의 감소

복리후생은 직무의 범위를 넘어서 **종업원의 생활을 대상**으로 하고 있으므로 **종업원의 가족도 그 혜택을 받게 되어 종업원과 그 가족의 기업에 대한 일체감과 귀속의식을 고양시켜 노동력을 유지하고 이직을 감소시키는** 효과가 있다.

(3) 동기부여 및 생산성 향상

복리후생은 간접적, 부가적 보상이므로 사용자들은 이로 인하여 복리후생이 **동기부여 및 생산성을 향상**시킬 것이라고 기대한다.

(4) 원만한 인간관계와 협력적 노사관계 구축

개별종업원의 능력이나 성과에 따라 차등적으로 지급되는 임금과 달리 **복리후생은 모든 종업원을 대상으로 균등하게 혜택을 제공하기 때문에 조직 내 인간관계가 원만해지고 협력적 노사관계를 구축**하는 데 이바지한다.

(5) 기업의 사회적 이미지 개선

기업이 종업원과 그 가족이 시민으로서 최저생활을 할 수 있도록 보장해주고 각종 사회복지 서비스를 최대한 제공해줌으로써 그 기업이 **사회적·윤리적 책임을 다하는 유익한 기업으로서의 이미지와 대외관계**를 개선시킬 수 있다.

2 복리후생의 목적

미국의 한 조사에 의하면 복리후생제도를 도입하게 된 목적의 가장 큰 이유가 '**우수종업원 유인**'이 제일 많았지만, 우리나라의 경우(2016년, 한국경영자총협회) '**생산성 향상**'과 '**노사관계 안정**'이 제일 많왔다. 이러한 결과는 미국기업들과는 대조적으로 **우리나라의 많은 기업들이 복리후생제도의 도입을 생산성 향상과 연계**시키고 있음을 알 수 있다. 구체적으로 정리하면 아래와 같다.

(1) 경제적 목적

경제적 목적은 기업이 복리후생을 도입함으로써 **여러 가지 경제적인 이점**을 얻을 수 있는 것을 말한다.

- 종업원이 사기가 높아져 성과향상으로 연결
- 현직 종업원의 신체적・정신적 성과창출능력을 유지
- 노동시장에서 보다 유리한 입장에 서서 신규인력을 확보
- 기업에 대한 커미트먼트(commitment)를 높여주기 때문에 결근율을 줄이고 이직을 방지하는 데 매우 효과적

(2) 사회적 목적

복리후생의 사회적 목적은 기업 내 종업원에 대한 **사회적 통합(social integration)과 국가가 주체가 되는 사회복지에 기여**하는 것이다. 기업은 자연스럽게 인간관계를 형성하여 사회적 욕구(social needs)를 충족할 수 있도록 스포츠, 체육 및 오락시설 등의 복리후생시설을 제공한다.

(3) 정치적 목적

정치적 목적은 기업이 복리후생을 통해 기업을 둘러싼 환경주체자의 영향을 줄이는 데 있다. 법률은 기업으로 하여금 강제적으로 특정 복리후생 프로그램을 도입하도록 한다. 국가에 의해 강제적으로 도입된 기업의 복리후생 프로그램의 효과는 기업의 입장에서 볼 때 효과가 많이 퇴색될 수밖에 없다. 왜냐하면 복리후생 혜택을 받는 종업원은 이에 대해 기업에 감사하기보다 국가에 감사하는 경향이 많기 때문이다. 따라서 **기업의 복리후생에 대한 정치적 목적은 이를 통해 정부 및 노조의 기업에 대한 영향력을 줄이려는 데 있다.**

(4) 윤리적 목적

기업은 복리후생을 통해 윤리적 목적을 추구한다. 기업은 종업원이 **더불어 사는 시민으로서 최소한의 문화생활을 할 수 있도록 복리후생 프로그램을 도입**하였던 것이다.

경제적 목적	• 성과향상 • 신체적・정신적 성과창출 능력 유지 • 조직커미트먼트 증가 - 결근율, 이직률 감소 • 노동시장에서의 경쟁력 제고
사회적 목적	• 기업 내 주변인력 보호(청소년, 노령자 등) • 인간관계 형성 지원 • 국가 사회복지 보완
정치적 목적	• 정부의 기업에 대한 영향력 감소 • 노조의 영향력 감소
윤리적 목적	• 종업원 생계 지원

제 3 절 　 복리후생의 유형

▼ 복리후생의 유형

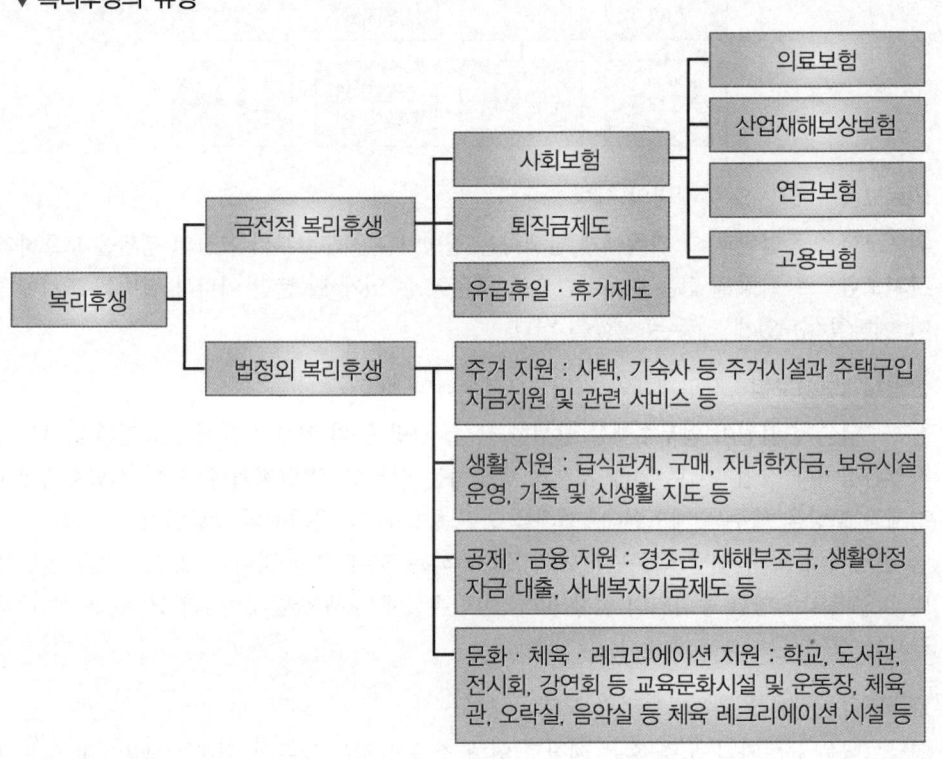

1 법정 복리후생

법정 복리후생은 국가의 사회보장정책의 일환으로 국가가 기업에 법률로서 실시를 강제함으로써 의무화된 복리후생을 말한다. 기본적으로는 종업원들의 안전 및 안정의 욕구 총족에 초점을 두고 종업원들이 직장이나 일상생활에서 당면하는 여러 위험들로부터 이들을 보호함으로써 **최소한의 사회·문화적 생활을 유지할 수 있게 하는** 데 그 목적이 있다. 즉, 법정 복리후생은 국가가 기업 종업원을 보호하고 국가사회복지의 한 보조수단으로 법률을 제정하여 기업으로 하여금 강제적으로 도입하도록 한 것을 말한다.

(1) 보험료 지원

기업의 근로자에 대한 보험료 지원은 이미 선진국가에서 정착한 사회복지의 틀에서 원용된 것으로 근로자가 가지고 있는 기본적인 **안전욕구(safety needs)를 충족시키는** 데 그 목적이 있다. 근로자는 일반적으로 **질병, 노령, 산업재해 그리고 실업으로부터 보호**받기를 원하며 이를 국가차원에서 우선적으로 해결해야 된다는 취지에서 법정 복리후생으로서의 보험료 지원이 우리나라에서도 정착된 것이다.

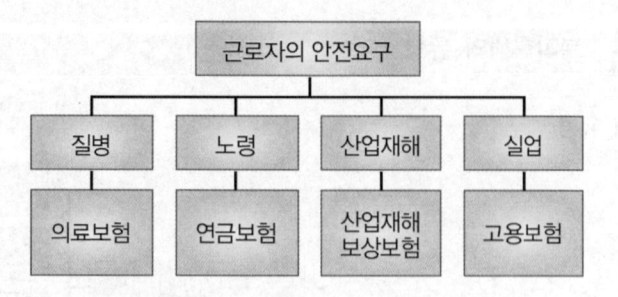

1) **의료보험** : 사고 혹은 질병의 예방

의료보험은 **종업원과 그 가족에게 발생하는 질병이나 사고로부터 그들의 생활을 보호하기 위한 사회보험**으로 질병을 적은 비용부담으로 치료할 수 있게 할 뿐만 아니라 질병을 조기에 발견하여 예방할 수 있게 해주는 역할을 한다.

2) **산업재해보상보험** : 산업재해와 직업병으로부터의 보호

산재보험은 **종업원이 업무수행상 발생한 부상, 사망 등의 업무상 재해와 작업에 따르는 유해한 작업환경이나 작업자세로 인해 서서히 발생하는 업무상 질병(직업병) 등의 산업재해에 대하여 경제적 보상을 해주는 제도**인데, 재해를 당한 종업원 및 유가족의 생활안정을 도모하고 근로자를 산업재해 및 직업병으로부터 보호하고자 하는 것이 그 목적이다. 산재보험은 업무상 재해 및 직업병으로 인한 종업원의 건강 및 금전적 손실에 대해 산업재해자와 그 유가족에 대해 현금급부를 통해서 보상을 해준다.

3) **연금보험** : 생계 위험으로부터의 보호

연금보험을 근로자가 노령 혹은 폐질로 인해 소득이 없는 경우와 생계를 책임지고 있는 사람이 **사망했을 때 남은 유족의 생계를 지원해 주는 제도**이다. 즉, 연금보험은 종업원이 노령이나 폐질로 인해 소득이나 근로능력을 상실하여 소득을 얻을 수 없는 경우나 사망했을 경우에 종업원 본인과 그 가족이 안정된 생활을 할 수 있도록 그들의 생계를 연금급여로 지원해주는 제도이다.

4) **고용보험** : 퇴직 혹은 실직으로부터의 보호

근로자가 **실직이 되었을 때를 대비**하여 고용보험제도가 있는데 **실직된 근로자 및 가족의 생계를 지원하는 것을 목적**으로 하고 있다. 고용보험은 국가의 사회보장차원에서 근로자가 비자발적 사유로 실직한 경우에 근로자와 그 가족의 생활안정을 위하여 일정기간 실업급여를 지급해서 그들의 생계를 지원해주는 실업보험에서 비롯되었다.

우리나라에서 고용보험은 **사후 구제적·소극적 개념인 전통적인 실업보험**뿐만 아니라 **실업을 사전에 예방하고 고용의 안정을 실질적으로 보장하는 보다 적극적 인력정책수단**으로서 실직시 **생계안정을 위한 실업급여 외에 고용안정사업, 직업능력 개발사업의 3개 사업**을 시행하고 있다.

(2) 퇴직금 제도

1) 개념 및 성격

퇴직금 제도란 근로자가 일정기간 동안 해당기업에 근무한 후 퇴직할 때 기업이 근로자에게 일정액을 지급하는 제도를 말한다. 퇴직금은 **연공주의 인적자원관리와 밀접한 관계**가 있는데 연공급 임금체계하에서는 퇴직금제도를 통해 임금의 노동대가 원칙을 보완적으로 달성하고 **근로자의 장기근속을 유도하는 효과**가 있기 때문이다.

2) 등장배경

퇴직급여는 **취약한 사회보장을 보완**하기 위해 기업으로 하여금 **퇴직급여의 명목으로 퇴직 이후의 생활을 지원해주는 취지에서 시작**되었다. 퇴직급여는 근로기준법에 의해 1963년부터 법으로 의무화되었는데 2005년부터는 관련법규가 근로기준법 대신 '**근로자퇴직급여보장법**'(약칭 **퇴직급여법**)으로 이관되어 시행되고 있다. 퇴직금의 지급방식은 퇴직금제와 퇴직연금제로 구분되는데 **퇴직금은 일시금으로 근로자에게 지급되는 방식**이고 **퇴직연금제는 연금형태로 지급되는 방식**이다.

3) 퇴직금 성격에 관한 3가지 학설

퇴직금의 성격에 대하여 아래의 3가지 학설이 있다.

첫째, **공로보상설**로서 퇴직금이 **근로자가 재직할 때의 공헌에 대한 은혜적인 보상**을 말한다고 보는 것이다.

둘째, **임금 후불설**은 **퇴직금이 임금의 일부로서 나중에 지급될 뿐이라는 주장**인데 이는 노동조합의 견해로 근로기간 중의 임금이 노동의 진정한 가치를 충분히 반영하지 못해 사용자는 당연히 퇴직급여를 지급해야 한다는 것이다.

셋째, 퇴직금을 **생활보장설**로 보는 견해이다. 생활보장설은 퇴직금제도를 근로자가 **퇴직하였을 때 닥칠 수 있는 생활의 어려움을 지원하는 제도**로 보는 것이다. 공로보상설이나 생활보상설은 사용자의 견해로 퇴직금이 공로보상과 같은 은혜적 급여라면 사용자의 상황에 따라 지급을 중단할 수 있으며 생활보장적 급여라면 사회보장의 확충과 함께 더 이상 사용자가 부담하지 않아도 되기 때문이다.

4) 퇴직금의 기능

퇴직금은 **퇴직자의 소득보장으로 단기근속 퇴직자에게 실업급여 기능을 수행**하고 특히 장기근속 퇴직자에게 노후생활을 보장해 주며 또한 이로써 노사관계 안정화에도 기여하는 기능을 수행한다.

5) 퇴직연금제도

① 도입배경

우리나라의 퇴직금 제도는 다음과 같은 몇 가지 문제점이 제기되었다.

- 1988년 국민연금과 1995년 고용보험의 도입과 연봉제의 확산, 빈번한 직장이동, 퇴직금 중간정산제 실시 등으로 **기존 퇴직금제도의 노후소득보장과 실업급여 기능이 약화**되고 있다.

- 기업의 연륜증가와 임금의 급격한 상승으로 기업의 퇴직금부담은 더욱 커지고 있고 특히 국민연금 및 고용보험의 도입으로 기업은 이중으로 인건비 부담을 지게 되어 **퇴직금이 기업의 경쟁력을 약화**시키는 요인으로 지적되고 있다.
- **퇴직금 운영상 및 기업의 도산 시 퇴직금지급 보장의 미흡 등의 문제점**들이 노정되어 왔다.

2005년 이후 근로자퇴직급여보장법이 제정되어 전통적인 퇴직금제도를 대신해서 퇴직연금 제도를 도입하여 운영하는 것이 가능하게 되었다. **퇴직연금제도가 도입된 가장 큰 이유는 퇴직금의 경우 퇴직금을 사내에 적립하도록 되어 있으나 실제로 이를 지키는 기업들이 많지 않았기 때문에 회사가 도산하는 경우 근로자가 퇴직금을 지급받지 못하는 문제점이 자주 발 생하였기 때문이다.** 이러한 문제를 해결하기 위해 임금채권보장법이 만들어져서 최종 3년 치에 해당하는 퇴직금은 보장받을 수 있게 되었으나 근본적인 해결책이라고 보기는 어려웠다. **퇴직연금의 경우 퇴직금을 사외전문금융기관에 적립하고 운용함으로써 이 문제를 근본적으로 해결하는 데 도움이 된다. 또한 퇴직 시 일시불로 지급되는 퇴직금과는 달리 퇴직연금은 연금 또는 일시금의 형태로 지급되기 때문에 근로자의 필요나 선호에 따른 선택이 가능하다.**

② 의의

이에 퇴직금 제도의 대안으로서 퇴직연금제도가 2005년 법개정으로 통해 현행퇴직금과 동일한 가치를 지니는 제도로 시행되고 있고, 2008년 12월부터는 4인 이하 사업장에 확대 적용되고 있다.

퇴직연금제도는 **퇴직일시금을 연금으로 전환해 근로자의 안정적 노후생활 보장을 강화**하고 기업이 **퇴직금부담을 합리적으로 관리**할 수 있도록 근로자가 퇴직 후 받을 돈을 사용자가 정기적으로 일정액을 금융기관에 적립하고 운영하여 퇴직 후 연금형태로 지급하는 제도를 말한다.

③ 형태

❶ 확정급여형 퇴직연금제(defined benefit retirement pension plan : DB형)

확정급여형은 현행 퇴직금처럼 퇴직 후 받을 연금을 퇴직 당시의 평균임금×근속연수(노사합의로 증액가능)로 미리 확정해서 적립하는 방식이다. 따라서 임금인상률이나 기금운용수익률 등 연금액 산정의 기초가 급변하는 경우 사용자가 그 위험을 부담해야 하고 근로자의 수급보장성은 상대적으로 높다. 확정급여형의 경우 **이익이나 손실을 사용자가 부담**하게 되며, 회사가 근로자의 퇴직금을 금융기관에 위탁해서 자금을 운용하며 적립된 자금의 운용결과에 따라 기업이 부담해야 하는 부담금이 증가하거나 줄어들 수 있다. 근로자의 입장에서는 동일하게 정해진 퇴직금을 지급받게 되는 것이므로 과거 퇴직금제도와 특별한 차이는 없으니 퇴직금이 회사 내에 적립되어 있지 않고 전문금융기관에 적립되어 있기 때문에 **퇴직금을 지급받지 못할 위험이 크게 줄어들게 된다는 장점**이 있다. **도산위험이 적고 정년보장 등 고용이 안정된 기업에서 선택하기에 적합한 유형**이라고 할 수 있다.

❷ 확정기여형 퇴직연금제(defined contribution retirement pension plan : DC형)

확정기여형은 사용자가 근로자의 개인별 계좌에 매년 일정금액을 적립하면 근로자는 자신의 책임하에 주식 등 금융상품을 선택해서 운용하는 방식으로 미국의 401k(확정기여형 기업연금)과 유사하다. 즉, 회사는 **근로자의 연봉의 1/12을 금융기관에 예치**하고 **근로자가 그 자금을 운용**하여 퇴직 시 적립된 금액을 연금이나 일시금으로 수령하게 된다. 운용결과에 따라 근로자가 지급받게 되는 퇴직금의 크기가 달라지게 되며 운용을 잘하게 되면 확정급여형에 비해 더 이익을 얻을 수도 있지만 **운용을 잘못하는 경우 확정급여형에 비해 더 낮은 금액을 지급받을 수 있다.** 따라서 운용을 하는 근로자의 금융지식이나 운용을 대행하는 금융기관의 전문성에 따라 수령하는 퇴직금의 크기가 달라진다는 것이 확정급여형과 다른 중요한 차이이다. 확정기여형은 확정급여형과는 달리 **정해진 사유를 만족시키는 경우 중도인출이 가능하다는 장점**이 있다. 기업의 안정성이 크지 않아 **체불위험이 있거나 연봉제를 도입해서 매년 퇴직금으로 산정되는 금액이 달라지는 경우나 직장이동이 빈번한 근로자의 경우**에 적합하다.

❸ IRP(individual retirement pension)

근로자가 퇴직 시에 받은 퇴직 일시금을 퇴직연금사업자에게 개인퇴직계좌를 설정하고 불입하고 세제혜택을 받으며 DC형과 같이 근로자 책임과 권한 아래 운용하다가 55세 이후에 연금 또는 일시금으로 수령하는 제도이다.

IRP는 종전 IRA(개인퇴직계좌, 상시근로자 340인 미만 사업장은 직장 이동 시에도 퇴직후 연금으로 수령할 수 있도록 퇴직적립금을 누적하여 통산)가 변경된 것인데 퇴직급여 일시금을 수령하여 통산하는 기능 외에 **가입대상을 확대하고 자기 부담으로 추가부담금을 납입할 수 있도록 하는 등 근로자의 노후생활보장 기능을 강화**한 것이다.

④ 퇴직연금 도입의 효과

기업 측의 효과는 **첫째, 일시금에 비해 노후생활 불안을 해소시킬 수 있다는 안정감을 부여**해 고용안정과 인재확보의 기능을 갖는다. **둘째, 정년퇴직 시 연금수급으로 노후생활이 보장**되므로 퇴직을 순조롭게 유도할 수 있다. **셋째, 장래 지급할 연금기금을 장기저리로 활용**하여 종업원의 복리후생시설에 투자할 수 있다. **넷째, 일시에 큰 금액을 지출하지 않아도 되므**로 기업의 자금운용이 원활하게 된다.

종업원 측에는 **첫째, 공신력 있는 기관에 사외적립이 되는 것이므로 수급권이 확보**된다. **둘째, 세제의 혜택을 받게 된다는 장점**이 있다.

		DB형	DC형
공통점	규약	퇴직연금규약 작성신고의무 有	
	부담금 납부	사용자	
	지급형태	연금 또는 일시금	
	담보제공	「퇴직급여법 시행령」 제2조에 해당하는 사유와 요건을 갖춘 경우 퇴직연금제도의 급여를 받을 권리를 담보로 제공 가능(한도 : 가입자별 적립금액의 50%)	
차이점	운용주체	사용자	근로자
	운용 위험부담	사용자	근로자
	퇴직급여 수준	평균임금 30일분 × 근속연수	적립금 운용실적에 좌우
	중도인출	불가	가능(단, 특정 사유에 해당해야)

구분 내용	DB형	DC형
개념	• 노사가 사전에 퇴직연금(급여)의 수준 • 내용을 약정 • 근로자가 일정연령에 달한 때에 약정에 따른 급여지급	• 노사가 사전에 부담할 기여금을 확정 • 적립금을 근로자가 자신의 책임하에 운용 • 근로자가 일정연령에 도달할 때 그 운용결과에 기초해서 급여지급
퇴직연금	확정(급여의 일정비율)	운영실적에 따름
기여금	변동가능(산출기초 변경시)	확정
위험부담	물가, 이자율 변동 등 회사 부담	근로자 부담
기업부담	변동가능(기금운용 수익률에 따라)	고정(단체협약에 따라)
규제 및 감독	많이 요구됨 (금융기관에 대한 책임준비금 제도, 건전성 감독 등)	많이 요구되지 않음 (운용 방법에 원금 보장 포함 등 시행초기에는 안정적 운용지도)
통산제도	어려움	용이
선호층	장기근속자가 유리	단기근속자 및 젊은층
주요대상	대기업, 이미 퇴직금충당금을 사외에 적립하는 기업	연봉제 및 퇴직금 중간 정산제 실시기업, 경영이 불안정한 기업, 중·소기업

(3) 유급 휴일 및 휴가제도

유급휴가는 **근로자가 일을 하지 않고도 임금을 받을 수 있는 경우**를 말한다. 유급휴가제도는 국가가 국민복지차원에서 도입한 것이며 기업으로서는 노동력의 재생산이라는 관점에서 볼 때 매우 합당한 제도라고 판단된다.

즉, 유급휴일 및 휴가는 근로자가 실제로 일을 하지 않는 날에 대해서 급여를 받는 제도이다. 근로기준법은 법정 복리후생제도의 일환으로 주휴일, 공휴일 및 대체공휴일, 근로자의 날(5월 1일)을 법정 유급휴일로, 그리고 연차휴가, 생리휴가, 산전·산후휴가를 법정휴가제로 규정하고 있다.

2 법정 외 복리후생

법정 외 복리후생은 국가의 법률에 의하지 않고 기업이 자발적으로 실시하는 복리후생으로 자발적 복리후생(voluntary benefits)이라고도 한다. 법정 외 복리후생은 기업이 법적 복리후생에서 법률로 규정된 범위나 수준을 넘어 추가적으로 혜택을 주는 방식과 법정 복리후생과는 전혀 관계없이 기업이 자율적으로 복리후생 프로그램을 도입·실시하는 방식이 있다.

(1) 주거지원

주거지원은 종업원의 주거안정을 통해 가정생활의 안정을 도모할 뿐만 아니라 안정된 생활기반 위에서 마음 놓고 직장생활에 전념할 수 있도록 하기 위하여 주거관계시설 및 서비스를 지원해 주는 제도이다. 주거지원은 종업원이 생활안정과 귀속감 증대, 통근시간 단축 및 이로 인한 피로감소와 여가시간 증대, 이직감소 등의 효과가 있다.

(2) 생활지원

생활지원은 **종업원의 생활안정과 편의를 지원해서 근로생활의 안정을 도모하기 위한 제도**로서 임금수준이 낮을 경우 가계부담을 경감시켜 실질임금을 높여주는 효과가 있다. 급식관계 지원(예 구내식당 운영), 구매지원, 자녀학자금지원 및 보육시설 운영, 통근지원, 가족지원 및 신생활 지도 등이 있다.

기업이 근로자에게 제공하는 생활시설과 관련되는 복리후생 프로그램은 주택시설, 급식시설이 있다. 기업의 주택시설 지원은 종업원에게 생활의 안정, 통근시간의 단축, 실질소득의 상승효과를 가져다준다는 장점이 있지만 주택시설을 건축하는 데 막대한 비용이 발생하며, 주택시설이 충분하지 못할 경우 종업원에 대한 혜택의 배분관련 갈등이 유발될 수 있다. 급식시설은 종업원의 건강유지와 밀접한 관계가 있다.

(3) 공제·금융 및 재산형성 지원

매점으로 불리는 **구내시설은 종업원에게 양질의 일용품을 염가로 공급함으로써 실질임금을 높여주는 역할**을 한다. **금융제도로서는 대여제도와 저축제도가 있다.** 대여제도는 종업원들이 생활에 자금이 필요할 때 낮은 이자로 자금을 빌려주는 제도이다. 저축제도는 기업이 종업원으로부터 예금을 받아들여 저축관리를 행하는 제도이다. 공제제도란 종업원이 경조사에 금품을 모아주는 제도이다.

종업원과 그 가족의 경제적 안정에 직접적으로 관련되는 복리후생의 중요한 영역으로 앞에서 언급한 주거지원 및 생활지원과도 밀접한 관련이 있어 분류에 따라 일부 내용은 중복될 수도 있다. 종류로는 공제지원제도, 금융지원제도, 재산형성지원제도 등이 있다.

(4) 의료·보건 지원

종업원 및 그 가족의 질병치료와 예방 및 건강증진을 위한 시설 및 서비스를 지원해주는 것으로 ① 진료시설 및 서비스 제공, ② 보건위생시설 제공, ③ 휴양시설 및 서비스 제공 등이 있다. 진료시설을 통한 서비스는 기업이 직접 진료소나 병원을 운영할 수 있으며 혹은 지정병원을 통한 건강진단 및 진료서비스의 제공 그리고 건강상담을 할 수 있게 해준다. **보건위생시설**은 종업원 및 그

PART
06

가족의 보건위생을 위한 제 시설로서 진료시설, 휴양시설, 보건시설 등이 있다. **휴양시설**은 기업이 휴양소를 직영하거나 외부기관과 계약을 체결하여 종업원을 이용하게 할 수 있다.

(5) 문화 · 체육 · 레크레이션 지원

기업은 **교육시설**을 통해 종업원들의 교양을 높이거나 **특정분야의 교육기회를 제공**한다. **체육 및 오락시설은 종업원의 건전한 심신발달, 여가의 이용, 오락 등을 목적**으로 한다. 종업원의 문화적 욕구를 충족시키고 건전한 심신발달과 여가선용을 통해 삶의 질을 높이기 위한 시설 및 서비스를 지원해주는 것으로 종업원의 생활수준 향상과 가치관 변화에 따라 점차 중요시되고 있는 복리후생 분야이다.

3 비경제적 복리후생

(1) 개념

비경제적 복리후생은 **기업이 별도의 추가비용을 투입하지 않거나 현재 보유하고 있는 물적 · 정신적 자원을 활용하여 종업원의 욕구를 충족시켜 주는 것**이다.

(2) 비경제적 복리후생의 등장배경

비경제적 복리후생이 대두된 배경은 다음과 같다.

첫째, 기업은 경제적 보상만으로 종업원의 욕구를 충족시키는 데 한계가 있음을 인식하였다. 경제적 보상은 본질적으로 그 **지불능력에 한계가 있기 때문이다. 둘째, 비경제적 보상은 경제적 보상만으로 충족시키기 어려운 종업원의 욕구를 충족시킬 수 있기 때문이다.** 예를 들면 연구개발 부서에 근무하는 연구원들은 약간의 임금인상보다 오히려 기업이 그들에게 출퇴근시간에 자유를 부여하기를 더 원하고 있다.

(3) 유형

비경제적 복리후생(혹은 보상)의 형태는 **직무관련 복리후생, 성과관련 복리후생 그리고 조직구성원 관련 복리후생** 등 세 가지로 분류할 수 있다.

- 직무관련 비경제적 복리후생은 **직무를 잘 설계하여 종업원의 욕구를 충족**시키는 것을 말한다.
- 성과관련 비경제적 복리후생은 기업이 **종업원에게 창출한 성과를 근거로 제공**하는 것을 말한다.
- 조직구성원 관련 비경제적 보상은 **종업원이 해당기업에 소속되어 있음으로 인해 받을 수 있는 혜택**을 말한다. 예를 들면 해고통보기간을 법률에서 정한 것보다 연장하며 해고의 불안을 없애주는 직장안전규정을 새로 만든다든지, 기업의 대외적 이미지를 제고시킴으로써 종업원들로 하여금 해당기업에 대해 자긍심을 갖게 한다든지, 보다 참여적인 리더십을 발휘함으로써 개인의 의견을 존중하는 것 등이 있다.

(4) 효과

이상에서 제시한 **비경제적 복리후생은 기업이 안고 있는 경제적 보상에 대한 지불능력의 한계를 극복할 수 있는 보완적 도구가 될 뿐만 아니라 종업원이 갖고 있는 보상에 대한 다양한 욕구를 충족**시켜 '보상만족(compensation satisfaction)'의 크기를 극대화시키는 데 기여할 수 있다.

제 4 절 복리후생 설계와 관리

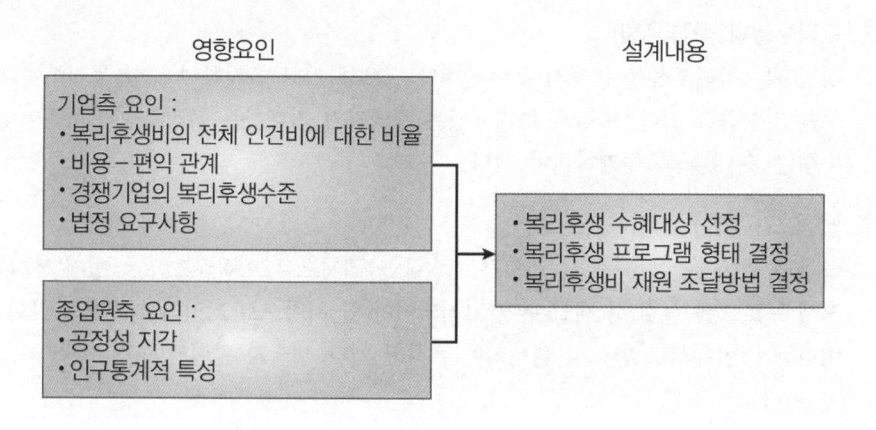

1 복리후생의 설계

(1) 복리후생 프로그램의 형태와 범위의 결정

경영자들은 어떤 종류의 복리후생을 어느 정도로 제공할 것인가를 결정해야 한다. 즉, 경영자는 법적 제공의무가 있는 법정 복리후생뿐만 아니라 종업원의 어떠한 욕구를 충족시켜줄 수 있는 복리후생 프로그램을 설계할 것인가, 혹은 종업원들이 중요시하는 한정된 프로그램을 어느 정도로 제공할 것인가 등의 형태와 범위를 결정해야 한다.

1) 경영자측 요인

복리후생 프로그램 시 기업 측에서 고려해야 할 요인은 **첫째,** 복리후생 프로그램을 도입함으로써 기업이 부담하게 되는 **복리후생비가 전체인건비 범위 내에서 어느 정도 허용될 수 있느냐**이다. **둘째, 투입된 복리후생비와 이로 인해 창출된 편익(benefits)과의 관계가 고려**되어야 한다. 이것은 바로 기업이 복리후생 프로그램을 도입하는 목적이 어느 정도 달성되느냐에 관한 것이다. 복리후생에 대한 목적은 경제적 목적인 동기부여를 통한 성과향상, 결근율, 이직률 감소, 우수한 인력을 노동시장에서 용이하게 확보하는 것 등 외에 사회적·정치적 및 윤리적 목적을 들 수 있겠다. **셋째, 경쟁기업의 복리후생 수준**이다. 이것은 복리후생비에 대한 **외부공정성**(external equity)**과 관련된 것**으로서 경쟁기업의 복리후생 수준과 해당기업의 그것 간에 갭(gap)을 유지하느냐에 대한 정책결정이다. ① 해당기업의 복리후생 수준을 경쟁기업의 그것보다 높이는 **선도전략**(market lead), ② 경쟁기업의 수준과 비슷하게 하는 **경쟁전략**(competitive), ③ 경쟁기업 수준보다 낮게 하는 **추종전략**(market lag) 등이 있다. 즉, **선도전략**은 종업원들이 원하는 가장 새로운 프로그램을 선도적으로 도입해서 제공하는 전략이며, **비교가능 복리후생전략**(comparable benefits strategy)은 유사한 기업들이 제공하는 복리후생 프로그램에서 맞추어서 제공하는 전략이고, **최소 복리후생전략**(minimum benefits strategy)은 법정 복리후생과 종업원들이 가장 선호하고 비용도 또한 최소한으로 소요되는 복리후생 프로그램만을 제공하는 전략을 말한다. 기업이 어떠한 전략을 선택할 것인가는 조직목표를 토대로 해서 이루어진다.

넷째, 법정 요구사항이다. 기업이 도입하는 복리후생 프로그램에 대해 국가는 법률제정을 통해 도입한다. 경영자 측 요인을 정리하면 다음과 같다.

① 복리후생의 목적(역할)

경영자는 복리후생을 통해서 우수 인력을 확보하거나 유지하며 또한 동기부여와 생산성 향상을 기대하고 있다. 따라서 **복리후생은 경영자가 기대하는 복리후생의 목적이나 역할을 잘 수행할 수 있도록 설계하여야 한다.**

② 법적 요구사항

국가가 법률제정을 통해 그 실시를 기업에 의무적으로 요구하고 있는 **법정 복리후생은 복리후생 프로그램 설계 시 제일 먼저 고려되어야 할 사항으로 기업의 최소한의 사회적 책임수행이라는 측면**에서도 반드시 실시되어야 하고 기타 세금과 관련된 법적 요구사항도 준수되어야 한다.

③ 지불능력 및 복리후생비의 총보상비와의 관계

총 보상비에서 복리후생비가 차지하는 비율이 너무 높을 경우 임금인상에 부정적 영향을 미칠 수 있는바, 그 허용비율을 결정하는 것과 또한 **복리후생을 다른 보상수단, 예컨대 임금인상, 인센티브 보상 도입 등에 투입해서 보다 나은 결과를 얻을 수는 없는지 등 충분히 고려되어야 한다.**

④ 비용－편익관계

편익(benefits)은 복리후생의 도입효과로서 복리후생 도입목적의 달성도를 말하는데, **편익과 이를 위해 투입된 복리후생비(costs)와의 관계를 분석해야 한다.**

⑤ 경쟁기업의 복리후생 수준

이것은 **복리후생의 공정성 및 경쟁력과 관련된 것**으로 경영자는 해당 기업이 제품 및 노동시장에서 경쟁기업과 비교해서 어느 정도의 복리후생 수준을 유지할 것인가에 관한 정책결정을 해야 하는데 이에 대한 전략으로는 앞서 설명한 **선도전략(pacesetter strategy), 비교가능 복리후생전략(comparable benefits strategy), 최소 복리후생전략(minimum benefits strategy) 등 세 가지가 있다.**

⑥ 절대적 및 상대적 보상비용

복리후생에 대한 평가는 전체 보상비용의 관점에서 이루어져야 한다. 보상비용의 경쟁성은 전체 보상 패키지가 경쟁적이어야 한다는 것을 의미한다. 따라서 어떠한 복리후생 프로그램을 선택할 것인가에 관한 결정은 이것이 **전체 보상비용에 미치는 영향과 경쟁기업들의 비용도 함께 고려해서 이루어져야 한다.**

2) 종업원 측 요인

① 공정성 지각

복리후생 프로그램 설계 시 종업원 측 요인으로는 **복리후생의 수준에 대해 종업원이 어느 정도 공정한 것(equity)으로 지각하고 있느냐이다. 공정성 지각은 복리후생의 효과에 직접적인 영향을 미치기 때문에 중요하다.** 공정성 지각의 기준은 해당기업에서 도입되었던 과거의 복리후생 수준, 현재 타 기업에서 도입하고 있는 복리후생 수준 그리고 현재 해당기업 내 종업원 개인에게 배분되고 있는 복리후생 혜택의 크기가 된다. 특히 복리후생에 대한 **편승효과(bandwagon effect)가 복리후생 프로그램을 설계하는 데 종종 나타나고 있다. 편승효과란 어떤 기업이 특정 복리후생 프로그램을 도입하면 여타 다른 경쟁기업도 이에 대한 자세한 분석 없이 연쇄적으로 도입하는 현상을 말한다. 편승효과의 원인은 바로 복리후생에 대한 외부공정성 확보 노력**에서 나타난다. 특히 노조결성을 저지하고 비노조 종업원들을 유지하기 위한 안전수단으로서 복리후생을 활용하는 데 강한 집념을 가진 경영자 또는 비노조 결성기업들에서 많이 나타난다.

② 개인적 욕구

종업원들의 **복리후생에 대한 욕구를 충족시킬 수 있도록 설계**하여야 한다.

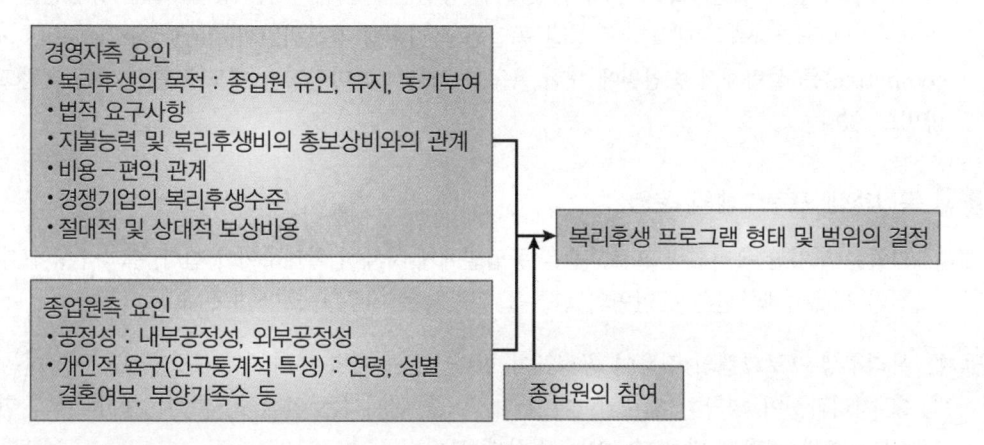

(2) 복리후생비용의 분담결정

복리후생비에 대한 재원조달방법에는 크게 세 가지가 있다. 복리후생비 전체를 사용자인 기업 측이 부담하는 방식, 사용자-수혜자 공동 부담방식 그리고 수혜자 부담방식으로 구분된다.

- **사용자가 복리후생 전부를 부담**하는 방식
- 사용자가 수혜자인 종업원이 **공동으로 부담**하는 방식
- **종업원이 법정 복리후생 이외의 일부 복리후생 프로그램에 있어서는 전액을 부담**하는 방식

복리후생비용이 전체 보상비용에서 차지하는 비율이 계속 증대하고 기업의 노무비 통제에 대한 압력도 증가하게 됨에 따라 **사용자는 복리후생비용 중 얼마를 부담해야 하고, 종업원에게는 얼마를 부담하도록 요구할 것인가에 대한 전략적 선택을 해야 한다.**

(3) 복리후생 수혜 대상자의 선정

모든 복리후생은 기본적으로 전체 종업원에게 균등하게 제공되어야 하지만, **기업은 상이한 고용상의 신분을 가진 다양한 종업원들을 고용**하고 있으므로 **신분상 차이에 따라 정규직 종업원만을 수혜자로 할 것인지, 임시직 및 파트타임 종업원도 수혜자로 할 것인지를 결정**해야 한다. 복리후생의 수혜자격과 관련하여 입사 후 곧바로 수혜자격을 부여할 것인지, 혹은 어느 정도의 근속기간이 경과한 후부터 자격을 부여할 것인지, 또는 부서나 팀별로 차이를 둘 것인지를 고려해야 한다. 수혜자로서 부양가족의 범위와 종업원 사망 시 유가족에게도 혜택을 제공할 것인지 고려해야 한다.

(4) 복리후생의 유연성 정도

모든 종업원들에게 **표준화된 복리후생을 제공할 것인지** 혹은 **다양한 복리후생 중에서 자신들에게 가장 가치있는 것을 선택할 수 있도록 융통성을 허용하는 선택적 복리후생을 제공할 것인지**에 대해 결정을 해야 한다.

(5) 종업원의 참여

복리후생제도의 효과를 높이기 위해서는 제도 설계에 종업원을 참여시키도록 해야 한다. **종업원들이 제도 설계에 참여하게 되면 복리후생에 보다 많은 관심을 가질 것이고 복리후생에 대한 인지도와 수용도가 높아져 만족도도 높아질 것이다.** 종업원을 참여시키는 방법으로는 종업원들의 여론을 조사하거나 노사양측의 대표로 구성된 **종업원 복리후생 자문위원회**(employee benefits advisory committee)를 설립해서 종업원에 대한 욕구를 조사하고 바람직한 제도에 관한 자문을 받도록 하는 방법도 있다.

2 복리후생 프로그램의 운영

첫째, 기업은 도입한 복리후생 프로그램을 종업원에게 자세히 알려주어야 한다. 복리후생에 대한 효과적인 커뮤니케이션은 종업원의 만족을 획득하는 매우 중요한 도구가 된다.

둘째, 복리후생 프로그램의 적용이 공정해야 한다. 우선 개별 복리후생 프로그램을 이용하는 방법과 그 처리과정이 명확히 제시되어야 한다. 이를 위해서는 아래의 사항이 제시되어야 한다.
- 복리후생 혜택을 받을 수 있는 적절한 사건
- 어떤 종업원이 복리후생 혜택을 받을 권리가 있는가
- 지출한 복리후생비의 산출근거 등

기업이 많은 돈을 들여 도입한 복리후생 프로그램이 규정을 벗어나 종업원에게 차별적으로 혜택을 부여할 경우 종업원의 불만이 고조되어 이미 부여받은 혜택에 대해서도 고마워하지 않게 된다.

셋째, 복리후생 비용에 대한 철저한 관리가 필요하다. 이를 위해서는 복리후생비 지출에 대한 감사제도를 도입함이 바람직하다. 기업이 수립한 복리후생비 예산이 적법하게 집행되고 있는가에 대한 통제활동이 필요하다(Milkovich&Newman, 2005)

넷째, 복리후생 프로그램의 운영에 종업원 대표를 참여하게 한다. 이렇게 함으로써 기업은 복리후생에 대한 종업원의 변화되는 욕구를 피드백(feedback) 받을 수 있으며 복리후생 프로그램의 운영에 대해 공동 협의함으로써 종업원의 복리후생 프로그램에 대한 수용성(acceptance)을 극대화시킬 수 있다.

3 선택적 복리후생제도

(1) 도입배경

전통적인 복리후생제도인 **표준적 복리후생제도(standard benefit package plans)는 평균적 종업원들을 상정해서** 복리후생 프로그램을 설계하고 종업원 각자의 욕구나 선호와 관계없이 모든 종업원들에게 표준화된 고정적인 복리후생을 일률적으로 제공해왔다. 이는 복리후생 프로그램에 대해 **종업원에게 선택의 기회를 주지 않고 기업이 일방적으로 이를 설계하고 이를 적용시키는 것을 말한다.** 이 제도 하에서는 종업원들이 원하든 원하지 않든 선택권이 없으므로 인해 **종업원들의 복리후생에 대한 만족여부와 증대하는 복리후생비용의 효율성에 대하여 의문이 계속 제기되어 왔다.**

최근 노동력 구성이 다양화되고 종업원 의식수준도 향상됨에 따라 종업원들의 복리후생에 관한 욕구가 다양화되고 또한 치열한 경쟁시장하에서 경영자가 복리후생의 효과증대를 통한 경쟁력 제고를 위해서 종업원과 진정한 파트너가 되어야 하는 상황에서 **종업원들의 다양한 욕구에 유연하게 부응하는 새로운 복리후생제도의 개발이 요청**되어 왔다.

(2) 개념

선택적 복리후생제도(flexible benefits plans)란 종업원들은 개인적 욕구와 선호를 가지고 있다는 데에 이론적 근거를 두고 종업원들에게 **여러 가지 복리후생 선택안(option)을 제공하고 이 중에서 자신들의 다양한 욕구에 따라 자기가 선호하는 복리후생을 자유롭게 선택**할 수 있도록 복리후생의 유연성을 최대로 살리는 제도를 말한다.

선택적 복리후생제도는 **카페테리아식 복리후생제도(cafeteria plans or style)로 불리는데 이는 마치 고객들이 카페테리아 식당에서 자기가 원하는 음식을 자유로이 선택하는 것처럼 종업원들도 다양한 복리후생 프로그램 중에서 자기가 원하는 것을 선택할 수 있다는 의미에서 비롯된 명칭이다.**

(3) 카페테리아式 복리후생 프로그램(선택적 복리후생제도)의 유형

1) 선택항목 추가형(core plus option)

선택항목추가형은 모든 종업원들에게 필요하다고 판단되는 최소한의 핵심 복리후생항목(core항목)을 공통항목으로 먼저 제공하고 다음에 종업원들 개인에게 부여된 일정점수(credit) 한도 내에서 공통항목의 수혜범위를 증가시키거나 회사가 추가로 제공한 여러 항목들(option) 중에서 자신의 원하는 것을 자유롭게 선택할 수 있도록 하는 제도이다.

따라서 선택항목 추가형은 복리후생제도의 안정성을 확보하면서도 추가항목들에 대한 종업원들의 선택권도 보장해줌으로써 복리후생의 유연성도 동시에 확보하는 특징 및 장점을 가지고 있다. 그러나 선택 시 **특정항목에 편중될 가능성**이 있고 **관리가 다소 복잡**하다는 것이 단점이다. 제도의 효율적 운영을 위해서는 정보관리 시스템의 구축이 필수적이다.

2) 모듈형(modular plan)

몇 개의 복리후생 항목들을 집단화시켜서 종업원에게 제시하는 것이다. 종업원들은 여러 개의 집단화된 복리후생 프로그램 중 어느 한 집단을 선택할 수 있다. 즉, 모듈형은 종업원이 **다양한 복리후생 항목들의 조합으로 구성된 여러 개의 모듈 혹은 패키지** 가운데 자신의 욕구나 필요에 따라 하나를 선택할 수 있도록 하는 제도이다. 모듈형은 복리후생이 종업원들의 집단별 특성에 맞게 차등화되어야 한다는 점에 착안한 제도이다. 예를 들어 종업원의 복리욕구는 연령에 따라 달라지는 경향이 있다.

모듈형은 **종업원의 이해가 용이하고 선택이 간단하며 관리가 용이**하다는 것이 장점이다. 그러나 모듈형은 종업원의 선택적 복리후생제도에 대한 이해도가 낮고 또한 전체 종업원들의 복리후생 욕구가 차별화된 몇 개의 집단으로 명확하게 분류하는 것이 용이할 경우 가능한 제도이다.

3) 혼합선택형(mix and match plan)

혼합선택형은 개인별로 주어진 예산 내에서 자신이 원하는대로 복리후생 항목과 수혜율을 선택하는 제도이다. 따라서 혼합선택형에서는 종업원의 선택의 폭이 가장 넓어 복리후생의 만족도가 크게 증가되는 장점이 있다. 또한 예산범위 내에서의 선택이 전체 복리후생제도에 적용되기 때문에 장기적으로는 개인별 예산배분과정을 통한 복리후생비용의 통제가 더 강하게 이루어질 수 있게 된다.

그러나 복리후생제도에 대한 선택을 전적으로 종업원에게 맡기는 경우 회사의 입장에는 반드시 제공하고자 하는 의료 혹은 건강관련 복리후생의 제공이 이루어질 수 없게 된다. 또한 선택이 가지는 불확실성으로 관리하기가 어려운 문제가 있다.

4) 선택적 지출계정형(flexible spending account)

종업원 개인에게 **주어진 복리후생 예산범위 내에서 종업원 개인이 자유로이 복리후생항목을 선택**할 수 있는 제도이다. 선택적 지출계좌형은 앞에서 소개한 두 유형에 비해서 복리후생 항목에 대한 선택권을 완전히 종업원이 갖도록 하는 제도인데, 다만 지출비용(예산) 면에서만 제한을 두고 있을 뿐이다. 즉, 기업이 종업원들에게 제공한 복리 지원금액과 개별 종업원이 갹출한 금액을 종업원 개인의 **복리계좌에 예치**하고 **종업원들은 이 계좌의 금액 범위 내에서 회사가 제시한 복지항목의 다양한 상품이나 서비스를 자유롭게 선택하여 구입하거나 이용할 수 있는 제도**를 의미한다. 선택적 지출계정형은 순수한 형태로 운영되기보다는 선택항목추가형과 연결하여 선택항목을 처리하는 방식으로 운영되는 경우가 일반적이다.

(4) 장·단점

1) 장점

① 종업원들은 자신의 욕구를 가장 잘 충족시켜줄 수 있는 프로그램을 선택할 수 있고 따라서 **종업원의 복리후생에 대한 만족도를 증가**시킬 수 있다.

② **종업원의 구성의 변화에 따라 변화하는 욕구를 시의적절하게 충족**시킬 수 있다. 종업원의 욕구를 반영하여 동기부여에도 효과적이다.

③ 종업원에게 선택권을 부여함으로써 **타율적인 조직분위기를 줄일 수 있다.**

④ 종업원과 그 가족이 복리후생제도의 설계에 **참여**함으로써 복리후생에 대한 **이해가 증진**된다.

⑤ **새로운 복리후생 프로그램은 다양한 프로그램 중의 하나로 단순히 추가되므로 도입비용이 저렴**하고 **종업원의 선택의 폭을 넓혀**준다.

⑥ 조직은 **복리후생의 최대비용을 설정**하고 종업원은 그 한도 내에서 선택하므로 **비용의 안정적 통제가 가능**하다.

⑦ 복리후생 항목에 대한 예산의 합리적인 배분이 가능하다. 즉 종업원이 **선택하지 않은 복리후생 항목은 줄여나갈 수 있다.**

2) 단점

① **종업원들이 선택을 잘못했을 경우** 위급 시에 혜택을 받지 못하는 경우가 있다. 이 경우 **기업이 추구하는 복리후생의 효과가 반감**된다.

② 복리후생프로그램의 개발 및 이용가능한 선택에 대한 종업원 상담 서비스 제공, 정교한 기록 보존 등으로 **관리상 부담과 비용이 증가**한다. 이 제도의 도입에는 반드시 전산시스템의 지원이 필요하다. 즉, 프로그램의 관리가 복잡하고 운영비용이 많이 발생한다.

③ 종업원들은 그들이 사용할 복리후생만을 선택할 것이고 **일련의 높은 수준의 복리후생이 많아짐에 따라 복리후생비 부담이 증가**할 수 있다. 즉, **선택의 역기능**이 나타날 수 있다. 종업원들이 **특정 복리후생 프로그램만을 선호**할 경우 그리고 프로그램의 혜택수준을 아주 높일 경우 기업의 비용부담이 증가한다.

4 복리후생제도의 신경향

(1) 건강 복리후생 프로그램(wellness program)

건강 복리후생 프로그램은 종업원들이 병에 걸리지 않도록 **건강을 유지하는 데 초점을 둔 특별한 유형의 복리후생제도**로, 규칙적 운동, 체중조절, 적절한 영양섭취, 건강에 해로운 물질 기피 등을 강조하고 지원해주는 프로그램을 말한다.

(2) 종업원 후원 프로그램(employee assistance program)

종업원 후원 프로그램은 종업원들이 그들이 **직무수행에 방해가 되는 다양한 개인적 문제들을 해결하는 데 도움**을 주기 위하여 기업이 제공하는 다양한 서비스를 말한다.

이 제도의 목적은 종업원들의 생활에 부정적 영향을 줄 수 있는 개인적 문제들을 해결하는 데 도움을 주거나 혹은 적어도 개인적 문제들이 종업원들의 직무수행에 부정적 영향을 미쳐 직무성과가 위기단계에 이르는 것을 방지하는 데 있다.

(3) 일과 삶의 균형을 위한 복리후생(work&life balance)

기업이 조직구성원들로 하여금 자신의 일과 삶의 균형을 추구할 수 있도록 시간적 배려와 물질적 · 정서적 지원을 제공해주는 제도이다.

이 제도가 등장하게 된 배경은 첫째, 개인 및 사회 가치관의 변화로 종업원들의 가치관이 과거와 달리 가정생활과 취미, 여가를 중시하면서 직장에서 업무와 일상적인 삶을 균형적으로 조화시키는 방향으로 변화하고 있으며, 둘째, 핵심인력을 지속적으로 확보 · 유지하기 위해서는 지금까지의 경제적 보상만으로는 한계가 있고 성장기회제공 유연근무제 실시, 자기계발 지원 등을 통해 자유롭고 즐거운 작업환경을 조성하여야 할 필요성이 대두되었기 때문이다. 셋째로는 여성인력이 증가하면서 출산 및 육아관련 복리후생 프로그램을 활용하여 우수 여성인력을 확보, 유지하기 위해서이다.

홀리스틱 복리후생(Holistic benefit approach)

1. 개념

   홀리스틱 복리후생은 종업원을 전인적 인간으로서, 즉 육체적 · 심리적 · 정신적 측면에서 균형된 삶을 추구할 수 있도록 지원하는 복리후생이다. 홀리스틱 복리후생의 목적은 조직, 가족, 사회가 하나의 공동체로서 삶의 질 향상에 매진하는 것이다.

2. 등장배경

   ① 정보통신시대에서 창의적이고 혁신적인 인재는 조직 경쟁력의 원천으로 핵심인재의 유인과 유지를 위해 효과적인 방안이 필요하게 되었다.

   ② 노동시장의 유연화로 인해 인력유입과 유출이 용이해져 조직의 중장기 핵심사업 수행에 어려움을 겪는바, 삶의 질을 추구하는 신세대의 가치관을 반영한 것이다.

   ③ 사회 · 문화에 대한 질적 수준의 향상은 일보다는 전체적으로 균형된 삶에 대한 관심을 촉진시키고 있다.

3. 일과 삶의 균형을 위한 질적 복리후생(=비경제적 복리후생)
   - 근무형태 다양화 : 유연근로시간제, 재량근무, 원격근무, 휴가 및 휴직제도 등
   - 가족 대상 프로그램 : 보육지원, 노인부양지원, 가정상담지원
   - 개인 신상 지원 : 교육지원, 보험제도 정비, 경력상담지원, 문화생활 지원 등
   - 직무관련 지원 : 직무재설계
   - 성과관련 지원 : 승진기회, 재량권 부여, 작업공간 확충 등

---

(4) 가족친화제도

제도	내용
유연근무제	시차출퇴근제, 재택근무제, 시간제근무
자녀 출산 양육 및 교육지원제도	배우자 출산휴가제, 육아휴직제, 직장보육직원, 자녀교육 지원 프로그램 등
부양가족지원제도	부모 돌봄 서비스, 간호가족휴직제 등
근로자 지원제도	근로자 건강, 교육, 상담 프로그램 등
가족관계 증진제도	자녀 방학 중 휴가제, 근로자가족 초청행사, 정시퇴근제, 육아데이, 가정의 날 등
가족여가문화 촉진제도	가족단위 문화체험 지원
가족친화 사회공헌제도	한부모가족, 다문화가족, 독거노인, 장애인가족 등 소외계층 지원제도

5 복리후생의 관리

(1) 기본 원칙

1) 적정성의 원칙

적정성의 원칙은 회사의 다수 종업원들에게 요구되는 것이고, 경비부담이 적정하며, 동종업계의 타 기업과 유사한 수준의 복리후생을 실시하는 것이다.

2) 합리성의 원칙

기업의 복리후생 정책이 국가나 사회에서 운영되는 복리후생제도와 중복되거나 배타적이지 않게 합리적으로 관리되어야 한다는 것이다.

3) 협력성의 원칙

협력성의 원칙은 회사의 복리후생제도의 운영과 관리에서 **노·사의 협력이 수반**되어야 함을 의미한다.

(2) 효과적 커뮤니케이션

기업이 아무리 우수한 복리후생제도를 도입·실시하더라도 **종업원들이 복리후생제도에 대해 관심과 이해가 부족하면 복리후생제도는 종업원들의 만족과 성과에 영향을 미칠 수가 없어 기대효과를 거둘 수 없게 된다. 구체적인 방법은 다음과 같다.

1) 커뮤니케이션 매체의 활용

복리후생의 내용을 설명하는 **핸드북이나 소책자**를 배부하는 방법도 있으나, 커뮤니케이션 효과 증대를 위해서는 **구두설명, 영화, 비디오상영 등도 병행**하는 것이 옳다.

2) 복리후생 명세서 교부

매년 개별종업원의 **구체적인 복리후생 내용을 기술한 명세서**를 종업원들에게 교부한다.

3) 종업원 미팅 개최

새로운 프로그램이나 비용절약의 기회, 기타 종업원들에게 중요한 복리후생 관련 이슈들을 설명해주기 위하여 종업원 미팅을 특별히 갖기도 한다.

4) 복리후생담당 컨설턴트의 활용

기업은 사내에 복리후생담당 컨설턴트를 둠으로써 종업원들이 조직의 복리후생제도에 의해 혜택을 받을 수 있는 **특정한 문제나 이슈, 혹은 조직에서는 제공하지 않지만 지역사회에서 이용가능한 복리후생에 관해서도 필요한 서비스를 받을 수 있도록 한다.**

(3) 복리후생 비용의 분석

1) 연간 총 비용

종업원들에게 복리후생비용을 인식시킬 정확하고 근거있는 수치제공을 위해서 철저한 비용분석은 필수적인 바, 구체적인 방식은 아래와 같다.

① 연간 총 비용

각 복리후생 연간비용을 합계한 것이다.

② 종업원 1인당 연간 총 비용

각 복리후생의 연간 총비용을 종업원수로 나누어서 각 복리후생의 종업원 1인당 연간 총 비용을 산출한 것이다.

③ 복리후생비의 임금에 대한 비율

임금에 대한 비율은 연간 복리후생비 총액을 연간 임금총액으로 나눈 것으로 이 비율은 기업들 간에 임금비용과 복리후생비로 각각 무엇을 포함하는가 하는 임금 및 복리후생비의 분류가 동일할 때 다른 기업들과의 복리후생비를 비교하는 데 유용하게 활용된다.

④ 종업원 1인의 시간당 비율

보통 총 복리후생비를 연간 실제 작업시간으로 나누어서 산출한다. 이것은 복리후생 비용을 설명하는데 자주 사용되는데 특히 노동조합과 임금·근로시간·복리후생·기타 이슈들을 협상해야 하는 조직들에 있어서는 가치있는 자료이다. 총 보상 패키지를 논의하는 데 있어서 직접 임금률을 복리후생비용과 관련시키고 총 패키지에 대한 비용을 설명하는 것도 가능하다. 이 방법은 또한 종업원들이 그들의 시간 당 임금과 관련시켜 비교할 수 있기 때문에 복리후생비용을 종업원들에게 설명하는 데 유용하다.

위 4가지 방법 중 2 가지 이상을 결합하여 사용하는 것이 보다 효과적이다.

(4) 모니터링과 감사

복리후생의 효과적 관리를 위한 마지막 단계인 통제활동으로 **복리후생 프로그램이 올바르게 운영되고 있는지 모든 부문들을 확인하고 평가**하는 것이다.

(5) 종업원의 참여

복리후생제도의 설계와 마찬가지로 제도의 운영에도 종업원을 참여시켜 **종업원의 변화된 욕구와 제도 운영상에 야기되는 종업원들의 불만과 문제점들을 피드백** 받아 제도의 수정을 통해 복리후생 제도의 효과성을 제고할 수 있다.

6 복리후생 프로그램의 효과성

(1) 복리후생 프로그램의 효과성 분석 기법

1) **비용비교분석**은 복리후생 프로그램별 비용의 변화추세를 분석하여 **복리후생비가 합리적으로 배분되었는가를 판단**한다. 복리후생비의 구조를 연도별, 프로그램별, 종업원집단별 그리고 개인별로 분석해야 한다.

2) **직무행동분석**은 복리후생 프로그램이 종업원의 행동을 얼마나 **변화시켰는가를 파악**하는 것이다. 여기서 종업원의 행동변화는 직무수행노력, 결근율, 이직률 그리고 생산성의 변화 등이 그 내용이 된다.

3) **공정성 지각분석**은 종업원이 복리후생 프로그램에 대해 얼마나 **공정하다고 지각하고 있는가, 만족하고 있는가를 분석**한다. 공정성 내지 만족도 분석은 앞에서 제시한 두 가지 효과분석 기법에 비해 그 측정이 비교적 용이하다. 기업은 정기적으로 복리후생 혜택을 받는 종업원 집단에게 해당 복리후생 프로그램에 대한 공정성과 만족도를 설문조사 및 인터뷰 등의 방법을 통하여 조사할 수 있다.

(2) 효과성 분석에 따른 4가지 대안

기업은 이러한 복리후생 프로그램의 효과를 분석한 후 그 결과에 따라 아래의 4가지 의사결정 중 하나를 선택할 수 있다.

1) **현행 복리후생 프로그램의 계속 유지** : 복리후생 프로그램이 비용 면에서 직무행동의 변화 그리고 정업원이 지각하는 공정성 및 만족도 측면에서 양호할 경우 현행대로 유지·존속시킨다.

2) **복리후생 프로그램의 수정** : 해당 복리후생 프로그램에 대한 효과측정에서 문제점이 발견되었을 때 프로그램을 개선한다.

3) **복리후생 프로그램의 철회** : 특정 복리후생 프로그램이 비용만 많이 유발시키고 생산성이나 종업원의 만족도 측면에서 상당한 문제가 있을 때 이 프로그램을 철회한다.

4) **새로운 혁신적 복리후생 프로그램의 도입** : 현재 기업이 도입하고 있는 복리후생 프로그램들이 어느 정도 효과를 가져다주지만, 기업이 이에 대해 만족하지 못할 경우 보다 혁신적인 새로운 복리후생 프로그램을 설계·도입할 수 있다.

유지관리

01 | 모티베이션 및 산업안전 관리

제1절   유지관리의 개요

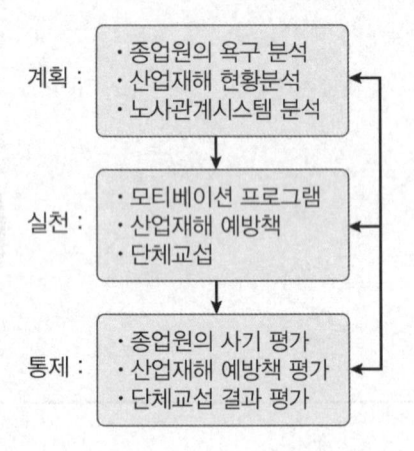

계획 :
- 종업원의 욕구 분석
- 산업재해 현황분석
- 노사관계시스템 분석

실천 :
- 모티베이션 프로그램
- 산업재해 예방책
- 단체교섭

통제 :
- 종업원의 사기 평가
- 산업재해 예방책 평가
- 단체교섭 결과 평가

1 유지관리의 개념

조직에서 **확보한 인재를 조직 내에 잘 유지**하는 것도 기업에서는 중요한 바, 이는 금전적 보상이나 임금만의 문제로 해결되지 않는다. **종업원이 만족하고 의욕을 갖고 일할 수 있는 여건을 마련**하지 않으면 안 된다. 이와 관련하여서는 인간관계관리, 노사관계관리가 중요하며 안전·위생이나 건강증진에 대한 관심도 필요하다. 요컨대 유지관리란 종업원의 성과창출 의지 및 능력을 계속 유지하도록 관리하는 과정으로 ① 정신적 측면에서 **모티베이션**(motivation), ② 신체적 측면에서 **산업안전**, ③ 제도적 측면에서 **노사관계**를 포괄하는 개념이다.

2 유지관리의 중요성 : 노동시장의 변화

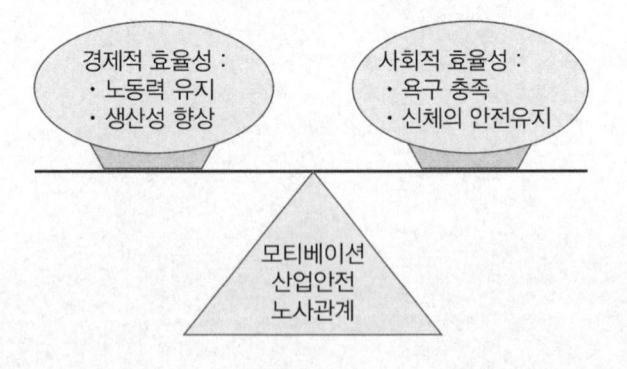

경제적 효율성 :
- 노동력 유지
- 생산성 향상

사회적 효율성 :
- 욕구 충족
- 신체의 안전유지

모티베이션
산업안전
노사관계

(1) 인력구성의 변화 : 인력구성의 다양화

1) 첫째로 조직에 있어서 중·고령층이 증가하고 있다. 국가적으로도 고령화 사회에 접어들고 있지만 조직에 있어서도 점차 시간이 지날수록 내부인력에서의 고령화가 진행되고 있다(**고령화**).

2) 둘째로 노동력의 교육수준이 향상되고 있다. 이는 직무능력의 향상이라는 긍정적 측면과 함께 직무와 능력의 불일치, 예를 들어 높은 학력에도 불구하고 단순 직무를 담당하여야 한다든가, 또는 높은 학력으로 인한 기대수준의 향상 등의 문제도 야기한다(**고학력화**).

3) 셋째로 앞으로 사회의 각 분야에서 여성인력의 참여가 두드러질 것으로 전망된다. 이 경우 여성인력의 진출에 따른 여성의 생리적 특성 및 출산 등의 문제, 또는 자녀와 가정을 위한 시간할애에서 발생되는 문제를 해결하기 위한 선택적 근로시간제(flexible time)의 도입이나 파트타임(part time) 근무 등이 활성화될 것이다.

(2) 가치관의 변화 : 근로생활의 질(QWL)

1) 근로생활의 질(QWL)의 의의

QWL(quality of working life)은 '**근로생활의 질**' 또는 '**근로생활의 보람**'으로 표현할 수 있는데, 이는 **직무만족의 수준향상**과 **노동환경의 민주화**를 통한 **근로생활에 있어서 인간성 회복운동**이라고 할 수 있다. 다시 말해 직장생활의 객관적 내지 주관적 조건의 개선으로 직장인으로서 근로생활에 대한 보람을 느끼도록 해주려는 전략이다.

2) 근로생활의 질(QWL)의 생성배경 : 노동소외

자본주의의 전개는 분업을 통한 능률을, 능률을 통한 생산성의 향상을, 생산성을 통한 이윤의 극대화를 자극하였다. 결국 **근로자들은 노동생산물과 노동활동으로부터 소외되어, 극도의 노동분화의 결과로 과업에 대한 파워가 없어지고, 무의식하며, 조직과 직무에 대한 규범을 느끼지 못하고, 혼자 고립된 활동을 하며 자기소외를 느끼게 하여 노동소외현상이 초래**된다. QWL의 개념은 **노동소외문제를 해결하기 위한 하나의 방안으로 생성**되어 이전의 자본중심주의의 사고에서 인간중심주의 사고로의 인식 전환 계기를 제공하였다.

QWL의 시작은 **1950년대 Trist가 주도한 영국의 Tavistock연구소의 연구**에서 찾을 수 있다. 이는 〈사회·기술 시스템 이론〉으로 발전되었으며 기본논리는 **기술이 인간의 특성에 맞게 개발되어야 한다**는 것이다. 오늘날 근로생활은 인간의 기계로부터의 해방감을 부단히 추구하고 **작업장의 톱니바퀴 속에서 소외당한 인간의 가치를 조직의 가치나 환경의 가치보다 우선시함으로써 잃어버린 인간성을 회복하고 이를 통하여 한 인간으로서의 생활의 질을 높이려는 하나의 움직임**이다.

3) 근로생활의 질(QWL)의 내용

바람직한 근로생할의 질(QWL)을 구성하는 8가지 조건을 제시한 Walton의 견해를 살펴보면 다음과 같다.

① 적절하고 공정한 보수

② 안전하고 위생적인 작업환경

③ KSA를 활용하고 개발할 수 있는 기회

④ 계속적인 성장과 안전성을 위한 미래의 기회

⑤ 작업조직에 있어서의 사회적 조정

⑥ 작업조직에 있어서의 입헌제도(권리 or 참여제도)

⑦ 근로생활과 전체생활(사생활)의 조화 **예** WLB

⑧ 근로의 사회적 관련성

4) 전통적 직무설계와 QWL 직무설계의 비교

전통적 직무설계	QWL 직무설계
• 개인의 작업내용을 명확히 하는 원칙 　– 기술의 전문화 　– 필요기술의 최소화 　– 근로자의 훈련시간 최소화 　– 작업의 표준화 • 개인 작업을 특정 직무에 결합시키는 원칙 　– 직무중의 작업의 수 및 다양성 제약 　– 반복작업 　– 훈련시간 최소화	• 작업사이클(공정)의 연장 • 직무순환 • 책임과 권한을 작업자에게 위양
1인 1직무 원칙	1직무 1팀 원칙

5) 근로생활의 질(QWL)에 대한 견해

① 반대하는 입장

❶ 종업원의 불만과 완전한 노동에 대한 요구는 언론매체나 학자들에 의해 **과장되고 있는** 것이다. 따라서 근로자의 **QWL에 대한 요구**는 실제로 있는 것이 아니고 **단지 상상일 뿐**이다.

❷ **대부분의 기업이 관료제적, 지시적 경영방식을 선호하기** 때문에 상당한 압력이 없는 한 원래의 방식을 바꾸려 하지 않는다.

❸ QWL은 자기 기업의 상황에 맞게 도입해야 하는데 **현실적으로 많은 학습과 실험이 필요**하다.

② 찬성하는 입장

❶ 많은 기업과 근로자가 QWL 활동에 관심을 보인다. 특히 **협력적 노사관계**를 위해서는 근로자의 경영참가는 필수적이다.

❷ QWL이 성공한 기업의 가치관과 문화를 잘 나타내준다. **성공적인 기업은 종업원의 제안을 경청하고 그들의 창의성을 존중**한다.

❸ QWL 활동은 시간이 지남에 따라 성숙해졌다. 초기의 QWL 활동에서는 **생산성만 강조하거나 종업원 복지만을 강조**하는 경향이 있었지만, 지금은 위 두가지 목적을 동시적 · 통합적으로 달성하려는 것이 성숙의 한 예이다.

6) 근로생활의 질(QWL)의 추진전략

① 직무차원 : 직무충실화, 직무재설계, 자율작업팀 등

② 개인적 차원 : 고충처리제도, 유연근무시간제도 등

③ 조직적 차원 : 관리의 공정성 강화, 경영참가제도, 고용안정 등

(3) 고용의 질과 좋은 일자리[36]

1) 개념

고용의 질이란 "남녀노소에 관계없이 **모든 사람들이 자유, 평등, 안전, 인권이라는 보편적 조건 하에서 보다 온전하고 생산적인 일을 할 수 있는 기회를 촉진하는 것**"을 의미한다. 일반적으로 '고용의 질'에 대한 영어 표현은 the quality of life가 직접적이나 최근에 decent job 등도 새롭게 대두되고 있어서 이러한 최근 경향을 반영하는 '좋은 일자리(decent work)'로 통일해서 사용하기로 하겠다.

즉, 고용의 질적 측면에서 '**좋은 일자리(Decent Work)**'의 개념이 대두되고 있는 바, 좋은 일자리의 특성을 정리하면 다음과 같다.

2) 좋은 일자리의 특성

① 직무특성 : 직무만족을 가져다주는 직무 특성은 **자율성, 권한, 독립성 등을 가진 정도**다.

② 고용안정 : 고용이 불안하면 직무만족이 떨어지기 때문에 고용안정은 좋은 일자리의 중요한 측면이다. **비정규직이나 간접고용 비율이 높을수록 고용이 불안정**하다고 할 수 있으며, **고용 안정을 위한 구체적인 명문화된 정책이 있거나 정년제도가 설정된 기업일수록 고용안정이** 높다고 할 수 있다.

③ 발전가능성 : 인적자원을 유지하고 개발 및 향상시키는 것은 조직 발전을 위해 중요하다. 따라서 기업이 종업원들에게 **적절한 교육과 훈련을 실시하고, 승진기회 제공 등을 통하여 종업원에게 자기계발과 향상에 대한 동기를 제공**하는 것이다.

④ 금전적 보상 : 경제적 보상인 **임금과 복리후생을 산업 수준 이상으로 부여**하는 것은 인력유지에 있어 중요하다.

⑤ 근무환경 : 근로자의 **신체적·정신적 건강**을 위해서는 적절한 근로시간, 안전한 작업환경의 제공 등 작업건강과 안전한 작업환경 조성이 필요하다.

⑥ 인간관계 : **상사와의 인간관계, 동료와의 인간관계, 고객과의 인간관계는 물론, 사람들 간 관계를 규정하는 제도적 측면까지 포함하는 개념**이다. 제도적 측면이란 노동조합, 노사협의회, 고충처리제도 등 회사 전반에 대해 공식적으로 의견을 제시할 수 있는 제도를 의미한다.

이 중 가중치가 높은 특성은 **발전가능성(24.5%), 고용안정(19.49%), 보상(18.59%)** 등이다.

PART
07

---

36) 『고용의 질』, 방하남·이영면·김기헌·김한준·이상호, 한국노동연구원(2007)

제 2 절   동기부여이론

1 동기부여의 개념과 중요성

(1) 개념

동기부여란 개인의 행동을 일으키며, 행동의 방향, 강도 그리고 지속기간을 결정하는 역동적인 힘의 집합이다(Pinder). 즉, 기업조직에서 성과를 내는 방향으로 개인의 행동이 열정적이고 지속적으로 일어날 수 있도록 유도하는 내적인 힘을 의미한다. 동기부여는 ① '얼마나 노력을 많이 기울일 것인지'에 관한 것인지를 의미하는 **강도(intensity)**, ② '어떤 행동을 할 것인지'를 의미하는 **방향(direction)**, ③ '선택한 행동과 그 노력의 강도를 얼마나 오래 지속할 것인지'를 의미하는 **지속성(persistence)** 등 3가지로 이뤄진다.

(2) 동기부여의 중요성

종업원의 성과는 종업원이 직무를 얼마나 잘 수행할 수 있느냐 하는 종업원의 직무수행능력과 직무를 기꺼이 수행하고자 하는 자발적인 의욕에 달려 있다.

> "성과=f(능력, 모티베이션)"

모집, 선발 그리고 교육훈련 등은 주로 능력 측면에 초점을 맞춘 것이지만, **종업원의 만족할 만한 성과를 보이기 위해서는 능력 이외에도 종업원들 스스로 기업이 추구하는 목표에 동조하고 목표달성을 위해 공헌하도록 하는 노력이 필요**하다. 심리학자들은 같은 능력을 갖춘 종업원들이 일을 하였을 때 그들이 갖고 있는 모티베이션에 따라 성과가 ±30% 정도 차이가 있다고 주장하고 있다.

2 동기부여이론

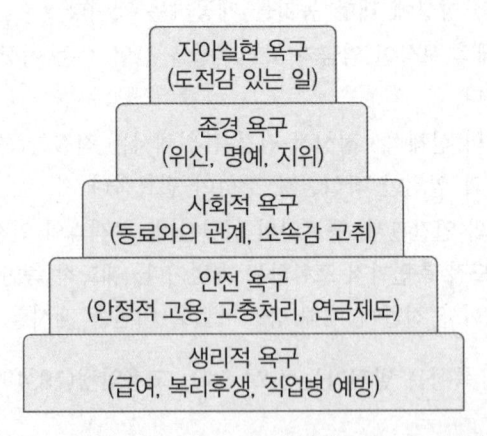

(1) Maslow의 욕구단계이론

1) 의의

매슬로(Maslow)는 인간의 욕구를 5단계로 구분하였다. 욕구들은 계층을 이루고 있으며 충족되지 못한 욕구에 의해 모티베이션이 이루어지며 충족된 욕구는 더 이상 모티베이션을 일으키지 못한다. 즉 하위계층의 욕구가 충족되면 상위계층의 욕구가 모티베이션으로 작용하며 충족된 하위계층의 욕구는 더 이상 모티베이션으로 작용하지 못한다(Maslow, 1943).

매슬로는 욕구의 작동원리를 〈결핍 - 지배의 원리〉와 〈충족 - 출현의 원리〉로 설명하였다. 즉, 자아실현욕구을 제외하고 개인의 행동에 동기를 부여하는 것은 결핍이며, 생리적욕구 - 안전욕구 - 사회적욕구 - 자존욕구 - 자아실현욕구가 순서대로 나타난다고 주장하였다.

2) 내용

① **생리적 욕구**(physiological and survival needs)는 의식주, 수면, 갈증 등에 대한 욕구로 모든 욕구 가운데 가장 기본적인 것으로서 가장 강력하다. 기업에서 생리적 욕구를 충족시키기 위한 조치로서는 급여, 복리후생 등이 해당된다.

② **안전욕구**(safety and security needs)는 위험, 사고, 전쟁, 질병, 폭행, 범죄, 매우 춥거나 더운 기온 등 **위험으로부터 벗어나 안전해지고 싶은 욕구**이다. 기업에서 안전의 욕구를 충족시킬 수 있는 조치로서는 고용의 안정성, 연금제도 등이 있다.

③ **사회적 욕구**(social needs)는 다른 사람이나 집단과의 우정, 애정, 소속감 등에 대한 욕구이다. 기업에서는 동료와의 관계를 돈독히 할 수 있는 기회를 마련하고 소속감을 고취시키는 노력이 필요하다.

④ **존경 욕구**(esteem needs)는 사람들이 사회생활을 통해 **자신의 능력을 높게 평가받고 자신을 존중하고 자존심을 지니며 다른 사람으로부터 존경받기를 원하는 욕구**이다. 즉 위신이나 지위욕, 자긍심 등이 이 욕구와 관련된다.

⑤ **자기실현의 욕구**(self-actualization needs)는 **자기충족 및 성취에 대한 욕구**로서 자기가 가지고 있는 능력을 실현시키고자 하는 욕구이다. 조직에서는 자아실현 욕구 충족을 위해서 자아를 실현할 수 있도록 직무를 설계하고 직무를 구성하려는 노력이 요구된다.

3) 시사점

① 매슬로 이론은 경영자로 하여금 **인간의 욕구에 대한 체계적 인식**을 갖게 한 최초의 이론이다.

② 인간의 욕구에는 여러 가지로 구성되어 있기 때문에 동기부여를 위해서는 각각의 욕구에 맞는 관리가 필요함을 시사한다. 즉, 동기부여를 위해서는 **욕구의 개인차를 고려**해야 한다.

③ 매슬로 이론에 따르면 하위욕구를 충족시켜 준 후에도 지속적인 동기부여를 위해서는 상위욕구를 충족시키는 것이 중요함을 시사한다. 즉, **성장욕구의 중요성을 강조**함으로써 조직경영에 새로운 의미를 더하였다.

(2) Vroom의 기대이론

1) 의의

Vroom은 개인은 자신의 행동결정과정에서 여러 가지의 가능한 행동대안 또는 행동전략을 평가하여 자기 자신이 가장 중요시하는 결과를 가져오리라고 믿는 행동전략을 선택한다고 주장하였다. 브룸은 동기부여가 발현되는 순차적 과정에 관심을 가졌는데 개인의 노력이 성과로 이어지고(기대치, Expectancies : E), 그 성과에 대한 보상이 주어지고(수단성, Instrumentality : I), 주어진 보상이 자신이 원하는 보상(유인가, Valence : V)일 때 동기부여가 된다고 주장하였는 바, 구체적 내용은 아래와 같다.

기대감(expectancy)은 어떤 활동이 특정 결과를 가져오리라고 믿는 가능성을 말한다. 수단성(instrumentality)은 어떤 특정한 수준의 성과를 달성하면 바람직한 보상이 주어지리라고 믿는 정도이다. 유의성(valence)은 특정 보상에 대해 갖는 선호의 강도이다(Vroom, 1964).

2) 동기부여 = 기대감 × 수단성 × 유의성

① 동기부여는 기대, 도구성 그리고 유인가들이 서로 곱셈을 통하여 합산된다. 이 중 어느 하나라도 0일 경우 모티베이션은 0이 된다.

② 성과 후 받게 되는 보상은 그 형태별로 값이 다르다(유인가). 긍정적인 보상은 +값, 부정적인 보상은 −값을 갖는다.

③ 힘의 크기에는 성과 후 예견되는 보상의 모든 종류(긍정적 및 부정적)가 합산되어 반영된다.

3) 시사점

① 기대감 제고 : 노력했을 때 얼마나 어려운 일을 할 수 있는가 하는 것은 일차적으로 능력의 문제이다. 따라서 교육·훈련이나 재배치 등을 통하여 개인의 능력과 기술을 개발해주고 종업원 개개인의 능력에 맞는 적절한 직무를 부여함으로써 직무에 대한 기댓값을 높여줄 수 있을 것이다.

② 수단성 제고 : 회사는 종업원에게 일의 수행 및 성과가 보상으로 연결된다는 것을 주지시킬 수 있는 보상시스템을 설계해야한다. 이것은 근본적으로 경영 또는 관리층과 조직원간의 신뢰의 문제라고 볼 수 있다.

③ 결과에 대한 유의성 제고 : 경영자, 관리자가 기대이론 측면에서 동기를 유발시키기 위해서 할 수 있는 또 다른 일은 조직원 가치(또는 욕구) 체계를 파악하여 조직이 현재 제시하고 있는 인센티브의 유효성을 평가하고 무엇을 더 제시해야 하는가를 판단하는 것이다.

(3) Adams의 공정성이론

1) 의의

아담스의 공정성이론은 Festinger의 인지부조화이론에 근거하여 탄생한 것이다. Adams는 조직 내 개인과 조직 간 교환관계에 있어서 공정성 문제와 공정성이 훼손되었을 때 나타나는 개인의 행동유형을 제시하였다.

결국 아담스의 공정성 이론은 **교환과정에 있어서의 지각된 불균형이 주는 동기효과를 설명하는 이론**이다. 조직원들은 **나와 조직간의 투입 – 산출 프로세스가 나와 비슷한 사람**(예 같은 회사의 동기들, 타회사 친구들)**이나 산업평균과 비교**하여(이 비교대상을 준거인물 또는 준거기준이라 함) **교환관계가 공정성을 유지하고 있는지를 판단**하게 된다. 판단 결과 공정하다고 지각되면 현재의 공정한 관계를 지속하기 위한 투자를 계속할 것이다. 공정하지 않다고 판단되면 불공정을 시정하기 위한 방향으로 동기부여가 된다.

2) 비교의 과정

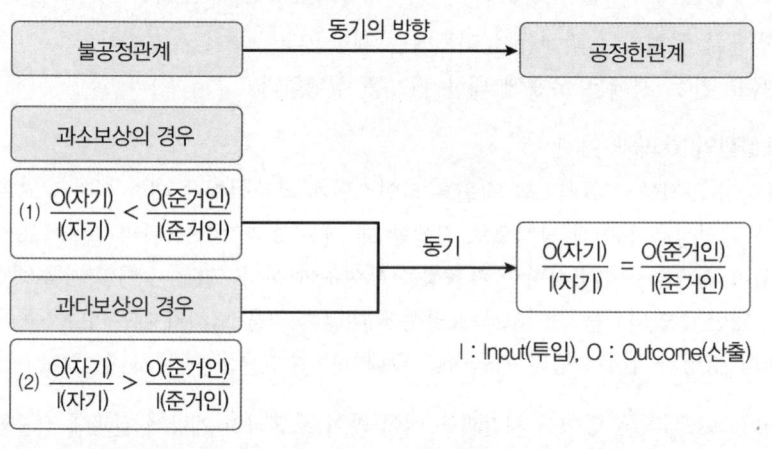

I : Input(투입), O : Outcome(산출)

3) 불공정성의 해소방안

① **투입의 변경** : 불공정을 지각하는 사람은 불공정 비율을 공정한 상태로 바꾸기 위해서 자신의 투입을 상향 또는 하향 조정할 수 있다.

② **산출의 변경** : 이 방법은 투입보다는 산출물에 문제해결의 초점을 둔다.

③ **투입과 산출의 인지적 왜곡** : 인지적으로(머릿속에서) 투입, 산출의 비율계산을 자신이 생각하는 결과에 맞도록 왜곡하는 것이다.

④ **장(場) 이탈** : 이것은 불공정한 비교결과를 낳는 상황(場)을 이탈함으로써 문제를 해결하려는 전략이다.

⑤ **준거인물에 영향을 미침** : 준거인물을 문제의 상황으로부터 제거하든가 집단압력을 가하여 투입을 바꾸게 할 수 있다.

⑥ **준거인물 변경** : 비교의 대상을 바꿈으로써 불공정을 시정하는 전략이다.

(4) Locke의 목표설정이론

1) 의의

Locke의 목표설정이론은 목표와 인간의 동기와의 관계를 미시적으로 규명한 이론으로, **인간이 목표를 설정하고 이를 달성하기 위해 의도적으로 행동하는 과정이 모티베이션에 중대한 영향을 미친다는 이론**이다. 즉, 목표설정이론은 **개인의 성과가 목표에 의해서 결정된다는 이론**이다.

2) 좋은 목표의 조건 : SMART 원칙

목표는 "SMART" 원칙을 따라야 한다. SMART란 구체성(Specific), 측정가능성(Measurable), 달성 가능성(Attainable), 결과 지향성(Result Oriented), 정해진 시간(Time bound)의 앞글자를 딴 것이다.

3) 시사점

① 부하가 수용가능한 범위에서 도전적이고 구체적인 목표를 정한다.

② 다양한 보상수단을 이용하여 목표를 수용하고 기꺼이 노력하고 동기를 부여하고 지도한다.

③ 목표를 달성하는 과정에서 피드백을 제공한다.

④ 목표 완수 시에는 목표에 대한 평가를 실행한다.

4) 목표설정의 효과와 한계

목표설정 과정에서 관리자와 직원은 자연스럽게 목표설정에 대한 의견을 교환하고 소통하게 된다. 목표설정은 참여적 방식으로 진행할 때 더욱 효과적이며 관리자는 목표설정 이후 업무수행에 있어 피평가자에게 상당한 자율성을 부여해야 한다. 업무 수행의 자율성을 부여해야 직원이 일에 대한 주인의식을 가지고 목표달성에 대한 책임을 느끼기 때문이다. 즉, 목표설정의 장점은 참여적 경영과 업무수행의 자율성을 확대하는 수단으로 활용될 수 있다.

그러나 목표설정에 있어서 시간과 노력이 많이 소요되며 계량적 결과에 집중한 나머지 비계량적 업무활동을 과소평가하는 문제점이 있다. 목표를 경쟁적으로 설정하면 조직 내 불필요한 경쟁이나 부서 간 이기주의를 조장할 위험이 있기도 하다.

(5) 강화이론(reinforcement theory)

강화이론은 학습(learning)을 설명하는 근거로 보상받는 행동은 반복되는 경향을 보이지만 보상받지 못한 행동은 반복되지 않는 경향을 보인다는 이론이다. 보상을 함으로써 이러한 행동은 계속해서 일어날 수 있지만, 반대로 보상받지 못했을 경우에는 이러한 행동이 계속적으로 일어나기를 기대할 수 없다. 즉, 종업원의 성과나 공헌이 지속적으로 인정되지 않는다면 종업원들이 높은 성과를 보이리라는 기대를 할 수 없다. 어떤 행동이 계속적으로 일어나도록 강화하고자 할 경우에는 일어난 행동에 뒤따라서 바로 보상을 함으로써 종업원들이 관련 행동과 보상과의 연계성을 분명하게 인식할 수 있도록 하여야 한다. 바람직한 행동을 학습시킬 수 있도록 조직에서는 강화요인을 적절하게 활용해야 한다.

3 모티베이션 프로그램

(1) 경제적 보상

종업원의 근로의욕을 높일 수 있는 강력한 도구는 바로 경제적 보상이다. 경제적 보상은 임금과 복리후생으로 구성되어 있다. 경제적 보상은 종업원의 생계와 직접 관련되기 때문에 생리적 욕구가 강한 종업원에게는 그 효과가 크다. 그 뿐만 아니라 임금에 종업원의 능력 내지 업적을 정확하게 반영할 경우 종업원의 자기 존경욕구를 충족시킬 수 있는 중요한 도구가 된다. 왜냐하면 종업원은 임금을 통해 자신의 능력을 인정받을 수 있기 때문이다. 경제적 보상이 모티베이션 프로그램으로서 힘을 발휘하기 위해서는 보상공정성이 확보되어야 하겠다.

(2) 비경제적 보상

첫째, 직무설계에 따라 종업원의 모티베이션은 달라진다. 직무순환, 직무확대, 직무충실, 직무교차, 준자율적 작업집단, 근로시간의 조정 등이 있다. Herzberg는 종업원들을 열심히 일하도록 하는 요인으로서 동기부여요인(motivators)을 제시하였다. 그러므로 기업에서는 종업원들에게 동기부여요인을 제공할 수 있도록 직무를 설계함으로써 종업원들이 신바람나게 열심히 일할 수 있도록 해야 할 것이다.

둘째, 직무의 안정성이다. 이는 매슬로가 제시한 욕구 가운데 안전욕구에서 언급되는 사항이다. 오늘날처럼 기술변화가 빠르게 이루어지는 현실에서는 많은 종업원들이 직무의 안정성에 대해 불안해하기 쉽다.

셋째, 편안하고 안전한 근로조건이다.

넷째, 공정한 리더십이다. 관리자의 훌륭한 리더십은 종업원이 효과적으로 업무를 수행하는 것을 도와줄 뿐만 아니라 기업의 성과향상으로도 이어지게 된다.

다섯째, 종업원들은 관리자들로부터 **합리적인 명령과 지시**를 받기 원한다. 불합리하며 실행되기 어려운 명령은 종업원에게 불안과 좌절감을 가져다주게 되어 기업의 성과와는 반대되는 악의적인 불복종을 초래할 수 있다.

여섯째, 기업문화이다. **자율권과 재량권을 어느 정도 부여하느냐**가 종업원의 동기부여에 많은 영향을 미친다. 우수한 기업들에서는 창의성, 적극적인 참여 등이 강조되는 경향이 있다. 의사결정 권한이 주로 상층부에 집중되어 있으며 공식화된 규정이나 절차에 의해서 주로 업무가 진행되며 종업원의 의사나 참여는 허용되지 않는 기업의 경우를 가정한다면 그런 기업에 종사하는 종업원들에게서 업무에 대한 의욕과 자발성을 기대한다는 것은 무리일 것이다.

4 모티베이션 평가

첫째, 종업원 개개인에 대한 개인적인 특성파악이 필요하다.

둘째, 종업원을 모티베이션 시키고 이를 통해 직무수행의 효율성을 향상시키기 위해서는 **관리자의 능동적인 노력이 요구**된다.

제 3 절 근무환경의 관리

1 인간관계 관리(human relations management)

(1) 개념

인간관계 관리는 Mayo의 인간관계론 관점에 입각하여 조직구성원 간의 상호 이해와 신뢰를 바탕으로 충만한 일체감에 의한 협동 체제를 확립하고 높은 근로 의욕과 협동을 통한 동기부여로 생산성을 제고하여 기업의 유지 · 발전에 기여하도록 하는 관리활동이다. 즉, 직장 내 종업원 간 관계를 효과적으로 관리하기 위해 사용되는 기법이다.

(2) 인간관계관리를 위한 기법

1) 사기(morale)조사

사기는 종업원들의 **직무수행의욕** 또는 **직무수행동기**를 뜻하며 **조직의 목적 달성에 기여하는 개인과 집단의 정신상태를** 의미한다. 사기조사(morale survey)는 기업 구성원이 가지고 있는 직무와 기업에 대한 태도, 충성심, 만족도, 업무몰입도 등에 대한 조사로 **종업원의 근무의욕을 평가할 수 있는 제도이다.**

사기조사의 방법은 크게 ① **태도조사와** ② **통계조사**로 구분되며, **태도조사**는 직무, 성과, 대인관계 등의 기업 활동에 대한 **종업원의 심리적 상태를 직접적으로 대면하여 확인하는 방법**으로 면접, 질문, 관찰 등의 방법을 활용할 수 있다. **통계조사**의 경우 노동생산성, 불량률, 결근, 불평의 내용과 빈도 등 주로 **근무태도와 관련된 기록**을 측정하여 해당 기록에 의해 **간접적으로 사기를 조사하는 방법**이다.

2) 상담제도(counseling)

인사상담이란 기업경영에 있어 인간이기에 가질 수 있는 **업무 또는 종업원의 일신상의 문제를 상담**해 줌으로써, 종업원들의 **불평·불만 또는 고민 등을 미연에 방지**하고 나아가 **업무를 성실하게 수행하도록 함**과 동시에 **사기와 생산성 향상에 기여**하도록 하는 데 그 의의가 있다.

3) 문호개방정책

문호개방정책(open-door policy)은 **상급자가 하급자에게 문호를 개방하는 것**으로 하급자는 자신을 괴롭히는 문제에 대해 상급자를 방문하여 이야기할 수 있다.

4) 제안제도(suggestion system)

① 개념 및 목적

종업원이 **직무에 따른 개선안을 제시하도록 하는 제도**로, 종업원 개별적 아이디어를 경영자에게 전달하고 결과를 심사하여 우수한 제안에는 보상을 하는 제도이다. 이 제도는 **조직 내 종업원의 창의력과 참여의식, 근로의욕을 고취시켜** 작업의 능률과 생산성의 향상을 도모하는 것이 목적인바, 종업원 제안제도의 목적을 구체적으로 설명하면 아래와 같다.

첫째, 조직의 구성원의 아이디어 및 창의성을 **장려**하고 **품질향상, 원가절감** 및 **업무개선**을 **꾀함**과 동시에 **구성원의 경영참여 의식**을 **고양**시킴으로써 **바람직한 조직풍토**를 **조성**하는 것에 있다.

둘째, 개인의 창의적 아이디어 발상을 고취시켜 그 제안에 의하여 업무개선의 촉진을 도모하여 경영능률향상에 기여할 수 있다.

셋째, 구성원들의 창의력 발휘, 경영참여 의식의 고취와 회사 업무 개선 향상을 통한 만족도 향상과 동기부여를 목적으로 한다.

② 제안제도의 효과

❶ 커뮤니케이션 촉진 효과

모든 직원들이 그들의 창의력을 바탕으로 한 의견을 직접 경영자에게 전달할 수 있으므로 **상향식 커뮤니케이션(Bottom-Up communication) 수단**으로서 **효과적인 역할**을 한다.

❷ 동기부여의 효과

제안제도에 의하여 **제출된 제안이 채택되어 실시**되는 경우 **제안된 의견이 경영자에 의하여 인정**을 받게 되는 것이기 때문에 **제안을 한 종업원의 동기부여가 증진**될 수 있다.

❸ 일체감과 신뢰감 증진

제출된 제안이 채택되는 경우 제안자의 가치가 인정되는 것이기 때문에 제안자는 **경영자나 관리자에 대한 호의와 신뢰감**을 가지게 된다. 이것으로 인하여 **조직과의 일체감 또는 귀속의식**을 **증대**시킬 수 있는 계기가 될 수 있다.

❹ 경제적 효과

작업방식에 있어서 **낭비를 제거할 수 있는 제안이 채택되어 실시**된 경우 그만큼 **경비와 시간 등을 절약**하는 것은 물론 **업무효율을 촉진**시킬 수 있으므로 경제적으로 큰 효과를 가져다줄 수 있다.

③ 제안제도의 핵심성공요인

❶ **자유롭게 의견을 제시할 수 있는 분위기**를 조성한다.
❷ 채택된 제안에 대해서는 **적절한 보상을 부여**한다.
❸ 제안을 심사하는 과정에서 **공정성과 투명성이 보장**되어야 한다.

5) **옴부즈맨 제도(ombudsman system)**

옴부즈맨은 **종업원의 불만이나 고충을 듣는 사람**으로 종업원이 적시한 불만사항을 들은 후 채택여부를 판단하여 책임 있는 조직 내 관리자를 직접 조사하거나 관리자에게 권고할 수 있는 권한을 가지고 있다.

6) 소시오메트리(sociometry)

소시오메트리는 **인간관계를 측정하는 방법**으로 집단 내 구성원 사이에서 일어나는 선택(choice, 혹은 유인)과 거부(rejection)의 유형을 알아내는 데 쓰이는 기법이다. 즉, 집단 내 인간관계의 구조를 인지테스트, 소시오매트릭테스트, 자발성테스트, 상황테스트, 역할연기테스트 등 다양한 테스트에 의해 파악하여 **소시오그램(sociogram)으로 도식화**할 수 있다.

7) 감수성 훈련(sensitivity training)

감수성훈련은 **나와 타인 그리고 나와 타인의 관계에 대한 감수성을 개발함으로써** 자기 자신에 대한 정확한 인식과 타인과의 조화를 기하고 **조직 속에서 타인과의 인간관계를 협동적이고 생산적으로 발전**시키는 특수한 소집단 훈련을 의미한다. 소집단을 대상으로 변화담당자가 개입하여 집단 구성원들 스스로의 **개방적 의사소통 및 피드백**을 통해 자신의 행동에 대한 이해를 높이고 **대인관계기술을 향상시키는 것**이다.

8) 고충처리제도(grievance procedure system)

고충이란 스스로 통제할 수 없는 근로조건 기타의 직장생활관계에 대하여 종업원이 표시하는 불만을 말한다. **고충처리제도란 기업의 근로조건과 사용자의 인식에 대한 종업원과 하부조직의 불평과 불만을 처리하는 제도로**, 이들의 고충을 방치하거나 인식하지 못하게 되면 생산성을 저하시키게 되며, 노사 협상과 같은 단체교섭 과정에서 어려운 교섭과 분쟁의 원인으로 작용하게 되므로 그 원인을 초기에 발굴하여 처리하고자 하는 제도이다.

분쟁조정제도(alternative dispute resolution : ADR)

조직 내 갈등을 해결하기 위해 외부의 제3자에게 요청하는 것을 분쟁조정제도라고 한다. 해당 제도는 4단계를 거치게 되는데 구체적인 내용은 아래와 같다.

① **1단계 : 문호개방정책**
상사나 부하와 같이 **갈등관계에 있는 두 사람이 함께 합의에 이르기 위해 시도**한다. 합의에 이루지 못하면 다음 단계로 진행된다.

② **2단계 : 공개심의**
조직 내 분쟁 상태에 있는 사람들과 같은 수준에 있는 대표자들로 구성된 패널이 사건을 심리하며 당사자들이 합의에 이를 수 있도록 돕는다. 합의에 이르지 못한다면 다음 단계로 진행된다.

③ **3단계 : 중재**
조직 외부의 중립적인 위치에 있는 제3자가 사건을 심리하고 분쟁 당사자들이 합의에 이를 수 있도록 돕는다. 만약 합의에 이르지 못한다면 다음 단계로 진행된다.

④ **4단계 : 조정**
조직 외부의 전문 조정위원이 사건을 심리하고 구체적인 의사결정이나 보상을 중재함으로써 일방적으로 사건을 해결한다. 대부분의 중재자들은 경험 많은 고용전문 변호사나 퇴직 판사들이다.

---

(3) 조직 내 부정적 행동 관리 : 직장 내 성희롱과 괴롭힘 방지

1) 개념 및 근거법률

직장 내 성희롱이란 '사업주, 상급자 또는 근로자가 직장 내 지위를 이용하거나 업무와 관련하여 다른 근로자에게 성적 언동 등으로 굴욕감과 혐오감을 느끼게 하는 행동'이다. 직장 내 성희롱은 「남녀고용평등과 일·가정 양립 지원에 관한 법률」에 의해 금지되어 있다.

직장 내 성희롱과 다른 부정적 행동으로는 직장 내 괴롭힘이 있는바, 직장 내 괴롭힘이란 '**사용자 또는 근로자가 직장에서의 지위 또는 관계 등의 우위를 이용하여 업무상 적정 범위를 넘어 다른 근로자에게 신체적, 정신적 고통을 주거나 근무환경을 악화시키는 행위**'이다. 직장 내 괴롭힘은 근로기준법에 의해 금지된다.

2) 문제점

직장 내 성희롱과 괴롭힘은 근로자의 〈**인격권**〉을 **침해**한다는 점에서 유사하지만 **성희롱은 성적인 (sexual) 언동이 수반**된다는 점에서는 괴롭힘과 구별된다. 성희롱과 괴롭힘에 대한 법규는 금지 행동과 처벌조항을 규정하지만 **사건 발생 직후에는 직원의 정상적 근무가 어려워지기 때문에 예방조치가 중요**하다. 한편 직장 내 괴롭힘이 발생하는 것을 방치하는 경우 **작업분위기를 해치고 생산성을 저해하는 부작용**을 피할 수 없으며 그로 인해 소송이 발생하게 되면 **회사의 이미지가 크게 악화될 위험**이 존재한다.

3) 조직에의 시사점 : 예방조치의 강화

회사는 사후적 처방보다는 예방적 차원의 조치가 필요한바, 부정적 행위를 근절하기 위해 ① **평소 예방 교육을 반복해서 시행**해야 하며, ② **부정적 행동 발생 초기에 이를 알릴 수 있는 신고채널을 마련**해 공지해야 한다.

2 근로시간관리

(1) 근로시간의 개념

근로시간이란 **근로자가 사용자의 지휘·감독 하에서 근로계약상의 노동력을 제공하는 시간**을 말한다. 그러므로 근로시간은 작업이 시작되는 시각부터 종료되는 시각까지의 근무시간에서 휴게시간을 제외한 시간, 즉 실근로시간을 의미한다. 한편 소정근로시간이란 법정근로시간 범위 내에서 근로자와 사용자가 일정 시간 동안 일하기로 합의한 시간을 의미한다.

(2) 근로시간 관리의 중요성과 과제

1) 개념

근로시간 관리는 기본적으로는 ① 그 중심이 되는 **근로시간의 길이**, ② 근무시간의 개시 및 종료시간의 결정과 근무시간 중의 휴게시간 결정, 교대근무를 비롯한 기타 근무 형태 등과 같은 **근로시간의 배분 결정**, ③ **휴일·휴가의 설정 등에 대한 효율적 관리**를 말한다.

2) 근로시간 관리

① 전통적 개념

특히 18세기 말에서 19세기 초 산업화 초기 시대에는 '노동시간=생산성'이라는 전제 하에 **근로시간 길이에 초점을 두고 노동통제적 근로시간 관리가** 이루어졌다. 이에 따라 근로자들은 1일에 12~15시간 이상의 장기간 근로를 수행했다. 그러나 **장시간의 과도한 근로는** 그만큼 **육체적, 정신적 피로를 누적시켜 노동생산성 저하를** 초래할 뿐만 아니라 **안전사고나 질병의 발생가능성도** 높일 수 있다.

② 근로시간에 대한 노·사 간 관점의 대립

〈기업의 입장〉에서 근로시간 관리는 근로자 1인당 근로시간의 증가를 통해 노동력 공급량을 증대시키고 근로시간수의 삭감을 통해 노동력 공급량을 감소시키는 기능을 수행한다. 따라서 **노동수요가 증가할 때는 근로자 수의 증가가 아닌 근로시간을 증대시키고, 노동수요 감소 시에는 근로시간을 삭감시키면 불황기에 효과적으로 대응할 수 있고 고용의 유지가 가능하**게 된다. 즉, **시장수요의 탄력적 대응을 통한 성과 창출을 도와주는 역할을** 수행한다.

〈종업원의 입장〉에서 근로시간은 근로시간 길이와 함께 근로자의 1일 24시간 생활시간 중에서 어디에 위치하느냐, 즉 **근로시간의 배분여하에 따라 근로자의 가정생활의 리듬에 크게 영향을 미치며 육체적·정신적 피로 소진으로 건강을 해칠 수 있다.** 따라서 근로시간 관리는 **근로시간의 적정화와** 더불어 특히 최근 근로자들의 가치관과 생활 스타일의 변화에 따라 증대되는 생활시간의 필요와 욕구를 충족할 수 있도록 **개인생활과 일의 조화를** 가능하게 하는 **근로시간의 합리적이고 유연한 배분과 휴일·휴가 및 교대근무제의 효율적 설계와 운영 등이 주요한 과제가** 되고 있다.

③ 근로시간 관리의 현대적 추세

현대적 근로시간관리는 **종래의 노동통제적 사고에서 벗어나** 변화하는 근로자들의 의식과 태도에 맞추어 근로자들에게 **근로시간에 대해 보다 많은 재량권을 부여해서 근로시간을 보다 유연하고 다양하게 설계·관리함**으로써 **근로생활의 질과 개인생활의 질을 동시에 향상시켜 근로의욕 제고와 노동생산성 향상을** 도모하고 나아가 **근로자 복지증대와 노사관계 안정화를** 도모하는 데 주된 목적을 두고 있다.

근로시간의 현대적 추세를 반영하는 핵심과제로서 ① 근로시간 단축과 ② 유연적 근로시간 제도에 대해 자세히 살펴보도록 하겠다.

(3) 근로시간 단축

1) 등장배경 및 의의

우리나라의 근로시간은 1989년부터 주48시간에서 44시간으로 단축되었다. 이후 13년 만에 2004년 7월부터 주 5일제가 되면서 주40시간으로 단축되었다. 이후 2018년 근로시간이 최대 68시간에서 52시간으로 단축되면서 단계적으로 근로시간이 단축되고 있다. 근로시간 단축의 기본적 의의는 **전체 근로시간의 구조를 효율적으로 개편함으로써 '소득과 여가' 양 측면에서의 근로자의 건강증진과 삶의 질을 개선**하는 데에 있다.

2) 근로시간 단축의 역사적 배경

IMF 이전인 1920~1930년대에는 근로자의 생명과 건강을 지키고 장시간 근로 관행에서 발생하는 산업재해와 직업병을 예방하는 차원에서 근로시간 단축이 이뤄졌으며, 이후 1940~1950년대는 여가시간 활용을 통한 '근로자의 삶의 질 향상'에 그 초점이 맞추어져 있었지만 IMF 이후에는 대량실업 극복을 위한 일자리 나누기 차원에서 논의되었다.

3) 근로시간 단축의 효과

① 긍정적 효과

❶ 근로시간 단축을 통해 **근로자의 생명과 건강의 보호는 물론 산업재해를 예방**할 수 있고 **노동력의 재생산을 유지**할 수 있으며, 이를 통해 **경제적·사회적 손실을 줄일 수 있다.**

❷ 근로시간 단축은 그만큼 여가시간, 즉 자유시간을 증대시켜 자기개발이나 기술습득 및 학습기회의 증대를 가져다주고 가정생활의 충실, 교양, 취미활동 등 다양하고 건전한 사회문화생활을 영위할 수 있도록 해줌으로써 **근로자의 삶의 질을 제고시키고 일과 생활의 균형을 가져다준다.**

❸ 경기후퇴로 실업이 증대될 때 **작업공유(job sharing)**을 통해 **근로시간을 단축하고 임금을 삭감함으로써 고용감소를 방지하고 고용창출기회를 제공**한다.

❹ 기업은 근로시간 단축에 따라 **젊고 유능한 인재의 확보가 용이**하고 근로자의 근무집중도 강화, 시간당 작업량 증가, 육체적 피로 감소, 사고율 감소, 기계의 무리한 사용 감소 등을 통해서 생산성을 증가시킬 수 있다.

② 부정적 효과

❶ 생산성 향상이나 기존 임금의 저하가 없는 **근로시간 단축은 노동비용의 증가를 가져오고 기업의 가격경쟁력을 약화시킨다.** 근로시간 단축을 신규채용으로 보장하는 경우 신규채용 사원의 인건비, 모집비용, 교육훈련비 등 비용이 증대되기 때문이다.

❷ 근로시간 단축이 **생산설비 이용의 비효율성을 초래하고 생산량 차질을 가져올 수 있다.**

❸ 근로시간 단축은 이에 따른 생산량 감소를 보전하기 위하여 사용자는 노동의 시간당 효율성을 제고하려고 할 것이고 이에 따라 **노동강도가 강화되어 오히려 피로와 스트레스를 증가시킬 가능성**이 있다.

요컨대 근로시간 단축이 성공적으로 안착되기 위해서는 한편으로는 근로시간 단축을 통해서 발생할 수 있는 긍정적 효과를 극대화하고 다른 한편으로는 이로 인한 부작용을 최소화할 수 있는 방안의 검토가 필요하다.

특히 근로시간의 효율적 관리를 위해서는 습관적인 연장근무의 시간외 및 야간근무수당이 낭비되지 않도록 낭비시간의 최소화, 성과와 무관한 작업의 배제 등이 요청된다. 낙후된 업무관리 및 조직문화로 인하여 발생하는 불필요한 작업·특근 등을 없게 하며 예측 곤란한 업무로 인해 퇴근시간이 불규칙해지고 상사 눈치 보기 등으로 자리만 지키는 경우가 발생하지 않도록 해야 할 것이다. 또한 업무 프로세스의 표준화, 과학적 성과관리를 실시하여 불필요한 작업을 제거하도록 한다.

4) 조직에서의 근로시간 단축 관리

불필요한 연장근로 방지를 위해 실무적으로 대응할 수 있는 방안은 ① 연장근로 필요 시에 회사의 사전 승인을 받은 후에 연장근로를 실시하도록 하는 〈연장근로 사전승인제〉를 실시하거나, ② 법적인 소정 근로시간이 끝나면 업무용 PC가 자동 종료되는 〈PC 오프제〉를 실시하여 근로자가 일방적으로 불필요한 연장근로를 실시함으로써 연장근로수당이 나가는 것을 방지할 필요가 있다.

(4) 유연적 근로시간 관리

1) 의의

그동안 기업에서는 근로자의 취업욕구 등과 관계 없이 오전 9시 출근, 오후 6시 퇴근, 1일 소정 근로시간 8시간 식으로 정해놓고 그 외는 시간외 근무로 간주하는 등 근로시간이 고정적으로 엄격하게 운영되어 왔다. 그러나 최근 정보통신기술 발달과 산업 및 직무구조 변화, 근로자들의 욕구와 가치관·생활관 변화, 생활 스타일의 다양화, 여성인력 및 맞벌이 부부의 증가, 환경 불확실성 증대 등의 환경변화로 인해 지금까지 일정장소에서의 경직적인 근로시간 관리로는 효율적 업무수행이 어렵게 됨에 따라 그 대안으로 새롭게 등장한 것이 유연적 근로시간관리이다.

유연적 근로시간 관리는 종래의 경직적이고 타율적인 엄격한 근로시간 관리에 대응하는 개념으로 기업이 환경변화에 동태적으로 적응하기 위해 근로시간을 탄력적으로 운영하여 근로시간의 유연화와 다양화를 도모하는 관리를 말한다. 유연적 근로시간제는 근로자의 개인적 욕구를 더 잘 수용할 수 있는 방향으로 근로시간을 설계함으로써 근로자의 여가 및 자기개발의 촉진, 근로시간의 인간화 실현과 근로의욕 증대를 도모하고 나아가 노동력의 안정적 확보, 노사관계 안정화 등에도 기여하는 이점이 있다.

2) 유연적 근로시간제도의 형태

① 선택적 근로시간제

선택적 근로시간제(flexible working hours)는 일정기간 동안 총근로시간을 정해놓고 근로자가 그 범위 내에서 매일의 시업 및 종업시간을 자유롭게 선택해서 일을 할 수 있도록 하는 제도를 말한다. 즉, 근로자가 자신의 생활 리듬이나 업무의 진행속도에 맞추어 출근이나 퇴근시간을 자유롭게 선택할 수 있도록 함으로써 개인생활과 업무의 조화를 도모하면서 업무 효율성을 높이고자 하는 근로시간제도이다.

회사가 근무시간을 조정하는 전체시간대(bandwidth)에서, 모든 근로자가 출근해서 의무적으로 근무해야 하는 **핵심시간대(core time)**와 휴게시간, 그리고 근로자가 자유롭게 출퇴근 시간을 조정하여 선택할 수 있는 **선택근로시간대(flexible time)**로 구성되어 있다. 여기서 **선택근로시간대가 길고 핵심시간대가 짧은 경우 또는 핵심시간대가 없을 경우가 유연성이 높은 제도이다.**

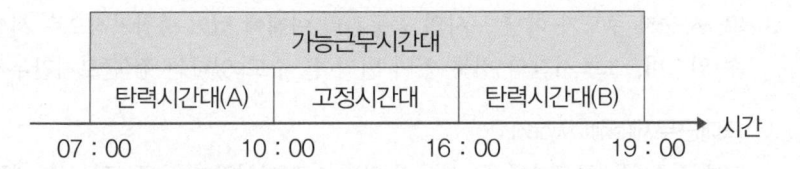

② 탄력적 근로시간제(변형 근로시간제)

탄력적 근로시간제는 **기업 내 업무의 내용이나 성격에 따라 근로시간을 유연하게 운영하는 제도를 말한다.** 즉, 평균적인 근로시간은 동일하더라도 **업무가 바쁜 기간에는 근로시간을 늘리고 한가한 시간에는 줄여서, 이를 탄력적으로 배분함으로써 근로시간을 보다 효율적으로 운영하는 것을 목적으로 하는 제도이다.** 이처럼 탄력적 근로시간제는 주로 **기업의 사정이나 필요에 따라 근로시간을 탄력적으로 배분하는 것인데 반하여, 앞서의 선택적 근로시간제는 근로자 개인의 필요와 개성에 따라 출퇴근시간을 자유롭게 선택할 수 있도록 한다는 점에서 양자는 구별된다.**

③ 파트타임 근무(part-time work) 혹은 부분 근로시간제

정규근무직(full-time work)의 고용형태와 대비되는 비정규적인 단시간근로의 고용형태로 단시간 근무제라고도 한다. 근로기준법 제21조는 단시간근로자(part-timer)를 "1주간의 소정근로시간이 당해 사업장의 동종업무에 종사하는 통상근로자의 1주간의 소정근로시간에 비하여 짧은 근로자"로 정의하고 있다. 쉽게 말해 **정규 근로시간(full-time work)보다 짧은 시간 동안 일을 하고 그에 상응하는 낮은 급여가 지급되는 형태의 근로시간제다.**

파트타임 근무제는 패스트푸드 식당과 같은 소매 및 서비스 업종에서는 일상적으로 실시되고 있으며 미국의 경우 **여성들이 2/3 이상을 차지하고 있다.** 앞으로는 정규직 근로자들도 **특별한 경우에는 직장과 가정의 조화를 통한 유능한 인력의 유지를 위해 일정기간의 단시간 근무를 선택할 수 있도록 하는 것이 바람직하다.**

④ 근로시간계정제

이는 독일에서 시작된 제도로 노동시간계정제는 **기업의 외부수요가 증가할 때는 초과노동을 하되 초과근로수당(over time payment)으로 바로 받지 않고 초과노동시간을 저축(근로시간 채권)**하고, 경기불황이나 외부시장의 수요가 감소하여 노동시간이 줄어들 때 저축해둔 노동시간을 노동시간계정에서 인출해서 고용은 물론 노동소득을 안정적으로 유지해 나갈 수 있게 하는 제도이다. 즉, 노동시간계정제는 경제적 불황이나 수요의 급속한 감소와 같은 외

부시장의 요인에 유연하게 대응하기 위한 것만이 아니고, 근로자 개인의 필요에 따라 학습이나 조기퇴직 등을 위해서도 여러 가지로 활용되어 왔다.

노동시간계정제는 2008년 말부터 시작된 경제위기 시에는 **단축근로제와 연계되어 경제위기에서 올 수 있는 고용에 대한 충격을 최소화**하고 그 충격을 흡수할 수 있는 충격완화장치 혹은 보험성의 장치로 활용되었다. 독일의 노동시간계정제는 **노동시간 관리의 체계성이 높고, 사용자 주도가 아닌 노사의 공동관리 아래에 있어 중장기적으로 시간의 유연성을 활용할 수 있으며, 노동시간의 저축 없이 빌려 쓸 수도 있다는 점(근로시간부채)에서 특징**이 있다.

⑤ 교대근무제(shift work)

교대근무제는 근로자를 둘 이상의 작업조로 편성하고 하루 근무시간대를 일정한 시간대별로 구분한 다음 각 조를 교대로 근무하게 하는 제도를 말한다. 교대근무제는 근로자의 생활리듬을 파괴하고 가정생활과 사회·문화적 생활에도 커다란 제약을 주게 된다. 특히 심야근로는 육체적·정신적 피로의 가중, 불면증이나 만성 소화장애 등에 의한 건강의 악화와 산재위험의 증대를 가져올 수 있다. 따라서 교대근무제는 가능한 한 최소한의 범위로 한정해서 실시하되 이의 효율적인 설계 및 운영이 특히 요구된다.

⑥ 주 근무일수 단축제(compressed work week) = 집중근무시간제

주 근무일수 단축제는 정상적인 주5일의 근로시간보다 적은 4일이나 3일 이내의 자신의 작업량을 완수할 수 있도록 허용하는 제도를 말하는데 집중근무일제라고도 한다. 가장 일반적인 형태는 하루 10시간씩 근무하여 4일 만에 40시간의 작업을 완수토록 하는 것이다.

⑦ 재택근무제

재택근무(telecommuting)제란 텔레워커스(teleworkers) 혹은 텔레커뮤터(telecommuters)라 불리는 근로자들이 **주로 집에서 혹은 사무실과 거리가 먼 곳에서 컴퓨터나 팩시밀리 등 사무실에 연결되어 있는 전자장치를 사용하여 자신의 업무를 수행**하는 것이다. 이는 **근무장소의 유연화(flexiplace)제도**라고도 한다.

정보통신기술의 급속한 발전으로 사람들은 자신들의 원하는 어떠한 장소에서도 업무를 수행할 수 있게 되었다. 이에 따라 재택근무제는 직장과 거주지의 일체화 내지는 근접화로 **장시간의 통근을 해소하고, 개인 자유시간을 증대시켜 개인생활과 조화된 근로방식을 추구하는 종업원들의 욕구를 충족**시켜 주기 위해서 도입되었다.

최근 들어 코로나19 대유행에 따라 전 세계적으로 재택근무가 급속히 확산되고 일하는 방식의 새로운 기준(new normal)으로 자리매김하고 있다. 이제 재택근무를 잘 정착시키는 것은 단순히 코로나19 감염병 위험을 극복하는 것은 물론 기업의 지속가능한 성장과도 직결된 문제가 되었다. 한편 우리나라의 IT역량을 기반으로 재택근무가 잘 정착된다면 일생활 균형 등을 통해 심각한 저출산·고령화 문제 해소의 계기도 될 것으로 보인다. 다수 기업들에서는 직무만족뿐 아니라 업무효율성에서도 높은 평가가 나온다.

재택근무의 〈장점〉은 직무수행에 있어서 시·공간의 제약이 극복 가능하며, 개인생활과 업무의 조화(work and life balance)로 종업원의 동기부여를 높일 수 있고, 출퇴근 시간 감소로 인한 개인시간 활용이 가능하다. 그러나 〈단점〉은 근로자 감독이 어려워지며, 직무가 상호의존적인 경우 **팀워크와 협력 저하로** 인해 성과가 떨어질 수 있으며, **재택근무 관리를 위한 인프라 구축에 상당한 비용**이 수반되고, 업무와 휴식의 구분이 모호해져 **업무 집중도가 낮아질 수 있다.**

근무장소의 설계

① 재택근무

재택근무란 **출퇴근을 하지 않고 집에서 일(근무)하는 것**이다. 출퇴근시간을 절약하게 되고 집에서 편안하게 일을 할 수 있다는 점에서 경제적이다.

② 거점사무실(hoteling)

거점사무실이란 회사에서 마련한 여러 개의 사무실이 있고 이 중에서 근로자가 **작업장과 가까운 지역의 사무실에 가서 근로하는 행위**를 하는 것이다. 작업장의 변동성이 높고 지역적 분산이 큰 경우에 많이 활용된다.

③ 공유사무실(shared office)

재택근무와 거점사무실을 결합한 형태로 근로자가 거주 인근 지역에서 근무할 수 있도록 사무 공간을 제공함으로써 출퇴근 시간과 자원을 절약할 수 있다. 재택근무가 비효율적인 업무에서 채택될 수 있는 좋은 대안이다.

④ 가상사무실(virtual office)

근로자가 있는 어느 장소이든 그곳이 사무실이 되는 개념이다. 커피숍이든 숙박지이든 어느 곳에서든지 컴퓨터를 이용해 사무업무를 보는 것이 가능해졌다. 오늘날 특히 **클라우드 시스템의** 발전으로 확산되는 추세에 있다.

PART 07

---

3 안전보건관리(산업안전관리)

(1) 의의

안전(safety)이란 상해, 손실, 위해 또는 위험에 노출되는 것으로부터의 자유를 의미하는데 특히 근로자들을 작업과 관련된 사고로 야기되는 위험이나 상해로부터 보호하는 것을 포함하는 개념이고, 보건(health)은 근로자들이 육체적·정신적 질병으로부터 자유로운 상태를 말한다.

한편 **산업재해**란 근로자가 업무수행 중에 사고로 인한 사망, 부상, 신체장애 등의 업무상 재해(사고재해)와 특수한 작업환경으로 인해 서서히 발생하는 업무상 질병(직업병)을 말하는 것이다. **고용 중에 발생한 재해로 사망, 상해 및 질병 등이 발생했을 때 이를 가리켜 산업재해라고 한다. 산업안전은 근로자가 일을 하기에 안전한 작업조건과 상황을 의미한다.**

(2) 중요성

첫째, 근로자 측면에서 보면 산업재해와 질병은 **사고당사자 및 그 가족에게 한없는 육체적 · 정신적 고통을** 가져다 줄 뿐만 아니라 **노동가치의 절하와 보험으로 보전되지 않는 경제적 손실도** 주고 나아가 **생명의 안전과 건강한 생활을 갈망하는 인간의 본성과 인도주의적 관점에서도 상치**된다.

둘째, 기업 측면에서 보면 **산업재해와 질병은 경영상 큰 손실을** 가져다준다. 즉, **기업비용을 증대시켜 기업은 큰 경제적 손실을** 입게 된다.

셋째, 만약 기업이 작업장에서 사고가 많이 발생하는 기업으로 외부에 알려질 경우 기업은 **유능한 종업원 확보에 어려움을** 겪게 되고 또한 종업원들이 작업장을 위험한 것으로 인식하고 경영자측이 작업장 안전에 대해 충분한 배려를 하고 있지 않다고 믿을 때 **경영자와 종업원간 관계는 악화**되어 안정적 노동력 유지가 어렵게 된다. 따라서 효과적 안전보건 프로그램은 기업의 〈사회적 이미지〉를 제고시켜 **유능 인력의 확보 및 유지, 마케팅 측면에서도 거래처와 성공적인 계약체결을** 도와주는 등 기업에 **경쟁 우위요소를 제공**해 줄 수 있고, 또한 만약 재해가 발생했을 경우 그에 대한 기업의 책임도 경감시켜 줄 수 있다.

따라서 안전보건관리는 안전하고 건전한 작업환경을 조성함으로써 기업 내 작업장에서 근로자들을 작업수행과 관련된 사고와 육체적 · 정신적 질병 및 피로로부터 보호하여 건전한 노동력을 유지하고 증진시키는 관리활동으로 산업재해 및 질병의 예방과 이를 통해 근로생활의 질 향상, 기업의 경제적 손실방지, 종업원의 귀속의식 및 사기증대, 생산성 향상, 사회적 책임을 다하는 기업의 이미지 제고 등의 실현에 주된 목적을 두고 있다.

(3) 안전관리

1) 안전관리의 의의

안전관리란 근로자들을 업무수행 중 사고로 인한 위험이나 상해로부터 보호하기 위하여 산업재해의 **원인을 규명하고 사고를 사전에 예방함으로써 근로자의 생명과 신체의 보호는 물론 기업의 경제적 손실을 보호하는 체계적이고 과학적인 제반활동을** 말하는데 조직은 인적자원의 유지와 효율적 활용을 위해 안전하고 쾌적한 작업환경을 마련해야 할 것이다. 무엇보다 산업재해의 원인파악과 특히 산업재해의 발생을 사전에 방지하는 예방관리대책의 수립이 더욱 중요한 것임을 인식해야 한다.

2) 산업재해의 원인

산업재해의 원인은 일반적으로 **인적 요인, 물적 요인, 환경적 요인, 관리적 요인으로 구분**할 수 있는데 현실적으로는 이들 요인 중의 하나와 몇 개의 요인이 중복되어 발생하는 경우가 많다.

① 인적 요인

인적 요인은 **개인의 선천적 · 후천적 소질 및 부주의나 불안전한 행동에서** 일어나는 요인이다.

❶ 개인적 소질 : 과격한 기질, 신경질, 시력 및 청력의 결함, 근골박약, 지식 및 기능의 부족, 중독증, 각종 질환 등

❷ **부주의나 불안전한 행동** : 지시 무시, 위험장소 접근, 안전장치의 점검 소홀, 기계 및 공구나 복장 보호구의 잘못사용, 위험물 취급 부주의, 불안전한 자세와 동작, 불안정한 속도 조작 등

② 물적 요인

물적 요인은 **기업 내의 각종 물적 시설과 장치 등의 결함으로 인해 발생한 요인**이다.

❶ 건물, 기계설비·장치·공구·비품 등의 결함(불량, 조잡, 뾰족함 등)

❷ 안전방호장치나 보호구의 결함(미비, 성능미달, 부적당 등)

❸ 생산공정의 결함(위험에 대한 조치미비, 부적당한 기계 및 공구의 사용, 작업순서착오 등)

❹ 경계표시, 설비의 결함(경계표시 없거나 경계구역 불명확)

③ 환경적 요인

환경적 요인은 작업환경의 부적절에 따른 각종의 **물리적·화학적 위험요인**을 말한다.

❶ **물리적 요인** : 작업장이나 작업대의 협소 및 정리불량, 기계류의 배치 부적절, 통로협소, 채광·조명·온도·환기 시설의 부적당, 불안전한 복장 등

❷ **화학적 요인** : 고열, 분진, 소음, 진동, 유독가스, 감전, 유해방사선 등

④ 관리적 요인

관리적 요인은 **부적절한 안전관리로 인해 발생하는 요인**으로 앞서 세 가지 요인들과도 관련이 있지만 특히 인적 요인과 관련이 깊다.

❶ **안전교육의 불충분** : 안전수칙의 오해와 안전지식, 작업방법, 위험·유해한 작업 등에 대한 안전교육 불충분

❷ **작업관리의 불량** : 안전관리 조직의 미정비, 작업준비의 불충분, 안전수칙의 미흡, 작업계획의 무리, 인원배치나 작업지시의 부적절, 기타 일부 물적·환경적 요인 관리의 소홀 등

3) 산업재해의 예방대책

① 손실예방 프로그램의 개발과 실시

재해예방을 위해 경영층이 해야 할 첫 번째 과제는 안전에 대한 정책을 수립하고, 이를 실행하기 위한 손실예방 프로그램, 즉 **안전 프로그램을 개발하고 실시**하는 것이다. 안전프로그램은 작업장의 안전을 증대시키는 심리적 환경과 근로자 태도를 조성하고 넓게는 앞서 언급한 공학적 대책을 포함하여 **안전한 작업환경을 개발하고 유지하는 데 초점**을 두고 설계된다.

특히 안전 프로그램이 효과적이기 위해서는 **최고경영층이 안전에 관한 중요성을 인식하고 이에 대한 적극적 관심과 지원을 표명하고 솔선수범**을 보이는 것이 필수적이다. 또한 안전 프로그램을 강화하기 위해서는 **프로그램 개발에 종업원을 참여**시키는 것이 중요하다. 종업원 참여를 통해 안전프로그램에 대한 **주인의식을 갖도록 해주고 성취감도 제공**해주기 때문이다.

② 안전관리위원회의 설치

종업원, 관리자, 안전전문가로 구성된 안전관리위원회는 위원회가 없는 경우보다 안전에 대해 훨씬 높은 관심을 유도할 수 있다. 위원회의 역할은 다음과 같다.

PART 07

❶ 최고경영층이 제시한 안전정책에 대한 조언과 비판

❷ 사내 안전기준의 개발 및 산업안전보건법의 기준과 부합한 행동 확보

❸ 종업원과 감독자를 위한 안전교육훈련 실시

❹ 안전점검 실시

❺ 불안전한 물적·환경적 위험요인과 불안전한 작업행동(인적요인)의 제거를 통한 직무안전의 지속적 증진

③ 안전규정의 제정과 시행

안전규정은 **최고경영자가 제시한 일반적인 안전정책의 중요한 산물**이다. 안전규정이 효과적이기 위해서는 안전규정을 준수하지 않았을 때 이에 대한 처벌을 분명히 해야 한다.

④ 적합한 종업원의 선발

종업원의 지능·성격·기질 등의 선천적 소질과 시력·청력·체력·기타질환 등의 신체적 결함이 사고발생과 관련이 있는 이상 **종업원 선발 시 이들 심리적·신체적 특성요인들을 지능 및 적성검사와 신체검사를 통해 면밀히 체크한 후 이상이 없는 자를 선발**해야 한다.

⑤ 종업원과 감독자에 대한 안전교육훈련

산업재해는 근로자가 사고로부터 자신을 보호할 수 있는 중요한 정보가 부족하기 때문에 발생하기도 한다. 따라서 **안전교육훈련을 통하여 안전에 대한 지식과 기능, 수칙 등을 충분히 습득시켜 안전한 행동뿐만 아니라 안전의식도 향상**시키도록 해야 할 것이다.

⑥ 피드백과 인센티브

종업원들에게 보다 구체적이고 어렵지만 **수용 가능한 안전목표를 설정**해 주고, 이 목표와 관련된 성과에 관한 정보를 피드백시켜 주며, **목표달성 시 인센티브 보상을 제공**해 주면 안전한 행동의 증대를 통해 재해 발생에 따른 손실을 방지할 수 있게 될 것이다. 또한 훌륭한 안전기록에 대한 상여금지급도 재해예방에 효과적인 방법의 하나이다.

4) 산업재해 예방대책의 효과

산업재해에 대한 대책은 사후적(ex-post) 재해처리와 사전적(ex-ante) 재해예방으로 구분될 수 있다. **산업재해에 대한 사후적 처리는 엄청난 비용을 수반**하게 된다. **산업재해예방대책을 효과적으로 수립**하고 실행하기 위해서는 두 가지 측면을 고려해야 한다. 하나는 **제도의 타당성 측면**으로 채택한 재해예방프로그램이 재해를 실제로 얼마나 줄일 수 있겠는가와 관련되는 기대효과 측면이며, 다른 하나는 **제도도입의 실용성 측면**으로 대책수립에 적절한 비용이 투입되었는가이다.

향후 산업재해 예방대책은 통제위주의 프로그램보다 더욱 적극적이고 전사적 재해예방 노력이 함께 이루어지는 방향으로 나아갈 때 효과적인 재해예방이 이루어질 수 있을 것이다. 이하에서는 효과적인 산업재해 예방을 위한 구체적인 내용에 대해 살펴보도록 하겠다.

(4) 안전사고 예방을 위한 사업장 내 안전보건 확보 방안

1) 사고의 원인

일반적으로 작업장에서의 사고 원인은 ① **우연**, ② **안전하지 못한 환경조건**, ③ **종업원의 안전하지 못한 행동**이 있다. 우연요인은 관리자의 통제를 벗어나는 것으로서 관리적 측면에는 안전하지 못한 환경조건과 종업원 행동에 초점을 두어 관리하게 된다.

안전하지 못한 환경 조건	종업원의 안전하지 못한 행동
• 부적절한 장비 관리 • 장비 결함 • 안전하지 못한 보관 – 혼잡, 과적 • 부적절한 조명 – 섬광, 불충분한 조명 • 부적절한 환기 – 불충분한 공기변화, 탁한 공기 → 위험영역(Danger zone) 관리	• 개인적 소질 • 부주의나 불안전한 행동

2) 사고방지의 방법

① 안전하지 못한 환경조건 감소

❶ 작업위험분석

작업위험분석(job hazard analysis)은 **사고가 발생하기 이전에 일을 하는 데 있어서 위험을 확인하고 제거하는 체계적 방식이다. 현재 또는 미래에 작업대상물에 잠재되어 있는 모든 물리적, 화학적 위험 및 인간의 불안전한 행위요인을 발견하기 위한 작업절차에 관한 연구**로 앞서 설명한 위험성 평가를 통해 작업위험분석이 가능하다.

❷ 운영안정성 평가

운영안정성 평가(operational safety reviews)는 **규제기관이 관할권 안에 있는 조직이 안전과 관련된 법, 수칙, 규정 등을 잘 지키고 있는가를 평가**하는 것이다. 우리나라에서는 원전의 안정성을 한국원자력안전기술원(Korea Institute of Nuclear Safety : KINS)이 평가하고 있다.

❸ 개인용 보호구

사고를 예방하고 줄이기 위해서는 종업원들이 개인용 보호구(Personal protective equipment)를 반드시 착용하도록 해야 한다. **보호구는 산업재해 방지를 위하여 근로자 개개인이 착용하고 작업하는 것으로서, 이는 위험과 유해에 따라 일어나는 재해를 예방할 수 있고, 그리고 영향이나 부상의 정도를 경감하기 위한 용구**이다. 따라서 유해·위험이 많은 현장에서 작업을 할 때에는 반드시 보호구를 착용하여야 한다.

② 안전하지 못한 행동의 감소

❶ 교육훈련

안전에 대한 훈련을 통해 **안전하지 못한 행동을 줄인다.** 이는 신입사원의 경우 특히 필요

PART
07

하다. 관리자는 종업원들에게 안전한 실무와 절차를 교육하고 잠재적인 위험에 대해 경고하고 또 안전을 의식하는 태도를 개발하는데 힘써야 한다.

❷ 모티베이션 : 포스터, 인센티브, 긍정적 강화

기업들은 근로자들이 보다 안전하게 일하도록 동기를 부여하는 여러 도구를 활용할 수 있다. ① **안전 포스터**, ② 안전프로그램 참여 시 점수를 부여하여 누적된 점수 기준으로 보상을 주는 **인센티브 프로그램**, ③ 작업자에게 안전과 관련된 긍정적 피드백을 지속적으로 제공하는 **긍정적 강화 프로그램**(Positive reinforcement program) 등이 있다.

❸ 행위기반 안전

행위기반 안전(behavior based safety)은 **사고를 유발하는 작업자의 행위를 찾아내서 이를 회피하도록 훈련**시키는 것이다. 예를 들어 회사 내 안전과 관련된 핵심 행위를 찾아내어 이들 행위를 적절하게 수행할 수 있게끔 훈련프로그램을 구성하는 것이다.

❹ 종업원 참여

사업장 내 안전문제에 관해서 가장 잘 아는 사람은 종업원이기 때문에 종업원 참여를 통해 효과적인 산업안전 관리를 수행할 수 있다.

(5) 안전 정도의 측정

1) 산업재해 지표

일반적으로 재해발생의 상황을 나타내는 데에 사용되는 지표는 다음과 같은 것들이 있다.

- 재해율 = (재해자수 ÷ 근로자수) × 100
- 도수율 = (재해건수 ÷ 총 근로시간수) × 1,000,000
- 강도율 = (총 근로손실일수 ÷ 총 근로시간수) × 1,000
- 천인율 = (재해자수 ÷ 근로자수) × 1,000
- 보상액률 = 재해 건수 ÷ 지급임금총액

2) 산업재해의 손실 측정

산업재해로 인한 손실측정의 경우 **직접손실비용**에는 산업재해보상보험에 의한 비용과 재해발생 시 지출되는 회사비용이 포함되고, **간접손실비용**에는 인건비, 물적손실, 기타손실과 생산손실이 포함된다.

3) 사업장 내 위험도 측정 : 위험도 계산(Risk Estimation)

① **위험도 계산** = 재해의 가능성(빈도, Frequency) × 재해의 중대성(강도, Strength)

재해의 가능성	재해의 중대성
• 폭로빈도와 시간 • 위험이 재해로 발전될 확률	• 부상의 정도 • 건강장애의 정도

② 위험도 평가 Matrix

위험도 계산에서의 **재해가능성(F)과 재해중대성(S)을 Matrix로 구성하여 F와 S의 크기를 조합하여 위험도의 크기를 평가**하는 것이다.

가능성＼중대성	대(사망)	중(휴업사고)	소(경상)
상(높음)	III	III	I
중(보통)	III	II	I
하(낮음)	II	I	I

※ 표 중의 Ⅰ, Ⅱ, Ⅲ은 위험성을 나타내고 수치가 클수록 위험성이 높아짐

위험성 평가(risk assessment)

1. 의의

「산업안전보건법」 제36조에 따르면 사업주는 건설물, 기계 · 기구, 설비, 원재료, 가스, 증기, 분진 등에 의하거나 작업행동, 그 밖에 업무에 기인하는 유해 · 위험요인을 찾아내어 위험성을 결정하고, 그 결과에 따라 이 법과 이 법에 따른 명령에 의한 조치를 하여야 하며, 근로자의 위험 또는 건강장해를 방지하기 위하여 필요한 경우에는 추가적인 조치를 취해야 한다.

위험성평가란 사업장 스스로 노 · 사 협력에 의한 안전보건을 확보하고 위험요인을 파악하여 제거 또는 관리로 피해를 최소화하는 것이다.

2. 등장배경 : 수량적 유연화(Numerical flexibility)에 따른 위험의 외주화

인사관리의 유연성 모델(high flex model)이란 인적자원의 관리가 **고정적인 원칙과 제도를 갖추고 정해진 방식대로 해나가는 것이 아니라 상황과 필요에 따라 변화해가는 것은 물론**이고 조직이 탄력적으로 바뀌면 인적자원관리 시스템도 조직 변화에 맞게 변화시켜나가는 것이 바람직하다는 것이다. 위험의 외주화는 수량적 유연화 중에서도 '고용형태의 유연화'에 속하는 것으로 고용형태의 유연화는 **비정규직과 관련**된다.

비정규직이란 풀타임 상시고용에 대한 상대적 개념으로 임시직, 단시간, 파견 근로 등 다양한 고용형태를 포괄하는 개념이다. 즉, **고용형태를 다양화하여 인력활용을 유연하게 하는 것**이다. 이러한 **고용형태의 유연화를 통하여 기업은 위험을 외주화하는 문제가 발생**했다.

(6) 안전관리에 관한 이론

1) 하인리히의 법칙

Heinrich가 1931년 펴낸 「산업재해 예방 : 과학적 접근」이라는 책에서 소개된 법칙으로 보험회사에서 근무하며 사고 통계를 바탕으로 사례를 분석하여 '1 : 29 : 300의 법칙'을 발견하였는데 산업재해로 인한 인명사고에서 중상자가 1명 발생한다면 같은 사고원인에 의해 29명의 경상자와 300명의 잠재적 부상자가 나온다는 것이다. 즉, 큰 사고는 갑작스럽거나 우연히 발생하는 것이 아니라 발생 이전에 수많은 사고 위험과 경미한 사고가 반복되며 발생한다는 법칙이다.

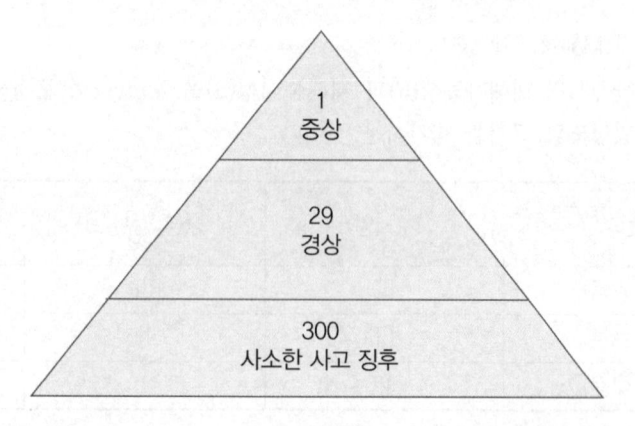

한편 해당 이론에 따르면 사업장에서 유해 위험요인을 미리 파악하여 관리하는 것이 중요한 바, **유해 위험요인이란 '아차사고'를 포함하여 사고를 일으키는 '불안전한 상태와 행동'을** 의미한다. 따라서 유해 **위험요인을 사전에 발견하여 제거하고 감소하는 대책이 필요**하다. 결국 위험성 평가를 유해 위험요인에 대한 위험도 평가의 계획적 실행을 의미한다.

2) 하인리히의 도미노 이론(domino theory)

하인리히는 사고 발생의 연속성에 관한 도미노 이론을 제시하였는데 사고의 원인이 어떻게 연쇄적 반응을 일으키는가를 도미노를 통해서 설명하였다. 하나의 사고가 발생하기까지에는 그 이전에 여러 가지 요인이 존재하였고 각 요인이 차례로 영향을 미쳐 결국 사고를 일으키게 된다는 주장으로 사고 요인을 다섯 가지로 분류하였다.

사고의 요인은 '유전적 내력이나 사회적 환경', '인간의 결함', '불안전 행동 및 기계적 위험상태', '사고', '상해 혹은 재산손실'로 각 사고 요인을 도미노 조각처럼 세워놓고 앞의 조각이 쓰러지면 뒤쪽의 다른 조각이 연속적으로 쓰러져 결국 사고로 이어져 상해나 손실이 발생한다는 이론이다. 여기서 안전관리를 위해 가장 손쉽고 효과적으로 제거할 수 있는 단계는 바로 〈불안전한 행위 및 조건〉이다.

3) 깨진 유리창 이론(broken window theory)

제임스 윌슨(Wilson)과 켈링(Kelling)이 1982년 주장한 범죄심리학 이론으로 **작은 무질서 상태가 더 크고 심각한 범죄를 일으킬 수 있다고 주장**하였다. 논문에서는 차량 두 대를 범죄 발생이 높은 장소와 낮은 장소에 각각 번호판을 뗀 채로 두었더니 범죄 발생이 높은 장소의 차량에서 절도가 발생했고, 이후 차량의 유리를 임의로 파손시킨 채 두자 나중에 차량이 완전히 부서졌다는 내용의 실험을 한 것이다.

해당 이론을 사고 발생 측면에서 검토하면 우선 안전한 환경을 조성하는 것이 궁극적으로 잠재적 사고 발생 위험을 예방하는 데 효과적이다. 또한 작은 사고 하나도 근본적으로 차단하지 못하면 더 큰 사고를 유발하는 원인으로 작용할 수 있다. 깨진 유리창 이론의 사고 발생 과정은 **'결함발생 → 결함 방치 → 결함으로 위험 집중 → 대형사고 또는 피해 발생'순으로 이어진다.**

4) 스위스 치즈 모델

제임스 리즌(James Reason)은 사고 발생을 '스위스 치즈 모델' 이론으로 설명했는데 스위스 치즈가 숙성되는 과정에서 박테리아가 배출하는 기포에 의해 생기는 구멍을 사고 발생의 흐름에 빗대어 설명하였다. **치즈덩어리를 조각냈을 때 각 덩어리를 사고가 발생할 수 있는 잠재적 결함으로 보고, 치즈 구멍을 사고의 위험이 지나가는 통로라 했을 때 사고가 발생하기 위해서는 각각의 결함들이 동시에 나타날 때 사고가 발생한다고 주장하였다.**

이론에 의하면 **결함의 요인은 '외부요인', '사고를 낸 당사자나 주변 사람들의 불안전한 행위', '불안전한 행위를 유발하는 조건', '감독의 불안전 또는 조직의 시스템 문제'로 구분**된다. 이 4가지 요인이 동시에 유발되지 못하게 함으로써 사고를 예방할 수 있다.

해당 이론을 사고 발생 측면에서 검토하면 치즈의 한덩어리인 결함 요인에서 사고 예방이 가능하다면 나머지 결함 요인에서 사고 예방에 실패하더라도 결국에는 사고가 발생하지 않는다고 할 수 있다. 이러한 방식은 사고 예방을 위한 시스템 차원의 접근 방식으로 **조직이 갖는 결함의 모든 요인을 '인적 결함', '기계 또는 장비 결함', '업무 시스템 결함', '환경요소 결함' 등으로 분류하여 요인별 예방책을 수립한다면** 보다 효과적인 사고 예방이 가능할 것이다.

(7) 보건관리

1) 보건관리의 의의

보건관리는 근로자들을 작업장에서 유해한 화학적·물리적 기타 환경적 위험요인들과 직무상 스트레스로 야기되는 육체적·정신적 질병 및 피로로부터 보호하여 건전한 노동력을 유지·육성하는 관리활동을 말한다.

2) 직업병(occupational disease)

직업병은 근로자가 일정 직업에 종사함으로써 발생하는 질병으로, **일정작업을 장시간에 걸쳐 반복적으로 수행하면서 그 작업에 따르는 유해한 작업환경이나 작업자세로 인해 서서히 점진적으로 발생하는 질병**을 말하는데 업무상 질병 혹은 직업성 질병이라고도 한다. 특히 오랜 시간 동안 동일 근육의 반복 사용으로 인해 나타나는 질병인 근골격계 질환이 증가하고 있다.

3) 피로(fatigue)

피로란 인간의 신체 내에서 물질의 신진대사가 균형 있게 조절되지 못하였을 때, **에너지 유출이 일정 한도를 넘어서 노동이 과도하게 행해졌을 때 일어나는 생리적 현상**이다. 피로는 스트레스와 작업장의 환경조건이 원인인데 이를 더욱 심하게 하는 것이 **장시간 노동**이다. 한편 과도한 정신적 스트레스 역시 종업원의 건강을 약화시키고 각종 사고의 심지어 사망까지도 초래하게 되고 이로 인한 의료비 증대와 결근율 증대, 생산성 저하 등의 경제적 손실을 가져오게 된다.

4) 예방적 보건관리 대책

① 유해환경 노출 억제

이것은 **기술적 측면에서 유해물질을 가능한 한 공정과정에서 제거**하고 작업장의 안전작업시설은 물론 유해물질 측정 장치와 기구를 통하여 안전상황을 지속적으로 점검함으로써 **근로자들의 유해환경 노출을 억제**하는 것이다.

② **주기적 건강진단**

모든 병은 **조기발견이 치료의 지름길**이다. 따라서 조직은 근로자들로 하여금 주기적 건강진단과 검사의 기회를 부여하고 그들의 적극적 참여를 권유해야 할 것이다.

③ **보건교육과 건강프로그램**

근로자들이 **스스로 건강에 관심**을 갖고 자기관리를 할 수 있도록 **보건교육을 실시**하고 금연교실, 요가, 배드민턴, 볼링장, 기타 운동시설 확충 등 **다양한 건강프로그램을 개발**하고 활용하도록 한다.

5) 사업장 안전보건 확보를 위한 방안

① **안전·보건 목표와 경영방침을 설정**한다.
② 안전·보건 업무를 총괄 및 관리하는 **전담조직을 설치**한다.
③ **유해·위험요인 확인 개선 절차**를 마련하고 점검 및 조치한다.
④ 산업안전보건법에 따른 **전문인력을 배치**한다.
⑤ **종업원의 의견 청취 절차**를 마련한다.
⑥ 중대산업재해 발생 시 조치 **매뉴얼을 마련**하고 조치 여부에 대해 점검한다.
⑦ **안전보건교육**을 실시하고 점검한다.
⑧ **안전문화 증진**을 위해 조직구성원 모두의 공감대가 형성되도록 노력한다.

제 4 절   스트레스 관리

1 스트레스의 개념과 유형

(1) 개념

스트레스는 라틴어 "stringer"에서 어원을 찾을 수 있으며 그 의미는 '바짝 잡아끌다'이다. 스트레스는 신체 및 마음에 가해진 어떤 **외부적인 자극에 대해 신체 및 마음이 수행하는 일반적이고 비특징적인 반응**이다. 여기서 반응은 신체의 변화는 물론 심리상태의 변화(긴장상태)까지 포함된다. Selye는 스트레스를 '정신적·육체적 균형과 안정을 깨뜨리는 자극에 대해 자신이 있던 안정 상태를 유지하기 위해 변화에 저항하는 반응'이라고 정의하였다. 정리하면 **스트레스란 어떤 상황이나 사건이 주는 과다한 심리적, 신체적 요구(압력)에 대한 적응양식**이다.

(2) 스트레스의 유형 : 유스트레스와 디스트레스

스트레스는 항상 부정적 측면만 존재하는 것은 아니다. **어느 정도의 일정한 스트레스는 오히려 성과를 촉진하고 업무의 성취감을 높일 수 있는 동기를 유발**하기도 한다. 그러나 스트레스를 극복하지 못할 경우에는 심한 우울증과 열등감을 느낄 수 있다. 스트레스는 긍정적인 측면과 부정적인 측면 모두를 가지고 있다. 기쁠 때 느끼는 긍정적 스트레스를 유스트레스(eustress)라고 부르며, 스트레스가 오래 지속되어 불면 등의 신체적 증상으로 나타나는 경우를 디스트레스(distress)라고 부른다.

요컨대 유스트레스는 성과에 도움이 되는 도전적 스트레스(**예** 중간정도의 난이도)에 의한 스트레스이며, 디스트레스는 방해적 스트레스 요인(**예** 적절치 못한 리더십)에 의한 스트레스를 의미한다.

2 스트레스 원인에 관한 이론

(1) 개인환경 적합성 모형(P-E fit model)

개인환경 적합성 모형은 개인의 특성과 환경의 특성의 유사성에 초점을 맞춘 이론으로 해당 이론에 따르면 **구성원의 개인적 특성과 직무를 수행하는 환경적 특성이 일치하지 않을 경우 스트레스가 발생한다고 본다.** 개인-환경 적합성에는 개인-조직적합성(Person-Organization Fit), 개인-직무적합성(Person-job Fit), 개인-상사적합성(Person-Supervisor Fit), 개인-집단적합성(Person-Group Fit) 등이 있다.

(2) 직무요구-자원모형(Job-Demands Resources : JD-R 모형)

해당 모형에 따르면 직무요구는 육체적·정신적 소진(burnout)을 초래하지만, 직무자원은 헌신, 활기, 열중을 통하여 직무몰입과 직장생활의 질(well-being)을 높일 수 있다고 한다. 여기서 직무요구(demands)란 과도한 작업량, 어려운 일, 시간적 압박, 각종 위험과 위협요소 등 직무수행에 부담이 되는 것이다. 직무자원(resources)이란 직무자율성, 상사의 지원, 직무다양성, 긍정피드백, 성장가능성 등 직무수행과정에서 자산으로 여겨지는 것들이다(❶ 직무자율성 등과 같은 조직적 지원, ❷ 사회적 지원, ❸ 민주적 분위기 등과 같은 문화적 지원 등). 해당 모형에 따르면 **직무요구가 증대하더라도 직무자원이 충분히 보유가 되면 스트레스를 줄일 수 있다고** 설명한다.

(3) 자원보존모형(Conservation Of Resources : COR)

스트레스의 원인과 결과변수에 대해 자세하게 설명한 이론으로 **과다한 직무요구의 상황에서 직무의 효과적 수행에 필요한 직무자원을 보유하지 못할 때 스트레스가 발생**한다고 보는 이론이다.

(4) 직무요구-통제 불균형 (Job demands-Control model : JD-C 모형)

조직이 구성원에게 부과하는 직무나 역할요구(job demand)를 충족시키는 데 필요한 직무통제 권한이나 자원을 개인이 보유하고 있지 않을 때(job control) 직무스트레스가 발생한다. 즉, **직무요구가 많을 때 필요한 통제권한이 없을 경우 스트레스를 경험**하게 되는 것이다.

(5) 노력-보상 불균형 모형(Effort-Reward imbalance model)

노력보상불균형 모델에 따르면 개인이 노력한 것과 그 노력의 대가로 받는 보상이 일치하지 않을 때 스트레스가 발생한다고 보는 이론이다. 즉, 조직으로부터 주어지는 보상이 자신의 노력과 기여에 못 미친다고 느낄 때 개인은 스트레스를 받는다.

PART
07

3 스트레스의 조직적 원인

(1) 근무환경

안전한 작업환경이 조성되지 않을 때 조직 내에서 스트레스를 경험할 수 있다.

(2) 직무적 특성

직무의 특성도 스트레스의 원인이 될 수 있는데 **과도한 직무 요구**(job demand) 혹은 **개인 – 직무 적합성**(P – J fit)이 떨어지는 경우 스트레스를 경험할 수 있다.

(3) 인사시스템

인사시스템이란 **조직구성원에게 적용하는 제도와 실행**을 의미한다. 예를 들어 객관적인 평가시스템이 부재하여 능력과 업적이 아닌 상사에게 아첨하는 사람이 승진하는 경우 **인사시스템의 공정성이 결여**되어 스트레스를 유발할 수 있다.

(4) 직장과 가정 간의 갈등(work – family conflict)

일 – 가정 갈등은 직장과 가정 사이에서 양립할 수 없는 역할 간 갈등이 유발하는 심리적 갈등의 한 형태이다.

4 스트레스의 인과모형

스트레스 원천		스트레스	결과	
개인 차원	역할과다 역할갈등 역할모호성 책임감	심리적, 신체적으로 과중 상태 지각	행동적 결과	만족감, 성과 이직, 재해, 약물남용 등
집단 차원	응집력 결여 집단내 갈등 지위, 신분 문제		인지적 결과	의사결정의 질 저하, 집중력 쇠퇴, 망각 현상
조직 차원	분위기 기술 경영스타일 조직설계	개인차 유전, 나이, 성별, 교육정도, 신체조건, A형 등의 성격, 사회적 지원	신체적 결과	혈압 상승, 콜레스테롤 증가, 심장병(Coronary Heart Disease)
조직 외적 차원	가정문제 경제문제 이동성 결여 생활의 질 문제			

(1) 개인수준 요인(individual level factor)

1) 직무 요구(job demand)

직무요구란 **직무에서 필요로 하는 지적·신체적 능력이나 업무부하량**을 의미한다.

2) **직무통제(job control)**

의사결정의 자율성 정도와 직무담당자가 자신의 직무활동에 대한 통제가능성의 정도 그리고 직무를 수행할 때 제공받는 지원 등을 의미한다.

3) **역할갈등(role conflict)**

역할갈등이란 역할에 대한 기대가 상충하거나 불일치하는 것을 말한다.

4) **역할모호성(role ambiguity)**

역할모호성이란 역할기대와 직무에 대한 이해가 불분명한 상태를 의미한다.

(2) 집단 수준 요인(group level factor)

1) **조직 내 개인 간 갈등(interpersonal conflict)**

개인 간 갈등이 심할 경우 스트레스가 유발될 수 있다.

2) **집단응집력(group cohesiveness) 결핍**

집단응집력이란 집단구성원이 소속한 집단에 대해 가지는 심리적 연대감 내지 매력의 정도를 의미한다. 응집력이 결핍될 경우 **소속감이 결여**되어 스트레스를 느낄 수 있다.

3) **사회적 지지(social support) 부족**

어떤 사람을 둘러싼 중요한 타인(가족·동료·전문가 등)으로부터 얻어지는 여러가지 형태의 원조를 의미한다. 즉, 개인이 **대인관계에서 얻을 수 있는 긍정적 자원**이다. 이러한 사회적 지지가 없으면 스트레스가 유발될 수 있다.

4) **적절하지 못한 리더십(leadership)**

부하의 능력이나 성격에 맞지 않는 리더십을 행사할 경우 스트레스를 유발할 수 있다.

(3) 조직 수준 요인(organizational level factor)

1) **조직구조(organizational structure)**

조직구조란 조직 내 의사결정 권한을 어떻게 배분하고 있는지 그리고 직무수행절차를 얼마나 공식화하는지에 관한 것이다. **의사결정권한이 상위직급에 집중된 집권화의 조직구조를 띨 경우 자율성 결핍으로 인해 스트레스를 유발**할 수 있다.

2) **인사시스템**

인사시스템이란 조직구성원에게 적용하는 제도와 실행을 의미한다. **상사평가를 통해 승진이 이뤄질 경우 능력과 업적이 아닌 아첨하는 사람이 승진됨으로써 스트레스가 유발**될 수 있다.

3) **감정노동(emotional labor)**

감정노동이란 자신의 감정을 숨기고 상대방에게 좋은 혹은 친절한 모습을 보여야 하는 것을 의미한다. **감정노동의 강도가 심할수록 많은 스트레스를 유발한다.**

4) 조직정치(organizational politics)

조직정치란 개인이 조직에서 목표달성을 위해 비공식적이고 비합법적인 방법을 동원하여 권력 내지 영향력을 획득하기 위한 행동이다. **조직정치가 많을수록 승진이나 연봉 등 보상의 결정이 공정하지 못하다고 지각하여 이것이 스트레스로 나타난다.**

5) 조직변화(organizational change)

대개는 조직변화가 자신에게 불리하게 작용할 것으로 지각하기 때문에 스트레스를 유발할 수 있다.

(4) 조직 외부 요인(external organizational factor)

1) 직장-가정 갈등(work-family conflict)

① 시간 근거 갈등 : 특정 역할 수행에 시간을 할애하는 동안 동시에 다른 역할을 수행할 수 없어서 발생하는 시간부족으로 인한 갈등

② 긴장 근거 갈등 : 개인이 직장에서 경험한 긴장과 피로가 가정에서의 역할수행에 방해가 되고 반대로 가정에서의 과도한 역할기대가 직무수행에 긴장과 스트레스를 가져다 줌

2) 조직외부환경

① 경제적 환경의 변화 : 경제 악화로 인한 실업률의 증가

② 기술환경의 변화 : 기술이 발전되어 직무자격을 더 이상 직무수행에 적용할 수 없을 때

(5) 직무스트레스와 개인차(조절변수로서의 개인차)

1) 성격유형

자기효능감이 높은 사람은 스트레스를 덜 받는 경향이 있다.

2) 모호성에 대한 관용

모호성에 대한 관용이 높을수록 스트레스를 덜 받는 경향이 있다. 이는 근무기간, 즉 업무경험과도 관련이 있다. 업무경험이 높을수록 모호성이 줄어들고 오랜 근무경험을 통해 조직과 직무에 대한 적응방법을 쉽게 터득할 수 있기 때문이다. **숙련도가 낮은 신입사원은 극도의 긴장을 하지만 숙련이 되면 스트레스 양은 감소한다.**

3) A형 성격

A형은 **직무를 달성하기 위해 바쁘게 움직이는 사람**으로 Kaplan 등은 A형의 사람들은 스트레스에 잘 적응할 수 없고, **심신이 허용할 수 있는 한계를 초월하여 무리를** 하기도 하여, 그 결과 **심근경색과 같은 큰 질병**이 나타나기도 한다고 주장했다.

5 스트레스의 결과

(1) Selye의 일반적 적응 증후군(전신대처 증후군, General Adaptation Syndrome : GAS)

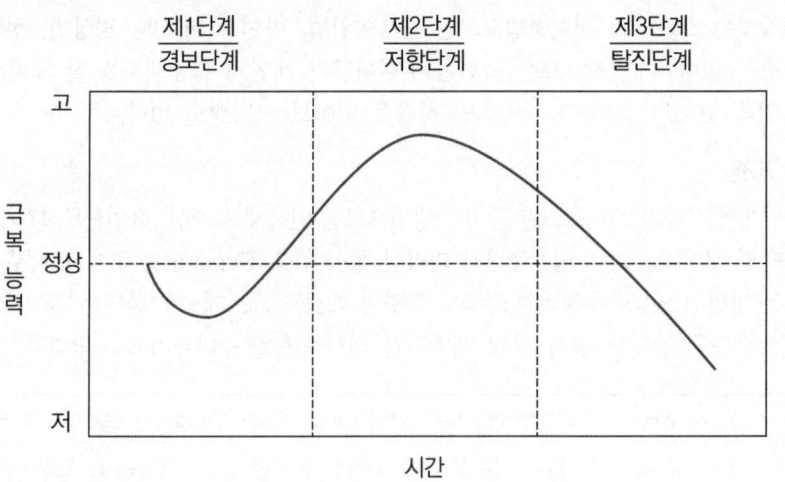

1) 경고단계(alarm stage)

처음 스트레스의 원인이 신체에 전달되면 뇌에서 신체의 모든 부분에 경보를 울리게 된다.

2) 저항단계(resistance stage)

저항단계는 **신체가 스트레스의 원천과 싸우는 단계**인데 피로와 긴장감을 느끼게 되는 단계다.

3) 탈진(고갈)단계(exhaustion stage)

신체가 저항과정에서 **모든 에너지를 써버려 기진맥진하게 되는 탈진단계**이다. 소진(burnout)이 되는 단계로 소진이란 **비현실적인 직무관련 목표를 달성하려고 지나치게 기를 써서 생기는 육체적, 정신적 탈진현상을 의미**한다. 소진은 부정적 정서뿐만 아니라 수면장애 등 질병을 유발할 수 있다.

(2) 스트레스의 부정적 결과

스트레스는 개인뿐만 아니라 조직에게도 심각한 결과를 낳는다. **개인적으로는 각종 질병이나 정신질환을 유발한다. 조직에는 성과가 하락하고 이직율이나 근태율이 증가**한다. 조직에서 종업원의 직무 스트레스에 대한 적극적 관리가 필요하다.

특히 스트레스는 직장인 우울증을 유발할 수 있기 때문에 주의가 필요하다. 우울증으로 인해 직원의 인지능력을 떨어뜨려 업무지장을 초래하여 업무에 대한 집중도가 떨어지거나 결근, 조퇴 등으로 인한 경제적 손실이 발생할 수 있다.

6 스트레스의 관리방안

(1) 개인차원

흔히 권장하는 스트레스 대처방법으로는 **근육이완법, 바이오 피드백, 명상법, 정기적 운동, 인지 재구성** 등이 있다. 개인적으로는 숙면을 취한다든가 개인의 활동계획을 잘 계획하거나 조정하는 방법도 있을 수 있고 심하면 개인적인 상담을 받아보는 방법도 있다.

(2) 조직의 지원

조직 차원에서 직원의 스트레스를 줄이는 방법으로는 **인사제도 개선, 유연근무시간제도 도입, 공정한 평가제도 및 보상제도의 도입, 양질의 리더십 행사, Job Demand를 줄이고 직무자원(resources) 을 늘리는 방안**이 있다. 후원적인 감독과 공평한 대접도 스트레스를 줄이는 관리관행이며 직무상에 서의 개인갈등을 줄이고 상하 간에 개방적인 의사소통을 증대하려고 노력하는 것도 필요하다.

근로자 지원 프로그램(Employee Assistance Professional Association; EAPA)

EAPA란 생산성 문제가 제기되는 **직무상 혹은 조직상 문제**를 돕고, 건강문제, 부부·가족문제, 법적· 재정적 문제, 알코올 및 약물 문제, 정서문제, 스트레스 등 **업무성과 전반에 영향을 미칠 수 있는 근로자 문제를 해결**하기 위해 개발된 프로그램이다. 상사 혹은 구성원이 다양한 문제에 대해 보다 전문적으로 대처하기 위해 사용할 수 있는 의뢰서비스이다.

종업원 지원 프로그램 효과성을 위한 주요 과제는 **종업원 건강을 촉진시키기 위한 정보수집**과 다른 한편으로 **종업원 사생활 권리의 균형점**을 찾는 것이다. 많은 근로자는 자신의 정보가 노출되는 것은 자신의 경력관리에 손상을 끼칠 것이라고 생각한다. 따라서 고용주가 이들을 지원하기 위해 해야 할 우선과제는 **자신의 정보를 노출한 사람의 비밀을 지켜주는 것**이며, **상담과 건강회복을 위해 이들을 지원**해 주는 것이다.

한편 종업원 지원 프로그램이 건강 관련 이슈로 직장에서 문제가 있는 종업원을 다루는 것이라면 건강관 련 문제를 예방하기 위한 선제적이고 진취적 제도로써 종업원 복지 프로그램도 있다.

---

02 | 노사관계 관리

1 노사관계의 개념

노사관계(labor-management, labor relations)란 원래 **기업 내에서 고용관계를 중심으로 전개되는 고용자(자본가 또는 사용자)와 피고용자(노동자)간의 제 관계**를 말한다. 자본주의 발전에 따라 노동조합을 결성하고 기업도 자본과 경영의 분리가 진전되어 사용자로서 자본가 대신 전문경영자가 출현하게 되면서 노사관계는 노동조합과 사용자(경영자) 사이의 관계를 의미하게 되었다.

즉, 노사관계란 '**직원과 사용자**' 사이의 개별적 관계와 '**노동조합과 사용자**'라는 집단적 관계를 모두 포**함하는 관계**이다. 노사관계라는 용어는 1950년대 이후부터 일반화된 것으로 육체노동자와 노동조합의 이미지를 강하게 지닌 용어이지만, 1990년대 이후부터는 고용관계(employment relations)라는 용어가 확산되는 추세이다. 고용관계는 사무직, 공공부문, 무노조부문을 모두 포괄하는 의미를 지닌 용어다.

한편 **정부의 개입과 역할이 커짐에 따라** 노사관계는 사용자와 노동자 이외에 정부가 포함되는 3자관계로 파악되고 있다. Dunlop은 **노사관계(industrial relations)를 "사용자, 노동자 그리고 정부간의 상호관계의 복합체"로 정의하고 있다**(Dunlop, 1958)[37]

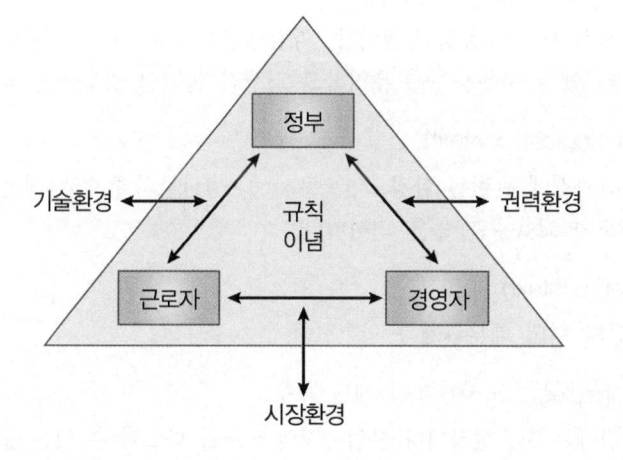

---

37) 미국과 유럽의 국가에서는 노사간의 문제를 산업화와 더불어 발생한 문제로 파악하여 산업관계(industrial relations)라는 용어를 사용하였다. 그러나 한국의 경우 산업관계보다는 노사관계라는 용어가 더 빨리 일반화되어 사용되고 있기 때문에 industrial relations를 산업관계보다는 노사관계로 번역하고 있다.

2 Dunlop 교수의 노사관계시스템(IRS, industrial relation system)

(1) 의의

Dunlop의 노사관계시스템에 따르면 **노-사-정과 그 당사자들 공동의 이데올로기 및 환경(기술, 시장, 권력)들의 상호작용 속에서 규칙의 망(web of rule)이 산출되는 하나의 전체적인 노사관계시스템**으로 바라보았다.

(2) 노사관계의 당사자

노사관계는 경영자, 근로자, 정부, 즉 노·사·정 세 주체로 구성된다.

1) 경영자

경영자는 자본의 소유로 인한 소유자뿐만 아니라 소유와 경영의 분리로 인한 **전문경영인을 포함**하는 개념이다.

2) 근로자

근로자 조직은 **공식적(formal) 조직인 노동조합, 비공식(informal) 조직에 속한 여러 부류의 근로자, 미조직된 부분까지도 포함**된다.

3) 정부

19세기 말부터 정부는 **고용관계에 대한 공공정책 담당자로 등장**하게 되었는데, 정부는 노사 양측으로부터 중립적인 중재자의 역할(예 고용관계에 적용되는 제도적인 체계를 만들어내고 각종 법안을 통과시키고 정책을 시행)은 물론 공공기관의 사용자로서의 역할을 수행한다.

(3) 노사관계의 환경요인

1) 시장환경(market context)

시장환경이 경쟁적이냐, 독점적 경쟁이냐, 과점경쟁인가에 따라 노사관계는 영향을 받는다. 독점과 과점일 경우에는 사용자측에 유리하고 경쟁적 환경인 경우에는 노동자에게 유리하다.

2) 기술환경(technological context)

기술환경은 **생산과정에 관련된 환경요인**으로서 ① 생산물의 유형과 생산물에 필요한 노동력의 규모, ② 숙련도와 교육수준 등을 의미한다.

3) 권력환경(power context)

노사관계시스템의 힘의 배분관계를 의미한다.

(4) 규칙의 망(web of rules) : 노사관계의 제도적 구조

근로자와 경영자 간에는 노동현장이나 산업사회의 질서를 다스릴 수 있는 공식·비공식 규칙이 존재하게 된다. 이러한 규칙에는 법률, 노동조합 규정, 단체협약, 그리고 경영자의 결정 등으로 나타난다.

(5) 이념(Ideology) : 노사관계의 안정성 확보

노사관계시스템을 **전체로서 통합**하기 위해서는 **노사관계 당사자들이 공통적으로 가지는 이데올로기, 즉 사상과 신조가** 있어야 한다. 이는 노사관계체제가 하나의 실체가 될 수 있도록 결속시키고 통합시키는 역할을 수행하는바, **시스템 내에서 각 당사자들이 공유하고 있는 신념**을 의미한다.

(6) KKM모형으로의 발전 : 전략적 선택의 중요성

▼ 고용관계시스템 구성

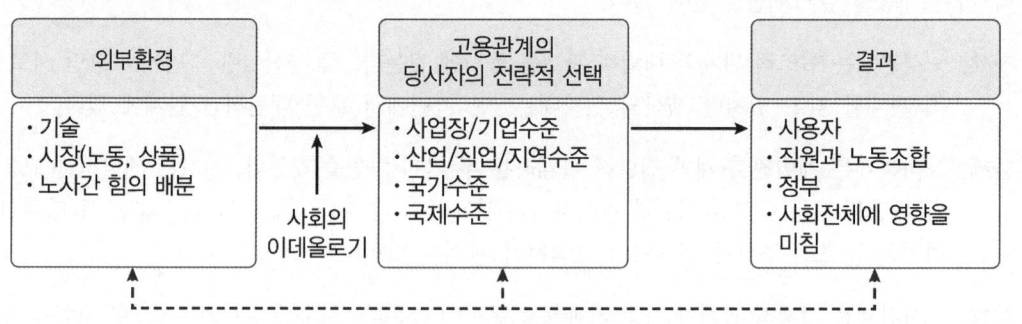

Dunlop(1958)이 1950년대 말에 고안한 노사관계시스템이론은 Kochan, Katz, Mckersie(1986) 등이 더욱 발전시켰다. **Kochan, Katz, Mckersie에 따르면 노사관계의 주체로서 노동조합 – 사용자 – 정부의 전략적 선택과 자율성이 노사관계시스템의 과정과 결과에 중대한 영향**을 미친다고 지적하였다.

1) 전략적 선택

외부환경이 고용관계 당사자의 의사결정에 중요한 영향을 미치지만 **고용관계시스템의 과정과 구조를 결정하는 것은 고용관계시스템의 당사자의 선택**이라고 할 수 있다. 즉, **사용자, 노동조합 및 피고용인, 정부가 갖고 있는 전략적 선택이 고용관계를 결정하는 가장 중요한 요인**인 것이다.

2) 분석수준의 확대

고용관계는 **사업장/기업수준, 산업/직업/지역수준, 국가수준 및 국제수준 등 모든 범위에서** 발생하는 것으로 가정하고 이론을 형성하고 있다. 그러나 Dunlop은 작업장 수준, 사업장 수준, 기업전체 수준으로 파악하였다.

3 노사관계의 목적

노사관계가 추구하는 목적은 효율성과 공정성의 균형(balance)을 이루는 것이다. 즉, 재화의 용역이 수익적·효과적으로 생산되고(효율성), 결과물이 공정하게 분배되도록(공정성) 하는 것이 노사관계의 궁극적인 목적이다.

(1) 효율성(efficiency)

효율성이란 **자원의 효율적 배분방식과 효과적인 생산방식을 개발하고 지속적으로 발전시키는 것이다.**

(2) 공정성(equity)

고용관계가 추구하는 목적으로 공정성이란 **인간의 존엄성과 자유를 발현시킬 수 있는 일련의 근로 기준을 확보하는 것**이라고 할 수 있다.

4 노사관계의 이중성(양면성)

노사 양자의 관계에서도 서로 상충되고 이율배반적인 현상이 나타난다. 이것을 노사관계의 이중성이라 하며 내용을 살펴보면 다음과 같다.

첫째, 노사관계는 협조적 관계와 대립적 관계를 동시에 갖는다. 즉 생산이란 측면에서 보면 서로 협조적 관계를 갖고 있지만 생산의 성과배분이란 측면에서 보면 대립적인 관계에 있다.

둘째, 노사관계는 개별적 관계와 집단적 관계라는 두 가지 차원을 갖는다. 전자는 개별적인 고용계약에 바탕을 두는 종업원 개인과 경영자와의 관계이고, 후자는 집단적인 고용계약, 즉 단체협약에 바탕을 둔 노동조합과 경영자의 조직적인 관계를 말한다.

셋째, 노사관계는 경제적 관계와 사회적 관계를 동시에 갖는다. 노사관계는 기본적으로 기업의 사용자와 근로자 그리고 노동조합의 경제적 목적을 달성하고자 하며 양 당사자 간의 경제적 이해관계를 나타내므로 경제적 관계이지만, 한편으로는 구성원들의 집단생활을 토대로 관계가 이루어지는 인간관계로서 사회에 미치는 영향이 크므로 사회적 관계의 성격을 갖는다고 볼 수 있다.

넷째, 노사관계는 종속관계와 대등관계의 양면성을 갖고 있다. 생산이란 측면에서 보면 근로자는 종업원으로서 경영자의 지휘·명령에 복종해야 하므로 종속관계인 반면, 노동력의 공급자로서의 근로자는 노동조합을 통하여 집단적인 근로조건의 결정과 운영에 사용자 측과 대등한 입장에서 교섭하므로 대등관계에 있다고 볼 수 있다.

5 노사관계의 발전과정

(1) 전제적 노사관계

자본주의 초기에는 소유자에 의한 경영(owner management)의 단계에 있었던 까닭에 일반적으로 전제적 성격이 매우 강하였다. 이러한 단계에서는 사용자와 노동자의 관계가 **절대명령 – 절대복종**이라는 예속적인 관계가 유지됨에 따라 **인간적인 측면은 거의 무시되었다.**

(2) 온정적 노사관계

전제적 노사관계로는 **노동자의 협조를 얻을 수 없고, 생산성이 떨어지는 단계**에 이르면 사용자도 이에 대응해서 노동자에게 주택, 의료 등 **가부장적 온정주의에 입각한 복리후생시설을 제공**하게 된다.

(3) 완화적 노사관계

산업혁명이 진전됨에 따라 근대적인 주식회사가 보편적으로 등장하는 단계에 이르게 되면 **경영과 자본의 분리현상**이 나타난다. 한편으로 노동에 있어서도 **횡단적인 직업별 노동조합**(craft union)

의 **출현**과 같은 근대적 노동시장이 형성을 보게 된다. 그러나 근로자의 종업원적인 성격은 계속해서 강하게 남아 있게 되고, 단체교섭에서도 노동자의 힘이 부족하여 자본가들의 전제적인 속성을 어느 정도 완화시키는 데 그쳤을 뿐이다. **다소의 합리주의와 또 다른 한편으로는 종래의 온정적 가족주의관계의 성격을 띤 노사관계**라고 볼 수 있다.

(4) 민주적 노사관계

노사가 대등한 사회적 지위를 인정받게 되는 단계이다.

제 2 절　노동조합(labor union)

1 노동조합의 개념과 이데올로기

(1) 노동조합의 개념

노동조합은 노동자가 집단적으로 단결하여 요구 조건을 달성하고자 자주적으로 조직한 단체를 의미한다. 노동조합의 성격을 구체적으로 정의하면 ① 근로자의 자주적인 단체이고, ② 근로조건의 유지·개선을 목적으로 하며, ③ 근로자의 지속적이고 영구적인 단체를 의미한다.

(2) 노동조합의 이데올로기

1) 경제적 노동조합주의(business unionism)

경제적 노동조합주의는 **자본주의 체제와 시장경제 체제를 인정**하고 있으며 **노동조합원의 임금 등 근로조건의 개선을 가장 직접적이며 중요한 목표**로 삼는다. 이는 **기업조합주의(business unionism)**라고도 하는데, 기업조합주의 하에서의 정부는 노동자의 노동3권을 보장하고 노사가 대등한 입장에서 근로조건에 대해 자주적으로 협상하게 할 뿐 적극적으로 개입하지 않는다. 또한 **노사자치주의(voluntarism)**라고도 하는데 자유롭고 대등한 단체교섭, 자유로운 단결 및 쟁의행위가 주요한 원칙들이다.

2) 사회주의적 노동조합주의(social unionism)

사회주의적 노동조합주의는 진보적인 성격이 강한 스웨덴, 덴마크 등 북유럽 노동조합이 신봉하고 있다. **정치체계로서 자본주의보다는 사회민주주의를 선호**하며, **정치적 수단을 통하여 자본주의 사회체제를 점진적으로 변혁**시키고자 한다. 주로 사회민주당 등 정당과 노동운동을 연계하여 활동하고 있다.

3) 혁명적 노동조합주의(revolutionary unionism)

혁명적 노동조합주의는 현재의 경제, 정치적인 상황을 바람직하지 않은 것으로 평가하고 급격한 개혁을 도모하는 노동운동이다. **이들은 자본주의 체제를 전복시키고, 공산주의나 무정부주의 등에 바탕한 새로운 사회를 건설하는 것을 목표**로 한다. 즉, 혁명적 노조주의(revolutionary unionism)에서는 **노동조합을 정부와 자본주의체제를 전복시키는 하나의 도구로 간주**한다.

2 노동조합의 역할

노동조합은 ① 노조원을 조직하고 조합원을 동원하여 주장을 관철하려는 '**조직화 역할**(organizing model)' 과 ② 조합원을 위한 서비스를 제공하는 '**서비스 역할**(servicing model)'을 수행한다. 조직화 역할을 위해서 노동조합은 **조합원들의 다양한 요구 조건을 민주적으로 수용하고, 조합원들을 지속적으로 조직·관리·동원하여 노동조합의 영향력을 유지하여야 한다.** 한편 서비스 역할을 통해 **노동조합원은 조합비를 납부하고 노조 대표자들로부터 고용안정이나 임금인상, 고충처리 등 각종 서비스의 혜택을** 받는다.

(1) 노동조합의 순기능과 역기능

1) 순기능

Freeman and Medoff(1984)에 따르면 노동조합의 순기능을 다음과 같이 정리한다.

① 전통적인 노동조합은 **집단적 의사표현의 견인차 역할**을 하게 되는데 이는 작업장과 정치적 영역을 포함한 모든 근로자들의 의사소통을 가능하게 하는 기능을 말한다.

② **의사표현기구를 통해 생산성을 증대시킨다.**

③ 노동조합은 **임금불평등을 줄이고, 낮은 수준의 임금을 높여 경제내의 형평성을 제고**한다.

④ 노동조합은 **민주적인 조직이며, 부패나 부정이 있는 조직이 아니다.**

Freeman and Medoff(1984)의 '**퇴장**(exit)/**발언**(voice)' 모형을 노동조합에 도입·적용함으로써, **집단적 의사표현모형과 관련하여 최초로 분석을 시도하였다.** 그 결과 **직장 내 불공정 대우에 대해서 근로자가 직장을 떠나기보다는 노동조합을 통한 집단적 의사표현으로 대응한다는 것을 보임으로써 노동조합이 기업 조직에 긍정적인 역할**을 수행하고 있음을 제시한 것이다.

2) 역기능

리처드 프리만과 제임스 메도프는 소통(collective voice)이라는 순기능과 **독점**(monopoly)이라는 **역기능의 양면성**을 다 가지고 있다고 주장하였다(그러나 역기능보다 순기능이 많다고 강조).

① 대표적인 역기능은 '**독점**(monopoly)'으로 **구성원의 의사를 독점적으로 반영하는 과정에서 구성원들의 의사가 왜곡**될 수 있다.

② **회사의 경영사정을 반영하지 않은 불필요한 인건비 상승으로 가격시장에서의 경쟁력을 약화** 시킬 수 있다.

③ **경영위기 시 변화와 혁신이 필요한 상황에서 저항세력으로 작용**하여 기업의 경쟁력을 약화 시킬 수 있다.

(2) 노동조합의 전통적 기능

1) 경제적 기능

경제적기능은 가장 기본적인 기능으로 사용자에 대해 직접적으로 발휘되는 노동력의 판매자로서의 **교섭기능**이다. 던롭(Dunlop)은 노동조합이 정치적 성격도 있지만 **임금수준의 인상, 근로**

조건 개선의 극대화를 추구하는 경제적 주체라고 말한다(Dunlop, 1993). **경제적 기능은 주로 조합원의 경제적 이익과 권리를 유지 · 개선하는 기능**을 말한다.

2) 공제적 기능

조합원의 노동능력이 질병, 재해, 고령, 사망, 실업 등으로 일시적 또는 영구적으로 상실되는 경우에 대비하여 조합이 기금을 설치하여 **상호 공제하는 활동**을 말한다.

3) 정치적 기능

정치적 기능은 그 상대가 사용자가 아니라 주로 국가나 사회단체로 노동관계법을 비롯한 모든 법령의 제정 및 개정, 세제, 물가정책, 사회보험제도, 기타 복지정책 등 정부의 경제 · 사회정책에 관한 노동조합의 정치적 발언과 주장은 근로자의 생활향상을 위한 불가결의 활동분야이다.

(3) 현대적 기능

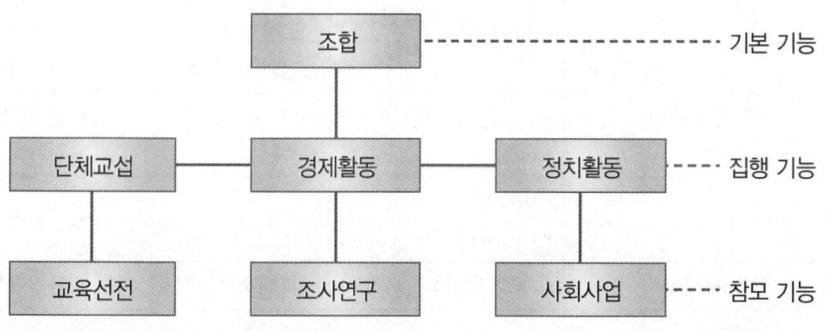

1) 기본기능(1차적 기능)

노동조합의 기본기능이란 노동조합을 조직하고, 그 조직을 유지 · 확장하는 기능이다. 조직기능은 '노동자 기능'과 '노동조합 기능'으로 나눌 수 있는데 노동자 기능이란 노동조합을 형성하기 위하여 비조합원인 노동자를 조직하는 기능이고, 노동조합 기능이란 노동조합이 조직된 후에 그 노동조합을 유지하는 기능을 의미한다.

2) 집행기능(2차적 기능)

집행기능이란 **노동조합이 결성된 후에 조합의 목적인 근로조건 유지 · 개선을 위해 활동하는 기능**으로 단체교섭기능, 경제활동기능, 정치활동기능 등으로 분류할 수 있다.

① 단체교섭기능 : 사용자와 단체교섭을 통하여 근로조건을 유지 · 개선하는 기능
② 경제활동기능 : 질병, 재해, 노령, 사망 또는 실업에 대비하여 노동조합이 먼저 공동기금을 준비하여 필요에 따라 조합원에게 지급하는 상호부조활동인 공제적 기능과 근로자가 취득한 임금을 보호하기 위해서 소비측면에서 보호를 고려한 생산 공장 밖에서의 경제적 보호인 협동적 기능(◙ 생산자협동조합, 소비자협동조합, 신용조합 또는 노동은행)이 있다.
③ 정치활동기능 : 정치적 기능은 경제적 목적을 달성하기 위한 부수적 기능으로서 특정법률의 제정 · 개정의 촉구와 반대 등의 정치적인 발언권을 행사하고자 하며, 이의 실현을 위하여 특정정당을 지지하거나 반대하는 정치활동을 전개함으로써 경제적 목적을 달성하고자 한다.

3) 참모기능(제3차적 기능)

참모기능이란 **교육, 선전, 조사연구, 사회봉사활동**으로서 이는 **조합의 기본기능과 집행기능을 더욱 효과적으로 수행할 수 있도록 보조하는 기능**이다. 참모기능에는 ① 교육활동, ② 선전활동, ③ 조사ㆍ연구활동, ④ 사회봉사활동 등이 있다.

3 노동조합의 조직형태

조합특성	직업(종)별 조합	산업별 조합	기업별 조합	일반조합
환경	• 초기공업시대 • 산업자본시대 • 숙련공의 직업 독점 시대 • 도제제도의 전성시대	• 기계생산시대 • 직종의 분화시대 • 작업분업화시대 • 반숙련공, 미숙련공의 다수 등장 시대	• 사용자 주도적인 노사관계의 조직 • 가족주의적 노사 패턴에서 갈등을 전제로한 노사패턴으로의 전환기 조직	• 미숙련공 다수 등장 시대 • 직업별 조합에서 제외되었던 산업 조직 • 직업별과 산업별의 중간산물
조직원리	• 1작업 1조합 • 횡단적	• 1산업 1조합 • 횡단적	• 1기업 1조집 • 종단적	• 전 사업 1조합 • 횡단적
조직기반	• 숙련공	• 반숙련공 • 미숙련공	• 기업	• 미숙련공
조직성격	• 완전폐쇄적	• 개방적(유니언숍)	• 폐쇄적	• 완전개방적
조직관리	• 공제활동 • 중앙집권화	• 조합민주주의	• 복지활동 • 조합민주주의	• 중앙집권적 관료주의
노동시장 통제방법	• 직업독점 • 도제제도	• 단체교섭 • 파업 • 경영참가	• 노사협의 • 단체교섭	• 입법규제 • 단체교섭 • 파업

(1) 직종별 노동조합(craft union)

1) 개념

직종별 노동조합은 가장 먼저 발달한 노동조합의 조직형태로서 특정 기업이나 산업에 고용되는 것과는 관계없이 직종 또는 직업을 같이 하는 근로자들로 조직된 노동조합을 말한다. 예 의사회, 변호사회

기계적 생산방식이 널리 보급되지 않았던 수공업단계에서 산업ㆍ기계에 관계 없이 동일한 직능을 갖는 숙련노동자들이 소속회사를 초월하여 자기들의 직업안정과 경제적 이익을 확보하기 위하여 횡적으로 조직한 배타적 노동조합이다. 직업별 노동조합은 고용관계에 있어서의 독점적 지위확보와 노동력의 공급제한을 활동지침으로 삼았기 때문에 미숙련 근로자의 가입을 철저히 제한하였다.

2) 장·단점

① 장점

❶ 동일한 직종의 근로자들로 조직되었기 때문에 **단체교섭사항과 그 내용이 명확**하다.

❷ 조합원은 모두 동일 직종에 종사하기 때문에 **상호유대감과 단결력이 강하여 어용 노조가 될 위험이 매우 낮다.**

❸ 직장단위의 조직이 아니므로 **실업자라 하더라도 조합가입이 가능하고, 조합원의 실업을 예방할 수 있다.**

② 단점

❶ 노조가 지나치게 배타적이고 독점적이어서 산업사회에 있어서의 **전체 근로자 분열을 초래할 가능성이 높다.** 근로자 전체의 경제 및 사회적 지위의 향상을 위해서는 부적당하다.

❷ 기업을 초월한 조직이기 때문에 **사용자와의 관계가 희박**하다.

(2) 산업별 조합(industrial union)

1) 개념

산업별 조합은 직종이나 계층에 관계없이 **동일 산업에 종사하는 근로자가 조직하는 노동조합을** 말한다. 즉 산업별 조합에서는 산업 또는 하나의 기업 전체의 근로자가 일시에 파업을 통하여 노동을 중지시키는 것이 교섭상 유리한 방법으로 됨에 따라 노동조합도 그와 같은 산업 또는 기업 내의 전 근로자를 단위로 조직하게 된 것이다.

우리나라에서 산업별 조합으로 전환을 추진하고 있는 이유를 살펴보면 다음과 같다.

첫째, **노조조직률 하락** 등으로 인해 현재의 기업별 노조 구도로는 더 이상 투쟁 동력을 끌어올리기가 역부족이다.

둘째, 노조 전임자 임금지급이 금지되고 복수노조가 전면 허용되면 기존의 노동조합 기반 자체가 흔들려 정부와 사용자를 대상으로 한 **교섭력이 크게 떨어질 수밖에 없다.**

셋째, **심화되고 있는 비정규직 문제와 양극화 문제**에 대해서도 기업별 체제로는 해결책을 찾기가 불가능하다.

2) 장·단점

① 장점

❶ 산업별 노동조합은 기업과 직종을 초월한 조직이기 때문에 **조합의 수적인 면에서 거대한 조직이며, 단결력을 강화시켜 커다란 압력단체로서의 지위를 확보**할 수 있다.

❷ **산업의 발전에 따른 자본의 집중화의 진행에 대응**하여 교섭력의 산업적 통일화를 유지할 수 있다.

② 단점

❶ 각 산업별 조직의 내부에서 **직종 간에 이해대립과 반목을 초래할 염려**가 있다.

❷ 방대한 조직구조를 가지고 있기 때문에 **조직이 형식적인 단계에 그치면 큰 힘을 발휘할 수 없다.**

(3) 기업별 노동조합(enterprise union[38])

1) 개념

기업별 노동조합은 **동일한 기업에 종사하는 피고용인으로 조직되는 노동조합**을 의미한다.

2) 장·단점

① 장점

❶ 조합원이 모두 당해 기업의 종업원이기 때문에 **근로조건을 통일적·종합적으로 용이하게 결정**할 수 있다.

❷ 노동조합이 평소 회사사정에 정통하므로 무리한 요구로 인한 노사분규가 발생하지 않는다.

❸ 사용자와의 관계가 밀접하기 때문에 **노사공동체의식을 통한 노사협조에 공헌**할 수 있다.

② 단점

❶ 조합원이 모두 사용자의 종속관계이기 때문에 노동조합이 **쉽게 어용화 또는 반조합화를 꾀할 수 있다.**

❷ 당해 기업 내에서 직종을 무시한 조직이므로 각 직종 간의 구체적인 요구조건을 공평하게 처리하기 어렵고, 이로 인하여 **직종 간의 반목과 대립을 초래할 염려**가 있다.

❸ 종업원만이 노동조합에 가입할 수 있으므로 **유니온 숍(union shop) 협정에 체결**되어 있을 때에는 **특정한 노조가 조직을 독점할 가능성**이 있다.

기업별 노조와 산업별 노조의 비교

1. **조합원 범위** : 기업 소속 근로자 vs 동일 산업 소속 근로자
기업별 노조의 경우 **특정 기업에 고용된 근로자 중심**으로 노동조합이 구성되지만, 산업별 노조의 경우에는 **동일 산업에 소속된 근로자로 구성**된다.

2. **단결력** : 어용화의 가능성 vs 연대의식을 통한 높은 단결력
기업별 노조의 경우 **조합원이 사용자의 종속관계로 쉽게 어용화되거나 반조합화**가 될 수 있지만 산업별 노조의 경우 **큰 규모를 통해 연대의식을 통한 결집이 가능**하여 교섭력을 강하게 확보할 수 있으며 **강한 단결력을 발휘**할 수 있다.

3. **독립성** : 독자적 행동 가능 vs 독자적 행동 불가능
기업별 노조의 경우 **개별 회사 상황에 맞추어 단체교섭이나 단체행동을 단독적으로 진행**하는 것은 물론 조합비를 단독적으로 활용하는 등 **독립성**이 있지만, 산업별 노조의 경우 산업별 노조의 하부조직이 되기 때문에 **독자적 행동이 어렵다.**

4. **지원가능성** : 지원 어려움 vs 지원 용이
기업별 노동조합의 경우 설립된 지 얼마 되지 않은 경우 **경험과 힘이 부족하여 단체행동에 어려움**을 겪을 수 있으며 독자적인 운영으로 도움을 받기 쉽지 않다. 그러나 산업별 노동조합의 경우 **상부조직의 지원**을 받을 수 있고, **산업별 단위로 힘이 있고**(전국 단일조직으로 존재), 경험이 풍부한 사람의 지원으로 **안정적인 노동조합 운영이 가능**하다.

---

38) enterprise union : 기업별 조합을 'company union'이라고 잘못 사용하는 경우가 있는데 엄격한 의미에서 'company union'이란 어용 노동조합을 지칭할 때 사용한다.

(4) 일반 노동조합(general union)

1) 개념

근로자의 숙련이나 직종의 특수성을 무시하고 어떤 하나의 산업 또는 2개 이상의 산업에 걸쳐 흩어져 있는 일정한 지역 내의 일반 근로자들을 폭넓게 규합하는 형태의 노동조합이다. 특히 초기단계에서는 직업별 노동조합에서 배제된 미숙련근로자들이 중심이 되어 자신들의 입장을 옹호할 목적으로 조직하였다.

2) 장·단점

① 장점

❶ 사각지대 근로자의 권리 확보가 가능하다. 특히 노동생활을 영위하기 위한 최저생활의 필요조건 확보가 가능하다.

❷ 조직상 약체성 때문에 입법규제를 중시하여 노동조합의 정치적 기능이 중요시된다.

② 단점

❶ 대부분 조합원이 유동적이고 미숙련근로자를 결속시켜야 하기 때문에 강력한 지도체제가 요구되는데 이 과정에서 조합민주주의가 희박해질 수 있다.

❷ 일반노동조합은 양적으로 팽창할 수 있으나 통일과 단결이 약하며, 이해관계를 달리하는 여러 집단의 결합으로 인해 종합적·공통적 의견을 도출하기 어렵다. 즉, **단체교섭기능이 미약**할 수 있다.

(5) 결합방식에 의한 노동조합의 형태 : 단일조직과 연합체조직

1) 단일조직(unitary organization)

개별 근로자가 개인가입의 형식을 취하는 노동조합으로서 지부 분회 등 하부구조를 갖는 것을 의미한다. 이때 각 지부나 분회는 하부조직일 뿐 상부단체의 구성원이 되는 것은 아니다.

2) 연합체조직(federation)

연합체조직은 각 지역별 또는 각 기업의 노동조합이 독립된 노동조합의 자격을 가지면서 전국적인 연합조직의 구성원인 노동조합을 '단위조합'이라고 하며, 지역적 또는 전국적 조직을 '연합조직'이라 한다. 따라서 연합조합의 구성원은 개개 근로자가 아니라 이 근로자를 조직하고 있는 독자적인 노동조합이다. 예 한국노동조합총연맹

4 노동조합의 강화 수단

(1) 노동조합 가입방법 : 숍제도

1) 개념 및 등장배경

숍(shop) 제도란 **노동조합의 가입과 취업을 관련시키는 것**으로서 노동조합의 규모와 통제력을 좌우할 수 있는 제도이다. **사원들이 갖고 있는 불만정도가 강하고 자신들의 권력이 사용자들보다 약하다고 느낄수록 노동조합 가입률이 높아진다. 그런데 오늘날에는 세계적으로 노동조합원 수가 감소하는 추세이다.** 그 이유는 다음과 같이 요약할 수 있다.

① 첨단정보산업화의 진전으로 화이트칼라, 골드칼라 등 **보수가 많은 고급노동자수가 많아지는 반면 전통적으로 노동조합이 강한 섬유, 철강, 금속, 탄광업종의 비율이 줄어들고 있다.**

② 개도국에서 선진국으로 갈수록 **노동자의 기본적 권리를 보장**해주고, **다양한 복리후생제도를 도입하여 노동자의 생활의 질이 향상**되었기 때문에 단체로 강하게 주장할 이슈가 줄어들었다고 볼 수 있다.

③ **일하기 열악했던 곳은** 기술발달 덕분에 노동자들을 **기계와 로봇으로 대체하기 때문에 노동조합원수의 증대가 원칙적으로 봉쇄**되었다.

④ 세계각국에서 노동자보호법이 정비되고 각종 복지제도가 만들어져서 **노동자의 삶이 어느 정도 안정**되었다.

즉, 근로자는 ① **직무, 임금, 승진, 기타 환경에 만족할 때** ② **사용자에의 저항이 영업손실을 가져와서 결국 자기에게 손실이 된다고 느낄 때** ③ **자신의 신분, 직종, 위치가 일반노동자들과 다른 특수한 상황**에 있다고 판단될 때 등의 원인으로 노동조합 가입을 꺼리게 되는 것이다.

2) 숍 제도의 목적

노동조합의 부차적인 기능 중 **조합원의 확보·유지는 매우 중요**하다. 왜냐하면 노동조합의 힘의 크기는 조합원의 단결력과 비례하기 때문이다. 따라서 조합원의 수가 적다면 그만큼 힘도 약해지기 때문에 조합원 수를 늘리는 것이다.

3) 숍 제도의 유형

기본적 숍제도	오픈숍 (open shop)	조합원이나 비조합원이나 모두 고용할 수 있으며 조합가입이 고용조건이 아닌 제도이다.
	유니온숍 (union shop)	사용자의 자유로운 채용이 허락되나, 일단 채용된 후 일정한 견습기간이 지나 정식 종업원이 되면 조합에 가입하지 않으면 안 된다.
	클로즈드숍 (closed shop)	결원보충이나 신규채용에 있어서 사용자는 조합원 중에서 고용하지 않으면 안 되는 것을 말한다. 즉, 조합가입이 고용의 전제조건이 되는 가장 강력한 제도이다.
변형적 숍제도	에이전시숍 (agency shop)	대리기관 숍제도라고도 하며, 이는 조합원이 아니더라도 모든 종업원에게 단체교섭의 당사자인 노동조합이 조합회비를 징수하는 제도이다.
	프레퍼렌셜숍 (preferential shop)	우선 숍제도라고 하며, 이는 채용에 있어서 노동조합원에게 우선순위를 주는 제도이다.
	메인터넌스숍 (maintenance of membership shop)	조합원유지 숍제도라고 하며, 이는 조합원이 되면 일정기간 동안 조합원으로서 머물러 있어야 한다는 제도이다.

① 오픈숍(open shop)

오픈숍 제도는 노동조합의 가입 여부에 관계없이 채용할 수 있으며 피고용인은 조합원이 될 의무가 없는 제도이다. 따라서 노동자는 노동조합에 자유롭게 가입과 탈퇴를 할 수 있다. 이 경우 비노조원은 노조의 단체협상의 결과로 간접적인 혜택을 입으므로 무임승차(free-riding)의 문제가 발생한다.

② 클로즈드숍(closed shop)

채용이나 충원을 할 경우 조합원 중에서만 고용하도록 하는 규정이다.

③ 유니온숍(union shop)

취업 후에 일정기간이 경과하면 본인의 의사와 관계없이 자동적으로 노조에 가입하게 되는 제도이다.

④ 에이전시숍(agency shop)

조합원이 아니더라도 모든 종업원에게 단체교섭의 당사자인 노동조합이 조합회비를 징수하는 제도이다.

⑤ 프레퍼런셜숍(preferential shop)

우선 숍제도라고도 하며, 이는 채용에 있어서 노동조합원에게 우선순위를 주는 제도이다.

⑥ 메인터넌스숍(maintenance shop)

조합원유지 숍제도라고 하며, 이는 조합원이 되면 일정기간 동안 조합원으로서 머물러 있어야 하는 제도이다.

⑦ 종업원 자격제

이는 클로즈드 숍과 정반대되는 조합가입제도로서 클로즈드 숍제도가 조합원의 자격을 갖고 있어야 종업원이 될 수 있는 숍제도라면 조합원 자격제는 특정기업에 소속된 종업원에 한하여 당해 기업의 노조원이 될 수 있는 제도이다. 이 제도는 숍 조항에 규정되어 있지는 않지만 일본과 같이 서구에 비해 노조의 조직률(노동조합원수÷전체고용노동자수)이 비교적 낮고, 기업별 조합 중심의 노사관계에서 흔히 찾아볼 수 있다.

(2) 조합비 징수방법 : 체크오프제도(check-off system)

노동조합이 조직체로서 세력과 힘(power)을 가지기 위해서 양적인 조합원수의 확보나 질적인 조합운영을 위한 재원을 어떻게 확보하느냐의 관심은 실제로 중요한 과제다. **체크오프제도(check-off system)란 조합비 징수를 위하여 회사의 급여 계산 시에 월급에서 일괄 공제하여 노동조합에게 인도하는 방법**이다.

제 3 절　단체교섭

1 단체교섭의 개념과 기능

(1) 단체교섭의 개념

단체교섭(collective bargaining)이란 노사대등의 입장에서 행하는 노동조건의 집단적 거래관계 내지 집단적 타협의 절차를 말한다. 단체교섭이란 용어는 영국의 포터(B.Potter)가 1891년 그의 저서 "cooperative movement in great britain(영국의 협동조합운동)"에서 처음 사용하였다. 그는 단체교섭에 대한 명확한 정의를 내리지는 않았지만 근로자들이 사용자에 대한 교섭력을 강화하기 위한 전략의 하나로 보았고 이때 주 목적은 경제적 거래에 있다. 즉 개별교섭보다는 노동조합이라는 조직을 통하여 단체로 사용자와 교섭을 하는 것이 더욱 유리한 경제적 거래를 할 수 있다고 생각될 때 채택되는 전략이 바로 단체교섭이라고 보았다.

요컨대 **단체교섭이란 피고용인들이 노동조합의 교섭력을 바탕으로 임금 및 근로조건의 유지 · 개선과 복지증진 및 경제적 · 사회적 지위향상을 위해 사용자와 교섭하는 것**을 의미한다.

(2) 단체교섭의 기능

첫째, 단체교섭은 노사 간 교섭력(bargaining power)을 중심으로 진행되지만 이 경우 **교섭력은 정당성의 한계를 벗어나지 않는 것이어야 한다.**

둘째, 단체교섭은 힘의 논리가 지배하는 것은 사실이나 어디까지나 **협정을 이루려는 목적에서 행해져야 된다.**

셋째, 단체교섭은 노사 간에 이루어지는 대화통로라는 점에서 노사협의와 같으나 그 성격은 다르다. **단체교섭은 노사 간 이해가 상반되는 임금과 근로조건, 기타 근로자의 대우에 관한 협상과정이라고 한다면, 노사협의는 생산성 향상, 복지증진, 고충처리 등 노사공동의 이해사항에 관한 협의과정이라는 점에서 개념상 구분된다.**

넷째, 단체교섭은 노사 당사자 간의 문제이므로 교섭형태가 어떻든 간에 **최종적으로 책임과 의무를 다하는 노력이 선행되어야 한다.**

2 단체교섭의 방식

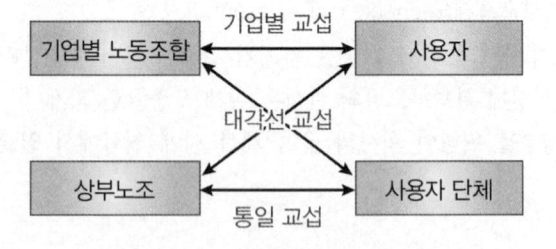

(1) 기업별 교섭(company bargaining)

기업별 교섭이란 특정기업 또는 사업장 단위로 조직된 독립된 노동조합 단체교섭의 당사자가 되어 기업주 또는 사업주와 교섭하는 방식을 말한다.

〈장점〉 우리나라의 전형적인 단체교섭 유형으로 **개별기업의 특수한 실정이 잘 반영**될 수 있다.

〈단점〉 노동조합의 **교섭력이 취약**하다.

(2) 통일교섭(multi-employer bargaining)

통일교섭이란 복수사용자교섭이라고도 하는데, 이는 **전국적 또는 지역적인 산업별 또는 직업별 노동조합과 이에 대응하는 전국적 또는 지역적인 사용자단체 간**에 이루어지는 교섭의 방식이다.

〈장점〉 노조 측의 **교섭력이 강화**될 수 있다.

〈단점〉 **협상이 결렬**될 경우 **파업이 발생**하면 관련 산업의 전체조합원이 파업에 가담케 되기 때문에 분규가 대형화됨으로써 국민경제에 끼치는 손실이 매우 클 수 있다.

(3) 대각선 교섭(diagonal bargaining)

대각선 교섭이란 **산업별 노동조합이 개별기업과 개별적으로 교섭하는 방식**을 말한다. 우리나라와 같이 기업별 조합에서도 그가 소속하는 상부단체가 기업별 조합에 대응하는 개별기업과 개별적으로 교섭하는 대각선 교섭의 방식을 취할 수도 있다.

〈장점〉 교섭 시 노사 간의 대등성을 견지하고 **요구조건을 산업별 또는 지역별로 통일**할 수 있다.

〈단점〉 단위 노동조합의 특수성을 반영하기 어렵고, 정치적 이슈가 개입될 수 있다.

(4) 공동교섭(joint bargaining)

공동교섭이란 노동조합이 기업별 노조로 구성되어 있는 경우 또는 산업별 및 직업별 노조의 경우에 있어서는 **기업단위의 지부가 당해 기업과 단체교섭을 하는 경우 상부단체인 전국노동조합이 이에 참가하는 것**을 말한다.

〈장점〉 이 방식은 우리나라에서 흔히 볼 수 있는 교섭형태로 **지부에 인력이나 재정적 지원을 할 수 있고 근로조건에 대한 전국적인 표준을 정하여 특정지부가 기업에 지나친 양보를 하지 못하게 하는 장점**이 있다(유형교섭 활용 가능).

〈단점〉 **기업의 규모가 영세한 경우 노동조합이 공동교섭에서 열세에 몰릴 가능성**이 있어 이 교섭방식을 사용하기 어렵다.

(5) 집단교섭(united bargaining)

집단교섭이란 연합교섭이라고 하는데 **수개의 노동조합지부가 공동으로 이에 대응하는 여러 기업집단과 집단적으로 교섭하는 방식**을 말한다.

〈장점〉 통일교섭이 어려운 경우 쓰일 수 있으며 집단교섭 방식은 노동조합측이나 사용자측이 집단적으로 교섭에 임하기 때문에 **교섭의 내용이 표준화되어 기업 간 또는 조합 간 격차를 줄일 수 있다.**

〈단점〉 노동조합 간 혹은 기업 간 **의견 통일이 어렵다.**

▼ 기업별·통일·대각선 교섭 방식

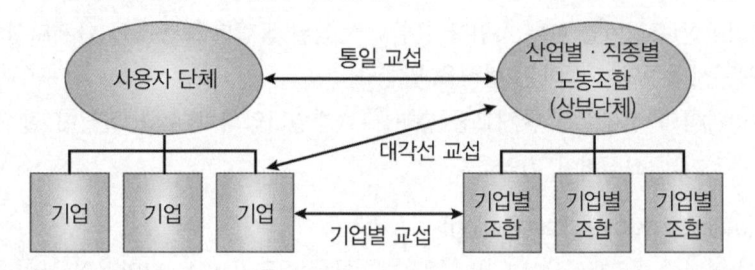

▼ 공동교섭 방식

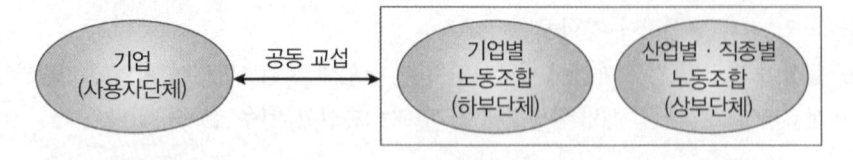

▼ 집단교섭 방식

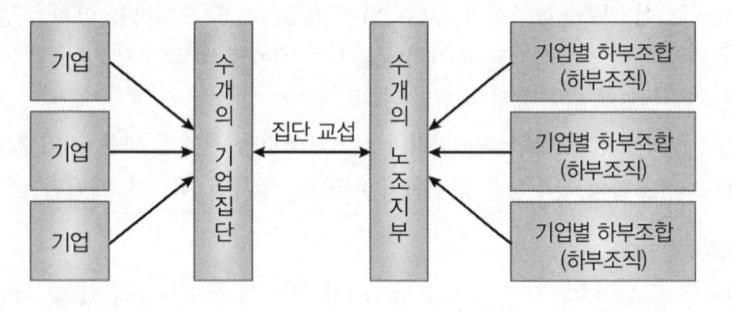

3 단체교섭의 절차와 구성요소

(1) 단체교섭의 과정

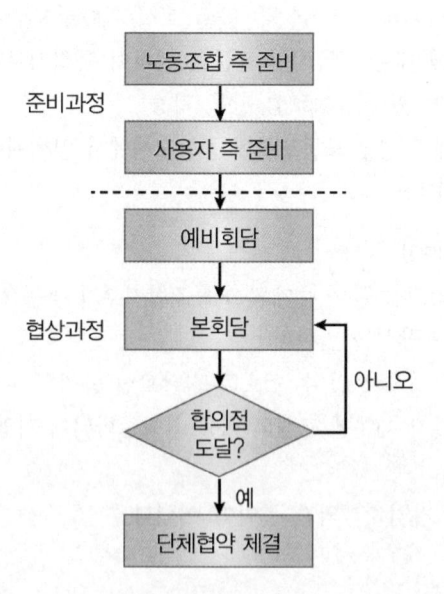

1) 교섭준비

노동조합은 **교섭 전 조합의 요구를 파악**하고 동종산업의 평균 근로조건, 산업 노조의 방침, 기업실적 등 자료를 준비해야 한다. 사용자는 **교섭 전 노동조합의 요구사항에 대한 대응을 위해 법령, 동종업체 및 경제적 상황에 대한 자료를 준비해야** 한다.

2) 예비교섭

예비교섭은 **교섭위원의 상견례로** 시작된다. 예비교섭은 **교섭을 하기 위한 교섭**으로서 **본교섭을 하기 위한 준비교섭**(pre-meeting)이다. 예비회담에서는 상호 교섭하고자 하는 항목을 교환하여 두는 것이 본 협상을 위한 전략수립에 도움을 준다. **협상의 시기와 장소, 교섭위원회 수 및 자격요건, 단체협약 체결방법 등에 대하여 결정**한다.

3) 본교섭

① 제1차회담

1차 회담에서는 쌍방 대표단의 소개, 그리고 제안된 항목에 관한 배경설명과 이해증진을 위한 질의교환을 통해 **협상분위기를 조성**한다.

② 실무교섭

첫 번째 교섭을 통해 분위기가 조성되면 실무교섭을 전개하여 각 항목에 대한 **세부적인 의견교환**을 한다.

③ 본교섭

반복적인 교섭을 통해 최종합의에 도달하도록 논의한다. 협상 과정 사이에 노사 쌍방은 사용하는 어휘나 자세 등에 세심한 주의를 기울여 상대방의 감정을 자극하거나 오해를 사지 않도록 할 것이며, 유연성과 인내심을 가지고 상대방의 의견을 청취하는 자세가 매우 중요하다.

4) 마무리교섭 및 타결

노사 쌍방의 노력에 의하여 **최종합의에 도달**하면 양측은 서로 악수를 나누고 **협약서를 작성하여 서명·날인**한다. 단체교섭이라는 갈등이 해소되었음을 선언하고 노사 쌍방은 조인식을 통해 노사 대표자들이 앞으로 평화적인 노사 분위기 속에서 협력한다는 것을 결의하는 것이다.

5) 교섭의 평가

교섭위원 전원이 평가회에 참석하여 **교섭준비, 교섭방향, 교섭전략 등이 적절했는지 의견을 교환해야** 한다. 해당 단계에서는 교섭과정에서의 문제점을 정리하여 향후 협상의 자료로 이용할 수 있다.

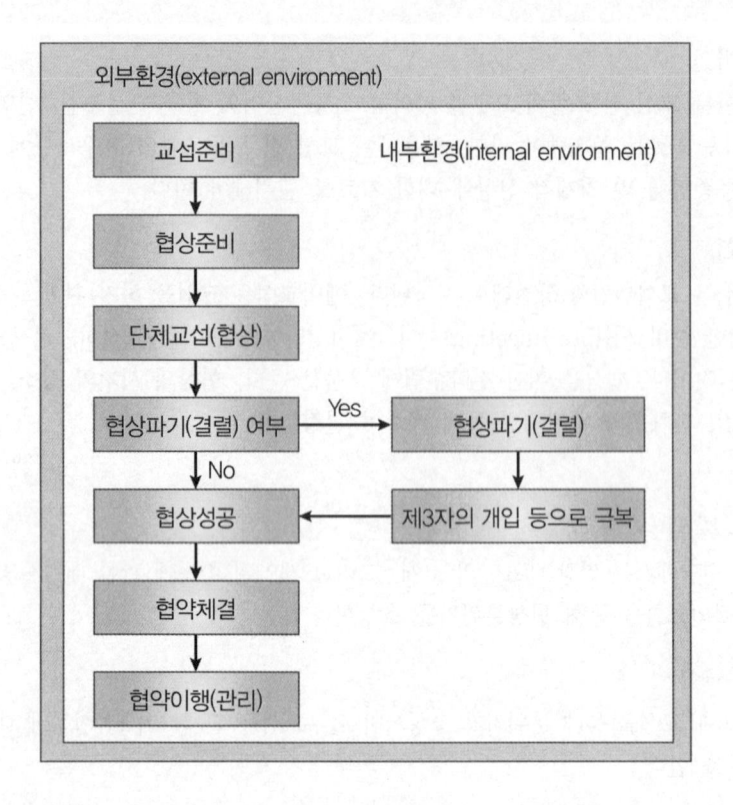

(2) 단체교섭의 구성요소

Walton과 McKersie에 의하면 단체교섭은 내부조직적 교섭, 태도적 구성, 분배적 교섭, 통합적 교섭을 주장하였다.

1) 내부조직적 교섭(intra-organizational bargaining)

내부조직적 교섭은 **노사가 각 조직내부에서 타협하는 과정**이다. 노조 내부의 이해관계로 야기될 수 있는 갈등을 사전에 조율하는 과정이다.

2) 분배적 교섭(distributive bargaining)

분배적 교섭은 **파이(pie)가 한정되어 있다고 가정하고 각자의 이익을 극대화하기 위한 교섭**을 의미한다. 따라서 일방이 보다 더 많이 받을수록 상대방은 보다 더 적게 받게 되는 'zero-sum bargaining'을 의미한다.

3) 통합적 교섭(integrative bargaining)

통합적 교섭은 **쌍방의 노력에 의해 파이(pie)를 증대시킬 수 있다고 가정하여 쌍방 모두의 이익을 위한 교섭**을 의미한다. **상호이익협상**(mutual gain 또는 win-win bargaining)이라고도 한다. 즉, 분배적 교섭이 한정된 파이의 몫을 나누기 위한 다툼이었다면, 통합적 교섭은 파이의 크기를 증대시키기 위한 쌍방간의 노력이라고 할 수 있다.

4) 태도적 구성(attitudinal bargaining)

태도적 구성이란 노사 간의 전반적인 관계를 개선하기 위한 **정서적인 교섭**이라고 할 수 있다. 태도적 구성은 쌍방 간의 관계를 근간으로 하여 사회적 계약 형태를 취하게 된다.

교섭에 대한 상반된 두 시각

협상(교섭)에 대한 일반적 접근법으로 분배적 교섭과 통합적 교섭이 있는바, 구체적인 내용은 아래와 같다.

1. 분배적 교섭(distributive bargaining)

분배적 교섭의 가장 큰 특징은 제로섬 상황에서 일어난다는 것으로 내가 이득을 보면 상대방은 손해를 본다는 것이다. 분배적 교섭은 승자-패자의 상황에서 고정된 양의 자원을 나누어 가지려고 하는 협상을 의미한다. 즉, 고정된 파이(fixed pie)를 두고 누가 더 많이 차지하느냐에 대해 협상하는 것이다. 배분적 교섭은 권한 내지 경제적 이윤의 배분을 둘러싼 협상으로 노사간 대립을 전제로 한다.

2. 통합적 교섭(integrative bargaining)

통합적 교섭은 win-win 해결책을 창출하는 타결점이 있다는 것을 전제로 한다. 따라서 노사문제해결에 있어서 노사 간 협력을 전제로 하고 있다.

교섭의 특성	분배적 교섭	통합적 교섭
목표	가능한 한 많은 파이를 갖는다.	양쪽 당사자 모두 만족할 만큼의 파이를 확대한다.
동기	내가 이기고 상대는 진다.	나도 이기고 상대도 이긴다.
초점	입장(position) 예 "이 사안에 대해 이러한 입장 이상을 취할 수는 없다."	이해관계(interest) 예 "이 사안이 왜 그렇게 당신에게 중요한지 설명해줄 수 있는가?"
관심사	서로 반대됨	조화됨
정보 공유	낮음 (정보 공유는 상대 당사자의 이익만 만족함)	높음 (정보 공유가 각 당사자의 관심사를 만족함)
관계의 지속기간	단기간	장기간

3. 두 가지 협상전략의 통합

(1) 분배적 교섭
- **관심사가 명료화되었다면 목표를 설정**한다.
- 통합적 협상으로 키운 파이를 점진적으로 작아질 수 있도록 **양보**를 이끌어낸다.

(2) 통합적 교섭
- **나와 상대방의 필요를 명확**하게 한다.
- **입장이 아니라 관심사에 집중**해야 한다. 즉, 관심사를 분명하게 한다.
- 최선이 아닌 협상에 이룰 가능성이 높은 이른 절충은 피해야 한다. 즉, **반드시 양측의 이익이 모두 충족**되게 해야 한다.

4 단체교섭의 교섭력

(1) 교섭력의 개념

교섭력(bargaining power)이란 어느 일방이 자신의 교섭조건에 동의하도록 상대방을 이끌어내는 능력을 의미한다. 카터(Carter) 등은 교섭력(bargaining power)이란 "자기가 주장하는 조건에 상대방을 동의하게 하는 능력"이라고 정의한다.

(2) 교섭태도와 동의(부동의)코스트

A의 교섭력은 A가 주장하는 조건에 대한 B의 태도, 즉 저항하거나 혹은 수용하거나에 의해서 평가된다. A가 제시하는 조건에 대한 B의 교섭태도는 부동의 코스트와 동의코스트를 비교 계량하는데에서 정해진다.

1) 부동의 코스트(cost of disagree)

B가 A의 조건을 받아들이지 않음으로써 발생하는 코스트

2) 동의의 코스트(cost of agree)

A의 조건을 받아들임으로써 생기는 코스트

$$\text{조합의 교섭태도} = \frac{\text{사용자에 동의하지 않는 데 따른 코스트}}{\text{사용자에 동의하는 데 따른 코스트}}$$

$$\text{사용자의 교섭태도} = \frac{\text{조합에 동의하지 않는 데 따른 코스트}}{\text{조합에 동의하는 데 따른 코스트}}$$

동의하는 데 따른 코스트란 상대방에 양보하는 데 따르는 코스트를 의미하며, 동의하지 않는 데 따르는 코스트란 파업에 의하여 일어나게 되는 코스트를 말한다. 즉, 회사는 파업 중의 영업손실이 발생하게 되고 조합은 파업중의 임금공제분이 파업에 따르는 쌍방의 직접 코스트가 된다.

이렇게 파업 코스트와 동의코스트를 비교해서 동의코스트 쪽이 큰 경우 교섭태도는 강경해지며 따라서 쉽게 상대방의 조건을 받아들이지 않는다. 반대로 파업의 코스트 쪽이 크면 교섭태도는 연화되며 상대방의 조건을 쉽게 받아들인다.

즉, 파업으로 인한 노조측의 손실이 사용자측의 손실보다 작다면 노동조합측의 교섭력은 사용자측의 교섭력보다 강하기 때문에 노동조합의 파업은 커다란 영향력을 갖게 된다. 반대로 노조측의 손실이 사용자측 손실보다 크다면, 즉 사용자측의 교섭력이 강하다면 노조의 파업위협은 그만큼 파괴력이 낮아진다.

$$\text{교섭력(bargaining power)} = \frac{\text{파업 시 상대방의 손실}}{\text{파업 시 나의 손실}}$$

(3) 교섭력의 유형

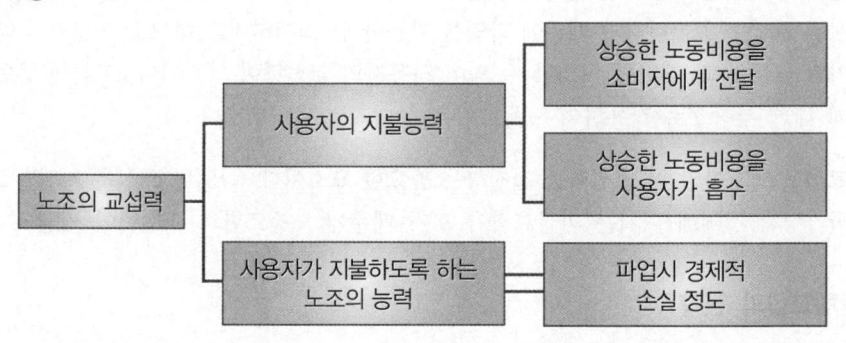

1) 사용자의 지불능력

노동조합이 요구하는 조건에 수용할 수 있는 사용자의 능력을 의미한다. 사용자는 노동조합의 요구사항을 수용하게 되면 이윤이 감소하는데, ① 소비자에게 인상된 노동비용을 전가하거나 ② 생산성 향상 등을 통해 사용자가 흡수하는 방법이 있다.

2) 노동조합의 능력

노동조합의 능력은 사용자가 노동조합의 요구를 수락하게 만드는 능력으로 주로 파업위협에서 발생하며 파업으로 인한 손실이 사용자측이 클 경우 노동조합은 강한 교섭력을 갖게 된다.

(4) 교섭력의 결정요인

1) 회사에서 생산하는 제품의 내구성이나 유형에 따라 파업에 의한 경제적 손실이 차이가 난다.

예를 들어 석탄이나 철강제품 등과 같이 내구성이 있는 제품을 생산하는 회사는 대량으로 재고를 저장한 후 파업기간 동안 재고를 판매할 수 있기 때문에 파업의 위협은 상대적으로 작다. 반대로 비행기 티켓처럼 손상되기 쉽고 시기를 놓치면 상품의 가치가 없어지는 제품을 생산하는 경우에는 파업에 따른 경제적 손실이 막대하므로 노조의 교섭력은 그만큼 강하다고 할 수 있다.

2) 노동조합과 노조원의 구성상의 특징과 성격도 교섭력에 영향을 미친다.

기업운영에 필요한 전략적 기능(strategic position)을 수행하는 핵심인력들이 노조에 가입하여 조합원이 된 경우 파업이 발생할 때 사용자는 결정적인 타격을 입기 때문에 노조의 교섭력은 증대한다.

3) 노동집약도에 따라 교섭력의 차이가 날 수 있다.

노동집약적인 산업에서는 생산과정이 노동력이 매우 중요하고 노조의 파업이 기업운영에 치명적인 영향을 미치므로 사용자의 교섭력은 상대적으로 약하다. 반대로 자본집약적인 산업에서는 노조의 파업에도 불구하고 조업이 가능한 경우가 많으므로 노조의 교섭력이 상대적으로 약하다.

4) 경제적 여건은 교섭력을 결정하는 중요한 요소이다. 호경기인 경우에는 사용자는 매출을 증가시킬 기회를 잃어버리기 때문에 파업을 가능한 한 회피하려고 하므로 교섭력이 약화된다. 불경기일 때는 초과 재고를 처리할 수 있어 사용자의 교섭력이 강화된다. 또한 파업으로 인한 실직에 대한 부담으로 작용하여 노동조합은 상대적으로 약화된다.

5) 교섭구조도 파업 시 교섭력을 결정하는 중요한 요소이다. 산업별 교섭은 기업별 교섭에 비하여 국가경제 전체에 미치는 파급효과가 크기 때문에 노동조합의 교섭력이 커질 수 있다.

5 단체교섭의 전략

(1) 포용전략(fostering strategy)

1) 개념

포용전략은 **노사 양측의 목표를 달성하기 위하여 노사합의에 의한 변화를 추구하는 전략**이다.

이 전략의 목표는 노조와 직원들로부터 장기적이고 자발적인 변화노력을 이끌어 내고, 고용관계의 장기적인 개선과 문제해결에 치중하는 것이다. 포용전략은 점진적인 변화가 목표이고 노동조합이 사용자의 제안에 동의할 가능성이 클 때 사용한다.

2) 실행방안

교섭에서 포용전략은 **통합적(integrative) 협상**을 사용하여 **노사 양 당사자의 이해관계(interest)를 추구**하는 것이다. 노사가 서로 win-win할 수 있는 전략으로 경영참가제도를 활용할 수 있는바, 경영참가를 통해서 상호 이해와 협조로서 생산성 기여는 물론 직무만족도 오를 수 있다. ① 의사결정참여, ② 자본참여, ③ 이익참여 등이 있다.

3) 장·단점

포용전략은 통합적 교섭, 신뢰를 강조하는 태도, 노사 양측의 동의를 이끌어내는 방식을 활용하는 전략이다. 포용전략은 **합의를 하는 데 상당한 시간이 걸릴 수 있다는 단점**이 있지만, **장기적으로 협력적인 노사관계를 이끌어 낼 수 있는 장점**을 가지고 있다.

(2) 강압전략(forcing strategy)

1) 개념

강압전략은 **사용자측이 강력한 협상력을 바탕으로 노동조합에 빠른 양보를 강제하는 전략**이다. 사용자는 분배적 교섭방식, 상대방에 대한 적대감 강조, 회사와 노조측을 구분하여 내부적 차이를 두는 방식 활용 등 세 가지를 협상 과정에서 사용한다.

강압전략의 목적은 노동조합으로부터 즉각적이고 실질적인 양보를 얻는 데 있으며 노동조합 측에서 자발적으로 동의할 가능성이 거의 없고, 고용관계의 악화가 상대적으로 덜 중요하다고 간주될 때 주로 쓰인다.

2) 실행방안

포용전략과 반대되는 전략으로 **분배적(distributive) 협상**을 통해 **win-lose 방식을 추구**하는 것이다. 연봉협상이나 임금동결과 같이 서로 입장(positive)이 대립될 때 주로 사용된다. 분배적 협상이 성공하기 위해서는 ① 상대방의 BATNA 등 협상 상대방에 대한 객관적 정보를 충분히 얻어야 함은 물론, ② 주로 상대방에게는 부정적 태도를 취하며 정보를 주지 않는 것이 유리하다.

3) 장 · 단점

강압전략은 **사용자가 원하는 결과물을 도출할 수 있다는 장점**이 있지만 **노사가 함께 문제를 해결할 수 있는 가능성을 원천적으로 배제**하며 위험요인을 안고 가는 협상전략이다.

(3) 회피전략(escaping strategy)

1) 개념

사용자가 **노동조합을 회피하고자 하는 전략**이다. 해당 견해는 노사갈등은 관리자의 권위를 위협하는 것으로 부정적으로 보는 갈등에 대한 전통적 견해(Taylor)에 기반한 것이다. 즉, 노동조합 없이 노사 간 협력관계를 유지하는 전략이다.

2) 실행방안

회피전략은 **노동조합이 결정되는 것을 막거나 노동조합의 세력을 무력화시키는 것**으로서 ① 하청이나 아웃소싱을 통해 조합원의 수를 줄이거나, ② 비노조 사업장에 대한 투자를 증가시킴으로써 노동조합이 있는 사업장의 비중을 감소시키거나, ③ 노동조합이 없는 사업장이라면 사원에 대한 존경과 우대정책으로 노동조합 결성 자체를 막을 수도 있을 것이다.

3) 장 · 단점

Cooke and Meyer(1990)에 따르면 시장 상황이나 노동조합 결성 여부에 따라 사용해야 할 전략이 다르다고 주장하였는데, **회피전략은 시장이 경쟁적인 상황이라면 적합하지만 이미 노동조합이 결성된 경우라면 노동조합의 반발 등을 초래할 수 있기 때문에 노사협력 전략이 보다 바람직하다. 즉, 노동조합이 이미 조직된 사업장이라면 회피전략으로 인한 장점보다 단점이 더 크다.**

| 제 4 절 | 단체교섭의 결과 : 단체협약 |

1 개념

단체협약(collective agreement, collective contract, labor contract)은 **노동조합과 사용자간의 단체교섭을 통한 합의에 의해 성립되는 것**으로 근로조건, 기타 근로자의 대우에 관한 기준을 정하고, 협약 당사자 상호간에 채권채무를 설정하는 것을 목적으로 한다. 즉, 단체협약이란 **노동조합과 사용자 또는 그 단체가 단체교섭 과정을 거쳐서 근로조건의 기준 및 기타사항에 관하여 합의를 보고 이를 협약이란 형태로 서면화한 것**을 말한다.

2 단체협약의 성격

(1) 형식면

형식면에서 본 단체협약의 특징은 노사 양측에 의한 단체적인 약속으로, 합의라는 성격을 들 수 있다. 결국 단체협약은 근로자와 사용자 간 협의에 의해 합의된 사항이라는 성격을 갖는다.

(2) 내용면

내용면에서는 **규범적 부분, 채무적 부분, 조직적 부분**으로 구별할 수 있다. **규범적 부분은** 주로 임금과 근로조건에 관한 부분으로 강제적 효력을 가지는 부분이며, **채무적 부분은** 노동조합과 사용자 사이의 관계에 관한 약속에 관한 부분을 의미하고, **조직적 부분은** 제도적인 부분으로 조합원의 해고에 관한 협의 및 동의조항, 고충처리기관 등 조직과 운영에 관한 조항 내지 협정을 의미한다.

1) 규범적 부분

근로조건 기타 근로조건의 대우에 관한 기준에 대한 부분으로서 임금, 복리후생, 퇴직금, 근로시간 등에 관한 사항이다. 즉, **근로자 개인의 근로조건을 규율하는** 내용으로 규범적 부분은 강행적 효력, 직접적 효력, 유리원칙의 효력, 질서원칙의 효력 등이 있고 실행의무가 부과된다.

① **강행적 효력** : 단체협약에 정해진 기준을 위반하는 근로계약 또는 취업규칙을 무효로 하는 효력

② **직접적 효력** : 단체협약이 개별적 근로관계에 관하여 직접 지배적인 효력을 미치는 것

③ **유리원칙의 효력** : 근로계약 등 다른 협정이 단체협약보다 더욱 유리하게 규정되어 있을 때에 이를 우선하여 적용하게 하는 원칙 또는 효력

④ **질서원칙의 효력** : 신법이 구법에 우선한다는 원칙 하에 새로운 단체협약이 종전의 단체협약을 대체할 경우 유리원칙의 효과가 있다고 하더라도 새로운 단체협약이 그대로 적용되는 효력

⑤ **규범적 부분의 실행의무** : 단체협약의 규범적 부분은 실행될 것을 목적으로 한다.

2) 채무적 부분

협약당사자인 **사용자와 노동조합 사이의 권리·의무**를 규율하는 부분으로서 평화의무, 평화조항, 유일교섭 단체조항, 숍 조항, 단체교섭의 절차 및 기타규칙 등이 있다.

① **자기의무** : 단체협약에서 규정한 조항을 협약 당사자가 스스로 준수해야 할 의무 **예** 평화의무

② **영향의무** : 조합원들이 단체협약 내에 규정된 준수사항을 그대로 지키도록 노력해야 할 의무 **예** 불법파업 조합원에 대한 징계

③ **채무이행청구 및 손해배상청구** : 단체협약 당사자의 일방이 협약상의 채무, 즉 의무를 이행하지 않을 경우에 상대방 당사자는 의무이행청구를 할 수 있다.

3) 조직적 부분

경영 내 노사관계를 **제도적으로 규율**하는 부분으로서 조합원인 종업원의 해고에 관한 협의·동의 조항, 노사협의회와 고충처리기구 등이 있다.

(3) 사회면

사회적 측면에서 본 단체협약은 노사 간의 일시적인 합의, 즉 휴전조약과 같은 성격을 가지고 있다. **분쟁을 앞으로 얼마동안 중지하고자 하는 일종의 협약(휴전협약)의 특성을 갖는다.**

3 단체협약의 기능

(1) 근로조건의 개선기능

단체협약에서 정해진 근로조건상의 기준은 **개별 근로자와 사용자의 교섭에서 기대할 수 없는 보다 좋은 근로조건을 확보**할 수 있다.

(2) 산업평화의 기능

단체협약이 성립되면 그 **유효기간 중 노사 쌍방이 이를 존중하고 준수할 의무**를 지게 되므로 그 기간 중에는 불필요한 분쟁을 피하고 산업평화를 유지시키는 기능을 하게 된다.

(3) 경영안정화 기능

단체협약은 유효기간 중에는 조합원인 근로자의 임금, 기타 급료, 근로조건 등 **근로자의 대우에 관한 사항 등이 일정수준으로 유지·고정**되므로 기업의 입장에서 볼 때 근로자에게 지불되는 비용이 예측 가능하므로 경영의 안정화를 도모할 수 있다.

(4) 민주화 기능

단체협약은 노사의 공동의사에 의한 새로운 기업 질서로서 **근로계약이나 취업규칙에 우선하는 것**으로서 기업에 있어서의 소유권의 전제를 막고 근로자의 권익신장과 경영참여 확대로 기업을 민주화하는 기능을 하게 된다.

4 단체협약의 관리(contract administration)

단체협약의 관리는 체결된 협약의 효율적 운영을 위한 활동, 즉 단체협약조항을 해석하고 적용하여 집행하는 활동을 말한다. 협약의 해석과 적용으로 야기되는 고충의 합리적인 처리와 중재가 협약관리의 양대지주다.

(1) 고충처리제도(grievance procedure)

1) 고충 및 고충처리제도의 개념

고충(grievances)이란 기존의 단체협약을 집행하는 과정에서 계약문구의 해석이나 적용과 관련하여 일어나는 노사간 의견불일치, 단체협약을 위반으로 이유로 한 노동자측의 불만 등을 말한다. 고충처리제도를 통해 **단체협약 내용의 해석과 적용을 둘러싼 노사 간의 권리분쟁을 해결**할 수 있다. 고충처리제도는 기업의 **인적자원관리 정책이나 직무수행에 관련된 종업원의 불평불만을 해소하고 처리하기 위한 체계적인 제도**를 말한다.

고충처리제도란 단체협약의 해석·작용 또는 단체협약 등에 의해서 일정한 기준이 설정된 경우, 설정된 기준의 해석이나 구체적인 적용에 관해서 **개개의 조합원에 고충·불평·불만이 있는 경우** 이것을 일일이 단체교섭으로 해결하는 것은 거의 불가능한 일로 고충이 발생할 때마다 간단하고 신속한 절차로 처리하기 위해 당사자 간 자주적으로 해결할 것을 목적으로 노사쌍방의 대표로 구성된 고충처리기관이 등장한 것이다. 즉, 개인적인 고충이 집단적인 분쟁으로 발전하여 노사관계의 안정이 파괴되는 것을 방지하고 건전한 직장문화를 조성하는 것에 그 목적이 있다.

2) 고충의 대상

고충은 집단적이며 공식화된 불만이지만, 불평은 개인적이며 비공식적인 불만을 의미한다. Mills는 고충에 대해서 직무에서 근로자의 권리가 침해되었다는 주장을 의미하는 것으로 보아 침해의 근거를 단체협약, 법률, 기업규칙 및 관리자 책임의 위반에 기초한 것으로 파악하였다.

3) 고충처리의 단계

1단계에서는 고충의 당사자가 고충의 내용을 서면으로 작성하여 일선감독자와 노동조합의 작업현장대표(shop steward)에게 제출한다.

2단계로 보다 상위계층의 공장관리자와 노조대표가 이를 협의하고 해결하는데 대체로 중간관리자나 공장장과 노조간부나 노조위원장이 맡는다. 해결되지 않은 고충은 중간관리자와 노동조합 간부(위원)로 구성된 고충처리위원회에서 협의하여 처리하도록 노력하는 단계이다.

3단계는 최고경영자와 노동조합의 최고노조간부가 협상을 하게 되는 단계다. 최고경영층 대표와 노동조합대표가 고충을 해결하기 위하여 협의하고 시도한다.

3단계에 해결되지 않을 경우 마지막 단계로 노사가 합의하에 외부의 제3자인 중재자(arbitrator)를 선임하여 중재를 위임한다. 중재자의 중재재정(arbitration award)은 최종적인 것으로 양 당사자에게 구속력을 가진다.

우리나라에서는 상시 30인 이상의 근로자를 사용하는 사업장의 경우 근로자의 고충을 청취하고 이를 처리하기 위하여 노사를 대표하는 3인 이내의 고충처리위원회를 두도록 되어있다.

(2) 조정 및 중재제도(노동쟁의의 조정제도)

노동쟁의가 발생한 경우 제3자의 개입 없이 노사가 자주적으로 해결하는 것이 바람직하다. 그러나 자주적 해결이 불가능할 때에는 국가가 개입해서 노동쟁의를 조정하고 해결하는 제도가 필요하게 되는데 이를 노동쟁의의 조정제도라고 한다.

조정은 노동위원회 내에 구성된 조정위원회가 쟁의중인 노사당사자의 의견을 청취해서 조정안을 작성하여 노사당사자에게 이의 수락을 권고하는 방법인데 권고가 강제가 아니라는 점에서 노사당사자의 자주적 해결에 기초를 두고 있다. 그러나 중재는 조정과 달리 노사당사자를 구속하는 최종적 재정을 내린다는 점에서 노사의 자주적 해결의 원칙과 거리가 먼 강력한 조정제도이다. 한편 긴급조정은 쟁의행위가 공익사업에 관한 것이거나 그 규모가 크거나 또는 그 성질이 특별한 것으로 현저히 국민경제를 해치거나 국민의 일상생활을 위태롭게 할 위험이 현존할 시에 행하는 조정이다.

한편 조정 및 중재제도는 냉각효과(chilling effect)와 중독효과(narcotic effect)로 인하여 최후의 수단으로 사용되어야 한다. 냉각효과란 노사의 자율타결의지가 약화되는 것이며 중독효과란 노력이 수반되는 자율적인 단체교섭보다 정치권의 중재에 의존하는 것을 의미한다.

제 5 절　노동쟁의

1　노동쟁의의 개념

노동쟁의(labor disputes)란 **기업의 사용자와 노동조합간의 분쟁**을 말하는데, **넓은 의미로는 노사 간 주장의 불일치로 교섭이 결렬된 상태와 이때 노사가 각기 자신의 주장을 관철할 목적으로 행하는 행위 (실력행사)와 이에 대항하는 행위**, 이를테면 우리나라 노동관계법상에서 말하는 **노동쟁의와 쟁의행위 를 포괄하는 개념**으로 노사분쟁(union-management disputes)이라고도 한다.

정리하여 노동쟁의는 **노동조합과 사용자** 또는 사용자단체 **간에** 임금, 근로시간, 복지, 해고, 기타 대우 등 근로조건의 결정에 관한 주장의 불일치로 인하여 발생한 분쟁상태를 말한다. 법적으로 보장되었거 나 이미 **확정된 근로자의 권리를 침해한 경우** 나타난 분쟁을 권리분쟁(disputes over rights)이라 하 고, **새로운 권리를 설정하거나 이익을 분배하는 데 따른 분쟁을** 이익분쟁(disputes over interests)이 라 하는데 **노동쟁의는 바로 이러한 이익분쟁에 관한 사항이다.** 즉, **권리분쟁은** 노사가 임금 및 기타 근로조건에 관한 새로운 계약을 체결하기 위하여 **단체교섭을 하는 과정에서 합의에 도달하지 못함으로 써 발생하는 분쟁을** 말하고, 이익분쟁은 협약체결 후 기존 협약의 이행이나 계약문구의 해석 및 집행 과정에서 발생하는 분쟁을 말한다.

쟁의행위란 파업·태업·직장폐쇄 기타 노동관계 당사자가 그 주장을 관철할 목적으로 행하는 행위와 이에 대항하는 행위로서 업무의 정상적 운영을 저해하는 행위를 말한다. 즉, 노동쟁의란 집단적 노동 관계의 당사자 간에 임금, 근로시간 기타 근로조건에 관한 단체교섭을 계속하였지만 노사 양측의 주장 이 일치되지 아니함으로 인하여 발생한 분쟁상태를 말한다. **사실적인 상태를 노동쟁의라 한다면 이러 한 상태를 전제로 한 실제 행동은 쟁의행위라 할 수 있다.**

2　노사갈등의 내용

(1) 노사갈등에 대한 세 가지 시각

1) 일원론(Unitarism)적 입장

일원론적 입장은 **노사간의 갈등이 존재하지 않는 것으로 보는 시각**으로 Taylor가 대표적이다. 즉, 한 기업 내에서 노사간의 이해관계는 완전히 일치하며 서로간의 갈등이 생기는 것은 오직 경영자의 그릇된 경영방식에서 비롯될 뿐이라는 주장이다. 또한 노조는 부실경영에서 발생하며 경영자가 올바른 경영을 한다면 노동조합이 생길 이유가 없다고 보는 것이다. 즉, 노동조합의 존재이유와 노사갈등을 부정하는 시각이다.

2) 급진적인 관점

Marx로 대표되는 급진주의자들은 노사간의 갈등이 자본주의사회에서 피할 수 없는 것으로 보며 자본주의가 발달할수록 노사간의 갈등은 격화된다고 본다. 이들에 의하면 노사간의 갈등을 해결 하는 유일한 방법은 무산자계급의 혁명을 통하여 생산수단을 공유하는 공산주의체제로 전환하는 것이다. 즉, **노사간의 갈등은 자본주의 사회에서 피할 수 없는(inevitable) 것으로 보는 것이다.**

PART
07

3) 다원론적(Pluralists) 관점

다원론적 관점은 한 기업 내에 노사 등 서로 다른 이해관계를 가진 집단이 존재하는 것을 인정하고 갈등은 필연적인 것으로 본다. 갈등이 필연적인 것으로 보는 측면에서 다원주의자들은 급진주의자와 비슷하지만, **이들은 갈등이 일정 수준으로 표출됨으로서 자본주의제도가 기능하는데 긍정적인 역할을 수행한다고 본다.** 즉, 단체교섭이나 파업을 통하여 주기적으로 노사 간의 갈등이 해소됨으로 해서 노동자계급의 불만을 줄이게 되어 오히려 자본주의를 더욱 공고하게 만드는 효과가 있다고 주장하는 것이다.

(2) 노사갈등의 기본 성격

다원론적 시각에서 노사 갈등의 기본 성격은 다음과 같다.

1) 갈등의 불가피성(inevitability)

노사 당사자가 이성적이고 상대방에 대하여 긍정적인 사고를 갖고 있다 하더라도 **노사갈등은 불가피**하다는 것이다.

2) 노사갈등의 다양성(variety)

갈등을 겪는 개인이나 집단은 파업, 보이콧, 태업, 고충제기 등 **눈에 보이는 노사갈등 이외에도 이직, 결근 등과 같은 방식으로도 갈등상태를 표출**하고 있다. 이 관점에 따르면 **파업만을 노사갈등의 유일한 표출방식으로 간주하는 것은 옳지 않다.**

3) 노사갈등의 수용가능성(acceptability)

노사갈등이 없으면 분쟁을 해결하는 데 보다 많은 비용과 시간이 필요하지만 **노사갈등이 표출되게 되면 당사자들이 이를 해결하기 위하여 노력하므로 결국 분쟁을 해결하고 긴장감을 줄여주며 노사간의 힘의 균형을 되찾아주는 긍정적인 효과가 있다**는 것이다. 따라서 **적절한 수준의 갈등표출은 사회와 기업을 위하여 순기능**을 한다고 주장한다.

3 쟁의행위의 유형

(1) 근로자 측 쟁의행위

1) 파업(strike)

파업은 가장 널리 행해지고 있으며 또한 역사가 깊은 기본적인 쟁의형태로서, 근로자가 단결하여 근로조건의 유지 또는 개선이라는 목적을 쟁취하기 위하여 **집단적으로 노동의 제공을 거부하는 행위**이다.

파업의 유형과 파업발생이론

1. 파업의 개념과 유형

(1) 파업의 개념

파업은 노사 간의 주장의 불일치가 원인이 되어 **노동조합이나 노동자집단의 주도하에 노동력을 생산수단과의 결합상태에서 분리시키고 사용자의 노동력에 대한 지휘·명령으로부터 노동자를 벗어나게 하는 상태**를 의미한다.

(2) 파업의 유형

의사결정의 특성에 따라 계산적 파업(rational strike), 착오적 파업(nonrational strike) 및 충동적 파업(irrational strike) 등으로 구분할 수 있다.

1) 계산적 파업 : 상황에 대한 정확한 이해와 목적지향적인 행동에 근거하여 수행되는 파업

2) 착오적 파업 : 상대방의 의도나 행위를 오해하거나 파업으로 발생하게 될 결과를 잘못 추정하는 등 정확한 정보나 지식이 없거나 상황을 착오해서 발생하는 파업

3) 충동적 파업 : 근로자들이 순간적인 감정에 흥분되어 방향성이나 목적성 없이 수행되는 충동적인 파업

2. 파업발생이론

(1) 힉스(Hicks)의 두 곡선

1930년대 힉스는 노사간의 교섭과 관련해서 두 개의 곡선으로 파업을 설명하려고 했다. **Y축은 임금인상률이고 X축은 예상파업기간이다.** 예를 들어 노동조합은 10%의 임금인상이 이루어진다면 파업 없이 그 안을 받아들일 수 있다. 하지만 5%의 임금인상은 약 5일의 파업이 있은 후에야 받아들일 수 있다. 하지만 임금동결은 결코 받아들일 수 없다. 이 경우 무한대의 파업을 계속한다는 것이다. 이를 **노동조합의 저항곡선(resistance curve)**이라고 한다.

사용자의 입장에서는 노동조합의 임금인상요구율이 동결이라면 파업 없이 받아들일 수 있다. 하지만 임금인상이 5%라면 약 5일의 파업이 있은 다음에야 받아들일 수 있다. 임금인상요구율이 10%라면 아무리 파업이 계속되어도 받아들일 수 없다. 이를 **사용자의 양보곡선(concession curve)**이라고 부른다.

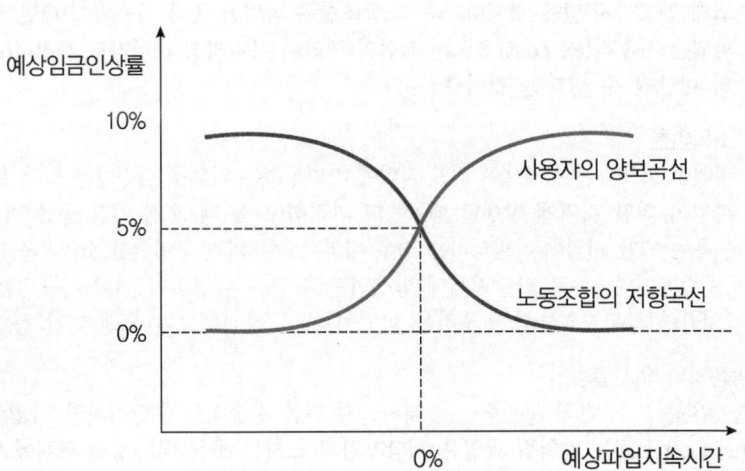

이 두 곡선은 설명한 대로 5%의 임금인상률과 5일간의 파업기간에서 서로 교차한다. 이러한 상대방의 행동유형에 대해서 알고 있다면 서로 5일간의 파업을 거치면서 어려움을 겪을 것이 아니라 바로 5%의 임금인상률로 타결하면 된다. **힉스는 파업이 발생하는 이유가 이러한 상대방의 행동유형을 제대로 파악하지 못하는 교섭경험의 부족에 있다고 했다.** 노사가 서로 많은 교섭을 통해 많은 경험을 쌓는다면 상대방의 행동을 정확히 파악할 수 있고 그 결과 파업을 피할 수 있다는 주장이다. 즉, 상대방의 무차별곡선을 비교적 정확히 그려낼 수 있다는 것이다. 하지만 **이 주장에는 문제가 있다.** 서로 상대방의 행동유형을 사전에 정확히 알 수 없기 때문이다. 노사는 서로 자신의 입장을 그대로 보여주기보다는 과장을 하게 마련이다. **따라서 서로의 주장을 그대로 믿을 수 없다. 결국 파업이 발생한 이후에 상대방의 행동유형을 알게 되니 파업은 불가피하다는 결론에 도달한다.**

(2) 파업비용이론

파업비용이론은 1980년 케난(Kennan)이 주장한 이론으로 파업을 하는 비용이 파업을 피하는 비용보다 저렴하기 때문에 파업이 발생한다는 주장이다. 환경이 안정적인 경우에는 과거의 관행이 그대로 적용되는 경우가 많기 때문에 몇 가지에 대해서만 새롭게 교섭을 해서 타결하면 새로운 단체협약을 체결할 수 있다. 하지만 환경이 급변하는 경우에 또는 단체협약유효기간인 2년 동안에 많은 상황이 변했을 때에는 교섭에서 많은 내용을 새롭게 논의해야 한다. 따라서 심한 경우 매우 많은 이슈를 교섭해야 한다. 그러느니 차라리 파업을 통해서 서로가 급한 상황에서 교섭을 신속하게 진행하는 것이 더 효율적이다.

(3) 비대칭정보이론

힉스의 주장은 **헤이즈(Hayes)**에 의해 좀 더 구체화되었다. 노동조합의 입장에서는 사업이 정말로 어려운지 아니면 사업이 잘 되는지 알 수 없다. 이 정보는 사용자가 노동조합에 알려줄 리가 없다. **이 상황이 노동조합의 비대칭정보(asymmetric information 또는 private information) 상황이다. 따라서 노동조합은 사용자가 거짓말을 하는지 아니면 사실을 말하고 있는지 파업을 통해서 확인할 수 있다.** 만약 사용자가 거짓말을 하고 있다면 파업이 발생했을 때 신속하게 양보하여 파업을 끝내려고 할 것이며, 거짓말을 하고 있지 않다면 파업이 발생한다고 하더라도 쉽게 양보하지 않을 것이다. 즉, **노동조합은 파업을 통해 사용자에 대한 정보를 얻을 수 있다. 파업은 사후적(ex post)으로는 최선의 대안이 아니라고 하더라도 사전적(ex ante)으로는 최선의 대안일 수 있다는 것이다.**

(4) 소외이론

파업이 발생하는 이론으로 외딴 지역에서 발생하는 파업을 설명하는 소외이론이 있다. 이 이론은 **파업이 외딴 지역에 발생할 때 좀 더 과격하고 좀 더 오랜 기간 동안 지속된다는 것이다.** 그이유는 외딴 지역에서 발생하는 경우 지역적으로 외진 곳이어서 소외감을 많이 느끼기 때문이라는 주장이다. 주로 탄광지역에 발생하는 파업을 설명하기 위해 사용되는데, 우리나라에서는 1980년 사북지역에서 발생하는 파업이 매우 과격했으며 오랜 기간 동안 계속되었다.

3. 노동쟁의의 의사결정

노동쟁의는 노사 간의 교섭력을 증대시키기 위한 전술적인 수단이지만 **'파업에 승자 없다(no one wins a strike)'**는 말처럼 파업은 해당기업의 노사는 물론 국가경제 전체에 악영향을 줄 수 있기 **때문에 파업결정에 신중하여야 할 것이다.** 파업에 대한 사용자와 노동조합의 의사결정에 있어서 유의할 점은 다음과 같다.

(1) 사용자측 의사결정

사용자는 먼저 ① **파업기간 동안 조업의 지속 여부를 결정**해야 하며, 조업을 계속할 경우에는 사용자는 수익을 계속 창출할 수 있는 반면에 노조원들은 임금을 지급받지 못하므로 파업의 조기철회를 종용할 수 있는 장점이 있다. ② 한편 파업의 가능성이 높아질 경우 **사용자는 고객에게 파업가능성을 공지시키고 고객에게 대응방안을 강구**하여 주어야 한다. ③ 또한 종업원들에게 파업에 대한 사용자의 입장이나 종업원이 취해야 할 올바른 행동 등에 대하여 홍보하는 등 **커뮤니케이션 채널을 확보**하는 것도 중요하다. ④ 무엇보다도 파업이 발생할 경우 파업으로 경제적 손실을 입을 수 있으므로 **사용자는 파업으로 인한 손익계산을 사전에 정확하게 산출**할 필요가 있다.

(2) 노조측 의사결정

노동조합측에서는 파업에 돌입하기 전에 **파업으로 인한 득실을 평가**할 필요가 있다. 노동조합측에서 먼저 고려해야 할 사항은 얼마나 많은 조합원이 파업에 동참하여 사용자의 조업을 무산시킬 수 있는가? 파업이 장기화되었을 경우 파업기금에서 조합원들을 지속적으로 지원을 할 수 있는가? 또한 노조의 요구사항이 사용자의 지불능력 범위 내에 있는가? 등에 대하여 엄격한 평가가 있어야 한다.

2) 태업(sabotage)

태업이란 근로자들이 **집단적이고 의도적으로 작업능률을 저하시키는 쟁의행위**를 말한다. 사보타지(sabotage)는 단순한 태업에 그치지 않고 생산 또는 사무를 방해하는 행위로서 의도적으로 생산설비를 파괴하는 행위까지를 포함하는 개념이다.

3) 불매운동(boycott)

이는 **사용자 또는 그와 거래관계에 있는 제3자의 제품구입이나 시설이용을 거절한다든가** 사용자 또는 그와 거래관계에 있는 제3자와 근로계약의 체결을 거절할 것을 호소하는 투쟁행위이다.

4) 피케팅(picketing)

이는 **파업을 효과적으로 수행하기 위하여 희망근로자들의 사업장 또는 공장의 출입을 저지하고 파업참여에 협력**할 것을 호소하는 행위이다.

5) 준법투쟁

이는 근로자가 **법 규정대로의 권리를 행사**함으로써 그들의 주장을 관철시키고자 하는 쟁의행위로써 집단휴가의 실시, 시간 외 초과근무의 거부, 정시출근·정시퇴근 등의 행위가 여기에 해당된다.

(2) 사용자 측의 쟁의행위 : 직장폐쇄

1) 개념

사용자측의 쟁의행위는 근로자측의 쟁의행위인 파업, 태업 등에 대항하는 행위로서 대표적인 것이 직장폐쇄(lock-out)이다. **직장폐쇄는 사용자가 자신의 주장을 관철하기 위하여 근로자들이 생산시설에 접근하는 것을 차단하고 근로자들의 노동력 제공을 집단적·일시적으로 거부하는 행위이다.**

PART
07

2) 직장폐쇄의 근거

① 노사 대등설

노사 대등설은 노사 간 형평의 원칙에 의하여 그 합법성을 인정해야 한다는 견해로 근로자에게 쟁의행위를 인정한다면 **사용자에게도 당연히 대항수단을 인정해야 한다는** 것이다.

② 대항 행위설

대항 행위설은 실질적인 형평의 관점에서 근로자에 대한 쟁의행위의 보장으로 노사 대등의 실현을 보장하는 반면 노동법은 노사가 교섭과정에서 대등한 지위를 확보할 것을 이념으로 하기 때문에 **집단적 근로관계 내에서 근로자에게 쟁의권을 인정한다면** 그에 대한 대항행위도 그 한도 내에서 **직장폐쇄가 면책될 수 있다는** 것이다.

3) 직장폐쇄의 한계

① 직장폐쇄는 **기업의 사회적 책임 의무라는 측면에서 한계가 존재**하는데 윤리경영을 실천하지 않아 **사회적 이미지 훼손 문제가 발생**할 수 있다.

② 직장폐쇄는 **부수적이고 수동적인 형태에 있어서만 용인**되고 있으므로 **근로자의 쟁의행위를 전제로 한다**는 점에서 **목적에 의한 한계**가 존재한다.

③ 한편 직장폐쇄는 **방법상 한계**도 존재한다. 부분파업에 대해서는 부분적 직장폐쇄만이 용인되는데 **부분파업임에도 불구하고 전면적인 직장폐쇄를 할 경우** 문제가 된다.

4) 조직에의 시사점 : 직장폐쇄의 정당성 요건 충족

직장폐쇄는 사용자에게 방어적 수단으로 인정된 쟁의행위로 다음과 같은 경우 정당성을 인정받기 어렵다.

① 임금 또는 휴업수당의 지급 의무면제 목적

② 조합의 파괴 목적으로 조합원에 대해서만 실시

③ 근로자측의 직장복귀 의사가 명백하고 직장폐쇄를 지속할 긴급성이 없음에도 불구하고 부당하게 장기간 걸쳐 직장폐쇄를 시행

4 노동쟁의의 조정

국가에서는 노동쟁의에 대하여 제한을 가하고 있으며, 노동쟁의의 조정을 위하여 관계법을 제정하는 동시에 특별기관을 설치하여 쟁의의 사전적·평화적 해결을 도모하고 있다. 즉, **노동쟁의조정제도를 통하여 노동쟁의의 평화적 해결을 도모하는 한편 노동위원회로 하여금 그 조정을 담당하도록 하고 있다.**

조정은 노사 당사자 어느 일방의 신청에 의해 개시되며, 노동위원회는 조정의 신청이 있으면 즉시 조정위원 3인으로 조정위원회를 구성하여 조정을 개시하게 되며 노사 당사자는 조정절차에 성실히 임하여야 한다.

제 6 절   경영참가제도

1 개념과 목적

(1) 경영참가제도의 개념

경영참가란 일반적으로 **근로자 또는 노동조합이 기업의 여러 계층 수준에서 경영상 의사결정에 참가하여 영향력을 행사하는 과정**이다. 먼저 **광의의 경영참가**는 근로자 또는 노동조합이 개별기업의 경영상 문제에 관해 어떤 형태로든 참가함을 의미한다. **이윤참가, 자본참가도 포함하는 개념**이다. 그러나 **협의의 경영참가**는 기업경영상의 제 문제에 대한 결정이나 실시에 관해 그 의견과 건의를 반영하는 **의사결정참가를 의미한다.**

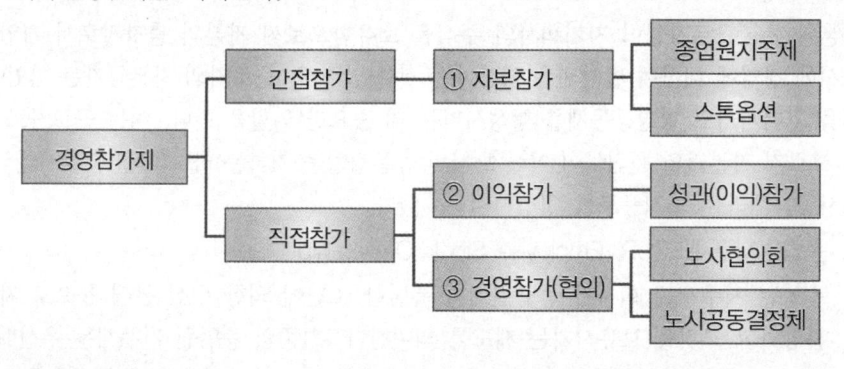

(2) 경영참가제의 목적

1) 산업민주주의의 실현

정치적 측면에서 볼 때 경영참가의 목적은 **산업 내 민주주의 실현**에 있다. 인간은 자기가 관계하는 문제에 대해 자기의 의사와 이해관계를 표명할 기회를 원한다. 이러한 욕구의 실현이 곧 민주주의이다.

2) 경영의 효율화

근로자가 경영에 참여하게 되면 새로운 **창의적 아이디어를 제시하여 경영개선에 기여**할 수 있고 또한 참여의식 제고를 통해 **성취동기를 유발**시킴으로써 **생산성 향상 등 경영효율화**를 기할 수 있다.

3) 인간성 소외의 극복

경영에 참가하여 근로자의 의사를 반영시킴으로써 **노동에 대한 소외를 극복**하고 **상실된 인간성을 회복**할 수 있다.

4) 노사간의 협조

경영참가는 작업장에서 **노사 관계를 안정화**시키며 **근로자의 직무몰입을 유도**하고 또한 **생산성과 능률을 증진**시키면서 **노사 협조를 촉진**하는 수단으로 사용될 수 있다.

2 경영참가의 유형

경영참가제는 근로자가 경영에 참가하는 방식에 따라서 **간접참가인 자본참가와 직접참가인 이익참가와 의사결정참가**로 나눌 수 있다.

	결과 참가	과정참가
간접참가	자본참가	×
직접참가	성과참가	의사결정 참가

(1) 결과참가

1) 자본참가(participation in capital) 혹은 재산참가

자본참가란 근로자들이 자기회사의 주식을 소유함으로써 자본의 출자자로서 기업에 참가하는 동시에 경영에 대하여 발언권을 행사하는 것을 말한다. 근로자의 자본참가는 **기업에 대한 애사심을 고취시키고 경영공동체를 형성시키는 데 중요한 역할**을 한다. 이는 근로자로 하여금 기업을 오로지 자본가의 독점물이 아닌 노사의 공존경영을 기하는 하나의 실체로서 인식하도록 하며 노사공동체라는 조직풍토를 형성시킬 수 있다.

① 종업원지주제(ESOP, Employee Stock Ownership Plan)

종업원 지주제는 **회사가 종업원에게 특별한 조건에 의한 주식 분배 등으로 자사의 주식을 분양하고 그것을 보유시키는 제도**를 의미한다. 기존의 종업원 지주제는 우선배정제 중심으로 운영되어 근로자 자사주 취득기회가 제약되었고, 주식취득에 대한 비용을 근로자가 부담하여 장기 보유 유도가 곤란했고, 비상장기업의 경우 우선배정제도가 적용되지 않고 법적 근거가 미비하여 세금혜택 등에 제약이 있어 문제가 되었다.

이에 **본래 취지 달성**을 위해 우리나라의 종업원 지주제는 〈우리사주조합〉의 형태로 운영되고 있다. 즉, 근로자가 우리사주조합을 설립하여 자사주를 취득, 보유하는 제도를 의미한다. 우리사주제도는 ① **회사의 경영방침으로서 피고용인에게 자사 주식을 보유하도록 추진하는 것**이며, ② **특별한 편의(예 주가의 저가 양도)를 제공**해야 하고, ③ **자사주의 취득 및 장기보유를 목적**으로 하는 것이어야 한다.

② 스톡옵션(Stock option) = 주식매입선택권

스톡옵션은 기업이 임직원에게 **일정수량의 자기회사의 주식을 일정한 가격으로 매입할 수 있는 권리를 부여**하는 제도를 의미한다. 이 제도의 취지는 경영자보상제도의 한 방법으로 전문경영인이 주인의식을 갖고 경영을 하도록 하는 것을 목적으로 시작되었다. 그러나 최근 중소창업기업의 증가에 따라 전문우수인력의 확보를 위한 기법으로 확대되고 있다.

2) 성과(이익)참가

경영의 성과 즉, 업적·수익 또는 이익의 일부를 임금 이외의 형태로 피고용자에게 배분하는 제도이다.

① 성과배분계획(gain sharing)

성과배분은 근로자가 기업의 성과를 향상시키기 위해 필요한 노력에 따라 발생한 이익을 근로자에게 금전적인 형태로 배분해주는 제도로 Scanlon plan, Rucker plan, Improshare plan이 있다.

② 이익배분계획(profit sharing)

이익배분이란 **정기적인 임금에 덧붙여 모든 근로자에게 기업 이익의 일부분을 배분하는 것**으로서 다음과 같은 것들이 있다.

현금배분제도	현시점에서의 이익을 현금으로 일정한 배분기간에 따라 배분하는 제도
이연배분제도	이익배분 몫을 공제기금으로 예치하고 규정(예퇴직, 사망 등)에 따라 지급하는 제도
혼합배분제도	현금배분제도와 이연배분제도를 혼합한 제도로 사전 결정된 일정 부분의 이윤을 현재 시점으로 지불하고 잔여분은 공제기금의 형태로 지불하는 것이다.

(2) 과정참가 : 의사결정참가

1) 노사협의회제도

① 개념

노사협의제도(joint consultation system)는 기본적으로 **단체교섭에서 취급하지 않는 사항에 대하여 노사쌍방이 깊은 관심을 가지고 서로 협력하여 협의하는 제도**이다. 국제노동기구(ILO)에 따르면 "노사협의제도란 **경영자와 근로자가 대등한 입장에서 단체교섭에서 취급하지 않는 사항으로서 노사쌍방이 공통으로 이해관계를 갖는 사항에 대하여 협의**함으로써 서로의 이해를 넓히고 **협력하는 기능을 가진 제도**"라고 정의하고 있다. 한편 「**근로자참여 및 협력증진에 관한 법률**」 제3조는 "노사협의회라 함은 근로자와 사용자가 참여와 협력을 통하여 근로자의 복지증진과 기업의 건전한 발전을 도모함을 목적으로 구성하는 협의기구를 말한다"고 규정하고 있다.

② 노사협의회의 발달배경

❶ 근로자 입장에서 노동이 전문화되고 다양화되면서 **종업원의 의사를 발표하고 반영시키고자 하는 욕구**를 가지고 있는바, **근로자의 욕구가 변화**하였다.

❷ 사용자 입장에서도 과거에는 노무비용 감소를 통한 이윤극대화를 중시했지만 최근의 경제적·사회적 변화에 따라 고생산성·고임금 정책으로 방향전환이 이루어지고 있다. 즉, **핵심인재의 확보와 유지**가 관건인 만큼 사용자는 노동조합의 위치를 이해하고 **적대적 존재가 아닌 파트너로서의 역할을 인정**하여 적극적으로 **공존관계를 이루고자 하는 것**이다.

❸ 노동조합의 기능이 종래의 경제적 지위 향상에만 머물지 않고 정치·사회 분야에까지 확대되고 있는바, **노동조합이 상당한 정도로 성장하고 원숙해졌다**.

❹ 기술혁신에 대하여 사용자뿐만 아니라 노사가 근본적으로 해결해야 할 성질의 것으로 전환되면서 **기술혁신에 대한 노사공동의 대처 필요성이 증대**되고 있다.

❺ 인간관이 과거의 **기계적 인간관에서 사회적 인간관으로 변화**하고 있다. 즉, 기계적 인간관 입장에서는 인간의 기본적인 작업동기는 외재적 보상이며 경영자는 관리·감독을 철저히 할 것을 강조하였지만 사회적 인간관은 종업원의 사기와 직무에 대한 만족을 중요시한다. 즉, 근로자가 자발적 및 능동적으로 경영에 참가할 때 만족도가 향상되어 기업의 성과를 높일 수 있다는 것이다.

❻ 최근 **사회적 책임이 중요시**되고 있으면서 노사쌍방은 각자 자신의 사회적 책임을 인식하고 필요 이상의 분쟁행위를 지양하고 평화적이고 자주적으로 해결하기 위해 노력하고 있다.

③ 노사협의회제도의 성격

❶ 노사협의회는 노사가 대등한 입장에서 협의하는 대화기구이다.

❷ **종업원의 협력적 참여를 보장**하는 제도다.

❸ 노사협의회는 장소의 제한 없이 운영범위가 사업별, 지역별, 전국적 차원에서 이루어질 수 있다.

❹ 노사협의제도는 노사의 상호이해와 협력을 바탕으로 노사공동의 이익을 증진하고 산업평화를 유지하며 국민경제 발전에 기여함을 목적으로 하고 있으므로, **노동조합의 이익을 우선하여 대립적·투쟁적 입장을 취하는 단체교섭과는 다르다.**

❺ 노사협의제도는 노사의 상호 신의와 성실의 의무를 강조하고 있다.

❻ 노사협의제도는 법령에 의하여 사업 또는 사업장 단위로 노사협의회의 설치와 운영이 강제되어 있다.

우리나라는 「근로자참여 및 협력증진에 관한 법률」에 따라 **근로조건의 결정권이 있는 근로자 30인 이상의 사업 또는 사업장 단위로 설치해야 하도록 규정**하고 있다.

④ 노사협의회의 효과

❶ 노사협의회는 조직의 효율적 운영과 경영의사결정의 수행에 있어 **종업원의 협력**을 구할 수 있다.

❷ 노사협의회는 노사 간 동반자적 관계에 근거하여 의사결정이 이뤄지는 제도로 **조직 내 산업민주주의를 도모**하는 데 목적이 있다.

❸ 노사협의회는 **개인적 불만과 고충처리를 위해 활용**될 수 있다.

❹ 단체교섭과의 비교

	노사협의회	단체교섭
목적	노사 공동의 이익증진과 산업평화 도모	근로조건의 유지와 개선
배경	노동조합의 설립 여부나 쟁의행위의 위협 없이 진행	노동조합의 존립을 전제로 하고, 노동쟁의를 수단으로 전개
당사자	근로자 대표 및 사용자	노동조합 대표자와 사용자
대상사항	기업경영, 생산성 향상, 복지개선	임금, 근로시간, 근로조건에 관한 사항
결과	법적 구속력 없는 합의	단체교섭 합의에 따른 단체협약 체결, 법적 효력

⑤ 노사협의회의 운영

협의회 임무	내용
협의사항	사용자가 협의회와 협의해야할 사항 • 생산성 향상과 성과배분 • 근로자의 채용·배치 및 교육훈련 • 노동쟁의의 예방 • 근로자의 고충처리 • 안전·보건·기타 작업환경 개선과 근로자의 건강증진 • 인사·노무관리의 제도개선 • 경영상 또는 기술상의 사정으로 인한 인력의 배치전환·재훈련·해고 등 고용 조정의 일반원칙 • 작업 및 휴게시간의 운용 • 임금의 지불방법·체계·구조 등의 제도개선 • 신기계·기술의 도입 또는 작업공정의 개선 • 작업수칙의 제정 또는 개정 • 종업원지주제 기타 근로자의 재산형성에 관한 지원 • 근로자의 복지증진 • 사업장내 근로자 감시설비의 설치 • 여성근로자의 모성보호 및 일과 가정생활의 양립을 지원하기 위한 사항 • 기타 노사협조에 관한 사항
의결사항	사용자가 협의회 의결을 거쳐야 할 사항 • 근로자의 교육훈련 및 능력개발 기본계획의 수립 • 복지시설의 설치와 관리 • 사내 근로복지기금의 설치 • 고충처리위원회에서 의결되지 아니한 사항 • 각종 노사공동위원회의 설치
보고사항	사용자가 협의회 정기총회에서 보고하고 설명해야 할 사항 • 경영계획 전반 및 실적에 관한 사항 • 분기별 생산계획과 실적에 관한 사항 • 인력계획에 관한 사항 • 기업의 경제적·재정적 상황

PART
07

2) 공동결정제도(joint-decision making)

① 개념

노사 공동결정제(co-determination or joint-decision making)는 **산업 민주주의를 실현하기 위한 제도로서 경영상의 의사결정이 노사공동으로 이루어지는 경영참가방식을** 의미한다. 이러한 공동의사결정제는 근로자 및 그의 대표가 기업의 모든 레벨의 의사결정에 참여하여 경영자와 의사교환 및 협의는 물론 최종적인 결정을 공동으로 행하고 나아가 이의 실행에도 공동으로 책임을 지는 것이 특색이다.

② 노사공동결정제의 전제

❶ **노동조합의 활동영역이 기업 경영층 내부에 있다고** 생각한다.

❷ 노조와 경영자는 **대립관계가 아니라 노동조합이 기업을 대표한다는 사고가** 전제되어 있다.

❸ **의사결정은 노동조합과 기업 사이에 이루어지는 것을 신뢰**한다.

❹ 기업 위기 시 노동조합도 같이 책임을 진다는 **책임의식을 공유**한다.

③ 노사공동결정제도의 문제점

노사공동의사결정제도는 **근로자들에게 불리한 결정(예 구조조정)에도 참가하게 되어 결국 책임과 고통의 분담을 요구**하게 된다. 또한 노사공동결정제도는 기업과 노동조합에 대한 **이중몰입의 딜레마에 빠질 위험도** 존재한다. 또한 공동결정에 대한 책임 분담으로 **노동조합의 대항력기능이 약화될 우려도** 존재한다.

④ 효과

근로자에게 **기업의 현재 및 장래에 관해 보다 충분한 정보를 제공함으로써** 근로자의 회사 측 사정을 보다 폭넓게 이해할 수 있게 되었으며, **경영자들은 기업의 제반문제에 대한 종업원들의 견해를 파악할 기회를** 갖게 되었고, 근로자들을 기업발전의 동반자로서 보다 진지하게 생각할 수 있게 되었다. 가장 큰 효과는 근로자들이 사전에 참여하고 의견을 개진할 수 있어 **사후적 성격이 강한 단체교섭에 비해 훨씬 효과적**이고 불필요한 **노사분규를 사전에 방지할 수 있다는 이점이** 있다.

이직 및 방출관리

01 | 이직 및 방출관리

제1절 이직의 개념과 중요성

1 이직의 개념

이직(separation)이란 일반적으로 **사용자와 종업원간 고용관계가 단절되어 종업원이 소속 조직으로부터 이탈하는 것**을 의미한다. **협의의 이직**은 종업원이 조직으로부터 떠나는 것이며, **광의의 이직**은 이탈과 함께 조직외부에서 내부로의 이동, 즉 입직(accession)을 모두 포괄하는 개념을 의미하며, 이를 협의의 노동이동(labor turnover)이라고도 한다.

정리하여 광의의 이직은 종업원의 입직(accession)과 이직(separation)을 모두 포함하는 개념으로서 **노동이동**이라고도 한다. 반면에 **협의의 이직**은 조직으로부터 금전적 보상을 받는 개인이 조직에서 **구성원 자격을 종결짓고 조직을 떠나는 것**을 말한다(Mobley, 1982).

2 이직의 유형

이직은 **의사결정 주체가 조직구성원인가** 아니면 **조직인가에 따라 자발적 이직(voluntary separation)과 비자발적 이직(involuntary separation)**으로 구분할 수 있다. 자발적 이직은 종업원에 의해 주도되는 것이며 비자발적 이직은 종업원 의사에 반(反)하여 이루어지는 것이다.

이직은 또한 **조직에 의한 통제가능성 여부에 따라 통제가능 이직(controllable turnover)과 통제불가능 이직(uncontrollable turnover)**으로 구분할 수 있다. **통제가능 이직**은 조직이 노력하면 통제할 수 있는 **임금, 복리후생, 근무시간, 작업조건, 인간관계 등에 대한 불만**으로 이직하는 것을 말한다. **통제불가능 이직**은 조직구성원의 **질병, 사망, 학업계속 및 가정문제 등이 원인**이 되는 것으로서 조직이 노력을 한다고 해서 통제가능한 것이 아닌 경우를 말한다.

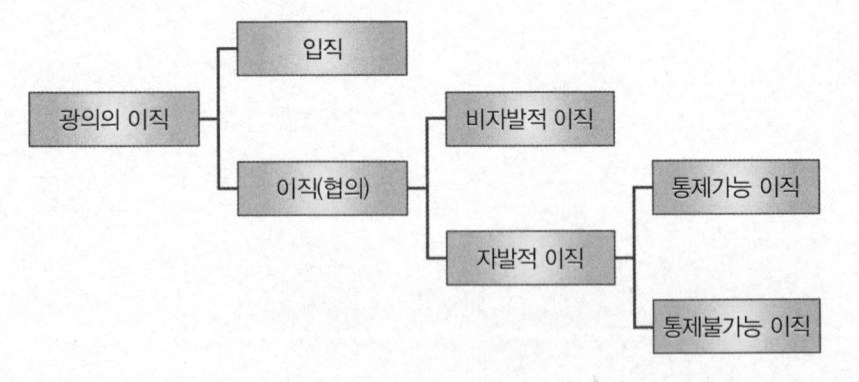

(1) 자발적 이직

종업원의 순수 자유의사에 의해 기업을 떠나는 것을 자발적 이직이라고 하는데, 이것은 다시 전직 (turnover)과 사직으로 구분할 수 있다. 전직은 종업원이 상사나 동료와의 불화, 회사의 급여나 승진, 기타 주로 회사에 대한 불만으로 인해 혹은 자신의 성장과 발전을 위해 보다 조건이 나은 다른 회사로 옮기기 위한 이직을 말한다. 사직은 결혼, 임신, 출산 등 개인의 사생활과 관련된 이유로 회사를 그만두는 것을 말한다.

(2) 비자발적 이직

비자발적 이직은 **종업원 자신의 의사와 관계없이 이루어지는 이직**으로 **사용자나 조직의 입장에서 강제되는 이직**을 의미한다. 인력감축 등 고용조정에 의한 정리해고(lay off), 종업원의 무능력이나 근로계약위반 등의 귀책사유로 인한 징계에 의한 해고(discharge), 정년규정에 의한 정년퇴직 (retirement) 등이 있다. 명예퇴직은 형식적으로는 종업원의 자발적 퇴직희망에 따라 퇴직시키는 제도이지만 그 주도권을 기업이 갖는다는 점에서 비자발적 이직에 포함된다.

(3) 회피가능 이직(avoidable separation)

회피가능 이직은 **사용자가 통제할 수 있는 요인**인 임금, 복리후생, 근로시간, 기타 근로조건 등에 대한 불만족으로 인한 이직으로 **사용자의 노력에 의해서 그 발생을 최소화할 수 있는 통제가능한 이직**을 말한다.

(4) 회피불가능 이직(unavoidable separation)

회피불가능 이직은 **불가피한 원인에 의해서 발생하는 이직**, 즉 **사용자가 통제할 수 없는 요인에 의한 이직**을 말한다.

3 이직의 효과

(1) 긍정적 효과

1) 적정수준의 이직은 **보다 양질의 참신한 인력으로 대체할 수 있는 기회를 제공**하며 기업에 새로운 아이디어나 기술의 도입을 가능하게 해주고 **정체된 조직분위기를 쇄신**시켜준다.

2) **연공급제 하에서 능력이 부족한 고임금자들의 이직에 따른 신규인력의 충원은 인건비 절감효과**도 가져다준다.

3) 특히 경기침체 시 과잉인력을 보유하고 있는 조직은 **인력배치의 유연성을 제고시켜 탄력적이고 합리적인 인력운용을 통해 조직활성화와 경쟁력 제고에 기여**한다.

(2) 부정적 효과

1) 과도한 자발적 이직은 **고용정책의 차질에 따른 생산계획의 혼란**을 가져와 **경영의 안정성을 저해**할 수 있다.

2) **이직관련 비용이 증대**된다.

3) 우수한 핵심인력의 이직은 인적자원측면에서 **조직의 경쟁력 약화**를 초래할 수 있다.

4) 높은 이직률은 동료들의 사기와 조직분위기를 저해할 수 있고 기업의 사회적 이미지와 여론에도 나쁜 영향을 줄 수 있어 유능한 인력의 확보와 제품시장에 부정적 영향을 미칠 수 있다.

효과 주체자	부정적 효과	긍정적 효과
이직자	• 직장생활에서의 불확실성 증가	• 경력개발 • 소득증가 • 능력발휘기회 증가
잔류자	• 조직 내 기존 사회적 관계의 훼손 • 신규인력이 확보되는 기간 동안의 업무량 증가	• 이동 및 승진기회의 증가 • 새로운 동료로부터의 자극 및 상호보완
기업	• 이직비용의 발생(생산성 감소, 모집선발 비용, 교육 훈련비용 등) • 유능한 인재의 상실로 인한 경쟁력 약화 • 조직의 불안성	• 무능한 인재의 퇴직으로 조직능력 제고 • 신규인력의 조직에 새로운 아이디어 제공 • 조직활성화 계기

4 이직이 기업에 미치는 영향

순수한 의미의 기능적인 이직이란 종업원의 자발적 이직이 기업의 경쟁력에 오히려 도움을 주는 경우를 말하며, 역기능적인 이직이란 기업에 비효율성을 가져다주어 궁극적으로 기업의 경쟁력을 훼손시키는 경우를 말한다.

부정적인 효과는 다음과 같다. **첫째, 자발적 이직은 높은 이직비용을 발생시킨다.** 이직이 발생하기 전까지 이직자의 저 생산성뿐만 아니라 신규인력을 확보하는 데 드는 모집·선발비용 그리고 교육훈련비용 등이 발생한다. **둘째, 유능한 인재의 이직은 인적자원 측면에서 경쟁력 약화**를 가져다준다. 셋째, 이직이 빈번하고 그 수가 많을 경우 **조직을 불안정하게 하여** 업무진행에 많은 차질을 주고 조직분위기도 **훼손**한다.

그러나 이직은 기업에 다음과 같은 긍정적 효과를 가져다준다. **첫째, 무능한 인재가 조직을 떠날 경우 능력 있는 새로운 인재를 영입함으로써 조직 전체의 능력이 제고**된다. 둘째, 특히 기술변화가 많은 기업에서는 **새로 영입되는 인력은 새로운 기술, 새로운 아이디어를 가져다주기** 때문에 성과의 질과 양이 증가될 수 있다. 셋째, 새로운 인력의 영입은 **조직의 분위기를 쇄신하여 조직활성화의 계기**가 마련될 수 있다.

	긍정적 효과	부정적 효과
기업의 입장	• 인력순환으로 기업조직의 신진대사가 활발 해진다. • 외부인력의 유입으로 조직 분위기가 쇄신되 고 조직의 활력을 고취시킨다. • 새로운 기법이나 기술 도입이 용이해진다. • 저성과자가 퇴출됨으로써 고성과자를 유입 시킬 수 있다.	• 유능한 인력이 유출되고 무능한 인력이 남게 되면 양질의 인력확보가 위협받게 된다. • 핵심인재 이직 시 이들을 대체하는 인력의 모집, 선발, 훈련에 막대한 비용문제가 발생 할 수 있다. • 저성과자 유입 시에는 기업의 성과와 경쟁력 을 떨어뜨린다. • 구성원의 조직 이탈에 의하여 동료들의 사기 및 조직에 대한 귀속감을 저하시킬 수 있다.
종업원 입장	• 자유로운 이동으로 보다 나은 근로조건을 찾 을 기회가 된다. • 조직에 부적응하여 이직한 종업원이 다른 조 직에는 적응하여 적재적소를 발견할 기회를 찾을 수 있다.	• 빈번한 이직은 어느 조직에도 적응하지 못한 다는 이미지를 심어줄 수 있다. • 잦은 이직은 기업으로부터 신뢰를 얻을 수 없다. 배신행위를 할 수 있는 자로 간주되어 불신감을 얻을 수 있기 때문이다.

5 퇴직관리의 필요성

적정수준의 이직은 기업에 긍정적 효과를 가져다주지만 과도한 자발적 이직, 특히 유능한 종업원의 이직은 기업에 부정적 영향을 미친다. 조직이 떠나주기를 바라는 종업원들은 남아있고 조직이 필요로 하는 종업원을 떠난다는 이른바 〈그레샴의 법칙(Gresham's law)〉이 작용하는 이직은 조직에 심각한 문제를 야기한다.

퇴직관리는 유능한 종업원들의 자발적 이직의 원인을 정확히 파악해서 이들의 이직을 최소화하는 이직 방지대책을 수립하고 나아가 고용조정에 따른 노사갈등 및 기업이미지 훼손을 최소화하는 효율적 인력 감축을 통해 유능한 인적자원의 지속적 활용과 유지를 도모하는 데 그 중요성이 있다. 퇴직관리의 중요성을 요약하면 아래와 같다.

첫째, 경기침체로 인한 구조조정으로 '비용절감형' 퇴직관리에 대한 요구가 증대되고 있는 상황에서 명예퇴직 등 인력감축제도로 인한 갈등, 잔류자의 고용불안 등의 문제는 퇴직관리의 필요성을 증대시키고 있다.

둘째, 인력유동화로 인하여 일시적이고 임시방편적인 퇴직관리에서 상시적이고 체계적 퇴직관리의 필요성이 증대되고 있다.

셋째, '긍정적' 퇴직관리를 통하여 성과주의 인적자원관리의 실현이 필요하다. 성과주의가 정착되기 위해서는 저성과자를 퇴출하고 우수인재의 지속적 유입이 원활하게 이뤄지도록 긍정적인 퇴직관리가 이뤄져야 한다.

PART
08

6 적정이직률의 관리

(1) 이직비용

1) 개념

이직비용은 이직자의 이직비용과 대체자의 대체비용으로 구성된다. 이직비용은 기존 종업원이 이직하였을 경우에 이직이 결정된 후 이직할 때까지의 낮은 생산성에 의한 손실비용과 대체인력이 결정되지 않아 공백기간으로 인해 발생하는 비용 등이다. 대체비용은 이직자 대신 대체인력으로 대체되었을 경우 발생하는 고용비용, 훈련비용, 적응비용 및 공식훈련비용 등을 의미한다.

2) 이직 과정에 따른 비용

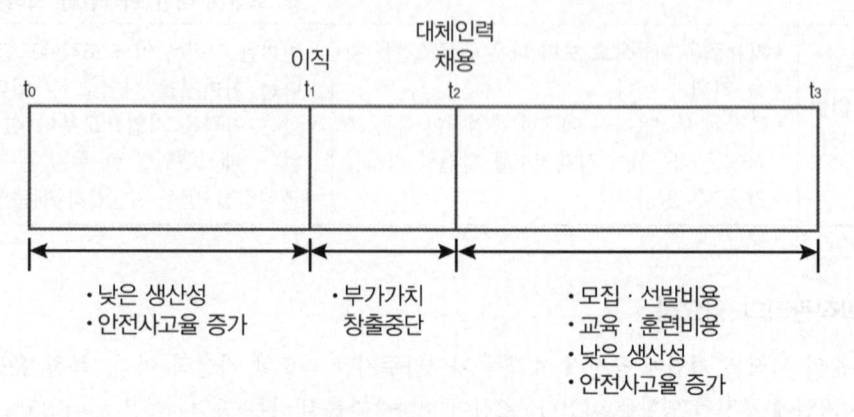

① t_0부터 t_1까지의 기간 : 이직의도 발생 시부터 이직 실행 시점 사이까지의 비용

해당기간은 이직자가 기업에 대해 불만을 갖기 시작하여(t_0) 기업을 떠나는 시점(t_1)까지의 기간을 나타낸다. 이 기간 동안 이직자는 직무에 대해 흥미를 잃게 되고 생산성 향상에 대한 의욕도 없게 된다. 또한 해당 기업을 떠나겠다는 결심을 한 후부터 일이 손에 잡히지 않게 되고 작업장에서 자연히 안전사고의 발생률도 높아지게 된다. **이 기간 동안 발생하는 이직 비용은 바로 낮은 생산성과 안전사고율의 증가이다.**

② t_1부터 t_2까지의 기간 : 이직 실행 시점부터 대체인력 채용 시까지의 비용

해당기간은 **이직자가 해당기업을 떠난 후 대체인력이 채용되기 직전까지의 기간**이다. 이 기간 동안에 이직자가 과거 수행했던 직무는 공석이 되거나 다른 종업원들에 의해 업무분담형식으로 수행된다. 직무가 공석으로 남아 있을 때 기업으로서는 과거 이직자가 직무를 수행하여 부가가치를 창출했던 것을 포기하게 된다. 해당 직무의 공석기간 동안 발생하는 비용은 아래와 같이 WVU(worker value unit)로 **계산할 수 있다.**

$$WVU = \frac{\text{간접비} + \text{이익}}{\text{임금수령 종업원 수} \times \text{작업일수}}$$

③ t₂부터 t₃까지의 기간 : 대체인력 채용 이후의 비용

해당 기간은 기업이 이직자에 대한 대체인력을 채용한 후 이 인력이 과거 퇴직한 종업원이 달성했던 성과수준을 달성할 때까지의 기간이다. 이 기간 동안 발생하는 비용은 대체인력을 모집하고 선발하는 데 드는 비용, 이들의 교육·훈련시키는 데 드는 비용 그리고 대체인력이 조직에 적응하는 기간 동안의 낮은 생산성 등이다. 입사 초기에 빈번하게 발생하는 안전사고로 인한 비용도 이에 포함된다.

(2) 이직 비용 관점에서 본 적정 이직률의 관리

기업의 적정이직률은 기업이 부담해야 하는 이직비용과 인력보유비용의 합, 즉 총 이직비용이 최저가 되는 곳에 존재한다. 기업의 입장에서 이직관리를 할 때 어느 정도의 이직률이 적당한가는 종업원이 기업을 떠남으로써 발생하는 이직비용과 더불어 기업이 종업원을 계속 보유하기 위해 투입해야 하는 비용, 즉 종업원의 이직을 막기 위한 매력적인 직무제공, 높은 임금 및 후생복지 제공 등 유지 비용 측면도 동시에 검토되어야 한다.

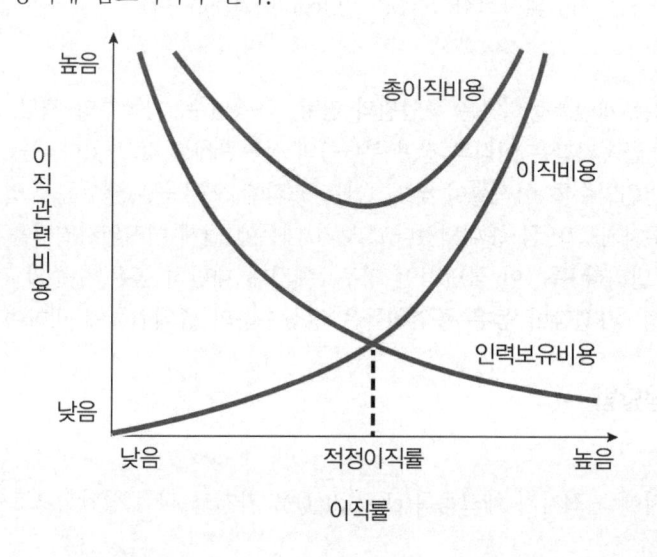

제 2 절 이직의 원인과 측정

1 이직의 원인

(1) 조직전체요인

이직에 대한 조직전체요인으로서 **기업의 임금 및 복리후생, 승진정책 등**을 들 수 있다. 이들에 있어서 **공정성이 결여**되거나, 특히 임금인상액과 승진율이 종업원들의 공헌수준과 비교해서 기대수준에 미달할 경우 종업원들은 실망을 하고 조직을 떠나려고 할 것이다.

(2) 작업환경요인

작업환경요인으로서 **감독자의 리더십스타일, 동료집단과의 상호작용 내지 인간관계 그리고 작업조건** 등을 들 수 있다. 구체적인 내용은 아래와 같다.

- 감독자의 종업원에 대한 민주적이고 인간적 배려
- 동료들과의 인간관계가 만족스럽고 집단의 응집력이 높은 경우
- 규모가 큰 경우 : 사회적 태만(social loafing)
- 과다한 근로시간, 작업장의 위험요소 등

(3) 직무내용요인

종업원이 현재 수행하고 있는 직무가 어떻게 설계되어 있느냐는 이직과 매우 중요한 관련을 갖게 한다. 즉, 직무설계와 관련된 것으로 **자기능력에 맞지 않거나 장래성 없는 직무 등에 대한 불만족, 직무의 단순반복성, 정체성이나 자율성 및 책임감의 결여, 역할모호성 및 업무과정으로 인한 역할 스트레스의 증가**는 이직의사결정에 높은 영향을 미칠 것이다.

(4) 개인적 요인

이직과 관련되는 개인특성요인은 **종업원의 연령, 근속연수, 가족부양 책임, 교육 정도** 등이 있다. **개인의 연령과 근속기간은 이직과 강한 부(-)의 상관관계를 갖고 있다.** 즉, 나이가 많을수록 근속 기간이 긴 종업원일수록 이직률이 낮다. 이는 조직에 오래 근무할수록 종업원 입장에서는 조직에 대한 개인의 투자가 그만큼 증대되었다고 보기 때문에 쉽게 이직의사결정을 내리지 못하기 때문이다. **또한 퍼스낼리티 특성이 극단적인 경우, 예컨대 대단히 높은 수준의 걱정이나 정서적 불안, 공격성, 의존성, 자신감이 높은 종업원들은 정상수준의 종업원들에 비하여 이직성향이 높다.**

2 이직의 측정방법

(1) 이직면접

종업원 **이직 시**에 면접자가 **체크목록(checklist)**을 가지고 직접 상담함으로써 이직 원인을 알아내는 방법이다.

(2) 이직 후 설문기법

종업원이 **이직한 후 일정기간이 경과**한 후에 이들을 대상으로 그들의 이직이유를 우편에 의한 **설문지**를 배포하여 질문하고 익명으로 답변을 구하는 방법이다. 이직 후 일정한 기간이 경과한 종업원들은 전직 기업에 대해 어느 정도 냉정한 판단을 내릴 것이다.

3 이직감소대책

첫째, 임금수준은 바로 기업의 지불능력과 관련되기 때문에 기업이 이를 개선하는 데에는 상당한 한계가 있다. **내부공정성의 극대화가 중요**하다.

둘째, **기업은 관리자에 대한 교육훈련, 상사와 부하들의 관계를 고려한 인력배치, 각종 인간관계를 지원하는 제도를 도입함으로써** 어느 정도 극복이 가능하다.

셋째, 직무확대화를 통한 이직감소 노력이 요청된다.

4 이직대책에 대한 평가

이직감소대책의 효과는 직접적인 이직률을 통한 측정보다 **종업원의 직무만족, 이직의도(intentions to quit)의 정도를 가지고 측정**할 수 있다.

제 3 절　　이직의 방지대책

1 자발적 이직의 방지

(1) 의의

종업원의 자발적 이직을 방지하기 위한 대책은 ① 이직의 이유를 파악하여 그에 대한 적절한 대책을 강구하는 방법이고, ② 다른 하나는 근속의 이유를 파악하여 그에 대한 적절한 대책을 강구하는 방법이다. 전자는 단기적 효과에서 후자는 장기적 효과에서 각각 특징을 지니고 있다.

(2) 내용

1) 조직차원의 관리방안

조직차원의 원인과 관련하여 **임금 및 복리후생에 대한 대내적·대외적 공정성을 확보**하고, 승**진정책을 공정하고 합리적으로 실시**해야 하고 승진기회와 장래발전성이 부족하여 종업원이 이직할 경우에는 기업에 **적절한 경력개발제도를 도입·운영**하는 것이 바람직하다.

2) 직무환경차원의 관리방안

직무차원에서 **상사나 동료와의 불화 및 인간관계에 불만이 있을 경우에 사회적 관계를 고려한 배치·이동의 실시와 관리자에 대해 인간적 배려에 초점을 둔 교육실시**, 기타 **인사상담제도나 고충처리제도의 도입**과 함께 **인간관계개선을 위한 다양한 노력을 시도**할 수 있다. 또한 작업조건 및 근로시간과 관련된 이직 감소를 위해서는 **작업장의 소음이나 위험 등 열악한 작업환경을 개선**해주고, **근로시간 단축 및 근로시간 유연한 관리** 등이 요청된다.

3) 직무내용차원의 관리방안

직무내용과 관련된 이직의 경우 **직무재설계, 즉 직무확대나 직무충실화, 현실적 직무안내(Realistic Job Previews : RJP)**을 통해 이직을 줄일 수 있다.

(3) 구체적 기법

1) 멘토링

멘토링은 선배사원이 자신의 경험과 역량을 후배 사원이 조직에서 겪는 다양한 어려움들을 극복하게 하고 잠재적 역량을 최대한 개발할 수 있도록 지원하는 과정이다. 멘토링은 특히 **신입사원이 새로운 환경에 적응할 수 있도록 도와주는 데 긍정적인 역할**을 한다.

2) 이직인터뷰(exit interview)

이직인터뷰는 이미 이직하기로 결심한 직원을 대상으로 이직의 원인을 확인하기 위해서 면담을 하는 것을 말한다. 이직인터뷰를 하는 이유는 **이직을 하게 만든 조직 내부의 원인을 찾아내어 향후에 우수 인재의 이직을 방지하고자 하는 것이다.** 이직인터뷰가 성공하기 위해서는 **이들이 지적하는 조직 내부의 원인들에 대해서 면밀히 분석하고 가시적으로 개선의 노력이 이루어져야 한다.**

3) 오리엔테이션

오리엔테이션은 사회화 과정으로서 신입사원들이 회사의 정책이나 관행에 대한 정보를 제공하고 익숙해질 수 있도록 도와주는 것이다. 새로운 조직의 구성원으로서 회사가 기대하는 바를 이해하고 맞출 수 있어야 한다. 오리엔테이션이 중요한 이유는 조직 외부에서는 알 수 없는 내부의 규범이나 규율이 조직마다 다르기 때문이다.

4) 현실적 직무소개(realistic job preview)

현실적 직무소개는 채용과정에서 지원자에게 조직이나 직무에 대해서 부정적인 내용을 포함하여 실질적인 정보를 제공하는 것이다. 사전에 조직에서 기대하는 것과 업무환경, 그리고 실질적으로 어떤 직무를 수행하는지 정확하게 정보를 제공함으로써 **지원자와 회사의 기대치를 일치시키기 위한 활동이다.** 특히 **부정적인 정보까지도 제공함으로써 이미 그러한 내용을 알고 입사한 직원이 이 때문에 이직하는 것을 예방할 수 있다.**

(4) 직무배태성(Job Embeddedness)[39]

1) 개념

직무배태성은 **자발적 이직을 결정하는 중요한 요소 중** 하나로 종업원이 현재의 직무와 조직에서 계속해서 근속하도록 하는 데 영향을 미치는 종합적이고 광범위한 연결망과 같은 것을 의미한다.

2) 구성요소

① 연결고리(links)

종업원이 조직생활을 통해서 구축한 기관들이나 다른 사람들과 맺고 있는 공식적·비공식적 관계망(Web)과의 사회적·심리적·재정적 네트워크 내지는 인간관계를 말한다. 이러한 연결고리의 수가 많으면 많을수록 개인은 직무나 조직에 더욱 얽매이게 되어 이직가능성은 낮아진다.

② 적합성(fit)

이는 **개인이 조직과 그 환경과의 지각된 적합성 또는 편안함을 의미하는데 종업원과 조직과의 적합성과 종업원과 직무와의 적합성을 의미한다.** 이러한 적합성이 높을수록 개인은 조직에 직업적·개인적으로 얽매여 있다고 느껴서 이직가능성은 낮아진다.

---

39) 마음속에 깊이 뿌리를 내려 박는다는 의미로 직역

③ 희생(sacrifice)

직장을 떠남으로써 잃어버릴지도 모르는 정신적ㆍ물질적 혜택의 비용을 의미하는데 조직을 떠날 때 포기해야 할 혜택이 크면 클수록 이직은 어려워지게 된다.

3) 조직에의 시사점

실증연구 결과를 보면 **연결고리가 많을수록, 적합성이 높을수록, 희생해야 할 부분이 클수록 자 발적 이직의도와 실제 이직은 낮게 나타났다.** 즉, 개인의 직무배태성의 정도가 높을수록 이직의 도와 이직가능성은 낮아진다는 가설을 지지하고 있다. 그러므로 조직은 직무배태성의 정도를 높여줌으로써 유능한 인재의 자발적 이직을 감소시킬 수 있다.

2 비자발적 이직의 관리

비자발적 이직은 근로자 의사와 관계없이 조직의 일방적 결정에 의해 고용관계가 단절되는 것으로 경 영상 이유로 인한 고용조정에 의한 정리해고와 명예퇴직, 근로자의 귀책사유에 의한 징계해고, 정년퇴 직 등 4가지로 구분할 수 있다.

(1) 고용조정

1) 고용조정의 필요성

오늘날 무한경쟁시대에서 기업은 경쟁력 강화와 생존을 위해서 다운사이징, 리엔지니어링, 슬림 화 등 구조조정을 하지 않을 수 없고 이에 따라 **노동수요의 감소로 인해 고용조정은 피할 수 없는 과제가 되고 있다. 따라서 고용조정에 따른 부작용을 최소화할 수 있는 효과적인 이직관리 내지는 방출관리 방안이 모색되어야 한다.**

2) 고용조정의 개념

고용조정이란 **기업의 경영활동에 필요한 적정고용량을 확보**하기 위하여 고용량의 증가나 혹은 감소를 통해서 **기존의 고용량을 조정**하는 것을 말하는데 **현실적으로는 경기침체로 적정고용량 의 축소에 맞추어 기존의 고용량을 조정하는 인력감축을 의미**한다. 그러나 넓은 의미의 고용조 정은 근로시간 조정 등과 같은 양적 조정 및 나아가 임금조정이나 노동력의 배치전환 등과 같은 질적 조정까지도 포괄하는 개념이다.

많은 기업들이 경제위기를 겪으면서 **감량경영(downsizing)**이란 이름 아래 **정리해고나 명예퇴 직을 활용**한 고용조정을 실시해 왔으며, 최근에는 기업의 경영사정이 나쁘지 않음에도 불구하고 경영효율성 제고 측면에서 이를 실시하는 기업들도 상당수 있다.

3) 인력감축의 원인

① 인력공급의 과잉현상

기업은 인력수요 및 공급에 대한 예측활동 결과, 인력공급이 인력수요를 초과할 때 인력감축의 필요성을 발견한다. 양적 측면에서의 인력공급과잉은 현재 혹은 미래의 특정 시점에서 종업원 수가 필요한 인력보다 초과되는 것을 말하며, 질적 공급과잉은 기업이 필요로 하는 자격수준보다 특정 시점에서 종업원이 갖추게 되는 자격수준이 높은 경우(overqualified)를 말한다. 기업이 필요 이상의 인력을 보유하게 되면 인건비의 추가지출로 인한 제품원가 상승, 나아가 시장에서의 경쟁력 약화를 가져다줄 뿐만 아니라 기업 내부에도 많은 역기능을 가져다준다.

② 인력공급과잉 현상의 원인

첫째, **경기후퇴 내지 해당기업의 제품의 노후화**로 인한 매출액 및 생산량의 감소이다.

둘째, **기계화 내지 자동화로 연결되는 기술변화**가 인력공급 과잉을 유발한다.

셋째, 시장에서의 경쟁이 치열해짐에 따라 **기업은 인건비를 줄임으로써 제품생산원가를 낮추려고 시도하게** 된다.

넷째, 기업의 인력공급과잉은 **공장의 폐쇄 내지 이전** 시에도 나타난다. 또한 일시적인 인력공급과잉현상은 해당기업이 **계절적 사업을 수행**할 경우에도 나타난다.

4) 인력과잉공급 해소를 위한 인력감축전략

① 초과근무시간 단축

인력감축전략으로서 **코스트가 가장 적게 발생하며 도입이 용이한** 것이 바로 초과근무시간 단축이다. 이는 근무시간에 따라 급여가 주어지는 **생산직 근로자에게 주로 적용**된다. 초과근무시간의 단축은 〈기업〉에게 **경쟁력 저하나 경제적 비용을 발생시키지 않는다.** 해당 기업은 종업원 수를 줄이지 않고 보유하고 있는 인적자원의 양이 그대로 유지되기 때문이다. 다만, **생산시설의 활용도는 약간 낮아질 수 있다.** 한편 〈종업원〉의 입장에서 **초과근무시간 단축으로 근로시간이 줄어들어 피로도가 낮아진다는 측면**이 있으나 **임금이 줄어드는 결과**를 가져다준다.

초과근무시간 단축은 불경기나 **기업의 경영상황이 악화되어 해고가 불가피한 경우 해고를 대신하여 노동조합에 의해 제시되는 방식**이기도 하다. 즉, 고용을 보장받는 대신 근무시간을 줄여 고통을 분담하는 **워크 셰어링(work sharing) 제도**로 도입할 수 있다.

② 신규채용 억제

인력감축전략으로서의 신규채용억제는 **기업이 정년퇴직 및 자연발생적인 이직을 이용하여 인력을 중·장기적으로 감축**시키는 것이 그 목적이다. 신규채용을 억제하는 전략은 〈기업〉의 **경쟁력 저하에 상당한 영향**을 미칠 수 있다. 신기술 도입에 있어서 소극적이며 새로운 아이디어의 제공이나 조직활성화의 계기를 마련할 수 없기 때문이다. 그러나 **기업이 부담하게 되는 인건비 측면에서는 코스트를 발생시키지 않는다.** 한편 업무량의 변동 없이 신규채용억제를 하는 경우 남아 있는 〈종업원〉에게 **업무부담을 증가**시키게 되는 단점이 있지만 종업원이 받는 보상수준에는 특별한 변동이 나타나지 않기 때문에 종업원의 **경제적 부담은 발생하지 않는다.**

③ 조기퇴직제도의 도입

조기퇴직제도는 정년에 도달하지 않은 **종업원을 자발적인 의사에 따라 퇴직시키는 제도**인데 이를 명예퇴직제도라고 한다. 조기퇴직제도는 〈기업〉에게 상당한 경제적 비용을 수반한다. 왜냐하면 종업원이 퇴직할 경우 정년까지 남은 기간을 보상할 수 있는 퇴직수당을 지급해야 하기 때문이다. 또한 **퇴직하는 종업원이 유능한 인재일 경우 기업의 경쟁력이 훼손될 수 있다.** 〈종업원〉의 입장에서 조기퇴직제도는 업무량 증가 측면에서 부담을 가져다준다. 왜냐하면 퇴직한 종업원에 대한 후속 충원이 없기 때문에 기업에 남아 있는 종업원은 퇴직자의 업무를 분담해야 하기 때문이다. **퇴직하는 종업원은 퇴직수당이라는 목돈을 마련할 수 있기 때문에** 경제적인 불이익은 별로 발생하지 않는다.

④ 보상의 동결 및 삭감

보상의 동결전략은 기업이 종업원에게 제공하는 경제적 보상인 임금 내지 복리후생을 동결시킴으로써 종업원에게 불만족을 야기해 자발적 이직을 유도하는 것이다. 보상동결전략은 〈기업〉의 경쟁력 측면에서 매우 커다란 부담을 가져다준다. 왜냐하면 이러한 전략으로 인해 해당 기업을 떠나는 종업원은 다른 기업에서 일자리를 구할 수 있는 능력 있는 사람들이기 때문이다. 또한 현재 기업에 남아 있는 종업원에게도 불만족을 가져다주기 때문에 생산성 향상을 위한 모티베이션이 상당히 훼손된다. 반면에 직접적인 경제적 비용은 발생하지 않는다. 한편 〈종업원〉에게는 정신적 부담을 증가시키는데 보상동결에 대한 불만족으로 기업을 떠난 종업원의 직무를 남아 있는 종업원이 분담하여 수행해야 하므로 업무가 증가되기 때문이다. 뿐만 아니라 명목임금수준이 그대로 유지된다고 하더라도 물가가 상승할 경우 실질 임금은 감소되기 때문에 **종업원에게 경제적 부담을** 가져다줄 수 있다.

⑤ 해고

해고는 기업의 의지에 의해 종업원이 강제적으로 기업을 떠나는 것을 말하는데 이것은 **통상해고, 징계해고, 정리해고로** 구분된다. 통상해고란 근로자가 **부상 및 질병으로** 더 이상 근로가 어려운 경우, **업무능력이나 근무성적이 현저히 떨어진 경우,** 그리고 법 위반(징역, 구속)으로 인해 더 이상의 근로가 어려운 경우 사용자가 근로계약을 중단하는 것이며, 징계해고는 근로자가 회사의 명령이나 지휘를 준수하지 않을 경우 내려지는 해고를 의미한다. 한편 경제적 이유에 의한 정리해고는 사용자가 긴박한 경영상의 어려움이 발생하여 더 이상 근로자를 고용하기 어려울 경우 행해지는 해고이다.

해고를 통한 인력감축전략은 〈기업〉 입장에서 다른 어떤 전략보다도 강력하고, 무엇보다도 종업원이 강제에 의해 퇴직된다는 점에서 **노사 간 갈등이 증폭될 가능성이 높다.** 해고는 기업에 경쟁력 훼손이라는 부담을 가져다 준다. 특히 **비해고자인 현직 종업원의 기업에 대한 커미트먼트는 급격히 감소된다.** 그들은 우선 추가해고에 대한 불안감, 직무 불만족 등으로 직무에 대한 모티베이션이 저하되어 생산성 향상을 기대하기가 사실상 어렵다. 반면에 **해고 전략은 기업에 별다른 경제적 비용은 가져다 주지 않는다.** 오히려 인건비 절감의 효과가 있다. 그러나 해고는 〈종업원〉 입장에서 퇴직종업원에게뿐만 아니라 **남아 있는 종업원에게 매우 커다란 부담을** 가져다준다. 해고자에게는 실직의 고통을 주고 남아 있는 종업원에게는 퇴직자의 직무분담을 통한 업무량 증가 그리고 추가해고에 대한 불안감 등을 유발시킨다.

PART
08

(2) 인력의 방출관리

1) 정년퇴직(retirement)

① 개념

정년퇴직은 **일정 연령, 즉 정년에 도달하면 근로자의 의사와 관계없이 자동적·강제적으로 퇴직시키는 것**으로 정년제라고도 한다.

② 정년제도의 기능

정년제도는 첫째, 입사 후 정년까지 근로자 신분을 보장함으로써 **고용안정을 통해 근로자의 기업에 대한 귀속감 증대와 장기 정착화를 도모**할 수 있고, 둘째, 고령화된 노동력을 유출하고 신규노동력 유입을 통해 **노동력의 신진대사를 촉진**하고 **조직 활성화**를 기할 수 있을 뿐 아니라 후진들에게 승진 기회도 부여할 수 있다. 셋째, 연공주의 임금체계 하에서 기업 입장에서는 정년제를 채택함으로써 **인건비 지출을 억제**할 수 있고, 넷째, 기업은 근로자들의 퇴직시기를 알고 있으므로 **사전에 퇴직계획을 수립할 수 있어 인적자원의 수급계획을 용이하게 해주는** 등의 기능을 수행한다.

③ 조직에의 시사점

기업은 정년제를 효과적으로 관리하기 위한 방안으로 근로자들이 퇴직 후 쉽게 적응할 수 있도록 도와주기 위하여 **퇴직상담 프로그램을 비롯**해서 **정년퇴직예정자의 의사에 따라 근로시간을 단계적으로 단축하거나 안식년제도의 도입, 퇴직에 대한 집합교육 실시 등과 같은 효과적인 퇴직준비 프로그램을 개발·운영**하는 것이 바람직하다.

2) 징계해고(discharge)

① 개념

징계해고는 이직유형 중 **사용자가 취하는 가장 극단적이고 고통스러운 조치**로서 근로자의 귀책사유로 인하여 근로자를 해고하는 징계조치를 말한다. 대다수 기업은 근로자의 권리 보호를 위해 〈점진적 징계방식〉을 택하는데 대체로 **행동교정을 위한 상담 및 구두경고, 서면경고, 타부서로의 이동이나 최종경고, 견책, 감봉, 정직, 마지막으로 징계해고의 순서로 징계**가 이루어진다.

② 조직에의 시사점

징계해고는 중징계의 형태로 근로자에게 **경제적 불이익**은 물론 심한 **정신적·사회적 고통**을 수반한다. 따라서 사용자의 임의적이고 불공정한 해고로부터 근로자를 보호하기 위하여 **취업규칙이나 단체협약에 징계해고의 사유와 절차를 보다 엄격하게 규정**하고 또한 그 적용에 있어서도 해고사유 및 절차상 정당성과 해고결정 결과의 공정성을 확보하도록 신중한 판단과 결정이 이루어져야 한다.

3) 구조조정(정리해고)

① 개념

경영상 이유에 의한 해고는 "**경영상 필요에 의해** 기업의 유지와 존속을 전제로 일정 요건 아래 그 **소속 근로자 중 일부를 해고하는 것**"이다.

② 확산배경

다운사이징(downsizing)은 기업이 경영상 어려움에 처했을 때 건물이나 토지의 매각이나 사업부의 축소, 공장의 폐쇄 등 물리적인 **규모의 축소를 의미**하기도 하나 **최근에는 인력의 규모를 축소하는 인적자원관리 전략을 통칭하여 사용**된다. 경영상 이유에 의한 해고 역시 **기업이 다운사이징 전략을 추구하는 과정에서 발생**한다. 종신고용의 원칙을 고수하던 일본 기업들도 장기불황이 지속되자 다운사이징 전략을 도입하였고, **한국 기업들도 1997년 경제 위기를 겪으면서 도입이 확산**되었다. 구체적으로는 다음과 같은 이유가 있다.

❶ 노동비용 절감을 통한 경쟁력 확보

인력의 공급이 수요를 초과하게 되면 기업은 비용의 부담을 가지게 된다. 노동비용은 근로자 수와 비례해서 증가하기 때문에 **노동비용을 줄이기 위해서는 근로자의 수를 줄이는 방법을 고려**하게 된다.

❷ 새로운 기술 도입

사람이 하던 작업을 인공지능이나 로봇을 도입함으로써 공장의 자동화가 되면 인력의 수요가 감소한다. 최근 4차 산업혁명으로 인력의 수요가 감소할 것으로 예상되는바, 새로운 기술 출현은 새로운 일자리도 만들지만 기계가 대체하는 일자리도 늘어나게 된다.

❸ 기업 인수합병

기업의 인수합병(M&A)이 일어나면 **각각의 기업에서 필요하였던 직무 분야가 하나로 합쳐지면서 중복이 발생**하게 된다.

❹ 공장의 해외이전

이것도 역시 인건비와 관련이 있다. 기업은 가능하면 인건비가 낮은 곳을 찾게 된다. 많은 기업들이 **인건비가 낮은 중국이나 동남아 등으로 공장을 이전**하였다. 공장을 이전하게 되면 기존의 공장은 폐쇄하거나 가동을 줄이게 되고 따라서 **인력의 수요가 줄어들게 된다.**

③ 다운사이징의 실패이유

단기적으로 다운사이징을 해서 비용이 절감이 되면 수익성이 좋아지는 것처럼 보이지만 이는 일시적인 착시이며 **장기적으로는 생산성이 저하되어 경쟁력이 악화되는 경우가 발생**한다. 이처럼 다운사이징이 실패하는 이유를 정리하면 다음과 같다.

❶ 필요한 인력의 손실

징계해고와 달리 다운사이징을 위한 해고는 대량으로 발생한다. 이로 인해 **회사에 꼭 필요한 인력까지 퇴출되는 경우가 발생**한다.

❷ 조직 네트워크 손실

조직의 업무는 각자가 자신이 맡은 일을 수행하면서 보이지 않는 협업체계, 즉 **사회적 자본을 통해 성과를 내는 경우도 있다.** 다운사이징을 통한 인력의 방출은 때로 **해당 인력만을 내보내는 것이 아니라 그들과 연계되어 있던 보이지 않는 조직 네트워크를 흐트러 뜨리는 예기치 않는 결과**를 초래하기도 한다.

❸ 잔류 근로자들의 사기 저하

남아 있는 구성원은 심각한 심리적 어려움을 겪을 수 있게 되는데 이러한 현상을 〈**생존자 증후군(survivor syndrome)**〉이라고 한다. 생존자 증후군의 3단계의 심리적 현상은 동료들은 해고가 되었는데 자신들만 살아남았다는 **죄의식(guilty)**, 근로자 잘못이 아닌 회사가 어려워서 해고를 당한 것에 대한 **분노(anger)**, 언제 해고당할지 모른다는 **불안감 (anxiety)** 등이 있다. 따라서 남아 있는 구성원이 이러한 심리상태를 겪고 있다면 다운사이징 이후 회사를 활성화하는 것은 매우 어렵게 된다.

④ **정리해고의 대체안 고려**

경영상 이유에 의한 해고는 대량으로 이루어지기 때문에 **당사자뿐 아니라 사회적으로도 문제**가 되어 신중한 관리가 필요하다. 경영환경의 변화로 다운사이징을 할 수밖에 없는 상황이라 하더라도 앞서 말한 **정리해고의 대체안(alternative)**으로 다양한 인력감축전략을 고려해야 할 것이다.

⑤ **잔류인력의 사기진작 : Inplacement**

종업원의 해고는 잔류 종업원들에게 심리적 불안감을 가중시켜 사기가 낮아지게 되는바, 기업은 지속적인 생산성 유지를 위해 **잔류종업원의 사기를 진작**시켜야 한다. 구체적으로 다음의 방안이 있다.

❶ 해고의 정당한 사유를 투명하고 공정하게 알린다.

❷ 잔류종업원들과의 지속적 커뮤니케이션을 통하여 심리적 불안감을 최소화시킨다.

❸ 잔류종업원들에게 앞으로 해야 할 업무를 구체적으로 알려주어서 새로운 업무에 대한 적응을 원활하게 도와야 한다.

4) 전직지원제도(outplacement service system)

① **개념**

전직지원제도는 기업이 고용조정에 따라 정리해고될 사람들이나 해고된 퇴직자들이 해고에 적응할 수 있도록 도와주고 창업이나 직무탐색을 통해 다른 직장을 찾도록 지원해주는 체계적인 지원 서비스를 말한다. **고용노동부**는 전직지원 프로그램이라는 용어를 사용하면서 "**사업주의 지원하에 경영상의 이유로 퇴직하는 근로자가 신속하게 재취업할 수 있도록 서비스를 제공하는 프로그램**"으로 정의한다.

② 주요내용

❶ 심리적 지원

경영상 이유에 의한 해고는 자신의 잘못이 없음에도 불구하고 해고의 고통을 겪기 때문에 여러 심리적인 불안감에 시달린다. 전문심리상담가들이 카운슬링을 통해서 **적대감이나 분노 혹은 자신감의 상실 등의 심리적인 문제를 지원**한다. 주요 목적은 **자신감을 회복하여 사회로 복귀하는 것을 지원**하는 것이다.

❷ 전직 지원

아웃플레이스먼트 서비스는 전직에 필요한 다양한 지원을 제공한다. 출근할 수 있는 사무실 공간을 제공하거나, **전문 컨설턴트의 지원으로 처음부터 새로 시작한다는 관점으로 경력을 재점검하거나, 직접적으로 재취업을 지원**하는 경우도 있다.

③ 실시단계

전직지원 프로그램의 내용은 크게 4단계로 구성된다. **첫 번째 단계는 심리적 지원단계**이다. **두 번째 단계는 개인개발 단계**로 퇴직자의 강점과 약점을 파악하는 단계이다. 세 번째 단계는 **구직활동(job search) 단계**이다. 마지막 단계는 **지속적 상담과 지원단계**로서 퇴직자가 **재취업한 후에도 성공적인 적응을 할 수 있도록 지원**하는 단계이다.

④ 목적

전통적으로 전직지원제도는 종업원들이 일자리를 잃는 것과 관련하여 조직에 대한 부정적 경험이나 감정을 최소화하고 이들에 의해 개인적으로나 집단적으로 기업이 소송을 당하는 것을 최소화할 목적으로 도입되었다.

그러나 이제 기업들은 **잔류종업원들이나 퇴직자들로 하여금 조직에 대해 긍정적 경험이나 감정을 갖도록 하는 것이 중요**하다는 것을 깨닫게 되었다. 이에 따라 전직지원제도는 **퇴직예정자 및 퇴직자들이 해고의 충격을 완화하면서 조직에 대한 불만과 부정적인 감정을 줄이고** 신속히 전직을 할 수 있도록 도와줄 뿐만 아니라 **잔류종업원들에게도 장래 해고에 대한 불안감 해소를 통해 사기와 동기부여를 유지**하는 데 그 목적이 있다.

⑤ 효과

〈**퇴직자**〉들에게 ① 해고나 퇴직으로 인한 종업원의 **심리적 불안, 스트레스 감소**, ② 전문적 지원으로 개인의 상황에 맞는 **효율적 진로개척 활동** 가능, ③ 새로운 직업 및 환경 적응시간 최소화, ④ **회사에 대한 불안방지 및 우호적 감정 유지**, ⑤ **긍정적 성취동기 및 자신감** 배양, ⑥ **기업에 대한 반감** 최소화, ⑦ 잔류종업원의 **충격완화** 등의 장점이 있다.

〈**기업**〉에게는 ① **적절하고 원활한 구조조정** 가능, ② 인사담당자 및 경영자를 위한 **효과적인 퇴직사실 통보 프로세스 및 전략 수립** 가능, ③ 노사협의 시 **협상력 증대**, ④ 퇴직에 대한 **잔류종업원의 심리적 불안감 최소화 및 사기 유지**, ⑤ 조직변화에 대한 **생산성 및 경쟁력 저하 방지**, ⑥ 종업원을 중시하는 **책임감 있는 기업 이미지 제고**, ⑦ 해고자들로부터의 **집단**

적·개인적 소송 가능성 배제, ⑧ **기업의 사회적 책임 이행** 및 이미지 개선, ⑨ **외부고객 및 관계회사에 대한 부정적 영향 최소화** 등의 긍정적 결과를 얻을 수 있다.

퇴직자에 대한 효과	잔류구성원에 대한 효과
• 심리적 안정제고 • 효율적 경력전환 - 고용가능성 제고 • 전 직장에 대한 이미지 제고	• 조직몰입의 증가 • 조직에 대한 신뢰회복 • 생산성 향상 - 작업노력 제고

⑥ 전직지원제도의 한계

❶ 아웃플레이스먼트에 대한 인식의 부족으로 일부 대기업에 국한되어 실행되고 있다.

❷ 퇴직자의 준비부족과 형식적인 프로그램 운영으로 퇴직자의 전직지원이 미흡하여 퇴직 인력의 수요와 공급의 불균형으로 전직지원제도의 실질적 어려움이 존재한다.

❸ 정부의 사회 안전망 차원과 기업의 인재육성전략 그리고 개인의 욕구충족이 상호 연계되어 운영되어야 함에도 불구하고 현실적으로 부분적으로만 제도가 운영되고 있다.

❹ 퇴직자가 가장 필요로 하는 것은 생계와 관련된 취업지원임에도 불구하고 교육과 심리상담에 집중하여 실질적인 효율성이 떨어진다.

기타 인적자원관리

01 | 전략적 인사관리

제1절　기업에서의 전략경영

1 전략(strategy)의 개념

전략이라는 용어는 원래 군사 병법에서 나온 것으로, 말 그대로 군대를 전쟁에서 승리하도록 이끄는 총괄계획이다. 오늘날 전략은 기업경영에 도입되어 기업이 **불확실한 상황 및 경쟁환경에서 나아가야 할 방향을 설정**하고 기업의 목적을 달성하기 위하여 체계적이고 합리적인 대응 노력을 기울이도록 하는 **기본방침 또는 계획**의 의미를 갖고 있다. 기업은 환경변화에 효율적으로 적응해야 살아남을 수 있다는 인식을 갖게 되었고 이와 관련된 경험과 지식들을 체계화시키고 발전시키는 과정에서 〈전략경영〉이라는 개념이 대두하게 되었다. 전략경영은 특히 **중·장기적 관점**에서 기업이 불확실한 경영환경의 미래를 예측하고, 자신의 능력과 지식을 개발·활용하려는 계획적이고 포괄적인 일체의 노력을 포함한다.

2 전략경영의 특징

첫째, 전략경영은 **기업이 환경변화에 유연하게 대처할 수 있도록 조직의 환경적응능력을 촉진**한다.

둘째, 전략경영은 **기업의 경영자원을 전사적 관점에서 배분**하도록 한다. 즉, 기업이 미래에 어떤 사업을 강화해야 하고, 현재 어떠한 경쟁우위가 축적되어야 하는가를 밝혀줌으로써, 기업 내 각 부문의 자원 할당의 우선순위를 합리적으로 평가하여 전 사업단위를 포괄하는 관점에서 경영자원을 효율적으로 배분할 수 있도록 한다.

셋째, 전략경영은 **기업 내부의 다양한 경영활동의 통합에 기여**한다. 사업에 필요한 계획이나 경영활동에 대한 지침을 제공함으로써 기업 내부의 능력을 결집시키는 역할을 한다.

전략경영은 기업의 존재가치와 사명을 명확히 하고, 이를 달성하기 위한 장기적 전략목표와, 목표달성을 위한 활동 방향과 행동 경로를 제시함으로써 조직 내에서 이루어지는 다양한 의사결정과 행동들을 통합하는 역할을 하게 된다.

3 **전략경영의 과정(전략 수립의 과정)**

기업이 전략을 수립하는 전통적인 방식은 비전에서 출발하여 내부환경의 강점과 약점(Strengths and Weaknesses), 외부환경의 기회요인과 위협요인(Opportunities and Threats)을 분석하여(SWOT analysis) 전략적 방향성을 설정할 수 있다. SWOT분석은 효과적인 기업전략을 수립하기 위한 방법이다. 구체적인 과정은 아래와 같다.

첫째, **기업의 사명(mission), 비전 및 목표를 설정한다.** 조직의 사명은 조직이 존재하는 이유를 기술한 것이다.

둘째, **기업 외부환경을 분석한다.** 외부환경분석은 기업이 당면하고 있는 전략적 기회와 위협을 도출하기 위해 실시한다.

셋째, **기업의 내부환경, 즉 자원과 역량을 분석한다.** 외부분석과 내부분석이 결합되어 SWOT 분석이 이루어진다.

넷째, **전략적 대안들을 도출하고 가장 바람직한 전략을 선택한다.** 이를 전략선택(Strategic choice)이라고 한다.

다섯째, 선택된 전략을 실행하기 위해 조직구조와 통제 시스템의 설계, 인력의 확보 및 개발, 자원배분, 보상 시스템 개발 등 조직내부를 정비한다. **선택된 전략에 적합하도록 조직구조와 통제시스템을 설계해야** 한다.

여섯째, **전략실행의 결과를 평가하여 향후 의사결정에 피드백**한다.

제2절 **전략적 인적자원관리(SHRM, strategic human resource management)**

1 **의의 및 특징**

전략적 인적자원관리는 **조직의 전략과 목표가 연계되어 설계되고 운영되는 단계**로 다음과 같은 특징을 지닌다.

첫째, 전략적 인적자원관리는 **조직의 전략적 수준과 조직 수준의 경영 성과에 영향**을 미친다.

둘째, 전략적 인적자원관리는 **인적자원관리가 조직의 전략과 연계될 때, 즉 인적자원관리가 조직의 전략과 외적 적합성을 확보할 때 조직의 경영 성과가 높아진다고 가정**하고 있다.

셋째, 전략적 인적자원관리는 인적자원이 **지속적 경쟁우위의 원천이자 전략적 자산**이 될 수 있다는 〈자원기반이론〉의 명제와 연계되어 있다. 조직 내 특정 자원이 전략적 자산이 되기 위해서는 가치(Value), 희소성(Rarity), 모방불가능성(Inimitable), 대체불가능(Un(Non)substitutable)이라는 특성을 가져야 하는데 이러한 관점에서 **조직 내 인적자원은 해당 조건을 충족시키기 가장 적합한 자원 중 하나**라는 것이다.

2 인사관리의 발전과정

		태동기	인사관리(PM)	인적자원관리(HRM)	전략적 인적자원관리(SHRM)
시기	서구	산업화~1930년대	1940~1970년대 초	1970~1980년대 초	1990년대 이후
	한국	1960~1970년대 초	1980~1990년대 초	1990~2000년대 초	2000년대 이후
배경		• 경제발전 초기 • 과학적 관리 시대	• 안정적 경제성장 • 노동조합 압력	• 국내외 경쟁심화 • 노동시장 다양화	• 글로벌화 • 극심한 환경변화
관리방식		관료화/통제	관료화/통제	권한위임	참여/자율
기능역할		• 인사기록 • 문서관리 • 복지관리 • 기본적 인사	• 개별적 인사기능 • 인사기능 체계화 • 인사부서의 전문화 • 노사관계 비중 증대	• 인사부서 기능강화 • 인적자원 개발 중시 • 인사부서 독립가능	• 인적자원의 핵심역할 • 인사와 전략의 적합성 • 인사부서의 중추적 역할

(1) 원시적 인사관리

원시적 인사관리 단계에서는 **인사관리 각 기능이 제도화되지 못하고 종업원 인적 사항 등의 기록과 문서의 보관 및 관리에 치중하는 특징**을 나타낸다.

(2) 인사관리(personal management)

인사관리 단계에서는 **인사관리 개별 기능들이 합리화되고 제도화되었으나 각 기능들이 서로 통합되지 못하고 분리되어 운영되는 단계**이다.

(3) 인적자원관리(human resource management)

인적자원관리 단계는 조직 내에서 인적요소의 중요성에 대한 인식이 확산되면서 그동안 통용되던 인사관리라는 명칭이 인적자원관리로 바뀌고 **인적자원의 확보·개발·활용을 위해 개별 기능들이 점차 통합**되어가는 단계이다.

(4) 전략적 인적자원관리(SHRM, strategic human resource management)

전략적 인적자원관리는 **인적자원관리가 전략경영과정과 잘 연계되고 인적자원관리 기능들 사이에도 조화를 이루어 조직의 전략목적을 달성**하는 과정을 의미한다.

3 경영전략과 인적자원의 정렬

경영전략과 인사전략과의 정렬이 먼저 이뤄져야 하고 이어서 인사전략에 따른 하위 인사기능의 정렬이 이뤄져야 한다.

▼ 경영전략과 인적자원관리의 정렬

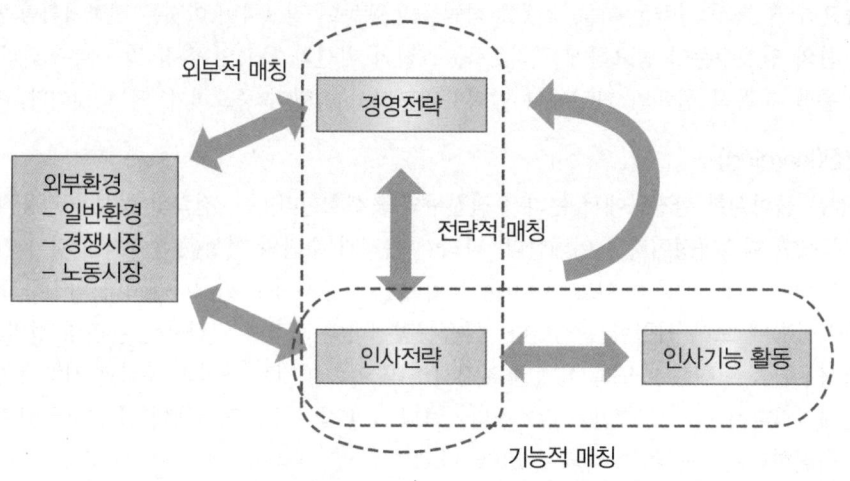

(1) 경영전략과 인사전략의 매칭 : 전략적 매칭

전략적 정렬이 이뤄지기 위해서는 먼저 **인사기능에도 전략이 도입**되어야 한다. 인사전략은 인적자원을 대상으로 하는 것이므로 특별히 더 **장기적이고 사람의 주도성을 인정하는 관점**에서 이뤄져야 한다. 인적자원은 단기적으로 변화시킬 수 있는 것이 아니기 때문에 전략적 정렬이 더욱 중요하다. **경영전략과 인사전략의 전략적 매칭(strategy matching)은 환경의 복잡성과 장기적 특성을 품을 때 효과**를 얻을 수 있다.

(2) 인사전략과 인사기능 활동의 정렬 : 기능적 매칭

인사전략이 선택되면 인적자원관리의 하위기능 활동들은 그에 매칭하여 정렬시켜야 한다. 즉, **모든 인사기능의 활동이 인사전략에 잘 정렬**되어야 한다. 이를 **기능적 매칭(functional matching)**이라고 한다. 여기서 주목해야 할 점은 인사의 여러 기능 활동이 전략을 중심으로 일관되게 정렬되어서 결과적으로 하나의 구성형태를 이루게 된다. 인적자원의 **확보시스템, 개발시스템, 평가시스템, 보상시스템이 일관되게 어울림**이 있어야 된다. 이를 인사 **묶음효과(bundling effects)**라고 한다. 즉, 전략에의 정렬 못지않게 중요한 것은 **인사활동들이 집약적 효과를 내는 번들링(bundling)**을 해주는 것이다.

요약하여 전략적 인적자원관리는 **경영전략과 인사전략의 정렬을 만드는 전략적 매칭(strategy matching), 경영전략과 인사전략 모두 외부 환경요인과 정합성을 만드는 외부적 매칭(external matching), 그리고 인사전략에 모든 기능이 정렬되고 통합되는 내부적인 기능적 매칭(fuctional matching)** 등 세 가지가 구현되는 것을 말한다.

4 **인적자원관리와 전략의 연계** : 계획관점과 학습관점

(1) 계획관점(planning)

계획관점은 공식적인 계획이 환경에 상관없이 기업에 유익하다는 가정이다. 따라서 목적이 구체화되면 순차적으로 수단을 강구하는 형식이 된다. 이때 **인적자원관리가 전략과의 적합성을 이뤄가는 것이 중요**하다. 특정 전략은 이를 수행할 직원들의 행동이 필요하며 이것은 **전략기획팀과 인적자원관리팀 간의 연계수준이 중요**하게 된다. 즉, 조직의 미션과 목표의 설정 및 내부조직과 외부환경 분석을 통한 전략적 선택의 과정에서 인적자원관리의 역할이 중요하게 되는 것이다.

(2) 학습관점(learning)

학습관점은 불확실한 환경하에서 논리적 점진주의를 선호한다. 즉, **전략의 형성을 적응적이고 점진적이며 복잡한 학습과정이라고 이해**한다. 따라서 목적과 수단의 형성은 순차적인 것이 아니라 동시에 구체화되어 서로 맞물려 있다. 이것은 불확실성이 존재하는 환경하에서 불안정하고 복잡하며 역동적인 상황에 보다 적합한 관점이다. 학습관점에서의 전략적 인적자원 관리의 정의는 "**사람을 통해 경쟁우위를 성취해 가도록 설계된 조직시스템**"으로 이것은 조직의 목적과 전략에 인적자원관리를 연계시킨다는 협의적 측면을 강조한다기보다 포괄적이며 조직전체에 연계되어 있으며 사람으로부터 출발한다는 측면이 부각되어 있다.

정리하여 **계획관점에서의 인적자원관리는 환경의 불확실성이 비교적 높지 않은 상황에서 선택할 수 있지만, 학습관점은 예측하기 어려운 상황에서 탁월한 인재를 선발하여 환경의 변화에 적응해 나가도록 하는 것이다.**

5 **전략과 인사관리와의 연계 수준**

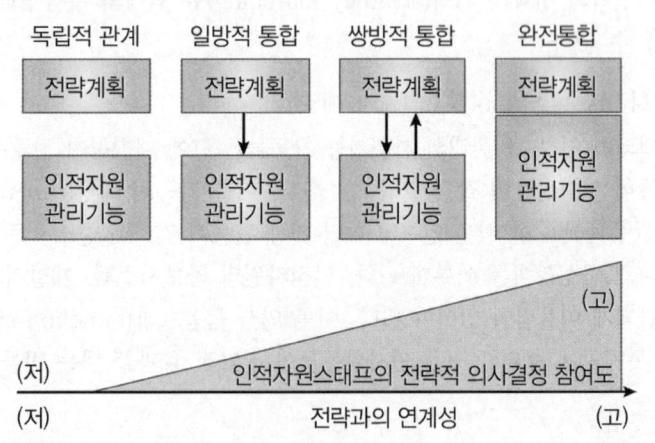

(1) 행정적 연계(administrative linkage)

행정적 연계는 인적자원관리와 전략 간 연계의 수준이 가장 낮은 것으로 여기에서는 전략 수립과 인적자원관리가 별개로 이루어진다. 전략 수립은 인적자원관리 이슈에 대한 고려 없이 이루어지고 인사부서는 전략 결정 및 전략 실행의 과정에서 배제된다.

(2) 일방적 연계(one-way linkage)

일방적 연계에서는 기업이 전략을 수립하고 이를 인적자원관리 부서에 알린다. 이에 따라 인적자원관리 부서에는 전략 실행을 지원하는 시스템과 프로그램을 개발한다. 일방적 연계에서는 전략 실행에 있어서 인적자원관리의 중요성을 고려하고 있지만, 전략 수립 시 인적자원 이슈에 대한 고려가 배제된다.

(3) 쌍방적 연계(two-way linkage)

쌍방적 연계에서는 전략 수립에 있어서 인적자원 이슈가 고려된다. 쌍방적 연계는 다음의 세 단계로 이루어진다. 첫째, 전략팀은 인적자원관리 부서에 기업이 고려하고 있는 다양한 전략 대안들에 대한 정보를 제공한다. 둘째, 인적자원관리부서는 각 전략 대안에 있어서의 인적자원관리의 영향 및 관계, 이슈 등을 분석하고 그 결과를 전략팀에 보고한다. 셋째, 전략 결정이 이루어진 후 이를 다시 인적자원관리부서에 통보하여 전략을 실행할 프로그램을 개발하도록 한다. 여기에서는 전략 수립 기능과 인적자원관리 기능이 쌍방적으로 연계되어 상호 영향을 미치게 된다.

(4) 통합적 연계(integrative linkage)

통합적 연계는 가장 높은 수준의 연계로 매우 역동적이고 다양한 측면을 가진다. 쌍방적 연계에서는 인적자원관리의 전략이 순차적으로 상호작용하지만 통합적 연계에서는 동시적이고 계속적으로 상호작용이 일어난다. 통합적 연계 방식에서 인적자원관리 책임자는 일반적으로 상위 경영자들로 구성되는 전략팀의 일원이 된다. 따라서 통합적 설계 방식에서 인적자원관리는 전략 수립 프로세스 및 전략 실행 프로세스에 바로 통합되기 때문에 전략 대안들을 검토할 때 인사 관련 이슈는 재무나 마케팅 등 여타 부문의 이슈와 함께 고려되고 검토된다.

인적자원관리 부서는 전략팀에 인적자원 역량에 대한 정보를 제공한다. 이 정보는 각 전략 대안의 성공적 실행가능성에 대해 판단할 수 있는 내용을 담고 있어서 최고경영자가 최상의 전략을 결정할 수 있게 도움을 주게 된다. 전략 대안이 결정되고 나면 인사관리 부서에는 전략 실행에 요청되는 능력을 구성원들이 갖출 수 있도록 인적자원관리 제도와 프로그램을 개발하고 실시해야 하는 일을 해야 한다.

6 전통적 인사관리와 전략적 인사관리의 비교

(1) 비용(cost) 관점에서 자산(asset) 관점으로

조직에서 구성원은 비용인 동시에 자산의 역할을 한다. 과거에 비해 자산으로서의 관점이 더욱 중요하게 대두되고 있으며 특히 우수한 인재가 조직의 경쟁력 원천이 되는 경우에는 더욱 전통적인 비용 관점에서 탈피해야 할 것이다.

(2) 미시(micro) 초점에서 거시(macro) 초점으로

이는 인적자원관리의 목표를 어디에 두고 있는가 하는 점이다. 전통적인 인적자원관리가 미시적인 관점에서 개인 단위에 초점을 맞춰서 구성원들의 만족이나 태도 혹은 행동과 개인성과를 우선시하였다면 전략적 인적자원관리는 전략적 단위인 조직 전체에 초점을 맞추어 인적자원관리가 궁극적으로 개인을 넘어서 조직 전체의 성과에 미치는 영향에 대해 관심을 가진다.

(3) 기능적(functional) 관점에서 전략적(strategic) 관점으로

전통적인 인적자원관리에서는 채용, 평가, 육성, 보상, 이직 등 각각의 기능적인 역할을 중요하게 여겼다. 각각의 기능을 잘 수행하면 인적자원관리의 목표를 달성할 수 있을 것으로 간주하였다. 반면 전략적 인적자원관리에서는 각각의 기능들을 한 방향으로 결집하여 전략적인 목표를 달성하는데 기여하고 있는지를 판단한다.

(4) 수동적(reactive) 관점에서 능동적(proactive) 관점으로

전통적으로 인적자원관리는 사업의 필요에 대응하는 수동적인 관점이 주를 이루었다. 즉, Ulrich의 인사부서의 역할에 따르면 행정전문가의 역할을 주로 수행한 것이다. 그러나 전략적 인적자원관리 측면에서는 조직의 경쟁력 확보를 위해서 능동적으로 선제적 활동을 수행해야 할 경우가 많이 발생한다. 즉, **변화담당자 혹은 전략적 동반자 역할**이 대두된다.

울리히(Ulrich)의 인사부서의 역할

① 행정전문가(administrative expert) : 일상 업무의 조직화와 집행을 통해 효율적 조직인프라를 구축하는 역할
② 종업원 대변인(employee champion) : 구성원의 헌신과 조직몰입을 이끌어 내도록 그들에게 보상과 지원을 통해 역량을 향상시키는 역할
③ 전략적 파트너(strategic partner) : 인적자원관리와 경영전략의 정렬을 통해서 전략 실행이 원활하게 이루어지도록 지원하는 역할
④ 변화주도자(change agent) : 조직혁신과 변화를 주도하면서 교육개발을 통하여 각 개인의 변화역량을 확보하는 역할

장기적 · 전략 지향적

전략적 동반자	변화동반자
경영이념 정립과정 참여 전략수립 · 수행과정 참여 조직진단 조직설계 사업전략과의 연계	변화주도 변화촉진 변화전시 조직개발 · 변화관리 조직문화개발 · 관리
행정 전문가	**구성원 옹호자**
일상적 인적자원관리 지원 지원서비스의 가치 극대화 효율적 하부구조 설계 하부구조개선 · 리엔지니어링 하부구조의 효율적 운영	인간관계관리 커미트먼트 · 사기향상 고충처리 구성원문제 경청, 욕구충족 필요자원의 조달

과정 중심적 ← → 인간 중심적

일상 · 관리 지향적

(5) 무엇을 하는가(what to do)의 내부중심에서 무엇을 전달할 것인가(what to driver)의 고객 중심으로

전통적인 인적자원관리에서는 무엇을 했는지가 중요했다. 이러한 측면은 조직 내부의 인사부서 활동이 중심이 된 것이다. 반면 **전략적 인적자원관리**에서는 그래서 **어떤 효과가 있었는가** 혹은 고객들에게 어떤 변화를 가져다주었는가 하는 점이 중심이 된다.

(6) 집권화(centralized)된 의사결정에서 분권화(decentralized)된 의사결정으로

전통적인 측면에서는 인적자원관리의 주요 의사결정이 스태프 부서인 인사부서에서 이루어진다. 반면 **전략적 인적자원관리**에서는 인적자원이 **비용이 아니라 자산**으로 다루어져야 하기 때문에 **현업 부서인 라인관리자**들이 인적자원관리의 중요한 의사결정을 담당해야 한다.

	전통적 인사관리	SHRM
인사담당자 책임	스태프(인사부서 소속)	라인(현장의 책임자)
핵심기능	종업원 관계관리	내·외부와의 파트너(수평적)
인사부서 역할	관리전문가	전략적 파트너 변화주도자
주도권	피동적	능동적
통제수단	관료적(규정과 절차)	유기적
시간	단기적	중·장기적
직무설계	노동의 분업, 전문화	팀, 교차기능, 집단
투자대상	제품, 자본	교육, 정보, 지식
권한과 책임	비용감축(비용센터)	가치 창출

7 전략적 인사관리의 접근법

인사관리와 경영성과의 관계에 대한 관점으로 다음의 세 가지의 다른 관점이 있는바, 이하에서 자세히 살펴보겠다.

(1) 보편적 관점(universalistic perspective)

특정 인적자원관리의 제도가 조직의 특성이나 산업에 관계없이 보편적으로 효과가 있다는 주장을 펴고 있다. 예를 들면 Pfeffer(1994)는 사람을 관리하는 가장 효과적인 인사제도와 정책들을 16가지로 제시하였고 나중에는 일곱 가지로 압축하여 제시하였다. 그 일곱 가지는 고용보장, 까다로운 신규인력의 채용, 조직설계의 기본원칙으로서의 자율팀과 의사결정의 분권화, 조직성과에 따라 상대적으로 높은 임금, 광범위한 교육훈련, 신분의 차별과 장벽의 축소, 재무 및 성과 정보의 광범위한 공유 등이다(Pfeffer, 1998).

(2) 상황적합적 관점(contingency perspective)

인적자원관리 제도가 조직의 경쟁전략 등과 적합성이 있을 때 성과가 높으며 그렇지 않을 때는 성과가 낮다는 가설을 지지한다. 즉, 어느 조직과 상황에도 들어맞는 좋은 인적자원제도란 없고 **기업전략이나 기업목표에 적합한 제도를 수립해야 한다**는 것이다.

(3) 구성형태적 관점(configurational perspective)

인사적자원관리의 개별제도들이 모여서 일정한 구성형태(configuration)를 만들 수 있고 이 형태를 제대로 갖추게 되면 성과가 좋을 것이라는 주장이다. 즉, 인적자원관리가 일정한 형태를 이루게 되면 쉽게 모방이 되지 않고 대체되기가 어렵다는 이유로 경쟁우위의 요소로 작용할 가능성이 있게 된다.

인적자원관리가 구성형태를 이루면 성과가 좋아지는 이유는 **VRIO 모델**로 설명할 수 있다. VRIO란 가치가 있고(valueable), 희소성이 있으며(rare), 모방이 어렵고(inimitable), 그리고 조직적으로 지원되는(supported by organization) 자원을 말한다. 인적자원관리에서는 사람과 제도가 자원이 될 수 있는데 이 **둘이 VRIO의 특성을 가질 때 경쟁우위의 요소로 작동**할 수 있다.

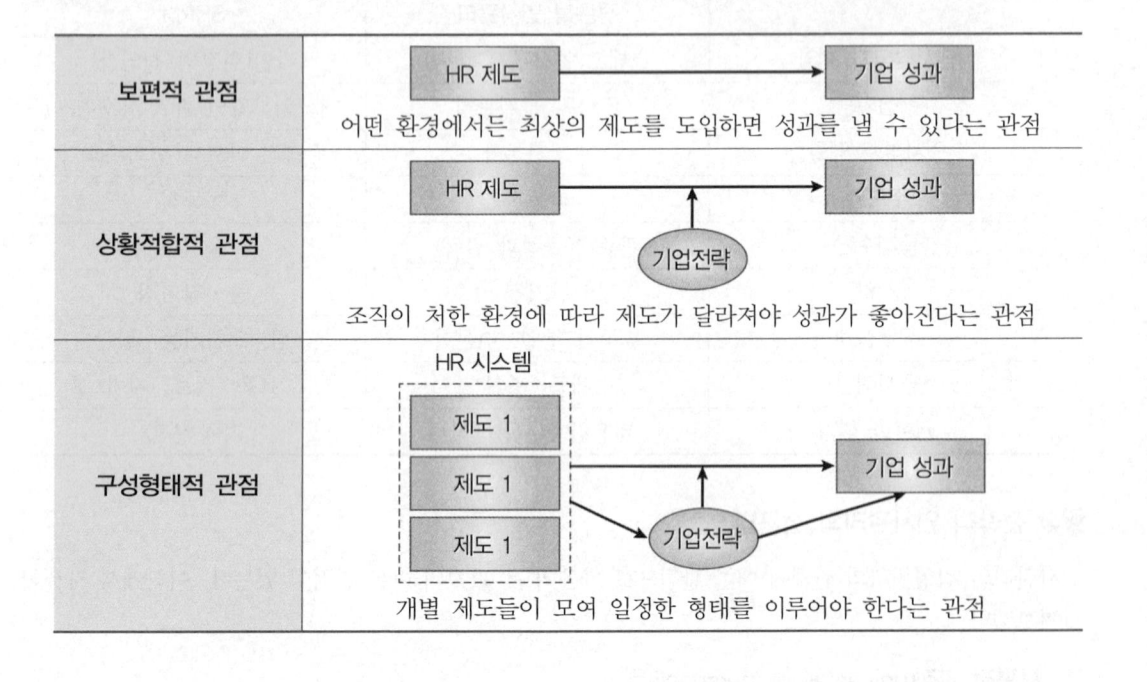

02 | Issue 관리

| 제1절 | 윤리적 인사관리 |

1 개념과 중요성

(1) 개념

기업윤리는 "주주, 근로자, 타 기업, 노동조합, 소비자 등 **다양한 이해관계 집단과 밀접한 연관이 있는 기업 의사결정의 옳고 그름 또는 선하고 악함에 관련된 문제**"로 정의할 수 있다. 따라서 윤리경영(ethics management)이란 **경영활동의 옳고 그름을 구분해주는 규범적 기준을 사회의 윤리적 가치체계에 두는 경영방식**이다. 기업윤리는 기업이 공정하고 투명하며 정의롭게 경영활동을 수행하도록 하는 지침 또는 준칙이며, 기업이 계속하여 존속, 발전하기 위해서 마땅히 행하거나 준수해야 할 규범을 말한다.

기업이 사회의 일원으로 사회와 환경에 미치는 영향에 대해 책임 의식을 갖고, 투명경영·봉사 등에 앞장서는 것을 의미하는 **사회적 책임**(social responsibility)과도 관련이 있다. 기업의 사회적 책임(corporate social responsibility:CSR)은 경영자 윤리가 확장된 개념이며 **구성원, 고객, 주주, 공동체, 지역사회와 같은 모든 이해관계자의 복지와 이익에 기여할 수 있도록 의사결정을 하고, 행동해야 하는 경영자의 노력**을 말한다. 즉, 기업의 사회적 성과측정은 주주에게 돌려주는 수익뿐만 아니라 전체 국민경제에 미치는 영향까지 고려해야 한다.

(2) 중요성 : 조직의 생존을 위한 필수적 역할

특히 기업의 **사회적 책임**에 대한 목소리가 높아지고 있는바, 기업윤리는 사회적 책임과 궤를 같이한다. 사회활동을 많이 하고 사회적 책임을 다하는 기업들에 대해서 **고객은 좋은 인상을 받으며 고객으로부터의 평판이 좋은 기업이 더 잘 될 수 있다.** 어느 기업이라도 **사회적 책임을 외면하고서는 장기적으로 생존할 수 없다. 기업은 윤리실천을 하면서 동시에 이윤이 생기는 일을 해야 하는바, 무엇보다도 양자 사이에서 균형을 잃지 않는 것이 경영자의 역할**이다.

2 윤리경영의 네 가지 근거

(1) 교조적 근거(dogmatic justification)

윤리적 근거가 종교적 사상이나 절대적 강령에 기초하여 본질적으로 비판이나 논의의 대상이 될 수 없는 독단적인 것을 말한다. 예를 들어 가톨릭교회가 제정하여 교황이 반포하는 '사회칙령' 같은 것은 가톨릭교회의 교리에 입각한 교조적 성격이 강하다. 이것은 수정이나 타협의 대상이 아니고 가톨릭 교인이라면 누구나 마땅히 받아들이고 이에 따라 행동해야 하는 강령인 것이다. 예 윤리강령

(2) 의무론적 근거(deontological justification)

윤리적 근거가 외부에서 주어지는 법률이나 규범보다 **개인의 내부적 성찰(reflection)에서 비롯한 도덕적 결단**에 의해 형성되는 것을 말한다. 인간 본연의 양심에 따라 옳다고 여겨지는 결정을 할 때 그 윤리적 행동의 근거는 바로 의무론적 근거라고 볼 수 있다.

(3) 공리주의적 근거(utilitarian justification)

공리주의란 영국의 벤담(Bentham)과 밀(Mill)에 의해 주창된 이론으로서 흔히 **"최대 다수의 최대 행복"**으로 요약된다. 공리주의적 근거란 어떤 의사결정이 윤리적이라는 말은 다른 대안들과 비교했을 때 그 의사결정에 관한 사람들의 숫자에 있어서 가장 많은 사람들에게 유익을 줄 수 있을 때 그 결정을 윤리적이라고 인정한다.

(4) 교호적 근거(communicative justification)

윤리적 근거가 **어떤 사안에 관련된 사람들 간의 대화를 통한 합의에 정당성의 기초를 두는 것**을 말한다. 여기에는 강자의 지배나 강요가 없는 상태에서 관련 당사자가 모두가 자유롭게 합의하는 것을 전제로 한다.

▼ 윤리적 근거에 따른 윤리경영 적용과 문제점

구분	교조적 근거	의무적 근거	공리적 근거	교호적 근거
적용 조건	교리나 강령 그리고 여기에서 파생된 규범을 받아들일 것	합리적 성찰에 의한 의사결정자일 것	관련자들의 비용－효익 관계에 따를 것	관련 당사자간의 자유로운 의견교환에 의할 것
성과지향적인 인센티브 제도 도입의 정당성	개인과 기업의 발전을 지원함	성과지향적인 사회에서 받아들여짐	조직 내 최대 다수에게 유익을 주는 보상 시스템이 되어야 함	관련된 근로자 모두가 합의할 수 있는 것이라면 도입될 수 있음
직무와 조직 설계의 정당성	직무 안정성의 향상을 통한 근로자 보호	누구나 인간적인 작업조건을 가질 권리가 있음	노동의 효율성과 기업의 생산성을 향상시킬 수 있는 범위 내에서 조직 설계가 이루어져야 함	작업집단들이 스스로 작업방식의 변화를 결정할 수 있어야 함
적용상 문제점	기업의 외부에서 정당성을 찾음	의사결정자 본인의 합리성에 의존함	효용성을 계산하는 범위를 정하기가 어려움	의사결정의 자율성을 확보하는 것이 어려움

3 윤리적 압력에 대한 기업의 대응 전략

(1) 방해전략

이윤에만 집착하며 **사회적 책임수행은 전혀 신경 쓰지 않고** 오직 기업의 목표를 이윤극대화에만 둔다.

(2) 방어전략

소극적으로 법이 요구하는 최소한의 규정만 지킨다.

(3) 적응전략

도의적인 책임까지 인정하고 윤리경영의 압력이 높으면 책임을 실천한다. 즉, 소극적 윤리는 지키지만 적극적 윤리는 압력이 강할 때만 지키는 전략이다.

(4) 행동전략

미리 **예방적, 적극적, 자발적으로 사회적 책임을 이행하는 경우**이다. 사회봉사나 적극적 윤리 실천에 대하여 기업이 앞장서서 솔선수범하는 전략이다.

4 윤리경영의 속성

(1) 책임성

책임성이란 최고 수준의 제품과 서비스를 제공함으로써 고객에게 만족을 주는 것은 물론 결과에 대한 책임을 지는 것으로, 여기서 책임성은 기업 내부 당사자는 물론 **기업의 외부 관계자에 대한 사회적 책임을 의미**한다.

(2) 투명성

기업의 정책이나 방침은 누구나 알 수 있도록 명시적으로 공표되어야 하며, **구성원에게 공개가 되어야** 한다.

(3) 공정성

기업의 구성원 모두에게 보상이나 개발 등 기회를 공평하게 주어야 하는 것은 물론, 기회에 따른 보상을 제공할 때도 공정하고 형평성 있는 기준들이 일관성 있게 제공되어야 한다.

5 윤리적 인사관리의 대상에 따른 실천방안

(1) 조직 내부 사원에 대한 윤리적 인사관리

1) 공헌과 유인의 균형 달성

근로자가 기업에 제공하는 공헌과 회사가 종업원에게 제공하는 유인이 균형을 이뤄야 윤리적 인적자원관리가 실천되었다고 할 수 있다. 공헌과 유인이 균형을 이루거나 서로가 그 이상을 제공하려는 선의지 내지는 윤리의식이 들어 있는 인사정책을 펴야 할 것이다.

2) 조직정의의 실현

많은 사람들이 동의하며 수긍하는 정책을 펼침으로써 조직정의를 실현할 수 있는바, 이를 위해 사원의 의사결정 참여, 모든 경영결과의 공개, 절차의 엄정 중립성, 합리적 토론방식을 거치는 관리가 필요하다.

3) 공정성 유지

인사제도의 공정성을 유지해야 하는바, 직원들이 공정하다고 믿고 수긍할 수 있도록 하기 위해
모든 인사정책과 제도를 수립할 때 **사원의 의견을 민주적으로 반영**할 수 있도록 여건을 만들어
줘야 한다.

(2) 조직 외부의 사회에 대한 윤리적 인적자원관리

1) 사회적 책임(corporate social responsibility)

① 개념

기업의 사회적 책임(CSR)이란 기업의 주주, 고객, 종업원, 노동조합, 지역사회 등 이해관계
자들의 이익의 충족을 위해 기업 활동이 사회복지에 공헌하게끔 경영관리를 수행해 나가는
것으로 Carroll(1979)은 사회적 책임을 사회가 기업에 대해 가지고 있는 경제적, 법률적,
윤리적 및 재량적 기대를 모두 포함한다고 주장했다.

② 영역

기업의 사회적 책임은 첫째, 사회가 필요로 하는 상품과 서비스를 창출하여 이익을 극대화하는
등 윤리적 이기주의론에 근거하여 주주가 요구하는 **경제적 책임**, 둘째, 공리론에 입각하여
사회가 의무화하고 '최대다수의 최대행복의 윤리원칙이 성립되는 행위'로 사회적 가치관의
최저수준으로 지키지 않을 경우 처벌받는 강제적 책임인 **법적 책임**, 셋째, 의무론(deontology)
에 입각하여 사회의 보편적인 가치관에 합당하게 기업이 해 주기를 사회가 기대하는 영역으로서
의무적으로 강요하는 것은 아니지만 지키지 않으면 기업 이미지에 해가 되는 **윤리적 책임**,
마지막으로 정의론에 입각하여 사회적 약자를 돕자는 취지로 사회의 일반적인 가치관에 따
라서 기업이 그런 행동을 해 주기를 사회가 바라긴 하지만 기업이 반드시 지키지 않아도 되
는 기업의 자발적인 노력인 **자선사업활동의 책임** 등이 있다.

2) 법의 준수

국가나 지방자치단체에서 정하는 여러 가지 법과 규정을 지켜야 한다.

6 윤리적 인사관리의 방안

인사관리 기능	구체적 방안
직무설계	• QWL 직무설계
채용	• 차별금지, 평등고용
교육 및 훈련	• 차별없는 경력기회 제공 • 여성인력 → 유리천장(glass ceiling) 철폐
보상	• 임금의 심한 격차 지양 • 보상에서의 공정성 실현
평가	• 평가에서의 공정성 및 투명성 확보

7 공식구조 및 시스템을 통한 윤리경영 방안

(1) 조직구조

기업윤리를 감독하기 위해 다양한 **교차기능 집단(cross-functional group)**의 임원들이 모인 윤리**위원회(ethics committee)**가 그 예이다. 즉, **기업윤리의 준수나 이행 책임**을 윤리 전담 부서나 윤리위원회에 부여하는 것이다. 윤리위원회는 문제가 되는 윤리적 이슈에 대해 판정을 내리고 비윤리적 행위를 한 사람을 징계하는 책임을 맡는다. 윤리경영의 추진기구를 구성함으로써 윤리적 인적자원관리를 포함한 모든 분야에서의 윤리경영체계를 설계하고 윤리경영상의 모든 문제를 해결하면서 윤리경영을 정착시키는 역할을 포함한다.

(2) 신고제도

내부고발(whistle-blowing)이란 **회사 안에서 일어나는 불법적, 비도덕적, 비합법적인 일을 구성원이 폭로하는 것**을 말한다. 그 내용은 공익을 위한 것이 아니더라도 회사의 내부 문제를 고발하는 것도 포함된다.

(3) 윤리규약(code of ethics)

윤리규약이란 **윤리와 사회적 책임에 대한 회사의 가치관을 공식적으로 표현한** 것이다. 경영원칙에 대한 기술서를 기업 신조(Corporate Credos)라고 부르는 경우도 있다. 존슨 앤 존스(Johnson & Johnson)의 "크레도(The Credo)"가 대표적이다. 구글도 '사악해지지 말자'라는 좌우명을 실천하기 위하여 7개의 행동규약을 정하여 잘 실천하고 있다. 윤리강령의 제정은 **윤리경영의 기본적인 틀**을 만들고 **최고경영층으로부터** 이에 대한 공감대와 다짐(commitment)을 얻어내는 과정이다.

(4) 윤리교육

임원 등 관리자는 물론 일반 직원을 대상으로 **윤리에 관한 교육**을 실시한다. 윤리교육을 통해 종업원들로 하여금 **윤리경영에 대한 이해를 증진시키고** 실무현장에서 발생하는 윤리문제에 대한 상담과 컨설팅을 통하여 윤리경영이 잘 실천되고 윤리경영행동을 강화시켜 **윤리경영의 조직문화가 정착되도록** 하는 조직개발 역할을 수행한다. 즉, 조직구성원들로 하여금 **윤리적 가치를 공유가치화하**고 윤리경영의 기업문화를 조성해 나가는 조직개발과 변화 촉진 역할을 수행해야 한다.

제 2 절　인적자원의 다양성과 차별관리

1 다양성의 개념과 유형

(1) 다양성의 개념

다양성이란 조직구성원들의 **인적 속성에서의 차이, 즉 이질성(heterogeneity)**이 존재함을 말한다. 고용현장에서 다양성이 증가한다는 것은 **여성 참여, 다문화 인력 비중이 높아지고 있다는 것**이다.

특히 인적자원 윤리가 강조되고 사회적 · 경제적 정의 실현에 대한 압력이 증가함에 따라 **차별철폐와 공정성 확보 등의 법적규제 준수(legal compliance)라는 소극적 조치를 뛰어넘어 가치지향의 다양성 관리**가 필요한 시대에 이르렀다.

(2) 다양성의 유형

1) 표면적 다양성(surface level) : 인구통계학적 특성

표면적 다양성이란 **인구통계학적 특성**으로 성별(gender), 나이(age), 근속연수(seniority), 결혼관계, 인종(race)과 민족(ethnicity), 장애상태 등을 의미한다.

2) 내면적 다양성(deep level)

내면적 다양성은 **개인의 성격, 가치관, 능력 등의 차이**로 사람들이 서로 어울려 생활함으로써 공감을 통한 상호 간 이해를 높이고 다양성의 긍정적 측면을 늘릴 수 있다.

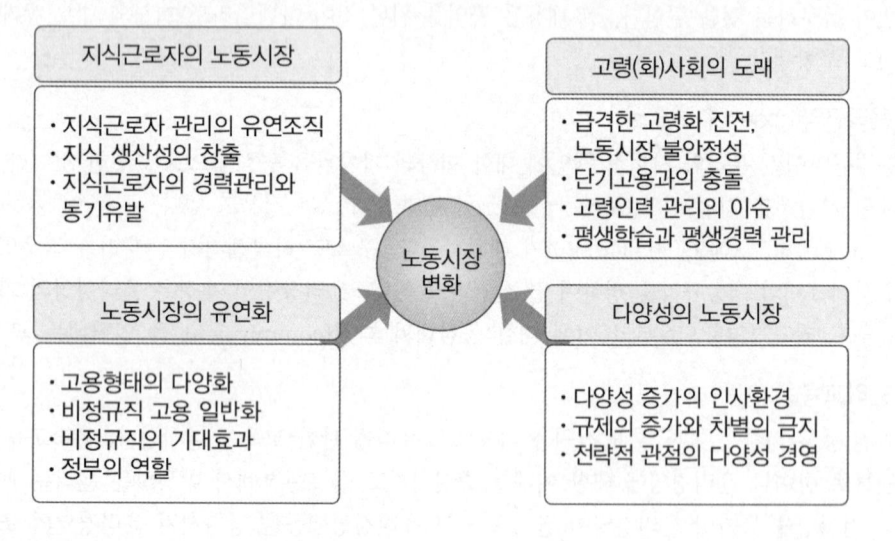

2 다양성의 효과

(1) 긍정적 효과

- 서로 다른 관점과 아이디어가 많아져서 **의사결정이나 업무처리에서 긍정적 기여**를 할 수 있다.
- 다양한 인력구성원은 **창의성(혁신)을 증진**시킬 수 있다.
- 다양한 구성원을 채용하는 **기업은 외부 이미지가 좋아짐으로써 우수인재 확보에 도움**이 된다.

(2) 부정적 효과

- 서로 다른 특성을 가진 집단들 간 **갈등**이 커질 수 있다.
- **유사성 – 매력(similarity – attraction)이론**에 따르면 조직의 다양성은 조직 내 유사성을 떨어뜨림으로써 소속감 저해 등으로 더 낮은 성과를 만들어낸다고 주장한다.
- 다양한 인력을 적절하게 관리하지 못할 경우 **차별(discrimination) 문제**가 발생할 수 있다.

3 다양성에 대응하는 조직의 방식

(1) 다양성의 사회적 접근 : 사회적 요구 반영

사회적 규제에 부응하는 것을 규제준수(compliance)의 인적자원관리라고 하며, 대표적으로 차별을 금지하는 것이 있다. 차별이란 개인의 인종, 연령, 장애, 성별, 출신지 등을 이유로 당사자가 보유한 능력이나 역량을 고려하지 않고 채용과 승진에서 불이익을 주는 것이다. 동일한 업무를 하는데 불구하고 보상이나 승진에서 차이를 두어서는 안 된다. 또한 차별금지에서 더 나아가 고용의 다양성 제고를 위해 기업이 일정 부분 투자를 해줘야 한다는 등의 사회적 요구에 부응해야 한다.

(2) 전략적 관점의 다양성 경영

경영성과를 높이고자 하는 전략적 관점(strategic view)으로 다양성을 사회적 부담으로 보기보다는 자산(asset)으로 보고 능동적으로 경영하고자 하는 것이다. **다양성 경영(diversity management)이** 란 종업원 다양성을 높이는 것이 사회적으로 바람직하게 보이는 규범적 이유만이 아니고 전략적 성과를 높이는 다양성 경영의 어젠다가 되는 것이다. 다시 말해 **다양성의 부정적 효과를 최소화하고 긍정적 효과를 극대화하는 노력**이다.

4 다양성 경영의 패러다임 변화

(1) 미국의 AA정책(Affirmative Action) : 차별철폐와 소수집단 보호

미국에서 인종, 성별 등을 이유로 사회적 약자를 배려하여 차별을 완화, 시정, 철폐하는 조치를 의미한다. 1961년 케네디 대통령 취임 후 대통령 직속 고용기회평등위원회를 설립하면서 고용상 차별을 금지하고 평등기회 부여를 위한 적극적 조치를 취하지 않으면 불이익에 처한다는 정책으로 미국 내 취업, 교육 등 다양한 분야에서 광범위하게 적용되고 있다.

우리나라에서도 2005년 남녀고용평등법 개정에 따라 2006년 3월 1일부터 여성고용확대 및 차별 개선을 위하여 적극적 고용개선조치 제도(affirmative action)가 시행되고 있다.

적극적 고용개선 조치는 공정성을 확보하고 차별을 해소하려는 〈사회적 요구〉와 기업이미지 제고, 이해관계자의 정당성 확보라는 〈기업의 필요〉에 의해 도입이 되었다. 적극적 고용개선 조치는 고용부문에 적용되는 개념으로 사업주가 현존하는 고용상 차별을 해소하거나 고용평등을 촉진하기 위해 잠정적으로 취하는 모든 조치 및 절차를 의미하고 **능력주의나 업적주의를 침해하지 않는 범위 내에서 소수집단의 대표성을 확대시키는 정책**을 의미한다.

미국과 같은 네거티브 방식은 역차별 문제 등을 발생시킬 수 있기 때문에 **우리나라 실정에 맞도록 실질적 기회의 평등을 부여**해야 할 것이다.

(2) 개인화된 인사관리(성과주의) : 다양성의 긍정성에 초점

다양성 관리와 포용(managing diversity and inclusion)은 모든 구성원들이 조직목표에 기여할 수 있는 기회를 제공하고, 개인적인 성장을 경험할 수 있는 업무환경을 조성하는 것이다. 조직은 **다양성으로부터 학습을 촉진하는 환경을 조성할 때 성과향상에 기여**할 수 있다.

성공적인 다양성 관리가 되기 위해서는 ① **동료들이 어떻게 업무를 효과적으로 수행하는지에 대해 학습할 수 있어야** 하며, ② **지원적이고 협력적인 조직문화를** 만들어야 하며, ③ **효과적인 팀 기능을 유도하는 리더십 기술이** 습득될 수 있어야 한다.

직무관리	• 과업 관련 다양성을 제공할 수 있는 **다기능팀** 운영 • **근무시간과 근무형태의 유연성 및 순환근무제** 실시
확보관리	• **다양한 지원자** 모집 • 외부의 능력 있는 다양한 인재 확보를 위해 **면접관의 다양성 확보** • 면접관의 편견을 줄이기 위한 **평가자 교육** 실시
평가관리	• 공정한 평가를 위한 **평가자 교육**의 실시 • **문화적 차이를 고려한 평가지표**의 개발 • 화합을 위해 **팀 중심 평가** 실시
보상관리	• 성과에 대한 차별적 관리를 위해 **성과중심의 보상제도** 실시 • 화합을 위한 **집단인센티브제도** 병행
개발관리	• 갈등 예방을 위한 **개인차원에서 T-group훈련, 집단차원에서 조하리의 창** 활용 • **조직차원에서 조직개발**을 통해 수평적이고 개방적인 조직문화 형성 • 다양한 소수계층의 인력이 관리자로 진출할 수 있도록 **경력개발의 기회를 공정하게 제공**
유지관리	• 가족친화적인 프로그램, 유연적 직무설계, 선택적 근로시간제 등 유연한 근무방식 必 • **공정한 대우** : 다양성 훈련 제공, 분쟁조정 프로세스 실행 등
이직관리	• **전직지원프로그램** • 공정하고 명확한 기준에 따라 이직관리 실시

제 3 절　여성 인적자원관리

1 성역할 변화와 여성인력의 중요성

오늘날 여성의 사회활동과 경제활동 참가율이 증가하고 학력도 높아지고 있지만, 아직도 많은 분야에서 여성은 남성에 비해 **개별성**(individuality)과 **자아실현**(self-actualization)에 있어서 **사회적 편견과 이에 따른 각종 어려움에 노출**되어 있다. 그러나 **사회의 발전을 위하여 여성의 역할이 높아져야 한다는 인식이 증가**하면서 여성 인적자원의 전략적이고 효율적 활용에 대해 긍정적 시각이 형성되고 있다.

2 Beck-Gernsheim 명제

여성의 역할에 관한 이론으로 독일의 베크-게른스하임 명제가 있는데 성 역할에 대한 이론을 정립하였다. 성역할이란 애초에 남녀의 생물학적 차이에 근거를 두었지만 실질에 있어서 생물학적으로 행사되지 않는 사회적 사실이라는 것이다. 즉, **남자·여자라는 형식적 범주가 아니라 중요한 것은 사회적 내용을 고려하여 성역할을 논해야 정당**하다는 논리다.

이 명제의 기본논리는 생물학적 성역할에 입각한 남녀역할 분담이 아니라 **성중립적(sex-neutral)인 사회적 내용에 따른 역할분담이 이루어져야 한다는 것**이 이 명제의 기본논리다. 즉, 직업의 영역에 여성들이 진출하고 가정의 영역에 남성들이 진출함으로써, 여성에게 있어서 '직업'과 '가정'은 어느 한쪽을 포기할 수밖에 없는 상호 이율배반적이라는 고정관념을 지양해야 한다는 주장이다.

결국 오늘날 서구의 남성과 여성에게 동일한 교육의 기회가 주어지고 있고 특히 남성들이 전통적 사고방식에서 탈피하여 '여성의 일'에 진출하는 사례가 증대하면서 남녀의 성 이해와 역할분담의 변화를 반영하고 있고 또 이러한 변화에 영향을 주고 있다. 이에 따라 향후 인적자원관리의 가장 큰 과제 중 하나는 여성인력의 적극적 개발과 활용, 여성관리자 육성에 필요한 제도개선과 경력개발 제도개선에 있다고 할 수 있다.

3 여성 노동시장 참여 증가의 배경

경제의 서비스화 진전은 여성 적합업종이 서비스업에 주로 분포하는 상황에서 **여성의 경제활동 참여를 촉진**시키고 있다. 다만 여성 우위 업종의 소득이 평균적으로 낮아 여성 취업자의 서비스업 집중은 남녀 간 임금격차 확대로 이어질 가능성이 있다. 노동시장 유연화 등에 따른 시간제 일자리 증가도 여성의 경제활동 참여를 촉진하고 있다. 여성은 출산, 양육 및 가족 돌봄의 부담 때문에 시간제 근로를 선호하는 경향이 있기 때문이다.

정부의 일·가정 양립 정책이 여성의 노동시장 참여를 증대시키고 있다. 정부의 보육 지원은 전업주부의 육아활동에 대한 기회비용을 높여 여성의 노동시장 참여를 증대시킨다. 양성평등 강화의 일환으로 여성에 대한 공정한 기회 제공은 여성의 경제활동 참여 제고에 필수요소가 된다. 경력 단절 및 승진 제약 등 남녀 차별은 임금격차 및 상대적 박탈감을 초래하여 여성의 근로 의욕을 저하시키게 된다.

4 여성관리자 경력개발 문제

(1) 여성 인력에 대한 인식의 전환

여성인력에 대한 고정관념을 탈피하고 여성인력을 적극적으로 활용하여 여성이 지닌 능력을 최대한 발휘하도록 고무하여 기업 발전에 도움이 되도록 하자는 움직임이 정부와 기업을 중심으로 일어나고 있다. 기업에서 여성인력에 대한 육성은 다음 세 가지 측면에서 실시되고 있다.

① **능력과 의욕을 가진 여성에 대한 잠재력 발휘 기회**를 제공하고, ② **기업의 인력수급상의 인력난을 해소**하기 위하여 전문직의 경우 성별 구별 없이 개인의 능력위주 채용으로 여성참여 문호를 개방하며, 인력수급상 애로요인 해결을 위한 대안으로 여성인력을 적극 활용한다. ③ **여성에 대한 모성보호 확대측면**에서 여성인력의 활용은 중요하다.

그러나 **기업의 임원 직위에 있어서 여성의 비율이 3%에 불과**하는데 이것은 우리나라 기업의 많은 여성근로자들이 관리자급으로 승진하는 문턱에서 '**전통적인 경력상의 장애물(traditional career roadblocks)**'에 걸려 좌절하는 사례가 아직도 많다는 것을 보여주고 있다.

PART
09

(2) 여성 관리자 경력개발의 필요성

여성이 관리계층으로 진입하여 핵심역할을 수행하지 못하는 **가장 큰 원인은 성역할 고정관념(sex-role stereotype)**을 꼽을 수 있다. 즉, **관리직은 남성적 직업으로 분류되고 나아가 남성특질이 관리자의 요구특성인 것으로 지각되는 경향**이 있는 것이다. 이러한 **성역할 고정관념은 여성이 남성에 비해 관리자로서의 자질이 열등하다는 편견**을 낳게 되어 조직 내 여성에 대한 선발, 승진 및 배치 등의 인사결정에 불리한 영향을 미치게 된다.

또한 '**유리천장(glass ceiling)**'이라는 장애요인이 존재하는데, 유리천장은 **경력상의 투명한 장벽이 고위경영층으로의 진출을 꾀하는 여성관리자들에게 눈에 보이지 않는 장애요인**이 되고 있다는 사실이다. 여기서 여성이 원하는 것은 남성과 다른 특별한 취급이나 토크니즘(tokenism)[40], 즉 상징적 대우가 아니다. 그들이 원하는 것은 경력성공을 위한 적절한 경력선택에 있어서 정보에 접근하는 것을 공정하게 해달라는 것이다. 단지 여성이라는 이유로 승진 혜택을 주는 이른바 **토크니즘은 여성문제를 근본적으로 해결하는 데 도움을 주지 못한다.** 그러므로 여성에게도 경력선택에 있어 유용한 정보가 공정하게 주어진다면 여성은 그들이 지닌 잠재적 능력과 발휘된 업적에 따라 보상도 받고 승진도 함으로써 성공적인 경력관리가 가능할 것으로 믿고 있다.

이를 위해 **경력개발제도(career development program, CDP)의 재정립이 요구**된다. 능력과 의욕이 있는 여직원에 대해서 승진경로를 개방하고, 성별에 의한 관리에서 업무별 관리로 관리방침을 전환하여, 승진자격 요건과 기준의 명시화, 경력개발의 차원에서 배치전환이 이루어질 필요가 있다. 이와 아울러 전문직이나 여성의 특성이 발휘될 수 있는 분야를 선별적으로 확대하는 방안도 고려될 수 있다.

(3) 여성 관리자 경력개발에 대한 오해

경력개발과 관련한 잘못된 오해 또는 신화(Myths)로 종종 거론되는 두 가지 이론이 있다.

1) 파이프라인 이론(pipeline theory)

파이프라인 이론은 직장 내 여성들의 숫자가 일정 수준이 되면 성차별 관행이 자연스럽게 개선되는 가정이다. 마치 펌프를 통해 물을 퍼 올리기 위해서는 일정 양의 물을 먼저 펌프에 부어야 그 물이 땅속에 있는 물을 퍼 올리듯 관리직에 여성근로자의 숫자가 어느 정도 이상이 되어야만 여성경력개발이 본격적으로 향상된다는 것이다. 그러나 실제 기업에서 **여성의 채용이 꾸준히 늘고 있지만 여성의 관리직 진출이 이에 비례해서 증가되는 것이 아니라는 사실이 이 이론의 허구성을 반증하고 있다.**

2) 직장과 가정 간의 신화(work-family myth)

여성 근로자들에 대해 가정생활과의 조화를 정립할 수 있도록 지원하면 직장에서 여성들의 처우가 개선된다는 가정이다. 그러나 실제 직장과 가정 간의 조화정책이 여성근로자들에게 보다 많은 승진기회를 제공한 것은 아니었다는 것이 미국의 기업실례에서 입증되고 있다. 듀폰(DuPont)

---

40) 토크니즘이란 여성을 특정한 포스트에 채용하거나 관리자로 승진시킬 때 여성이라는 이유만으로 '상징적 의미를 부여하는 방향으로 여성을 상위경력으로 진출시키는 것을 의미한다.

같은 회사가 대표적인 예인데 가정 친화(Family friendly) 정책을 수립하고 실행에 옮긴 기업이지만 관리자 중 여성이 차지하는 비율은 4.5%에 불과하다.

(4) 여성관리자 승진 저조의 원인 : 남성중심의 조직문화

남성들이 여성 상급자 밑에서 일하는 것을 원치 않는 풍조가 있고, 대부분 남성으로 구성된 고위관리자층은 그들의 집단에 동성 후배가 가입하기를 원하기 때문에 유리천장을 점점 두껍게 만드는 원인이 되고 있다.

Large & Saunders(1995)의 연구에 의하면 **여성에 있어서 경력의 지체가 발생하는 원인**으로 다음을 지적하고 있다.

- 남녀의 성과는 동일하게 평가하지만, **여성의 경우 승진에 대한 잠재력은 낮게 평가**하는 경향
- 승진 의사결정 시 편견으로 작용하는 **불명확하고 모호한 승진기준**(예를 들어 여성보다는 남성을 맹목적으로 선호하는 경향)
- 경영자의 역할은 남자의 역할이라는 인식
- 기타 문화적, 무의식적 요인
- 개인적 요인

5 여성 관리자의 유리천장 현상과 여성 리더십

(1) 유리천장(glass ceiling)의 개념

유리천장이라는 표현은 1986년 Wall Street Journal에서 처음 사용한 개념으로서 이는 **여성들이 기업에서 보다 높은 지위로 진급하는 것을 막는 투명한 장벽(transparent barrier)**을 묘사하기 위하여 만들어졌다. 유리천장은 특히 여성이 고위경영층으로 진출하고자 할 때 겪는 눈에 보이지 않는 장애(invisible obstacles)를 일컫는 표현이다.

이중 유리천장(double-glazed glass ceiling)이라는 용어도 있는데 온갖 어려움을 극복하고 고위관리자로 승진하는 데 성공한, 다시 말해 유리천장을 통과하는 데 성공한 여성들의 바로 위에는 거의 예외 없이 '산 넘어 산'처럼 남성 상급자가 버티고 있다는 것을 의미한다. 특히 유리라는 표현은 명시적 차별을 경험하지 않지만 고위경영자와 같은 높은 경력단계에 상향 이동하고자 할 때 실제적으로 부딪히는 '눈에 보이지 않는' 차별을 의미하는 표현이다.

(2) 유리천장 현상의 원천

유리천장의 원인은 **남성들의 조직문화, 여성에게 적대적인 작업환경, 그리고 여성의 자질부족**이 종종 거론된다. Still의 연구에 의하면 '유리천장' 현상이 조직에 존재하는 이유로 다음 세 가지를 들고 있다.

1) 여성들의 자질 결핍(lack of qualifications)

여성들은 임원이 되기 위해서 꼭 거쳐야 할 분야나 직책을 거치지 않았기 때문에 승진에 있어 불이익을 받는 것을 당연시하는 분위기가 팽배해 있었다. 그러나 오늘날 직장에서 우수한 교육

을 받고 조직 내에서 훈련을 잘 받은 여성 관리자가 속속 등장하고 있으며 자격요건에 있어서 남성에 뒤지지 않는 우수한 여성 관리자가 양상되고 있다. 따라서 더 이상 자질 결핍이 유리천장을 정당화하는 일은 어려워지고 있는 실정이다.

2) 경험의 결핍(lack of experience)

여성들은 조직 내 대체적으로 서비스 부문, 대민업무부문, 대고객부서 같은 핵심부서나 요직이 아닌 '변두리(fringe)' 부서를 진전하면서 경험을 쌓는 것이 일반적인 현상이다. 이러한 비주류 부서는 구조조정이 행해지거나 기업이 불경기에 들어서면 일차적으로 없어지거나 축소되기 때문에 여성관리자는 남성에 비해서 지위와 신분이 불안하기 마련이다. 결국 여성들의 경험결핍은 여성 개인의 자질 미흡이라기보다는 직장 내 구조적인 문제로 야기된 면이 크다고 할 수 있다. 따라서 여성 스스로도 기획, 영업, 생산 같은 기업의 핵심부서에 과감히 도전하고, 기업도 여성 관리자로 하여금 무조건 서비스 부서나 고객 응대 부서에만 배치시키는 관행을 고쳐야 한다.

3) 비전과 리더십 기술의 결핍(lack of vision and leadership)

여성은 비전과 카리스마, 리더십 기술이 부족하다는 인식이 남성관리자들에게 팽배하다. 그러므로 유리천장을 극복하기 위해서는 여성적 리더십을 발휘할 필요가 있다. 여성적 리더십 모형은 다음과 같은 이유에서 도움이 될 수 있다.

첫째, 고객 서비스 강화에 도움을 준다.
둘째, 높은 수준의 질(quality)을 충족시키는 데 도움을 준다.
셋째, 여성특유의 상호작용적 리더십(interactive leadership)은 조직 내 리더십의 대안을 제시한다.

한편 남성과 여성의 리더십 스타일 차이를 비교하면 아래와 같다(Loden, 1985).

	남성적 리더십 모형	여성적 리더십 모형
업무 스타일	경쟁적	협동적
조직구조	수직적, 계층적	수평적, 평등적
목표	승리	품질 산출
문제해결	합리적, 객관적	직관적, 주관적
핵심특성	• 높은 수준의 통제 • 전략적 • 비감성적 • 분석적	• 낮은 수준의 통제 • 감성적 • 협동적 • 높은 업적

(3) 여성인력 개발을 위한 기업의 역할

무엇보다도 〈인력육성정책의 개선〉이 필요하다. 즉, 성에 무관하게 일의 성과에 따른 임금지급과 인사처우, 그리고 인력개발이 수행되어야 한다. 특히 경력 전반에 걸쳐서 남녀 모두에게 그들의 능력이 닿는 만큼 승진할 수 있도록 해야 한다.

1) 분리정책 : 업무지원 프로그램(work-sponsored program)

직장과 가정을 위한 프로그램을 제공하는 것이다. 사원들이 가정영역의 문제를 효과적으로 대처할 수 있도록 지원하지만 기본적으로 **직장과 일은 가정일과 구별하여 실행하는 것이 좋다고 보고 가정일을 처리하도록 지원해주는 대신 직장일에 혼신을 다하라는 정책**이다. 직장보육시설의 설치 및 운영, 지역보육시설에 대한 재정지원 등이 있다.

2) 통합정책 : 직장과 가정의 조화

직장과 가정 조화를 전제로 일의 융통성을 도모하는 제도다. 재택근무, 시간선택의 유연성, 시간제근무, 일의 할당제 등 여러 옵션을 줌으로써 직장생활의 편의 제공 등이 있다.

3) 직장 내 성희롱 예방

성적 괴롭힘을 방지하기 위한 기업 차원에서의 대응책은 우선 최고경영자가 내세우는 문서화된 정책(예 윤리강령)을 세우는 것이다. 특히 성희롱 방지정책을 만들 때에는 세세한 내부조항을 명시해야 한다.

확보관리	• **여성 활용 분야의 개발** • **고용할당제 활용** 예 독일의 루프트 한자 고용할당제를 통해 부서별, 업종별로 일정비율 이상 여성사원을 선발하는 제도를 활용하여 여성인력의 비율을 일정수준에 맞추어 성비로 인한 성차별 분위기를 없앤다.
평가관리	차별 극복 ★ • 표준 직무분석표 : 다른 기업과 연대하여 산업별로 표준 직무기술서와 표준 직무분석표를 마련하여 동일노동에 대한 동일임금 원칙을 실무에 적용시킨다. • 직무평가 시 성차별을 방지하기 위해 **직무평가의 기준 설정 시에 여성근로자 대표를 참여**시킨다.
보상관리	• 모성보호 등을 위하여 여성 사원에게 더 많은 비용이 지출된다는 이유로 여성의 임금을 낮게 책정하는 경우가 있어서는 안 된다. 즉, **남녀에 있어서 동일임금 원칙을 준수한다.** • **임금협상 과정에서 여성 근로자 대표를 참여**시켜서 연봉제가 여성 사원의 임금저하로 이어진다는 인식을 극복함으로써 임금차별을 방지한다.
개발관리	유리천장 극복 ★ • 여성적 리더(감성 리더십 활용) 육성 • 멘토링 : 승진된 여성 고위층으로 하여금 여성 관리자의 후원자가 되게 하여 그 부하직원에 대한 멘토 관계를 유지하도록 한다.
유지관리	• **FFM(가정친화적인 인사관리)** → 탄력적 근로, 재택근무, 단시간 근무, 파트타임 등 활용 • **성적 괴롭힘(직장 내 성희롱) 예방**
이직관리	• 결혼, 출산, 육아 등을 이유로 퇴직시키거나 구조조정 과정에서 여성임을 이유로 차별적 대우를 실시해서는 안 된다. • 여성인력 특성을 고려한 Outplacement 실시

PART
09

1 개념 및 유형

비정규직 근로자란 **정규직 근로자에 대한 상대적 개념**으로 세 가지 유형으로 구분할 수 있는 바, 첫 번째 유형은 기간을 정하여 근로계약을 맺는 **기간제 고용**이며, 두 번째 유형은 소정시간보다 짧은 노동시간이 적용되는 경우로서 **단시간 고용**이 있고, 마지막으로 고용관계에 있어서 고용주와 사용사업주가 다른 도급이나 파견 등 **간접고용** 등이 있다.

2 등장배경

(1) 노동시장의 유연화 : 고용형태의 다양화

재무적 안정성과 수익성을 강조하는 자본시장의 압력으로 인하여 고정비용 성격을 갖고 있는 정규직 인력의 과도한 비중을 유지하기 어려워졌다. 이에 **경쟁환경의 불확실성이 높아져서 고용형태를 다양화하거나 인력활용을 유연화하는 것은 이미 필연의 과정**으로 인식되기도 한다. 노동시장 유연화는 경직된 고용관계 구조가 완화되어 기업경영의 필요에 탄력적으로 적합시킬 수 있는 노동력의 수요공급체계를 말한다.

(2) 노동시장 유연화의 유형

외부노동시장의 유연화는 법적 보호와 규제를 강하게 받고 있는 **정규직 위주의 고정된 고용관계에 변화가 발생하는 것**인데 크게 세 가지 현상으로 나타난다. 첫째는 **정규직 인력의 고용안정(job security)이 약화되고 정리해고 및 자발적 이직 등이 상당히 자유로워지는 것**이다. 둘째는 고용계약의 유연성을 높이는 것으로서 정규직 외의 고용형태, 즉 임시직, 계약직, 촉탁 등 **고용계약을 다양화하는 것**이다. 셋째, 인력활용의 유연성을 높여 기업 내 특정업무를 외주화시킬 수도 있는데 하청, 소사장제, 용역, 파견 등을 통해 **불경기 시 해고의 부담을 완화**시킬 수 있는 방법이 있다.

내부노동시장의 유연화는 **조직 내부에서 인력의 수요에 대응하는 탄력적인 공급을 가능하게 하는 제도**를 의미한다. 변형근로시간제 등 유연한 근무형태를 활용하거나 전환배치 활성화 등으로 종업원 다기능화를 통해 인력수요에 따른 공급을 탄력적으로 제공할 수 있다.

외부노동시장 유연화	내부노동시장 유연화
• 유연한 정규직 고용 • 유연한 고용계약형태 • 유연한 인력활용	• 유연한 근무형태 • 전환배치 활성화

3 비정규직 활용에 따른 기업 측의 기대효과와 한계

고용형태의 다양화는 **개별 근로자들이 개인의 근로조건에 맞는 취업이 가능하다는 장점**도 있지만 **전체적으로 낮은 임금수준과 복리후생, 그리고 고용불안정성의 증가에 따르는 문제**도 심각하다.

회사의 입장에서는 비정규직 근로자를 활용함으로써 **근로자의 조직에 대한 몰입 저하, 근로의욕 저하, 품질저하에 따른 비용**도 적지 않다.

(1) 기대효과
- 정규직을 대체하여 회사의 **고용탄력성 유지**
- 낮은 임금으로 **저인건비 실현**
- **주변적 업무에 투입 가능**

(2) 한계
- **소속감 결여로 일에 대한 열정 부족**
- **낮은 임금수준으로 근로 의욕 저하**
- 제품과 서비스의 **안정적 품질 유지 어려움**
- **고용불안 및 소득불안으로 안정적인 고용유지가 어려움**

4 새로운 고용관계의 시대

(1) 장기고용의 종언과 심리적 계약
전통적으로 기업은 고용 안정성을 통해 회사에 대한 충성도를 유지하고 기여의지를 높여왔다. 한국 기업에서도 종신고용의 전통은 1990년대 초까지 대부분 평생 동안 한 직장에서 일하는 것이 일반적이었다.

그러나 **1997년 IMF 경제위기 이후 한국의 종신고용 관행은 사실상 와해**되었다. 정리해고는 근로자를 불안하게 만들었으며 내가 잘못하지 않아도 해고될 수 있다는 사실은 그동안 평생직장으로 생각하고 일해온 믿음에 금이 가게 만든 것이다.

(2) 심리적 계약(Psychological Contract)의 변화
심리적 계약은 **명문화된 고용계약과 달리 회사와 종업원 간에 맺어진 암묵적 동의와 약속을 의미**한다 (Rousseau). **고용보장(job security)이 약화**된 상태에서 **구성원에게 동기부여하는 방법은 고용역량 (employability)을 높여주는 것**이다. 즉, 회사 중심의 고용안정(Employment)에서 시장 중심의 고용역량(Employability)을 추구하게 된 것인데 구체적 내용은 아래와 같다.

1) 관계적 계약 : 정규직 근로자의 관리

	과거	현재
회사의 의무	- 고용보장과 승진 - 직장 내 공동체적 관계	- 고용능력 확장의 훈련개발 - 경력개발 기회 제공
종업원의 의무	- 조직의 명령에 복종 - 조직충성도와 조직몰입	- 전문성 중심의 교환관계 - 직무몰입과 프로의식

2) 거래적 계약 : 비정규직 근로자의 관리

	과거	현재
회사의 의무	− 예측가능한 급여 인상 − 안정적 고용환경	− 경쟁력 있는 보상과 처우 − 일과 사생활/가정생활의 균형
종업원의 의무	− 근로시간 요구 수용 − 노력과 생산성	− 성과연계 역량 발휘 − 가치창출의 과업 수행

5 비정규직의 사회문제

첫째, 우리나라는 전체 임금근로자에서 차지하는 비정규직의 비중이 지나치게 높다. 이는 비정규직이 남용된 측면이 강하다. 대기업은 경쟁력 제고를 위한 **비용절감**을 일차적으로 하청 중소기업에게 전가한다. 그러면 중소기업은 **인건비가 저렴한 비정규직을 사용**할 수밖에 없다. 우리의 인적자원관리체계가 **연공주의 성격이 강하고 해고가 어려운 고용의 경직성으로 인해서 정규직 고용의 증대가 어렵다.**

둘째, 비정규직이 **급여 등 근로조건에서 불합리한 차별**을 받고 있다. 동일한 노동을 하고 있음에도 비정규직이라는 이유 하나만으로 급여와 처우에 있어서 불이익을 받는 경우가 많다. **동일한 직무를 수행하는 경우 비정규직이라는 이유만으로 급여복리후생 등에서 차별대우를 해서는 안된다.**

셋째, 비정규직 근로자들은 **심각한 고용불안정성**을 느낀다.

넷째, '**위장도급**'이나 '**불법파견**'의 사회적 문제가 끊임없이 제기되고 있다.

6 비정규직 인력의 효과적인 관리방안

확보관리	• EML을 통한 Buy 전략 • 비정규직에 채용되는 직무는 주로 서비스직, 판매직 등 대체인력이기 때문에 P−J fit 중심의 Buy 전략이 적합
평가관리	• 성과달성 기준 • 단기적 계약이기 때문에 개인적 특성보다 업적 내지 성과(performance) 기준으로 평가하는 결과지향 접근법 활용 예 MBO
보상관리	• P−J fit → 직무급 직무급이란 직무의 중요성과 난이도, 직무의 상대적 가치에 따라 임금을 결정하는 제도로서 고용계약상 지위와 관계없이 직무에 따라 임금을 지급하는 제도이다. 즉, 동일노동 동일임금 실현을 통하여 비정규직의 동기부여를 제고하고 정규직과의 차별문제를 해소함으로써 조직 내 〈안정성〉을 꾀할 수 있다.
개발관리	• 정규직원과의 갈등 ↓ • 수직적 의사소통 外 수평적・대각적 의사소통 다양화 • OT, 직무교육 등을 통하여 조직생활에 필요한 기본규칙 등을 소개

유지관리	• **대체인력** → 워라밸 or 정규직 인력으로서 진입을 개방 • **전문인력** → 성과와 연계된 보상관리
이직관리	• 비정규직은 조직몰입이 낮기 때문에 **잦은 자발적 이직을 방지**해야 함 ① 〈작업환경〉 요인 측면에서 정규직과 사회적 관계를 고려한 배치·이동 실시 ② 〈직무내용〉 요인 측면에서 자율, 권한 부여 **예** 직무충실화 ③ 〈조직전체〉 요인 측면에서 임금 및 복리후생제도의 공정성 확보

제 5 절 저성과자 관리

1 저성과자의 개념

기업에서의 저성과자는 **업무수행 결과인 성과와 잠재력(성과창출에 필요한 역량이나 동기)이 모두 낮은 인력**을 의미한다. 대부분의 기업에서는 **상대평가를 통해 하위 5~10%를 저성과자로 분류**한다.

2 저성과자 관리의 필요성

(1) 관리 현황

한국고용노동원에 따르면 **저성과 발생 원인이 개인에게 있는지 혹은 기업에 있는지에 따라 ① push형과 ② pull형으로 구분**한다. 전자는 개인에 대한 심리적 압박에 초점을 맞춘 제도로 경고와 승급 제한, 퇴출의 방식이 있고, **후자는 구성원 역량향상에 초점을 맞춘 제도**로 멘토링, 배치전환, 교육 프로그램 등이 있다.

최근의 해외 글로벌 선진기업은 저성과자 퇴출보다는 역량개발에 무게를 두고 제도를 운영한다. **아마존의 경우 역량 향상 프로그램(Performance Improvement Program, PIP)을 활용**하여 개인별 달성 목표를 부여하고 달성 정도에 따라 조치를 달리한다.

(2) 저성과자 관리의 필요성

1) 기업의 합리성 측면

기업의 합리성 측면에서 **저성과자에 대한 효과적 관리는 조직의 전체적 성과를 향상**시킬 수 있다. **저성과자를 방치**하면서 그들에게 교육훈련이나 보상 및 승진기회가 제공되는 경우 우수인재의 개발과 성장을 막을 수 있다. 즉, 고성과자와 저성과자의 구분된 관리가 부재할 경우 **고성과자의 조기 이탈을 부추겨 조직의 전체적 생산성이 떨어질 수 있다.**

> **썩은 사과 이론(rotten apple theory)**
>
> 상자 속 썩은 사과 한 알을 방치하면 같은 상자 안에 있는 다른 멀쩡한 사과까지 썩게 되어버리는 현상을 빗댄 이론으로 조직관리에서도 저성과자 한 명을 방치하면 조직 전체의 유효성 저하로 이어진다는 내용이다.

2) 법률 및 제도적 측면

해고가 자유로운 서구기업과 달리 **우리나라 노동법은 저성과자를 즉각적으로 해고할 수 있는 법률이 부재**하고, **정당성 획득을 위해 회사가 저성과자의 성과를 개선하기 위한 일련의 노력이 필수적으로 동반**되어야 하기 때문에 저성과자 관리에 충실할 수밖에 없는 상황이다.

3) 시대적 측면

정년 연장과 정보통신기술의 발전으로 고령 근로자들이 저성과자로 내몰릴 가능성이 있다. 변화하는 환경에 비교적 빠르게 적응하는 젊은 세대 근로자와 달리 고령의 근로자들은 자신들의 노하우, 지식, 기술 등 인적 자본을 새롭게 조정하는 데 어려움을 겪기 때문에 변화하는 환경에 적응하지 못해 저성과자로 분류될 수 있다.

3 저성과자 관리 체계 유형[41)]

(1) 역량개발형

역량개발형은 **장기육성형 인적자원관리(make)에 적합**한 방식으로 개인 – 조직 적합성(person – organization fit, P – O fit)을 추구하는 조직에서 **효과적으로 작동**될 수 있다. ① 개인역량을 진단하고, ② 개인의 역량을 개발하며, ③ 특히 저성과자의 재기 기회라는 측면에서 도전기회를 부여하는 것이다.

(2) 직무관리형

직무관리형은 **현재의 역량수준을 가지고 조직 내에서 수행 가능한 직무와 역할을 부여**하고 이를 **거부하거나 부적응시 퇴출**하는 방식이다. 이는 개인의 직무수행 가능성에 중점을 두는 인사관리방식(buy)으로 개인 – 직무 간 적합성(P – J fit)을 우선적으로 추구하는 기업에 적합하다.

(3) 관계조정형

관계조정형은 저성과자로 하여금 **고용계약의 내용을 변경하여 기여한 가치만큼 급부를 받도록 만들고 고용 유연성을 확보하는 방법**이다. 따라서 임금 유연성과 고용 유연성이 있는 경우 적용이 상대적으로 유연한 방식이다.

(4) 방임형

방임형은 저성과자임에도 불구하고 **의도적으로 혹은 비의도적으로 조직 내 방치하는 전략**으로 조직체 전체의 성과에 악영향을 끼치게 되므로 취해서는 안 되는 방식이다.

(5) 퇴출형

퇴출형은 **저성과자로 선별 시 조직 밖으로 퇴출**시키거나 **퇴직에 대비하여** 새로운 직장에 안착할 수 있도록 **전직 관련 프로그램에 참여시켜** 교육을 제공하는 것이다.

---

41) 『정년연장 시대의 저성과자관리 : 인적자원 정책에 기반한 관리방안모색』, 성상현·박희준·안종태, 대한경영학회지 제26권 제12호

4 저성과자 관리 Framework

HR 전문 컨설팅 회사인 Mercer가 제시한 저성과자 Frame-work에 의하면 저성과자 관리의 원칙은 크게 퇴출접근법(Outplacement Method)과 역량 개발 접근법(Competency Development Method)으로 구분할 수 있고, 저성과자 관리를 위한 투자 정도에 따라 4가지 유형으로 정리하고 있다.

가로축 : 저성과자 관리를 위한 재정적 투자 정도
세로축 : 저성과자 관리 원칙에 근거한 구분

(1) 퇴출접근법(Outplacement Method)

1) Lay-off 방식의 대표적 예시로 **매년 일정비율의 저성과자를 상시적으로 퇴출시키는 GE**를 들 수 있다. GE는 활력곡선을 통해 **매년 하위 10%를 퇴출시킴으로써 원활한 조직 신진대사를 도**모하고 있다. 그러나 해당 방식은 **고용 불안, 사기저하로 인한 생산성 감소 등 부작용이 나타날 수 있기 때문에 주의해야 한다.**

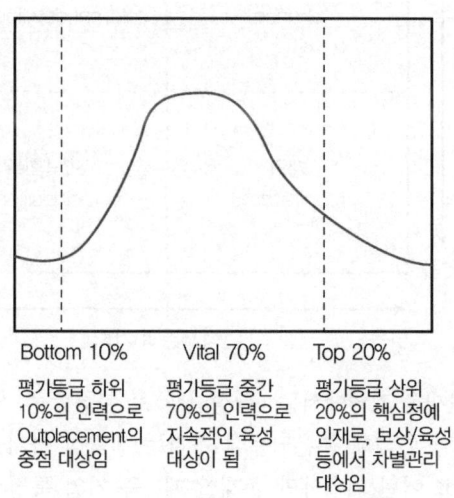

(자료 : 잭 웰치 끝없는 도전과 용기, 청림출판, 2001)

2) **경력 전환 프로그램**(Career Transition Program) 방식은 Outplacement 기관이나 전문가 등의 활용을 통해 구성원들의 창업, 재취업에 대한 전문적인 자문을 제공하는 것으로 소위 '**전직 지원 서비스**'라고 불리기도 한다. 이 방식은 **실업자 없는 구조조정이 가능하고 조직 내 저항을 감소시킬 수 있지만 기업의 재정적 부담이 크다는 단점**이 있다.

(2) 역량 개발 접근법(Competency Development Method)

1) **성과 개선 프로그램**은 여러 발생 가능한 원인을 명확하게 판단하여 해당 저성과자에게 적합한 육성방법을 제공하는 접근법으로, 저성과자 관리 방안 중 가장 적극적인 방식이라 할 수 있다. 많은 기업에서 실시하고 있는 **다양한 교육프로그램, 멘토링 및 코칭제도 등도** 이러한 관점에서 이해할 수 있는 관리방안이라고 할 수 있다.

2) **고용 조건 변화**는 해당 저성과자에게 자기 스스로 역량을 개발할 수 있는 시간을 제공하고 동시에 자신의 역량에 맞는 활동을 일정기간 수행할 수 있는 기회를 제공하는 방식이다. 예를 들면, **저성과자를 대상으로 직급 및 보상 Band를 별도로 구성하여 관리함과 동시에, 자신의 역량개발을 통해 높은 성과를 달성했을 때 다시 고용 조건을 재조정**해 주는 것이다.

제 6 절 고성과자(핵심인재) 관리 : 몰입형 HRM

1 핵심인재의 개념 : Lepak & Snell의 HR architecture

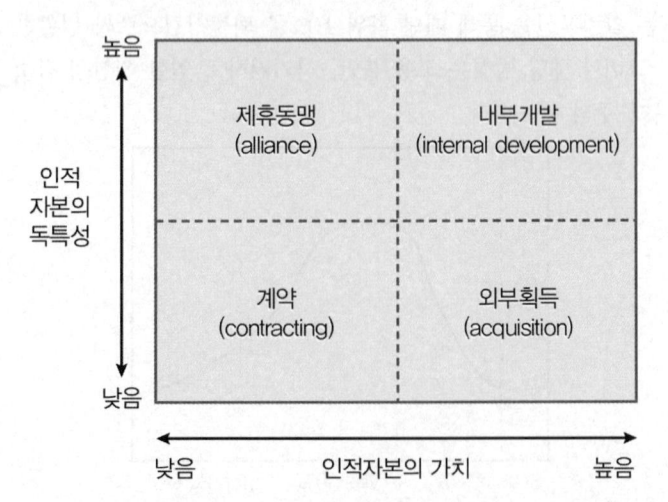

가치와 독특성이 모두 높은 인재를 기업에서는 〈핵심인재〉로 분류할 수 있다. 인적자본의 유형은 가치 (value)와 독특성(uniqueness)에 의해 분류되는데 **가치는 전략적 가치를 가져다주는 정도를 의미하고, 독특성은 타 기업에는 없고 어떤 기업에만 존재할 때, 즉 기업 특정성(firm-specific)이 높을 때 발생한다.** 인적자본의 독특성이 클수록 내부화 필요성(관계적 고용)이 증대되며 반대로 낮을수록 외부화 방식(거래적 고용)을 취할 수 있다.

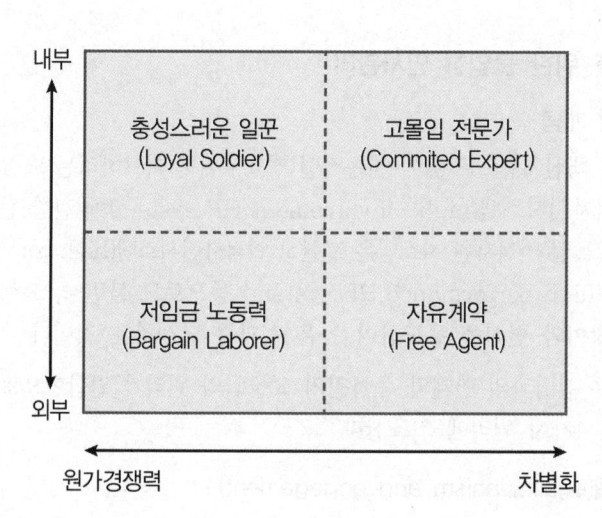

직무의 특성이나 시장경쟁의 특성을 고려하여 **인적자본의 가치가 높고 독특하면 조직 내부에서 지속적으로 필요인력을 개발**하면서 **조직중심의 고용관계를 형성**하고 경력관리를 해주어야 한다. 종업원의 몰입을 이끌어낼 수 있는 인적자원관리가 시행되어야 한다.

반면에 **인적자본의 가치는 높지만 독특성이 낮으면 외부노동시장을 활용하여 필요인력을 획득**하는 것이 더 효과적이다. 이 경우 바람직한 고용관계는 **회사와 종업원이 서로 공생하고 상당기간 혜택을 주고받는 모습**이다. 인적자원의 구성형태는 **시장을 통한 대등한 교환관계**로 나타나는 결과이다.

인적자본의 가치와 독특성이 모두 낮은 경우 고용형태는 철저하게 **계약**으로 이뤄지고 **고용관계에서도 거래관계**에 머문다. **인적자원의 구성은 조직에 순응**하는 모습을 띤다.

마지막으로 **인적자본의 독특성은 높으나 가치가 낮은 경우** 직접고용을 하지 않아도 되고 하도급이나 **파견인력처럼 제휴의 형태**를 취하면 된다. 고용관계는 **협력자 관계**에 있으며 결과적으로 인적자원은 **외부적 협력자**로 남게 된다.

2 **핵심인재 관리의 필요성** : 자원기반이론(resource-based view)

경쟁환경의 변화는 기업들에게 지속적 혁신을 요구하고 있는바 **인적자본(human capital)은 경쟁우위 확보를 위한 핵심원천**이다. 1990년대 **자원기반이론**에 따르면 지속 가능한 경쟁확보 원천으로서 인적자본자원을 꼽고 있는 것과 맥을 같이 한다. 즉, 조직이 보유한 인적자원이 경쟁우위확보의 핵심원천이 될 수 있다는 인식이 확산되면서 고몰입 인적자원관리시스템에 대한 연구가 등장한 것이다.

인적자원을 기업의 경쟁력을 구성하는 주요 구성요소로 보는 시각은 **바니(Barney)의 '자원기반이론'**으로 설명할 수 있다. 자원기반이론은 **기업이 어떤 인적자원을 확보하고 활용하는가에 따라 기업의 능력과 경쟁력에 차이를 보이며 이에 따라 성공여부도 달라질 수 있다는 이론**이다. 자원기반 이론은 인적자원의 가치를 강조하는 입장으로서 특정 인적자원의 활용이 조직의 성과에 영향을 미친다는 사고에 바탕을 두고 있다.

PART
09

3 핵심인재 관리를 위한 몰입형 인사관리

(1) 몰입형 인사관리의 개념

조직 내 인적자원을 핵심역량으로 삼아 지속적인 경쟁우위를 확보하려는 노력의 일환으로 1990년대 이래로 고몰입 인적자원시스템(high-involvement HR system)에 관한 관심과 실증연구가 활발하게 진행되었다. 고몰입 인적자원 시스템은 고헌신 인적자원시스템(high commitment HR system), 고성과 작업시스템(high performance HR system) 등으로도 불린다. 요컨대 고몰입 인적자원시스템이란 **자발적 참여와 헌신을 유도하여 높은 성과를 달성하는 것**이다.

고성과작업시스템은 전략과의 연계와 종업원의 고몰입의 원리가 결합함으로써 고성과를 낳는다는 기본개념과 다음의 4가지 원리에 기초한다.

1) 평등주의와 참여(egalitarianism and engagement)

종업원은 구성원이라는 의식을 갖고 싶어 한다. 그래서 그들은 지위나 권력의 차이가 적은 평등주의적인 환경(수평적 조직문화)을 원한다. 따라서 종업원에 대한 임파워먼트를 이룩하고 그들을 의사결정에 관여시키며 행동에 대한 파워를 줌으로써 참여를 높이는 관리방식이 필요하다.

2) 정보공유와 신뢰(shared information and trust)

조직이 종업원과 정보를 공유하는 것은 **종업원 임파워먼트와 주도적 업무수행의 성공에 불가결한 요소**이다. 정확한 정보가 제때 제공되면 질 높은 의사결정을 할 수 있고 **조직성과 향상에 큰 도움**이 된다.

3) 지식개발(knowledge development)

지식개발은 정보공유와 밀접한 관련이 있는바, **지속적으로 스킬과 지식을 함양할 수 있는 관리방식**이 고성과를 창출할 수 있다.

4) 성과와 보상의 연계(performance-reward linkage)

성과와 보상의 연계를 확립하여 감독자는 종업원이 제대로 하는지를 항상 감시할 필요가 없게 되고 종업원은 자기에게 기대되는 역할 이상을 달성하려 노력하게 된다.

(2) 고몰입 인적자원시스템의 특징

1) 지적 자본(intellectual capital)

지적자본은 **조직구성원들의 업무수행역량을 향상**시킬 수 있는 원천이다.

① 우수역량의 확보 및 유지 : 선별적 모집 및 선발, 고임금
② 지속적 역량 강화 : 평생학습체계, 다기능훈련, 직무순환제, 역량급

2) 정서적 자본(emotional capital)

정서적 자본은 **업무수행동기와 조직에 대한 정서적 몰입**을 일으킬 수 있다.

① 내재적 동기 강화 : 동기 부여적 직무 재설계
② 목표 및 가치 일체화 : 사회화 프로그램
③ 현장직원 참여 촉진 : 권한위임, 제안제도, 열린 소통 채널의 활용

3) 사회적 자본(Social capital)

사회적 자본은 **신뢰를 바탕으로 한 직원들 사이의 팀워크와 협업**을 가능하게 한다.

① 공통이해기반 구축 : PS(Profit Sharing)

② 팀워크 및 협업의 장려 : 자율팀제 도입, 차별철폐 등

4) 직장생활의 질(QWL : quality of work life)

내재적 욕구 충족을 위한 QWL을 제고해야 한다.

① 고용 안정성 제고 : 내부승진, 고용보장

② 상위욕구 충족 : 직무충실화, 권한위임, 의사결정참여

③ 역량개발 및 발휘 기회 제공 : 평생학습체계, 혁신TF팀 활동

④ 일과 생활의 균형 지원 : 가족친화지원프로그램

가족 친화적 경영(Family Friendly Management, FFM)

남녀근로자들이 직장과 가정의 일을 조화롭게 병행할 수 있도록 지원하기 위해 기업차원에서 제공하는 다양한 제도를 의미한다. 근로자들이 직장에서의 요구와 가정에서의 요구를 조화시킬 수 있는 제도를 의미하며 일반적으로 육아 및 가족관련 휴가와 휴직, 탄력적 근무제도, 근로자 지원 서비스 제도 등이 포함된다.

- 보육 및 간호제도 : 보육관련 지원제도, 취학아동 지원제도
- 가족친화적인 휴가제도 : 법규 이상의 모성보호제도, 부친휴가제도
- 가족친화적인 근무제도 : 탄력적 근무제, 시차출퇴근제, 재택근무제
- 가족친화적인 서비스제도 : 종업원지원프로그램

한편 2006년 여성가족부에 의하면 **탄력적 근무제도, 자녀양육 및 교육지원제도, 부양가족 지원제도, 근로자 지원제도, 가족친화 문화조성**으로 가족친화제도를 세분화하기도 하였다.

고몰입 인적자원관리시스템은 QWL을 높이면서 동시에 조직체의 인적 자본(human capital)의 질을 제고할 수 있는 인적자원관리제도나 실행방안이라 할 수 있다.

4 전통적 인사관리시스템과의 차이

	통제기반형	고몰입형
직무설계	• 개인 단위 직무설계 • 업무의 세분화, 전문화, 표준화 • 계획과 실행의 분리 • 개인 단위 책임 강조 • 세밀하고 명확한 직무규정	• 시스템 단위의 직무설계 • 직무특성 강화 • 계획과 실행의 통합 • 팀 단위 책임 강조 • 포괄적이고 유연한 직무규정
고용보장	• 자유로운 해고 추구 • 시장 지향적 고용 관계 중시	• 고용보장 및 장기적 고용 관계 지향

PART
09

보상	• 개인 인센티브 • 직무급	• 집단 인센티브 • 기술급 or 역량급
참여	• 제한된 권한과 정보제공	• 광범위한 사안에 직원 참여 유도 및 광범위한 정보의 제공
노사관계	• 적대적 노사관계 • 이해 상충 전제	• 협력적 노사관계 • 공통된 이해관계 전제

5 핵심인재 관리를 위한 승계계획(succession planning)

(1) 승계계획의 개념

승계계획(succession planning)이란 높은 직위의 관리자로 성장할 잠재력을 보유한 직원이 누구인지를 찾아내고 이들이 실제로 상위 관리직으로 성장할 수 있도록 추적 관리하는 제도를 말한다. 핵심인재(high-potential employees)는 기업의 전략사업단위의 부장, 기능부서의 부장 등 최고경영자로서의 자질을 보유하고 있고, **최고경영층으로 성장시킬 수 있다고 판단되는 성장잠재력이 높은 직원**을 의미한다.

핵심인재들에게는 기존의 성공적인 관리자들의 경력 경로(career path)를 따라서 육성될 수 있도록 현재 조직에서 상위 관리자가 성장하면서 경험했던 업무나 역할을 제공한다. 또한 이들에게는 태스크포스 팀에 참여시키거나 임원들 앞에서 발표할 기회를 제공하며, 다양한 위원회에 참석하여 일하도록 하는 등 역량 개발을 위한 특별 업무도 제공한다.

(2) 승계계획의 기능

최고경영층에게 회사 내에 얼마나 많은 인재들이 있는지, 누가 고위 관리자로 성장할 잠재력을 갖고 있는지를 체계적으로 점검하면서 리더를 육성하도록 도와준다. 또한 승계계획은 관리자들이 최고경영층의 자리에 오르기 위해 사전에 경험해야 할 직무나 역할이 무엇인지를 파악하여 이들에게 육성 차원에서 다양한 경험을 제공해주는 기능을 수행한다.

(3) 승계계획의 절차

첫째, 승계계획은 단기적 활동이 아니라 장기적인 활동으로 **회사의 비전과 전략을 명확하게 하여 지속성(Sustainability)을 유지**시키도록 한다.

둘째, 승계관리 포지션을 선정(Identification)하는 단계로 **해당 포지션을 담당하기 위해 필요한 성과수준을 토대로 해당직무에 필요한 역량과 기업의 핵심가치에 관한 역량 등을 도출**한다.

셋째, 도출된 역량을 바탕으로 **후보자를 평가**한다. 후보자를 평가할 때에는 심층면접, 다면평가, 평가센터법 등을 활용하여 후보자로서의 적격성 여부를 판단한다.

넷째, 마지막으로는 **승계후보군을 선별(Selection)하고 육성(Development)**하는 단계다. 승계후보군을 선정할 때는 향후 승계 포지션을 잘 수행할지, 리더십을 효과적으로 발휘할 수 있는지 판단하는 것이 핵심이다. 즉, **현재보다는 미래 잠재력(Potential)에 집중**한다. 승계후보자를 육성할 수 있는 구체적 방안에 대해서는 이하에서 소개하도록 하겠다.

(4) 승계후보군 육성(Development)

1) 일을 통한 육성

실제 업무활동을 통해 요구되는 경험적 역량을 배양하는 것이다. 전문분야뿐만 아니라 생소한 영역으로 배치하는 등 의도적인 CDP를 통하여 폭넓은 시각과 통찰력을 배양시킨다.

2) 관계를 통한 육성

승계 후보자 혼자만으로 갖추기 어려운 육성 영역은 타인과 상호작용을 통해 보완한다. **코칭, 멘토링, 경영진 노출, 동료 네트워킹 등을 활용**한다. 코칭은 승계후보자와 코치가 정기적으로 관심 이슈를 공유하고 지속적인 개선활동을 해 나간다. 일반적으로 외부 전문 코치를 활용한다. 멘토링은 멘토-멘티(승계 후보자) 간 장기적 관계를 기반으로 멘토가 자신의 지식과 경험을 전수한다.

3) 교육을 통한 육성

일과 관계를 통한 육성 외에 교육을 통한 육성도 적극적으로 활용한다. 상위 승계 포지션일수록 일반적 경영관리보다는 **실제 비즈니스 이슈에 초점을 둔 교육 프로그램을 운영**한다. 교육방식은 직접 경험하는 학습을 통해 효과성을 높일 수 있다.

제 7 절　　고령인력에 대한 관리

1 고령사회로의 진전

65세 이상 인구가 총인구에서 차지하는 비율이 7% 이상인 경우를 고령화사회(aging society), 14% 이상인 경우를 고령사회(aged society), 20% 이상인 경우를 후기고령사회(post-aged society) 혹은 초고령사회(super-aged society)라고 한다. 우리나라의 경우 2018년에 고령 인구 비율이 14.3%가 되어 고령사회로 진입하였으며 2025년경 초고령사회가 될 것으로 예측하고 있다.

2 고령 인력의 긍정적 측면과 부정적 측면

자본집약산업이나 지식기반 산업의 경우 경험과 지식의 축적으로 인해 근로인력의 노령화에 따른 생산성 향상의 여지가 있다. 그러나 신기술, 신지식 흡수에 소극적 태도가 강해질 경우 혁신 및 경쟁력 강화에 커다란 위협으로 올 수 있다.

3 고령화로 인한 사회·경제적 변화

(1) 노인부양에 대한 부담 증가

고령화는 젊은 노동력의 감소를 뜻하며 이는 젊은 노동력의 노인부담부양이 커짐을 뜻한다.

(2) 노인시설 인프라 부족

고령노인을 위한 인프라시설이 부족해진다. 지속적인 평균수명의 상승은 **요양시설을 필요로 하는** 인구의 증가를 뜻하고 또한 **노인부양비, 노인요양비, 노인의료비 등의 문제가 발생**한다.

(3) 경제성장률의 감소

고령인구의 증가는 **경제활동 측면에서의 성장률 둔화를 야기**한다. 취업인구 중 고령자의 수가 증가하면서 **상대적으로 젊은층의 취업자 비중이 줄어들어 전체 취업구조가 고령화**되고 있다.

(4) 일자리 부족현상

고령인구의 수가 늘어나고 경제활동 욕구는 점차 증가하고 있으나, 일자리 증가는 이에 미치지 못하고 있다. 즉, 건강하게 장수하는 노인이 늘어나고 **일할 능력과 의욕을 가진 고령자가 많아지면서 일자리의 경쟁이 발생**한다.

4 중고령자 인적자원관리의 요건

(1) 직무재설계 및 중고령자 능력개발

직무재설계는 고령자의 능력이나 특성에 맞추어서 공정이나 직무를 개편하거나 작업방법을 개선하는 것이 주요 초점이다. 기업현장에서 고령친화적인 직무환경에 선행되어야 하는바, 일본의 경우 재고용 또는 계속고용이 가능한 업무의 선정과 개발, 종업원의 능력개발이 재고용 시의 보상제도의 개편과 함께 주요한 현안으로 나타나고 있다. **고령인력의 고용초기 단계에서는 자격제도나 연공임금의 축소, 재고용제도의 도입 등과 같은 처우 면에서의 제도개선에 초점이 맞추어졌으나, 점차 전문직 제도, 중고령자에 적합한 신직종의 개발, 직무재설계 등과 같은 직무나 조직 면에서의 개선이 중요한 부분으로 부각**되었던 것으로 나타나고 있다.

(2) 고용방법 및 고용형태의 다양화

고령근로자의 축적된 기술과 노하우는 기업의 경쟁력 유지에 크게 도움이 될 수 있다. 연령과 직무의 속성에 따라 다양한 고용형태의 개발과 적용이 필요하다. 특히 고령자의 경우 소위 정규직의 풀타임고용은 기업이나 근로자 측 쌍방의 필요성이나 역량을 고려할 때 현실적으로 실현가능성이 높지 않음을 고려할 때, **정년 이후의 고용은 촉탁직 등의 다양한 형태를 고려**할 수 있다. 또한 근무형태 역시 고령자의 육체적 · 정신적 능력과 담당직무에 맞는 형태로 전개되어야 한다.

(3) 임금체계의 개편

정년제, 직무체계 개편, 고용방법 및 형태의 다양성 추구는 기본적으로 임금체계 개편이 수반되거나 전제되지 않으면 거의 **실현가능성**이 없다고 보아도 과언이 아니다. 즉, 고령자의 고용확대가 이루어지기 위해서는 무엇보다 근로자의 능력과 임금 간의 차이를 극복할 수 있어야 한다는 점에서 임금체계 개편은 불가피한 문제이다. 따라서 **정년을 연장하는 대신 일정 시점에 이르면 임금이 체감하는 임금피크제는 피할 수 없는 문제**이다. 또한 정년 후의 재고용이 이루어지더라도 **어떠한 고용형태를 취하는가에 따라 임금체계나 형태는 달라질 수 있을 것**이다. 예를 들어 **퇴직자 고용의 목적이 퇴직자의 경험과 숙련의 가치를 중시할 필요가 있을 경우에는 계약사원이나 촉탁사원의 형태로 고용이 이루어지는 경우가 많다는 점에서 직무급에 기초한 연봉제가 적절한 대안이지만 단순 반복적이고 크게 숙련이 필요하지 않은 영역에서의 고용이 이루어질 경우에는 인건비 절감에 주목적이 있다는 점에서 동일한 직무급의 원리를 적용하더라도 시간급이 적용될 수 있을 것**이다.

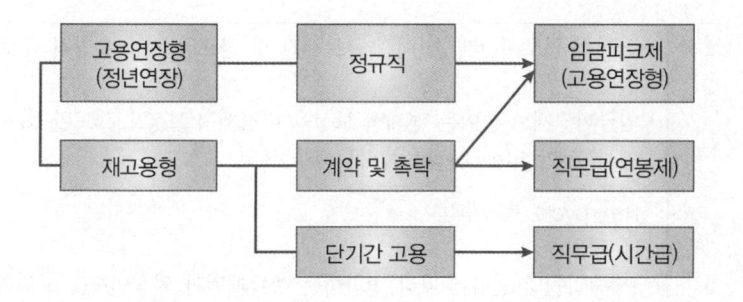

5 고령 인력에 대한 인사관리

고령사회가 되면 종신고용이라는 것은 불가능해지는바, 우선 일차적으로 ① **임금체계 개편이 불가피**하며, ② **근로자의 경력 기간이 늘어남에 따라 지속적인 학습과 훈련의 필요성**이 늘어나고 있다. 즉, 연공주의 임금제도나 퇴직금제도는 기업의 인건비 부담을 가중시키기 때문에 **고령자의 능력개발을 위한 기업의 체계적이고 적극적 노력이 필요**한 것은 물론, **평생학습(life-long learning)이 필요**하다. 근로자 스스로의 노력도 중요하지만 **기업이 일정 부분 지원함으로써 직장 내 훈련이 가능한 작업환경을 만들어주는 것이 중요**하다.

직무관리	• 고령인력의 숙련된 기술과 축적된 노하우 활용 → **자율성과 책임감을 부여**하는 직무충실화 사용
확보관리 **Lepak&Snell의 HR** **architecture**	• 충분한 경험과 노하우가 있는 **우수인력 → 내부화** 고령인력이더라도 가치가 높은 인적자원은 **계약직이나 사내컨설턴트로 재고용하는 유연한 채용관리 정책 必**
개발관리	• 고령층 구성원을 위한 **성과기준을 별도로 개발**하여 이들에게 분명하게 전달 • Hall의 경력단계 中 쇠퇴단계 → 쇠퇴를 막거나 완화하기 위해 **지속적 학습기회 제공, 높은 책임감 부여** 등 • **퇴직준비 프로그램**
평가관리	• 고령인력은 시간이 지날수록 능력(기능) 및 업적수준이 체감 → 결과지향 평가 보다는 **과정지향 평가**가 바람직 • **행동중심의 BARS, BOS** 등을 활용. 다만, 개발관리에서 활용된 성과기준과 연계되어 운영되어야 효과성 달성 可
보상관리	① **임금피크제** 연공급 임금체계하에서는 인건비 부담이 가중되는바, **일정 연령 기준으로 임금을 하락하도록 조정하는 대신 소정의 기간 동안 고용을 보장**하는 임금피크제를 도입 ② **퇴직연금제도** 퇴직연금제도란 퇴직일시금을 연금 또는 일시금으로 전환하여 근로자의 안정적인 노후생활을 보장하고 기업이 퇴직금부담을 합리적으로 관리할 수 있도록 근로자가 퇴직 후 받을 돈을 사용자가 정기적으로 일정액을 금융기관에 적립하고 운영하여 연금형태로 지급하는 제도이다. **수급권 보장, 인력관리의 유연성 제고, 기업의 비용부담 감소** 등 **효과**를 볼 수 있다.

PART
09

유지관리	• 탄력적 근로시간제, 선택적 근로시간 및 근로장소 등 **유연적 근로시간 및 근로장소 설계** • 임금피크제로 줄어든 경제적 보상을 비경제적 보상으로 보완 **예** 퇴직 후 생활문제까지 포함한 life – cycle 복리후생을 도입 • life – cycle 복리후생 　1) 의의 　　종업원의 연령에 따라 변화하는 생활패턴과 의식변화를 고려하여 복리후생 프로그램을 다르게 제공하는 것 　2) 내용 　　고령인력에게는 건강/은퇴에 대한 복리후생을 마련
이직관리	• **우수인력**은 정년 후에도 계약직 채용, 근로시간 단축 등을 통해 지속적으로 유지 • **전직지원 프로그램**을 활용하여 퇴직으로 인한 심리적 충격 완화

제 8 절　　국제 인적자원관리

1　기업의 국제화와 인적자원관리의 중요성

국제화란 한 국가에 있던 기업이 다른 국가로 진출하는 것을 의미하며 **최근의 글로벌화**(globalization)**는 더 확장된 개념으로 국경에 따른 제품·기술·서비스가 각국으로 자유롭게 이동하며 인적자원과 자본의 흐름도 자유롭다.** 기업의 국제화가 진행됨에 따라 기업이 Porter 교수가 말하는 가치사슬(value chain) 내 모든 기능을 동원하여 경쟁력을 갖추려고 노력하게 된다.

(1) 국제화의 단계

1) 국내기업 : 국내시장 점유율 증대 전략

2) 해외지향 기업(수출기업) : 해외시장 개척에 의한 국내생산 규모의 경제 단위화 전략

3) 현지지향 기업(다국적 기업) : 현지 생산에 의한 수입통제 국가의 시장확보

4) 세계지향 기업(세계기업) : 다각적 생산판매의 네트워크를 통한 경영의 적정화

예 로얄더치셸(Royal Dutch Shell)은 본사와 지사의 구분이 없고 언어도 자국어가 아닌 공용어(영어)를 사용하는 방식으로 국적 없이, 국경 없이 범세계적으로 경영활동을 영위하는 다국적 기업이다.

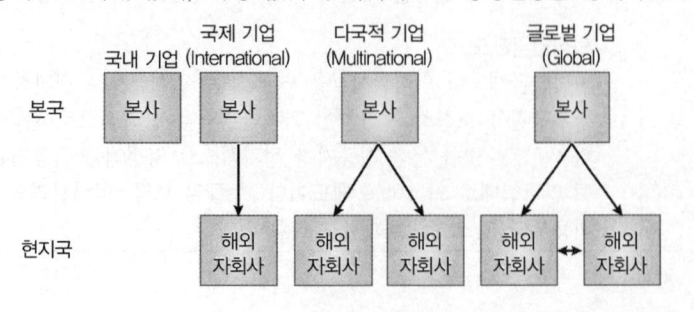

(2) 해외 활동의 대표적 형태

1) 수출

수출은 자국 내 생산요소들을 자국 내에서 결합하여 제품의 상태로 해외로 이전하는 것을 의미한다.

2) 해외직접투자(foreign direct investment)

자국 내의 생산요소인 자본, 생산기술, 경영기술 등을 해외로 이전하여 그 나라의 생산요소인 노동, 토지 등과 결합하여 생산 및 판매를 하는 것으로 이해할 수 있다. 해외직접투자는 투자국 입장에서 본 개념이며, 피투자국 입장에서 본다면 '외국인 직접투자'가 된다.

(3) 글로벌 인적자원관리 전략

본사가 속해 있는 나라를 모국(parent country)으로 정의하면 그 나라 출신 구성원들이 모국인(PCN, parent country national)으로 정의된다. 기업이 진출한 국가로서 이 국가의 인적자원은 진출국인(HCN, host country national)이 된다. 마지막으로 제삼국 출신의 인적자원은 제삼국인(Third country national)으로 정의된다.

예를 들어 삼성전자가 중국에 진출하는 경우 삼성출신 경영자가 파견되었다면 이는 PCN이 된다. 중국의 생산공장에는 현지 출신의 구성원이 일하게 되는데 이들은 HCN으로 정의된다. 한편 화교 출신인 싱가포르 경영자는 TCN으로 정의될 수 있다.

1) 모국중심전략(Ethnocentric Approach)

모국 중심 전략은 모기업의 관점이나 인사정책이 우선순위를 차지하기 때문에 현지 조직의 인사 부문은 최소화된다.

2) 다국 중심 전략(Polycentric Approach)

본사의 국제화 단계가 높아지면서 현지에 대한 경험이 축적되면 현지인 활용도가 증대될 수 있는데 다국 중심 전략은 현지 조직의 인적자원관리 부서의 역할이 확대된다.

3) 지역 중심 전략(Regiocentric Approach)

지역중심전략은 유능한 제삼국인을 개발하고 활용하기 위하여 문화적 차이가 비교적 같은 지역권 인재를 활용하는 것이다.

4) 글로벌 전략(Geocentric Approach)

글로벌 전략(geocentric approach)은 지역 간의 경계를 의식하지 않는 충원과 인적자원 활용을 강조한다. 국적과 관계없이 누구든 최고의 능력을 갖춘 사람이 있다면 그 인적자원을 활용하는 것을 경쟁력 확보에 최선으로 보는 것이다. 따라서 현지 자회사나 심지어 본사까지도 국적보다는 개인의 능력이 중시될 수 있는 것이다. 모국인, 현지인, 제삼국인 모두에게 적용될 통일된 인사관리 시스템이 설정되어야 한다.

구분	장점	단점
모국 중심 전략 (Ethnocentric Approach)	• 주로 모국인 중심 충원 • 본사와 조정 용이 • 본사 인력의 경력개발 (특히 상위 직급은 모국인 중심)	• 현지인의 경력개발에 장애가 됨 • 동기부여, 사기에 부정적 • 본국인의 높은 실패율과 적응문제 • 본국인과 현지인의 보상 대비
다국 중심 전략 (Polycentric Approach)	• 현지인 중심으로 운영 • 언어, 적응문제 제거 • 훈련비용 감소 • 현지국과의 관계개선 • 인건비 감소 • 현지법인의 연속성 유지 • 현지 조직의 모든 계층에서 현지인 활용	• 본사와의 조정문제 발생 • 언어, 관습 차이 • 국적에 따른 충성도 • 전략 인식의 차이 • 각 개별국가의 연방화 가능성 • 경력개발의 문제 • **현지인** : 자기나라에 국한 • **본국인** : 해외 경험 축적 기회 감소
지역 중심 전략 (Regiocentric Approach)	• 권역별(아시아 본부, 유럽 본부, 북비 본부 등) 운용 • 지역 내의 이동 가능 • 세계 중심주의로의 단계적 이동	• 지역연방 발생 가능성 • 경력개발상의 문제
글로벌 전략 (Geocentric Approach)	• 국적에 관계없이 최적의 인적자원 활용(모국인, 현지인, 제삼국인 모두가 활용 대상) • 국제 임원팀 • 연방화 현상 방지	• 현지국과의 마찰 가능성 • 비용 증가 • 훈련비용 • 재배치 비용 • 시간, 통제 비용

2 국제 인적자원관리의 세 가지 차원

Morgan은 세 차원에서 국제 인적자원관리의 전략과 내용이 달라진다고 주장하였는바, 세 가지의 내용은 다음과 같다.

▼ 국제 인적자원관리의 3차원

(1) 인적자원관리의 기능

인적자원관리의 기능면에서 살펴보면 **인력의 확보, 개발, 평가, 보상 그리고 리더십 등이 국제 인적자원관리의 주요 기능**이다.

(2) 국가

인적자원관리의 주체인 **본사(head quarters)가 속한 기준으로 할 것인지, 해외 자회사(subsidiary)가 있는 현지국 기준으로** 인적자원관리를 수행할 것인지, **제3국을 기준으로 할 것인지**에 따라 인적자원의 전략과 내용이 달라진다.

(3) 구성원

본사에서 파견된 인력(PCN), 현지에서 채용된 국적을 가진 인력(HCN), 제3국의 국적을 가진 인력(TCN)등의 구성원 가운데 어느 인력에 중점을 두느냐에 따라 국제 인적자원관리는 달라지게 된다.

3 국제 인적자원관리의 주요 기능

(1) 인적자원의 모집

1) 유형

① 본국 중심적 인적자원 확보방법(ethnocentric approach)

이는 **해외 자회사의 핵심 포스트에 본사에서 파견된 본국인력(PCN)을 배치하는 방식**이다. 해당 인력을 〈주재원〉이라고 부르며, 이는 기업의 국제화 초기단계에 있을 때 흔히 나타나는 것으로 해외자회사와 본사와의 원활한 의사소통을 위해서 본국인을 해외에 두는 것을 선호하게 된다.

② 현지국 중심 인적자원 확보 방법(polycentric approach)

해외 자회사에 있어서 **현지화(localization)가 상당히 진척이 된 것으로 간주되며 자회사를 현지인 중심으로 운영함으로써 언어장벽을 극복할 수 있으며, 파견비용을 절약할 수 있고, 파견직원과 가족이 현지에 적응해야 하는 부담도 줄일 수 있다.**

③ 세계 중심적 인적자원 확보 방법(geocentric approach)

세계에 산재한 해외 자회사에서 가장 적합한 인물을 능력위주로 선발하여 자회사의 핵심임무를 수행하게 하는 방법으로 **현지인(HCN)과 제3국인(TCN) 중심으로 모집과 선발이 이뤄진다.** 해외에서의 근무경력이 사업성공에 필수적으로 요구되는 해외 자회사에는 이러한 인적자원 확보 방법이 선호되고 있다.

④ 지역 중심적 인적자원 확보 방법(regiocentric approach)

이 접근법은 **일정 지역을 한 영업단위로 설정하고 인력충원을 그 지역 내에서 해결하는 방식**을 말한다. 예를 들면 유럽지역을 하나의 지역(region)으로 설정하고 유럽의 각 자회사에 결원이 생기면 유럽지역 내 타국의 인력을 결원이 생긴 자회사로 배치하는 방식을 일컫는다.

	장점	단점
본국 직원 (PCN)	• 조직의 통제와 조정이 유지되며 촉진된다. • 본국의 관리자들이 해외 근무를 통해 국제 감각과 경험을 익힐 수 있다. • 해외 자회사의 업무를 수행하는 데 본사에 서 그 일을 수행하고 있는 PCN이 최적임 자이다. • 해외 자회사가 본사의 경영목표와 정책을 따르도록 보장하는 역할을 PCN이 할 수 있다.	• 해외자회사의 현지직원(HCN)의 승진가 능성이 낮아진다. • 현지국에 자회사가 적응하는 데 오랜 시간 이 걸린다. • PCN들이 해외 자회사에서 불필요하게 본사 의 경영 스타일을 고집하는 경향이 있다. • PCN과 HCN간에 보상의 차이가 있어 자 회사 내에 위화감을 조성할 수 있다.
현지 국인 (HCN)	• 언어장벽, 문화 장벽을 해결할 수 있다. • 채용비용이 절감되며, 노동 허가 문제가 해결될 수 있다. • 현지인들은 장기간 근무할 수 있으므로, 경영의 일관성이 개선될 수 있다. • 현지인 채용은 현지정부 방침에도 부합된다. • 현지인들의 경력관리 가능성이 커지므로 현지인들의 사기가 높아진다.	• 본사의 통제와 조정이 어려워진다. • 현지직원의 경력기회는 자회사 밖에서는 제한을 받는다. • 현지직원을 채용함으로써 그만큼 본사직 원의 해외경험 축적기회는 상실된다. • 현지직원을 많이 채용하다 보면 세계화가 되기보다는 해당 국가의 민족적 결속이 더 강해진다.
제3국인 (TCN)	• 제3국인은 급여와 복리후생에 있어서 본 사직원의 경우보다 낮아 인건비를 절감할 수 있다. • 제3국인은 현지국 환경에 대해서 본사 직 원보다 정보를 많이 갖고 있다.	• 국가 간 이동의 경우 적대관계에 있는 국 가로의 이동이 불가능한 경우가 있다. • 현지국 정부가 제3국인 채용을 반대할 수 있다. • 제3국인은 자회사 근무가 끝난 후 자신의 모국으로 돌아가지 않으려는 경향을 보인다.

2) 기업의 활용방안

어떤 유형의 인적자원을 활용하는지 여부는 **기업의 전략적 입장에 의해 결정되어야 할 문제이** 다. 해외 자회사의 통제를 중시하는 전략을 채택하는 기업은 주재원(PCN)을 적극적으로 활용하 는 것이 바람직하며 경영에 있어서 현지화를 추구하는 기업은 현지 인력의 충원을 선택하는 것 이 바람직하다. 또한 해외에 많이 알려져 있지 않고 해외 진출 초기단계에 있는 기업들의 경우 주 재원(PCN)을 적극적으로 활용할 수밖에 없다. 해당 기업이 현지에서 잘 알려져 있지 않기 때문 에 우수한 인력을 확보하기가 어렵기 때문이다. 그리고 **현지 노동시장에 우수한 인력의 공급이** 부족한 상황에서도 주재원을 활용하는 것이 더 효과적이다.

(2) 인적자원의 선발

1) 파견실패의 극복

선발의 경우 해외파견 실패(expatriate failure)를 방지해야 하는데, 해외파견 실패는 일반적으 로 정의하면 회사의 의지와 반대로 당초 예정된 해외 근무 임무를 달성하지 못하고 중도 귀국하는 경우를 말한다. 해외파견 실패는 **인적자원 선발 실수에 기인한다는 연구결과**가 있다(Dowling, Schuler & Welch, 1994). 기업은 파견실패를 방지하고 해외사업을 성공적으로 이끌기 위해서 **다음의 국제 관리자 핵심자질을 고려하여 해외파견자 선발에 최선**을 다할 필요가 있다.

```
┌──────────┐    ┌──────────┐    ┌──────────┐
│ 기술적 역량 │    │ 이문화 적응 │    │  가족 상황  │
│          │    │   역량    │    │          │
└──────────┘    └──────────┘    └──────────┘
        \            │            /
 개인요소   \         │         /
 ─────────── ○ 선발 결정 ○ ─ ─ ─ ─ ─ ─
 상황요소   /         │         \
        /            │            \
┌──────────┐    ┌──────────┐    ┌──────────┐
│ 국가/문화적 │    │  언어 역량  │    │ 글로벌 기업 │
│  요구사항  │    │          │    │  요구 사항 │
└──────────┘    └──────────┘    └──────────┘
```

┌──┐
│ ■ **국제 관리자 핵심자질**   │
│ • 전략 마인드   • 국제적 협상 기술   │
│ • 새 환경에의 적응능력   • 자신감   │
│ • 다른 문화에의 감수성   • 과업 지향성   │
│ • 국제적 팀에서 일하는 능력   • 개방적인 성격   │
│ • 언어능력   • 국제 재무관리에 대한 이해   │
│ • 국제 마케팅에 대한 이해   • 문화 배경에 대한 인식   │
│ • 인간관계 기술   │
└──┘

2) 해외적응을 위한 파견자의 가족 관리

해외파견자 선발에 있어서 추가적으로 고려해야 할 사항은 **파견자의 가족, 특히 배우자 문제**이다. **성공적 해외근무를 위해서 가족의 협조가 무엇보다도 중요하다.** 배우자가 직업을 포기할 수 없어서 해외에 동행하지 못하는 경우나, 자식들이 해외에서 교육을 제대로 받을 수 없는 경우에는 해외파견자에게 큰 부담이 될 수 있다.

따라서 〈배우자와 가족에 대한 지원〉을 **강화**하는 것도 중요하다. 배우자나 가족들의 문화적응도 파견 경영자의 성과에 큰 영향을 미치는 것으로 나타나는데, 파견 경영자는 업무와 관련된 사회적 네트워크가 자연적으로 형성되지만 배우자나 가족은 상이한 문화 속에서 상대적으로 고립될 가능성이 높기 때문이다. 따라서 **최근에는 선발시기부터 배우자의 이문화 적응역량에 대한 교육을 실시하거나 파견 후 배우자나 가족들 간의 네트워크 형성을 돕기 위한 다양한 도움들이 제공**되고 있다. 특히 ICT의 활용으로 이러한 네트워크 형성이 보다 용이해지는 측면도 도움이 되고 있다.

PART
09

3) 해외파견 경영자의 역할

① 직접적 통제 대리인(Agent of Direct Control)

파견 경영자의 첫 번째 임무는 **본사의 직접적 통제를 통하여 해외 자회사 경영의 불확실성을 최소화하는** 것이다. 모국중심주의를 강화하지만 전략적 목표 수행이 효과적으로 이루어질 수도 있다.

② 사회화 대리인(Agent of Socialization)

파견 경영자는 역할 수행을 통하여 **본사의 가치관이나 믿음들을 간접적으로 확산**시킬 수 있다.

③ 네트워크 구축(Network Builder)

파견 경영자는 파견기간 동안 현지 경영자들과 비공식적 통제와 커뮤니케이션에 대한 인적 연결 네트워크를 구축하게 된다. 본사로 귀환한 뒤에도 네트워크는 그 가치가 증대될 수 있다.

④ 역량과 지식 전달(Transfer of competence and knowledge)

해외 자회사의 파견근무는 **현지 구성원과의 지식 공유와 역량전달**을 통하여 공통적인 업무 방식을 촉진시키고 결과적으로 **자회사와 본사 간의 기업문화 공유를 강화**시킬 수 있다. 이 과정을 통해 글로벌 기업의 사회적 자산이 증대될 수 있다.

(3) 인적자원의 훈련 및 개발 : 이문화 훈련(cross-cultural training)과 본국초청교육

1) 이문화 훈련

해외 자회사로 파견되는 해외 파견인의 훈련과 개발로 이문화 훈련이 핵심내용을 이룬다. **이문화 훈련은 해외파견인이 현지에서 겪는 문화충격(culture shock)에 대비해서 그 나라의 언어는 물론이고 문화적인 전통과 관습에 대해서 정통하고 있어야 한다.** 파견인 교육은 상황접근방식(contingency approach)이 되어서 교육의 내용과 강도가 파견이 교육 때마다 현지 상황에 따라 조정되는 것이 바람직하다.

2) 이문화 적응역량 향상 훈련

해외파견 경영자는 **이문화 적응 역량**을 고려해야 하는바, 기본적으로 이문화 적응역량은 인지적 요소, 감정적 요소, 그리고 행동적 요소로 나눌 수 있다.

요소	훈련 내용
인지적 (cognitive)	• 특정문화 인지 훈련(전통, 역사, 문화적 관습 등) • 언어 과정
감정적 (emotional)	• 불안해소 : 새로운 문화환경에 특화된 사회적 기능 개발 훈련 • 문화적 편견 : 개인적 코칭 활용 • 문화적 감수성 개발 : 의사소통 과정(적극적 듣기, 비언어적 표현, 공감 능력 등)
행동적 (behavioral)	• 가상 문화 훈련 • 글로벌 프로젝트 • 이문화 적응에 주목한 사회적 기능 개발

가장 기본적인 훈련은 **전통이나 역사에서 시작하여 기본적인 언어훈련을 통한 인지적 요소** 측면을 들수 있다. 또한 **타문화에 대한 불안을 감소시키고 문화적 감수성을 높일 수 있는 감정적 훈련**도 중요하며, 마지막으로 **사회적 기술 향상 훈련을 통해 실질적인 행동역량을 향상시키는 것**도 효과적이다.

3) 본국 초청교육

한편 해외 자회사에 근무하는 **비본사인력, 즉 HCN과 TCN은 대체로 경영기법과 본국의 문화에 대한 이해가 부족**하므로 교육·훈련도 이 분야에 대한 것이 주된 내용이 되어야 한다. 이때 **현지직원들을 본사에 교육받도록 보내는 〈본국초청교육〉이 국제기업의 일체감 형성과 경영기법 전수를 위해 효과**가 큰 것으로 알려지고 있다.

(4) 인적자원의 평가

1) 기본 기준

일반적으로 **환경(environment), 과업(task), 그리고 인성적 요인(personality factors)**이 평가에 있어서 고려될 수 있는 의미 있는 기준이다. **환경요인에는 현지국의 문화 어려움(cultural toughness), 영업 형태, 그리고 국제화 단계 등이 포함**될 수 있다. **과업**은 일반적으로 본사가 해외자회사에 부과하는 것이기 때문에 **부과된 과업이 해당 기간 내 해외에서 이행이 되었는지를 체크하는 형식으로 평가**가 수행된다. **인성적 요인**에 대한 평가기준으로서 각광을 받고 있는 것이 **해외파견 관리자의 독단적/권위적 특성(dogmatism/authoritarianism) 및 사회적 감수성/공감(social sensitivity/empathy) 스케일**이 있다. 독단적 특성이 강한 사람은 자신의 관념에 몰입하며 다른 사람의 의견을 듣지 않고 현실에 대해 신뢰를 하지 않는 경향이 있으며, 권위적 특성이 강할수록 자신들의 힘과 지위를 의식하면서 외집단(out-group)에 대해서 배타적·적대적 경향을 보인다. 반대로 사회적 감수성/공감이 강한 사람은 다른 사람의 기분과 의견에 민감하고 개방적인 경향이 있다. **독단적/권위적 특성이 강한 사람은 현지 적응에 어려움을 겪고 현지인들과 갈등을 빚을 가능성이 높은 데 비해, 감수성/공감이 강한 사람은 현지국의 낯선 환경에 비교적 잘 적응하는 경향**을 보인다.

2) 글로벌 역량의 평가

일반적으로 기업이 글로벌 인적자원관리를 효과적으로 수행하기 위해서는 **글로벌 역량을 필요**로 하는바, 글로벌 역량을 성과의 기준으로 설정하여 해외 파견 인력을 평가한다. 다음의 내용이 글로벌 인적자원관리를 위한 핵심 역량이다.

핵심역량	내용
해외 인적자원에 대한 지식	해외 근로자와 근무방식에 대한 지식과 경험
해외 사업환경에 대한 전문성	글로벌 시장동향과 사업 환경에 대한 지식과 경험
타 문화에 대한 이해	타 문화에 대한 이해와 공감능력
소통능력	타 문화권 근로자와의 소통 및 협상능력
글로벌 리더십	타 문화권 근로자에 대한 리더십과 조직관리 역량
태도	글로벌 마인드, 개방성, 유연성

PART
09

(5) 인적자원 보상

1) 국제보상관리의 목적(원칙)

국제적 인적자원에 대한 보상의 목적은 ① **국제적 보상정책(compensation policy)**은 국제적 인적자원의 모든 집단에 있어서 **일관성이 있고 공정하게 대우**하는 데 목적이 있다. ② 보상정책은 해당 국가나 지역 내 인적자원들에게 매력을 주어 그곳에 계속 근무할 수 있는 유인책을 주는 데 목적이 있다. ③ 보상정책은 **국제적 인적자원의 이동 및 재배치에 있어서 비용과 효과면**에서 의미가 있도록 하는 데 목적이 있다. ④ 보상정책은 국제기업의 전략, 조직구조, 그리고 사업방향에 부합되는 것이어야 한다. ⑤ 보상은 국제적 인적자원을 충분히 동기부여할 수 있는 것이어야 한다.

2) 보상의 유형

보상의 기준으로는 **본사 기준(home-based pay)**, **현지국 기준(host-based pay)**, **지역 기준(region-based pay)**이 있다. 본사 기준은 말 그대로 **본사(headquarters)의 보상기준을 해외자회사에 그대로 적용**하는 것을 말한다. **현지국 기준은 현지국의 물가, 집세, 그리고 학비수준을 감안하여 보상수준을 결정**하는 것이며, **지역기준은 본국에서 멀리 떨어진 정도에 따라 보수수준을 결정**하는 방법이다.

3) 해외 근무에 대한 추가적 인센티브 제공

해외파견은 주재원 자신이나 가족들에게 위험(risk)과 희생을 동반하므로 주재원 보수는 국내보다 높이 측정되는바 다음의 인센티브를 고려할 수 있다.

① **해외근무 프리미엄(foreign service premium)** : 해외근무로 인해 기본급여 외에 추가로 지불되는 금전적 보상, 보통 기본급의 10~30%가 정기적으로 지급

② **역경수당(hardship allowance)** : 예외적으로 힘든 주거환경이나 근무환경에 근무하는 주재원에 대한 보상

③ **이동 프리미엄(mobility premium)** : 근무지를 이동하는 직원에 대한 보상성격의 일시금

한편 **해외파견 근무의 경우 현지국에서의 생활여건이 본국과 다르기 때문에 파견인과 가족에 대한 추가적 복리후생(fringe benefit)이 불가피하며 HCN과 TCN의 경우에 있어서도 본국과 다른 수당이나 복리후생을 지원해야 하는 일이 발생**한다. 예를 들어 격지나 오지 수당(hardship premium)이 있는데, 아프리카나 아시아 일부국가에서처럼 생활여건이 매우 열악한 곳에서 근무하는 파견직원들에 대해서는 그에 상응하는 수당이 필요하다.

4 국제 인적자원관리의 쟁점사항

(1) 인력충원

현지에 파견된 직원을 위해서는 **승진에 불이익이 없도록 별도의 경력경로(career path)를 설정**함으로써 현지인들의 잦은 이직을 방지하고 회사에 대한 충성심을 높일 수 있도록 할 필요가 있다. 그러나 우리나라 기업들은 대체로 3~4년을 주기로 순환적으로 해외 파견인을 파견하고 복귀시키

는 실정인데 이러한 정책은 세계화(globalization) 시대에 맞지 않으며 기업의 경쟁력 향상에도 도움이 되지 않는다. 어학과 업무능력을 갖춘 한국기업의 **'국제적 간부'(international cadre)로 육성하는 것이 바람직하다.**

(2) 승진적체

해외 자회사에 근무하는 현지인들은 승진에 있어서 타 현지 기업과 다르게 제한되어 있다는 점에서 좌절감을 느끼게 된다. 따라서 본사로부터 획기적 인사처우가 없는 우수한 현지인들은 오래 근무하지 못하고 이직을 하는 일이 잦다. **현지 지향적 인력배치정책, 승진정책을 채택하여 현지인들의 사기를 높이고, 우수 현지인들을 확보하는 적극적 정책이 필요하다.**

(3) 유배증후군과 재귀국 문제

유배증후군(exile syndrome)이란 **해외파견인이 본사로부터 소외되고 있다는 감정**을 갖는 것을 말한다. 본사에서 쌓고 있던 경력 트랙(career track)을 중단하고 해외로 파견되어 지리적으로 멀리 떨어진 해외 자회사에 근무하게 되면서 본사와의 의사소통이 원활하지 못하게 되어 승진이나 인사처우에 있어서 불이익을 받는 것이 아닌가 하는 막연한 불안감을 갖게 되고 사실상 유배되었다는 느낌을 갖기가 쉽다.

해외 파견인이 **해외 자회사에서의 근무를 마치고 가족과 함께 본국의 모회사로 귀임하는 재귀국 (repatriation) 과정은 해외파견(expatriation) 과정과 마찬가지로 중요한 과정**이다. 귀환자들은 **본사에 대해 심리적으로 소외감을 느끼며 재적응에 어려움을 겪을 뿐만 아니라** 회사가 귀환자의 재적응의 중요성을 인식하지 못해 **해외파견에서 얻은 경험과 지식을 이용하는 데 실패**하는 경우가 허다하다.

귀환자들의 성공적 귀임과 재적응을 위한 준비과정이 긴요하다. 이 과정을 통해서 해외파견자가 본국으로 귀국하여 본사로 발령 시 본사의 조직 및 경영관리에 대한 사전 브리핑을 실시하는 한편 귀임자의 해외경험을 본사가 활용할 수 있도록 보고서나 브리핑자료를 제출할 수 있는 준비시간으로 이용할 수 있어야 한다.

(4) 파견 경영자의 귀환과정 관리

그러나 파견 경영자 관리에 있어서 귀환과정(repatriation)은 매우 중요하지만 많은 기업에서 간과하고 있는 실정이다. 귀환과정 관리의 핵심인 재적응에 대한 다방면의 지원이 필요하다. 대표적으로 **파견 기간 중 모국의 문화변화 적응의 문제**가 있다. 개인에게 알아서 적응을 맡기기보다는 체계적인 지원이 큰 도움이 된다. **본사 내의 재적응도 필요한바,** 파견기간 중에 조직의 구조나 담당자, 과거의 직무 등이 변화한 경우가 일반적이다. 특히 파견기간이 오래된 경우에 인적 네트워크 면에서 어려움을 경험하는 경우가 많은 것으로 보고된다.

귀환과정을 보다 효과적으로 관리하기 위한 다양한 전략들이 제시되는데 우선 파견 경영자 훈련과정에서부터 **귀환과정의 어려움과 중요성을 파견 경영자들에게 정확히 인식시키는 것**이 필요하다. 조직 차원에서도 **정기적인 출장이나 다른 기회를 통하여 파견경영자들이 사내 네트워크에서 완전**

PART
09

히 배제되지 않도록 체계적인 노력을 기울일 필요가 있다. 기술 발달에 따른 **비디오 컨퍼런싱이나 영상통화** 등이 쉽게 가능하기 때문에 이런 노력들이 손쉽게 활용될 수 있다. **파견 기간 중에 파견 경영자에게 적합한 승진기회나 조직 역할이 발생하는 경우에 후보자로서의 기회를 제공하는 것도** 중요하다. **귀환 후에는 다양한 환경변화를 감안하여 파견 경영자가 스스로 새로운 경력계획을 설정**할 필요가 있다. 이 과정에서 **사내외 전문가의 경력 컨설팅이 제공되면 파견 경험자의 경험과 해외에서 축적한 인적/정보 네트워크를 지속적으로 활용할 기회가 확대**될 수 있다.

▼ 단계별 귀환과정 관리

파견 전
• 멘토 지정 • 의사소통체계 확립 • 인터넷과 기타 의사소통 도구를 통한 지속적 관계유지 • 파견 전 훈련

파견 중
• 모국 방문 휴가 • 업무 관련 정보의 지속적 교환 • 멘토와 지속적 교류 • 귀환에 대비한 체계적 오리엔테이션

귀환 직전
• 새로운 직무 부여 • 본사와의 연계 제공 • 사회적 귀환 지원 • 귀환 의식을 통한 경험 공유

귀환 후
• 멘토를 통한 환경 재인식 • 업무 재적응 지원 • 경력 컨설팅을 통한 경력계획 재설정 • 파견 경험을 명시적 지식으로 체계화

(5) 충성심 분리

해외 합작투자회사의 경우 파트너간 이해관계가 충돌하는 일이 빈번하게 발생하고 파견인은 사안의 내용에 관계없이 본국 모기업의 입장만을 옹호하게 되므로 **충성심 분리(split loyalty)라는 문제가 발생**한다. 즉, 해외파견인 소속은 엄연히 해외 현지법인이지만 실제로는 본국의 모기업의 이해를 대변하는 이중적 행동을 하게 되므로 해외 자회사나 국제 합작투자회사는 종종 어려움을 겪게 된다.

(6) 의사소통 장애

의사소통 장애는 본사나 해외 자회사의 **정상적 의사결정을 방해하는 요인**이 될 수 있다. 국제 인적 자원관리에 있어서 중요한 과업 가운데 하나는 **본사와 자회사, 본사 파견인과 해외파트너 간 의사 소통 장애를 효과적으로 극복하는 프로그램을 개발**하는 것이다.

(7) 권한위임의 제한

본국의 모기업(headquarters)은 파견인의 권한을 가급적 제한하려는 경향을 보이고 있다. 그러나 해외관리자가 본국으로부터 **충분한 권한위임을 받지 못하게 되면 해외에서의 인적자원관리는 어려움**에 봉착하게 된다.

(8) 해외에서의 노사관계

국제기업은 현지에서의 원활한 노사관계의 구축을 위해 노력해야 한다. 우리나라는 노사관계에 있어서 산업평화의 경험이 그리 축적되지 못했기 때문에 해외에서 노사관계에 문제가 발생할 소지가 크다. 노사관계에 영향을 미치는 중요한 변수로서 **경영자의 현지인에 대한 태도**가 거론된다. 본국에서 파견된 경영자가 현지에 대해 독단적, 권위적 태도를 취하거나 현지국과 현지인을 무시하는 언행을 하게 되면 노사관계가 악화되는 사례가 많다.

5 글로벌 통합과 현지화의 조화

글로벌 통합은 **제품과 마케팅 등을 전 세계적으로 표준화시키는 전략**인 반면 현지화는 **각 국가에서의 경쟁이 다른 나라에서의 경쟁과 관계없이 이루어지는 것**이다. 국제화를 추진하고 있는 우리나라 기업들의 장기적 과제는 **국제화와 현지화의 조화**다. 선진 다국적기업들이 '**전 세계적으로 사고하고 현지 적합적으로 행동한다**(think globally, act locally)'는 것을 강조하는 것도 이 때문이다. 이에 선진 국제기업들은 기본적으로 사업부서들을 **현지화시켜 권한을 위임하되 이를 통합하기 위한 다양한 통합수단들을 개발하여 활용**하고 있다. 즉, 현지화는 기업 전체의 전략적 목표와 일치되게 이뤄져야 할 것이다.

제 9 절　정보기술과 인적자원관리

1 e-HRM

(1) 개념

21세기 기업경영에서 특히 중요하게 요청되는 스피드와 유연성을 정보기술을 활용해 실현하는 것이 인적자원관리 분야에서도 필수불가결한 과제가 되고 있다. **인사기능의 스피드화, 유연화**를 가능하게 하는 툴로서 e-HRM(electronic Human Resource Management)이 나타났다. e-HRM은 인터넷, 정보처리기술 등을 활용한 인적자원의 확보 및 유지, 활용 등으로 **인사비용을 최소화하고 효과의 극대화를 추구하는 것**으로 과거 인적자원정보시스템(HRIS, Human Resources Information System)에 비해 그 **규모나 활용, 효과 측면에서 한 차원 더 발전된 것**이다. HRIS는 조직의 **경영정보시스템(Management Information System)의 한 부분**으로 인적자원관리에 관련된 정보자료를 수집, 분석, 처리하여 조직 각층의 인적자원관리에 필요한 정보자료를 적절히 제공해주는 조직체계를 의미한다. 기존의 인적자원정보시스템은 단순히 인사부서만을 위해 필요한 정보들을 관리하는 시스템이었지만 e-HRM은 전 종업원이 접근 가능한 시스템으로 기업 내 정보를 보다 적극적으로 활용이 가능하다.

(2) 발전단계

1) 인사정보의 DB화 : 종업원의 인사 정보를 데이터베이스(database)화하는 단계이다.

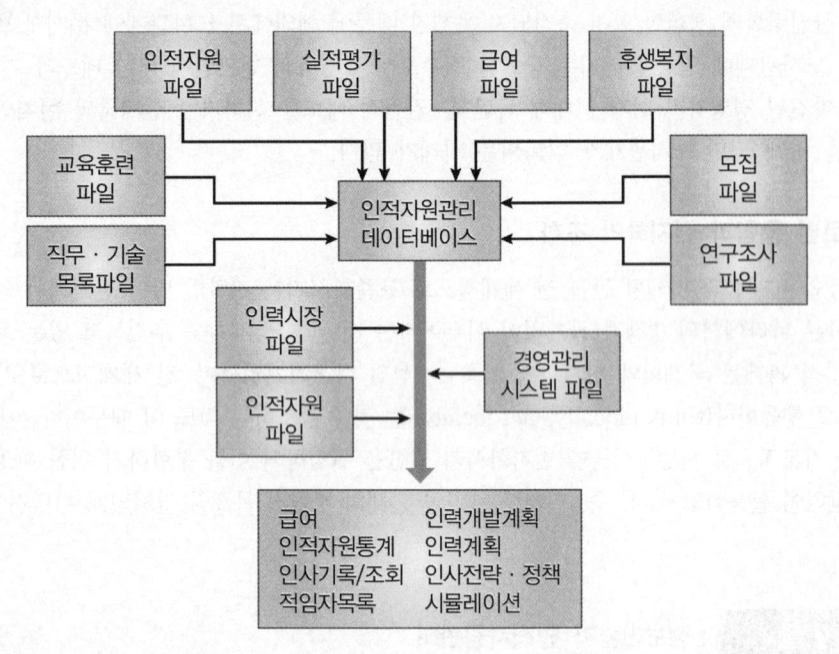

2) 셀프서비스 개념 도입 : 종업원이 직접 참여하여 자신의 신상정보나 기본사항을 수정하는 단계다.

3) 웹 활용 단계 : 인사업무뿐만 아니라 회사 내 생활 및 업무수행에 필요한 종업원 정보나 서비스를 제공하는 종합 포탈형태 단계다.

4) 인사 시뮬레이션 작업 : 인적자원 데이터베이스와 기타 정보파일에 시뮬레이션 기법을 적용하여 임금 수준 결정이나 인력구조 및 조직구조설계 등 **인적자원관리 전략과 정책방향에 대한 대안들을 비교·분석함으로써 인적자원관리가 보다 효율적으로 이루어지도록 지원하는 단계**이다. 조직 및 인적자원계획 충원관리, 성과관리, 승계관리 등 전략적 인적자원관리에 도움이 되는 **의사결정 지원시스템(decision support system)의 기능**을 발휘하면서 효율적 인적자원관리의 성과요인으로 작용할 수 있다.

(3) 도입효과

1) 인사기능 개선을 위한 비용절감

e-HRM 도입을 통하여 **Paperless office의 실현이 추구**된다. 즉, 기존에 인쇄물로 제작하였던 인사 관련 서류, 안내서, 매뉴얼 등을 전산화하여 사내 인트라넷으로 제공하게 되어 비용과 시간의 절감이 가능하게 된다. 이로써 인사부서가 수행했던 단순반복적인 인사기능의 대폭축소를 가능하게 하며, 웹 기술 적용을 통해 인트라넷 상에서 종업원이 직접 자신의 신상변동 내용을 수정·변경함으로써 인사 데이터 입력의 오류를 최소화하여 인사부서의 중복적 업무수행을 방지할 수 있다.

2) 종업원에 대한 서비스 개선을 통한 종업원 만족도 제공

e-HRM은 종업원 규모나 인사 서비스 종류에 상관없이 '언제 어디서나 실시간으로 서비스를 받을 수 있는 여건'을 마련하여 종업원 맞춤형 서비스 제공이 가능하게 한다. 또한 e-HRM은 종업원에게 **신상변동에 대한 정보를 스스로 입력하게 하여 인사정보의 정확성과 참여도를 높이는 종업원 셀프서비스를 구현하고 있다.** 종업원 스스로 자기 신상정보를 수시로 확인, 수정할 수 있는 환경이 마련되어 **자율성과 책임감, 그리고 인사정보의 정확성이 제고될 수 있다.**

3) 인적자원관리의 전략기능 강화

단순반복업무의 부담이 경감되면 인사담당자의 전문성 심화가 용이해지며 **전략적 업무인 인재 확보 및 인력개발에 더 많은 시간과 비용을 투입**할 수 있게 되어 인적자원관리상의 자원배분과 투자효율성을 제고할 수 있게 된다. e-HRM은 이렇게 궁극적으로 인사부서가 경영의 전략적 파트너로서 제 역할을 수행할 수 있는 기반을 제공한다.

4) 기업문화 변혁

e-HRM을 통해 급변하는 환경에서 **인사부서가 변화관리의 주체로서 능동적으로 변화를 수용하고 촉진하는 선도자로서의 기능을 수행**할 수 있게 된다.

(4) 활용영역

1) 셀프서비스(self-service)

셀프서비스란 **당사자가 시스템에 직접 접속하여 원하는 정보를 얻고 자료를 수정하는 등의 작업을 하는 것이다.** 이를 통하여 각자는 원하는 정보를 쉽고 빠르게 얻을 수 있고 인사부서는 높은 부가가치를 창출하는 업무에 더 많은 노력을 기울이는 것이 가능해진다.

2) 온라인 채용(on-line recruitment)

지원희망자가 기간 제약 없이 홈페이지를 통해 **자신의 인적사항을 입력하는 즉시 그 내용이 데이터베이스에 반영**된다. 어느 부서에 결원이 생겼거나 추가 충원이 필요한 경우 **시스템에 접속하여 적격자를 검색**한다. 그 결과로서 출력된 후보자 목록을 기초로 해당 부서에서 지원자와 접촉하여 원하는 사람을 선발할 수 있다. 즉, 종전의 단순반복적이고 업무지원적인 일들은 해당 부서가 시스템을 통해 처리할 수 있게 됨으로써 **인사부서는 적극적인 홍보, 지원자의 입력사항 개발, 데이터베이스의 관리, 적격자 선발방식의 개발, 전체적인 관점에서 적재적소 실현방안 모색** 등이 가능해진다.

3) 웹 기반 인사평가(web-based assessment)

평가결과를 체계적으로 축적·관리하고 다양하게 활용할 수 있게 되어 **인사부서는 평가를 위한 단순반복작업 대신 평가 시기의 조정, 평가지표 및 방법 개발 등 주요 업무에 주력**할 수 있게 된다.

4) 웹 기반 교육훈련(web - based training)

인터넷을 통하여 언제 어디서라도 접속하여 강의를 들을 수 있고 추후 업데이트가 가능하기 때문에 **교육내용의 양과 질을 한꺼번에 개선**할 수 있다.

확보관리	• 인력수급정보의 즉각적 파악이 가능하여 E - recruiting을 통해 공격적 모집으로 다양한 인재 pool 확보 가능 • 종업원의 인사관리 정보가 집적된 skill inventory를 통해 ILM의 경쟁력을 높일 수 있음
개발관리	• E - learning을 통해 시공간을 초월한 교육이 가능하고 개인별 진도조정이 용이하여 종업원 맞춤식 교육이 가능 • As - is와 To - be 간의 gap을 수시로 점검하여 맞춤형 경력개발 가능
평가 및 보상관리	• 360도 다면평가, MBO, BSC를 도입하여 평가의 객관성과 공정성을 확보하여 성과주의 인사 실현이 가능 • 성과평가와 연계된 보상관리를 통해 개인별 성과에 따른 차등관리가 가능

(5) 전통적 HRM과 e - HRM의 비교

구분	전통적 HRM	IT기술		eHRM
관리형태	집단차원의 관리	— 스피드	→	개별차원의 관리
작업환경	Paper 중심 작업환경 물리적 사업장 근무시간의 제약	— 유연성	→	Paperless 작업환경 가상작업공간 등장 근무시간 유연화 · 탄력화
필요기술	사람관리기술	—	→	정보관리 및 IT관리기술
주요 인사기능	데이터 관리 및 정보전달	— 다양성	→	전략적 인사관리
HR 담당자역할	관리/지원역할	—	→	전문적 자문 역할
정보수집방법	개인적 접촉 등 비과학적 방법	— 정확성	→	컴퓨터기반의 통계자료 및 과학적 방법
IT활용도	수동적 대응	— 참여성	→	주도적 개발요구

2 인적자원정보시스템(HRIS)

(1) 개념

인적자원정보시스템(Human Resource Information System ; HRIS)은 **조직의 경영정보시스템(Management Information System)의 한 부분**으로서 인적자원관리에 관련된 정보자료를 수집, 분석, 처리하여 조직 각층의 인적자원관리에 필요한 정보자료를 적절히 제공해주는 조직체계를 의미한다. 즉, **인적자원관리 결정에 필요한 제반 정보를 수집 · 처리 · 저장하여 필요한 적기에 관련 정보를 얻을 수 있게 해주는 정보시스템**을 말한다. 이러한 정보시스템을 갖추게 되면 많은 인적자원관리 활동의 효율화가 이루어져 **경비가 절감**되며 동시에 인사관리 부서가 자료입력이나 자료 업데이트와 같은 **일상적인 활동에서 벗어나 보다 전략적인 활동에 시간을 활용**할 수 있게 해준다.

(2) 특징

인적자원 정보시스템에서 제공되는 정보는 다음과 같은 요건을 갖추어야 한다.

- **적시성**(timeliness) : 경영자는 최신의 정보를 접할 수 있어야 한다.
- **정확성**(accuracy) : 제공되는 정보가 정확해야 한다.
- **간결성**(conciseness) : 경영자는 필요한 만큼의 정보만을 흡수해야 한다.
- **관련성**(relevance) : 경영자는 특정 상황에서 필요한 정보만을 받아야 한다.
- **완전성**(completeness) : 경영자는 부분적인 정보가 아니라 완전한 정보를 수령해야 한다.

HRIS를 통해 많은 인사 정보가 축적되고 빅데이터 기술을 통해 방대한 양의 데이터가 수집됨에 따라 이를 근거로 HR 유효성을 높이고 나아가 기업의 경쟁력을 확보하는 수단으로 삼으려는 움직임이 강화되고 있다. 이와 관련하여 최근에는 **HR 애널리틱스, 즉 데이터 기반 인적자원관리에 대한 관심이 대두되고 있다.**

(3) HR 애널리틱스(HR analytics) : 데이터 기반 인적자원 관리

HR 애널리틱스란 인력과 관련된 조직성과를 높일 목적으로 인적자원 데이터를 수집하고 분석하는 과정이다. 즉, **인적자원 데이터를 잘 활용하여 효과적인 HR도 도모하고 나아가 조직의 성과도 높이려는 활동**을 말한다.

HR 애널리틱스가 주목을 받는 이유는 이것이 합리적인 인적자원관리와 조직성과에 기여하는 점이 크기 때문이다. **HR 애널리틱스는 직관과 경험에 의존하는 HR 관련 의사결정에서 발생할 수 있는 과오와 결점을 합리적인 데이터에 의하여 보완함으로써 의사결정의 질을 높인다는 점에서 의미가 있다.**

1) HR 애널리틱스의 구성요소

① 채용 애널리틱스(hiring analytics)

스킬을 분석하여 **우수 인재의 특성에 대한 통찰력을 제공**하고 데이터 분석을 통해 채용과정에서 문제가 되는 **편견을 제거**할 수 있게 해준다.

② 진행 피드백 애널리틱스(on-going feedback analytics)

기존인력에 초점을 두어 조직 내의 팀에 성과가 나는지, 적절한 스킬을 갖추고 있는지 적정 장소에 적정 인재가 배치되고 있는 지를 결정해준다.

③ 적정화 애널리틱스(optimization analytics)

채용 애널리틱스와 진행 피드백 애널리틱스에서 생성된 데이터와 예측을 결합하여 **기업이 내부과정을 견고하고 하는 데 필요한 것을 확보**하도록 돕는다.

④ 예측 HR 애널리틱스(Predictive HR analytics)

예측 HR 애널리틱스는 **HR 애널리틱스의 특수한 형태로서 기존 데이터를 분석하고 여기에 통계학을 이용하여 미래의 결과를 예측하는 기술**이다. 이는 **의사결정을 위한 도구(tool)의 역할**을 하며 그 중요성이 더해지고 있다. 예측 HR 애널리틱스에서는 데이터도 수집되지만 **향후 예측을 수행하는 데에도 사용**된다. 예컨대 조직에서 어떤 지원자가 더 성공적일지를 결정하는 것부터 1년 안에 누가 그만둘 위험에 처할지에 이르기까지 예측해낸다.

2) 적용영역과 조직의 대응

HR 애널리틱스의 적용영역은 **인재의 채용과 유지에 널리 사용**된다. 많은 데이터에 입각해 직무성과를 낼 것으로 보이는 지원자의 특성과 행동을 가려낼 수 있다. 또 기존 데이터를 활용해 이직 가능성이 있는 직원을 가려내 맞춤형 대책을 강구할 수 있다.

HR 애널리틱스가 조직에 효과를 거두기 위해서는 **데이터 애널리틱스 문화 확립이 핵심요인**이다. 즉, 합리적인 데이터에 근거한 의사결정의 마인드 셋과 풍토가 마련되어야 한다. 또한 이를 제대로 진행할 수 있는 **훈련과 교육을 받은 전문가**들이 필요하다. 최근 미국의 대기업에서는 **HR 애널리틱스를 전담하는 부서**가 만들어지고 있다.

(4) 인사부서의 역할

인적자원정보시스템은 일반적으로 임금관리로부터 시작하여 인적자원에 관한 모든 사항을 인사기록(bio data) 파일에 입력시키고 실적파일과 직무파일 그리고 모집파일과 연구조사파일 등 인적자원관리에 관한 각종 정보자료파일을 개발하여 인적자원관리 데이터베이스를 구축하면서 정보기술 활용수준을 높인다. 이를 통해 인적자원관리 정보지원의 범위를 점차적으로 **일상 행정업무로부터 전략적 동반자의 업무방향으로 확대**시켜 나간다.

행정전문가	일상적 의사결정을 위한 정보지원
전략적 동반자	전략적 의사결정을 위한 정보지원
변화담당자	조직진단 및 조직개발을 위한 정보지원
구성원 대변인	구성원의 Needs 혹은 고충 등 종업원 지원을 위한 정보 파악

참고문헌

- 『신인사관리』, 2023년, 박경규, 홍문사
- 『신인적자원관리』, 2021년, 김영재·김성국·김강식, 탑북스
- 『지속가능 성장을 위한 인적자원관리』, 2021년, 권석균·이병철·양재완, 시대가치
- 『인적자원론』, 2018년, 배종석, 홍문사
- 『인적자원관리』, 2020년, 임창희, 비앤앰북스
- 『인사평가와 성과관리』, 2013년, 한태영, 시그마프레스
- 『현대인적자원관리』, 2020년, 한인수·정범구·이현응, 명경사
- 『전략적 인적자원관리』, 2012년, 이학종·양혁승, 오래
- 『Noe 인적자원개발(9판)』, 2022년, Raymond A. noe, 교문사
- 『사례로 풀어 쓴 인적자원관리』, 2022년, 양동훈, 홍문사
- 『리더를 위한 인적자원관리』, 2022년, 유규창·박우성, 창민사
- 『인적자원관리(Noe, Hollenbeck·Gerhart Weight, 11판』, 2020년, 시대가치
- 『고용관계론(3판)』, 2021년, 김동원 등, 박영사
- 『노사관계론』, 2020년, 변상우·이상우, 피앤씨미디어

박문각
공인노무사

안지연
올인원 인사노무관리

2차 | 기본서

제1판 인쇄 2024. 1. 25. | **제1판 발행** 2024. 1. 30. | **편저자** 안지연

발행인 박 용 | **발행처** (주)박문각출판 | **등록** 2015년 4월 29일 제2015-000104호

주소 06654 서울시 서초구 효령로 283 서경 B/D 4층 | **팩스** (02)584-2927

전화 교재 문의 (02)6466-7202

저자와의
협의하에
인지생략

이 책의 무단 전재 또는 복제 행위를 금합니다.

정가 36,000원
ISBN 979-11-6987-739-8